2020

北京都市型现代农业产业发展报告

程晓仙　何忠伟　主编

中国财经出版传媒集团
中国财政经济出版社

图书在版编目（CIP）数据

北京都市型现代农业产业发展报告. 2020 / 程晓仙，何忠伟主编. --北京：中国财政经济出版社，2020. 12
ISBN 978 -7 -5223 -0178 -5

Ⅰ. ①北… Ⅱ. ①程… ②何… Ⅲ. ①现代农业 - 农业产业 - 产业发展 - 研究报告 - 北京 - 2020 Ⅳ. ①F327. 1

中国版本图书馆 CIP 数据核字（2020）第 230518 号

责任编辑：张怡然　高　青　　　　责任校对：李　丽
封面设计：兰卡绘世　　　　　　　责任印制：张　健

中国财政经济出版社 出版
URL：http：//www. cfeph. cn
E - mail：cfeph@ cfeph. cn

社址：北京市海淀区阜成路甲 28 号　邮政编码：100142
营销中心电话：010 - 88191522
天猫网店：中国财政经济出版社旗舰店
网址：https：//zgczjjcbs. tmall. com
北京鑫海金澳胶印有限公司印刷　各地新华书店经销
成品尺寸：185mm × 260mm　16 开　27 印张　655 000 字
2020 年 12 月第 1 版　2020 年 12 月北京第 1 次印刷
定价：138. 00 元
ISBN 978 - 7 - 5223 - 0178 - 5
（图书出现印装问题，本社负责调换，电话：010 - 88190548）
本社质量投诉电话：010 - 88190744
打击盗版举报热线：010 - 88191661　QQ：2242791300

编委会名单

编写人员名单

主　　编：程晓仙　何忠伟

副 主 编：初蔚琳　范子文　王永泉　王东春

编写组成员：肖长坤　穆月英　张领先　赵安平　刘瑞涵　胡宝贵
乔　娟　刘　雪　刘　芳　胡金有　唐　衡　徐　进
王铁臣　赵　鹤　于文奇　杜　巍　李　博　丁俊琦
尹政清　邓德江　魏金康　贺国强　赵海康　王晓东
田　东　李仁崑　周继华　宗　静　李小龙　韦　强
裴志超　曾剑波　张　莹　马　超　李云飞　张海洋
王　瑜　高玉琦　田　野　王嘉雨　薛振华　陈少康
李　爽　王　欢　韩　青　王　梁　吕学泽　杨卫芳
刘　康　刘锦涛　李佳利　杜　娟　郭江鹏　杨宇泽
任　康　王　俊　付　瑶　齐志国　张　萍　袁艳云
史东杰　杨华莲　徐　睿　徐晓玲　涂　皎　魏元元
徐庆宣　徐伟楠　梅雨婷　王茂安　张　红　孙志成

序　言

2019年，北京市秉持党的十九大精神和十九届二中、三中全会精神为指导思想，紧紧围绕统筹协调推进“四个全面”战略布局和推进“五位一体”总体布局，牢牢锁住首都国家城市战略定位，牢牢锁定北京“大京郊小城区”“大城市小农业”的乡村和市情发展规律，将优先实施乡村振兴战略作为首要工作，将发展北京都市型现代农业与乡村振兴战略紧密结合，都市型现代农业作为农业现代化的重要推力，在实施乡村振兴战略中起到了不可小觑的作用。为贯彻落实首都乡村振兴战略和“创新、协调、绿色、开放、共享”的发展理念，北京把都市型现代农业的发展摆在了更加突出的位置，北京都市型现代农业在乡村振兴战略背景的推动下发展迅速，两者的协调发展对于首都城市与农业的持续健康发展具有重要意义。

发展都市型现代农业是加快乡村振兴战略实现的重要途径。北京都市型现代农业的发展，是首都现代农业发展和实现乡村振兴战略的重要组成部分，处在第一方阵。发展都市型现代农业可以更有效地满足首都城乡居民日益增长的农产品需求，有利于优化生产、生活、生态三大布局，都市型现代农业的发展塑造了区域协调新格局，助推了乡村振兴提档升级，实现首都城乡互动融合，有利于农村剩余劳动力的转移、新技术的创新、资源的优化配置。北京都市型现代农业与乡村振兴战略联动发展，优势互补。实施乡村振兴战略是解决农业、农村、农民问题的重要途径，北京都市型现代农业的可持续发展在乡村振兴和农业之间发挥了重要作用，大大地调整了产业结构、促进了首都城乡一体化的协调发展、加速了社会经济的发展。

2019年北京市深化农业供给侧结构性改革，毫不放松粮食生产，整治农村人居环境，合力打赢脱贫攻坚战，推进新一轮农村改革，快速补齐农村基础设施和公共服务短板，落实社会治理和乡村规划建设各项工作，加强五级书记紧抓乡村振兴，健全爱农民、爱农村、懂农业农村工作队伍，发掘并发挥好农民主体作用，提升广大农民安全感、获得感、幸福感，进一步实现农业农村现代化征程更上一层楼。

2019年，北京市聚焦于特殊贫困群体和深度贫困地区，为提高北京“脱低”质量落实脱贫攻坚重大举措，强化农业农村供给侧结构性改革，巩固和扩大“脱低”成果，夯实农业基础和粮食生产能力，突出绿色、优质、特色等特点以优化并调整农业农村结构，促进农村多元化产业融合发展，支持鼓励各类人才返乡、下乡创业创新，加快培育农业农村发展新动能，拓展农民增收渠道和农村就业空间。一是坚持党管农村。坚定遵循党对农村工作的领导，坚持和完成党布置的各项任务，建立健全农村工作中党的领导体制机制，保证农村工作中党始终总揽全局、协调各方，为北京市乡村振兴提供强力有效且坚实的政治保障。二是坚持改革创新，全面振兴。统筹谋划农村中的党的建设、政治建设、生态文明建设、社会建设、文化建设和经济建设，促进农民全面发展、农村全面进步和农业全面升级。深入推进农村改革，将主体、要素和市场的作用全面激活，支撑和引领乡村振兴。三是坚持改善民生，农民主体。充分调动农民的积极性、主动性、创造性，尊重农民意愿，大力支持社会力量参与乡村振兴，如民营企业等。吸引更多人才返乡、下乡创业创新。四是坚持城乡融合，以城带乡。坚持农村、城市一起抓，建立健全城乡融合发展政策体系和体制机制，使更多的优质要素资源流向乡村，加快共同繁荣、城乡互补的新型城乡关系的形成。五是坚持生态优先，首善标准。以服务首都发展为战略基准，将提高“四个服务”水平、加强“四个中心”功能建设融入乡村振兴工作中去，体现出首善标准。坚定人与自然和谐共生的原则，将生态保护放在第一位，开辟出一条具有首都特色的乡村振兴之路。六是坚持循序渐进，因地制宜。遵循北京市乡村发展的规律，科学缜密地把握住不同乡村间的差异性，分类指导，规划先行，体现特色，突出重点，杜绝形象工程和形式主义，使乡村健康有序推进。

2020年是北京市决胜全面建成小康社会第一个百年奋斗目标的关键之年，做好“三农”工作对社会大局稳定、确保经济持续健康发展和有效应对各种风险挑战具有重大意义。北京市2020年将全面贯彻党的十九大精神和习近平新时代中国特色社会主义思想，坚持把“三农”工作作为全党工作的重点，加强党对“三农”工作的领导，牢牢锁住稳中求进的风格，优先发展农业农村，落实农业农村高质量发展的要求，深入推进乡村振兴战略的实施，针对国内外环境变化对北京市农业农村改革发展提出的新要求要努力去适应，做到信心坚定、思想统一、工作落实，继续巩固农业农村优势，提高北京都市型现代农业高质量发展水平。

目　录

总论：北京都市型现代农业发展报告 …… 1

第一章　北京“三农”发展总体情况 …… 3
第一节　落实转变农业发展方式，首都农业提质成效凸显 …… 3
第二节　扎实开展持续脱低帮扶，农民生活保障水平提升 …… 5
第三节　美丽宜居乡村建设完善，农村制度改革不断深化 …… 7

第二章　北京都市型现代农业生产体系 …… 12
第一节　农业供给提质安全智能，适应首都消费升级需求 …… 12
第二节　农业基础设施提档升级，保障首都农业供给能力 …… 17
第三节　发展有机循环绿色农业，共同绘就首都绿水青山 …… 19

第三章　北京都市型现代农业产业体系 …… 23
第一节　农业产业融合持续提升，科技创新提供新的支撑 …… 23
第二节　拓展农业全产业链价值，打造特色农业产业品牌 …… 28
第三节　价格信息反映市场行情，及时有效对接消费需求 …… 36

第四章　北京都市型现代农业经营体系 …… 45
第一节　聚力推进新型主体建设，实现现代农业有机衔接 …… 45
第二节　新型职业农民培养完善，引领农户衔接现代农业 …… 48
第三节　社会化服务体系有创新，助力新型经营主体发展 …… 53

第五章　北京都市型现代农业支持与保障体系 …… 55
第一节　多方施策彰显农业支持，助农财政投入合理有效 …… 55
第二节　多措协同落实农业保障，金融保险助力乡村振兴 …… 61

第三节　多策并行支撑农业建设，科技兴农引领现代农业 …………………… 65

第六章　北京都市型现代农业发展的新动能与趋势 …………………………… 68
第一节　聚焦脱贫攻坚乡村振兴，实现首都农业发展任务 …………………… 68
第二节　转方式促农业转型升级，产业质量提升现新动能 …………………… 71
第三节　直面农业未来发展挑战，突破制约首都农业瓶颈 …………………… 75
第四节　树立农业全新发展理念，引领现代农业发展趋势 …………………… 77

第七章　北京都市型现代农业发展的政策建议 ………………………………… 81
第一节　查缺补漏保障脱低质量，落实顺利收官脱贫攻坚 …………………… 81
第二节　提高首都农业发展质量，保障农业供给稳定有效 …………………… 82
第三节　加强涉农支农资金整合，统筹财政资金使用管理 …………………… 84
第四节　提高防范化解风险意识，扎实做好防灾减灾准备 …………………… 85

分论：现代农业产业技术体系创新团队发展报告 ……………………… 87

第八章　创新团队技术支撑作用 ………………………………………………… 89
第一节　团队总体情况 …………………………………………………………… 89
第二节　创新团队技术研发与主推技术 ………………………………………… 91
第三节　团队技术示范推广效益 ………………………………………………… 94
第四节　团队标志性成果 ………………………………………………………… 101

第九章　北京果类蔬菜产业发展报告 …………………………………………… 108
第一节　果类蔬菜产业发展现状 ………………………………………………… 108
第二节　果类蔬菜产业发展中创新团队的技术支撑作用 ……………………… 129
第三节　果类蔬菜产业典型案例分析 …………………………………………… 139
第四节　果类产业发展政策建议 ………………………………………………… 144

第十章　北京市叶类蔬菜产业发展报告 ………………………………………… 152
第一节　叶类蔬菜产业发展现状 ………………………………………………… 152
第二节　产业发展中创新团队的技术支撑作用 ………………………………… 194
第三节　叶类蔬菜产业典型案例分析 …………………………………………… 203
第四节　产业发展政策建议 ……………………………………………………… 204

第十一章　北京市食用菌产业发展报告 …… 209
第一节　食用菌产业发展现状 …… 209
第二节　产业发展中创新团队的技术支撑作用 …… 224
第三节　产业典型案例分析 …… 232
第四节　产业发展政策建议 …… 234

第十二章　北京市粮经作物产业发展报告 …… 237
第一节　产业发展现状 …… 237
第二节　产业发展中创新团队的技术支撑作用 …… 248
第三节　产业典型案例分析 …… 256
第四节　产业发展政策建议 …… 259

第十三章　北京市西甜瓜产业发展报告 …… 262
第一节　西甜瓜特色产业发展状况 …… 262
第二节　产业发展中创新团队的技术支撑作用 …… 269
第三节　西甜瓜产业典型案例分析 …… 273
第四节　产业发展政策建议 …… 279

第十四章　北京市生猪产业发展报告 …… 284
第一节　生猪产业发展现状 …… 284
第二节　产业发展中创新团队的技术支撑作用 …… 296
第三节　产业典型案例分析 …… 300
第四节　产业发展政策建议 …… 304

第十五章　北京市家禽产业发展报告 …… 309
第一节　北京市家禽产业发展概况 …… 309
第二节　产业发展中创新团队的技术支撑作用 …… 323
第三节　产业典型案例分析 …… 327
第四节　产业发展政策建议 …… 332

第十六章　北京市奶牛产业发展报告 …… 340
第一节　产业发展现状 …… 340
第二节　产业发展中创新团队的技术支撑作用 …… 354
第三节　产业典型案例分析 …… 364

第四节　产业发展政策建议 …… 367

第十七章　北京市观赏鱼产业发展报告 …… 372

第一节　产业发展现状 …… 372
第二节　产业发展中创新团队的技术支撑作用 …… 387
第三节　产业典型案例分析 …… 392
第四节　产业可持续发展政策建议 …… 394

第十八章　北京市鲟鱼、鲑鳟鱼产业发展报告 …… 396

第一节　产业发展现状 …… 396
第二节　产业发展中创新团队的技术支撑作用 …… 400
第三节　产业典型案例分析 …… 408
第四节　产业发展政策与建议 …… 410

参考文献 …… 415

总　论：
北京都市型现代农业发展报告

第一章　北京“三农”发展总体情况

北京都市型现代农业发展进入重要的转型升级期，随着新时期乡村振兴战略的实施，农业产业结构不断转型和调整，农业供给侧结构性改革成效显著。本章主要从北京农业、农村、农民的发展与建设情况，分析北京都市型现代农业的发展规律和变化特点。

第一节　落实转变农业发展方式，首都农业提质成效凸显

一、产业内部结构进一步优化

2019年，北京市农林牧渔业总产值281.7亿元，同比下降5.1%。其中，种植业产值同比下降10.8%。北京市蔬菜与食用菌播种面积46.8万亩[①]，同比下降13.4%；产量111.5万吨，同比下降14.6%。瓜果类播种面积4.9万亩，同比下降9.7%；产量14.3万吨，同比下降5.1%。果园面积65.7万亩，同比下降5.6%；果品产量48.9万吨，同比下降2.0%。牧业产值同比下降31.5%，牧业产品出栏量大幅下降，畜禽产品产量也呈下滑态势。生猪出栏28.4万头，同比下降83.3%；禽蛋产量9.6万吨，同比下降14.5%；牛奶产量26.4万吨，同比下降14.9%。渔业产值同比下降14.1%。林业在新一轮百万亩造林工程拉动下实现产值115.6亿元，同比增长21.6%，延续大幅增长态势。农林牧渔业总体呈现“三降一升”的趋势，生态功能明显增强，内部结构有较大改善（见图1-1）。

二、农业科技化水平进一步提升

2019年，北京市农业技术推广部门聚焦低收入村，全面开展农业科技帮扶工作，引进、示范推广了蔬菜、食用菌、西甜瓜、籽粒玉米、鲜食玉米、青贮玉米、特色杂粮、特

① 编者注：1亩≈0.067公顷。

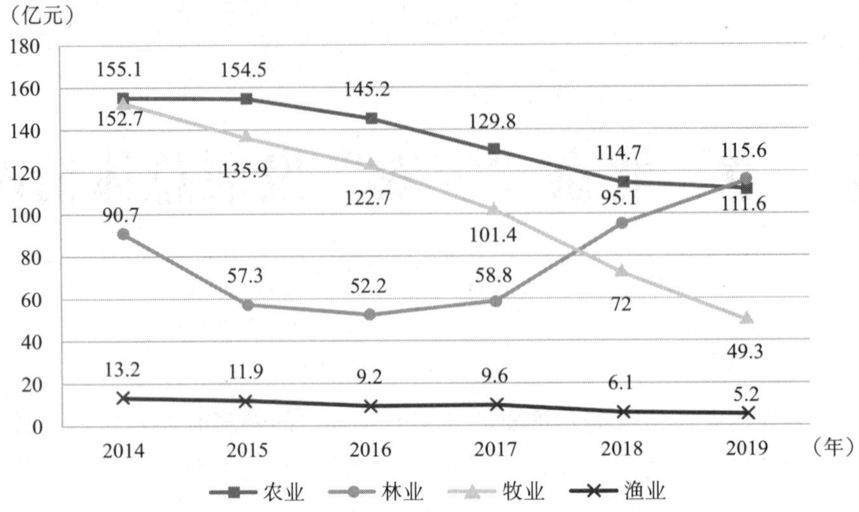

图1-1　2014～2019年北京市农林牧渔业生产总值

数据来源：《中国统计年鉴》。

色油料、中药材、马铃薯10类作物优新品种58个。全年引进叶菜新品种34个，包括7个快菜品种、10个油菜品种、8个散叶生菜品种，4个结球生菜品种，2个芹菜品种和3个菠菜品种，34个马铃薯优新品，3个甘薯优新品种，4个鲜食玉米优新品种，2个谷子优质品种，1个藜麦特色品种，板栗种质资源燕山早生、燕昌早生，4个辣椒、茄子新品种等优质品种。

现代农业产业技术体系北京市创新团队（以下简称“创新团队”）积极研发推广新品种（见表1-1），共研发新产品154个，研发技术178项，获得专利110项，累计产生经济效益超12亿元。各创新团队紧跟农户技术需求，进行了大量的项目研发、技术示范，充分发挥团队的创新作用，引领企业、试验站、农户等发展。

表1-1　现代农业产业技术体系北京市创新团队科技应用统计表

创新团队	推广新品种	经济效益	研发技术	获得专利
果类蔬菜	10	1800万元	14	1
叶类蔬菜	11	95420万元	9	7
食用菌	4	5562万元	10	3
粮经作物	3	1451万元	11	23
西甜瓜	2	881.6万元	8	11
生猪	20	1000万元	15	9
家禽	11	2730万元	25	10
奶牛	15	8612.36万元	51	40
观赏鱼	78	4300万元	25	5
鲟鱼、鲑鳟鱼	—	每亩增收1000元以上	10	1
合计	154		178	110

数据来源：根据2019北京市创新团队资料整理。

三、都市型现代农业质量明显提升

2019 年，北京市设施农业播种面积 40.6 万亩，同比下降 16.1%；实现产值 47.1 亿元，同比下降 7.9%。其中，瓜果类、花卉苗木、园林水果等高效益品种亩均产值大幅增长，占设施农业产值的比重为 34.5%，同比增长 6.4%。

2019 年，北京市观光园 948 个，同比下降 16.0%；接待游客 1538 万人次，同比下降 17.5%；实现收入 23.2 亿元，同比下降 12.7%。收入主要来源于采摘收入、出售农产品收入和餐饮收入，分别占比 26.1%、22.7% 和 16.9%。大部分观光园注重提质升级，创新发展模式，平均每个观光园实现收入 244.9 万元，同比增长 3.8%。游客人均消费 150.9 元，同比增长 5.7%。

四、政策性农保稳步推进

2019 年 5 月 10 日，由政策性农业保险承保，北京地区全面启动全流程电子化改革试点，这一改革试点践行创新、协调、绿色、开放、共享的新发展理念，为广大北京农户提供快速高效的农业保险承保服务，提升了北京农业保险专业化、信息化水平。

自 2007 年以来，北京市政策性农业保险已有 23 个险种，涉及粮油作物、生态林果、设施农业、畜禽养殖等农业产业，北京市参保农户达 145.5 万户次。各银行为 11 家农业龙头企业融资 7.8 亿元，提升农业龙头企业核心竞争力；通过发行农民专业合作社集合信托、开办农保贷业务等方式，支持农民专业合作社发展。

第二节　扎实开展持续脱低帮扶，农民生活保障水平提升

一、低收入农户增收快速平稳

由图 1－2 可知，北京低收入农户收入逐年上涨，由 2016 年的 8961 元增加到 2019 年的 15057 元。通过将低收入劳动力纳入就业困难人员范围享受岗补社补、调整就业培训补贴目录、降低培训门槛等一系列政策促进低收入农户就业，低收入农户人均工资性收入达到 5583 元，同比增长 12.2%，占人均可支配收入的比重为 37.1%，对可支配收入增长的贡献率为 24.0%。截至 2019 年底，北京市低收入产业项目开工率达到 96.9%，完工率达到 87.3%，产业帮扶项目包括特色种植业、林果业、休闲旅游业、光伏产业等方面，有力推动经营净收入增长，2019 年低收入农户人均经营净收入达 502 元，同比增长 7.5%，占

人均可支配收入的比重为3.3%。新一轮百万亩平原造林工作为低收入农户增加了平原造林补贴收入，产业帮扶项目的持续推进加快了农民土地流转，增加了集体分红收入，加快了财产净收入增长。2019 年低收入农户人均财产净收入达 913 元，增速达到 20.1%，较上年同期提速 2.5 个百分点，成为低收入农户增收的新亮点。

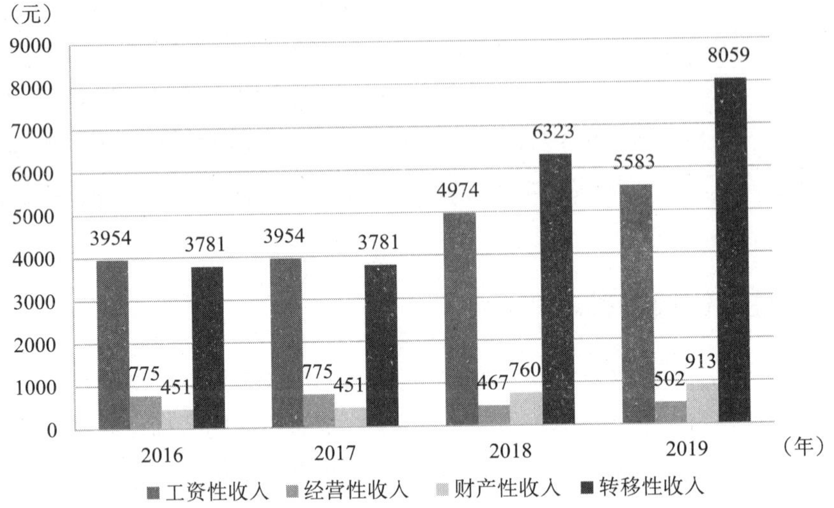

图 1－2　2016～2019 年北京低收入农户收入变化情况

数据来源：北京市统计局。

二、精准帮扶成效显著

2020 年是我国全面打赢脱贫攻坚战的收官之年。作为首都，从 2016 年至今，北京市通过精准帮扶，实现低收入农户人均可支配收入年均增长 18.9%，比同期本市居民人均可支配收入增幅高 10 个百分点。2019 年，低收入农户人均可支配收入达到 15057 元，同比增长 20.2%。未来，北京市将巩固帮扶成果，确保低收入农户全部“脱低”。

三、农民生活保障能力不断提升

（一）农村劳动力就业稳步推进

一是针对低收入农户未就业人员的安置问题，北京市农业农村局会同市人力资源和社会保障局根据各区提供的人员信息，进一步完成未就业低收入劳动力摸底排查工作。农村社会事业促进处会同市人力资源和社会保障局印发《关于进一步开展低收入农户劳动力精准帮扶有关工作的通知》，重点督导各区解决北京市 1538 名有就业意愿的低收入劳动力实现就业。二是关注农村地区劳动力从农民向产业工人的转变，农村社会事业促进处继续配合市人力资源和社会保障局完成市社会保障和就业领导小组 2019 年下达的 3000 人城市公共服务类岗位安置本市农村地区劳动力就业和转移就业 4 万人的目标任务；协助落实给予每人每月 2500 元的公共服务岗位补贴，享受政策的最长期限为 5 年；配合市人力资源和社会保障局对提供城市公共服务类岗位安置本市农村地区劳动力的单位，按照每人1500元的标准，给予一次性培训补贴。

（二）社会保障水平进一步提高

一是部署各区对未纳入社会救助对象的低收入农户进行入户核查，逐户发放政策告知单，积极动员农户申请社会救助，推进符合条件的农户纳入社会救助范围。据民政系统数据显示，2019年北京市已有1.5万户2.7万人申请社会救助，其中符合条件已纳入社会救助的有1932户2981人。二是对市医保系统显示未参加医疗保险人员进行逐一入户摸查，并协助农户办理参保手续。目前去除服刑、戒毒、外地参保等情况，应参未参796人已全部完成参保。三是印发《关于加快实现本市困难人员城乡居民养老保障应保尽保的通知》，对年满60周岁、未领取国家规定的基本养老保险待遇的低收入人员，纳入城乡居民养老保障制度，按月发放城乡居民养老保障待遇。当前，符合条件的低收入人员共945人，其中，应享受本市城乡居民养老保险待遇723人，已办理待遇申领517人，放弃享受待遇51人；应享受本市老年无保障待遇222人，已办理待遇申领77人，放弃享受待遇114人。四是加快推进危房改造。目前，各区进行危房改造的低收入农户共4124户，其中通过与亲属合住、居住集体房屋等其他方式解决安全住所的有1576户，确定实施改造的有2548户，已经全部确户，开工2525户，开工率达到99%，竣工1971户，竣工率达到77%。

（三）农村公共服务提升优化

以农业农村部农村公共服务典型案例征集工作为抓手，先后发掘推广了平谷区“六种医养联动模式”、怀柔区“足不出户”办政务改革、大兴区榆垡镇“一窗式”公共服务改革等农村公共服务新模式，其中平谷区“医养联动破解农村养老难题”被评为首批全国农村公共服务典型案例。在京郊开展“健康中国行，美丽乡村梦——2019年北京‘健康乡村’主题巡讲”活动。在10个远郊区的村、镇，包括农业企业、农民专业合作社、农业科研和推广单位，结合农业主题活动共举办10场健康乡村巡讲活动，提高农民健康意识。

第三节　美丽宜居乡村建设完善，农村制度改革不断深化

一、美丽乡村建设扎实推进

（一）深入实施美丽乡村建设三年行动计划

2019年北京市全面实施“百村示范、千村整治”工程，推进美丽乡村建设，启动实施《北京市“百村示范、千村整治”工程实施方案》，确定了152个乡村振兴示范村创建

村庄和“千村整治”村庄名单，分批次推进农村人居环境整治工作，重点抓好通往2022年冬奥会场馆、2019年世园会园区、雁栖湖国际会议中心、大兴国际机场、北京城市副中心的主要道路沿线和周边村庄以及通州区、延庆区美丽乡村建设。坚持规划先行，累计完成村庄规划编制成果2255个，约占全市现存村庄数量的66.7%。围绕“清脏、治乱、增绿、控污”，深入实施村庄清洁行动，累计动员群众投工投劳200多万人次，发放各类宣传资料110余万份，清理农村生活垃圾190余万吨，清理村域沟渠2.7万条（处），清理农业生产废弃物20万余吨，拆除私搭乱建1000余万平方米，清理乱堆、乱放、乱贴、乱挂100余万处，治理污水溢流点2.8万余处。深入推进农村“厕所革命”、污水治理、生活垃圾治理。累计完成户厕改造13.3万户，无害化卫生户厕覆盖率达到97.6%；完成839座村级公厕达标改造任务。完成300个村的生活污水治理。纳入住房和城乡建设部整治任务的162处非正规垃圾堆放点已完成142处，完成500个村垃圾分类示范村建设。

（二）扎实推进农村地区冬季清洁取暖工作

通过出台《2019年北京市农村地区村庄冬季清洁取暖工作方案》（京农组办发〔2019〕4号）、《北京市2019年农村地区村庄冬季清洁取暖工作推进指导意见》（京政农函〔2019〕69号），北京市明确了2019年的工作任务、时间要求、保障措施。为了保证工作的顺利开展，组织各区对本区煤改清洁能源村庄情况进行梳理，确认了2019年改造任务村庄名单；同时为了保证改造效果，对有关区政府上报的海拔较高的村庄进行了逐村勘察，研究改造的可行性和技术路线；协调国网北京市电力公司和市燃气集团做好配套管网建设。煤改清洁能源完成126个村庄、4.14万户改造任务，清洁取暖村庄3269个115万户，清洁取暖户数比例达到82%。对尚未实施清洁取暖改造的村庄，继续实施优质燃煤替代，完成优质燃煤配送28万吨。

（三）持续推进疏解整治活动

2019年北京市农业农村局研究制定《北京市2019年农业领域留白增绿工作方案》（京政农发〔2019〕53号），分解任务指标，明确复绿标准和要求；及时梳理2017年、2018年两年拆违腾退移交的需复垦复种地块情况，指导各区将年度拟实施地块录入北京市“疏解整治促提升”专项行动台账系统，逐一组织市级审核；落实北京市月份调度要求，引进第三方机构，每月组织对各区申报销账地块进行现场核验，确保实施成效。2019年，农业领域留白增绿计划任务为330公顷，实际完成359.96公顷，完成率109%。

对“大棚房”问题，北京开展“拉网式”排查整治，问题“大棚房”全部整改到位；落实长效监管机制，严防“大棚房”问题反弹；制定并实施《建立完善长效监管机制 严防“大棚房”问题反弹的意见》和《关于开展“大棚房”问题专项清理整治行动“回头看”的通知》，推动落实市、区、镇（乡）、村四级联动检查巡查制度，严防“大棚房”问题反弹；分别开展了市级第三季度、第四季度巡查以及年底督导检查，没有发现新增“大棚房”问题。

（四）继续推进山区搬迁工程

山区农户搬迁有助于实现山区农民的安居乐业。北京市于2018年6月7日召开的政府常务会议中，对《关于实施新一轮山区农民搬迁工程的意见》进行了审议，提出实行“先建后拆”、科学合理选址的意见，以低收入村和险村为重点，按照有关规定对地质灾害易发区的险户、险村实行“边建边办”。该意见对2018～2022年的山区农民搬迁工程作出了部署，提出将对密云、门头沟、平谷、昌平、延庆、怀柔6个区实施山区农民搬迁，涉及27000人、12000户、120个行政村、40个乡镇。其中包括来自地质灾害易发区的12500人、4400户居民，生存条件恶劣地区的14500人、7600户居民。北京市自2004年以来先后实施了三轮山区农民搬迁工程。

2019年启动2400户、5300人的搬迁，完成计划申报确认、规划编制、新址踏勘等前期准备工作，具备开工条件。

二、生态沟域建设成效显著

（一）持续推进生态沟域建设

2019年生态沟域着力从扩大生态环境容量、提升生态建设水平和培育特色产业入手，新建潭柘寺沟域、永宁沟域、满韵汤河、金海湖—天津蓟州区4条沟域，提升建设清水百花、绿海红歌、幽岚山、水·长城、延寿、羊台子、酒乡之路、白马古道、云蒙风情大道、百里山水画廊、四季花海、冰川绿谷、乡宴柳沟、九里山桃花谷和舞彩浅山等14条沟域。通过抓规划引领、抓服务指导、抓宣传推介、抓典型示范，重点实施生态环境整治、生态建设、美丽乡村和特色产业等工程项目，生态沟域的生态效应、社会效应逐步明显、逐渐提高，生态沟域生态体系、空间布局逐步形成、逐渐明了。

（二）生态环境质量和产业水平不断提升

坚持生态优先，突出实施生态环境整治和生态建设两大工程，实施节点景点绿化美化工程2.2万亩，抚育、改造林地4.6万亩。怀柔满韵汤河沟域、延庆百里山水画廊沟域地表水质达到Ⅱ类标准，空气质量达到二级和优于二级的天数接近300天。治理打造山水林田村路，完善旅游标识系统，各条沟域环境品位得到提升。房山幽岚山沟域节点坡峰岭、怀柔白桦谷、顺义舞彩浅山被赞誉为北京红叶新景区。

立足生态，突出特色，提升酒乡之路的葡萄产业、冰川绿谷的红色旅游等特色产业。密云酒乡之路做大做强葡萄产业，提升发展葡萄采摘种植园14个，形成了以“张裕爱斐堡”为龙头，园区经济与庭院经济为依托，集精品农业、农产品加工业、旅游休闲、文化创意发展于一体的葡萄产业体系，2019年累计接待旅客73万人次，实现综合收入22664.9万元。

（三）持续引入现代管理和技术

近年来，各区通过引进现代管理理念和技术，将现代元素植入传统村落和自然山水间，提升沟域建设，打造“景色宜人、产业诱人、环境留人、品牌待人、文化醉人”的山水郊野大公园，不仅是市民休闲的好去处，更是带动周边农民增收的好项目。幽岚山沟域节点黄店村，对旧村边远闲置资源进行重组整合，采取“无人不股、无物不股、无权不股”的形式，以资金、资产、资源或承包权作价入股，盘活闲置资产发展高端民宿，引进远方网进行经营管理，实行管家制服务，吸引城市居民通过网上预定慕名而至，确保了全体村民按份共有、按股分红、按期兑现。门头沟田庄沟域引进北京红雁初心文化发展有限公司，对田庄京西山区中共第一党支部原址进行恢复，将村庄荒废的小学校址进行改造，以发展“讲好红色故事、发展绿色经济、推动乡村振兴”为引领，全力打造“红色雁翅综合体”党建品牌，形成集党性教育、实践体验、会议接待、旅游发展为一体的“红色矩阵”，可以同时承载100余人集中住宿学习。

（四）农民就业增收和市民休闲旅游的双向需求平台加快互动

生态沟域搭建了农民就业增收和市民休闲旅游的双向互动平台。房山幽岚山沟域节点坡峰岭，通过打造京西“坡峰岭红叶”品牌，辐射带动快活林、奇石山、玉虚宫、红螺三险等一批旅游资源，发展姥姥家、红栌花开、云上石屋三个板块的高端民宿，不仅全部安置本村劳动力就业，还接收外来劳动力500余人。怀柔满韵汤河银河谷段，围绕“一巷如意祥云溪，一村古韵福禄地”文化主题打造口头巷综合商业街区，形成“花海＋圣泉山景区＋口头巷”产业模式，2019年累计接待游客162万人次，实现旅游综合收入21863万元。其中，国色天香牡丹园“五一”小长假接待游客10万人次，旅游综合收入261万元，增加农民劳务性收入77.6万元，创下历史新高。

三、全面深化农村各项改革

（一）深化农村“三块地”改革

一方面，开展农村承包地确权登记颁证“回头看”工作，推进问题整改。2019年确权村比例达到99%，面积277.35万亩；已打印证书54.4万份，占98%。另一方面，深入开展宅基地调研，起草农村宅基地及房屋建设管理办法。规范引导闲置农宅盘活利用3697座。

（二）持续深化农村集体产权制度改革

2019年突出抓好清产核资、科学界定成员身份、有序推进经营性资产股份合作制改革、积极推进集体资源性资产股份合作、探索赋予农民集体资产股份权能5个关键环节，把握明确试点目标、细化改革试点任务、应用改革试点成果3个重点。累计完成3922个村级单位、25个乡镇级单位的集体产权制度改革；5959个清查单位完成清查结果填报和审核；农村产权流转交易市场累计总成交额143.5亿元，成交宗数1039宗，土地流转面积25万亩。

（三）加强农村人才队伍建设

举办农业职业经理人、新型农业经营主体带头人、农村实用人才等培训，市区两级培训超2.3万人次。全科农技员开展技术指导6万次。组织“千名干部科技人才进千村入万户”，首批选派796人到村对接服务。北京市农业农村局会同市人力社保局联合发布《关于支持返乡下乡人员创业就业的实施意见》，引导各类人才到农村创业发展。

（四）加强农村金融创新

扎实推进政策性农业保险工作，试点推出犊牛养殖、瓜果及蔬菜育苗两个创新险种，对农业保险条款进行修订完善，更好地满足农户风险保障需求。推进农业再保险细化险种分类、降低费率。有序开展农业领域贷款贴息工作。3个项目获评农业农村部2019年度金融支农创新试点。

（五）加强农业农村法制建设

修改《北京市动物防疫条例》《北京市农业机械化促进条例》等地方性法规。积极推进农业综合执法改革，完善行政处罚自由裁量基准，做好执法普法工作。贯彻落实“放管服”改革要求，大力推动涉农审批事项减时限、减材料、减跑动、全程网办，市级事项材料精简65%，区级和乡镇精简60%，全市农业农村系统130个事项共压减时限1462.75天，压减比例达61%。

四、乡村治理能力建设稳步推进

（一）加强农村基层党的建设

3871个村党组织、3640个村委会完成村“两委”换届选举，做到了“应选尽选”。除320个村书记由上级机关下派外，其他村全部实现“一肩挑”。“一肩挑”比例达到91%，比上届提高26.7个百分点。扎实推进农村基层干部人才培养工程，实施村级组织成员整体素质提升行动，2019年共培训村“两委”干部4.2万余人次，招录730名村务管理专业学生，招录农村党建助理员1300余人，选派297名高校毕业生到村担任乡村振兴协理员，选派431名第一书记开展驻村帮扶工作。

（二）加强乡村治理

认真做好“12345”市民服务热线反馈问题“接诉即办”工作，建立健全分析研判、定期调度等机制，全年受理主办“接诉即办”案件1253件，事项响应率100%，解决率79.51%，满意率88.37%。加强村级权力的有效监督，规范“四议一审两公开”“三务公开”制度。深入开展扫黑除恶专项斗争，持续推进平安乡村建设，全市民主法治示范村（社区）达到671个。海淀区、平谷区被确定为全国乡村治理体系建设首批试点单位。总结顺义区“村规民约”推进协同治理经验，并入选全国乡村治理20个典型案例。持续加强农村集体“三资”管理，规范农村集体财务公开，开展村级公益事业专项补助资金审计。

（三）加强乡村文化建设

扎实推进新时代文明实践中心建设，实现了区、乡镇、村实践中心（所、站）全覆盖。举办庆祝2019年中国农民丰收节、第30届北京农民艺术节等系列活动，组织开展“美丽乡村·筑梦有我”大型新闻公益行动、“北京乡村振兴故事”征集展播活动，建设乡情村史陈列室77个，列入中国传统村落名录村庄新增1个，累计达到22个。乡村文化振兴扎实推进。

第二章　北京都市型现代农业生产体系

当前，北京农业产业发展的重点呈现减量发展的趋势，农业供给由数量发展向质量发展转变，不断推动首都农业供给侧结构性改革。2013～2018 年，北京农业高耗水作物播种面积从 290 万亩调减到 83.5 万亩，调减了 70%；低端规模养殖从 2535 家调减到 255 家，调减了 90%。北京积极践行新发展理念，制定实施农业“调转节”政策，深化农业供给侧结构性改革，促进了农业高质量发展。

2019 年，北京农业在农业供给侧结构性改革和新发展理念的基础上，进一步积极调整农业生产体系布局适应首都消费者消费升级需要，为首都消费者提供多品种、高质量的农产品供给，形成数量供给充足、品质更加优良、结构更加合理、保障更加有力的农业产业供给体系。

第一节　农业供给提质安全智能，适应首都消费升级需求

2019 年，北京市农林牧渔业总产值 281.7 亿元，同比下降 5.1%。种植业与养殖业的播种面积和产量均呈现不同程度的下降趋势，而与之相对的是种植业生产提质增效、养殖业生产安全可控、水产业生产健康智能。北京农业生产由数量型向质量型转变明显，农业供给侧结构性改革效果显著，农业生产“减量提质”成为首都农业生产体系新的特点。

一、种植业生产提质增效

（一）生产效益逐步提升

据北京市统计局统计数据显示，2019 年北京小麦收获面积 12.06 万亩，较上年（14.7 万亩）减少 2.64 万亩，减幅 18.0%；小麦亩产 365.7 公斤，较上年亩增产 7.9 公斤，总产量 4.4 万吨。2019 年秋粮收获面积 57.5 万亩，较上年（68.2 万亩）减少 10.7 万亩，减幅 15.7%；其中玉米 50.5 万亩，较上年（60.1 万亩）减少 9.6 万亩，减幅 16.0%，其

他杂粮杂豆 7 万亩，基本与上年持平。

2019 年，共建立 104 个高效节水技术示范区，集成示范推广设施农业微灌施肥技术模式、生态粮田喷灌施肥技术模式和旱作农业综合节水技术模式 3 种模式 16 项农艺节水技术，累计推广 116.2 万亩次，实现总节水 3780.3 万三次方米。

（二）面源污染进一步下降

制定《2019 年北京市化肥农药减量和农膜回收工作方案》（京政农发〔2019〕71 号），出台《北京市推广应用绿色防控产品工作方案（试行）》和《北京市推广应用有机肥工作方案（试行）》，推进化肥农药减量工作。2019 年农药利用率提高到 44.2%；农作物病虫害绿色防控覆盖率提高到 64%；主要农作物病虫害专业化统防统治覆盖率提高到 49.1%；测土配方施肥技术覆盖率达到 98%，肥料利用率提高到 40.2%。2019 年回收废旧地膜 1620 余吨，发放新膜（≥0.014 毫米规格地膜）708 吨；地膜综合回收率达到 82%，农膜回收率达到 88%；回收农药包装废弃物 37 余吨。

粮经创新团队围绕田园废弃物问题，采取了一系列措施。例如，利用废弃物进行草莓“土壤养生”试验，草莓园林废弃物基质育苗、草莓秸秆堆肥；针对甘薯连作障碍，开展甘薯不同种植年限土壤调查工作，甘薯连作障碍治理试验。另外，开展三项水肥精准调控技术研究与示范。一是优化鲜食玉米微喷带铺设方案，田间拆卸连接更加方便；二是明确最佳水肥运筹方式，底肥减半，拔节—灌浆期微喷追肥可提高籽粒可溶性糖含量 12% 以上；三是优化草莓智能灌溉施肥策略，实现节水 57%，节肥 27.8%。

（三）品种选育水平不断提升

2019 年，粮经创新团队完成 20000 余株草莓杂交苗的温室鉴定工作，选育重点为红花草莓优株和不同果色优株，共获优株（系）244 系。开展远缘杂交和自交系育种。配置远缘杂交组合 5 个、自交系构建 3 个，成功收获果实。“京香”和“公主”系列草莓品种（系）在全国推广种植面积 11.1 万余亩。选取遗字 138、黄玫瑰和广薯 87 等 8 个优秀主栽品种与美国种质资源杂交，配置 13 个杂交组合，收获 3473 颗杂交种子。5 月中旬定植，10 月 8 日收获，得到 165 个优异株系。完成 2 个优质糯玉米组合鉴定，安排 2020 年区试。审定京科糯 617、京科甜 816 两个高端优质鲜食玉米品种。在京津冀地区推广自育鲜食玉米品种 5 万亩以上。

开展种苗秋季繁育关键技术研究 2 项，开展草莓种苗应用试验，推广草莓套种模式 3708 亩，亩增收 1500 元以上。试验草莓—甘薯套种模式取得成功，亩栽植 1100 株，6~7 月亩收获甘薯 330~1188 公斤。开展鲜食甘薯优质、抗病品种筛选试验，建立原原种繁育技术基地，采取春季繁秧剪枝扩繁，夏季定植繁种措施，辅助病毒检测，预期生产质量合格种薯 1 万公斤。开展鲜食玉米技术试验 3 项，包括优新品种筛选、最佳种植密度筛选、春大棚抢早播种技术研究试验，与常规播种技术相比，春大棚移栽区亩产值增加 3982.4 元，亩效益增加 172.8%。

（四）稳步推进休耕轮作试点

一是继续组织开展试验示范。建立季节性休耕、全年休耕和轮作不同模式试验示范点8个，面积近2000亩。筛选出越冬、越夏的休耕作物9种，其中休耕小麦越冬种植的作物5种（小黑麦、冬油菜、红豆草、草木樨和沙打旺），休耕玉米越夏种植的作物4种（毛苕子、春油菜、田箐和油葵）；形成季节性休耕模式2套，分别为冬春覆盖型——上茬小黑麦+下茬雨养旱作作物，冬春景观型——上茬冬油菜+下茬雨养作物；形成全年休耕模式2套，分别为景观养地型——上茬冬油菜+下茬春油菜（油葵），覆盖养地型——上茬小黑麦+下茬毛苕子（田箐）及多年生牧草红豆草、沙打旺和草木樨等覆盖种植。休耕地块，冬春季田间覆盖率85%以上，节水65%，化肥减少100%，农药减少100%。二是积极出台休耕政策，起草了《关于开展休耕试点工作的指导意见》。三是探索在重点区域开展休耕试点。申请市级转移支付资金3360万元，重点在顺义、房山、平谷等地下水严重超采区、水源保护区、大尺度绿化区等区域开展休耕试点近2万亩。

二、养殖业生产安全可控

（一）全力防控动物疫病

全力抓好养殖环节、屠宰环节、饲料环节非洲猪瘟防控。针对养殖环节：一是强化生猪调入管控，实行指定道口监管和人员派驻养殖场监管或视频监管；二是开展生猪养殖场生物安全评估与整改；三是开展非洲猪瘟检测。针对屠宰环节：一是落实国家规定“两项制度”；二是实行白条肉批批检测。针对饲料环节，对本市饲料生产企业相关原料和成品料进行检测。同时，完成2019年非洲猪瘟疫情应急处置演练。制定生猪养猪场生物安全规范、生物安全评估方案及指南，为北京生猪产业优化提升提供防疫安全保障。开展北京市非洲猪瘟防控工作专项督导。围绕市政府调度会议领导部署、生物安全风险评估整改、屠宰环节两项制度等重点工作开展检查指导，调度相关工作任务进展，及时协调解决防控工作中出现的问题。2019年1月1日以来，北京市没有发生非洲猪瘟疫情。

（二）着力恢复生猪产能

2019年，为稳定生猪生产，促进生猪产业转型升级，提高市场猪肉供应保障能力，北京市出台了《北京市生猪产业优化提升发展和保障猪肉市场稳定供应工作方案》，全面优化本市生猪产业布局，建立生猪及其产品的三级供应保障体系，到2022年，实现生猪存栏50万头，年出栏生猪89万头，北京市域供给率10%的目标；通过引导北京龙头企业在周边省（市）建设自控外埠基地，实现猪肉区域可控供给率64%的目标；通过产销对接，与主产区形成契约化、常态化供应机制，实现供给率26%的目标。

（三）推动畜禽粪污资源化利用

一是组织实施2019年中央畜禽粪污资源化利用项目，持续推进规模养殖场粪污资源化利用设施装备完善升级。组织指导大兴、怀柔、延庆等区及首农食品集团完成项目实施方案编制，召开项目技术评审会，对各项目单位实施方案进行技术评审，指导各项目单位根据评审意见完善项目实施方案。召开项目启动会，部署项目建设相关事宜，指导养殖场继续配套建设、改造升级粪污收集、贮存、处理、利用设施装备。北京市农业农村局印发《关于进一步加强中央财政畜禽粪污资源化利用项目管理的通知》（京政农发〔2019〕116号），强化项目计划、进度、资金使用、实施监管、验收程序等方面的管理，切实做好项目实施进展的跟踪，确保项目实施如期完成，持续提升规模养殖场污染处理设施装备配套率和粪污综合利用率。

二是加强畜禽养殖大户污染防治，杜绝污染隐患。北京市农业农村局印发《关于进一步加强畜禽养殖大户污染防治工作的通知》（京政农发〔2019〕90号），组织各区深入排查辖区畜禽养殖大户污染隐患，建立养殖大户污染防治台账，针对存在污染隐患的养殖大户提出整改措施并引导其实施整改。

三是强化粪污资源化利用监管。组织各区在农业农村部直联直报信息平台上完成北京市2018年度畜禽粪污资源化利用数据填报，跟踪监测、及时掌握北京市粪污处理设施装备配套及粪污综合利用情况。会同北京市畜牧总站、北京市畜牧业环境监测站组织开展畜禽粪污资源化利用督导工作，核验各区当前粪污资源化利用情况，现场抽查部分规模养殖场粪污处理设施装备运行、粪肥消纳利用、粪污处理及资源化利用记录等情况，指导各区做好粪污资源化利用有关工作，强化监管。北京规模养殖场粪污处理设施装备配套率已达到100%，粪污综合利用率已达到80%以上。

（四）良种培育进程加快

完善基因组选择与常规育种相结合的种猪育种体系，种猪联合育种快速推进。大白猪、长白猪、杜洛克达100公斤体重日龄分别为168.22天、172.77天和185.6天，保持较高水平。大白猪、长白猪的平均窝产仔数分别达12.24头和12.67头，比2018年提高了1.17头和1.36头；杜洛克为10.06头，比2018年提高了0.26头。

奶牛遗传改良不断精细化推进。继续创新“多、点、精”的工作方式，积极推广遗传改良综合配套技术，为牛场制定精细化选配方案，全面指导牛场选种选配工作。新建立1个科学选配示范点，新增示范牛群规模500头，示范点数量达8个，示范牛群规模达3500余头。系统研发奶牛遗传缺陷基因检测技术，新开发了毛色基因、3个无角基因的检测方法，自2015年以来，累计检测11870头基因位点。

三、水产业生产健康智能

（一）水产结构不断改善

2019年为改善水产养殖结构，不断选育和引进优良水产品种。其中，从欧洲引进欧洲鳇（Huso huso）200尾、闪光鲟（Acipenser stellatus）原种600尾。通过对6种养殖杂交鲟的形态特征、生长速度、性腺发育情况、倍性和肉质成分的比较分析，发现西鳇杂交鲟、小鳇杂交鲟和俄鳇杂交鲟3个品种是比较适合北京地区养殖条件的具有优良性状的国产杂交鲟品种。特别是小鳇杂交鲟，是一个具有较大开发潜力的杂交鲟品种。另外，持续开展达氏鳇和匙吻鲟的人工繁殖和苗种培育。引进了白点鲑、硬头鳟、金鳟、溪红点鲑、大西洋鲑等，以及国产鲑科鱼类细鳞鲑（Brachymystax lenok）、哲罗鲑（Hucho taimen）、马苏大麻哈鱼［Oncorhynchus masou（Brerart）］等品种10余个，开展了人工繁殖和苗种培育技术研究，为冷水鱼养殖储备了新品种。

（二）育种技术不断提升

鲑鳟鱼创新团队自主选育和“西伯利来鲟+施氏鲟”杂交鲟正反交苗种、杂交鲑鱼三倍体、杂交金鳟4个品种在国内大规模推广，覆盖全国20多个省（市、区）；杂交鲟鱼繁殖技术应用率达96%，苗种销量占全国70%以上；进一步完善和利用鲟鱼分子育种平台。在建立鲟鱼家系、构建鲟鱼种质基因库和启动鲟鱼遗传图谱构建的基础上，创新团队进一步丰富鲟鱼优良品种种质资源库，应用鲟鱼基因组育种平台开展高繁殖力鲟鱼品种的选育和鲟鱼杂交种亲本选育，稳定杂交种优良性状，已收集保存鲟鱼DNA样本200份以上、3种以上鲟鱼冷冻精子，1种杂交鲟子一代；开展鲟鱼全雌育种技术的基础研究，尝试在小体鲟性别差异基因foxl2和cyp19a1的调控区寻找差异，构建了包含foxl2或cyp19a1基因质粒和含有T7或sp6启动子的双链DNA序列，为后续构建foxl2或cyp19a1基因绝对定量体系和方法打下基础；设计包含小体鲟雌雄差异SNP的引物对已知小体鲟已知性别样本进行扩增与鉴定。

（三）水产品质量检测不断完善

一是强化监督抽检与日常执法工作。北京市农业农村局制定《水产品质量安全问题专项整治方案》，强化自查整改，完善养殖场户监管档案1181套，新建养殖场户档案15套，注销养殖场户档案107套。全年完成孔雀石绿速测筛查525个，完成任务100%，合格率99.8%；完成监督抽检650个，完成任务100%，合格率98%。认真落实日常执法监管，执法检查1233次，下发“责令整改通知书”34份，立案8起，结案7起，销毁武昌鱼125.5公斤，罚款11200元。为保障春节、国庆等特殊时段养殖环节的水产品质量安全，对鲜活水产品特供单位多次进行专项执法检查，保障了特殊时期所供应的水产品质量百分百安全。加强药残超标案件的督办、参办，对通州等区违禁药残超标案件进行了重点督办，使案件得到及时有效处理。

二是以水产苗种监督为重点，组织落实农资打假工作。开展农资打假宣传培训，有效提高养殖户的识假辨假能力；以孔雀石绿、硝基呋喃代谢物等违禁药物为重点，强化水产苗种质量安全监管。

三是做好违禁药物残留抽样工作。全年按季度市场抽检4批，对京深、岳各庄等大型批发市场抽取草鱼、鲤鱼等样品共160个，总体平均合格率为97.5%。上、下半年分2批，对通州、平谷等养殖基地抽检草鱼、鲤鱼、虹鳟鱼和罗非鱼样品50个，合格率100%，连续7年保持100%。

（四）水生生物增殖放流

2019 年全年增殖放流资金共 2400 万元，投放鱼苗 1600 万尾，投放水域 38 处，投放涉及水面 35.6 万亩。其中，中央资金 988 万元，投放 791.88 万尾。开展全国放鱼日宣传活动。2019 年 6 月 6 日在永定河水系的妫河源头——玉渡山自然保护区举办了 2019 年全国放鱼日北京主场增殖放流宣传活动，投放了 1.5 万尾瓦氏雅罗鱼和 1 万尾细鳞鲑。未来将实施北京鱼类增殖放流生态评估项目，对放流水体进行水生生态跟踪调查，对水体生态载力进行分析，对增殖放流鱼类发挥的生态效果进行评价。

第二节 农业基础设施提档升级，保障首都农业供给能力

一、高标准农田建设持续推进

建设高标准农田是国家粮食安全战略工程的内容之一，北京市通过完善农田基础设施，提升农田综合生产能力、生态服务能力和景观服务能力，打造美丽田园，推动现代农业发展。一是按照农业农村部 2019 年 4 号令要求，落实了北京市 2 万亩高标准农田建设任务。二是争取财政支持，明确在中央财政补贴基础上，对北京各区域内高标准农田建设标准补贴到 3000 元/亩，对双河农场补贴到 2500 元/亩。三是制定并印发了《北京市农业农村局关于做好 2019 年高标准农田建设工作的意见》，并按进度推进工作，及时下拨全部资金，开工率 100%，建成面积 33%，预计到 2020 年 9 月工程全部建成。五是组织清查工作。组织各区对“十二五”以来由各相关部门组织实施的高标准农田项目进行核查，全部上图入库并进行等级评价。

此外，实现有机肥替代化肥补贴 15 万亩，测土配方施肥技术示范推广 13.4 万亩，围绕重要水源保护区、地下水严重超采区、大尺度绿化区、生态涵养区等重点生态保护区域，在密云、延庆等 8 个区开展休耕试点，以及耕地地力保护补贴、基本菜田生产补贴、农机深松整地、秸秆综合利用、畜禽粪污资源化利用等多项措施，耕地质量逐年提升。

二、农业信息化水平加速提升

2019 年农业信息化重点开展农业遥感、新型传感器、大数据、区块链、机器人等方面的创新性研究和转化工作，提升京津冀地区的智慧农业和数字乡村水平，为乡村振兴战略落地提供信息化支撑。

第一，研发面向生产的智能农场云平台，以实现农产品生产信息电子记录、提高农产

品标准化生产管理水平、规范农产品包装标识为目标，提供生产基地管理、生产资料管理、生产履历管理、产品检测管理、生产过程预警、追溯标签生成与打印等功能。系统与多种物联网设备（如病虫害监测设备、生产履历采集设备、农残快速检测设备等）具有良好的数据接口，可实现多源数据的融合与集成。

第二，研发物流管理系统，集成物流监控设备和货架期预测模型，提供仓储、运输等环节的实时监控和货架期管理等功能，系统提供车辆远程位置追踪、车辆历史轨迹查询、车厢环境实时监控、订单配货、基于路线优化的订单配载、订单配送状态查询、产品货架期预测等功能。

第三，面向市场的交易管理系统，实现了农产品交易查询、交易统计、门店管理、订单管理以及交易记录管理等功能。系统界面美观易用，提供了一个向公众展示农产品交易的公开平台。

第四，农产品追溯区块链平台，系统包含网站、手机、触摸屏等多种追溯方式，可根据用户需要定制开发，并提供基于区块链的追溯技术。网站追溯：消费者通过在网站上输入追溯标签上的产品追溯号，系统将产品信息、企业信息、环境信息、生产视频信息、检测信息等所有质量安全数据显示在追溯结果页面，满足不同消费者的追溯需求；手机追溯：消费者下载 Android 或 IOS 手机扫描追溯软件并安装后，通过手机摄像头提取二维追溯条码，实现简单的信息追溯，并可通过手机上网实现详细的追溯；触摸屏追溯：消费者通过使用带有二维条码扫描头的触摸屏对条码进行扫描，能查到蔬菜、水果、畜禽、水产等产品信息、企业信息、农事信息、检测信息等追溯结果。

第五，面向政府的监管系统，基于农产品质量安全管理流程及部门分工定制，实现了认证企业审核与备案、农事信息监管、检测数据分析、条码打印标签统计、质量安全预警等功能，重点支持产中投入品监管、产后检测监管。

第六，温室病虫害监测设备及预警系统，针对温室病虫害监测预警需求，提供病虫害物联网数据采集子系统、基础数据管理子系统、历年病虫数据分析、气候信息数据分析、调查任务管理、数据查询汇总、数据分析、数据迁移、数据填报、系统对接、植保知识库、信息交流子系统等功能，重点支持政府部门和园区的植保信息化需求。

三、农业机械化水平转型升级

习近平总书记指出：“大力推进农业机械化、智能化，给农业现代化插上科技的翅膀。”“没有农业机械化，就没有农业农村现代化。”近年来，北京市农业机械化和农机装备水平显著提升，目前北京全市农机总数 20.52 万台套，主要农作物综合机械化率达到 91.2%，农作物秸秆综合利用率达到 95.36%，为农业“调、转、节”和农业供给侧结构性改革提供了动力保障，在促进农业增产增效、农民增收、农村资源利用方面发挥引擎作用。

2019年是北京市实施“自主购机”政策的第一年，制定了《北京市农机购置补贴工作流程》《北京市农机购置补贴产品核验工作规程》《北京市农机具购买及补贴申请、兑付流程》等一系列配套文件，明确补贴工作程序，规范相关工作流程。确定年度农机购置补贴范围共70个品目，调查相关产品1000余个，对每个品目的产品进行分档，并测算每个档次产品的补贴额，公布年度北京市农机购置补贴额一览表。邀请企业自主、自愿投档，组织专家对投档信息和材料进行审核，形成并发布年度北京市农机购置补贴产品归档信息表，全年共归档补贴产品2000余个。

当前，北京市农机装备产业科技创新能力持续提升，农机具配置结构进一步优化，农机作业条件初步改善，农机社会化服务领域有效拓展，农机使用效率进一步提升，为建立全市农业机械化发展协调推进机制，破除农业机械化发展障碍，共同完成农机化转型升级各项任务，营造加快推进首都农业机械化和农机装备产业转型升级营造了良好氛围。

第三节　发展有机循环绿色农业，共同绘就首都绿水青山

落实高质量发展要求，北京扎实推进实施乡村振兴战略，着力提升农业农村发展水平，激发乡村振兴内生发展动力。北京市还出台《推动生态涵养区生态保护和绿色发展实施意见》，对占全市面积近七成的生态涵养区发展划出“红线”，确保区域生态空间只增不减，土地开发强度只降不升。这意味着北京乡村发展也走上了“减量提质”之路，将以更绿色的GDP留住美丽乡村。

一、有机农业助力首都绿色发展

北京未来农业的发展方向是“大都市、小农业”，不再以追求农业产量为导向，而更加注重绿色有机农业发展。有机（绿色）农业兼顾生产、经济、生态环境与社会需求多方面特性，有望成为推动北京市农业高质量发展和转型升级的突破口，助力乡村振兴战略的实现和北京市农业综合管理水平的提升。

2019年年初，延庆区委、区政府决定建立区域公用品牌，通过品质控制保证产品质量，实现产品溢价。由此，在区政府的倡导下，“妫水农耕”区域公用品牌应运而生。立足北京大都市发展现代都市农业，利用生态优势、地域优势以绿色有机、产业融合发展为支撑，把好产品送出去，把城市人请进来，是延庆农业发展的必由之路，这在延庆已经形成了共识。在2019京张优质农产品推介会上，北京市延庆区正式发布了首个农产品区域品牌“妫水农耕”。这一区域公用品牌将整合区内有机农业，对果品、蔬菜、畜牧、杂粮、

园艺花卉等农产品进行统一的品质控制，将京、张、蒙三地优质农产品精准供给给北京2000多万市民。

延庆区是北京市唯一一个中国有机产品有机认证示范区，其中北菜园有机蔬菜、金粟有机葡萄、归原有机奶等都是北京著名品牌。2019年年初，延庆区委、区政府决定把大家组织起来，建立区域公用品牌，通过品质控制保证产品质量，实现产品溢价。由此，在区政府的倡导下，“妫水农耕”区域公用品牌应运而生。

目前国内有机种植基地分布于北京延庆、海南海口/三亚/东方、广西资源、黑龙江五常四个地区，有机种植规模2500多亩，年产有机蔬菜500多万公斤，50余种蔬菜和大米通过了权威机构的有机认证。北京延庆的北菜园已是北京出了名的“有机菜园”，始于2007年，专注有机农业发展。有机农业将是延庆农业发展的重要方向，目前其有机认证土地已达2500余亩。认证品种达70多种，年产量2000余吨，全年日均供应有机蔬菜35种左右，专注于有机蔬菜种植生产、加工包装和产品销售业务，北菜园正致力建设一种“有机产业提升+联农、带农”的合作共赢新模式。

二、设施农业推动农业现代化

设施农业是都市型现代农业的发展方向，近年来，北京农业多措并举推动现代设施农业创新发展。从2010年到2019年设施农业的收入来看，2013年设施农业总收入达到顶峰为57亿元，2014年降至51亿元，随后设施农业收入情况基本稳定。2019年，受大棚房治理影响，设施农业播种面积40.6万亩，同比下降16.1%；实现产值47.1亿元，同比下降7.9%（见图2－1）。

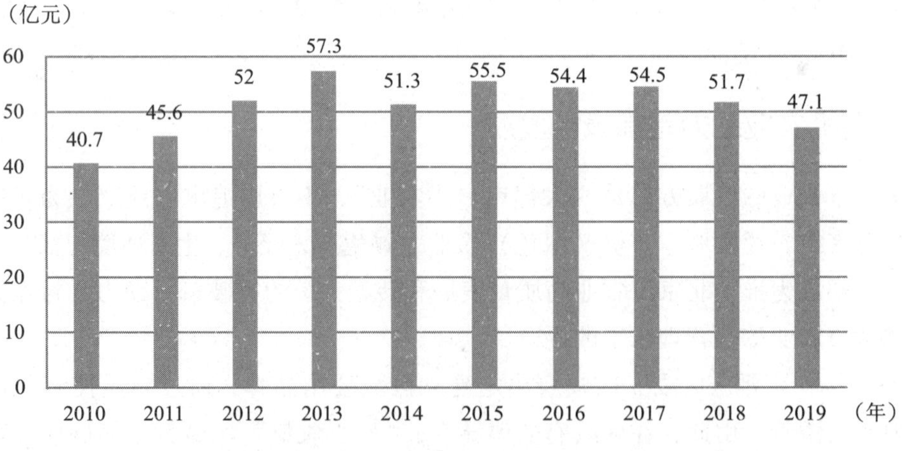

图2－1　2010～2019年北京设施农业收入

数据来源：北京市农业农村局。

将农业与设施相结合，发展新型农业生产模式。通过采用现代农业工程和机械技术，改变自然环境，从温度、湿度、空气、光照和水等方面为动植物提供适宜的生产环境。高投入、高技术含量、高品质、高产、高效益的设施农业，是最具生机的现代新业态之一，建筑材料、机械、自动控制、园艺技术、栽培技术和管理学科系统工程等涵盖其中，设施农业的发展程度成为农业现代化水平的重要标志之一。2019 年 10 月农业农村部出台了《关于实施家庭农场培育计划的指导意见》，文中提出强化用地保障，利用规划和标准引导家庭农场发展设施农业；鼓励地方政府加大土地支持力度，并支持以各种方式建设家庭农场的仓储、干燥、保鲜库和农机库棚等设施。

为促进首都设施农业发展，北京市加强设施农业数据资源建设；13 个区设施农业台账信息采集工作顺利完成，共建立设施农业台账 213928 个，覆盖北京市 178 个乡镇；形成了“1 +32”的指标体系，核心信息包括位置信息、面积信息、图斑号信息以及建设主体、经营主体等信息；初步实现设施农业台账数据共享；完成合同信息导入和关联的设施占比 73.4%。设施农业二维码标牌装挂工作稳步推进，目前已经装挂二维码并实现数据关联的设施占比 79.4%，基本完成支撑设施农业台账信息管理的系统开发工作。

三、循环农业打造绿色加工体系

北京作为首都，打造绿色环境、绿色生态是坚守的目标。近年来，北京农业积极推进农作物秸秆回收利用，综合利用水平得到明显提高，积极建立和完善以秸秆为肥料、饲料和基础原料的秸秆购储运输体系并进行综合利用。发展以龙头企业、家庭农场和专业合作组织为主导的农牧业综合体，推广秸秆青贮、氨化、微储藏或颗粒饲料生产等技术，促进以秸秆利用为基础的种养结合。多年来围绕“种养加循环、一二三产融合”的发展目标，全面推进畜禽粪污、秸秆、农膜等农业废弃物资源化利用，给予完善的装备和技术支持，大力促进农业生态绿色发展。按照集约节约、环境友好、绿色发展要求，鼓励农产品加工企业开展副产物循环高值梯次利用。推行低消耗、少排放、可循环的绿色生产方式，推进“生产—加工—产品—资源”循环发展。加快副产物综合利用的技术创新，开发新能源、新材料、新产品等，实现资源多次增值、节能减排。

（一）畜禽粪便循环利用

通过实施有机肥的深加工，将大量浓缩或分散的畜禽粪便加工成有机肥，不仅有利于环境保护，而且可以耕作肥土，提高农作物质量。在小型农场或密集集散区的 10 公里范围内，建设区域畜禽粪便收集和处理站，对畜禽粪便和农作物秸秆进行收集、存储和堆肥处理，当场堆肥至返回田间使用或作为有机肥料产品参加市场周期。区域粪便收集处理站的建设主要包括农场（家庭）临时粪便储存罐、堆肥车间、有机肥料仓库等土建工程，以及堆肥混合机和粉碎机等设备。严禁未经处理的畜禽粪便随意堆放，这可能造成水体、空气以及土壤污染问题。这些措施对环境保护具有重要意义。

（二）农作物秸秆综合利用

首先，通过支持秸秆畜牧合作示范、规模田间示范和秸秆饲料专业化生产模式，重点建设秸秆青黄贮窖或工业生产线、购置秸秆加工机械和加工设备、配套基础设施，增强秸秆加工草料能力，加快农作物秸秆饲料的利用。运用秸秆炭化技术改良土壤。使用连续热解炭化装置对农作物秸秆进行热解，产生生物炭和混合气，生物炭返回田间进行土壤改良，以保护和改善耕地的质量，分离生物质气体、焦油和木乙酸后使用热解混合物。对此主要支持土木工程的建设，如原料棚、炭化车间、炭成型车间以及购置设备，如连续碳化炉、进料系统和炭成型生产线等。

其次，秸秆富含纤维素、木质素和其他有机物，是食用菌栽培的重要原料，也可用作蔬菜和花卉幼苗栽培的基质。以秸秆为主要原料，以牲畜粪便为辅，对养殖废水进行高温好氧发酵，加工生产商品化基质产品。对此主要支持秸秆粉碎车间、堆肥车间、包装车间等土木工程建设，以及装载机、周转机、皮带输送机等设备购置。

再次，根据当地条件推广“炊事加热炉＋秸秆成型燃料”等多种燃料模式。以秸秆为主要原料，首先压缩成块状或颗粒状燃料，并配备特殊的生物质节能灶，供农民做饭取暖。对此主要支持秸秆预处理设备、成型设备、配套设备以及原料现场生产车间、成型燃料储存库等。

（三）具体案例——以首都农业集团推动绿色循环农业发展为例

首都农业集团（简称“首农集团”）定位为“立足农业，服务首都，建设具有产业竞争力和品牌影响力的现代都市农业产业集团”。在畜禽养殖育种、食品加工、生物制药、产品和物流等方面具有明显的优势，形成了从田间到餐桌的完整产业链。以“首农”品牌为核心，传播“安全立业、业精于农”的价值，建立“首农”主品牌和副公司产品子品牌的集团品牌体系，协同打造都市现代农业第一品牌。首农—拜耳示范农场揭牌仪式于2019年11月26日举行。两家企业合作建设绿色农业示范基地，启动农业绿色发展、生物技术等相关产业领域业务合作，共同打造具有中国特色的绿色农业发展典范。示范农场项目在首农庄园种植了4个品种的拜耳特色西红柿和辣椒。结合拜耳绿色病虫害综合防治计划，在种植全程使用拜耳杀虫剂亩旺特、Steady、Silverfari等绿色认证产品，并配合水肥管理与栽培技术指导。示范农场的特色彩色辣椒具有很强的连续结果能力，果实类型大，每个可达200克。在辣椒早期生长阶段施用后，无须再次施用，更加符合绿色农业的标准。

此外，2020年3月17日，首农集团下属公司双河生猪繁育基地和房山生猪繁育基地建设项目恢复，总投资9亿元。该项目将于2020年底完成，每年将生产325000头商业猪。其中房山生猪繁育基地是北京规模最大、投入最大的养猪基地。房山生猪繁育基地采用三维建筑风格的养猪场，配备完整的冲洗、隔离和完全封闭的出风口系统，配有自动硬件和软件设施，并具有生物安全防护和预防措施，可以最大限度地降低疾病传播的风险。项目运行过程中产生的有机肥和液态肥料为周围的蔬菜大棚、农田和平原绿化提供有机养分，形成了结合生态循环农业的种植业和养殖业可持续发展的良好态势。作为北京的“蔬菜篮子”企业，首农集团一直为北京乃至全国的人民提供健康安全的蔬菜。

第三章　北京都市型现代农业产业体系

第一节　农业产业融合持续提升，科技创新提供新的支撑

一、与会展融合，示范辐射带动能力大幅提升

北京市以特色农产品优势区为基础，大力发展国际性会展农业，通过举办一个展会，拉动一个产业，富裕一方农民。近年来，北京市陆续在郊区成功举办世界草莓大会、世界食用菌大会、世界种子大会、世界葡萄大会、世界马铃薯大会、世界月季洲际大会等国际性农业会展，2019 年成功在延庆区举办世界园艺博览会。通过举办一系列农业领域“奥林匹克”级别的大型国际会议展览项目，北京市农业逐步迈向高端化、国际化。另外，北京市注重会展场馆的后续利用，利用世界草莓大会场馆连续 5 年举办集科技展示、园艺观光、娱乐休闲、科普教育等功能于一体的北京农业嘉年华活动。

会展农业不仅带动旅游、物流、交通、饭店服务等产业的发展，而且聚合农业产业链上的诸多环节和产品，是都市型现代农业的高端产业形式和经济形态，是引领京郊农业全面升级和布局结构调整优化的重要形式，具有广阔的发展前景。北京市具有发展会展农业的良好条件，例如会展行业的快速发展、首都优势、丰富的特色农业等。会展农业以会展行业为依托，需要良好的会展设施及交通、住宿等各项条件保障，同时，离不开高素质会展人才的参与，因此，北京会展行业的发展为会展农业创造了良好的条件，起到了推进作用。2019 年北京会展农业突出高端化、服务化、集聚化、融合化、低碳化，取得显著成效（见表 3－1）。

二、与创新融合，实现农业科技创新体系升级

依托首都丰富的科技资源和优势，北京正在着力打造全国科技创新中心，在此过程中

表 3-1　　2019 年北京会展农业一览表

时间	会展名称	地点
2019 年 3 月 16 日	第七届北京农业嘉年华	北京昌平草莓博览园
2019 年 3 月 31 日	中国种子大会	国家会议中心
2019 年 4 月 1 日	第七届中国（北京）国际智慧农业装备与技术博览会	北京展览馆
2019 年 4 月 27 日	第十届中国国际现代农业博览会	中国国际展览中心
2019 年 5 月 20 日	第八届北京（通州）国际都市型现代农业科技节	北京国际都市型现代农业科技园
2019 年 6 月 4 日	中国北京国际葡萄酒博览会	国家会议中心
2019 年 6 月 19 日	第十届中国北京国际园林景观技术与设施展览会	北京亦创国际会展中心
2019 年 10 月 12 日	第五届北京国际优质农产品展示交易会	全国农业展览馆
2019 年 11 月 4 日	第二十一届中国国际有机食品和绿色食品博览会	中国国际展览中心
2019 年 11 月 4 日	第十届 IEOE 中国国际食用油产业博览会	中国国际展览中心
2019 年 11 月 22 日	第十九届（北京）国际有机食品和绿色食品博览会	中国国际展览中心
2019 年 11 月 24 日	北京世界食品饮料展览会	中国国际展览中心

资料来源：北京市农业农村局等网站资料汇总。

农业也必须瞄准城市功能定位，朝着科技型农业、高精尖农业不断发展。为此，首都农业深入实施创新驱动发展战略，提高农业科技自主创新和成果转化水平，强化对全国农业科技创新的示范引领作用，为农业农村发展拓展新空间、增添新动能。2019 年北京都市型现代农业以“高端、高效、高辐射”为导向，以农业高端研发、产业链创新和现代服务业引领为重心，大力提升农业高端服务、产业链创新和先导示范功能。对接国家科技创新2030——种业自主创新工程，种业原始创新、集成创新和应用创新能力不断提升，加快科技成果在北京落地应用。到 2020 年末，在生物育种、生物农业、营养健康、农业智能装备和循环农业等技术领域呈现出一批世界级的科技成果；优化一批涉农重点实验室和工程技术研究中心及企业研发中心，集聚一批具有国际视野的科技领军人才、企业家和创新团队；推动农用化肥和化学农药利用率分别提高到 40% 和 45%；农田绿色防控率达 60%；农田灌溉水有效利用系数提高到 0.75，农田节水灌溉面积比例达到 95% 以上；主要农作物耕种收综合机械化水平达到 90% 以上；北京农业科技进步贡献率达 75%，继续在全国保持领先。

新型产业培育能力和社会化创业服务能力持续增强，农村科技创新创业服务体系逐步优化完善。到 2020 年，实现“十百千万”的工作目标，即打造十个创新创业平台，建设百个农业科技园区和星创天地，转化推广千项先进实用农业科技成果，培养一支万人科技特派员队伍。北京科技特派员在线、“12396”北京新农村科技服务热线在服务现代农业建设、示范带动京津冀农村创新创业和绿色发展等方面的作用进一步增强。培育农业“高精尖”产业，为现有品牌“插上科技的翅膀”，打造一批现代农业产业链和农业高端品牌，显著提升北京涉农产业附加值和社会贡献度。到 2020 年，农产品质量安全监测合格率保持在98%以上，土地产出率、劳动生产率和资源利用率得到提升。强化“两端在内、中间在外”的产业链服务模式，增强北京涉农产业在成果、标准、规范、品牌、商业模式等方面的示范引领作用，并服务于全国现代农业发展。到2020年末，实现农业高新企业数量达到700家。

重点打造中国北京农业生态谷，它是中粮集团、中国农科院与房山区深度合作开发的集种植、加工、体验、展示于一体的全产业链现代农业项目。中粮智慧农场和中粮健康生态科技园以科技为主轴线，创新工厂化农业、生态农业、观光农业、综合农业等业态，吸引蒙牛乳业、金帝巧克力、华夏长城酒庄等数十家企业进驻园区。

三、与创意融合，助力首都现代农业园区建设

2019年大兴区庞各庄镇正打造现代农业产业园项目，涵盖东部35个村，面积约8.9万亩，将利用3年时间实施集中育苗示范、生产基地改造、产业融合增值、质量品牌提升等七大工程，逐步打造集生产功能、生活功能和生态功能于一体的都市型现代农业综合体。2020年，全镇西瓜年产量将达11万吨，年销售收入6亿元，产业园总产值10亿元，农民年人均可支配收入超3万元。此外，大兴区玻璃西瓜工艺品荣获全国休闲农业创意精品大赛产品创意金奖，一个“玻璃瓜”即是一个“艺术珍品”。将西瓜籽塞进圆形有机玻璃罩内，当西瓜形状与玻璃罩一致时，灌入特制的保鲜液，使西瓜处于“休眠”状态，保证西瓜永不腐烂，成为可供长期观赏的艺术品。2019年房山农民秋收节以“庆祝丰收、弘扬文化、振兴乡村”为主题，以“迎国庆、庆丰收、多增收”为主线，通过“国庆七天农游房山”“我和农遗来相会”“渔乐金秋”等多个板块，全方位展示房山区传统农耕文化底蕴和都市型现代农业风采。将文化创意与农业深度结合，打造出属于自己的品牌，将文化商品化、商品文化化，将科学文化要素纳入农业生产，进一步扩大农业功能，整合资源，把传统农业转变为集生产、生活、生态于一体的现代农业。

北京市农林科学院搭建了创意农业科技服务平台，围绕特色产业型农产品创意、生态观光型景观创意、文化提升型创意、休闲体验型创意等开展了创意设计、产品研发、主题活动策划，力求创新北京农业新业态，推动北京农业多层次产业链的构建，促进北京创意农产品标准化，从而带动传统农业向现代农业优化升级，促进产业融合发展和城乡一体化建设。

该平台整合北京农科城网络中心和221平台信息资源，建设了北京创意农业科技服务云（105G），吸引了12家创意公司、工作室入驻平台，展示创意农业产品与服务；设计农业景观创意与功能性设施创意产品10项，研发创意农产品12个，在密云、房山等区设计了创意主题体验活动10项，为创意农业发展提供了科技支撑；建设了创意农业促进产业融合发展种子创意工作室、蔡家洼“玫瑰情园”等不同类型示范基地（创客空间）5个，为北京绿禾都市食用菌产业园提供了农业创意服务6项，起到了很好的示范带动作

用，开展了新农人、创业者培训200人次，有效地带动了创意农业的发展。

四、与网络融合，“互联网+”畅通产销对接渠道

（一）运用信息化创新农产品营销方式，转变农业发展方式

2019年北京实施“互联网+小农户”计划，加快小农户对农业大数据、物联网、移动互联网、人工智能等技术的认知，提高手机、互联网等应用技术，使小农户可以搭上高速信息技术的火车；把信息工程推广到农村和家庭，并建立一个全国性的农村和家庭信息平台，为小农户提供方便、高效的信息服务；鼓励发展互联网云农场等模式，帮助小农户制定合理的生产计划，优化生产要素分配；大力发展农村电子商务，鼓励小农户网上购销农产品，促进农产品线上线下分销有机融合；深化电子商务扶贫渠道建设，开展电子商务扶贫品牌推广活动，促进贫困地区农产品与知名电子商务企业的对接；支持小农户信息服务企业和信息应用学科建设，为小农户提供个性化、专业化服务。

促进北京都市型现代农业产销一体化发展，实现“垂直”产销一体化。产销一体化是通过生产企业与部分销售企业之间的合资经营形成纵向销售体系。双方签订合同规定，生产者只能将产品交给合资企业出售，选定的销售企业只能以中间人的身份出售合作生产企业的产品，而不能出售其他企业的产品。生产企业和销售企业的结合更有利于促进产品的销售。进一步推进“互联网+农业”模式，进一步扩大农业物联网的应用范围，促进重要农产品全产业链大数据的发展。通过生产和供应网络的无线连接，将真正实现整合，在所有流通环节中提高信息的透明度和质量与安全的可追溯性，提高运营效率，通过信息化创新农产品的销售方式，并开发农业新业态。

（二）具体案例分析

1. 密云区网络电商订单农业模式

密云区北京云梦园农产品产销专业合作社借助网络，采用订单模式出售农产品，与密云区大城子镇低收入村张泉村合作推出网络电商“满垛鲜”“张泉达康”品牌，通过收购村里核桃、栗子、山楂、荆条蜜、自培育黑猪、散养鸡和鸡蛋等绿色产品，帮助农户增收；并代理线上线下运营工作，成功将“张泉达康”孵化成为一个集农产品种植、农产品深加工、销售于一体的新型农业企业。2019年5月，中央电视台《一路有你》栏目对这种创新的精准帮扶模式和山楂汁的研发营销过程进行跟踪报道，在央视一套播出。2019年9月，“满垛鲜”发酵山楂果汁参加第16届中国餐饮食品博览会，受到餐饮行业的青睐。依托现代信息技术和物流手段，大力推动“互联网+农业”发展，可以打破传统农业生产方式，实现农业的信息化、集约化和智能化，促进低收入村民增收，带动经济发展。

2. 北京四海种植产销纵向融合发展

北京四海种植专业合作社成立于2005年10月，由8个村12名村干部自发组织成立，主要带动农户种植茶用菊花，自2006年开始，由高校以及延庆区科委提供技术支持，以

“科研单位 + 合作社 + 农户”的模式发展林下经济，选育、研发、示范推广优质花卉品种，与农民签订回收协议，由 2006 年种植茶用菊花 100 亩，到 2018 年种植茶菊 400 亩，收购鲜菊 7.5 万公斤。合作社从种植、加工到销售的产业链条已经初具规模，实现产销一体化融合发展。2010 年合作社注册“京水源”商标，随着菊花加工能力的不断提高，带动了前山、楼梁、菜食河、王顺沟、黑汉岭等 10 个村 500 余户农民，尤其促进了前山村村民的增收致富，2018 年被农业部评为“全国一村一品”称号。2018 年北京四海种植专业合作社带动所种植茶菊通过了北京五洲恒通认证有限公司的有机认证，所加工的菊花茶被指定为第七届北京花博会专用礼品。当年北京四海种植专业合作社所加工的菊花茶已获得国家质监局颁发的食品生产许可证（SC 认证），可以直接进入超市销售。2018 年合作社与四海镇前山村结成对子，确保低收入农户 2018 年人均可支配收入全部达标。

3. 大兴农业合作社联合外卖平台创新发展

大兴区农产品丰富，蔬菜瓜果产量很高。往年春季正是采摘园最热闹的时候。可 2020 年由于新冠肺炎疫情的影响，线下经济活动受到不小的冲击，部分农产品出现了销售困难的情况，很少有商户或群众进行采摘、采购相关业务。面对疫情的影响，大兴区电商办开拓出一条“直播 + 助农 + 电商”的助农增收新模式，在第一时间广泛收集销售困难的合作社名单，联动召集电商平台，拓展农产品销售渠道。“阿里巴巴本地生活”积极响应发挥平台行业的优势，开展线上对接。疫情期间，大兴区电商办把复工复产与扩大内需结合起来，把在疫情防控中催生的新兴消费、升级消费培育壮大起来，通过系列举措，为大兴区拉动内需、释放新兴消费潜力、刺激消费发挥积极作用。

2020 年 3 月 19 日，大兴区电商办迅速召集近 20 家农业合作社及阿里巴巴本地生活部，在线上召开了农产品销售困难和需求对接会，由农业合作社逐一提出问题和需求，大兴区电商办对接线上资源支持和解决。阿里巴巴本地生活联动菜鸟网络，提供物流配送服务，解决配送问题。借助“饿了么”平台，进一步向餐饮商户推荐本地农产品。下一步，大兴区电商办相关负责人将采取积极带头开展工作的新模式，到大兴区农业合作社化身网络主播，向北京市全市的消费者介绍互联网助推大兴区产业发展工作。第一批直播于 4 月 16 日开播，拟定推动 4 家合作社的产品开展线上直播销售，助力大兴农产品走向全国。

五、聚科技资源，技术创新加快农业产业升级

（一）农业科技创新体系逐渐完善

2019 年北京市政府非常重视农业的自主创新能力，加大资金投入，研究农业科技基础理论。首先，以现代服务业为基础引领现代农业发展，通过科技与服务相结合的方式，深化北京现代化农业科技改革，促进新技术成果转化。其次，发挥北京科技资源优势，打造现代农业产业新体系，科技创新新动力、人才培养新动态。第三，增加对国家农业科技园区的资金投入和政策支持，提高科技园建设水平，优化内部管理机制，充分发挥模范带头

作用。北京市政府以平谷农业科技园为载体，以京瓦农业科技建设为中心，推动北京市优势科技资源集聚，加快农业科技创新园向国际化发展，又好又快发展农业科技创新力量。同时，深入探讨农业科技创新规律，完善科技创新评价机制，让农业创新科技改革做大做强；推动农业科技创新奖励机制，推动科研成果保护权益，鼓励人员创新创业，推动基层农业技术机构、公益性农技推广组织融合发展；积极鼓励社会人员广泛参与科技推广。

（二）农业新技术研发推广力度加大

2019 年北京市持续加大农业技术研发力度，在诸多领域保持领先地位，在农业生物技术和节水节能高效生态农业等领域以实现成果转化，近几年共开展农业技术实验研究 2400 余项，远高于其他地区水平。在都市型现代农业发展上，打造精品设施农业综合体，推动高精尖的智能温室、植物工厂发展。在农产品加工设备及智能农机设备方面取得较大成效，有力支撑现代农业发展。在新产品开发和推广上，开发新产品 250 余项，示范推广新产品 330 余项，并获得专利 600 余项，累计产生经济效益 150 亿元，有效地实现了科技成果转化，提高农业科技贡献率。建立健全完善的激励政策，发挥科技优势和教育优势，积极推进科研院所高等院校与科技产业园、示范区相结合的模式，大力提升新型生产经营主体科技能力素质，为北京农业提质增效和转型升级提供重要支撑。

（三）“科技 + 农业”融合程度加深

2019 年北京市持续推进“互联网 + 现代农业”模式发展，加强对“互联网 + 设施农业 + 畜禽水产养殖业 + 农业机械化服务”等的支撑，重点推动感知和控制体系建设在现代农业中的作用。建设好北京一流农业数据中心，做好示范基地的数据采集、分析与研究。整合北京农业各产业各地区的信息服务资源，构建信息资源共享平台。出台优惠政策加快涉农企业信息化建设进程，培育具有国家知名度的涉农企业，拓展北京现代农业发展空间。支持鼓励农村电子商务发展，推动农民利用资源优势发展独具特色的电子商务。积极探索与创新“互联网 + 现代农业”的科技新模式，大力发展农业农村电子商务等新业态。

第二节　拓展农业全产业链价值，打造特色农业产业品牌

一、农业生态服务价值

农业是国民经济的基础，在通过科学技术进步和土地集约化利用取得巨大成绩的同时，也造成了生态与环境问题的日益加剧。生态农业本质上是一种生态经济学原理指导下的农业可持续发展类型，其基本思路符合“3R”原则，即物化资源与废弃污染物的减量

化（Reduce）投入或排放、废弃物的多次利用（Reuse）和废弃物的循环再生（Recycle）。

据2019年北京都市型现代农业生态服务价值监测公报，2019年北京都市型现代农业生态服务价值年值为3895.32亿元，同比增长1.5%；贴现值为11237.26亿元，同比增长1.5%（见表3－2）。从构成农业生态服务价值年值的三个部分看：直接经济价值为359.77亿元，比上年下降0.2%，占总价值的9.2%。2019年，传统农业生产功能进一步弱化，农林牧渔业总产值同比下降5.1%；供水价值增长22.7%，其中地表水供水量（含南水北调水）同比增长20.3%，其价值量对供水价值增长贡献率达87.1%，拉动供水价值增长作用明显。间接经济价值为1309.11亿元，比上年增长3.6%，占总价值的33.6%。其中，文化旅游服务价值的增长仍是最大亮点，增速为4.5%，对间接经济价值的贡献率达84.5%。2019年，全市生态环境明显改善，实施了“一绿”8处城市公园、“二绿”7处郊野公园建设，结合“疏整促”专项行动，充分利用拆迁腾退地实施“留白增绿”1686公顷，全市公园绿地500米服务半径覆盖率由80%提高至83%，拉动市民的“绿色”需求和消费的不断升级。生态与环境价值为2226.44亿元，占总价值的57.2%，比上年增长0.6%。生态与环境价值中，除土壤保持价值外，其他功能价值均稳步增长。2019年，全市绿化建设力度进一步加大，新增造林绿化面积1.87万公顷、城市绿地803公顷，全市森林覆盖率达到44%，比上年提高0.5个百分点；全市水生态持续改善，2019年全市完成25条生态清洁小流域建设，永定河综合治理与生态修复扎实推进，重要江河湖泊水功能区水质达标率提高到87%。

表3－2　　2019年北京都市型现代农业生态服务价值及增速表

指标名称	年值		贴现值	
	2019年（亿元）	比上年增长（%）	2019年（亿元）	比上年增长（%）
都市型现代农业生态服务价值	3895.32	1.5	11237.26	1.5
一、直接经济价值	359.77	－0.2	359.77	－0.2
1. 农林牧渔总产值	281.70	－5.1	281.70	－5.1
2. 供水价值	78.06	22.7	78.06	22.7
二、间接经济价值	1309.11	3.6	1309.11	3.6
1. 文化旅游服务价值	890.52	4.5	890.52	4.5
2. 水力发电价值	8.00	3.3	8.00	3.3
3. 景观增值价值	410.59	1.7	410.59	1.7
三、生态与环境价值	2226.44	0.6	9568.38	1.2
1. 气候调节价值	764.77	0.2	2407.23	1.0
2. 水源涵养价值	430.49	1.7	549.03	1.6
3. 环境净化价值	117.16	0.7	1008.76	1.4
4. 生物多样性价值	674.08	0.3	2967.47	1.2
5. 防护与减灾价值	224.42	0.4	1581.26	1.3
6. 土壤保持价值	1.41	－3.6	8.02	0.5
7. 土壤形成价值	14.12	1.4	296.44	1.4

数据来源：北京市统计局。

近年来，北京市紧紧围绕生态文明建设总体要求，以生态环境保护、资源高效利用、生产过程清洁为目标，大力发展生态农业。主要形成了以下 3 种生态农业发展模式。

（一）以种养结合模式的提升和整合为基础的生态农业模式

种养结合在北京发展已有相当成功的模式，也是生态农业的重要组成部分和当前的典型代表。且我国华北、东北、西南等省的大部分地区，发展种养结合都已具有相当的规模。“以种养结合模式的提升和整合为基础的生态农业模式”保留了生态农业的精华部分，在农业生产流程中自始至终贯穿着资源节约与高效利用的基本思想。通过“企业 + 基地 + 农户”或农民专业生产合作社等组织形式，将农民手中的生产资料集中管理，扩大生产规模，实行“种、养、加”“种、养、游”等一条龙的生产模式，深入探索农作物秸秆和动物粪便开发利用的新途径，并通过将加工业和旅游业引入到以种植业和养殖业为主体的循环链条中，从而延伸产业链条，提高经济效益，带动种养业的快速发展，使原来的简单以种养为主的生态农业模式得以提升和整合。以顺义区前鲁鸭场为例，结合“北方水稻种植第一村”以及“吃在全聚德，养在前鲁村”的美誉，将水稻种植与白条鸭养殖相结合，并在此基础上建设张堪农耕文化园，打造集生态养殖、文化创新、旅游体验为一体的生态农业新模式，使在 2012 年便关停的前鲁鸭场再次焕发生机。

（二）以农业废弃物资源的多级循环利用为目标的生态农业模式

随着各种生物质能转化技术的成熟和发展，以农林废弃物资源为原料的生物质能源逐渐被列入到整个农业生产系统的循环路径当中。以农业废弃物资源的多级循环利用为目标的生态农业模式便是将生物质能源循环利用作为一个重要的子系统引入到整个农业生产系统的循环路径当中，寻求农林废弃物资源，特别是农业生产产生的秸秆，粪便等的综合利用途径。在整个循环路径的物流中没有废物的概念，只有资源的概念，各环节实现了充分的废物换位为资源，变污染负效益为经济正效益。以动物粪便利用为例，2019 年农业农村局在全北京市 6 个生态园区开展沼液滴灌高效利用示范，将畜禽养殖所产生的粪便转化为沼气，将沼气池与种植温室相连接，产生的沼液经多级过滤后直接输送作物根部，实现资源循环利用，减少生产成本，已全部完成建设并投入使用，实现了沼液的资源化利用并解决了有机农业的追肥难题，解决因沼液排放带来的环境污染问题，打通了农业废弃物循环利用的“最后一公里”。

（三）以生态农业园区为标杆的整体生态农业模式

从美国生态工业区发展模式中得到启示，借鉴北美发展生态工业园区的成功经验，总结国内各地区生态示范区、工业园区、高新技术开发区等方面的成功经验和模式，北京市积极建设生态农业园区，“十三五”时期，北京市农业局在全市范围内打造 200 座生态景观优美、设施规范、产品优质安全的生态农业标准园区。2019 年，在现有基础上，随着农业结构调整的不断深入，生态农业园区的建设标准也相应提高，可再生能源、生物防治等措施逐步推广。以太阳能利用为例，农业农村局在全北京市开展太阳能光热蓄能增温示范，实现农业生态园区农业生产的无煤化，达到农业生产清洁化的目的。完成5个园区的太阳能光热蓄能增温系统示范建设，设备调试完成，开始运行。应用清洁能源技术实现园区农业生产的无煤化，开展连栋日光温室供暖示范。已经完成建设并投入使用，日光温室温度提升5.5℃以上，平均温度达到18℃以上，节约燃煤费1.1万元，节省人工费1.5万元，减少二氧化碳排放25.2吨，减少二氧化硫和氮氧化物排放0.4吨。

二、乡村旅游与农业休闲价值

（一）正在成为北京都市型现代农业的强大推动力

现代农业是一个功能多元、农村第一、第二、第三产业深度融合的产业体系；建设现代农业需要大量投入，但是既不能完全依赖政府，也不能强制农民，必须充分发挥市场的决定性作用。发展休闲农业和乡村旅游，不仅能够将农业从单一的生产功能向休闲观光、农事体验、生态保护、文化传承等多功能拓展，满足城乡居民走进自然、认识农业、体验农趣、休闲娱乐的需要，而且能够借助其较高的经济效益，充分调动各类经营主体加大投入改善农业基础设施、转变经营方式、运用新技术、保护产地环境的积极性。休闲农业横跨第一、第二、第三产业、兼容生产生活生态、融通城市和乡村，是农业农村现代化进程中的重要产业形态，在提升农业价值链、促进乡村产业兴旺、改善农村人居环境、推动城乡一体化发展、拉动城乡居民消费和带动农民就业增收等方面作用显著。目前，休闲农业和乡村旅游已成为首都城乡融合发展的重要形式和有效载体，京郊大地发展休闲农业有得天独厚的资源优势与广大的市场优势。

党的十九大报告中提出“实施乡村振兴战略”。一年多来，北京市涌现出一批成效显著、亮点突出、可看可学的典型村庄。这些村庄的成功探索，正逐步破译首都实施乡村振兴战略的成功密码。通过先行先试、典型引路，开创了全面实施乡村振兴战略的良好开局。为推动产业融合发展，北京市着眼把乡村生态优势转化为发展优势，大力发展休闲农业和乡村旅游。根据北京统计局统计数据显示，全市1200余个休闲农业园区、8300余户民俗旅游接待户，年接待游客4000万人次以上。规范引导宅基地盘活利用，42个村有组织地盘活闲置农宅1035套，培育了一批精品民宿，带动集体和农民年增收2000万元。

2019年，农业观光园948个，同比下降16.0%；接待游客1538万人次，同比下降17.5%；实现收入23.2亿元，同比下降12.7%。收入主要来源于采摘、出售农产品和餐饮，分别占比26.1%、22.7%和16.9%。大部分观光园注重提质升级，创新发展模式，平均每个观光园实现收入244.9万元，同比增长3.8%。北京市游客人均消费150.9元，同比增长5.7%（见表3－3）。

民俗旅游人均消费持续增长。2019年，民俗旅游接待游客1920.1万人次，同比下降3.8%，实现收入14.4亿元，同比增长5.4%，人均消费75.1元，同比增长9.5%。以2019年“十一黄金周”为例，门头沟区一瓢客栈、怀柔区老木匠、延庆区山楂小院等网

表 3－3　　2010～2019 年北京观光园数量与收入

时间	数量（个）	收入（亿元）
2010 年	1303	17.8
2011 年	1300	21.7
2012 年	1283	26.9
2013 年	1299	27.4
2014 年	1301	24.9
2015 年	1328	26.3
2016 年	1258	28.0
2017 年	1216	29.9
2018 年	1172	27.3
2019 年	948	23.2

数据来源：《北京统计年鉴》。

红民宿提前两个月就已在线售罄。乡村民宿的出租率和接待收入远高于传统民俗户。怀柔区渤海镇的数据显示：普通民俗户国庆黄金周户均收入 9100 元，出租率 40%；精品民宿户均收入 3.7 万元，平均出租率 80%。可见精品民宿的市场价值和潜力。

（二）典型案例

1. 延庆民宿联盟

延庆出现了乡村旅游抱团发展的势头，率先成立全国首个民宿行业组织——延庆民宿联盟，建立了首个政府主导的民宿人才培训机构——北方民宿学院，建设了首个民宿集群项目“合宿·延庆姚官岭”，推动区域乡村民宿实现快速发展。2019 年延庆区观光休闲农业总收入 35714.9 万元，同比下降 6.5%；总接待人次 465.4 万人，同比下降 10.2%。其中观光园总收入 5849.4 万元，同比下降 23.3%，接待人次 70.4 万人，同比下降 18.2%；乡村旅游总收入 29865.5 万元，同比下降 2.3%，乡村旅游接待人次 395.0 万人，同比下降 8.6%。高端民宿收入、接待人次占比进一步提升。高端民宿受到越来越多来延庆旅游人群的青睐，全区高端民宿累计收入 6054.5 万元，占延庆区休闲农业和乡村旅游总收入 20.2%，占比上升 12.1 百分点；接待人次 23.7 万人，同比增长 182.3%，人均消费 255.5 元，高出全区休闲农业和乡村旅游总人均消费 178.8 元。

2. 密云区朱家湾村

朱家湾村地处北京市密云区东北部，隶属密云水库上游乡镇北庄镇。全村面积 5.55 平方公里，共有 380 户、1038 口人，耕地面积 1081.5 亩，山场面积 5582.2 亩，森林覆盖率 86.15%。近几年来，朱家湾村依托丰富的自然资源，大力发展“互联网＋乡村旅游”，持续提高农民收入水平。

目前，已引入多家农业科技企业和专业合作社，发展农业种植园、柴蛋鸡养殖、精品葡萄采摘园等特色业态，还鼓励支持村民发展了“云上”“画田山居”等精品民宿。2019

年，又继续投入，发展了“中草药科技观光园”“蜗牛小镇”等生态农旅产业项目，进一步促进乡村消费。

朱家湾村创新开创“互联网+”模式，村里整合旅游资源，与农业企业紧密合作，充分用好“互联网+乡村旅游”模式，打造“蜗牛小镇”生态农场、“中草药科技观光园”等农业休闲旅游产业。利用微信公众号、抖音等网络营销平台销售有机草莓、有机西红柿、富硒柴鸡蛋等特色农产品；与“京东”“密农人家”等电商合作，扩大农产品销售渠道；与密云区融媒体中心、“密云头条”、“密云360”、“今日密云”等当地媒体，联合推广宣传“蜗牛小镇”亲子大课堂、农耕体验、果蔬采摘等农旅项目。线上提供产品展示、活动推广、互动咨询、预订支付等服务；线下组织农事体验、社会大课堂、活动拓展。朱家湾村线上线下结合，向消费者提供了完善的乡村旅游产品和服务，创造了个性化、高端化、多元化的乡村旅游新体验，发挥带动作用，推动全村就业增收。

朱家湾村借鉴国外先进农场管理经验和做法，打造集自然教育、山居体验、亲子娱乐、团队建设于一体的“蜗牛小镇”生态休闲农场，还培育发展了满足中高端游客休闲需求的精品民宿。目前，农场拥有数十个设施农业大棚，种植草莓、葡萄、西红柿等有机果蔬作物。截至2019年，这个依托果蔬种植园发展起来的“蜗牛小镇”生态休闲农场，已直接解决30多名农民就业，有力带动本地农民收入增长。

2020年，面对新冠肺炎疫情影响出现的农产品滞销、生产规模减少、资金困难等问题，当地党委、政府借势互联网，协调电商平台资源，帮助当地农业科技企业和专业合作社解决销售、资金难题，实现平稳经营。带领重点农业企业代表前往位于亦庄的京东总部，洽谈北庄高品质农产品入驻京东生鲜自营频道事宜，注册“北庄馆”，并拓展了由京东冷链快递配送北庄果蔬每周“到家服务”的新模式。借助优酷直播助农平台，整合清水河湿地自然风光、高端精品民宿等资源，推出北庄精品宣传栏目，提升对外形象，推动农业与旅游深度融合，打造全季全域旅游新业态。主动帮助“蜗牛小镇”生态休闲农场调整经营方式，通过电商、微信公众号等推广产品，还帮助申请了电商补贴，疫情期间通过网络销售生态绿色果蔬共约10万公斤，超过往年同期；协调相关部门，帮扶专业合作社及时解决资金困难。

三、农业产业品牌

（一）农产品品牌化继续推进

2019年，北京市认真贯彻落实《农业部 北京市人民政府共建北京农产品绿色优质安全示范区合作协议》部署要求，继续开展“北京农业好品牌”遴选活动，培育促进企业转型升级，不断提升农业品牌影响力。完成100个农业“名优品牌”的建设任务，北京市优质农产品产销服务站以高标准制定准入条件，通过逐层推荐和行业专家评审，2019年完成26个品牌遴选任务，确保三年内共完成了100个“北京农业好品牌”的遴选工作。

抓好农业农村部“全国名特优新农产品目录”收集登录工作和中国农业品牌目录收集工作。2019 年度，北京市优质农产品产销服务站组织房山上方山香椿和北京鸭区域公用品牌进行申报并入选名录；“中国农业品牌目录制度”在第十七届农交会上发布，其中平谷大桃、大兴西瓜、北京鸭、怀柔板栗 4 个区域公用品牌产品入选。

培育建立市、区、企三级联动的品牌集群。以 100 个“北京农业好品牌”为基础，加大市级“北京优农”品牌培育，带动大兴西瓜、昌平草莓、平谷大桃、妫水农耕等各区的区域公用品牌，背书拉动涉农企业自有品牌，建立市、区、企三级联动和动态管理的品牌体系，加大对外宣传推介，打造北京农业整体品牌形象。

建立北京农业品牌管理与发展监测机制。初步完成了《北京农业品牌发展监测及统计项目实施方案》。根据农产品类型分类，每个类型筛选 5 个品牌，针对重点数据进行信息采集，进行数据统计分析，总结出品牌发展的重点数据指标，制定品牌管理办法。组织参加有影响力的品牌评选活动，如组织遴选优秀企业参加“2019 十大好吃草莓”评选活动、“2019 中国好食材”评选活动和“2019 品牌农业影响力”活动等相关品牌评选活动。

（二）特色农产品品牌逐步丰富

根据《农业部 北京市共建北京农产品绿色优质安全示范区合作协议》，2019 年北京市进一步打造绿色生产、品牌过硬、产品优质、全程监管、区域协同的北京“安全农业”品牌，继续遴选特色农产品品牌，推动国家现代农业产业园建设。加强农产品全链条监管和品牌保护，农产品安全合格率继续保持全国领先水平，2019 年评选出北京中农春雨高科技股份有限公司的中农春雨、北京庞安路西瓜专业合作社的庞各庄世同、北京凯达恒业农业技术开发有限公司的凯达恒业、北京昊屹畜牧有限公司的梦思等 26 个北京农业好品牌。“品牌强 农业强”，农业品牌是衡量都市型现代农业发展水平的重要指标，是发展高效农业，实现农业增效、农民增收的重要举措，也是着力推进农业供给侧结构性改革，加快提高农业供给质量和效率的内容之一。据介绍，为贯彻落实原农业部 2017 年农业品牌推进年通知的精神，以及原农业部与北京市人民政府签订的《农业部　北京市人民政府共建北京农产品绿色优质安全示范区合作协议》精神，2017 ~ 2018 年，北京市大力推进北京农业品牌建设，陆续遴选了 74 个“北京农业好品牌”，力求打造北京农业品牌领域的靓丽名片集，从而提升北京品牌农产品的市场影响力与社会美誉度，为广大市民提供优质、安全、放心的品牌农产品。

同时，北京市深入挖掘农业品牌的价值内涵，强化农业企业的质量意识、信誉意识和竞争意识，激发农业企业创名牌、护名牌的动力，不断提高北京市农产品的社会影响力和认知度，提升北京市农业产业在国内国际的市场竞争力，促进实现农产品优质优价。2019 年，北京市继续开展了“北京农业好品牌”遴选工作。按照相关标准和要求，经过各区农业部门申报推荐、资格审核、专家评审等程序，最终遴选出北京中农春雨高科技股份有限公司（品牌：中农春雨）、北京庞安路西瓜专业合作社（品牌：庞各庄世同）、北京凯达恒业农业技术开发有限公司（品牌：凯达恒业）、北京昊屹畜牧有限公司（品牌：梦思）

等26家“北京农业好品牌”，三年共评选出100个“北京农业好品牌”。

北京市菜篮子产品“三品”认证率居于全国第二，认证产量达179万吨，占同类产品产量的60%，已经提前完成了“十三五”规划的目标，为北京市创建国家农产品质量安全提供保障。实施《北京现代种业发展三年行动计划（2020—2022年）》，实施“千村万户”良种更换工程，推广100个优质特色品种，完成10万亩农作物良种更换，启动北京鸭、北京油鸡、北京宫廷金鱼、鲟鱼四种地方特有遗传资源的保种体系和保护制度，主要农作物、畜禽良种覆盖率达到98%以上，丰富特色农产品品牌。2019年，北京继续推进“三品一标”工作，增加绿色优质农产品有效供给。组织开展种植、畜牧、水产无公害内检员培训各一期，共培训企业内检员300余人次，新增“无公害”用标主体143家，产品448个，产量3.7万吨。目前，北京市共有无公害生产主体1282家，产品4672个，产量157.5万吨。“菜篮子”产品“三品一标”覆盖率达到73%。启动了北京油鸡地理标志申请工作，启动“京西稻”和“茅山后佛见喜梨”两个地理标志农产品保护工程。已有“昌平草莓”“北京鸭”等12个产品登记为地理标志农产品，保护地域面积28028公顷，年产量28.6万吨。开展农业标准化基地建设和评定。北京农业农村局印发《2019年北京市农业标准化工作实施方案》，按照“区级建设、市级评定、动态管理、优级奖励”的原则，组织各区推进农业标准化基地建设、评定和指导。完成104家市级优级标准化基地复核及新建基地评定，其中新增优级标准化基地54家，复核优级基地50家。农业标准化基地总数1208家，其中优级基地506家。推行全程标准化理念，完成4家全程农产品质量安全标准化示范基地。四是积极推进国家农产品质量安全北京市创建工作。积极推进第三批国家安全县创建，组织创建督导指导；组织1期国家农产品质量安北京市创建高级研修班，对各区主管领导及科长进行集中培训、经验交流；目前，通州区、怀柔区、延庆区已先后完成创建工作并提交创建考核请示。同时，推进已创建区工作提升，组织第二批创建区大兴、顺义区参加农业农村部举办的全国国家安全县与经销企业产销对接等活动，完成第二批国家安全县授牌等。

在品牌引领下，越来越多的资源优势转化为市场优势，充实着农民的“钱袋子”，丰富着消费者的选择，更改变着北京农业的风貌。“走在品牌路上，农业大有希望”，100个品牌就是100个高擎的标杆，引领北京都市现代农业大步向前，100个品牌也是100条坚实的臂膀，肩负起北京农业高质量发展的重任，100个品牌更是100只昂起的号角，在京郊大地共同奏响推动北京乡村振兴的最强音。

（三）农产品地理标志种类繁多，同步完善农产品质量安全

农产品地理标志是指农产品来源的特定区域，农产品的特定品质和特点或信誉的标志，主要取决于该地区的自然环境和历史人文情况，主要以地域名称来命名的农产品标志。地理标志产品市场地位的确立结合了一个民族长期的历史传统、饮食文化与民俗习惯，过程漫长而复杂。可以说，农产品地理标志产品是一种新型旅游资源，是文化旅游产业中潜在的优势商品。

北京市十分重视地理标志工作，2009 年就出台了《北京市人民政府关于实施首都知识产权战略的意见》，文件对地理标志工作进行了详细的部署。2019 年北京市共拥有地理标志 39 个，其中农产品地理标志、地理标志商标以及地理标志保护产品各为 13 个。平谷大桃、怀柔板栗、大兴西瓜、丰台芍药、昌平草莓、北京鸭、门头沟京白梨、花乡牡丹、延庆葡萄、房山磨盘柿、牛栏山二锅头等地理标志农产品享誉中外。2019 年启动了北京油鸡地理标志申请工作，启动“京西稻”和“茅山后佛见喜梨”两个地理标志农产品保护工程。

2019 年北京市统筹推进“北京农产品绿色优质安全示范区”和“国家农产品质量安全市”整体创建工作，累计建设农业标准化基地 1208 家，其中优级基地 483 家。推进“三品一标”认证，超额完成认证覆盖率 73% 的目标。实施地理标志农产品保护工程，对“京西稻”和“茅山后佛见喜梨”2 个地理标志农产品启动保护工程，开展北京油鸡地理标志申请工作。

（四）加强区域品牌建设，提升北京特色农产品知名度

按照“有标采标、无标创标、全程贯标”要求，制定不同区域不同产品的技术规程和产品标准。加强特色产品展览展示，提升特色产品知名度。发掘一批有文化内涵和经济价值的乡村特色产品和能工巧匠，加强宣传推介。举办“一村一品”交流活动，开展农产品生产标准化、特征标识化、主体身份化、营销电商化“四化”试点，创响一批“土字号”“乡字号”特色产品品牌。

积极实施农产品出村进城工程，推动生产者与知名电商平台、“农邮通”、龙头企业等合作订单生产。推进“一村一品 + 试点”工作，全国一村一品示范村镇累计达到 80 个。结合国家全域旅游示范区建设，提出“十百千万”畅游行动计划，着手打造十余条休闲农业精品线路、百余个精品美丽休闲乡村、千余个精品观光采摘园、改造提升近万家民俗接待户。举办第七届北京农业嘉年华等系列农事节庆活动。做好世园会“百蔬园”建设运行工作。

第三节 价格信息反映市场行情，及时有效对接消费需求

一、2019 年北京市蔬菜市场行情

2019 年蔬菜市场运行总体平稳，市场供应较为充足，对全市居民蔬菜消费需求形成有力保障，单品种供应结构性失衡和季节性供需不均衡现象仍然较为突出。

（一）总体运行

2019 年北京市批发市场蔬菜上市量 908.75 万吨，首次突破了 900 万吨的水平，日均

上市量为2.49万吨，同比增幅2.2%；蔬菜平均价格为每公斤2.77元，同比降幅1.8%。从分品种来看，主要统计的54种蔬菜，价格同比下降的有31种，香菜、大白菜、茄子的价格降幅排在前三，降幅均超过了15%；价格同比上涨的有23种，涨幅最大的三种蔬菜分别为大蒜、藕和心里美，价格涨幅均超过了40%。

从三大类蔬菜监测来看：叶类蔬菜上市量103万吨，同比增幅8.8%，价格每公斤2.98元，同比降幅6.3%；茄果类蔬菜上市量134.19万吨，同比增幅11.8%，价格为每公斤3.28元，同比降幅6%；耐储类蔬菜上市量346.52万吨，同比减幅3.2%，价格为每公斤2.34元，同比升幅7.3%。

2019年四季度，北京市批发市场蔬菜上市量为233.07万吨，同比减幅4.4%，平均价格为每公斤2.64元，同比小幅上升0.4%。其中，叶类蔬菜上市量29.1万吨，同比减幅5.9%，平均价格为每公斤2.8元，同比升幅8.5%；茄果类蔬菜上市量32.65万吨，同比增幅6.2%，平均价格为每公斤3.37元，比上年同期下降3.4%；耐储类蔬菜上市量91.38万吨，同比减幅2.4%，平均价格每公斤2.19元，同比升幅1.9%。

2019年北京市蔬菜主供地仍然以河北和山东两省为主，两地供应量合计占比超过60%。北京市蔬菜来自河北、山东、内蒙古、辽宁、天津以及南方四省的比例分别为41.5%、20.4%、4.6%、3.8%、2.3%、4.8%；来自北京本地的比例为8.4%。

（二）市场走势分析

2019年蔬菜市场运行总体平稳，市场供应较为充足，对全市居民蔬菜消费需求形成有力保障，价格水平较2018年小幅下降。单品种供应结构性失衡和季节性供需不均衡现象仍然较为突出，例如番茄、葱头、大蒜等价格波动明显，以及2019年9月、10月份出现蔬菜价格偏低现象（见图3－1）。

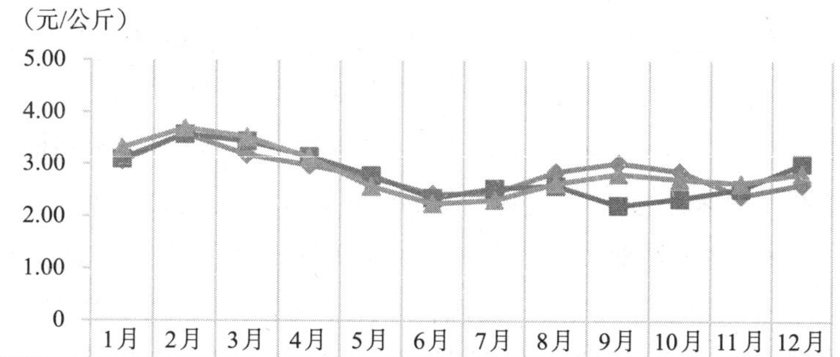

	1月	2月	3月	4月	5月	6月	7月	8月	9月	10月	11月	12月
2018年	3.06	3.58	3.18	2.98	2.75	2.43	2.45	2.86	3.03	2.87	2.41	2.63
2019年	3.10	3.57	3.44	3.15	2.79	2.36	2.54	2.59	2.22	2.35	2.54	3.02
近3年平均	3.31	3.69	3.52	3.13	2.58	2.25	2.32	2.64	2.82	2.72	2.65	2.84

图3－1　北京市蔬菜价格月度走势对比

数据来源：北京市农业局信息中心。

1. 蔬菜价格年度之间交替升降波动，整体价格波动呈收敛态势

从北京市蔬菜市场历史走势来分析，大体可分为3个阶段，第一个阶段是2010年之前，蔬菜供应相对不足，价格以上升为主，年度价格平均升幅为11.5%左右，第二个阶段是从2011年到2016年，蔬菜总体供应充足，结构性不均衡现象突出，蔬菜价格呈一年降两年升的走势，蔬菜价格仍以上行为主，年度平均价格涨幅为5.4%，第三个阶段是从2016年到2019年，蔬菜市场供应进一步充裕，价格开始下行，年度平均价格降幅为3.1%。从分阶段走势可以看出，近几年蔬菜市场整体波动明显收敛，蔬菜价格总体较为稳定。

2. 2019年蔬菜价格上半年走势平缓，下半年震荡有所加剧

2019年1～6月蔬菜价格走势符合历年变化规律，价格没有出现较为异常的走势。而进入下半年，尤其是从夏淡季蔬菜大量上市供应开始，价格水平大幅下降，例如9月份的蔬菜价格低于近三年同期水平21.3%，且处于近十年来的第二低点。而12月份蔬菜价格出现了大幅的反弹，12月末蔬菜价格达到了每公斤3.3元的高点，与2019年9月份的低点形成了鲜明的对比。

3. 蔬菜品种结构性和季节性不均衡成为常态

蔬菜品种结构性供应失衡成为当前蔬菜产业发展中的一个阶段性难题，品种结构性供应失衡和季节性波动等因素互相叠加，是导致近几年蔬菜市场短期价格大幅波动的主要原因。在逐利和规避市场风险的选择之下，同时在缺少生产规划的情况下，出现了蔬菜品种供应的无序性，造成部分蔬菜品种价格大幅升降交替出现。

2019年蔬菜市场量增价降，市场供应水平提高，保障了全市蔬菜消费需求。而品种结构性供应不均衡引起价格大幅波动的现象同样突出，从蔬菜大类来看，2019年初叶类和茄果类蔬菜价格居高，而耐储类蔬菜价格低位平稳；到3月、4月份叶类和茄果类蔬菜价格快速回落，而耐储类蔬菜价格居高；7～9月份，叶类蔬菜和茄果类蔬菜价格同比大幅下降，而耐储类蔬菜价格同比大幅上涨。从单品种来看，大蒜、藕、心里美、葱头、水萝卜等价格同比升幅超过30%，而大白菜、香菜、茄子、胡萝卜等价格同比降幅均超过15%。番茄价格2019年以来呈过山车式变化，上半年处于历史高位，而6～9月份降至近年来历史最低水平。季节性不均衡突出表现在，9～10月份蔬菜价格明显偏低，蔬菜平均价格仅为每公斤2.28元，处于近几年最低水平，同比降幅高达23%，较2017年降幅15.2%，较2016年降幅14.6%。近两年夏淡季蔬菜市场价格大幅波动态势趋于显著。

4. 部分蔬菜品种价格变化周期缩短，茬口之间影响趋于显著

从历史上来看，不同蔬菜茬口一般在年度之间的变化较为明显，而从近几年来看，随着生产主体对市场行情敏感度的提高，年度之内蔬菜种植结构的变化明显加强，当前蔬菜品种价格的高低直接影响下一茬口蔬菜的种植结构和种植面积。例如萝卜等5种蔬菜价格由于2018年9月份价格水平偏高导致2018年11月价格平均下跌超过50%，而2019年3

月5种蔬菜价格则又出现了翻番上涨的情况。再比如2019年9月份蔬菜行情明显偏低，张承等冷凉地区主栽的22种蔬菜平均价格同比降幅高达39.6%，而进入12月份后，主供地转移到设施蔬菜，这22种蔬菜平均价格同比升幅已经达到22.9%，且12月份22种蔬菜价格较9月份幅高达58.4%。这明显体现了生产主体降低了对9月份价格偏低的蔬菜品种的种植偏好，导致这些蔬菜品种价格大幅上升。

二、2019年北京市猪肉市场行情

全年猪肉供应持续呈紧缺态势，猪肉价格屡创新高，北京市场猪肉需求得到较好保障。

（一）总体运行

2019年，北京市七大批发市场白条猪上市量21.5万吨，日均上市量590.4吨，同比减幅7.1%；年度平均价格为每公斤25.6元，同比升幅54.3%。

四季度，北京批发市场猪肉（白条猪）上市量4.57万吨，日均上市量50.22万公斤，同比减幅25.5%，平均价格每公斤41.75元，同比升幅141.9%。

根据进京动物及产品监督系统数据，2019年全年北京猪肉主要来源地为河北、辽宁、吉林、黑龙江、云南、内蒙古；来源比例分别为23.4%、23%、16.6%、10.7%、5.7%和4.2%。

（二）市场走势分析

2019年，在“非洲猪瘟”疫情和环保等政策的综合影响下，生猪产业、猪肉市场经历了前所未有的变化。猪肉供应持续呈紧缺态势，猪肉价格屡创新高，北京市场猪肉需求得到较好保障（见图3－2）。

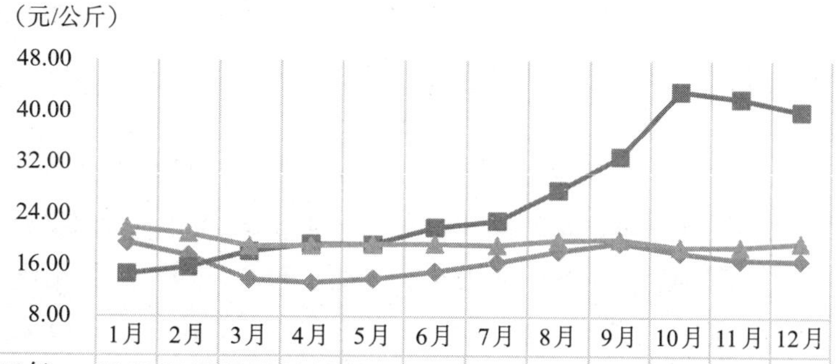

	1月	2月	3月	4月	5月	6月	7月	8月	9月	10月	11月	12月
2018年	19.53	17.55	13.78	13.35	13.89	15.04	16.48	18.26	19.58	18.05	16.94	16.83
2019年	14.65	15.74	18.20	19.36	19.28	21.94	22.96	27.77	33.02	43.26	42.10	40.15
近3年平均	21.90	20.94	19.03	19.12	19.31	19.36	19.19	19.94	20.10	18.95	18.97	19.62

图3－2　北京市猪肉价格月度走势对比

数据来源：北京市农业局信息中心。

1. 猪肉价格大幅上升，猪肉供应有保障

北京市作为典型的销地市场，猪肉自给率较低，猪肉供应主要依赖河北、东北等地，因此北京市场猪肉价格走势与全国的走势是一致的。2019 年猪肉价格波动最突出的时期是国庆之后的 10 月份，10 月份价格环比涨幅超过 30%，从此带动猪肉价格整体上升到一个较高的水平。虽然猪肉价格持续呈上涨的态势，北京猪肉市场供应还是得到了很好的保障，从进京动物及产品监督系统数据来看，2019 年进京猪肉（白条）共计 49.5 万吨，北京自产 1.8 万吨，全年北京猪肉（白条）供应量至少在 51.3 万吨，这与北京市消费需求水平是一致的，北京市每年猪肉消费需求量基本在 50 万吨左右，折合生猪 600 万头左右。这得力于北京市各级单位主动作为，积极应对非洲猪瘟带来的生猪供应减少的冲击进而保障北京市猪肉供应。

2. 猪肉价格上涨对北京市场猪肉消费抑制作用有限

虽然 2019 年猪肉价格同比升幅超过 50%，而从批发市场这一个口径监测来看，市场供应量同比仅减少 7.1%，一方面说明了猪肉作为北京居民肉类消费必需品地位的重要性，具有不可替代性，简单测算来看，2019 年北京市猪肉消费需求弹性约为 0.13，价格上涨 1%，猪肉消费需求量减少幅度仅为 0.13%，相较于价格的大幅上涨，猪肉消费需求量减少的幅度很小，北京市场猪肉需求量对价格上涨的反应不敏感；另一方面也说明了北京市居民收入水平能够支撑和应对猪肉等农产品价格的上涨。

三、2019 年北京市其他农产品市场行情

受猪肉价格高企影响，2019 年北京市鸡蛋、白条鸡价格高位运行，牛羊肉市场供销两旺，价格上升到新的历史水平。鸡蛋和白条鸡价格预计同比低于 2019 年水平，牛羊肉价格短期仍将高位运行，下半年价格高位态势预计有所缓解。

（一）鸡蛋

1. 总体运行

2019 年，北京七大批发市场鸡蛋上市量 16.0 万吨，日均上市量 447.9 吨，同比增幅 0.5%，平均价格每公斤 8.68 元，同比升幅 9.1%。2019 年四季度鸡蛋上市量 4.1 万吨，同比增幅 0.9%，平均价格每公斤 9.75 元，同比升幅 18.9%。我市批发市场鸡蛋主要来自河北、辽宁和内蒙古三地，2019 年供应比例分别为 39.3%，29.4% 和 27.5%。对比 2018 年来看，来自河北的比例进一步增加，增幅为 9 个百分点，来自辽宁的比例减少 6 个百分点，来自内蒙古的比例减少 4 个百分点。

2. 市场走势分析

2019 年鸡蛋市场供应较为平稳，价格总体高位运行。对比历史走势来看，2019 年鸡蛋价格变化符合历年走势，7 ~ 9 月份价格价格季节性上涨，但是价格水平偏高，年度价格处于近 5 年来最高水平（见图 3 -3）。从鸡蛋市场供需关系来看，2019 年鸡蛋市场供应

相对较为平稳，市场供应有保障，鸡蛋价格在上年的基础上继续出现上行，与猪肉价格快速上涨以及高位运行有一定的关系。同时，随着养殖业环保政策约束的加强，中等以上规模蛋鸡养殖场环保改造对鸡蛋生产也带来了一些冲击，这些变化有利于优化和提升蛋鸡整体行业水平。

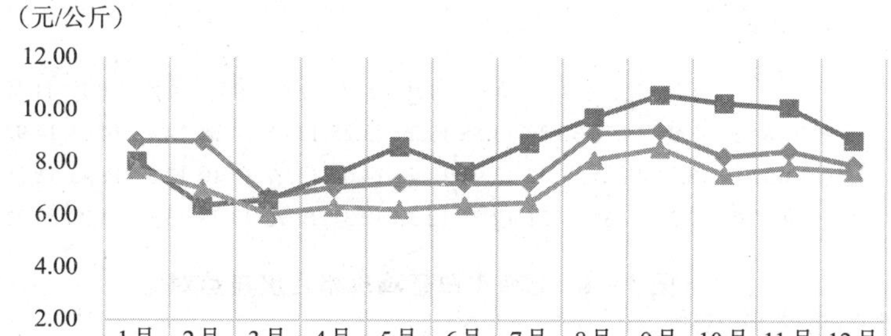

	1月	2月	3月	4月	5月	6月	7月	8月	9月	10月	11月	12月
2018年	8.80	8.80	6.67	7.05	7.23	7.21	7.24	9.11	9.22	8.24	8.46	7.93
2019年	8.03	6.35	6.57	7.52	8.61	7.66	8.75	9.74	10.61	10.29	10.11	8.86
3年平均	7.71	6.99	6.04	6.30	6.22	6.38	6.48	8.12	8.56	7.56	7.84	7.69

图 3－3　北京市鸡蛋价格月度走势对比

数据来源：北京市农业局信息中心。

（二）白条鸡

1. 总体走势

2019 年，北京七大批发市场白条鸡上市量 3.2 万吨，日均上市量 88.0 吨，同比减幅 4.1%，平均价格每公斤 15.52 元，同比升幅 9.8%。2019 年四季度白条鸡上市量 0.8 万吨，同比减幅 2.7%，平均价格每公斤 17.59 元，同比升幅 16.6%。北京市批发市场白条鸡主要来自河北和天津，分别占比 59.8% 和 32.2%，对比 2018 年，北京市白条鸡进一步向上述两地集中，分别增加 3.5 和 4 个百分点。

2. 市场走势

2019 年白条鸡价格处于历史最高水平，市场供应水平略显不足。自 2018 年以来白条鸡价格连续两年出现较大幅度上涨，2019 年在猪肉价格大幅上涨的影响下，白条鸡价格在部分月份出现了居高的态势（见图 3－4）。例如，8～10 月，在猪肉、鸡蛋价格高涨的带动下，白条鸡价格也达到历史最高点。我市批发市场白条鸡主要以淘汰蛋鸡为主，因此白条鸡价格变化与鸡蛋价格行情紧密相关，随着鸡蛋价格居高，蛋鸡淘汰频率降低，白条鸡供应减少，带动价格上行。

（三）牛羊肉

1. 总体走势

2019 年，北京七大批发市场牛肉上市量 4.0 万吨，日均上市量 111.7 吨，同比增幅 6.0%，平均价格每公斤 56.97 元，同比升幅 10.2%。2019 年四季度牛肉上市量 0.9 万吨，同比减幅 11.4%，平均价格每公斤 64.18 元，同比升幅 21.5%。2019 年，北京七大批发

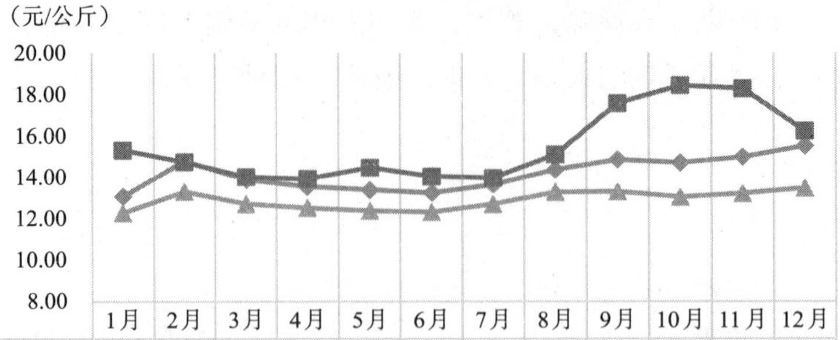

	1月	2月	3月	4月	5月	6月	7月	8月	9月	10月	11月	12月
2018年	13.08	14.79	13.89	13.55	13.39	13.25	13.65	14.38	14.85	14.71	14.97	15.52
2019年	15.33	14.75	14.02	13.93	14.48	14.04	13.97	15.10	17.57	18.43	18.28	16.24
3年平均	12.28	13.31	12.71	12.52	12.37	12.31	12.70	13.28	13.30	13.04	13.21	13.47

图 3－4　北京市白条鸡价格月度走势对比

数据来源：北京市农业局信息中心。

市场羊肉（整羊）上市量 3.6 万吨，日均上市量 100.0 吨，同比增幅 1.5%，平均价格每公斤 49.64 元，同比升幅 11.6%。2019 年四季度羊肉上市量 1.0 万吨，同比增幅 6.6%，平均价格每公斤 53.43 元，同比升幅 14.5%。

北京市批发市场牛肉主要来自河北和天津两地，分别占比 70.1% 和 15%，来自北京本地的占比 14.8%。北京市批发市场羊肉主要来自河北、山东和山西三地，分别占比 69.4%、12.9% 和 11.7%。

2. 走势分析

2019 年牛羊肉市场供需两旺，市场供应水平较去年有所增加，市场价格同比涨幅均超过 10%。2019 年牛羊肉市场变化与猪肉市场具有很强的同步性，且价格呈现易升不易降的特点，自 10 月份以来牛羊肉价格呈持续高位运行态势（见图 3－5、图 3－6）。综合分析来看，2019 年牛羊肉价格的上涨和高位运行主要受到猪肉价格高企的影响，牛羊肉市场供应增加，是对肉类市场供应很好的补充。

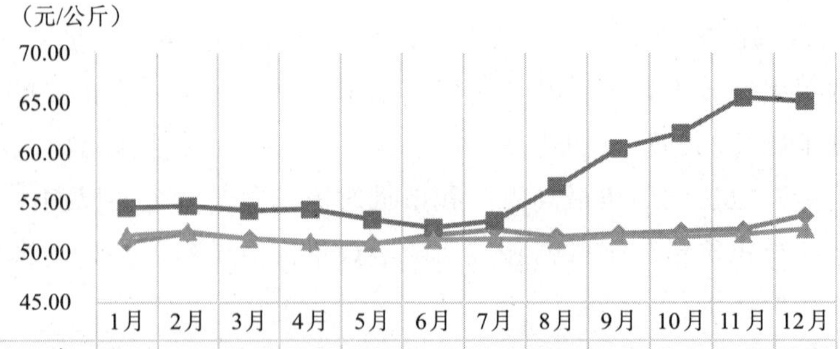

	1月	2月	3月	4月	5月	6月	7月	8月	9月	10月	11月	12月
2018年	51.04	51.92	51.41	50.92	50.87	51.76	52.29	51.58	51.90	52.12	52.33	53.69
2019年	54.51	54.67	54.20	54.33	53.30	52.50	53.19	56.68	60.45	62.01	65.55	65.19
3年平均	51.69	52.09	51.37	51.11	50.94	51.28	51.35	51.25	51.66	51.58	51.83	52.31

图 3－5　北京市牛肉价格月度走势对比

数据来源：北京市农业局信息中心。

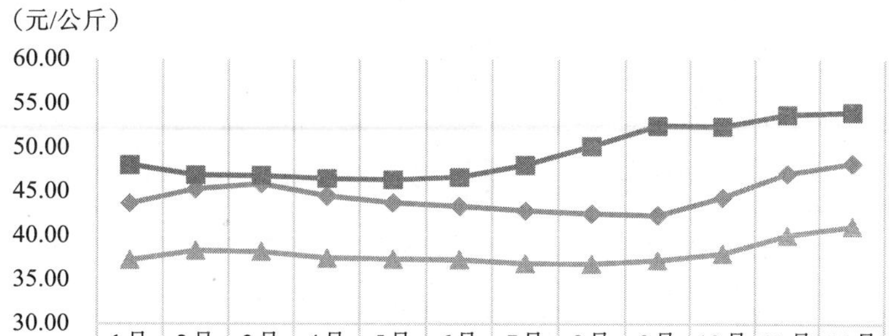

	1月	2月	3月	4月	5月	6月	7月	8月	9月	10月	11月	12月
2018年	43.65	45.26	45.86	44.49	43.72	43.32	42.83	42.49	42.31	44.33	47.09	48.25
2019年	48.05	46.89	46.83	46.48	46.37	46.66	48.04	50.18	52.50	52.40	53.77	54.03
3年平均	37.24	38.28	38.17	37.45	37.34	37.28	36.85	36.80	37.19	37.98	40.07	41.06

图 3－6　北京市羊肉价格月度走势对比

数据来源：北京市农业局信息中心。

从历史行情分析来看，牛肉市场之前形成了较为稳定的市场供需关系，今年牛肉价格再上新台阶，对肉牛养殖有一定的激励作用，有可能会带动国内肉牛养殖业在数量和质量上的双提升，因此从短期来看，牛肉价格高企的态势不会出现明显的变化。

（四）水产品

1. 总体走势

2019 年，北京市七大批发市场淡水鱼上市量 12.7 万吨，日均上市量 354.9 吨，同比减幅 1.3%，平均价格每公斤 11.93 元，同比降幅 8.8%。2019 年四季度淡水鱼上市量 3.5 万吨，同比增幅 4.3%，平均价格每公斤 11.28 元，同比减幅 11.5%。北京市淡水鱼主要来自天津、江苏、河北和山东，分别占比 69.2%、6.7%、6.1% 和 4.6%，来自北京本市的占比 13.4%。

2. 走势分析

2019 年淡水鱼市场走势与历年出现较为明显的差异，从历史上来看，从年初开始淡水鱼价格基本呈上升走势，7 月份前后达到价格高点，后期随着成鱼大量出库，淡水鱼价格随之下行，一直持续到年底，基本呈现两头低、中间高的倒“V”形走势（见图 3－7）。而 2019 年淡水鱼价格基本从年初开始持续下行，弱势运行贯穿全年。从原因分析来看，一方面与整个水产类产品的需求疲软有关系；另一方面与鱼类产品消费升级有较大的关系，目前统计的主要是鲤鱼、草鱼、鲫鱼、胖头鱼、白鲢等品种，这些产品目前在市场上供应量较大，而市场上对这些产品的需求可能没有那么大，而增加了对高端的鲑鱼、鲈鱼，以及海产品的需求。

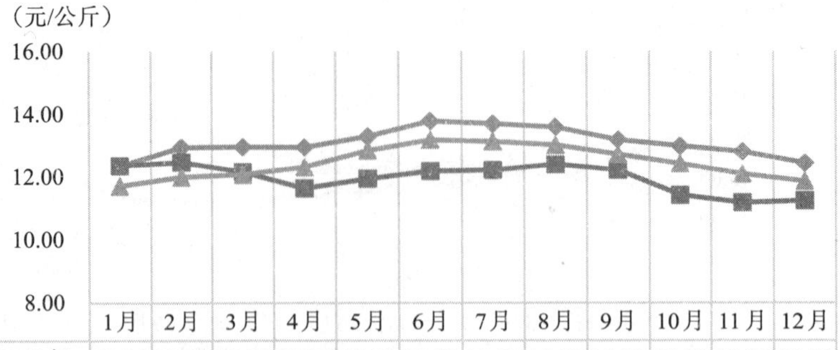

	1月	2月	3月	4月	5月	6月	7月	8月	9月	10月	11月	12月
2018年	12.36	12.95	12.97	12.95	13.30	13.79	13.70	13.59	13.19	12.99	12.81	12.44
2019年	12.37	12.48	12.17	11.64	11.94	12.19	12.22	12.40	12.22	11.42	11.18	11.24
3年平均	11.72	12.00	12.08	12.32	12.85	13.19	13.14	13.02	12.72	12.42	12.09	11.86

图3－7　北京市淡水鱼价格月度走势对比

数据来源：北京市农业局信息中心。

（五）粮油

2019年，北京市批发市场东北大米上市量24万吨，同比减幅3.9%，价格每公斤4.84元，同比降幅0.6%。富强粉上市量36.5万吨，同比减幅1.3%，平均价格每公斤3.32元，同比降幅0.9%。食用油上市量11.9万吨，同比减幅5.0%，平均价格每公斤7.48元，同比降幅0.7%。总体来看，全年粮油市场运行较为疲软，市场供应较去年同期呈减少走势，价格水平也出现了小幅的下降（见图3－8）。

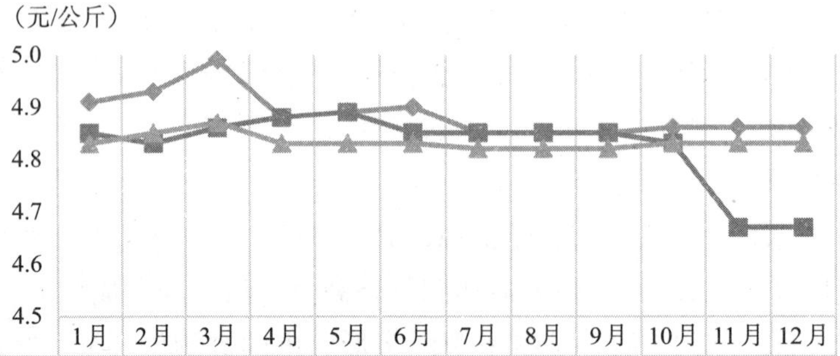

	1月	2月	3月	4月	5月	6月	7月	8月	9月	10月	11月	12月
2018年	4.91	4.93	4.99	4.88	4.89	4.9	4.85	4.85	4.85	4.86	4.86	4.86
2019年	4.85	4.83	4.86	4.88	4.89	4.85	4.85	4.85	4.85	4.83	4.67	4.67
3年平均	4.83	4.85	4.87	4.83	4.83	4.83	4.82	4.82	4.82	4.83	4.83	4.83

图3－8　北京市东北大米价格月度走势对比

数据来源：北京市农业局信息中心。

第四章　北京都市型现代农业经营体系

第一节　聚力推进新型主体建设，实现现代农业有机衔接

农业经营由多元化的生产主体和服务主体共同参与，并以集约化、组织化、专业化以及社会化相结合的方式来推进。2019 年，北京加大培育新型农业经营主体的力度，包括家庭农场、新型林场和农业“好把式”等经营主体的培育，制定新型农业经营主体培育的相关政策。主要采用全员注册、加强成员账户管理和提高服务带动能力等方式，进一步推进农民合作社规范化建设。充分发挥农业龙头企业和产业化联合体带动作用，完善“农户 + 合作社”“农户 + 公司”等利益联结机制，实现小农户和现代农业发展有机衔接。

一、首都新型农业经营主体蓬勃发展

（一）家庭农场发展取得了初步成效

农业经营主体多样化决定了农业社会化服务需求的多元化格局，而各类新型经营主体本身也具备供给农业社会化服务的（部分）功能，所以农业社会化服务的供给也将呈现多样化特征。培育和发展家庭农场要以农户作为主体，鼓励有意愿的农户发展家庭农场，开展多种形式的合作与联合。引领家庭农场根据当地的产业发展特点及自身的经营能力，来实现最佳的规模效益，防止片面地发展导致土地等基本生产资源过度的集中。

（二）农业大户纳入家庭农场提升市场竞争力

家庭成员是家庭农场的主要劳动力，以一个家庭作为一个基本经营单元，从事规模化、标准化、集约化生产经营。家庭农场将种养大户、专业大户这些大型的规模经营农户纳入到其范围内来进行指导和管理，这种做法对适度经营规模发展有着促进作用，也有利于提高农业效益，提升家庭农场的市场竞争力。此外，遵循家庭农场的发展规律，坚持市场导向，充分发挥市场作用，推动家庭农场的发展。政府出台了相关政策来促进家庭农场

的发展，比如用地、财政、税收、金融、保险、信息化等方面的支持政策，保障家庭农场的土地经营权，并且还加强了基础设施的建设。同时，2017 年开始，中央财政首次对家庭农场进行了资金支持，之后每年资金投入力度不断加大，积极完善和落实相关财税政策。

（三）精准培训新型农业经营主体

聚焦现代农业发展的人才需求，努力培养一支有文化、懂技术、善经营、会管理的高素质农民队伍，示范带动引领广大农民增收致富，促进农业农村人才在挖掘产业特色、推进产业融合、运用先进农业科技等方面发挥主导与带动作用，着力强化乡村振兴战略人才支撑，促进农业产业升级、农村持续进步、农民全面发展。

2019 年，北京市开展市区两级分层分类培训，组织实施农业经理人培养、新型农业经营主体带头人培养（含现代青年农场主）、现代创业创新青年培养和农村实用人才培训等培训班次，通过农民合作社、“专业学校 + 农村企业 + 农户”、典型案例剖析等培训方式，实现就地、就近培训，突出培训的实用性、专业性、创新性，提高农民培训参与率。组织市级示范类培训班 23 期，培训范围涉及房山、大兴、昌平、怀柔、顺义、密云等区，共完成新型职业农民培训 2000 人，培训内容包括乡村振兴与美丽乡村建设、农产品质量安全、农产品营销、农村电子商务、乡村旅游管理、休闲农业与乡村民俗等，集中授课学时不少于 40 学时，各涉农区全年累计培训新型职业农民 20000 人次。

二、农民专业合作社增强服务带动能力

据市农经部门统计，截至 2019 年年底，北京市有农民专业合作社 7032 家，其中被各级农业主管部门认定为示范社的 617 家。种植业合作社占比为 57.6%，养殖业合作社占比为 19%，林业合作社占比为 6%，服务业合作社占比为 9.4%。合作社实有成员 21.4 万名，其中农民成员 20.7 万名。2019 年合作社实现盈余 3.9 亿元，其中盈余返还总额 1.5 亿元，分红 0.8 亿元。

（一）开展了农民专业合作社“空壳社”专项清理

按照农业农村部统一安排，2019 年北京市重点对被列入国家企业信用信息公示系统经营异常名录、在抽查抽检中发现异常情形、经群众反映和举报存在其他违法违规问题的农民专业合作社进行全面清理整顿、分类处置。共对 1328 家合作社进行了清理，其中 303 家表示自愿注销，93 家表示将进一步规范管理，6 家被市场监管部门依法吊销营业执照，384 家符合注销条件但无注销意愿，542 家由于联系不到无法处置。

（二）持续加大农民专业合作社示范社培育创建力度

按照市级示范社标准，北京市进一步强化了对现有 231 家市级示范社的动态监测和运行分析，严格实行优胜劣汰动态管理制度。经过各示范社申报，各区主管部门考核评分，2019 年淘汰 24 家市级示范社，取消其农民专业合作社市级示范社称号。2019 年还通过中央转移支付资金安排了 8 个区 10 个国家级和市级示范社给予项目扶持。截至 2019 年年

底，共培育创建示范社 617 家，占全市合作社总数的 8.8%，其中国家级示范社 142 家，市级示范社 207 家，区级示范社 410 家。示范社在建立健全“三会”制度，规范财务管理、生产基地建设、标准化生产、统一各项服务等方面规范程度高，引领作用显著。

（三）积极探索农民专业合作社产业融合发展有效模式

北京市继续实施“农民专业合作社产业融合示范项目工程”，通过项目实施，拓展合作社合作领域和服务内容，经营的广度和深度都在不断延伸。创办加工实体的合作社达到了 344 家；开展农村电子商务的合作社 73 家；休闲农业及乡村旅游合作社 260 家，新产业新业态的合作社不断涌现，极大地挖掘了农业内部的增收潜力，拓宽了农民增收的新渠道。同时，京郊合作社还通过跨产业、跨区域的联合与合作，快速进行外延式的扩张，实现异质资源的互补与整合，推动产业化经营和规模化经营，从而增强合作社的发展活力和市场竞争力。据统计，全市组建各类专业联合社共 48 家，联合社成员总数 3323 个，2018 年联合社实现经营收入 1.7 亿元。

（四）联合社会力量支持农民专业合作社发展

积极整合各类社会力量在资金、人才、市场和管理方面的资源优势，合力推动新时代农民专业合作社的质量提升，合作社自我服务能力得到显著增强。2019 年，拥有注册商标的合作社 411 家，拥有各类农产品质量认证达 1204 个，超过 80% 的合作社为成员提供产加销一体化服务，开展统一的生产资料供应、农机作业、统防统治、技术信息、加工储藏、产品销售等服务，2019 年，合作社统一销售农产品总值 30.3 亿元，统一组织购买农业生产投入品总值 5.8 亿元。

三、农业龙头企业发展逐步加快

产业化龙头企业是农业产业化经营发展的关键，也是推进现代农业产业体系的重要主体。积极推动和支持龙头企业的发展，不仅有利于农业组织化程度的提高，还对农业发展方式的转变以及现代农业建设和农民就业增收等都具有十分重要的促进作用。北京作为全国的政治、文化和经济中心以及国际交流和科技创新中心，其农业龙头企业的发展具有一定的引领作用，可以更好引领和带动全国其他地区农业龙头企业的发展。

（一）农业龙头企业的数量不断增加

2019 年，继续开展第六批农业产业化国家重点龙头企业申报，按照农业农村部办公厅《关于开展第六批农业产业化国家重点龙头企业申报工作的通知》（农办产〔2019〕6 号）要求，通过企业申报、区农业农村局初审、评定小组审核、专家测评、办公会审核、联席会议审议、市政府审定等程序，向农业农村部推荐申报 4 家龙头企业，并全部获得认定。开展 2019 年北京市农业产业化重点龙头企业认定和监测，依据《北京市农业产业化重点龙头企业认定和动态监测管理办法》（京政农函〔2019〕2 号）对各区符合要求的企业进行认定，对 2017 年第四次监测合格以及 2018 年第五次监测留待观察的 84 家北京市农业产业化重点龙头企业进行监测。目前市级以上重点龙头企业达到151家，其中国家级龙头企业43家，市级龙头企业108家。

（二）农业龙头企业类型不断完善

北京农业产业化类型逐渐多样化，传统种植业在农业龙头企业中占据主导地位，共50家，约占龙头企业总量的30%，主要集中在农业生产领域；新崛起的农业企业发展迅速，如特色种植业、养殖业、休闲农业、农业物流、农产品电商等共29家，约占龙头企业总量的17%，代表北京特色农业，具有很大的发展潜力；高新技术的农业企业较多，共39家，占比达到23%，主要分布在海淀区、朝阳区、大兴区等，其自主知识产权相对较多，拥有较为广阔的发展前景。还有批发型市场企业共6家，占比在4%，如北京新发地农副产品批发市场中心、北京盛华宏林粮油批发市场有限公司、北京八里桥农产品中心批发市场有限公司等，这些企业不仅促进了农产品集散，还在农产品质量、保障城市农产品供应、引导农业生产等方面起到了积极作用。

（三）农业龙头企业分布广泛合理

顺义区农业龙头企业数量最多，共14家，占总量的14.89%，其后依次是海淀、房山、通州、怀柔、大兴、朝阳，分别占总量的8.51%、6.38%、6.38%、4.26%、4.26%、4.26%。密云、平谷、门头沟、延庆等区农业龙头企业分布较少。由于各区资源条件、交通情况、地理位置等特征不同，农业龙头企业在空间分布上存在着差异，总体上分布还是比较合理的。

（四）农业龙头企业帮扶成效明显

2019年，北京市开展“双百双促”工程，充分发挥龙头企业的引领作用，带动周边贫困农户致富、促进了低收入村增加收入。农业龙头企业在这项工程中扮演了非常重要的角色，100家大中型农业产业化龙头企业与100个低收入村按照就地便利、产业关联、资源互补的原则结成帮扶对子，相互之间促进与支持，不仅产生了积极的社会效益，还促进了龙头企业和低收入村的共同发展。

第二节　新型职业农民培养完善，引领农户衔接现代农业

新型职业农民培养关键在“新”，聚焦新业态、围绕新需求、创造新模式开展人才培养；完善农民职业教育支持政策，畅通农民学历晋升渠道，建立适合农民的“学分银行”制度；适应农民需求实施“半农半读”弹性学制，将农民接受非全日制学历教育纳入国家助学政策体系；适应市场需求设置专业，为农民学员量身定制培养方案，创新人才培养模

式；优化教学内容，丰富教学手段，积极探索学历教育与职业技能证书相融合，打造高水平师资队伍；通过部门联手、多级联动、多方合作，进一步完善政策、强化保障、推广经验，为农业更强、农村更美、农民更富做出新贡献。

一、新型职业农民培育制度体系不断完善

北京市新型职业农民培育制度体系基本建成。在培育管理方面，形成以教育培训、规范管理、政策扶持为主要内容的“三位一体”的新型职业农民培育管理模式；在培育力量方面，形成了“一主多元”的新型职业农民教育培训体系，主要是以公益性培训机构为主体、多种资源和市场主体共同参与；在培育方向方面，形成以生产经营型、专业技能型、专业服务型为主要方向的“三类协同”的新型职业农民培育重点；在培育效果方面，形成初级、中级、高级“三级贯通”的新型职业农民人才（职级）体系，建立起中、高职衔接贯通的学历教育制度。

2019 年，围绕实施乡村振兴战略，以推进农业“调转节”，深化农业供给侧结构性改革为主线，以科技创新和农技推广服务体系建设为抓手，以农业增效、农民增收为目标，深入开展农业农村科技工作，取得了积极进展。加强新型职业农民培育，造就一支善经营、会管理的“新农人”队伍。通过完善培训教育体系，优化培育模式，生产经营型、专业技能型、专业服务型职业农民“三类协同”；初、中、高职业农民“三级贯通”；市、区县、乡镇“三级共管”；培育、认定、扶持“三位一体”的职业农民培育工作格局初步形成。北京市农业推广站培训农技人员 900 名，推广应用 13 个优质绿色高效技术模式，涌现出全国“十佳农民”张亚利、陈向阳，“全国第九届农村青年致富带头人”、北京市返乡创业新型职业农民孔博，“全国百名新型职业农民”宋绍堂、刘长安，“风鹏行动新型职业农民项目资助人员”刘福娟、贾维亮、石鄢等一批先进典型。

二、新型职业农民培育体制机制不断创新

新型职业农民的培育模式改进很大，主要是根据产业特点和培训对象的不同，采用线上与线下相结合等新型培训模式，联系理论与实际、将集中培训与现场实践相结合。对于专业技能型和专业服务型的新型职业农民，至少要开展一个产业周期、全产业链的专项技能培训；对于生产经营型和创业创新型的新型职业农民，要灵活运用集中学习、参观考察、生产实践等方式，拓展培训内容，开拓农民视野，积累技能经验，促进其在农村产业转型升级、乡村旅游提档升级、创业创新方面有所作为；对于愿意扎根乡村，具有一定学历基础，且年龄在 45 周岁以下的青年农场主、新型农业经营主体带头人等骨干人才，在完成职业化培育后仍具备学习意愿的，可由个人提出申请，经相关部门组织审核推荐参加考试，选拔入学进行全日制高等学历教育。

此外，围绕产业重点问题，开展联合攻关，积极对农民进行技术进行培训。培训主要针

对种业建设、营养安全、绿色发展、提质增效和智慧农业等五个方面来进行，讲述了“生物育种技术和良种推广”“农业废弃物资源化利用”“种养循环”等12种创新模式（见表4-1）。

表4-1　　北京市农业技术推广培训情况

序号	培训活动	培训单位
1	生物育种技术和良种推广	北京市农业技术推广站
2	农业废弃物资源化利用	北京市农业技术推广站
3	种养循环	北京市农业技术推广站
4	水肥一体化	北京市农业技术推广站
5	景观休闲农业与生态修复	北京市农业技术推广站
6	化学投入品替代产品研发	北京市农业技术推广站
7	化学投入品科学使用	北京市农业技术推广站
8	风险评估方法	北京市农业技术推广站
9	功能性食品研发	北京市农业技术推广站
10	高产高效技术、品质高效、特色高效等技术模式集成与应用	北京市农业技术推广站
11	农业物联网技术、农产品电商模式	北京市农业技术推广站
12	共享经济+农业模式	北京市农业技术推广站

资料来源：北京市农业农村局。

近几年北京市农业技术推广对高新技术引进农业生产领域尤为重视，取得了一些成果（见表4-2），“高产高效技术、品质高效、特色高效等技术模式集成与应用”培训会成果颇为显著。

表4-2　　北京市农业技术推广的主要成果

序号	成果名称	推荐单位	主要完成单位
1	奶牛提质增效饲养技术集成与推广应用	中国农业科学院	中国农业科学院北京畜牧兽医研究所、北京中地畜牧科技有限公司、北京农学院、北京首农畜牧发展有限公司、北京市畜牧总站、北京市饲料监察所、中国奶业协会、中国畜牧业协会、北京东方天合生物技术有限责任公司
2	奶牛高效、低排放生产技术研究与推广	北京市畜牧总站	北京市畜牧总站、北京低碳农业协会、北京建筑大学、好食新源（北京）农牧科技有限公司、北京农学院、北京奶牛中心、北京首农畜牧发展有限公司
3	奶牛绿色无抗养殖关键技术研究与示范推广	北京农学院	北京农学院、中国农科院北京畜牧兽医研究所、北京市畜牧总站、北京科为博生物科技有限公司、北京首农畜牧发展有限公司奶牛中心、北京市昌平区动物疫病预防控制中心、北京市延庆区动物疫病预防控制中心、北京市大兴区动物疫病预防控制中心、北京市华都峪口禽业有限责任公司、北京金龙腾达养殖场

续表

序号	成果名称	推荐单位	主要完成单位
4	猪低蛋白质日粮配制技术示范与应用	北京市畜牧总站	北京市畜牧总站、中国农业大学、北京大北农科技集团股份有限公司、北京顺鑫农业股份有限公司、北京六马科技股份有限公司、北京大伟嘉集团
5	中兽药防治畜禽细菌性疾病关键技术集成与示范推广	北京农学院	北京农学院、北京生泰尔科技股份有限公司、北京市兽药监察所、保定冀中药业有限公司、北京市平谷区动物疫病预防控制中心、北京惠乐之源农业科技有限公司、北京大北农动物保健科技有限责任公司、北京市昌平区动物疫病预防控制中心、北京市平谷区动物卫生监督管理局马昌营所、北京市畜牧总站
6	农大 5 号节粮型蛋鸡配套系的推广应用	中国农业大学	中国农业大学、北农大科技股份有限公司、中国农业科学院北京畜牧兽医研究所、北京市畜牧总站、农业农村部农业机械试验鉴定总站、中国农业大学教学实验场涿州种鸡场、河北省农业广播电视学校衡水市分校、河北省畜牧总站、河北容德家禽育种有限公司、河北省涿州市农业农村局
7	牛奶生产监控关键技术研究及推广应用	北京首农食品集团有限公司	北京三元食品股份有限公司、北京市畜牧总站、北京市饲料监察所、北京市食品安全监控和风险评估中心（北京市食品检验所）、中国农业大学、北京维德维康生物技术有限公司、北京首农畜牧发展有限公司、北京市昌平区动物疫病预防控制中心、北京市大兴区动物疾病控制中心、北京市延庆区畜牧技术推广站
8	乳用种牛质量安全控制体系建立与关键技术推广	北京首农食品集团有限公司	北京奶牛中心、北京三元集团畜牧兽医总站、北京首农畜牧发展有限公司、北京市大兴区畜禽繁育改良指导站、北京市延庆区动物疫病预防控制中心
9	放养蛋鸡养殖与鸡蛋储运规范化配套技术示范推广	北京农学院	北京农学院、中国农业大学、北京市畜牧总站、北京市昌平区动物疫病预防控制中心、北京市房山区动物疫病预防控制中心、北京市平谷区动物疫病预防控制中心、北京市房山区大石窝镇动物防疫站、北京宏栗园柴鸡专业合作社、北京市昌平区动物卫生监督管理局马池口防疫站、北京市密云区动物疫病预防控制中心
10	天然成熟蜂蜜优质高产技术的研究与示范推广	中国农业科学院	中国农业科学院蜜蜂研究所、北京天宝康高新技术开发有限公司、北京市昌平区园林绿化局

资料来源：北京市农业农村局。

三、新型职业农民培育服务体系不断升级

随着新型职业农民培育机制的不断创新，其服务体系得到了完善。农村第一、第二、第三产业融合发展，农业生产全过程社会化服务，农产品加工，农村信息化建设等各类财政支农项目和产业基金，都把新型职业农民纳入扶持范围，农业新品种、新技术示范推广项目优先支持新型职业农民。面向大学生、留学回国人员、科技人员、青年、妇女等群体的创业创新支持政策，也不断向新型职业农民创业创新延伸。此外，还积极探索新型职业农民培育与职业技能鉴定、专业技术职称相衔接的机制，对培育合格的新型职业农民，经职业技能鉴定合格的，依照国家和本市的有关规定颁发职业资格证书，对优秀的新型职业农民，同等条件下优先评聘专业技术职务。鼓励各类新型职业农民开展纵向、横向协作，拓宽视野，抱团发展，合作闯市场，不断提升经营水平。为了保障新型职业农民服务体系的建设，北京市政府还出台了相关保障处理措施（见表4－3）。

表4－3　新型职业农民服务体系建设保障措施

工作任务	具体措施
加强组织领导	市相关部门和各区政府要把新型职业农民培育放在突出位置，“一把手”抓“第一资源”，分管领导要具体抓，明确责任人、制定路线图、确定时间表，层层抓好落实。进一步完善各级党委政府领导，发挥农业部门牵头，教育、科技、财政、人力社保、旅游、园林绿化等相关部门为成员的联席会议作用，定期召开专题会议，研究协调解决新型职业农民培育工作中出现的新问题。各级农业部门要将新型职业农民培育纳入本单位重点工作内容，将新型职业农民培育工作纳入年终绩效考核范围
推进资金统筹整合	利用现有涉农资金政策，统筹保障新型职业农民培育投入。明确任务量和工作要求，在预算执行环节，区级通过整合现有财政资金，按照现有培训标准，落实新型职业农民培育机构建设运行、师资培训、信息平台建设维护等必要经费投入，鼓励社会力量参与新型职业农民培育工作，确保新型职业农民达到数量和学时数等工作要求；在农民培训项目招投标、培训资金使用等方面，尽快解决农民培育经费使用存在的实际问题，简化程序，优化经费管理办法，确保及时、足额、安全支出
强化监督考核	新型职业农民培育工作涉及部门多、时间跨度大，要以培育对象的满意度为重要指标，强化日常监督，及时发现问题。市级各部门要统筹新型职业农民各类培训机构的审核、管理及考核工作，定期组织开展督查督导，各区要加强对管辖范围内各类培训机构的审核、管理。建立新型职业农民绩效考核指标体系，及时组织开展考核评比，考核结果与下年度培育资金预算安排直接挂钩。将新型职业农民培育纳入各区新农村建设奖励范畴，对工作突出的区和单位予以表彰奖励，对工作不力的予以通报批评，市级将加大对此项工作的督查力度
营造良好氛围	充分利用广播、电视、报刊等传统媒体和网络、微博、微信等新媒体以及乡村公示栏等宣传渠道，加强对新型职业农民培育工作的宣传。组织农民开展各类观摩活动、技能竞赛等，开展新型职业农民培育典型评选活动，建立健全表彰机制，努力营造关心、支持和参与新型职业农民培育的良好社会氛围

资料来源：北京市农业农村局。

第三节　社会化服务体系有创新，助力新型经营主体发展

北京着力构建以经营和公益性服务相结合、整体协同推进综合服务与专项服务互相协调的“一主多元”都市型现代农业服务体系格局。目前，北京农业全产业链已经率先覆盖，一个功能完备且内容丰富的新型农业社会化服务体系正在发挥重要作用。

一、新型农业社会化服务体系逐渐完备

从北京农业社会化服务主体来看，分为公益性服务主体、准公益性服务主体和经营性服务主体。其中公益性服务主体具有高度的非排他性和非竞争性特点；准公益性服务主体具有非排他性，但不具有非竞争性，主要是指得到政府相关部门的公益性支持的经营性服务主体；经营性服务主体具有高度排他性和竞争性的特点（见表4－4）。

表4－4　　北京市农业社会化服务主体

服务主体类型	特点	服务部门
公益性服务主体	高度的非排他性和非竞争性	农业技术推广机构、农业院校、科研院所
准公益性服务主体	非排他性但不具有非竞争性	农民专业合作社、农村服务岗位、农村乡土人才队伍、农资农机社会化服务组织
经营性服务主体	高度排他性和竞争性	涉农企业、批发市场、流通服务部门、农村金融服务机构

资料来源：北京市农业农村局。

二、新型农业社会化服务模式不断创新

（一）“龙头企业＋基地＋农户”模式

借助龙头企业的资金与技术等优势，促使企业和农户之间签订收购或销售协议形成联结机制，有效推动农户的收入增加以及农村经济的发展，更好地服务于农户。具体来说，就是在这种模式下，农户们得到当地农业产业化龙头企业的生产资料、技术以及资金等要素支持，并进一步得到龙头企业提供的相应的农业社会化服务。农户则需要依照合同上规定的生产计划和技术规范进行标准化生产，然后再将产品按照事先与农业龙头企业签订的合同价格卖给企业，最后所有农产品统一由龙头企业进行销售。

（二）“涉农企业＋专家＋农户”模式

该模式主要以科研机构为核心，将农业企业与农户之间紧密联系起来，一方面，农业

企业为科研机构提供相应的资金支持，科研机构的专家能够根据农户们的生产要求对其进行农业生产技术和农业生产经营等方面的指导；另一方面，农户将实际生产过程中的信息反馈给科研机构的专家，进而使得专家们根据这些信息来进一步提高科研水平，并为涉农企业提供农业生产科技方面的服务。与此同时，作为涉农企业和农户之间的桥梁和纽带的科研机构的专家们，更好地促进了涉农企业和农户之间的良好合作关系。

（三）“村集体＋专业合作社＋农户”模式

村集体将专业合作社等类似的公益性农业社会化服务主体作为和农户之间的中介，直接避免了因工作人员较少、经济实力薄弱等原因，不能很好地服务于农户。所以专业合作社等类似的公益性农业社会化服务主体将作为村集体和农户之间的主流中介，发挥其自身优势，在产业规划引导、基础设施配备、资金争取和扶持等方面为农户提供充分的农业社会化服务。在这种发展模式下，村集体为农业专业合作社提供各种便利，使其作为农户和村集体之间的重要媒介，发挥带动作用，积极鼓励农户加入农业专业合作社，通过统一采购农户生产经营中所需的生产资料、统一销售农产品、按股分红等方式直接服务于农户，带动农户致富。

三、新型农业社会化服务的发展前景良好

北京郊区山地众多，农业发展多以休闲旅游和观光农业为主，将生产要素资源引致郊区，不仅能带动郊区经济发展，也为郊区现代农业提供更为强劲的动力。郊区在建设一流和谐宜居之都中得到了更多的政策支持。农业农村是生态建设基础，高端农产品生产也都是以郊区载体。因此，郊区农业社会化服务体系发展必将会有所提升。

第五章　北京都市型现代农业支持与保障体系

第一节　多方施策彰显农业支持，助农财政投入合理有效

2020年是全面建成小康社会目标实现之年，是全面打赢脱贫攻坚战收官之年。以习近平新时代中国特色社会主义思想为指导，深入贯彻习近平总书记对北京重要讲话精神，牢固树立新发展理念，对标对表全面建成小康社会目标，准确把握“大城市小农业”“大京郊小城区”市情农情，强化责任、狠抓落实，统筹做好新冠肺炎疫情防控和农村改革发展稳定各项工作，集中力量完成打赢脱贫攻坚战和补上全面小康“三农”领域突出短板两大重点任务，持续抓好美丽乡村建设、重要农产品稳产保供和农民增收，扎实推动农业农村高质量发展，全力维护农村社会和谐稳定，不断提升农民群众获得感、幸福感、安全感，确保乡村振兴战略科学有序实施。

2020年的主要任务一是要助力打赢脱贫攻坚战，全面完成全市低收入农户“脱低”工作；二是要对标全面建成小康社会，加快补上农村基础设施和公共服务短板；三是要推动农业高质量发展，保障首都“菜篮子”有效供给；四是要加强农村基层治理，保持农村社会和谐稳定。为此，加强对北京农业各方面的支持保障是助力集中完成各项任务的必要举措。

一、政策支持体系

2019年，国家层面及北京市针对努力全面建成小康社会，决胜打赢脱贫攻坚战以及实现乡村振兴出台了系列农业支持政策。支持政策的出台有利于进一步优化农业发展所固有的问题，保障农民基本生活需求，促进建设更加美丽宜居农村，通过政府各项优惠政策的支持，助力实现乡村全面振兴（见表5－1）。

表 5－1　　2019～2020 年国家农业支持政策文件统计

颁布时间	单位	名称
2019 年 2 月	农业农村部	《关于乡村振兴战略下加强水产技术推广工作的指导意见》
2019 年 2 月	国务院	《关于有效发挥政府性融资担保基金作用切实支持小微企业和“三农”发展的指导意见》
2019 年 4 月	农业农村部、财政部	《2019 年重点强农惠农政策》
2019 年 4 月	农业农村部	《关于规范稻渔综合种养产业发展的通知》
2019 年 4 月	农业农村部、生态环境部	《关于进一步做好受污染耕地安全利用工作的通知》
2019 年 5 月	农业农村部、市场监督管理总局	《关于做好非洲猪瘟病毒检测结果通报和发布的通知》
2019 年 6 月	农业农村部	《全国农业综合行政执法基本配备装备指导标准》
2019 年 7 月	农业农村部、工业和信息化部、生态环境部	《关于加快推进农用地膜污染防治的意见》
2019 年 8 月	国务院	《关于促进小农户和现代农业发展有机衔接的意见》
2019 年 9 月	农业农村部、自然资源部	《关于实施家庭农场培育计划的指导意见》
2019 年 11 月	农业农村部、水利部	《国家农民合作社示范社评定及监测办法》
2019 年 11 月	农业农村部	《关于进一步加强农机购置补贴政策监管强化纪律约束的通知》
2019 年 12 月	农业农村部	《加快生猪生产恢复发展三年行动方案》
2019 年 12 月	农业农村部	《全国试行食用农产品合格证制度实施方案》
2019 年 12 月	农业农村部	《渔业无线电管理专项整治工作方案》
2019 年 12 月	国务院	《保障农民工支付保障条例》
2020 年 1 月	农业农村部	《关于肥料包装废弃物回收处理的指导意见》
2020 年 2 月	中共中央办公厅	《中共中央 国务院关于抓好“三农”领域重点工作确保如期实现全面小康的意见》
2020 年 2 月	国务院	《关于加强农业种质资源保护与利用的意见》
2020 年 3 月	农业农村部	《关于支持民营企业发展生猪生产及相关产业的实施意见》
2020 年 4 月	农业农村部	《关于加快农产品仓储保鲜冷链设施建设的实施意见》
2020 年 6 月	农业农村部	《关于加快推进设施种植机械化发展的意见》
2020 年 6 月	农业农村部等九部委	《关于深入实施农村创新创业带头人培育行动的意见》

数据来源：根据国家相关部委公开资料整理。

为了保障北京都市型现代化农业得到更好的发展，北京市政府还出台了一系列农业支持政策，主要围绕着强化科技支撑、实施乡村振兴战略、乡村治理、收入保障和乡村旅游等方面（见表 5－2）。这些措施取得了较好的成效，不断推动北京都市型现代农业向高质量方向转变。

表 5 – 2　　2019 年北京市农业支持政策文件统计

颁布时间	单位	名称
2019 年 2 月	北京市发展和改革委员会	《北京市农业产业化重点龙头企业认定和动态监测管理办法》
2019 年 6 月	北京市委市政府	《关于落实农业农村优先发展扎实推进乡村振兴战略实施的工作方案》
2019 年 8 月	北京市农业农村局	《北京市农业科技园区发展规划（2019—2025 年）》
2019 年 8 月	北京市农业农村局	《北京市农业科技园区管理办法（试行）》
2019 年 8 月	北京市生态环境局	《农业农村污染治理攻坚战行动计划》
2019 年 8 月	北京市科技委员会	《强化创新驱动科技支撑北京乡村振兴行动方案（2018—2020 年）》
2019 年 8 月	北京市常务委员会	《北京市城乡规划条例》
2019 年 8 月	北京市委市政府	《北京市乡村振兴战略规划（2018—2022 年）》
2019 年 10 月	北京市农业农村局	《关于实施家庭农场培育计划的指导意见》
2019 年 10 月	北京市农业农村局	《关于开展农民合作社规范提升行动的若干意见》
2019 年 11 月	北京市农业农村局、北京市财政局	《2018—2020 年北京市农机购置补贴实施方案》
2019 年 11 月	北京市委市政府	《实施乡村振兴战略扎实推进美丽乡村建设专项行动计划（2018—2020 年）》
2020 年 1 月	北京市人民政府办公厅	《北京市关于完善退耕还林后续政策的意见》
2020 年 4 月	北京市委市政府	《关于抓好“三农”领域重点任务确保如期高质量实现全面小康的行动方案》
2020 年 4 月	北京市农业农村局	《北京现代种业发展三年行动计划（2020—2022 年）》

数据来源：根据北京市农业农村局、北京市财政局等相关部门公开资料整理。

二、财政支持体系

（一）财政支农投入资金稳步上升

重点支持北京乡村振兴战略规划规划的实施，完善和丰富郊区社区生活服务、公共服务设施。财政支农投入从 2011 年的 187. 34 亿元，增加到 2018 年的 576. 04 亿元（见图 5 – 1）。着力推进农业提质增效，2018 年支农财政支出剧增，支出金额同比 2017 年上升了 11. 1%。

（二）财政支农投入结构更为合理

2019 年北京市财政投入结构做了调整，整体财政投入力度有所下降。重点支持实施农村振兴战略、全面提升美丽乡村的发展水平，支持发展绿色农业、农业产业化经营、农产品质量提升，着力促进农业提质增效。实施农业综合补贴政策，推进农业产业提升和山区农民搬迁工程，重点帮助低收入农户，确保他们收入持续增加。开展新一轮造林工程，占地一百万亩，以改善首都的绿化和美化。

加大了农业环节病虫害防治的资金投入力度，增加 1. 1 亿元主要用于增加非洲猪瘟疫情防控工作经费，农产品质量安全经费减少 2. 0 亿元，对外交流与合作资金减少 0. 2 亿

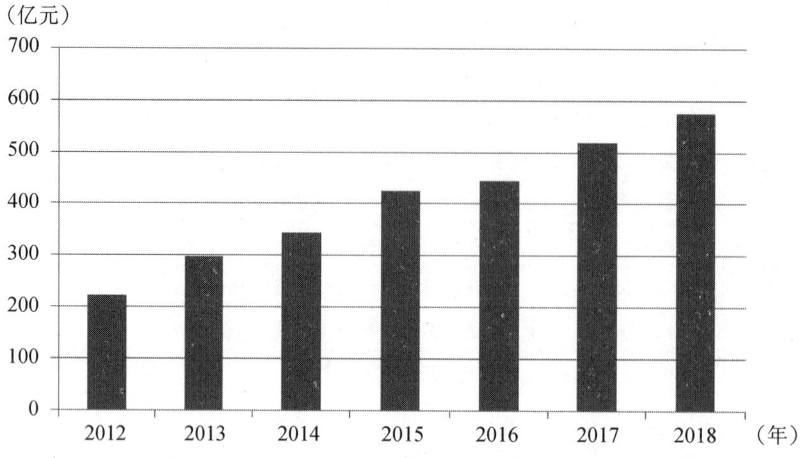

图 5 - 1　2011 ~ 2018 年北京市财政支农投入

数据来源：《北京统计年鉴》。

元，主要是减少 2019 年“菜篮子”产品外埠基地建设项目资金。水利工程建设比预算增加，主要是增加农村污水处理和再生水管线建设经费等支出。“水土保持”执行数 3265 万元，减少 18509 万元，主要是调整用于温榆河公园详细规划编制、南干渠工程等项目支出。林业项目中增加对外交流与合作的支出，用于世园会的工作经费。

1. 农业财政投入

2019 年农林水总投入资金 197.3 亿元，完成调整预算的 99.4%。其中农业为 36.7 亿元，占比 18.6%，主要包括：农业结构调整补贴 19 亿元，农业生产发展 2.0 亿元，对外交流与合作 0.02 亿元，科技转化与推广服务 0.9 亿元，农产品质量安全 0.5 亿元，病虫害控制 2.9 亿元，执法监管 0.1 亿元，统计监测与信息服务 0.5 亿元，农业行业业务管理 0.3 亿元，农产品加工与促销 1.3 亿元，农业资源保护修复与利用 0.3 亿元，其他农业支出 8.9 亿元（见表 5 - 3）。

表 5 - 3　农业财政投入构成

农业财政投入主要构成	金额（亿元）	农业财政投入主要构成	金额（亿元）
农业结构调整补贴	19	执法监管	0.1
农业生产发展	2.0	统计检测与信息服务	0.5
对外交流与合作	0.02	农业行业业务管理	0.3
科技转化与推广服务	0.9	农产品加工与促销	1.3
农产品质量安全	0.5	农业资源保护修复与利用	0.3
病虫害控制	2.9	其他农业支出	8.9

数据来源：北京市财政局。

2. 水利财政投入

2019 年水利财政投入 76.2 亿元，占比 38.6%，主要包括：水利工程建设 6.0 亿元，水利工程运行与维护 43.8 亿元，水利行业业务管理 5.4 亿元，水资源节约管理与保护 13.1 亿元，水土保持 0.3 亿元，农田水利 0.8 亿元，水利技术推广 0.3 亿元，防汛 0.5 亿元，水文测报 0.7 亿元，信息管理 0.4 亿元，大中型水库移民后期扶持 0.1 亿元，其他水利支出 4.8 亿元（见表 5-4）。

表 5-4　　水利财政投入构成

水利财政投入主要构成	金额（亿元）	水利财政投入主要构成	金额（亿元）
水利工程建设	6.0	水利技术推广	0.3
水利工程运行与维护	43.8	防汛	0.5
水利行业业务管理	5.4	水文测报	0.7
水资源节约管理与保护	13.1	信息管理	0.4
水土保持	0.3	大中型水库移民后期扶持	0.1
农田水利	0.8	其他水利支出	4.8

数据来源：北京市财政局。

3. 林业财政投入

2019 年北京市林业财政投入 69.1 亿元，占比 35.0%，主要包括：森林培育 42.2 亿元，动植物保护 2.1 亿元，森林生态效益补偿 0.4 亿元，自然保护区等管理 0.1 亿元，林业执法与监督 0.1 亿元，林业产业化管理 9.8 亿元，林业信息化管理 0.3 亿元，行业业务管理 1.3 亿元，林业防灾减灾 3.0 亿元，林业技术推广 0.6 亿元，对外交流与合作 1.6 亿元，其他林业支出 3.1 亿元（见表 5-5）。

表 5-5　　林业财政投入构成

林业财政投入主要构成	金额（亿元）	林业财政投入主要构成	金额（亿元）
森林资源培育	42.2	林业产业化	4.5
动植物保护	2.1	林业信息化管理	0.3
森林生态效益补偿	0.4	林业防灾减灾	3.0
自然保护区等管理	0.1	林业技术推广与转化	0.6
林业执法与监督	0.1	行业业务管理	1.3
林业产业化管理	9.8	对外合作与交流	1.6
其他林业支出	3.1		

数据来源：北京市财政局。

4. 其他财政投入

2019 年其他财政投入 27.6 亿元，占比 13.9%，主要包括：南水北调工程建设 7.4 亿元，农业综合开发12.6亿元（产业化经营0.7亿元），普惠金融发展支出2.8亿元和其他农林水支出4.8亿元（见表5-6）。

表5-6　其他财政投入构成

其他财政投入构成	金额（亿元）
南水北调	7.4
农业综合开发	12.6
普惠金融发展支出	2.8
其他农林水支出	4.8

数据来源：北京市财政局。

（三）财政资金使用更为规范

2019年开展了财政资金绩效评价工作，主要包括4个方面：一是对2018年中央财政转移支付资金开展绩效评价，包括农业生产发展资金、农业保险保费补贴、农业资源及生态保护补助资金三个项目，相关单位对项目的执行情况开展材料收集和自评，形成了绩效自评报告，按时报送农业农村部计划财务司和财政部农业司。二是对2018年部门预算开展绩效评价，紧紧围绕农业结构调整、动植物疫病防控、农产品质量安全监管、生态农业、京津冀协同发展、农机购置补贴、政策性农业保险、农村金融奖补支持、农业产业化奖补扶持、农村地区“煤改电”低谷电补贴等重点领域，对193个重点绩效管理项目开展了项目绩效评价，其中采用普通程序评价2个、简易程序评价191个，评价项目占全局项目总数的32.94%，涉及金额15.13亿元。三是完成市财政局绩效评价检查，2019年市财政局抽取委局3个项目进行绩效评价，通过评价，“2018年北京市动物无害化处理”项目评价结果为91.50分，绩效级别为“优秀”。“农业保险保费补贴政策”评价结果为85.94分，绩效级别为“良好”。北京市农业农村改革发展资金评价结果为81.96分，绩效级别为“良好”。四组织开展2020年农业农村改革发展资金专项转移支付预算事前绩效评估工作，涉及资金11.2亿元。

三、主要保障措施

（一）优化涉农资金使用结构

市有关单位和各涉农区根据补短板的需要优化涉农资金使用结构，确保财政投入与补上全面小康“三农”领域突出短板相适应。树立过“紧日子”的思想，强化对“三农”信贷的货币、财税、监管政策正向激励，给予低成本资金支持，优化精准奖补措施。合理设置农业贷款期限，与农业生产周期相匹配。推动温室大棚、养殖圈舍、土地经营权依法合规抵押融资。

（二）缓解乡村发展用地难题

扎实抓好规划和自然资源领域问题整改，加强“村地区管”，建立区、乡镇、村三级管理责任制度，健全土地用途管控机制，加强合同监督管理，遏制集体土地失管失控现象，坚守耕地和永久基本农田保护红线，严防“大棚房”问题反弹。完善乡村产业发展用地政策体系，明确用地类型和供地方式，实行分类管理。农村集体建设用地可以通过入股、租用等方式直接用于发展符合规划的乡村产业。

（三）强化人才与科技支撑作用

制定农民培训计划，鼓励“半农半读”等职业教育和技能培训，年内组织公益性农民培训2万人次，招录村务管理专业等学历教育1000人、乡村振兴协理员400人。深化“千名干部科技人员进千村入万户”活动，细化实化科技特派员、全科农技员队伍管理，农村基层工作服务经历可作为农业技术人员晋升职称的参考。创新科技、产业、市场相结合的农业生产组织形式，开辟农村创新创业业务办理绿色通道，深入推进“星创天地”建设，吸引各类人才到农村干事创业，培养一批爱农业、懂科技、会管理、善经营的新时代农民企业家。

第二节　多措协同落实农业保障，金融保险助力乡村振兴

党的十九大提出实施乡村振兴战略，是以习近平同志为核心的党中央着眼党和国家事业全局作出的重大决策部署，是决胜全面建成小康社会、全面建设社会主义现代化国家的重大历史任务，是新时代做好“三农”工作的总抓手，在我国“三农”发展进程中具有划时代的里程碑意义。习近平总书记关于实施乡村振兴战略的重要论述是新时代做好“三农”工作的根本遵循和行动指南，北京作为首都，要深入学习、率先贯彻、认真落实、科学推进。2019年，北京农业严守农产品质量安全，推进科技创新工程建设，全力打造生态建设体系，多措协同推进落实首都农业保障，为乡村振兴战略的实施打下了坚实基础。

一、农产品质量安全体系

（一）强化农产品质量安全检测

按照《北京市创建“国家农产品质量安北京市”实施方案》的整体部署，以“国家农产品质量安全县”考核指标体系为核心，积极推进整市创建6大方面16项重点工作的落实，出台《北京市农业农村局关于印发2019年北京市农产品质量安全统一监测计划的通知》和《北京市农业农村局关于印发2019年北京市农产品质量安全异地监督抽查实施方案的通知》，截至2019年年底，生产蔬菜、畜禽产品、水产品监督抽查合格率分别为99.4%、99.1%、98%。

持续开展农产品质量安全专项整治。以农产品质量安全突出问题和薄弱环节为重点，针对禽蛋禁用药物、牛羊肉“瘦肉精”、生猪屠宰、农药隐性添加、水产养殖非药品添加兽药等突出问题，开展农药、“瘦肉精”、兽用抗菌药、生猪屠宰监管、水产品兽药残留、生鲜乳、农资打假七大专项整治行动。强化工作有效衔接，以统一监测、日常督导巡查中发现的问题为重点，及时组织开展“问题链”跟踪分析，对新发现的风险隐患和临时性、突发性农产品质量安全事件，截至 2019 年 12 月，共检查生产经营主体 2 万余家次，查办案件 200 余起，印发宣传材料 12 万份，指导培训 1.5 万人次。

（二）开展农产品质量安全认证与标准化体系

开展“三品一标”认证，推进绿色有机生产。组织开展种植、畜牧、水产无公害内检员培训各一期，共培训企业内检员 300 余人次。新增“无公害”用标主体 143 家，产品 448 个，产量 3.7 万吨。截至 2019 年 12 月 10 日，全北京市共有无公害生产主体 1282 家，产品 4672 个，产量 157.5 万吨。超额完成 73% 的“菜篮子”产品“三品”覆盖率既定目标。加快推进绿色、有机产品发展。开展绿色、有机生产企业调研，从多个环节入手分析影响产业发展的问题和症结所以，并从合理规划生产空间、规范生资生产及使用、加强科技支撑、建设示范基地、加大政策支持等多个方面提出措施建议。

完善农业农村标准体系，建设标准化基地。在农业标准体系框架基础上，推进我市农业农村标准体系的建设，搜集并初步筛选出农业农村相关国、行、地、团标准 6300 多条，初步搭建了北京市农业农村标准体系框架。组织开展 2020 年地方标准立项工作。印发《2019 年北京市农业标准化工作实施方案》（京政农〔2019〕78 号），按照“区级建设、市级评定、动态管理、优级奖励”的原则，组织各区推进农业标准化基地建设、评定和指导。完成 104 家市级优级标准化基地复核及新建基地评定，其中新增优级标准化基地 54 家，复核优级基地 50 家。截至 2019 年，北京市农业标准化基地总数 1208 家，其中优级基地 483 家。推行全程标准化理念，完成 4 家全程农产品质量安全标准化示范基地。

（三）积极推进农产品质量安全监管体系

继续开展区级综合质检站等级评定与动态管理工作。通过机构自查整改、区级评定申报、市级专家现场抽查核验，从基础设施建设、人员配备、工作任务等 12 方面 54 项指标进行评定，完成了对 13 家区级农产品质量安全综合质检站的等级评定（从低到高分为 1 星、2 星、3 星、4 星四级），目前，获得 3 星级以上的质检站达到 9 家，其中 4 星级 1 家、3 星级 8 家。完成北京市第四届农产品质量安全检测技能竞赛，13 个区 89 人参加了竞赛，选派 3 人参加第四届全国农产品质量安全检测技能竞赛，获得了优秀组织奖，2 人分别获得水产组和种植组个人第 4 名和第 7 名的好成绩。对 13 家获得检测机构考核合格证的检测机构进行了监督检查，督促检测机构强化内部管理、依法依规开展检测工作。组织完成了对 25 家检测机构的能力验证，验证范围包括 8 大类 100 余项，最终 23 家通过。

进一步完善乡镇农产品质量安全管理站等级评定指标体系与评定机制。在机构和区级自评、整改与上报的基础上，组织市级专家从9方面25项指标进行核查与定级（共分为优秀、良好、达标、不合格四级）。目前，完成了12个区的160个乡镇农产品质量安全管理站等级评定，良好级以上的占比达58.8%，其中优级39个、良好级55个。对农产品质量安全管理站的等级实施动态管理，每年评定一次，评定结果与农产品质量安全工作考核成绩挂钩。通过实施等级划分与动态管理工作，进一步强化乡镇管理站的建设，促进完善运行管理与工作机制，提升基层工作能力和水平。

二、生态建设体系

（一）全面推进农业面源污染防治工作

出台《2019年北京市化肥农药减量和农膜回收工作方案》（京政农发〔2019〕40号）等文件，对化肥农药减量增效、农膜及农药包装废弃物回收处置工作进行了部署落实。2019年完成有机肥配送约9万余吨，推广配方肥物化技术示范面积达15.7万亩，带动北京市推广专用配方肥料1.73万吨（养分折纯计算），覆盖面积64万亩；创建化肥减量示范点34个，示范面积12万亩。实施绿控产品补贴，补贴面积45万亩次，开展统防统治60.5余万亩次。推进地膜回收工作，采取以旧换新、推广应用加厚地膜等措施，共回收废旧地膜1620余吨，发放新膜（≥0.014毫米规格地膜）708吨；积极开展农药包装废弃物回收，采用以物换物、现金回收、承包回收、委托回收等模式，共回收37余吨。印发《关于做好2019年农村环境综合整治工作的函》（京环函〔2019〕294号），明确了环境综合整治村畜禽粪便综合利用工作要求，完成了213个建制村畜禽粪便综合利用达标工作。根据农业农村部规模养殖场直联直报信息系统统计，2019年北京市规模养殖场粪污处理设施装备配套率已达到100%，畜禽粪污综合利用率已达到87.53%。推进秸秆综合利用工作，组建立秸秆资源台账。通过农业废弃物资源化利用中心建设，引导秸秆综合利用产业化发展。积极推广秸秆肥料化、饲料化等方面典型模式和主推技术，秸秆综合利用率达到98%以上。

（二）有序推进北京市第二次全国农业污染源普查工作

按照国家污普办、农业农村部相关要求，印发《关于做好北京市第二次全国污染源普查农业源数据质量审核工作的通知》，组织各专题负责部门开展质控审核并提交审核报告，协调做好农业污染源基本单位名录比对核实工作。参加全国农业污染源产排污核算方法培训，做好农业污染源产排污核算工作。2019年8月，印发《关于开展北京市第二次全国污染源普查畜禽养殖源数据质量审核整改的通知》，进行了数据核查整改工作。组织编写了农业污染源普查工作报告及数据分析报告，顺利完成了第二次全国农业污染源普查相关工作。

（三）开展耕地土壤环境质量分类管理工作

各区已建立本区耕地土壤环境质量分类清单，并建立北京市耕地土壤环境质量分类清单，编写《北京市耕地土壤环境质量类别划分技术报告》。已对相关区受污染耕地安全利用率进行了年度评估，提前一年超额完成国家考核指标，受污染耕地安全利用率已基本达到100%。

三、金融支农体系

（一）积极申报农业农村部2019年度金融支农创新试点

按照农业农村部有关要求，及时组织申报2019年度金融支农创新试点政府购买服务事项。通过专家评审打分，推荐了中国人寿财产保险股份有限公司北京市分公司的优势特色农产品产业链综合金融服务创新试点方案（以北京市“怀柔板栗”为例）、北京市农业融资担保有限公司“E”农保担保创新产品、北京农村商业银行股份有限公司北京农民专业合作社信用评价系统、中华联合财产保险股份有限公司北京分公司“蔬菜产品质量安全责任保险”金融支农创新试点4个项目。最终中国人寿财产保险股份有限公司北京市分公司、北京市农业融资担保有限公司、北京农村商业银行股份有限公司3个项目获评农业农村部2019年度金融支农创新试点。

（二）有序开展农业领域贷款贴息

按照《关于加大农业领域贷款贴息等金融扶持的办法（试行）》（京政农函〔2016〕58号，有序开展农业领域贷款贴息工作。2018年组织对2016年7月1日至2017年6月30日期间贷款到期，并且按时归还本息的农业领域贷款项目给予贷款贴息和担保费补贴支持，涉及193家农业经营主体313笔贷款，帮助农业经营主体融资11.1亿元，财政资金放大21.4倍。2019年农业领域贷款贴息通过转移支付下达，各区依照相关程序组织核发工作。

（三）扎实推进政策性农业保险工作

2019年北京市政策性农业保险保费收入5.1亿元，同比减少22.4%，减少的主要原因是受“非洲猪瘟”疫情影响，北京市猪养殖量明显减少，造成猪类保险保费收入明显下降；保险金额115.3亿元，同比减少6.8%；参保农户7.1万户次，与2018年基本持平。简单赔付支出3.8亿元，同比减少17.1%，简单赔付率75%，赔付农户4.6万户次。2019年重点开展了以下工作：一是修订农业保险条款，通过组织申报、专家评审，对农业保险统颁条款进行4方面17条修订，进一步规范保险条款内容，以便于指导保险公司更好地开展保险业务；二是鼓励险种创新，2019年结合各区意愿，试点推出犊牛养殖、瓜果及蔬菜育苗两个创新险种，同时对中药材种植保险条款进行修订，不断扩大了农业保险保障范围，更好地满足农户风险保障需求；三是推进农业再保险，通过细化险种分类、降低费率等方式，对再保险方案进行完善，并及时签署再保险协议，通过购买再保险的方式为年度农业保险提供大灾风险保障；四是顺利通过检查，政策性农业保险在2019年先后接受财政部专员办检查、市财政局绩效评价、市财政局审计等检查工作，均顺利通过检查。

第三节　多策并行支撑农业建设，科技兴农引领现代农业

一、科技创新体系

（一）产学研融合程度进一步加深

2019年，继续在果类蔬菜、叶类蔬菜、家禽等10个创新团队设置10个市级研发中心、54个综合试验站、153个农民田间学校工作站，加大农作物新品种选育，农业节水、生态循环、动植物疫病防控、农产品质量安全、农业机械化、农产品产销模式等研发与成果转化力度。在岗位设置上，持续保证产学研推单位均涵盖，整合首都科技单位和人力资源；在工作机制上，实施任务需求导向方式，共组织调研2263次，找准产业发展问题，有针对性开展技术支撑；在推广形式上，继续采取贴近服务对象的模式，开展培训、观摩和活动日活动1833次，培训人数达38783人次。

（二）农业科技项目管理进一步规范

2019年围绕优势产业需求，结合市政府重点工作，以项目为载体，聚焦重点工作、整合专家资源、技术资源和资金优势，加大生态循环、节水、质量安全、特色产业和疫病防控等关键节点的科技支撑力度，分级分类确定各类农业科技试验示范项目。立项支持市级推广单位开展各类试验示范项目26项、科技新星项目20项；支持市级科研院所、大专院校开展2019年特色主导产业科技支撑类示范推广项目4项；支持区级试验示范项目，在海淀、顺义、大兴等7个区根据区域特色确定试验示范项目10项。通过试验示范项目引进、筛选、集成、示范、推广应用先进实用的农业技术，为都市型现代农业发展提供强有力的科技支撑。

加强农业科技示范基地的建设，提升科技示范展示和服务带动能力，2020年将在平谷、房山、顺义等9个区建设农业科技示范基地34个，其中有机基地30个，为培育京郊农业科技典型案例和创新亮点，以点带面促进农业科技水平的提升打下基础。

（三）农业技术推广体系逐步完善

根据《农业农村部办公厅关于做好2019年基层农技推广体系改革与建设补助项目组织实施的通知》（农办科〔2019〕23号）要求，选择2018年度任务完成情况较好或意愿较高的7个区开展补助，辐射带动基层农技推广体系建设工作。各区已下发或编制项目实施方案，对细化区级目标、任务以及承担单位，大兴区对资金使用和绩效考评提出明确要求；打造一批集中展示、试验示范、培训指导等多功能的农业科技服务平台，共建设示范

基地12个，并结合各区主导产业和重点工作，推广绿色防控技术、水肥一体化技术、草莓半基质栽培、牛床垫料再生系统、标准化生产管理体系等一批符合绿色生态、质量安全、节本增效等要求的技术模式，并在示范基地开展示范推广和观摩培训，参加观摩培训的人数约4200人次；完善分级分类培训机制，对700名基层农技人员进行不少于5天脱产业务培训，其中市级骨干培训60人已完成10天脱产培训，并组织赴天津、河北两地现场观摩，取得了很好的培训效果；遴选能力较强、帮扶意愿较高、乐于助人的新型农业经营主体带头人、种养大户、乡土专家、低收入农户等农业科技示范主体共计1280人。

二、农业科技工程建设体系

（一）生态农业科技提升工程

开展以农业绿色生产为重点的科技联合攻关，在农业投入品减量高效利用、有害生物绿色防控、废弃物资源化利用、产地环境修复和农产品绿色加工贮藏等领域取得一批突破性科研成果。探索建立农业技术环境风险评估体系，加快成熟适用绿色技术、绿色品种的示范、推广和应用将形成一种新的农业发展方式，即资源的有效利用，生态系统的稳定，产区环境的良好和产品质量的安全。

（二）高精尖农业产业科技创新工程稳步发展

结合“疏整促”“调转节”等重点工作，突出农业科技创新引领，围绕生物育种、物联网、大数据、生物制造、营养强化等关键技术，开展农业技术联合攻关和集成创新，形成一批适用的农业新技术成果包，着力打造现代种业、农业智能装备、安全投入品、食品制造与营养健康等领域的特色产业链。

（三）新业态新模式科技培育工程异军突起

对新型生产经营主体建立科技对接帮扶机制，支持合作社、农业企业等新型经营主体发展生态农业、定制农业、创意农业、康养农业和休闲农业，为其提供科学规划、文创设计等服务。发展农村电商，强化互联网与农业的有机结合，通过农业的信息化、智慧化、生态化改造，不断挖掘特色、提升品质、做强品牌。

三、科技资源配置体系

（一）科技资源配置逐步合理化

加快形成以需求为导向，以重大产出为目标，责权利清晰的农业科技资源配置模式，构建小城镇协调发展，农业绿色发展，乡村旅游充分发展，农村第一、第二、第三产业融合发展的科技资源配置体系。完善科技成果转化应用服务体系，加大对科技成果转化推广扶持力度，破除瓶颈制约，促进创新资源集聚运用和创新成果转化，实现科技成果的快速、高效、精准供给，推动农村创新创业，为乡村振兴提供新动力。充分发挥北京创新创业资源共享服务平台和北京科技特派员创新创业平台作用，深化“221信息平台”“农村

科技服务港”“12396 北京新农村科技服务热线”“北京 12316 农业服务热线”等农业信息资源的优化整合。

（二）科技资源配置效率效能逐步提高

积极探索机制创新，提高资源配置效率效能。以技术创新、模式创新、机制创新为根本途径，提高土地产出率、资源利用率、劳动生产率。支持园区科技创新，认真落实农业科技成果转化收益、科技人员兼职取酬等制度规定。着力优化投入结构，创新使用方式，提升支农效能。创新和完善利益联结机制，强化龙头企业与合作社对农户的带动作用。探索政府、科研院所、生产经营主体等各方共建共治共享的建设治理新格局。

第六章　北京都市型现代农业发展的新动能与趋势

第一节　聚焦脱贫攻坚乡村振兴，实现首都农业发展任务

一、打赢脱贫攻坚

2020年是努力建成小康社会与决胜打赢脱贫攻坚的关键之年，面对严峻复杂的新冠肺炎疫情，北京农业亦是身兼重任。为此，北京农业要统筹做好新冠肺炎疫情防控和农村改革发展稳定各项工作，集中力量完成打赢脱贫攻坚战和补上全面小康“三农”领域突出短板两大重点任务，在农业领域扎实推动首都农业农村高质量发展，保障首都“菜篮子”有效供给，助力打赢脱贫攻坚战。

（一）加强农产品质量安全保障

深入开展农药化肥减量行动，化肥利用率提高到40%以上，农药利用率提高到45%以上。完善耕地土壤环境质量分类清单，持续推进受污染耕地安全利用。推广农艺节水、休耕轮作，建设高标准农田4万亩，农业年用新水控制在4.5亿立方米左右。基本完成北京农产品绿色优质安全示范区建设和国家农产品质量安全市创建，北京市“菜篮子”产品“三品一标”认证覆盖率达到75%以上，农产品质量安全监测抽检合格率达到98%以上。试行食用农产品合格证制度。推进顺义区、大兴区国家农业绿色发展先行区和房山区国家现代农业产业园建设，指导密云区开展国家现代农业产业园创建。

（二）发展富民乡村产业

支持各涉农区立足资源优势打造各具特色的农业全产业链，形成有区域特点和竞争力的产业集群，推动农村第一、第二、第三产业融合发展。总结和推广新型集体林场试点经

验，推进林下经济“1+20”试点工作。规范闲置农宅盘活利用，促进乡村民宿、休闲农业持续健康发展。着力抓好70个集体经济薄弱村发展壮大集体经济试点工作，因地制宜探索拓宽农村集体经济发展路径。

（三）加快恢复生猪生产

加紧优化提升生猪产业发展布局，鼓励本市龙头企业在外埠建设生猪养殖和屠宰加工基地，保证掌控猪源达到本市消费需求的70%以上。加强非洲猪瘟、口蹄疫、高致病性禽流感等重大动植物疫情防控工作，完善动物疫情应急处置机制。支持奶业、禽类、牛羊、水产品等生产，推进绿色健康养殖和畜禽粪污资源化利用，引导优化肉类消费结构。

（四）强化农业科技创新

落实《北京市促进科技成果转化条例》，整合各类科技资源，创新体制机制，推动更多科技成果应用到田间地头。组建强有力的工作队伍，深入推进平谷区农业科技创新示范区建设，推动农科教企协同创新、联动发展。加快实施北京现代种业发展三年行动计划，年内农业科技进步贡献率达到75%，主要农作物、畜禽良种覆盖率达到98%以上。

二、推进乡村振兴

党的十九大提出实施乡村振兴战略，是以习近平同志为核心的党中央着眼党和国家事业全局作出的重大决策部署，是决胜全面建成小康社会、全面建设社会主义现代化国家的重大历史任务，是新时代做好“三农”工作的总抓手，在我国“三农”发展进程中具有划时代的里程碑意义。北京作为首都，要深入学习、率先贯彻、认真落实、科学推进。北京农业要充分利用“大京郊”的空间优势，统筹农村和农业资源，以第一、第二、第三产业融合为突破口，持续推进农业供给侧结构性改革和都市型现代农业转型升级，努力培育新产业、新业态、新动能，为首都提供丰富多样的休闲农业、乡村旅游和生态服务产品，使京郊农村成为产业兴旺、经济多元、利益共享、创新创业、宜居宜业的城市后花园。

（一）推动农业高质量发展

坚持质量兴农、绿色兴农、品牌强农，选育特色农产品，培育名优品牌，以建设北京农产品绿色优质安全示范区为主要抓手，同步推进国家现代农业示范区、国家农业可持续发展试验示范区、国家农产品质量安全市、国家食品安全城市创建。积极构建现代农业产业体系、生产体系、经营体系，不断完善农业社会化服务体系、生态保护体系和科技支撑体系。一要优化农业产业布局，深入实施农业“调转节”，进一步优化农业生产结构与空间布局；二要开展耕地保护与建设，严守耕地红线，科学划定永久基本农田，落实永久基本农田特殊保护制度，开展高标准农田建设与土地整理，实施耕地质量提升与保护行动，确保本市基本农田数量不减少，质量不降低；推进农业绿色发展。三要大力推广生态农业、循环农业，确保农业生产产出高效、产品安全、资源节约、环境友好；四要促进绿色有机农业发展，利用首都科技优势，鼓励绿色有机农业相关技术研究和创新，培育高附加值产品。编制北京市绿色有机农产品生产标准及操作规程，健全完善可追溯、全链条的监管制度；五要提升农产品质量安全水平，强化源头安全，深入推进标准化生产与基地建设，加大农产品质量安全绿色防控及健康养殖技术集成与综合应用；六要延伸农业产业链，推动集体经济组织、农民合作社、农业企业等建立农产品采后处理和冷链经营体系，提高农产品附加值和竞争力；七要推进品牌促农强农，坚持市场导向，大力培育具有北京特色的农产品品牌、区域公用品牌和企业品牌，扶持一批具有上市潜力的龙头企业走向资本市场，积极支持有条件的农业企业走出去。

（二）加大农业科技支撑力度

充分发挥首都科技优势，深入实施创新驱动发展战略，提高农业科技自主创新和成果转化水平，强化对全国农业科技创新的示范引领作用，助力北京全国科技创新中心建设，为农业农村发展拓展新空间、增添新动能。一要健全农业科技创新体系，加强农业科技基础前沿研究，增强农业自主创新能力；二要加快关键技术的研发和转化，加大农业生物技术、农业设施与智能装备、食品制造与营养健康、节水节能高效生态农业等领域的技术研发和转化应用；三要继续推进现代种业发展，制定实施北京现代种业发展三年行动计划，构建以高等学校、科研院所为主体的基础性公益性研究和以企业为主体的商业化育种相结合的现代种业科技创新体系，建立符合种业创新规律的双轮驱动创新平台和投入机制；四要大力发展“互联网+现代农业”，加强物联网和互联网技术对设施农业生产、畜禽水产养殖、农业机械化的服务支撑，重点推进感知和控制体系建设。

（三）推动农村产业融合发展

坚持服务首都、富裕农民的方针，深入发掘农村产业的生态涵养、休闲观光、文化体验、健康养老等多种功能和多重价值。推动乡村资源全域化整合、品牌化经营、多元化增值。坚持农地农用的基础上，发展休闲农业、农业文化创意产业，完善农业价值链，推动农村产业高质量发展。具体来看，一方面要着力培育农村新产业新业态，通过农旅结合、农科结合、农文结合等模式，因地制宜创新发展业态；另一方面要促进休闲农业与乡村旅游提档升级，结合创建国家全域旅游示范区，依托田园综合体、生态沟域等载体，积极开发农业观光、休闲游憩、森林康养、文化体验、生态教育等功能，鼓励发展亲子农业、教育农园、市民农园、家庭园艺等业态，利用好阳台、楼顶等空间，促进创意农业走进市民家庭，促进农业与科普、教育、体验的深层次结合，延伸休闲农业价值链。

（四）探索农村产业发展新机制

首先，要完善农业支持保护制度与农业保险政策体系。以提升农业质量效益和竞争力为目标，强化绿色生态导向，完善和调整对农民直接补贴制度，提高补贴效能，积极开发适应新型农业经营主体需求的保险品种；其次，要切实解决产业发展瓶颈，健全完善符合农村产业融合发展趋势的新产业新业态建设标准，研究制定适应产业需求的用地政策；再次，要通过完善利益联结机制，着力增强农民参与产业发展的能力，创新收益分享模式，健全联农带农有效激励机制，让农民更多分享产业融合发展的增值收益；第四，要激发农村创新创业活力，发挥好产业基金的引导带动作用，培育壮大创新创业群体，优化农村创新创业环境，合理引导工商资本下乡，推动乡村大众创业万众创新；最后，要通过推动经营体制创新，积极发展多种形式适度规模经营，发展壮大农村经济，提高农业的集约化、专业化、组织化水平。探索新型农业组织经营模式，建立健全社会资本投入引导机制。

第二节　转方式促农业转型升级，产业质量提升现新动能

一、现代种业引领农业崭新篇章

近些年来，北京市委、市政府高度重视现代种业发展，出台了一系列政策措施推动现代种业发展。经过多年发展，目前来看，北京现代种业有四个优势：一是种业研发机构及人才集中，研发和产业体系完整。北京有国家级科研教学机构 24 家、种业研发机构 80 多家、涉农国家级工程技术研究中心和重点实验室 50 余个，2017 年度中国种业十大杰出人物北京市有四位；农作物、畜禽、水产、林果四大种业研发和产业体系完整，拥有优越的种业创新创业发展和公平公正竞争环境。二是基础研究扎实，技术储备丰厚。基因编辑、全基因组选择、功能基因挖掘等先进技术在育种工作中广泛应用，取得了创制世界首个水稻全基因组芯片、绘制世界首张西瓜全基因组序列图谱、建成全球数量最大的玉米品种标准 DNA 指纹库等一系列重大成果。在全球共发表育种领域 SCI 论文数量约占全国 30%；获得转基因育种专利数量占全国 37.7%；植物新品种权申请量占全国 16%，均居全国首位。三是创新成果突出，且全国市场占有率高。“京科 968”杂交玉米品种累计推广面积超过 1 亿亩，是全国杂交玉米第三大品种；京科、农华、中单系列等北京选育的玉米新品种推广面积占全国玉米种植面积的 18%。“京麦”系列杂交小麦技术领先全国，中低产田平均每亩增产 20% ~30%。“京研”系列大白菜累计推广面积 1700 万亩，占全国首位。培育了“京红”“京粉”等高产蛋种鸡，占全国市场份额的 50%；奶牛冻精占国内冻精生产量的 35%，长期保持全国首位；北京鸭、北京油鸡、宫廷金鱼等北京市特有地方资源；鲟鱼种苗年产量占全国产量的 60% 以上；林果花卉种业具有自主知识产权花卉品种 200 余个。四是种业企业实力雄厚，市场竞争力强。全国农作物种业前十强企业，北京有三家。世界种业前十强企业均在北京设立了研发中心或办事处，其中有两家是中国企业（先正达 30 亿美元、中信农业隆平高科 4 亿美元）。首农食品集团是我国畜禽良种领域具有雄厚产业优势的领军企业，旗下峪口禽业成为世界第三大蛋鸡育种公司，北京奶牛中心奶牛冻精

排名全国第一。

（一）种业生产提质稳收

种业是农业的“芯片”，高质量发展现代种业符合北京加强全国科技创新中心建设和北京市乡村振兴战略的总体要求。2020 年，北京市 5 部门联合发布《北京现代种业发展三年行动计划（2020—2022 年）》（以下简称“《三年计划》”），围绕四大种业、12 个优势物种，组织开展四大行动，实施 12 项重点工程，到 2022 年实现北京现代种业的创新链、产业链、价值链和服务链协同发展能力大幅提升，现代种业建设成效突出。以“立足北京、协同津冀、辐射全国”为发展思路，充分利用全市科技、人才、信息、市场、金融等富集优势，建设种业科技创新引领者、现代农业产业增长点、种业资源要素聚集地和行业监管服务样板区，努力打造全国现代种业发展高地。围绕农作物、畜禽、水产、林果四大种业领域，聚焦产业体量大、带动力强且具备竞争优势的战略物种和具有本土特点、区域优势的地方物种，重点推进甘蓝等蔬菜、特色玉米、节水小麦、马铃薯、蛋鸡、生猪、奶牛、北京鸭、鲟鱼等冷水鱼、宫廷金鱼等观赏鱼、桃、乡土树种等 12 大物种产业创新高质量发展，培育具有竞争力的优良品种、优质企业和优秀品牌。

2019 年北京现代种业实现总收入 12.4 亿元，农业方面，小麦种和玉米种产量分别为 62.2 万与 6.82 万公斤，分别为上年产量的 54.7% 与 16.8%。北京蔬菜种产量实现 15.7 万公斤，相较上年的 8393 公斤提升了 1771%，蔬菜种对于北京种业收入提升明显。林业方面，北京树苗产量 4484.1 百株，相较上年度下降明显，产量为上年的 19.8%。牧业方面，受非洲猪瘟影响，种猪产量下降明显，为 71718 头，产量仅为上年的 51.6%；种雏禽与种蛋产量分别为 2734.4 万只与 29456 万枚，分别为上年产量的 96.5% 与 103.8%。渔业方面，种鱼苗产量 9836.9 万尾，为上年的 133.5%。可见，现代种业在减量生产的同时，稳定了种业收入，持续巩固北京种业优势。

（二）种业科技水平不断提高

作为首都，北京以“种业之都”建设为引领，整合科研资源，加强产学研结合，新品种、新技术、新设备的研发处于全国领先地位，并应用服务于全国的现代农业发展，其中一些农业科技成果还达到了世界领先水平。科技对北京第一产业的贡献率已接近 70%，高出全国平均水平约 15 个百分点，接近发达国家水平，为北京都市型现代农业发展提供了有力支撑。

以大豆为例，为提升我国大豆产业竞争力，构建新型“育繁推”一体化的大豆高科技种业体系，市科委支持中国农科院开展高油大豆优异新种质创制与突破性品种选育工作，在大豆种质鉴定、筛选、创制、新品种审定等方面，取得了显著的经济和社会效益。围绕我国大豆种业发展需求和建设北京“种业之都”的需求采用常规育种与分子育种相结合，创建大豆种质鉴定和改良平台，精准鉴定了大豆种质 325 份，筛选或创制出有应用价值的大豆新种质 50 份；审定大豆新品种 10 个，其中高油品种 2 个，获得植物新品种权 5 项；

育成参加多点鉴定的新品系 18 个，参加国家或省（市、区）试新品系 22 个，提升了我国大豆育种自主创新能力；构建了中黄 13 全基因组参考草图；开发了基于重测序的大豆 SNP 分子标记，挖掘优异基因位点 54 个，为大豆分子育种提供了参考基因组信息。

（三）种业科技创新机制不断优化

2019 年积极探索育种产业产学研紧密结合、科技要素有效转移、运行高效的种业发展新机制，建立企业为主体、科研院所参与的商业化运作模式，开展种业创新工作交流和趋势研讨。加快实施创新驱动发展战略和乡村振兴战略的新背景、新要求，把握种业科技创新的新机遇，加强协同创新、开放创新和体制机制创新，打造“种业之都”，服务全国科技创新中心建设。为推动加强种业开放创新、联合创新、协同创新、机制创新形成创新合力，促进种业跨越式发展。

（四）未来种业发展目标

未来，北京市将组织开展科技引领、产业提升、创新成果转化、发展环境优化四大行动，实施承接国家现代种业重大项目工程、种质创制及品种选育联合攻关工程、种质资源保护工程等十二项重点工程。在北京市，以平谷农业科技创新示范区和通州国际种业科技园区为核心区，协同其他各区特色种业发展，布局种业科技创新、试验示范与交易交流基地，形成京内“两核、多点”的种业发展布局。在北京周边，建立环北京农作物新品种试验示范转化基地和畜禽良种繁育基地。在全国范围内，在海南三亚、文昌重点布局北京南繁科研育种基地，在新疆、甘肃、四川等地重点布局北京良种繁育生产与加工基地。

《三年计划》还明确了未来三年北京现代种业“三个一”的发展目标，即形成一批具有影响力的种业基础研究和核心关键技术成果，实现以基因组编辑技术为代表的育种技术创新突破。选育推广一批优良品种，选育推广 20 个以上在全国具有较强影响力和较大市场占有率的绿色优质多抗高效品种。培养一批在全国有影响力的现代种业企业，农作物、畜禽、水产、林果种业总销售额达到 180 亿元以上，带动京郊种植农户增收 10%。北京种业发展符合北京高精尖产业的总体战略，种业正在成为北京农业发展新的动能，对建设现代种业强国、保障国家粮食安全、实施乡村振兴具有深远战略意义。

二、农村金融改革吸引社会资本

（一）促进产业融合

在农业产业方面，鼓励社会资本投向现代种养业、乡土特色产业、农产品加工流通业等领域，发展规模化、标准化、品牌化的现代农业，建设优势特色农业产业集群，建设农产品精深加工基地，切实保障粮食、生猪等重要农产品有效供给，促进农村一二三产业融合发展。

（二）完善农村公共事务服务

在农业农村服务业方面，鼓励社会资本投向乡村新型生产生活服务业等领域，做好农技推广、农资供应、生产托管等社会化服务，发展电商、乡村休闲旅游、农村垃圾污水清理等生活性服务业，积极参与数字农业、数字乡村建设，完善农业农村各项服务，提升农村居民幸福感。

（三）改善农村基础设施

在农业农村基础设施建设方面，鼓励社会资本投向基础设施、生态循环农业和农村人居环境整治等领域，推进建设高标准农田、农产品仓储保鲜冷链物流设施，构建农业废弃物收储运和处理等综合利用体系，开发农村可再生能源，参与农村厕所革命，夯实农业农村现代化建设基础。

（四）推进产学研深度融合

在科技创新方面，鼓励社会资本投向现代种业、农业科技创新、农业农村人才培养、农村创新创业等领域，提升现代种业自主创新能力，参与农业关键核心技术攻关行动，建设人才培养基地，搭建农村双创园区，打造产学研用深度融合平台，培育农业农村经济发展新动能。

三、京郊绿色农业助力提质增绿

数据显示，经过近几年的农业结构调整，北京农林牧渔总体呈现“三降一升”的趋势，生态功能明显增强，内部结构有较大改善 ，2020 年是脱贫攻坚的收官之年，脱贫攻坚和疫情防控工作都在稳步进行中。要保证如期完成脱贫攻坚，就要让贫困地区农村、农民都实现高质量脱贫。现如今北京市郊农村的脱贫重任已与乡村振兴战略接轨，如今北京不少郊区的乡村都改头换面，有了让人欣喜的变化，京郊的乡村在全面脱贫的同时，京郊绿色农业的发展逐渐成为提高首都农业发展质量的新动能。

拥有 2100 万人口的北京，作为一个健全完善的国际大都市，农业仍是其不可或缺的重要组成。但在土地和水资源紧缺的“双紧”约束下，京郊大地奏响“变奏曲”，逐渐演变为提升首都农业质量的新动能。从按部就班地生产五谷，变为提供优质农产品、生态景观、观光休闲的“城市服务器”。

京郊大地越来越多的农人在用绿色生态的方式耕种。如房山良乡的天福园农场、怀柔区庙城镇的锦会有机农场等，其不仅为城市居民提供品质优良的食物、休闲娱乐的空间，还潜移默化地改善着这片土地的生态环境。据统计，自 2014 年至 2019 年底，北京农业化肥和农药施用量分别调减了 20% 和 10% 以上。

京郊农业不仅是首都的“菜篮子”“米袋子”，也是首都的“后花园”。按照北京最新版城市总体规划，京郊大地既是首都面向区域协同发展的重要战略门户，也是承接中心城区适宜功能、服务保障首都功能的重点地区。

绿水青山就是金山银山，京郊农业正在宜居、宜游、宜乐的新起点上跃升。

第三节 直面农业未来发展挑战，突破制约首都农业瓶颈

一、面临的挑战

（一）气象灾害不确定性加大

2020年4月28日，农业农村部召开防汛抗旱领导小组会议。会议指出，2020年我国气象年景总体偏差，区域性、阶段性旱涝灾害趋势较为明显，极端天气气候事件可能增多，农业抗灾保丰收任务艰巨。

（二）新冠疫情威胁农民收入

现阶段，工资性收入占农民可支配收入大头儿，受2020年新冠疫情影响，市场整体消费能力降低，企业经营出现困难，降薪、裁员等现象屡次发生。作为吸纳大量劳动力的餐饮等服务业，降薪、裁员等现象更为普遍，进城务工农户工资性收入面临较大风险。

（三）动物疫情风险仍在

自2018年8月份我国辽宁省发生非洲猪瘟以来，通过北京市各部门通力合作，北京市非洲猪瘟疫情传播势头得到有效遏制，但猪类疫病防控形势仍然十分严峻。一是现存猪场生物安全改造未彻底完成，外源性输入风险依然存在。二是非洲猪瘟疫情防控高压，部分种猪场放松了对伪狂犬等垂直传播疫病的防控工作。此外，因非洲猪瘟防控形势的需要，部分种猪场的销售和转运受到影响，造成猪场局部饲养密度增加，加大了疫病传播扩散的风险。

（四）财政支农资金面临缩减

2020年1～3月，北京市一季度一般公共预算收入完成1430.5亿元，下降11.0%。全国一般公共预算收入45984亿元，同比下降14.3%。农林水支出4031亿元，同比下降3.6%，财政支农资金出现缩减。

二、制约因素

（一）资源与环境的约束日益趋紧

北京市为资源型缺水城市，位于华北平原西北部，环境与水资源对农业的约束日益趋紧，人均水资源占有量不足120立方米，社会对农业的负外部性愈加关注。水资源作为影响农业生产的要素之一尤为重要，北京市大部分水资源消耗比例被农业用水占据。近几年，虽然农业用水量占北京市总用水量的比例持续下降，但农业用水比例依然较高。“大

城市、小郊区”的特点导致北京市水量分配必须优先满足城镇生活和工业用水，只能按“以供定需”的原则进行农业用水安排。

（二）园区协同发展能力不强

农旅融合是都市现代农业的重要发展方向。随着资源环境约束趋紧和城镇居民消费需求的多元化，都市型现代农业与旅游产业的融合发展也面临着新的机遇和挑战。以北京四季青这一典型区域为例，目前四季青地区具有较为明显的产业集聚效应，其都市型现代农业的发展已初具规模，在消费市场拓展和市场开发方面取得了一定的绩效。总体而言，大多数园区具有相对独立的经营管理模式，并没有形成互联互动、合作共赢式的发展格局，导致聚集规模虽大，但与旅游资源的融合程度不高，产品相对单一、特色不鲜明、产业力量分散、实力薄弱，未能形成一条完整的产业链，未能充分彰显农业的生活功能，还需进一步加强在满足游客体验农业生活和乡土生活方面园区间的资源整合。

（三）农业基础设施建设落后

农业基础设施建设落后主要表现为节水和灌溉设施建设的落后。农业发展的基础和农作物生长的必要条件是灌溉和水源。北京呈现连续降水持续低于历史水平以及总体的降水量较少的特点，北京市的地下水位持续的下降，一方面原因是没有完善引水沟渠设施，地表水无法高效的引流，另一方面原因是相对滞后的地下节水滴灌设施的建设，导致一定程度的浪费了有限的地下水资源。随着产业规模的扩大、旅游融合业态的升级以及区域农业的发展，使得阻碍四季青都市型现代农业发展的瓶颈已经成为水资源短缺问题。

（四）农业化学品使用量较高

总体上来说，京郊农业发展仍处在化学农业发展的阶段。目前，走绿色生态有机农业的发展道路应按照新农业发展理念。都市生态农业类型是指标准要求高、投入要素多、技术要求高的高质量农业模式，该模式目前在海淀区整体农业发展格局中比例较低，且影响力较弱。加之多年来都市型现代农业生态发展导向一直侧重于扩大供给规模，更强调高效、大规模的生产、产出，所以化学农业在先前的都市型现代农业发展中一直处于主导地位。化学农业使土质下降、土壤受到严重污染的同时，还使农产品质量和人体健康受到严重的威胁。治理已经造成的土壤污染、环境，生态农业的发展成本将会极大增加。从市场角度来说，由于高端优质生态农产品的价格与普通农产品价格相比并不具备显著的优势，导致农民参与生态农业建设的积极性下降，生态农业推广的范围和效率随之受到影响。

第四节　树立农业全新发展理念，引领现代农业发展趋势

一、生态优先、绿色发展

（一）综合提高“菜篮子”保障水平

2019 年北京市菜田面积达到 70 万亩，蔬菜供应能力稳步提升，鲜奶、禽蛋供应保持稳定。预计到 2020 年河北供应北京的肉蛋奶提高 10 个百分点以上，蔬菜提高 5 个百分点以上，水产品提高 3 个百分点以上，外埠供应能力明显提高。全面提高生态农业建设水平，实现化学农药、化肥施用量负增长，化学农药和农用化肥利用率分别提高到 45% 和 40%；农作物秸秆全部得到综合利用，农膜回收率达 85% 以上，努力达到 100% 的规模养殖场畜禽粪便污水处理利用率，水生生物养护实现水域全覆盖，提高 10% 以上农业生态系统服务价值。

（二）全面提升农业节水水平

2019 年北京市水资源利用率提高 15% 以上，农田有效灌溉面积达到 95% 以上，农业灌溉水利用系数提高到 0. 75，农业用新水减少到 5 亿立方米左右，达到国际先进水平。

（三）推动农业适度规模经营

推进以农民合作社、家庭农场、农业产业化龙头企业、专业大户等为主的适度规模经营，开展适度规模经营试点。完善财税、信贷保险、用地用电、项目支持等政策，为增加农业生产性投入，撬动以农民合作社、家庭农场、农业产业化龙头企业、专业大户等为主的规模化经营主体。支持各种类型的新型农业服务主体开展联耕联种、代耕代种、土地托管等专业化规模服务。充分发挥多种形式适度规模经营在绿色发展、农业机械、市场开拓和科技成果应用等方面的引领功能。完善工商资本租赁农地准入、监管和风险防范机制。

（四）减少化肥施用量，加快绿色农业发展

2018 年北京市通过测土配方施肥化肥减量技术，针对性地补充作物所需元素，扩大配方肥的推广应用，这种配方肥中污染物量十分少，有助于绿色农业的发展。目前，北京市每亩耕地施化肥减少到 60 公斤，肥料利用率提升了 9%，10 年来累计减少化肥施用 11. 87 万吨，折合减排二氧化碳 43. 88 万吨。有机肥替代化肥技术取得了进一步的进展，在掌握猪粪、鸡粪、蘑菇渣、牛粪等主要有机肥品种的养分释放规律的基础上，在不同肥力土壤类型中进行田间试验，明确不同肥力等级土壤类型在保持产量稳定前提下的有机肥替代率。

二、协调发展、打造高端

（一）全面提升农业生活服务水平

2019 年北京市将农业生产空间打造成优质产业田、优良生态田、优美景观田，山水林田路生态格局初步形成，初步挖掘与深度拓展农业多功能，第一、第二、第三产业深度融合，休闲观光农业收入达到 50 亿元。

（二）提升首都农产品品牌

按照“都市引导、区域特色、错位竞争、功能拓展”的思路，大力发展唯一性特色农产品，打造培育一批高端、优质、安全的农产品品牌，提升品牌知名度。推进北京自主品牌建设，申报和推介原产地标记、驰名商标、农产品地理标志、著名商标、名牌产品等，有针对性地培育农产品驰（著）名商标和老字号企业，积极协调北京名牌产品进入中国驰名商标和北京市著名商标评审目录，支持龙头企业申请国际注册商标。

（三）“互联网 +”农业工程建设

应用物联网、大数据、移动终端、云平台等互联网技术工具，围绕农业生产、管理、经营、服务等环节，使互联网成为服务农业全产业链的重要方法。以互联网为纽带，以物联网技术做依托，将规模化养殖场、大田、农机智能装备、设施蔬菜标准园、农业生态园等农业重点产业作为应用对象，实现农业生产方式的精细化、精准化，转变农业生产方式，用“数字”指导生产，强化装备支撑和农业科技。提高互联网技术和物联网对水产养殖、农业生产、农业机械化、畜禽养殖的服务支撑，重点打造感知和控制体系建设。实现质量安全全程监管、智能节水、疫病防控、生产环境精准调控、远程控制等。做好农业产业相关数据的采集、研究，建设北京农业数据中心。

三、开放发展、引领津冀

（一）推进京津冀农业安全合作

大力推进检测结果互认和统一标准化体系，共享各种检测数据和资源。建立健全区域农产品质量安全监管体系，加强对外埠进京农产品的检测，加强三地检测技术交流。创新风险预警和监测合作机制，建立农产品质量安全预报预警合作机制与安全风险预警会商制度。建立农产品质量安全信息共享平台，实现三地农产品质量安全检测信息的共享与交流。切实做好区域间重大动植物疫病联防联控，逐步实现京津冀动物防疫一体化，积极构建植物疫情及重大农业有害生物联合防控的工作机制，避免北京乃至区域内发生重大动物产品质量安全事件和重大动物疫情。三地水产养殖场与水生野生动植物经营利用、自然水域水生生物资源保护信息实现共享，推动渔业协作发展。

（二）搭建京津冀农业协同创新桥梁

建立完善京津冀协同合作攻关机制，形成跨区域、跨学科、跨专业的科研联合攻关，努力在农业资源集约利用、共性关键技术研发、生态农业技术创新、农产品安全生产等方面取得突破性进展。加速农业科技成果的转化，加强首都农业高新技术向津冀的推广辐射力度，建立农业科技成果转化和交易信息服务平台，实现创新链与产业链无缝对接。依托重大科研项目、重点学科和重点科研基地，加强京津冀农业科技人才队伍建设，大力培养和引进农业科技领军人才和创新团队。

四、共享发展、服务首都

（一）区级现代农业示范区建设

在已经建成顺义、房山两个国家现代农业示范区的基础上，继续完成其余8个远郊区的现代农业示范区建设。推进形成10个现代农业示范区。按照农业农村部考核评价办法，建立“目标考核、动态管理、能进能退”的管理机制和考核评价体系，强化政策扶持，推广政策支持平台；加强金融服务，打通融资服务平台；提高科技含量，做大科技支撑平台；促进产销对接，优化品牌营销平台；增强发展活力，深化改革创新平台。

（二）都市型现代农业示范乡镇建设

侧重于建设都市现代农业的重点领域，深入开展现代农业示范乡镇创建工作，进行综合的、全面的体制机制创新和产业发展，率先突破、大胆试验，为发展整个示范区提供经验、探索道路。通过“规划先行、目标考核，区级组织、市级支持，动态管理、能进能出”的办法加强示范乡镇创建管理。通过组织现场观摩、座谈交流，搭建北京镇域农业的横向联结平台，调动乡镇主动性、创造性，实现差异化、特色化、可持续发展。

（三）特色产业村建设

结合全国“一村一品”培育和北京特色产业村建设工作，发掘资源优势，采用整体开发、整村推进的方法，使主导产业得到培育壮大。利用专业村的辐射带动的方法推进优势产业聚集。发挥优势产业的聚集效应，带动相近适应的产业发展从而延长产业链。支持专业村镇申请有机食品、绿色食品和无公害农产品认证，鼓励支持带有文化传统和地域特色的产品申报农产品地理标志、驰名商标。为“一村一品”特色产品构建销售平台，鼓励支持专业村镇参加各类农产品展销展示活动，引导和鼓励专业村镇与龙头农民专业合作社、企业等进行有效对接，提高产品商品化率。

（四）示范生产基地与示范园区建设

重点打造北京都市现代农业万亩示范基地、大兴设施蔬菜示范生产基地、延庆北菜园示范生产基地、房山窦店食用菌示范生产基地、顺义鲜花港示范生产基地、平谷大华山大桃示范生产基地、平谷峪口蛋鸡养殖基地、北京三元绿荷奶牛养殖基地、京东观赏鱼养殖基地、朝阳区金盏乡村休闲旅游基地、密云古北水镇乡村休闲旅游基地、通州漷县镇节水示范基地、燕山板栗示范生产基地、大兴生物医药（动物疫苗）生产基地、北京农产品中央物流基地共15个生产基地；建设通州国际种业园区、房山“中国北京农业生态谷”、延庆世界葡萄博览园、昌平国家农业科技园区、丰台种业科技展示园区、顺义金马农产品加工园区、大兴庞各庄高科技农业示范园区、密云酒乡之路农业园区、怀柔冷水鱼种业园、延庆德青源健康养殖生态园、大兴旧宫首农·第六产业园共11个示范园区。

五、科技支撑、示范全国

（一）继续推进现代种业发展

建设通州、平谷现代种业创新中心；搭建种业创新服务平台、种业成果转化平台、种业交流交易平台、北京南繁科研育种平台；实施现代种业双轮驱动创新工程、种业企业创新能力提升工程、农作物种业促进工程、畜牧种业促进工程、水产种业促进工程、林果花卉促进工程、品种权保护工程、中国种业“一带一路”走出去工程、京津冀种业协同发展工程、世界种业主题公园建设工程等10项重点工程。

（二）智慧农业推进

加强物联网和互联网技术对农村产业的服务支撑，发展数字田园、智慧养殖、智能农机，推进电子化交易。开展农业物联网应用示范基地建设，推进村级益农信息社建设。做好相关数据的采集、研究，建设北京农业数据中心。

（三）智能装备提升

以发展全程技术装备为支撑，整体推进全市主要农作物和蔬菜主导品种生产全程机械化，推广设施农业、畜牧渔业养殖智能化、工厂化、集约化机械设备。推动农业机械装备结构向高质、高效转型升级，加大绿色生态、高端农机技术装备供给，提高农业机械化水平。

（四）加强农业国际交流合作

大力实施农业科技“引进来，走出去”战略，积极承接国际性农业展会及学术会议，加强农业各领域国际交流合作，加快建设北京京瓦农业科技创新中心。通过技术输出、人才培养、智力交流等方式，引进消化吸收优良种质、先进技术、现代装备和发展理念，丰富首都农业科技资源，提升农业国际竞争力。

第七章　北京都市型现代农业发展的政策建议

2019～2020 年是全面建成小康社会的关键时期，是打赢脱贫攻坚战和实施乡村振兴战略的历史交汇期，2019 年又是中华人民共和国成立 70 周年，做好首都“三农”工作，具有更加特殊重要的意义。要深入贯彻习近平总书记关于“三农”工作的一系列重要指示精神，贯彻落实习近平总书记对北京重要讲话精神，立足首都城市战略定位，准确把握“大城市小农业”“大京郊小城区”的市情和乡村发展规律，坚持农业农村优先发展总方针，坚持稳中求进工作总基调，坚持首善标准，落实高质量发展要求，以实施乡村振兴战略为总抓手，对标全面建成小康社会“三农”工作必须完成的硬任务，抓重点、补短板、强基础，努力走出一条具有首都特点的乡村振兴之路。

第一节　查缺补漏保障脱低质量，落实顺利收官脱贫攻坚

2020 年是脱贫攻坚收官之年，受疫情影响，各项工作任务更重、要求更高。要集中力量全面完成脱贫脱低任务，围绕精准扶贫发力，深化“携手奔小康”“万企帮万村”行动，助力打赢脱贫攻坚战，全面完成低收入农户脱低。

一、抓实“六个一批”帮扶措施

抓实北京市“六个一批”帮扶措施，不折不扣完成低收入农户帮扶任务。重点围绕现行标准下低收入农户家庭人均可支配收入未过标准线的、过标准线后可能返贫的、处于标准线边缘的三类群体集中发力，建立“市级到村、区级到户”的监测机制，开展月排查、月调度、月分析，认真查找漏洞缺项，逐村逐户对账销号，确保帮扶成果经得起检验。

二、补齐农户生活短板

加强基层疾病预防控制队伍建设，做好重大疾病和传染病防控。加强农村公共卫生服

务体系建设，对不适宜建设卫生机构的行政村开展巡回医疗，实现农村基层医疗卫生服务全覆盖。加大公共就业服务和就业政策落实力度，鼓励和引导农村劳动力多途径转移就业。统筹优质教育资源扶持乡村学校建设，城区优质学校点对点牵手乡村学校，建立教师跨区跨校教研和教育教学资源共享机制，市级中小学教师专业发展培训机会优先向乡村学校教师倾斜，推动优质教育资源向农村覆盖。继续推进镇村两级文化活动中心、乡镇养老照料中心、农村幸福晚年驿站、残疾人温馨家园等建设。制定加强本市农村宅基地及房屋建设管理的相关指导意见，启动山区农民搬迁200户，做好六类人群危房改造工作。进一步提升农村供水规范化管理水平，实现消毒设施100%配备、100%运行，保障农村供水安全。

三、建立帮扶工作长效机制

落实摘帽不摘责任、不摘政策、不摘帮扶、不摘监管的要求，建立帮扶工作长效机制，保持政策举措连续、投入力度不减、资源队伍稳定，推动由集中作战转向常态化帮扶。低收入户全部“脱低”后，北京市居民生活状况将会更上一个台阶，虽然取得了阶段性的胜利，但我们仍然面临着城乡居民收入差距巨大的问题，应继续努力，转移工作中心，将其转移到收入相对较低，生活水平相对较差的居民身上，充分吸收帮扶经验，研究下一阶段的工作方法，进一步缩小居民收入差距，在追求效率的前提下，更加强调分配公平，同时以此为着力点，将下一阶段的工作与乡村振兴战略有机结合，真正实现农民富裕。

第二节　提高首都农业发展质量，保障农业供给稳定有效

抓好都市现代农业，发展智慧农业、生态农业、精品有机农业，实现农产品质量高、农业经营效益好、农民收入多，让农业有干头、农民有奔头。当前，首要是抓好“菜篮子”工程，各区要把抓“菜篮子”作为富民增收的有效途径，加强综合生产能力建设，规范提升设施农业，稳定提高自给，稳定辖区肉、蛋、菜供应和物价。提高农业生产效率，创新体制机制，优化农村营商环境，节约集约利用农村土地资源。充分发挥北京农业科技资源优势，加强农业科研攻关、技术推广和科技成果转化。多措并举，推动农业高质量发展。

一、“菜篮子”生产基地提升

加快菜田信息技术装备配套，推广设施农业现代化生产方式，发展绿色优质高效蔬菜

生产，着力发展基质栽培、水培等无土栽培模式，建设一批高档次、高质量、高效益、具有北京特色的设施农业基地，健全蔬菜产业社会化服务体系。对现有规模化畜禽养殖场与屠宰场实施标准化改造提升。建立紧密型的“菜、肉、蛋、奶、鱼”外埠生产基地和屠宰场，切实提高本市鲜活农产品日常供应能力和应急保障能力。

二、耕地保护与美丽田园建设

开展农田基础能力建设与土地整治，围绕粮田、菜园和果园，培肥农田地力，推行高效节水灌溉，修缮沟路林渠，改造提升农业生产附属设施，提升综合生产能力、生态服务能力和景观服务能力，打造美丽田园。落实新增产业禁止和限制目录、畜禽禁养限养政策，推进保留的畜牧业实现设施完善、清洁安全、循环节约，渔业实现生态养殖。

三、农产品质量安全监管提升

实施全程标准化基地建设工程，提升标准化水平。实施农产品质量认证提升工程，提升认证覆盖率。实施风险评估控制能力提升与检打联动筑牢工程，提升检测体系与监测能力水平。实施农产品质量安全智慧监管工程，提升监管成效。实施区域联动工程，增强协同监管与风险防控水平。推进生产主体信用管理平台建设，强化主体责任，提升管理水平。

四、农业面源污染防治

开展测土配方施肥，推广水肥一体化技术和精准施肥技术，增施有机肥，提升耕地质量。大力推进生物防治，扩大农药补贴机制覆盖范围，提升绿色农药施用比例，促进病虫害专业化统防统治与绿色防控融合。完成土壤污染状况详查，积极推进受污染耕地治理、修复与利用，有序推进安全利用。开展农田废弃农膜和农业包装物回收处理。继续实施农作物秸秆全面禁烧。

五、现代农业示范创建

构建“市级现代农业示范区、现代农业产业园（乡镇级）、‘一村一品’（特色专业村）、专业大户”四大体系。依托现代农业示范区、产业园、科技园区、特色农产品优势区等载体，以市级示范区、“一村一品”、特优生产基地、现代农业产业园示范创建为抓手，持续推动都市型现代农业发展，做精做优特色优势产业，加快推进国家现代农业示范区建设。

第三节 加强涉农支农资金整合，统筹财政资金使用管理

新冠肺炎疫情对我国2020年一季度经济运行产生了较大冲击，地方财政收入同比下降较多，2020年1月至3月，北京市一般财政预算收入1430.5亿元，较上年同期下降11%，北京市有关单位和各涉农区要根据补短板的需要优化涉农资金使用结构，确保财政投入与补上全面小康“三农”领域突出短板相适应。树立过“紧日子”的思想，强化对“三农”信贷的货币、财税、监管政策正向激励，给予低成本资金支持，优化精准奖补措施。合理设置农业贷款期限，与农业生产周期相匹配。推动温室大棚、养殖圈舍、土地经营权依法合规抵押融资。

一、持续转变财政支持方式

一是充分发挥财政资金的杠杆作用，通过“资金改基金、拨款改股权、无偿改有偿”等方式，撬动金融资本和社会资本投入乡村振兴。二是持续推动北京市农业融资担保贷款体系建设，探索整合“政银担”风险保障金和乡村振兴农业产业贷款风险补偿金，着力解决好新型农业经营主体融资难、融资贵问题。三是探索在农业农村领域有稳定收益的公益性项目推行PPP模式，通过实施政府和社会资本合作、政府购买服务等方式吸引社会资本参与乡村振兴。

二、强化涉农资金统筹整合

一是建立完善涉农资金统筹整合长效机制，对行业内涉农资金在预算编制环节进行源头整合，行业间涉农资金在方案编制环节进行统筹，着力解决涉农资金多头管理、交叉重复、使用分散的问题。二是配合相关部门加快涉农资金项目库建设，围绕创建乡村振兴先进县及国家级现代农业园区，研究制定涉农资金统筹整合方案。三是落实完善“专项+任务清单”管理机制，任务清单与资金同步下达，切实提高财政涉农资金使用合力和使用绩效。

三、加强财政资金使用管理

一是严把财政支农资金分配关、使用关和监督关，严查重处违纪违规使用涉农资金特别是低收入帮扶资金的行为。二是继续完善财政扶贫资金动态监控系统，将各级财政预算安排的扶贫资金全部纳入监控范围，确保全覆盖。三是加强预算绩效管理，牢固树立“花钱问效”理念，强化绩效评价结果应用，建立以绩效评价结果为导向的资金分配机制。

第四节　提高防范化解风险意识，扎实做好防灾减灾准备

农业农村局和气象局要牢固树立“抗灾夺丰收”和“减灾就是增产”的理念，坚持问题导向，主动担当作为，切实加大防范化解风险力度，在做好新冠肺炎疫情防控的同时，扎实推进农业防灾减灾工作，加强灾害监测，准确研判发生趋势，落实科学减灾措施，努力减轻灾害影响，牢牢把握农业防灾减灾的主动权。

一、完善信息共享和联合会商机制

各级农业农村部门和气象部门要进一步深化部门合作，加强日常交流，共同推进农业气象防灾减灾工作。建立健全信息共享机制，定期沟通交流，发挥气象信息对农业抗灾救灾和农业生产指导的决策支撑作用。加强联合监测、联合会商，对苗情、墒情、灾情和气象条件实施精密监测评估，及时会商分析气象灾害发生发展及影响，共同提高预报预警的准确性和针对性。

二、强化灾害预警服务

充分利用“12316”益农信息服务平台、农业天气通 APP、突发事件预警信息发布系统等资源，发挥基层农业技术推广站、气象信息站和信息员作用，做好农业气象灾害预警服务。要聚焦重点地区、主要作物和规模主体，提供精细化气象服务，特别是向新型农业经营主体提供直通式气象服务。要统筹利用社会资源，优化信息服务渠道，提高信息传播时效，扩大覆盖面，共同推进农业气象灾害监测预报预警信息进村入户。

三、联合制定农业气象防灾减灾预案

根据气象灾害和作物生育进程，组织农业和气象专家研究制定防灾减灾技术指导意见。组织基层农技人员和气象服务人员，共建基层农业防灾减灾队伍。在关键农时和灾害多发季节，联合组派专家组和工作组，深入田间地头，指导科学抗灾救灾和灾后恢复生产。特别要强化“三区三州”和挂牌督战等深度贫困地区农业气象防灾减灾工作的指导服务，避免因灾返贫、因灾致贫。开展农业气象防灾减灾科普宣传，提高农民防灾避灾意识和能力。

四、发挥人工影响天气保障作用

各级气象部门要根据农业防灾减灾需求，加强对干旱、冰雹等灾害的动态监测，强化区域联防，及时组织开展人工增雨（雪）和防雹作业，力争做到应增尽增、应防尽防。高标准农田等建设中要积极支持气象部门增设标准化人工影响天气作业站点，推动基层农业服务站点与人工影响天气作业站点的共建共用。

分　论：
现代农业产业技术体系创新团队发展报告

第八章　创新团队技术支撑作用

北京农业产业创新团队在2019年深入落实首都乡村振兴战略，适应北京农业新的功能定位，围绕北京农业产业发展新需求、新方向做出了巨大的努力。在农业生态优先发展的趋势下，不断推进农业“调转节”与农业供给侧结构性改革，并取得突出成效。本章全面总结了现代农业技术产业北京市创新团队的综合情况、技术发展成果，重点突出其技术创新能力，为北京都市型现代农业的发展增添了重要的一笔色彩。

第一节　团队总体情况

一、团队发展核心

2019年是中华人民共和国成立70周年，是实施乡村振兴战略、努力全面建成小康社会、决胜打赢脱贫攻坚的关键之年。为贯彻落实党的十九大报告精神，实施新的农业发展政策、食品安全政策、品牌建设等一系列要求，2019年，现代农业产业技术体系北京市创新团队适应北京农业发展新趋势，聚焦工作重点，牢固树立新发展理念，对标对表全面建成小康社会目标，准确把握“大城市小农业”“大京郊小城区”市情农情，强化责任、狠抓落实，集中力量完成打赢脱贫攻坚战和补上全面小康“三农”领域突出短板两大重点任务，持续抓好美丽乡村建设、重要农产品稳产保供和农民增收，扎实推动农业农村高质量发展，全力维护农村社会和谐稳定，不断提升农民群众获得感、幸福感、安全感，确保乡村振兴战略科学有序实施，采取多项举措多项举措，加大生态环境保护力度，推动农业供给侧结构性改革与“调转节”，按期完成了各项工作计划并取得显著成效。

二、团队发展理念

2019年创新团队充分落实乡村振兴发展战略，以发展都市型现代农业为方向，按照高科技、高辐射、高效益、生态环保、质量安全、集约节约的要求，着力构建了与首都功能定位相一致，与第二、第三产业融合，与京津冀协同发展的农业产业结构。实践了“立足北京、引领津冀、辐射全国”的团队工作核心，在“生态环保、高端高效、优质安全、示范引领”等方面开展了大量工作，为把北京及其周边建设成为“立足北京、引领津冀、辐射全国”的都市型现代农业模范基地。团队通过对产业区域的全面调研，开展团队技术研发、新品种突破、新产品创新，推广农民技术服务与培训活动；创建农产品信息平台，确保在生产、管理、销售、服务的全方位监控，提高农民收入、提升农产品质量；收集相关农业政策，为产业发展趋势提供政策依据，为政府决策提供理论依据，为农业社会化服务体系建设提供现实依据；不断扩大媒体宣传，发挥地区优势，总结经验、模式，打造产业品牌，扩大产业知名度，获得了大量的科技进步奖项，示范效应明显。

团队紧紧围绕“创新、协调、绿色、开放、共享”的发展理念，立足北京的现实，积极推进北京市乡村振兴，积极发展节水农业和绿色农业发展。以北京农产品绿色优质安全示范区安建设为载体，全面实现首都农业现代化、科技化，按照“都市引领、区域特色、错位竞争、功能拓展”的思路，大力发展首都特色农产品，打造了一批具有示范引领作用的农业科技园区。同时，创新团队根据政府相关产业带动低收入村帮扶，通过低收入科技帮扶，为低收入村产业发展提供支持，全面提高农民收入，全面提升农村公共服务水平，不断利用新技术推广、新产品的研发、新品种的宣传等多种形式，带动北京低收入村致富，成效显著。2019 年创新团队深入贯彻落实党的十九大精神，围绕北京乡村振兴战略的总体要求，开展积极探索，通过技术研发、示范推广和科普宣传等工作，为首都都市型现代农业产业的技术提升、首都乡村绿色发展、首都低收入脱低工作发挥了重要的支撑作用，为首都的乡村振兴提供了重要的力量。

三、团队内部建设

（一）创新团队组织架构

北京市创新团队岗位融合度不断加强不断，不断重视组织机制、管理制度、文化建设和考核机制等方面的协调与创新，不断创新组织模式，充分发挥创新团队的“纽带作用”，加强专家—试验站—田间学校的合作，指导开展相关的试验示范；不断加强团队建设，已经形成首席办公室、功能研究室、综合试验站和农民田间学校工作站为网络的组织结构；不断构建多种互联网平台，加强会议、语音、视频等沟通交流，提高工作效率。以团队总体目标为工作方向，营造团队文化，有效增强了团队的工作积极性，扩大团队社会影响。

（二）团队开展调研

2019 年，北京市创新团队开展以了解农户、市场、社会需求等为目的的调研 1800 余次（见表 8－1），调研地点覆盖北京郊区与京津冀地区；参与人员包括团队岗位专家、综合试验站成员和田间学校成员等，本团队人员基本达到全覆盖；调研对象包括政府、企业、合作组织、工作站、农户及消费者等各领域，取得信息较为全面，创新团队调研范围广、人员参与度高，为准确摸清产业的发展状况与团队决策提供了现实依据。

表8-1　创新团队调研统计

创新团队	果类蔬菜	叶类蔬菜	食用菌	粮经作物	西甜瓜	生猪	家禽	奶牛	观赏鱼	鲟鱼、鲑鳟鱼
调研次数	72	720	81	36	52	93	121	273	113	243

第二节　创新团队技术研发与主推技术

一、团队技术研发

北京市创新团队在2019年瞄准团队目标，聚焦生态环保、围绕高产高效、紧盯优质安全开展技术攻关研发；紧跟年度预定指标，进行了大量的项目研发、技术示范，充分发挥团队的创新作用，引领企业、试验站、农户等发展（见表8-2）。

表8-2　创新团队主要研发技术

创新团队	研发技术
果类蔬菜	辣（甜）椒CMS线粒体基因标记、4种病害6个抗病位点的Target-seq检测技术、胚状体高诱导率基因型茄子1005、配制出表现良好的105个辣（甜）椒、番茄、茄子杂交新组合等
叶类蔬菜	生菜底肥—追肥减量优化技术集成、京津冀塑料大棚结球生菜周年生产的化学农药减施增效栽培技术模式、生防芽胞杆菌与化学药剂协同定点防控叶类蔬菜土传病害技术等
食用菌	香菇单倍体菌株及其交配型确定、丝球小奥德蘑JZB2115081基因组测序、银耳段木与袋料栽培技术、金耳段木与袋料栽培技术等
粮经	构建草莓的三级育苗技术体系、开展甘薯胚性悬浮细胞辐射诱变育种、DNA分子指纹鉴定技术、优化病毒病生物防治技术等
西甜瓜	采用秸秆和食用菌菌渣发酵制作西瓜基质技术、集成小型西瓜基质栽培水肥管理技术、西瓜廊架式栽培技术等
生猪	母猪繁殖力遗传改良技术研究、适合我国主流猪种的遗传缺陷检测低密度SNP芯片技术研究、排卵定时输精技术研究、猪伪狂犬病净化技术示范等
家禽	绿壳蛋鸡新品系的扩繁及示范应用、鸡白痢沙门氏菌抗病育种研究、家禽饲料质量安全评价及预警监测等

续表

创新团队	研发技术
奶牛	饲喂过瘤胃褪黑素颗粒对牛奶体细胞数的影响、利用 SNP 技术筛选天然高褪黑素奶牛、新型粗饲料与碳水化合物等精饲料的配伍技术等
观赏鱼	复合益生菌在锦鲤繁殖中的应用效果、观赏鱼主要病害防治及监测技术、原生观赏鱼引进及养殖技术、水族高效智能化技术、水生植物品质提升及净化技术等
鲟鱼、鲑鳟鱼	繁育环境全人工控制技术、鲟鱼种质鉴定技术、高效环保型饲料与营养技术等

二、团队主推技术

2019 年，各创新团队从良种繁育技术、绿色生态技术、工厂化技术、生产设施配套、采后加工技术等角度入手，重点研发推广高效、节肥、节药、增产、提质、保质的产品生产加工新技术，示范推广成效明显（见表 8－3）。

表 8－3　创新团队主推技术

创新团队	主推技术
果类蔬菜	开发分子辅助育种技术，缩短育种时间；番茄营养品质提升技术研究与示范技术；工厂化关键技术；高效节水灌溉技术等
叶类蔬菜	集成示范优质绿色高产栽培技术；推广叶菜栽培规程与技术模式；推广叶菜集约化育苗技术；推广叶菜轻简化栽培技术；推广叶菜周年栽培技术等
食用菌	食用菌固体液化菌种的制备技术；优质品种香菇 0912 推广；大球盖菇温室、林地秋冬季栽培技术；短菌龄香菇品种栽培技术等
粮经	鲜食玉米抢早播种、甘薯高效贮藏、草莓套种、精量灌溉施肥、产销一体模式
西甜瓜	西甜瓜蜜蜂授粉技术；集约化育苗技术；小果型西瓜高密度栽培技术；精品网纹甜瓜栽培技术；病虫害绿色防控技术等
生猪	创新研制携氧材料应用技术；猪用遗传缺陷检测芯片技术；饲料减抗、替抗技术等
家禽	粪污无害化处理技术；电解水整场消毒技术；粪污处理机械化技术；高效禽舍消毒技术的推广与应用等
奶牛	奶牛选配技术；早期妊娠诊断技术、全株玉米青贮调制技术；智能化防暑降温喷淋节水等技术；全株玉米青贮技术；奶牛专用系列新兽药等技术
观赏鱼	金鱼过滤槽、人工培育金鱼饵料果蝇、金鱼半合成饲料、活饵裸腹蚤和低额蚤、抄子、虹子、金鱼家庭养殖自动补光、杀菌仿古工艺容器等技术
鲟鱼、鲑鳟鱼	开展鲟鱼鱼糜制品的加工技术研发；发酵鲟鱼软骨咀嚼片的制备技术等

三、团队研发成果

在研发项目的同时，团队不断促进新品种和新产品的研发推广。如表 8－4 所示，2019 年团队共研发新品种 138 余项，研发新产品 80 余项，促进了产业技术进步，并丰富了市场的品种，满足消费需求，有效推动农业供给侧结构性改革。例如西甜瓜团队西瓜高品质新品种“京嘉101”“京嘉203”“京欣901”“京彩1号”和“京美8K02”已通过西瓜品种登记。筛选出高抗枯萎病、白粉病优良材料121份，获得西瓜高抗根腐病及病毒病的优良葫芦砧木材料25份；其创新产品西瓜移栽机实现了西瓜定植环节的机械化作业，有效地提高了西瓜定植作业效率，降低了劳动人员的工作压力，缓解了当前乃至今后西瓜生产过程中出现的劳动力短缺、劳动力成本高的问题。

表8-4　　团队主要成果

创新团队	团队主要成果
果类蔬菜	新品种：京番102、京茄110、海丰104、海丰396、农大17-799；新产品：微生物菌剂、小型自动换行换向农机动力平台、信息素光源诱捕器、精准注肥机、液态冰预冷机、保温蜂箱等
叶类蔬菜	快菜新品种：19Z5-203、212、244、245、248；耐热耐湿耐雨快菜新品种：19Z5-212、244、245、248；可变（调）垄宽的起垄机；生菜水培漂浮板清洗机等
食用菌	食用菌蘑菇栽培盒、家庭栽培出菇装置、羊肚菌液体菌种配方；食用菌固体液化菌种的制备、黑色菌袋栽培平菇技术、菌渣替代化肥和有机肥种植叶菜技术等
粮经	农科玉368、京科糯2000E、京科甜608、京科糯609；白雪公主、燕香和冬香等
西甜瓜	“京嘉101”“京嘉203”“京欣901”“京彩1号”和“京美8K02”等新品种
生猪	遗传缺陷检测低密度SNP芯片、碗式自动控制节水饮水器等
家禽	基于免疫学技术鸡球虫病诊断方法、北京地区鸭源大肠杆菌耐药性分析和耐药基因检测等
奶牛	家畜养殖数字化关键技术与智能饲喂装备、连续回分式活性污泥处理工艺等
观赏鱼	观赏鱼繁育、养殖、营养、病害、水族、信息装置等
鲟鱼鲑、鳟鱼	鲟鱼亲鱼营养强化饲料、鲟仔稚鱼营养及开口饲料鲟鱼专用低鱼粉膨化饲料等

在科研成果推广方面，2019年团队共获得专利172项，发表相关学术论文509篇，此外还提出政策建议若干项，内容涉及产业扶贫、设施农业发展、农产品物流体系建设、农业品牌目录建设、都市型农业发展、果类蔬菜产业发展等，创新团队对助推北京市都市型农业产业快速健康绿色发展，在促进北京市农村经济发展、农民收入增加以及丰富首都市民“菜篮子”等方面发挥了重要作用（见表8-5）。

表8-5　　创新团队科研成果总结

创新团队	新品种（个）	新产品（个）	获得专利（项）	论文（篇）
果类蔬菜	11	10	24	43
叶类蔬菜	21	14	23	60
食用菌	16	3	15	15

续表

创新团队	新品种（个）	新产品（个）	获得专利（项）	论文（篇）
粮经	4	3	23	43
西甜瓜	5	2	3	20
生猪	25	20	6	76
家禽	—	—	22	80
奶牛	31	29	45	146
观赏鱼	17	1	11	26
鲟鱼、鲑鳟鱼	8	1	—	—

第三节　团队技术示范推广效益

一、经济效益

促进农民增收、带动农民致富是北京市创新团队的落脚点，通过对新技术、新产品的示范推广、对农民进行培训指导，扩大了新技术、新产品的应用范围，提高了农业生产效率，增加了农民收入，取得了良好的经济效益（见表 8－6）。主要表现为：第一，通过使用新技术新产品促进单位产量的提升，果类蔬菜标准化生产技术，较去年同期产量和效益均提高 45% 以上；叶类蔬菜单位产量实现增产 20 万公斤；粮经春大棚移栽区亩产值增加 3982.4 元，亩效益增加 172.8%；养殖组团队提高单产方面同样效益突出。第二，产品质量改善方面，团队不断筛选和培育新品种，果菜团队配制新杂交组合 5000 多个，选育新品种 8 个，筛选新品 37 个；家禽团队培育完成后形成世界上产蛋率最高的有色羽绿壳蛋鸡新品系两个；奶牛团队实现平均乳脂率 4.04%，平均乳蛋白率为 3.35；平均体细胞数（10000/ml）为 19.4，生鲜乳产量和质量国内领先。第三，在要素投入量减少量方面，团队更是效益突出，其中，果菜团队实现全市平均减少化肥投入 11.6%，平均节约劳动力投入量 41.5%；西甜瓜团队实现总节水量约 14.76 万方并减少化学农药使用约 4 吨；家禽团队通过利用复合微生态制剂和益生菌，有效降低了抗生素的使用量。各团队带动农民增收明显，通过团队成员的技术创新和推广，为示范户增收；家禽团队以养殖场费饲喂用水有效节约 10%～15%，并且降低饲料成本 50 元/吨，每公斤鸡蛋约降低成本 0.1 元为例，可产生直接经济效益 2730 万元。

表 8－6　　创新团队经济效益总结

创新团队	单位产量提升	产品品质改善	要素投入减少	农民增收/企业增收
果类蔬菜	果类蔬菜标准化生产技术，较去年同期产量和效益均提高45%以上	配制新杂交组合5000多个，选育新品种8个，筛选新品37个	1. 全市平均减少化肥投入11.6%； 2. 平均节约劳动力投入量41.5%	经济效益0.18亿元
叶类蔬菜	增产20万公斤	—	1. 节水率45%以上； 2. 亩均节肥3.4公斤	经济效益95420万元
食用菌	产量增加了0.18%	引进筛选新品种18个	生产成本降低50%	经济效益5562万元
粮经作物	春大棚移栽区亩产值增加3982.4元，亩效益增加172.8%	草莓糖酸比提高24.7%	1. 节水57%； 2. 节肥27.8%； 3. 亩省工1个	经济效益1451万元
西甜瓜	平均产量提高6.2%	培育、筛选新品种28个	1. 总节水约14.76万三次方米； 2. 减少化学农药使用约4吨	经济效益881.6万元
生猪	母猪总产仔数、产活仔数均有一定的提高	1. 提高仔猪成活率10个百分点以上； 2. 料肉比和发病率均显著减低	保温灯温度自动控制技术可节能25.4%	经济效益0.1亿元
家禽	产蛋量平均提高2个百分点，蛋重平均增加1克	培育完成后形成世界上产蛋率最高的有色羽绿壳蛋鸡新品系两个	1. 通过利用复合微生态制剂和益生菌，降低抗生素的使用量； 2. 养殖场费饲喂用水有效节约10%～15%； 3. 降低饲料成本50元/吨，每公斤鸡蛋约降低成本0.1元	经济效益2730万元
奶牛	1. 平均产奶量为33.15公斤，比上年同期提高1.24公斤； 2. 平均产犊间隔为395.95天，与去年同期相比，缩短了11天	平均乳脂率为4.04%，平均乳蛋白率为3.35；平均体细胞数（10000/mL）为19.4，生鲜乳产量和质量国内领先	节水15万三次方米	经济效益8612.36万元
观赏鱼	较2018年增产3%	共引筛选观赏鱼新品种17个，研发新产品78个	采用新技术节水1305万三次方米	1. 经济效益0.43亿元； 2. 较2018年农户增收提高12%

续表

创新团队	单位产量提升	产品品质改善	要素投入减少	农民增收/企业增收
鲟鱼、鲑鳟鱼	2019 年产量会增加 15%	1. 筛选新品种 2 个； 2. 病害发生降低 10% 左右； 3. 利用营养调控手段提高鲟仔稚期存活率和生长性能，试验点鲟仔稚鱼存活率提高 10%、生长性能提高 10%； 4. 在细鳞鲑开口饲料中适量添加酵母硒，存活率提高 17.77%，生长性能指标终末体长、终末体重和特定生长率分别提高 14.01%、42.11% 和 17.42%	1. 净化塘中构建水质净化与景观相结合的生物生态高效净化系统，实现节水达到 20% 以上； 2. 在国内首次发现乙醇梭菌蛋白是可以替代鱼粉的优良蛋白源，生产效率提高 50%，降低饲料生产废料 50% 以上	经统计，增收 1000 元/亩以上

二、社会效益

北京市创新团队通过媒体宣传报道、参加国内外交流、组织观摩、及对农民进行培训指导等多方面措施，加强团队对先进经验的借鉴学习，同时增强社会对创新团队的认知，社会影响力明显提升，并且逐步走出北京，影响力扩大到京津冀甚至全国。第一，2019 年共进行媒体宣传 4711 次，宣传力度较 2018 年大幅加大。参加国内外交流 247 余次，组织观摩 197 次，培训人员近 3.4 万人次，有效扩大创新团队在产业内、领域内的影响力。第二，宣传、技术推广方式创新，各个团队根据本产业特点，积极尝试新的宣传、推广方式，取得良好的效果。其中，奶牛团队在消费端创建了“奶香飘万家”公益性科普平台，编撰了配套科普书籍——《牛奶的前世今生》，免费向消费者赠送，对培育市民消费乳制品习惯，提振消费者对国产奶的信心发挥了重要作用，并与《科技日报》《北京日报》等多家媒体合作，全方位、及时报道了团队所开展的工作和动态，在业界进一步提高了北京市奶牛创新团队和北京奶业的知名度（见表 8 –7）。

表 8 –7　　创新团队社会效益总结

创新团队	媒体宣传（次）	国内外交流（次）	组织观摩（次）	培训人员（人次）
果类蔬菜	11	5	45	2800
叶类蔬菜	25	33	22	6794
食用菌	18	—	111	665
粮经作物	138	11	42	1037
西甜瓜	45	3	25	1235

续表

创新团队	媒体宣传（次）	国内外交流（次）	组织观摩（次）	培训人员（人次）
生猪	49	67	22	1469
家禽	4323	29	12	3100
奶牛	57	33	80	13305
观赏鱼	15	32	21	2670
鲟鱼、鲑鳟鱼	30	34	17	992
合计	4711	247	397	34067

三、生态效益

北京所独有的生态资源优势已经成为转换乡村发展方式、推动产业转型升级的新动能，为首都乡村振兴提供着必不可少的物质基础，生态效益已成为北京农业产业的生命线。2019 年北京市创新团队严格落实生态优先的发展理念，强化首都农业生态功能，积极发展节水农业和生态农业，切实推动北京都市型现代农业绿色发展，在节水减排、粪污处理方面成效显著，产生有较大影响力的生态效益（见表 8－8）。第一，节水技术、产品的应用。以粮经团队为例，2019 年，团队改进了两种高效灌溉方式，优化了设施草莓和甘薯滴灌带滴头及铺设间距，明确了鲜食玉米微喷带田间最佳铺设方式，并且引进研发了 3 种施肥设备：研发了设施草莓轻简化智能施肥机和鲜食玉米一键式喷灌施肥机，引进了甘薯便携式注肥系统，节水效益明显；生猪团队研发、推广了新型节水饮水器。对保育猪用饮水器进行了水位控制方面的改进，饮水器中水位有所降低，猪只在饮水的过程中不易溢出，减少了饮水浪费。第二，减排技术、产品的应用。主要是通过降低氮、磷等的排放、控制二氧化碳等气体和污水排放，减少环境污染，如鲟鱼、鲑鳟鱼团队集成多功能、多用途、高效水质净化的复合式生物浮床设施 1 套，应用过程中发现，经生态沟渠、人工湿地和生态净化塘三级净化出来的水体，微生物多样性丰富，系统更趋稳定，氨氮和亚硝态氮的去除率均在 60% 以上，总氮、总磷和 COD 的去除率均超过 40%，叶绿素（藻类）的去除率平均为 50% 以上。系统运行过程中，整个池塘养殖没有对外排放污水，实现了零排水的目标。第三，在粪污处理的模式和技术研发方面，2019 年家禽团队创新团队健康养殖与环境控制功能研究室成员分别从饲料环保技术、舍内环控技术、舍外环控技术、粪污除臭技术、粪污发酵处理技术等方面提出全套粪污治理解决方案，并将畜禽粪污社会化市场化处理运行模式以有机肥加工厂为中心，定期收集周边养鸡场、养牛场等的粪污进行无害化处理。集成家禽粪污收集、拉运、处理、利用等环节机械化技术，采用粪污处理设备、装载机、筛分设备、粉碎机等机械设备加工有机肥，再将有机肥销售给周边种植户，施用还田，实现有机肥厂与种植户区域内种养结合，资源循环利用，形成以有机肥加工厂为中心的畜禽粪污社会化市场化机械化处理运行模式。

表 8 – 8　　创新团队生态效益总结

创新团队	节水措施	减排措施
果类蔬菜	开展节水技术示范，建立设施蔬菜高效节水技术	减少了果类蔬菜生产中化学投入物的使用量
叶类蔬菜	加强水肥一体化，测土配方等技术应用	减肥 15%，减少农药使用 10%
食用菌	节水技术得到广泛应用，累计应用面积 1.5 万亩，累计节水 13.4 万三次方米	完成了废菌袋破袋设备的选型、调试并为园区制定了菌渣无害化处理操作规程
粮经作物	1. 改进了 2 种高效灌溉方式：优化了设施草莓和甘薯滴灌带滴头及铺设间距，明确了鲜食玉米微喷带田间最佳铺设方式； 2. 引进研发了 3 种施肥设备：研发了设施草莓轻简化智能施肥机和鲜食玉米一键式喷灌施肥机，引进了甘薯便携式注肥系统； 3. 优化了 3 种灌溉施肥策略：优化了设施草莓"光智能"灌溉施肥策略、鲜食玉米微喷施肥策略和甘薯滴灌施肥策略	集成了种苗脱毒、环境调控、种苗秋植、水肥一体化、植株整理、资材消毒、病虫害绿色防控等优质高产育苗技术体系
西甜瓜	1. 西瓜团队在水肥一体化技术方面：有效节水节肥，降低了资源消耗，加强生态系统的良性、高效循环； 2. 甜瓜栽培技术中一系列技术的应用减少了水肥等资源的消耗，有力地促进了资源节约型和环境友好型甜瓜产业的成长	连作自根苗西瓜土传病害绿色防控技术。该技术以微生物菌剂（木霉菌、芽孢杆菌）应用为主，配合高效低毒的化学药剂，在形成以微生物菌剂应用为主的连作自根苗西瓜土传病害防控技术体系
生猪	团队研发、推广了新型节水饮水器。对保育猪用饮水器进行了水位控制方面的改进，饮水器中水位有所降低，猪只在饮水的过程中不易溢出，减少了饮水浪费	仿生携氧材料是类似于人体血红蛋白的仿生学材料，具有抓取、承载和释放氧的能力，通过提高水中的溶氧量，来降低废水处理的费用和提高废水处理的效率
家禽	1. 节水型饮水技术； 2. 播种式消毒平均节水率约为 40% 以上，二流体消毒平均节水率 60%； 3. 雨水回用技术年收集回用雨水近 12 吨	1. 家禽创新团队健康养殖与环境控制功能研究室成员分别从饲料环保技术、舍内环控技术、舍外环控技术、粪污除臭技术、粪污发酵处理技术等方面提出全套粪污治理解决方案； 2. 畜禽粪污社会化市场化处理运行模式以有机肥加工厂为中心，定期收集周边养鸡场、养牛场等的粪污进行无害化处理。集成家禽粪污收集、拉运、处理、利用等环节机械化技术，采用粪污处理设备、装载机、筛分设备、粉碎机等机械设备加工有机肥，再将有机肥销售给周边种植户，施用还田，实现有机肥厂与种植户区域内种养结合，资源循环利用，形成以有机肥加工厂为中心的畜禽粪污社会化市场化机械化处理运行模式

续表

创新团队	节水措施	减排措施
奶牛	智能化防暑降温喷淋节水系统	1. 奶牛场污水膜生物反应器处理技术； 2. 养殖场粪污资源化再利用和除粪便臭味改善空气质量的技术
观赏鱼	工厂化循环水养殖模式主要是在工厂化车间内综合运用物理、生物、化学等技术，调节和控制养殖水生动植物的生活环境，使养殖尾水经处理后循环利用的一种集约化养殖方式，具有节地、节水、无废排出等优点	工厂化循环水养殖模式，零污染技术
鲟鱼、鲑鳟鱼	净化塘中构建水质净化与景观相结合的生物生态高效净化系统、种养结合养殖模式、池塘循环流水养殖系统与生态浮床模式等技术的集成应用，整个养殖过程中节水率达20%以上，实现零排水目标	集成多功能、多用途、高效水质净化的复合式生物浮床设施1套，应用过程中发现，经生态沟渠、人工湿地和生态净化塘三级净化出来的水体，微生物多样性丰富，系统更趋稳定，氨氮和亚硝态氮的去除率均在60%；总氮、总磷和COD的去除率均超过40%，叶绿素（藻类）的去除率平均为50%以上；系统运行过程中，整个池塘养殖没有对外排放污水，实现了零排水的目标

四、京津冀协同效益

2019年是京津冀协同发展上升为重大国家战略五周年，也是京津冀品牌农产品产销对接活动的第四年。京津冀三地产销衔接、顺畅销售，推动建立长效机制，促成稳定购销合作关系，构建优质高效现代的农产品流通体系，市场机制的推动作用越来越明显。北京市创新团队以农业产业为纽带协同研发新技术，为增强优势特色产业的品牌效应，为京津冀特别是河北贫困地区特色产业提质增效，为辐射带动津冀农户增产、农民增收发挥了积极作用，产生了良好效益。如食用菌团队通过协同研发香菇耐高温品种选育、菌渣种植草菇提质增效技术、菌糠作为底肥施用对西瓜根结线虫以及品质的影响等项目，辐射带动津冀农户20户。河北东苑农业发展有限公司用于生产草菇的温室（爱尔兰式大棚）25个，每个菇房面积500平方米，生产了9个周期，采用菌渣加牛粪，产量提高1公斤/平方米，达到3.5公斤/平方米，应用面积11.25万平方米、辐射带动京津冀农户增产10%（增产112.5吨）、辐射带动京津冀农户增收6000元（按照20元/公斤计算，新增收入225万元，节约成本90万元，每天向北京提供1～1.5吨新鲜草菇）。生猪团队协同研发京津冀三地携手构建区域型生猪联合育种体系、优质瘦肉型黑猪新品系的联合培育、同期排卵定时输精技术示范推广、低剂量深部输精联合缩宫素技术推广等项目，辐射带动津冀农户1户，辐射带动津冀农户增收110.2万元。各团队具体情况详见表8－9。

表 8-9　　创新团队京津冀协同效益总结

创新团队	协同研发	辐射带动情况
奶牛	石家庄天泉良种奶牛场、牛场精准选配及诊断服务、奶牛高乳蛋白基因芯片、包被氨基酸过瘤胃性能、布病 S2 和 A19 疫苗免疫效果比较试验、碘甘油消毒剂研发、保姆行动及培训、基于喘气行为精准判断奶牛热应激、丰宁县首正生物科技有限公司科技能力提升、功能性乳基料加工技术研究及产品开发	京津冀协同发展共开展了 56 项工作、81 次活动，团队成员及助手 1926 人次参与，覆盖牛只 77.35 万头次，据不完全统计增收达到 323.1 万元
果菜	2019 年“京石合作”蔬菜新品种、新技术科技创新成果展示观摩会；番茄优质高效生产技术集成；土壤旋耕消毒覆膜一体机；育苗灌溉精准注肥技术；京津冀鲜食番茄擂台赛	辐射带动育苗户的产值增加 8% ~10%；辐射带动农户增收 3% ~5%
家禽	免填鸭配合饲料；规模化生态养鸡技术；家禽健康养殖的营养调控；蛋种鸡叠层笼饲养模式及配套技术的研究与示范应用；种鸽日粮配制技术规程的研究	辐射带动津冀农户 610 户；辐射带动农户增产 5%；辐射带动农户增收 6%
粮经	合作育种和区试；京津冀甘薯产业创新联盟 2019 年会暨甘薯产业发展研讨会	辐射带动津冀农户 241 户；辐射农户增产 6.7%；辐射带动京津冀农户增收 360 万元
食用菌	香菇耐高温品种选育；菌渣种植草菇提质增效技术；菌糠作为底肥施用对西瓜根结线虫以及品质的影响	辐射带动津冀农户 20 户（河北东苑农业发展有限公司公司用于生产草菇的温室（爱尔兰式大棚）25 个，每个菇房面积 500 平方米，生产了 9 个周期，采用菌渣加牛粪，产量提高 1 公斤/平方米，达到 3.5 公斤/平方米，应用面积 11.25 万平方米；辐射带动京津冀农户增产 10%（增产 112.5 吨）；辐射带动京津冀农户增收 6000 元（按照 20 元/公斤计算，新增收入 225 万元，节约成本 90 万元，每天向北京提供 1 ~1.5 吨新鲜草菇）
西甜瓜	与河北省蔬菜产业技术体系合作进行小型西瓜、网纹甜瓜高品质栽培模式示范和薄皮甜瓜栽培技术研发；京津冀西甜瓜产业发展研讨及产品推介	“京美”“京珑”系列新品种在河北应用面积 3.2 万亩，亩均增收 650 元，总增收 2080 万元；网纹甜瓜生产面积 500 亩，新增效益 900 万元
生猪	京津冀三地携手构建区域型生猪联合育种体系；优质瘦肉型黑猪新品系的联合培育；同期排卵定时输精技术示范推广；低剂量深部输精联合缩宫素技术推广	辐射带动津冀农户 1 户；辐射带动津冀农户增收 110.2 万元

续表

创新团队	协同研发	辐射带动情况
叶菜	设施农业绿色生产技术引进配套技术集成与示范；复合微生物菌剂促生防病技术；基于深度学习的设施蔬菜病害识别关键智能技术研究；鲜切菜加工生产线	累计带动津冀农户59户；辐射带动农户增产20万公斤；辐射带动农户增加收入100万元
观赏鱼	锦鲤新品系（绿鲤）选育；棉籽深加工生产脱棉酚棉籽浓缩蛋白新技术研发	累计带动津冀农户16户，辐射带动农户增产3%，辐射带动农户增收8%
鲟鱼、鲑鳟鱼	鲟鱼低排放饲料；哲罗鲑的繁育；乙醇梭菌蛋白新型蛋白源研制与应用技术研究；鲟鱼病害防治；养殖、休闲渔业建设；主推功能性饲料；产品加工	累计辐射带动津冀农户87户；今年鲟鱼价格回暖，去年开始增加优质杂交鲟养殖量，今年产量会增加15%；随着鲟鱼、虹鳟鱼价格回升，每公斤增加2~3元，辐射带动津冀农户增收

第四节　团队标志性成果

2019年，创新团队紧盯质量安全，围绕高产高效，聚焦生态环保，开展技术示范推广，取得了一系列标志性技术成果。

一、质量安全技术成果

（一）南方番茄病毒（STV）常规分子检测技术

通过主要病毒病鉴定与病虫防控技术集成，明确了京郊果类蔬菜主要病毒病发生情况，鉴定了高品质果类蔬菜主要病毒为番茄黄化曲叶病毒、番茄褪绿病毒、南方番茄病毒、甜菜西方黄化病毒、辣（甜）椒轻斑驳病毒。

（二）生菜水培漂浮板清洗机

生菜漂浮板的清洗是一个劳动强度相对较大的环节，目前主要依靠手工清洗，其中，平面板的孔的清洗需人工每孔单独清洗，用时较长，工作效率低，劳动强度大。通过已经完成生菜水培漂浮板清洗机样机的研发，可以进行漂浮板清洗作业，实现洗板功能、洗孔喷水，有效降低劳动强度，有利于在缺水地区用少量水即可完成清洗及消毒工作，保障质量安全。

（三）昆虫病原线虫与Bti粉剂防治菇蚊幼虫技术

昆虫病原线虫防治菇蚊幼虫技术由北京市植物保护站进行推广，主要应用于茶树菇、平菇、秀珍菇，可减少化学药剂使用1~3次；Bti粉剂防治菇蚊幼虫技术由北京市植物保护站进行推广，可减少化学药剂使用1～2次。

（四）组培脱毒技术

草莓品种通过在茎尖剥离环节，脱毒品种为红颜、甜查理、白草莓，脱毒数量500多个，达到效果为主要病毒脱毒率100%；甘薯品种在组培脱毒与优质种苗繁育上，在茎尖剥离环节，脱毒品种为普薯32、心香、苏薯16等11个，脱毒数量1000多个，达到效果为主要病毒脱毒率100%。

（五）西甜瓜病虫害绿色防控技术

通过西甜瓜瓜蚜虫绿色防控技术、东亚小花蝽防治西甜瓜蓟马绿色防控技术、智利小植绥螨防治西瓜红蜘蛛技术、长季节栽培西瓜土传病害绿色防治技术，产生技术示范面积为36.87公顷，技术辐射面积66.67公顷以上，示范区内三种害虫的平均防效可达70%以上，西瓜全生育期内化学药剂减少3～5次，实现优质栽培，质量可靠。

（六）仔猪减抗饲料技术

在不影响仔猪生长性能的前提下，可使仔猪饲料阶段抗生素减量60%；在替抗饲料提高保育仔猪饲料利用率的研究中，示范场仔猪料肉比可达1.46:1；益生菌替代抗生素在育肥猪的应用中，日增重较对照组可提高3%；研发的肠杆菌肽中试表达量已达4.1mg/mL，纯度达到99.6%。

（七）降低酱卤猪肉制品杂环胺生成技术

所研制的丁香有效成分可有效降低杂环胺生成率36%；研制的富硝甜菜发酵粉替代亚硝酸盐添加到肉制品中，在火腿肠中可以降低亚硝酸使用量54%，亚硝酸盐残留量降低82%；在酱卤制品中降低亚硝酸盐使用量40%，亚硝酸盐残留量降低80%，达到相同的呈色效果；在低温乳化肉制品开发研究中，应用多重乳液替代脂肪，替代率可达到40%；在冷鲜肉生产过程建立2套HACCP控制系统，有效保证了肉制品的质量安全。

（八）利用SNP技术筛选天然高褪黑素奶牛

通过采集484头奶牛牛奶样品和全血样品，测定牛奶中褪黑素含量，全血提取DNA，对褪黑素合成相关酶和受体进行基因全测序，将天然高褪黑素奶牛褪黑素合成酶序列和正常奶牛进行比对，筛选SNP位点，通过已知的SNP位点，定位高褪黑素奶牛，筛选SNP位点，可以发现AANAT合成酶具可以导致氨基酸突变的突变位点，进而对对突变位点的重点研究以保障牛奶质量安全。

（九）观赏鱼主要病害防治及监测技术

2019年度从金鱼主要流行病趋势、新型疫苗研制、绿色用药、提高机体免疫、建立监测点等多方面入手，通过相关技术研发和试验示范，建立快速诊断技术，减少观赏鱼病害对产业的不利影响。首次在透视电镜下发现自然感染GFHNV金鱼鳃和肾细胞中的CyHV－2病毒颗粒；获得维氏气单胞菌菌蜕疫苗生产工艺1个，获得相对免疫保护率50.02%，效果理想。获得2个金鱼、锦鲤嗜水气单胞菌的最佳中草药配方；建立观赏鱼病监测点15

个，监测重大水生动物疫病及26种常规观赏鱼疾病。

（十）鲟鱼病害防治技术

通过科学用药技术指导，建立一整套严格的管控措施，降低鲟鱼病害发生率达到60%以上，节约成本10%左右，亩增纯收益1000元。生态添加剂应用方面，研发的抗生素替代品淬灭酶（防治细菌病）和几丁质降解酶（防治寄生虫病及促进生长）创制及应用具有国际原创性，从包括饲料加工在内的水产养殖环境适应性、工业化生产经济性、产品有效性等角度，具备国际先进性。生产中应用酶的损失率不超过10%。发病率可下降60%，大幅度降低抗生素的使用。通过饲料营养调控手段防控鱼类病害。根据原来研究结果，认为高植物蛋白饲料是导致施氏鲟肠炎的原因，初步提出施氏鲟代谢性肠炎营养调控方案1套；正在开发出1种能改善鲟鱼脂肪代谢和肠道菌群环境的添加剂。利用疫苗进行病害防控。针对危害鲟鱼和鲑鳟鱼健康的主要疫病开展防控疫苗的研发，目前已进行4种疫苗的试验，比如获得了鲟鱼链球菌病疫苗研制技术，免疫保护率可达92%；开展致病菌维氏气单胞菌的关键致病因子气溶素抗原分子设计、毒性及免疫保护评价研究，获得1种无毒气溶素抗原疫苗。

二、高产高效技术成果

（一）分子辅助育种技术

开发分子辅助育种技术，缩短了育种时间，优化了花药培养和小孢子培养再生植株染色体倍性检测方法，明显降低了DH植株工厂化生产成本，提高了效率。利用辣（甜）椒单倍体育种技术与常规育种技术相结合，创新5大类种质资源524份，选育出不同类型、综合性状优良的新品种10个；成功开发基因标记CAPs78－708，可以在辣（甜）椒苗期对青果紫色性状进行早期选择，显著提高了选择的效率。

（二）高效节水灌溉技术

在房山、昌平、密云等地，以800亩的番茄、黄瓜、辣（甜）椒为果类蔬菜示范品种，主推滴灌施肥技术模式，即以微灌为核心，配套高效灌溉制度、水肥一体化、地膜覆盖保墒等技术。示范区果类蔬菜较常规灌溉施肥年亩均节水114三次方米，总节水4.79万三次方米；亩节本增收836元，总增收35.1万元。

（三）异形苗盘播种器

针对水培叶菜育苗盘目前多采用异形苗盘，设计6种苗盘图，11×8穴设计图，共制作6种类型的穴盘播种器共计21台套，在特菜大观园、金六环和天通泰园区进行了生产性试用，试用效果显著，播种的单粒率、双粒率及堵塞情况试验良好，以油菜为例，利用32穴播种盘播种，单粒率达到97%，比人工效率提高4倍。

（四）食用菌栽培技术

香菇越夏高效栽培技术由食用菌创新团队进行推广，主要应用于高温8号和夏一，推广范围为大兴、房山、河北省丰宁县、阜平县，数量为10万棒，亩均增产约5%；榆黄菇高效栽培技术由北京市农业技术推广站进行推广，推广范围为房山、顺义、密云，覆盖面积为24亩，平均亩效益为8.4万元，生物学效率较高，高效利用农业废弃物，增加了淡季食用菌供应。

（五）轻简装备技术

运用脱毒种苗、水肥一体化技术、机械起垄、病虫生物防控等技术进行推广，达到亩产2177公斤，亩效益8.1万元，较北京市提高1.5%、3.2%；运用应急灌溉及节水灌溉、因墒适时起垄、高效轻简栽培技术、机械化技术进推广，达到亩产2367公斤，亩效益1621元，较北京市提高6%、54.8%；运用优新品种、抢早播种、病虫害防控、水肥一体化、贮藏保鲜等技术，达到亩产1148.2公斤，亩效益2002.8元，较北京市提高11.6%、119.1%。

（六）中小果型西瓜省工栽培技术

小型西瓜高密度抢早栽培技术的实施运用，辐射推广266.67公顷，商品瓜总增收840万元；中型西瓜简约化栽培技术示范点平均每公顷产量79657.5公斤、每公顷纯效益121507.5元，辐射推广1333.33公顷，总增收3480.3万元；天窗放顶风共示范8公顷，共节省人工106个，增加经济收益1.44万元。精品网纹甜瓜高商品率栽培技术5.33公顷，商品率75%以上，每公顷增收120万元。甜瓜优质栽培85.33公顷，增加经济效益12.81万元。

（七）遗传缺陷检测低密度SNP芯片

高效一直是养殖场生产效益的核心，是养殖场产生效益的关键所在。持续对母猪繁殖力进行遗传改良，实现示范场母猪年产窝数2.20窝以上；数据测量的准确性是育种工作的基础，研发的种猪自动化测定系统与国际主流产品相比，计量准确性提高50%以上；种猪基因组选择已经来临，团队适时举办种猪遗传评估技术培训班，参加学员鉴定合格92.5%以上，提升了从业人员的技术水平；研发适合我国主流猪种的遗传缺陷检测低密度SNP芯片1款，该芯片三种遗传缺陷致病检出率均在85%以上；在同期排卵定时输精技术研究中，示范母猪配种24天妊娠率达85%；应用重组促性腺激素在母猪同期发情上，可使母猪同期发情率达到95.4%；在猪伪狂犬病净化示范中，新增一家示范场的猪伪狂犬阳性率维持为0；研发的猪流行性腹泻、猪轮状病毒、猪传染性胃肠炎血清抗体荧光微球鉴别检测试纸，在试验中检测准确率为70%以上；猪场应用猪细菌病精准防治技术，成活率达到90%以上。

（八）家畜养殖数字化关键技术

主要针对我国家畜精细养殖全面数字化的需求，开展了“饲料营养数据库与家畜营养动态模型构建”“家畜电子标识及智能饲喂设备创制”及“环境精准控制及养殖过程数字化平台研发”三方面的研究。已建成功能完整的中国饲料数据库，获得了系列化的家畜营养动态模型及日粮配方优化系统；率先实现了家畜电子标识国产化，创制了家畜生命体征感知系统及智能精准饲喂装备，助力家畜养殖高效生产。

（九）观赏鱼育种与繁殖技术

2019 年在锦鲤、金鱼、观赏龟群体繁殖、品种选育、品质改良、繁育技术等多方面取得了显著进展。首次系统研究复合益生菌在锦鲤繁殖中的应用效果，可显著促进亲本性腺发育，增强繁殖性能，并促进苗种生长速率提高 25%。获得墨龙睛金鱼 F3 代高品质个体 2500 尾，祖代 11 组。规范锦鲤繁殖技术和鹅头红金鱼繁养殖技术，基本解决锦鲤繁殖和鹅头红金鱼繁养殖中存在的问题。

（十）鲟鱼高效环保型饲料与营养技术

自主研制了鲟鱼亲鱼营养强化饲料、鲟仔稚鱼营养及开口饲料鲟鱼专用低鱼粉膨化饲料，解决鲟鱼亲鱼“油包卵”现象，填补了国际上有关鲟鱼亲鱼营养需求研究的空白；鲟仔稚鱼成活率可达 90% 以上；低鱼粉膨化饲料总氮排放降低 14.9%，总磷排放降低 40.5%，节水率可提高 10% 以上。在国内首次发现乙醇梭菌蛋白是可以替代鱼粉的优良蛋白源，研究发现，取代 3% ~5% 的鱼粉可显著降低饲料容重和浮水率。该技术在珠海恒兴饲料公司精准加工系统进行了中试，可连续生产低淀粉浮性饲料 24 小时未产生非计划停机，生产效率提高 50%，降低饲料生产废料 50% 以上，效益显著。

三、绿色生态技术成果

（一）土壤质量健康综合评价系统

通过该系统，农户可对田间土壤是否健康做出评价并得到该份土壤健康评价结果，生成测评报告，并指导生产。用户据实填写理化指标、生物指标、产出指标等内容，通过计算匹配分级项，得到该份土壤健康评价结果，评价内容是根据“土壤健康检测指标体系”，并参考匹配“全国第二次土壤普查养分分级标准”，产生测评结果，生成测评报告。

（二）生防芽胞杆菌与化学药剂协同定点防控叶类蔬菜土传病害技术

利用筛选获得的 10 亿 $cfu \cdot mL^{-1}$ 枯草芽胞杆菌（B. subtilis）ZF94 与浓度为 0.3 $mg \cdot kg^{-1}$ 的 22.4% 氟唑菌苯胺复配与育苗基质混合后育苗，预防苗期及生长前期的生菜立枯病，生长期配合滴灌施用 2000 倍枯草芽胞杆菌 ZF94，全生育期预防生菜立枯病的发生。菌株 ZF94 与氟唑菌苯胺 0.3 $mg \cdot kg^{-1}$ 混配施用后，病情指数为 18.8，防效为 55.3%。且对生菜有明显的促进作用，与对照相比，株高增长率为 32.4%，叶面积增长率为 24.8%，鲜重增长率为 27.3%，根重增长率为 12.7%，亩增产 4.6%。

（三）菌渣替代化肥和有机肥种植叶菜技术

该技术由北京三宝香农业科技有限公司进行推广，推广范围为通州，覆盖面积 500 亩，总经济效益 879 万元，新增经济效益 132.8 万元，采用环境友好的生物技术就地解决园区农业生产废弃物的出路问题，不仅改善园区的环境，而且节省了企业肥料的支出费用，提升了企业的形象，促进了循环农业的发展。

（四）草莓甘薯玉米节水节肥技术

草莓种植主要推广精量灌溉施肥技术达到节水节肥效果，精量灌溉施肥技术是首部精准施肥系统，少量多次追施，坐果前以平衡肥为主，开花坐果期追施高钾肥；甘薯种植主要采用应急灌溉技术的节水节肥方式，喷施含氨基酸的水溶性肥料，甘薯的 Vc 的含量提高 16.8%；硝酸盐的含量有明显的降低，减少 15.3%；鲜食玉米种植主要推广水肥一体化、缓控释肥等技术达到节水节肥效果。水肥一体化使鲜食玉米品质改善。

（五）西甜瓜节水灌溉技术

西瓜团队在节水灌溉技术扩大应用，针对园区、集中农户及分散农户，分别示范滴灌、膜下微喷及膜下沟灌三种节水灌溉方式，每茬每公顷用水量分别为 1530 三次方米、2070 三次方米和 2685 三次方米，示范区平均用水量 137.5 三次方米，比常规大水漫灌减少 82.5 三次方米，示范面积 133.33 公顷，总节水 16.5 万三次方米；覆盖应用占比 48.6%。化肥减量技术示范运用西瓜专用肥，从替代化肥和精准配肥两方面着手，减少化肥使用 20% 以上。以“减量施肥技术”和“单质肥施用技术”为核心进行技术示范，示范 80 公顷，每公顷化肥用量 1050 公斤，比常规生产每公顷减少化肥用量 450 公斤，总减少化肥用量 36 吨。

（六）新的毛球状载体粪污净化

在粪污的处理与利用方面，首先成功将携氧材料与玻璃纤维、PE 进行了有效结合，在此基础上研发出一种新的毛球状载体，将携氧材料强化人工湿地对养殖污水尾水的深度净化中，使 COD 降到每升 60 毫克，并且处理成本降到 3.0 元/吨以下；猪粪资源化利用方面，应用基于经济与生态耦合的畜禽粪肥资源化利用模式研究中，示范场猪粪资源化利用率达到 100%。

（七）牛粪水热液化与水热炭化技术

水热液化技术处理牛粪，处理粪污的同时，产生生物原油。处理每吨含固量 20% 的粪污可以产生价值 150 元的生物原油。与其他生产液体原料技术（油脂萃取或裂解等）相比具有广泛优势；水热炭化技术处理牛粪，处理粪污的同时，产生生物炭，对作物生长具有较大的价值。该技术制备牛粪水热生物炭，牛粪原料无须干燥预处理，以水为溶剂和催化剂，在一定的温度（100～350℃）和保留时间（1～24 小时）条件下制备的生物炭，具有丰富的表面官能团、发达的孔隙结构和高含量的 N 和 P 等营养元素。

（八）连续回分式活性污泥处理工艺

引进日本“连续回分式活性污泥处理工艺”，融合了复合酵素酶解技术，突破了好氧处理高浓度有机废水的工程瓶颈，在进水 COD 浓度高达 35000mg/L 的工况条件下，出水水质达到了农田灌溉标准。通过工程设计和精准调试的集成与创新，建成了以“连续回分式活性污泥处理工艺”为核心、全自动无人值守的奶牛场废水处理示范线，彻底解决了影响奶牛场生存的废水处理难题，实现了污水零排放，同时解决了牛场的臭气、蚊蝇等相关难题。

（九）低鱼粉膨化饲料

自主研制了鲟鱼低鱼粉膨化饲料总氮排放降低 14.9%，总磷排放降低 40.5%，节水率可提高 10% 以上。在国内首次发现乙醇梭菌蛋白是可以替代鱼粉的优良蛋白源，研究发现，取代 3% ~5% 的鱼粉可显著降低饲料容重和浮水率。该技术在珠海恒兴饲料公司精准加工系统进行了中试，可连续生产低淀粉浮性饲料 24 小时未产生非计划停机，生产效率提高 50%，降低饲料生产废料 50% 以上，效益显著。

（十）养殖鱼节水生态养殖模式

通过鲟鱼、鲑鳟鱼流水养殖、微流水养殖和工厂化养殖节水技术研究工作，使养殖模式的单位养殖水体鱼载量增加，水环境质量改善，鱼病减少，提高水体使用效率，产生显著的经济效益，原有的养殖容量提高 2 ~3 倍，同时节约养殖用水 90% 以上。养殖废弃物收集装置的试验研究工作开发出成本低廉、效果明显、操作方便的废弃物处理设施或设备，对减轻环境的污染压力，提高物质的循环利用率有很大的促进作用。

第九章　北京果类蔬菜产业发展报告

蔬菜是北京市农村经济中的传统优势产业，同时也是北京市“菜篮子”工程的重要构成。果类蔬菜产业是北京市农业产业的重要组成部分，也是保障居民食品消费需求的重要基础。从近几年北京市果类蔬菜生产的发展来看，其正在朝着集约化、规模化、专业化和设施化的趋势发展，因此，也发挥着引领作用。北京市果类蔬菜（番茄、黄瓜、青椒、茄子）的播种面积和产量占蔬菜总体的比重一直维持在20%以上，在北京市农户收入和农业发展方面发挥着重要作用。2019年北京市常住人口达2153.6万人，庞大的人口基数显示出北京市对蔬菜的消费需求总量大，受居民的消费习惯的影响，果类蔬菜在北京居民的消费中的地位不可替代，2019年北京市批发市场果类蔬菜上市量134.19万吨，占蔬菜上市总量的15%，果类蔬菜在北京市居民蔬菜消费中始终占据重要地位。

为把握果类蔬菜产业现状特征，明确变化趋势和发展难题，探寻推动北京市果类蔬菜产业发展的对策措施，本报告基于宏观统计数据和微观实地调研数据，分别从果类蔬菜产业发展现状、创新团队技术支撑作用、典型案例等方面进行分析，揭示2019年果类蔬菜产业发展的新变化，并在此基础上提出北京果类蔬菜产业发展的具体对策及政策建议。

第一节　果类蔬菜产业发展现状

2019年北京市围绕“调转节”制定措施促进果类蔬菜产业发展，产业结构趋向合理，蔬菜生产、加工、流通等环节得到全面发展，蔬菜生产的标准化、科技化和绿色化等水平持续提高，但也面临着诸多挑战。分析所使用的宏观数据来自北京市统计局和北京市农业农村局，微观数据来自果类蔬菜产业经济岗位于2019年组织的对大兴、顺义、通州、房山、密云和延庆等区的14个乡镇28个村展开的调研，共获得147个有效样本。为保证样本的有效性，调研采用分层抽样和随机抽样相结合的方式进行抽样，涵盖了农户基本特征、农户技术需求及采用情况、果类蔬菜种植成本收益情况、质量安全生产情况等内容，能够详细有效地反映果类蔬菜生产实际。

一、果类蔬菜生产

《北京市乡村振兴战略规划（2018—2022 年）》提出探索农村产业发展新机制，具体包括完善农业支持保护制度，切实解决产业发展瓶颈，完善利益联结机制，激发农村创新创业活力，推动经营体制创新。总体上，利用政策支持、科技进步和体制创新等促进北京农村从生产功能向休闲农业、乡村旅游等新业态的转变。在此背景下，北京果类蔬菜生产进一步萎缩，不过与其他产业结合更加紧密、区域聚集明显、技术与管理水平更高。在对北京市蔬类产业地位分析的基础上，对果类蔬菜的生产情况进行分析，具体包括品种变化、空间分布、设施特征等。值得说明的是，报告中果类蔬菜指番茄、黄瓜、青椒和茄子。下文所依据的宏观数据来自北京市统计局和农业农村局。

北京市农业生产和蔬菜生产的发展演变，在一定程度上反映了果类蔬菜生产的发展演变。图 9－1 显示的是北京市农业和蔬菜生产的历史演变。

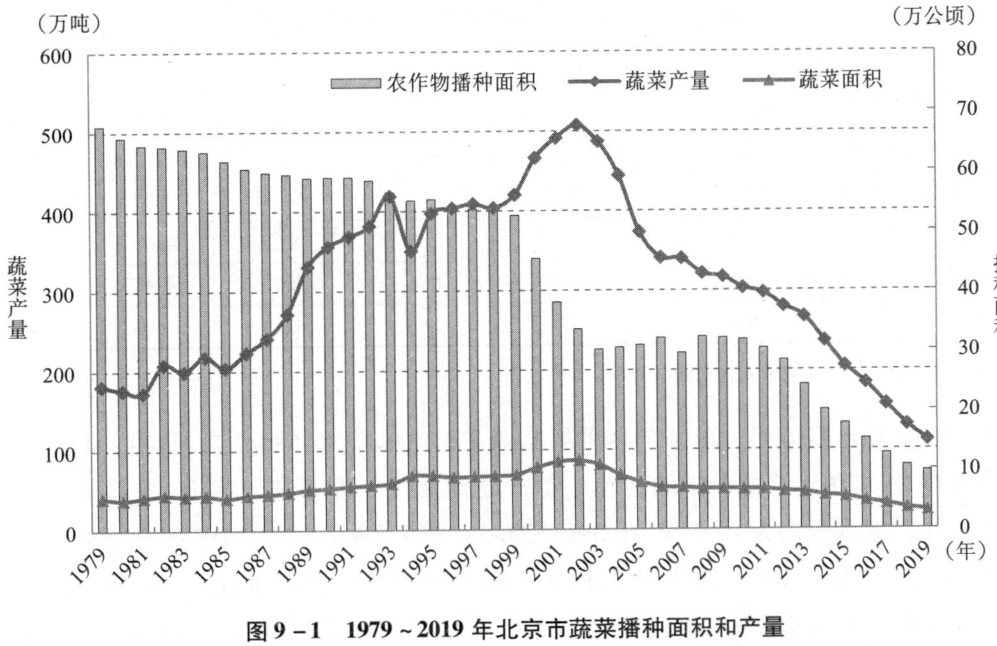

图 9－1　1979～2019 年北京市蔬菜播种面积和产量

数据来源：北京市统计局网站。

如图 9－1 所示，2000～2002 年农作物播种面积出现迅速下降，2003 年相关农业支持政策出台后保持稳定直到 2011 年；随着农村产业结构优化、种植业比较优势降低、疏解非首都功能等影响，2012 年以来北京市农作物播种面积处于长期减少态势，且速度相对处于较高水平。在这样的背景下，蔬菜作物播种面积和产量也呈现同步减少趋势。2019 年北京市蔬菜播种面积为 46.5 万亩，蔬菜产量 111.5 万吨，分别比 2017 年减少 17.6% 和 14.6%。但蔬菜播种面积在农作物播种面积中所占比重逐年增加，1979～2019 年的 40 年，蔬菜播种面积占农作物比重面积从8%上升到32.1%，表明蔬菜产业处于北京现代农业的核心地位，更是与农产品加工业、服务业对接的重要窗口。

（一）果类蔬菜生产的品种变化

四种果类蔬菜生产的生产及变化如表9-1所示。2019年四种果类蔬菜播种面积为9.2万亩，绝对值比2018年增加了4.5%，占北京市农作物播种面积从2018年的16.6%提高到19.8%；2019年果类蔬菜产量为52.8万吨，比上年增加8.6%，占北京市蔬菜产量比例从2018年的38.2%提高到47.4%。在经历了10多年的生产规模缩减后，2019年果类蔬菜首次出现生产规模的增加，恢复的主要原因是：第一，大兴机场及其附属设施基本落成，农户对征收土地和绿化种植的预期消失，使大兴区果类蔬菜生产规模扩大。第二，清理“大棚房”行动逐步进入尾声，政策层面逐步建立其外来务农人员的管理机制，有利于需要长期投资的果类蔬菜生产面积增加。然而，本次北京市果类蔬菜生产的恢复性增长属于短期现象，相对耐储性较高、成本逐年攀升等特性会使其长期保持萎缩的趋势。

表9-1　2018年和2019年北京市果类蔬菜播种面积和产量

品种	播种面积（万亩）		产量（万吨）		单产（公斤/亩）	
	2018年	2019年	2018年	2019年	2018年	2019年
番茄	3.6	3.7	24.6	25.8	6255.8	6915.7
黄瓜	2.7	2.9	13.1	14.3	4820.2	4891.9
茄子	1.6	1.6	7.6	8.1	4061.6	5007.2
辣（甜）椒	0.9	1.0	4.6	4.6	4748.0	4748.0
合计/平均值	8.8	9.2	49.9	52.8	5670.5	5680.7

数据来源：根据北京市农业农村局数据整理。

在单位面积产量方面，2019年四种果类蔬菜平均单产为5680.7公斤/亩，与上一年相比无明显变化。2019年与上年的相比的单产变动幅度，即番茄、黄瓜、茄子和辣（甜）椒的单产提高幅度分别为10.5%、1.5%、23.3%和7.3%，表明2019年茄子种植的管理和技术水平有显著的提高。2019年四种果类蔬菜的单产比值，即番茄、黄瓜、茄子和辣（甜）椒的单产相对比值为1.5∶1.0∶1.1∶1.0，番茄的单产水平依然高于其他果类蔬菜，黄瓜、茄子和辣（甜）椒的单产水平无明显差异。综合近年数据来看，各类果类蔬菜单产逐年提高，但是每年增长率变异程度较高，表明果类蔬菜生产结构和环境较不稳定，单产提高即可能来自农业技术进步，或者低水平种植户的退出，或者政策引致的种植户市场预期和要素投入变动。

2011~2019年四种果类蔬总体上保持稳定，但内部品种结构发生了变化（见图9-2）。2019年四种果类蔬菜播种面积9.2万亩，其中番茄从2011年的9.6万亩下降到3.7万亩，黄瓜从6.5万亩下降到2.9万亩，茄子从3.5万亩下降到1.6万亩，辣（甜）椒从1.9万亩下降到1.0万亩。从播种面积看，番茄、黄瓜、茄子相对辣（甜）椒的比例从2011年的5.1∶3.4∶1.8∶1.0变为2018年的3.7∶2.9∶1.6∶1.0，可见果类蔬菜品种结构始终为“番茄和黄瓜”占优势的特征，但番茄减少速度相对较快。

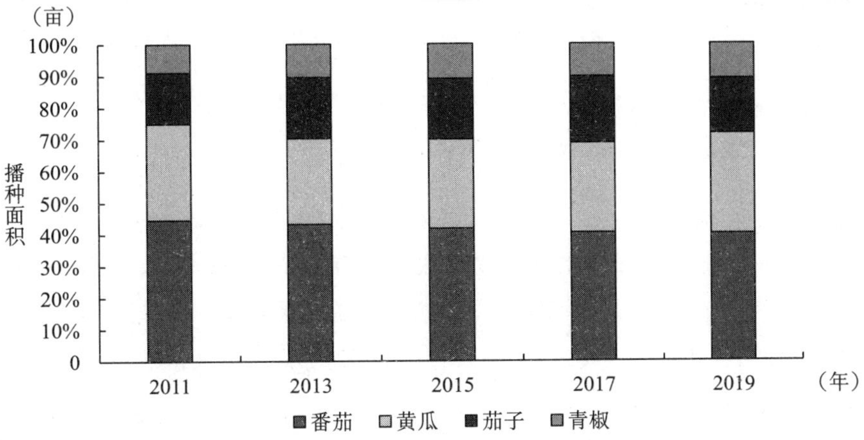

图9－2　四种果类蔬菜播种面积结构变化趋势

数据来源：根据北京市农业农村局数据整理。

（二）果类蔬菜生产的空间分布

1. 区域间比较优势变化

表9－2显示的是北京市区域果类蔬菜生产产量和播种面积。从2019年产量和播种面积看，顺义仍然保持显著的种植规模优势且继续扩大，大兴果类蔬菜种植规模出现大幅度反弹（原因如上文所所述），两个地区属于北京市果类蔬菜的核心产区，产量占北京市的61.2%；通州、房山、密云和平谷属于具有一定规模的产区，具有相对比较优势，产量占北京市的31.8%。需要指出的是，作为北京市城市副中心所在地的通州区，长期将彻底失去果类蔬菜种植优势，密云、房山、延庆等区域弱化果类蔬菜生产功能，而是倾向于与休闲观光农业相结合，发展第二和第三产融合的农业新业态。

表9－2　2019年北京各区果类蔬菜产量和播种面积及其占北京市比重

区名	产量（万吨）	播种面积（万亩）	产量占北京市比重（%）	播种面积占北京市比重（%）
顺义	19.7	3.5	37.1	37.6
大兴	12.8	1.4	24.1	15.0
通州	4.7	0.9	8.9	9.7
房山	4.6	0.7	8.7	7.5
密云	3.8	0.7	7.2	7.5
平谷	3.7	1.0	7.0	10.8
延庆	2.0	0.5	3.8	5.4
怀柔	0.7	0.2	1.3	2.2

续表

区名	产量（万吨）	播种面积（万亩）	产量占北京市比重（%）	播种面积占北京市比重（%）
昌平	0.5	0.2	0.9	2.2
其他区	0.6	0.2	1.0	2.2

注：其他区指海淀、丰台、门头沟、朝阳。

数据来源：北京市农业农村局。

从时间维度看（见图9-3），2013~2019年北京市果类蔬菜种植优势空间布局发生显著变化。顺义区果类蔬菜面积占北京市比重从25.5%提高到38.1%，密云区从6.4%提高7.6%，平谷区从7.0%提高到10.2%；同时，大兴区从22.4%下降到14.5%，房山区从21.2%下降到7.8%。由此可知，果类蔬菜种植优势持续向北京东北部移动，南部地区果类蔬菜种植规模优势逐渐消失。

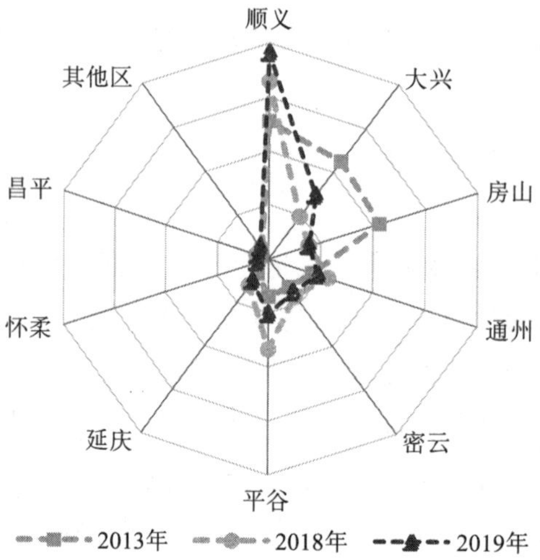

图9-3　2013年、2018年和2019年果类蔬菜产量占北京市的比重对比图

注：从内到外的范围分别表示10%、20%、30%和40%。

数据来源：北京市农业农村局。

从2013~2019年单产水平的空间分布变化看（见图9-4），房山、大兴和延庆长期增长率最高，分别为138.4%、77.9%和50.8%，而顺义果类蔬菜单产增长率仅为14.2%。由此说明，房山和大兴单产水平较高且增速较快，主要得益于设施种植比例增加、良好的灌溉基础设施和农业发展的政策支持力度较大等。作为第一批国家现代农业示范区，顺义果类蔬菜生产的空间集聚优势使其生产效率较高，2016~2019年单产标准差较小，有利于可持续性发展；不过，依靠社会化服务组织、新型经营主体等非要素投入型路径，仍可以挖掘当地果类蔬菜单产提高的潜力。

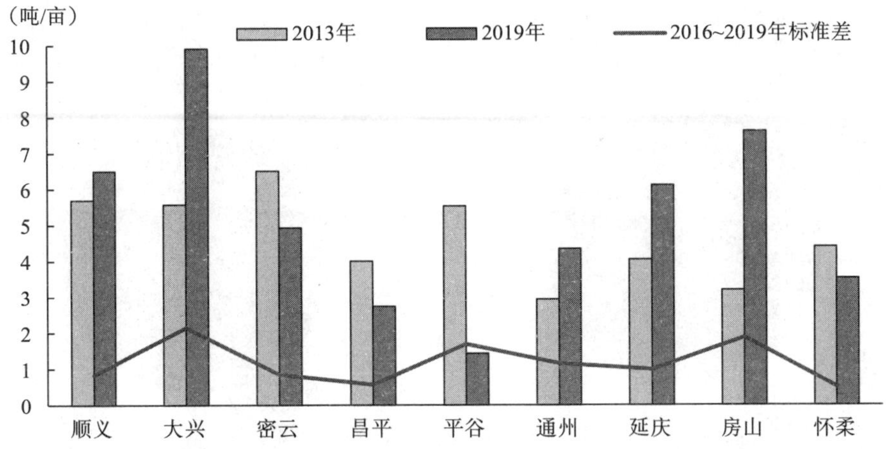

图 9－4　北京各区果类蔬菜单产对比

数据来源：根据北京市农业农村局数据整理。

2019 年，大兴和顺义两个区的果类蔬菜产量提高，但是其他区的均下降，通州和平谷区尤为明显。通过与 2013 年对比，北京市果类蔬菜优势区域布局由“西南三区”转变为“南北两区”，预计未来将形成以顺义为核心的北部果类蔬菜主产区，以大兴—房山为核心的南部果类蔬菜主产区。考虑到北京城市副中心和北京大兴机场的巨大区域发展带动能力，本地果类蔬菜生产、流通、技术推广和加工中心将集中于以顺义区为主、密云和平谷区为辅的北部区域。

2. 果类蔬菜各品种的区域比较优势

果类蔬菜四个品种呈现出明显的区域集聚特征，从图 9－5 可以看出，从区域看，顺义和大兴在所有果类蔬菜种类种植上均是排名第一、第二，顺义的番茄和茄子种植规模占比尤为突出，远远领先第三优势区，占北京市产量比例分别为 39% 和 50%。在黄瓜种植方面，顺义和大兴的产量占比差距较小，整体上北部地区更具有生产优势。值得注意的是，2019 年辣（甜）椒种植呈现均匀分布于顺义、房山、大兴、密云和延庆，没有出现绝对优势产区，与往年情况较为一致。

（三）果类蔬菜生产的设施类型特点

2019 年北京市果类蔬菜生产的设施特征为种植比例进一步提高，速度逐渐趋缓。2019 年北京市果类蔬菜种植中，设施种植的面积和产量比例分别为 75.7% 和 83.0%（见图 9－6）。与 2018 年相比，2019 年果类蔬菜设施化种植面积比例提高 1%、产量比例提高 3.3%。从蔬菜产业看，北京市蔬菜生产的设施种植面积比例为 70.7%，可见果类蔬菜设施化种植比例高于大部分蔬菜品种；在果类蔬菜设施种植面积中，大棚、日光温室、连栋温室和小拱棚分别占 46.2%、51.4%、1.3% 和 1.1%，其中塑料大棚和连栋温室的种植比例相对提高，可能与北京市清理违规“大棚房”现象后的恢复建设相关。

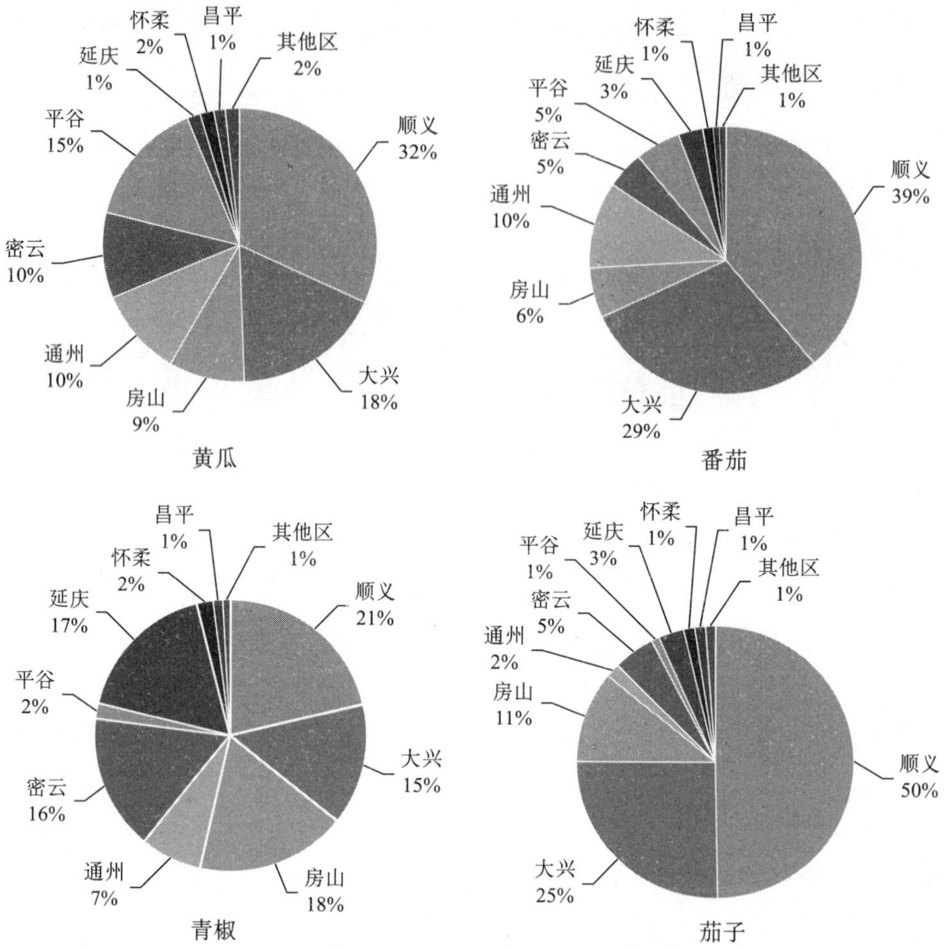

图9－5　2019年北京果类蔬菜四个品种产量的地区分布

数据来源：根据北京市农业农村局数据整理。

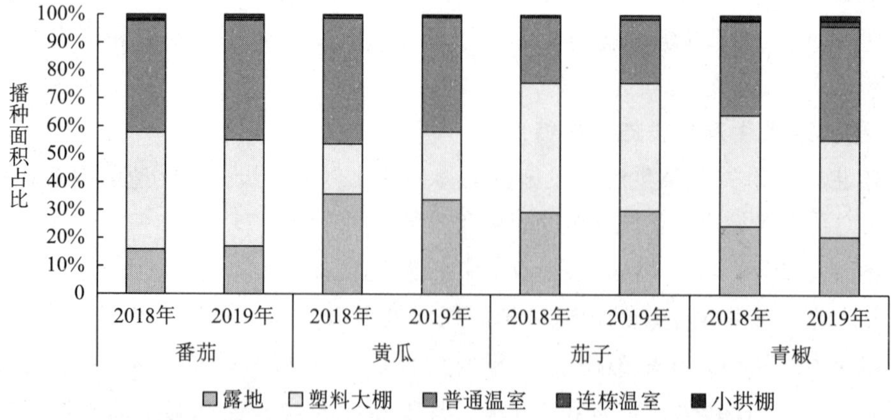

图9－6　2018年和2019年果类蔬菜（播种面积）种植设施结构变化

数据来源：根据北京市农业农村局资料整理。

从果类蔬菜分品种看，茄子和辣（甜）椒有一定提高，黄瓜和番茄设施化种植面积保持稳定。2019 年番茄、黄瓜、茄子和辣（甜）椒的设施化种植面积比例为 83.0%、66.2%、70.1 和 79.3%。除黄瓜外，其他三种都是大棚种植占绝对优势。2019 年与 2018 年相比，不同品种果类蔬菜种植的设施结构变化不大，较为突出的改变是黄瓜塑料大棚种植面积扩大、温室种植面积缩小，辣（甜）椒与之相反。

（四）果类蔬菜种植户家庭及基本经营特征

北京市果类蔬菜种植主体包括新型经营主体和小规模农户，但目前后者仍是果类蔬菜生产经营的主体类型，广泛分布在京郊地区。本部分以调研取得的样本为参照，从农户个人基本特征、农户家庭基本特征、农户生产基本特征三个方面对北京市果类蔬菜经营主体特征的基本特征进行说明。

1. 果类蔬菜种植户基本特征

北京市果类蔬菜生产经营户户主年龄分布情况如图 9－7 所示。由图 9－7 可知，果类蔬菜种植户户主年龄大多为 45～59 岁，分布于这一年龄区间的农户占比达 54%；其次为 60 岁以上种植户，占比为 39%；45 岁以下种植户占比最少，仅为 7%，表明缺乏年轻劳动力普遍存在于北京市果类蔬菜生产经营之中。图 9－8 为农户受教育程度分布情况，由图可知，受教育程度为初中水平的北京市果类蔬菜种植户占比最高，达 63.95%；其次是小学文化程度的农户，比例为 16.33%，略高于 14.29% 的高中文化水平农户；总体上，初中及以下农户占比达 85.03%。

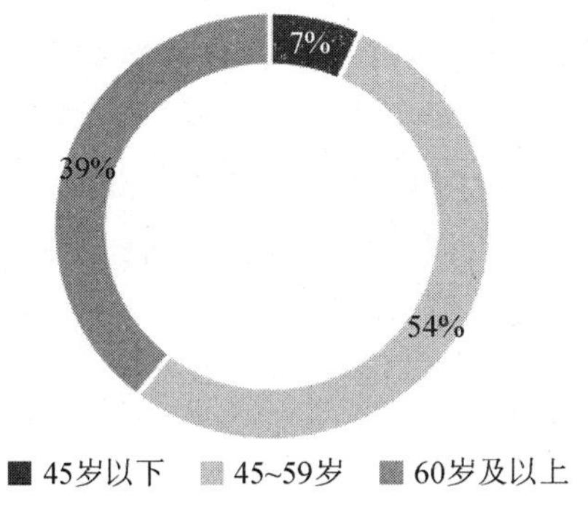

图 9－7　农户户主年龄分布

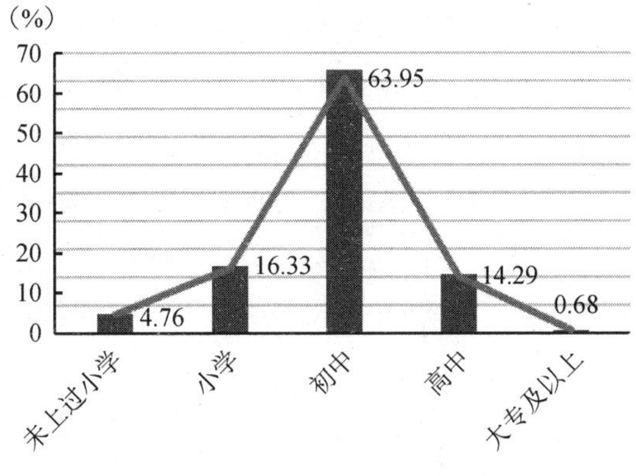

图 9－8　农户受教育程度分布

数据来源：北京市果类蔬菜创新团队产业经济岗位调研数据整理。

综上所述，北京市果类蔬菜种植户的户主年龄大多分布于 45～59 岁，受教育程度多为初中及以下，表明果类蔬菜种植户的人力资本倾向于“经验型”，考虑到北京市果类蔬菜产业的技术导向型发展方向，为保证果类蔬菜在京郊农业中的优势地位需加强对“职业农民”的培育，吸引更多年轻、高学历的劳动力从事果类蔬菜生产经营。

以下从农户家庭、劳动力及收入结构三个方面，分析果类蔬菜种植户家庭基本特征。由表 9－3 可知，样本农户家庭构成以五口以上家庭为主，5 人以上规模家庭占比为

36.55%。家庭劳动力以2人左右为主，家庭拥有劳动力为2人及以下的家庭占比为60.27%，3～4人的家庭占比为35.62%，两者合计比例超过95%，表明京郊果类蔬菜种植农户生产经营规模普遍较小。由于蔬菜生产属于劳动密集型产业，投入蔬菜生产中的劳动力比重达70%以上的果类蔬菜种植户所56.34%。

表9－3　样本农户基本特征

类型	分类	比例（%）	类型	分类	比例（%）
家庭人口数	2人及以下	29.66	蔬菜劳动力占比	40%以下	7.04
	3～4人	33.79		40%～70%	36.62
	5人及以上	36.55		70%以上	56.34
劳动力个数	2人及以下	60.27	蔬菜收入占比	40%以下	18.18
	3～4人	35.62		40%～70%	25.00
	5人及以上	4.11		70%以上	56.82

数据来源：北京市果类蔬菜创新团队产业经济岗位调研数据整理。

从农户收入情况来看，样本农户户均农业收入为67586.96元，户均蔬菜收入为60277.22元。此外，蔬菜收入占比达70%以上的农户占比为56.82%，蔬菜收入占比达40%以上的农户占比为81.82%，表明通过果类蔬菜获得的收入是农户较为主要的收入来源。同时，就蔬菜劳动力占比和蔬菜收入占比分布情况而言，高比重正体现出样本农户具有较高的蔬菜生产专业化程度的特点。

2. 果类蔬菜种植户生产基本特征

样本农户总耕地及蔬菜种植面积情况如图9－9所示，拥有3亩及以下耕地的农户占比最高，为26.03%，随着拥有土地面积的区间上升，农户占比在逐渐下降，72.60%的农户拥有7亩以下耕地，拥有10亩以上耕地的农户占比为6.16%。就蔬菜种植面积而言，3亩以下农户占比最多，为32.62%；种植蔬菜规模在5亩以下的农户累计占比超过50%。由此可见，果类蔬菜生产具有小规模的特点。

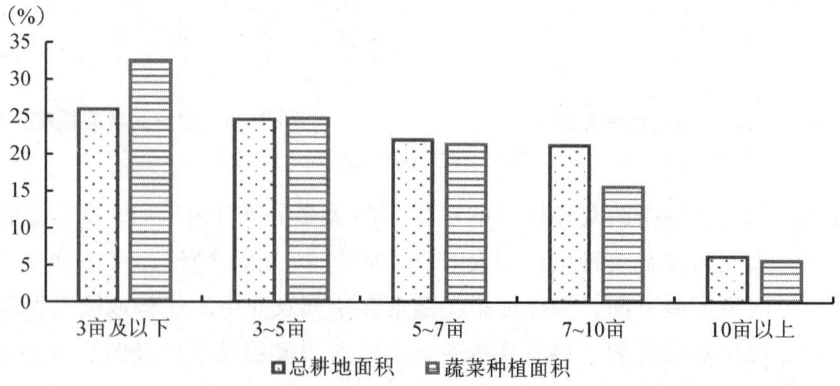

图9－9　农户生产规模分布

数据来源：北京市果类蔬菜创新团队产业经济岗位调研数据整理。

表9-4显示的是农户的生产设施类型情况，无论是大棚或是温室，种植面积在3亩以下的农户占比均最多，但就温室而言种植面积在3亩以下的农户占比为90.00%，远大于大棚类型。由此可见，对比两种生产设施，温室的生产规模更小。

表9-4　　样本农户生产设施类型　　单位:%

	大棚		温室	
	占地面积	种植面积	占地面积	种植面积
3亩及以下	30.56	35.19	70	90
3~5亩	25	28.7	25.71	10
5~7亩	17.59	11.11	2.86	0
7~10亩	19.44	18.52	1.43	0
10亩以上	7.41	6.48	0	0

数据来源：根据北京市果类蔬菜创新团队产业经济岗位调研数据整理。

（五）果类蔬菜种植户技术采用

对北京市果类蔬菜种植农户的技术采用行为进行分析，共涉及增产增效型、质量安全型和环境保护型三个大类共23项技术的使用情况。

1. 增产增效型技术采用

将二氧化碳吊袋发生装置、土壤消毒、熊蜂授粉、穴盘育苗、植物生长调节剂、大棚降温剂、遮阳网、地膜覆盖、抗旱品种、深耕保墒、秸秆（生物有机质）还田和免耕共12项技术列入增产增效型技术考察范围（见图9-10），农户采用比例最高的三项技术分别为地膜覆盖、穴盘育苗和植物生长调节剂。免耕的采用比例最低，仅为1.33%。

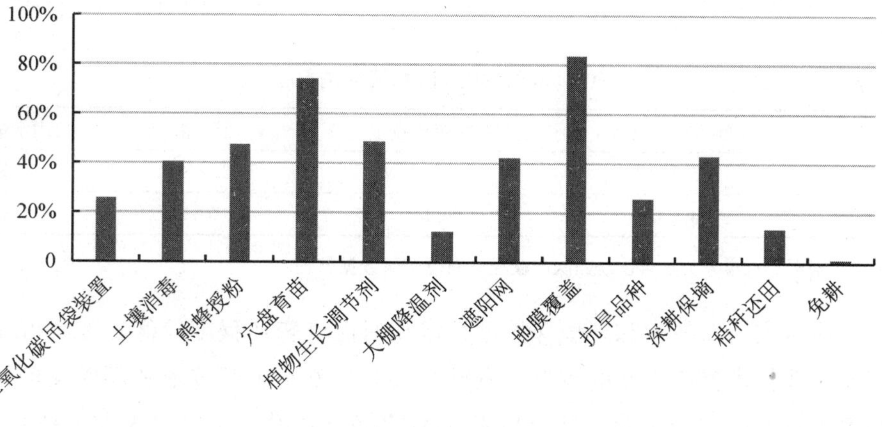

图9-10　增产增效型技术采用

数据来源：北京市果类蔬菜创新团队产业经济岗位调研数据整理。

2. 质量安全型技术采用

将防虫网、防虫板、生物菌肥、天敌、生物农药、高温熏闷棚和杀虫灯定义为质量安全型技术。图 9－11 是农户质量安全型技术采用情况。由图 9－11 可见，就质量安全型技术而言，防虫网、防虫板、生物菌肥、生物农药、高温闷熏棚的采用比例较高，而天敌、杀虫灯的采用比例低下。天敌技术的使用比例较低的原因在于，其属于病虫害的生物防治方法，但其成本较高且管理难度高，难以进行大面积推广。由于杀虫灯这项技术的安装运行成本高、管理面积大，因此往往在村级层面上使用，故该项技术的农户使用比例较低。

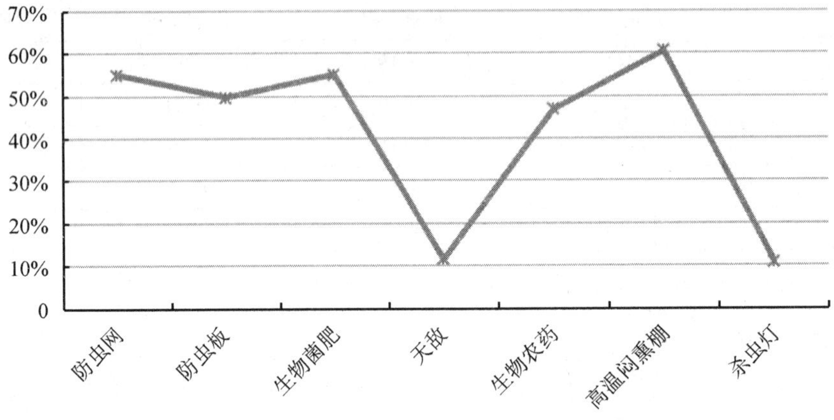

图 9－11　质量安全型技术采用

数据来源：北京市果类蔬菜创新团队产业经济岗位调研数据整理。

3. 环境保护型技术采用

表 9－5 显示的是农户总体环境保护型技术使用情况，可以看出，农户对环境保护类技术的采用情况并不理想，就样本农户而言，采用比例最高的为测土配方技术，采用农户比例仅为 35.37%。

表 9－5　环境保护型技术使用情况

使用情况	测土配方施肥（%）	秸秆生物反应堆技术（%）	渠道防渗（%）	按用水量计费（%）
使用	35.37	3.40	32.65	31.29
未使用	64.63	96.60	67.35	68.71

数据来源：根据北京市果类蔬菜创新团队产业经济岗位调研数据整理。

总之，质量安全型技术和环境保护型技术相对而言普及程度较低，因此可作为当前果类蔬菜产业农业技术推广工作的重点，发挥新型质量安全生产技术和环境保护技术方面可以提高蔬菜产量和品质的潜能。结合技术使用的特点及推广难度，为保证技术推广效率，应因地制宜，针对技术种类差异采取不同的措施。具体而言，对于增产增效型技术，可通过发挥技术示范的带动作用从而形成辐射效应；对于质量安全型技术，需强化质量监管工作，建立健全农产品监督检查机制；对于环境保护型技术，农户树立对资源环境问题的正确认知是环境保护的前提，有必要通过大力宣传提高农户节约资源的意识，并结合财政补贴手段提高农户使用该技术的能力。

（六）果类蔬菜质量安全生产情况

产前环节质量安全生产情况。农户对质量安全生产的认知会影响蔬菜质量安全。根据调研，分别有44.70%和34.85%的农户认为提高蔬菜质量安全有利于蔬菜销售价格提高和保证蔬菜售完，说明大多数农户对蔬菜质量安全生产的态度较为积极，但农户从事蔬菜生产经营的目标是追求利润最大化。因此，需从农户内部激励机制出发探索构建质量安全生产驱动机制。

生产环节质量安全生产情况。在产中环节，过量使用农药、化肥和植物生长激素等将造成蔬菜残留超标，而不规范的生产操作如用药剂量、给药途径、用药部位等不符合用药规则及农药使用时间不合理，也会危及蔬菜质量安全。而蔬菜质量安全生产技术通过物理防治、生物防治等方法能有效控制病虫害、提高蔬菜质量安全水平。从产品属性来看，质量安全检测能够有效对农户的生产行为进行监管。根据调研中农户参与蔬菜质量安全监测的情况，进行质量安全监测的农户占比为44.44%，55.56%的农户未进行质量安全检测；进行质量安全检测的农户所生产的蔬菜全部通过检测，为无公害蔬菜。

（七）果类蔬菜水资源投入情况

果类蔬菜种植户对水资源的认知情况如表9－6所示。蔬菜种植户对所在村地下水位下降情况的认知程度反映了水资源的整体认知和节约用水的意识，认为地下水位下降情况一般，即有所下降但不严重的农户占比37.23%，分别有24.82%和14.60%的农户认为地下水下降较为严重和非常严重，表明多数农户对地下水资源存量有较为正确的认知。

表9－6　　北京市蔬菜种植户对灌溉水资源认知情况

地下水位下降情况			灌溉水价			灌溉设施可靠性满意度		
认知	农户数（户）	农户占比（%）	认知	农户数（户）	农户占比（%）	认知	农户数（户）	农户占比（%）
不严重	8	5.84	很便宜	14	9.79	很不满意	1	0.70
不太严重	24	17.52	较便宜	22	15.38	不满意	12	8.45
一般	51	37.23	一般	57	39.86	一般	25	17.61
比较严重	34	24.82	比较贵	43	30.07	满意	61	42.96
非常严重	20	14.60	很贵	7	4.90	很满意	43	30.28

数据来源：根据北京市果类蔬菜创新团队产业经济岗位调研数据整理。

灌溉水价直接关系到蔬菜生产成本。灌溉水价认知程度为很便宜和比较便宜的农户占比分别为9.79%和15.38%；认为价格一般的农户在所有样本中占比最大，达39.86%；有34.97%的农户认为灌溉水价比较贵或非常贵。由此可以看出，65.03%的样本农户认为当前农业灌溉用水定价较为合理，但为进一步促进蔬菜生产水资源利用效率的提高，促进水资源的保护和可持续利用，应当大力推行灌溉用水的阶梯制度。

进一步归纳农户对抽水泵、输水管道等灌溉设施供水可靠性的满意程度，表示满意和非常满意的农户分别占比42.96%和30.28%，而不满意的农户占比仅为0.70%。由此可见，北京市蔬菜生产的灌溉基础设施建设较好，能够有效满足农户对灌溉设施的需求。但在实地调研中发现，部分地区仍存在低效率、粗放型灌溉方式，因此在把握灌溉设施整体供应充足的情况下，应进一步推进灌溉设施的结构调整。

二、果类蔬菜加工和流通

（一）果类蔬菜的加工

1. 蔬菜加工现状

蔬菜加工是实现蔬菜产业化发展的重要环节，生鲜蔬菜不仅可以通过加工制成食品以利于保藏，而且还可以调节蔬菜生产的淡旺季和不同地区蔬菜市场的需求。蔬菜加工过程包括经人工处理、清洗、分类切配、整理和深加工等预处理。根据调研样本中的农户在产后环节是否对蔬菜加工及加工种类，有36.62%的农户不对蔬菜进行任何处理，62.67%的农户在产后加工环节对蔬菜进行装筐，仅有16.90%和5.63%的农户分别对蔬菜进行分装和清洗。表明农户对产后分级和加工以及由此引发的环境的蔬菜质量安全问题没有引起足够的重视。

2. 蔬菜加工发展的政策环境

在果类蔬菜加工方面，围绕京津两个超大型城市“菜篮子工程建设”和京津冀城市化新需求、新消费导向，加强河北应季、错季蔬菜生产基地与深加工基地建设，推动天津精品蔬菜生产与加工，提升北京蔬菜制品精深加工能力。最终实现，培育发展一批带动作用突出、综合竞争力强、稳定可持续发展的农业产业化联合体；到2020年重点打造1～2个国际知名品牌，中国著名商标数量达到100个以上、地理标志产品达到60个以上，重点推介300个农产品加工优势品牌；支持创建国家级研发中心，建立一批农产品加工业技术创新战略联盟；将农产品加工用地列入土地利用总体规划和年度计划，优先安排园区用地，国家级龙头企业和京津转移的行业领军企业发展所需的建设用地优先满足供应。

3. 蔬菜产后加工的新趋势

鲜切菜指以新鲜蔬菜为原料，在清洁环境经预处理、清洗、切分、消毒、去除表面水、包装等处理，可以改变其形状但仍能够保持新鲜状态，经冷藏运输而进入冷柜销售的定型包装的蔬菜产品，可将现有鲜切常规保鲜期3～6天延长至6～10天。鲜切菜具有清洁、安全、营养、卫生、新鲜、食用方便、可食率高达100%等多种特点。

（二）果类蔬菜的流通

蔬菜流通渠道连接着农户与消费者，其畅通与否决定了蔬菜生产经营能够顺利实现收益。现有的流通渠道主要有四种：一是中间商收购，在传统“小农业，大流通”的格局下，中间商从众多分散的农户手中收购蔬菜，集聚一定规模后再向下一级市场流通；二是送批发市场或零售市场，在农产品市场化程度较高的地区，一些具有交通工具的农户能方便到达最终消费市场，从而获得更高价格的流通方式，如农户自己送往零售市场和批发市场；三是新型流通渠道，可以带来更大收益的订单农业、超市直供和电商等新型流通方式；四是合作社收购，加入农民专业合作社的蔬菜种植户，也会选择合作社收购这样一条便捷的流通渠道。

上述四个蔬菜流通渠道中，中间商收购和农户自己送批发市场这两条销售渠道的农户占比较高。相比于其他地区，北京市具有紧邻消费市场的消费优势和蔬菜生产专业化程度较高的生产优势，因而北京市蔬菜种植户可供选择的流通渠道最为多样化。根据果类蔬菜产业经济岗位的调研，北京与周边省市果类蔬菜流通相比，具备特色。北京农户选择中间商地头收购这一形式进行果类蔬菜销售占农户数的43%，比河北农户的这一比重（52%）低，辽宁省农户选择传统的农户自己送批发市场的比例远高于北京；北京农户中选择送自行运输部分蔬菜送到附近零售市场销售的比例高达19%；北京农户通过合作社收购的流通方式极其少。除中间商收购和农户自己送批发市场之外，农户选择订单收购、超市直供这样经济效益较高的蔬菜流通方式的比重较少，有3%左右的北京市农户选择订单收购。而对于新兴起的线上平台销售或电商销售的渠道销售，农户选择的比重则更少，调研样本中3%的北京农户选择线上平台或电商销售渠道。

三、果类蔬菜市场消费现状

2019 年北京市蔬菜消费量 1200 万吨左右，在消费形式上也表现出多元化和多样性的特征。采用随机抽样方式在海淀区、朝阳区和西城区的居民生活社区进行问卷式调研，本次调研共获得 262 分有效问卷。问卷内容主要包括反映居民蔬菜消费特征及变化的变量，以及被调查者的个人及家庭信息。调研人群是以社区内城镇居民为主，在消费者个人及家庭特征方面，调研人群年龄结构以年轻群体为主，占总样本数的半数以上；受教育程度多为本科及以上学历，占总样本数的52. 85%；家庭常住人口数是以 3 人为主，占总样本数的 36. 88%；家庭月收入在 1 万 ~2 万元以上的样本占所有样本的 33. 46%。

（一）果类蔬菜消费特征

蔬菜属不耐保存产品，作为日常饮食过程中的生活必需品，为保证吃上新鲜安全的蔬菜，蔬菜购买的次数和频率必须得到保障。如图 9 – 12 所示，首先，北京市每周购买两次蔬菜的居民家庭在总样本中占比达 40. 84%，与每周购买一次的居民家庭总和所占比重为 46. 95%，选择这两类购买方式的居民又以中青年群体为主，说明蔬菜“储存式”消费是多数中青年家庭的首选方式；其次，选择每周购买三次的消费者占总样本数的 28. 24%；此外，每周购买 4 次以上的居民家庭占总样本数的 24. 81%，多为老年人群，比较注重蔬菜的新鲜程度。

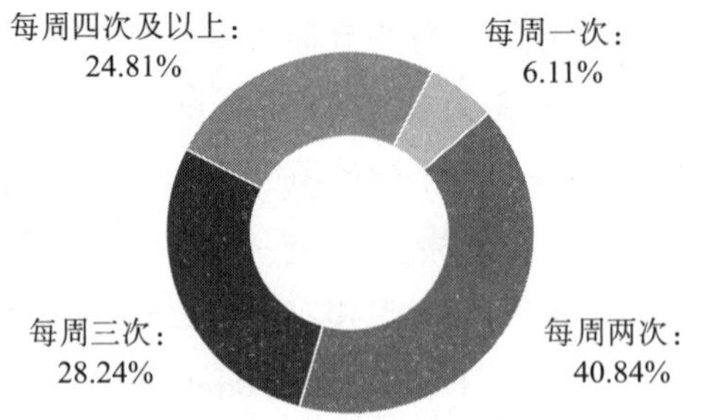

图9－12　每周蔬菜购买次数

数据来源：根据北京市果类蔬菜创新团队产业经济岗位调研数据整理。

北京市居民家庭随着单次购菜支出增加，所占比重呈先上升再下降的趋势。

如图9－13所示，单次购买支出在20元以下的居民家庭占总样本数的22.14%；当支出增加到20～40元时，居民家庭所占比重达到最高点，为32.44%；然后随着支出金额增加，所占比重依次减少，即40～60元的人数占比24.43%，购买60～80元和80元以上的居民家庭占比分别为11.07%和9.92%。这说明每次购买蔬菜花费在20～40元是主要的支出金额。

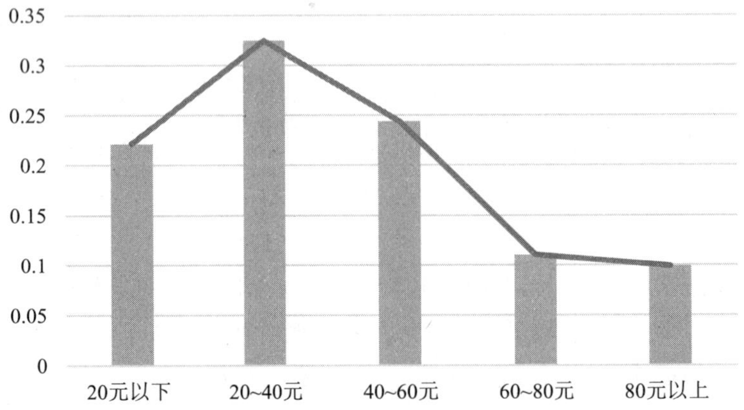

图9－13　单次购菜支出

数据来源：根据北京市果类蔬菜创新团队产业经济岗位调研数据整理。

购买的蔬菜品种主要包括黄瓜、番茄、白菜、菠菜等，其中样本家庭购买最多的果类蔬菜品种是番茄，表明北京市居民消费选择上具有一定的倾向性，番茄等果类蔬菜处于居民蔬菜消费的核心位置。

（二）多元化蔬菜购买渠道

现阶段，北京市居民蔬菜购买渠道主要包括超市、社区或农贸市场、电商平台、会员制农场。如图9－14所示，社区、农贸市场和超市依然是北京市居民的主流蔬菜消费渠道，电商平台和会员制农场依靠线上销售，正在不断崛起之中，改变着人们的蔬菜购买方式。

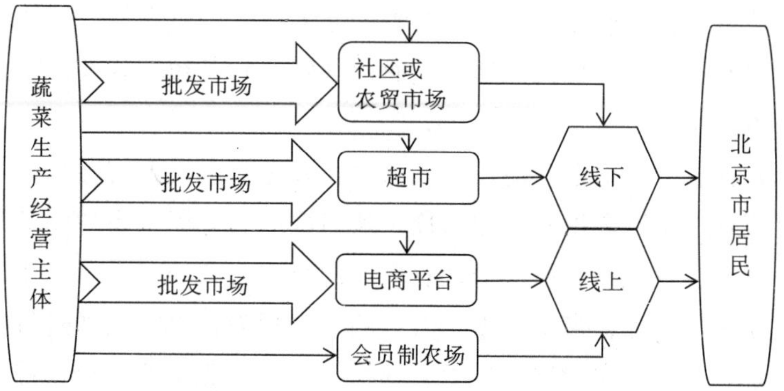

图 9－14　北京市居民蔬菜购买渠道选择

社区或农贸市场以其菜品新鲜、价格便宜和购买方便等特点一直是蔬菜购买的主要选择渠道，本次调研中，所有居民都在社区或农贸市场以及超市中购买过蔬菜，但社区或农贸市场购菜支出比重最大，占全部购菜支出的 52.94%；社区和农贸市场弊病在于购物环境和质量安全等方面，不能满足蔬菜消费的高质量要求，超市零售业得到迅速发展，满足了消费者的高质量需求，超市的优点包括可追溯强、购物环境优良、管理方式科学规范、品牌效应、售后服务等方面，现已成为北京市居民的重要购菜渠道，在此渠道的消费支出比重为 41.53%；在传统的蔬菜购买渠道增长的同时，新兴购买渠道也在逐步发展，并成为居民蔬菜购买渠道选择的重要组成部分。随着网络技术水平的提高和网络用户的增加，居民消费观念的改变，以及购菜便捷性和高品质蔬菜的需求提升，网络销售模式逐渐兴起电商平台初具规模，有 25.95% 的居民家庭通过电商平台购买过蔬菜，但仅 5.12% 的蔬菜消费支出来自电商。在 262 份调研样本中，只有 9 户居民家庭通过会员制农场购买蔬菜，消费支出也只有 0.41%。

四、果类蔬菜新型经营主体现状

（一）新型生产经营主体的功能

同传统蔬菜种植户相比，新型生产经营主体具有新的功能，下面以合作社为例进行说明。

第一，实行五个统一。合作社将分散的农户组织起来，通过实行五个统一保证农产品质量安全。统一服务供应农资。合作社统一采购农业生产资料农药、化肥等，降低采购成本，保证农业投入品的质量安全。统一生产技术操作。合作社制定统一的生产准则，技术标准，操作手册，合作社成员严格按着这些标准进行标准化生产，并且做到生产有记录，质量有保证，合作社进行统一指导。统一培训。合作社对社员定期进行科学生产、安全生产的科普培训，以及一些针对性很强的专业性培训，如番茄的大棚种植等，这些在很大程度提高了社员的科学知识水平。统一产品质量标准。合作社经过考察和合作，制定统一的标准规定农产品的质量，并且进行统一检测，以此来全面保障农产品的质量。统一销售。

合作社通过组织社员进行标准化生产，在对农产品进行统一检测以后对所有社员生产的同类产品实行统一包装销售，并且统一品牌，通过良好的质量和品牌效应不断扩大产品的知名度，提高市场占有率。

第二，建立各种农产品示范基地。示范基地在农业生产中具有独特的示范效应和带动作用。成功的示范基地可以赢得农户的信赖，从而快速获得周围农户的效仿，进而引导农民的生产行为。新型经营主体利用自身在农户中的影响力和号召力，利用政府的经济手段和政策手段，建立示范基地，带动和影响农户的生产行为，组织成员进行统一的规模化生产，在生产中的各环节中对农户进行技术上的指导，是农业企业、合作社、家庭农场进行农产品质量监管控制最有效的方法。

第三，加强蔬菜种植技术培训。如蔬菜合作社的培训，主要是针对蔬菜的栽培技术，病虫害的防治，塑料大棚的使用技术，农药喷洒的技术等。这些培训不仅搞活了合作社，增加了合作社在社员中的影响力和凝聚力，而且大大其高了社员的生产技术水平。

第四，建立健全规章制度，构建农产品质量可追溯体系。完善的制度不仅可以有效约束农户的生产行为，制止违法乱纪，贪图蝇头小利而不顾农产品质量安全的行为发生，而且可以为维护自己的产品利益提供法律政策依据，构建农产品质量可追溯体系也是我国构建食品安全体系必须建立的体系。

（二）基于案例的果类蔬菜新型经营主体发展特点分析

北京宏福国际农业科技有限公司大兴产业园，位于北京市大兴区庞各庄镇，占地1276亩，现拥有智能化玻璃温室5公顷和配套技术区6000平方米，基础设施和配套器械总投资1.6亿元，生产品种为樱桃番茄和中型果番茄。大庆产业园位于黑龙江省大庆市林甸县，总占地面积10000余亩，生产品种同为樱桃番茄和中型果番茄。两园区错期定植，可实现番茄周年供应，有利于稳定销售渠道。

产品销售方面，公司自有品牌“宏福柿”通过线下、线上两种渠道进行销售。线下渠道，销售网络覆盖全国各大城市的300多家高端超市，包括永辉超市、大润发、家乐福、天虹、翠微百货、华联等；另外，公司计划与中铁进行合作，通过高铁平台销售产品。线上渠道当前主要包括公司微信商店、本来生活网和京东商城。具体的生产设施、设备，生产技术和劳动雇佣情况如下：

园区生产设施和设备方面，5公顷连栋温室，东西长305米，南北宽164米，温室肩高6.5米，脊高7.5米，单跨跨度8米，立柱间距4米，中间水泥硬化路面宽度3.5米。温室上层由浮法玻璃覆盖，透光率85%以上，温室四周用中空PC板维护，配备有内遮阳、内保温和侧保温幕布。温室天窗长3米，宽1.2米，加护折叠式防虫网，总计3040块天窗。除5公顷连栋温室外，园区建有6000平方米配套技术区，主要包括锅炉房、肥料间、肥料库、办公区、休息区、包装区、冷库、仓库、维修间等区域。温室配套设备包括悬挂式栽培系统、立体加温系统、高压喷雾及换流系统、水肥一体化系统、自动控制系统和其他省力化装备。该温室可节能30%、节水50%，实现二氧化碳零排放以及无菌生产。

生产技术方面，主栽品种两个，共4.5公顷，另有若干试验品种，种植面积0.5公顷；采用椰糠栽培基质。生产过程对环境调控、水肥管理采用精准化调控；采用留杈增密技术，生产初期密度较低，后期通过留杈增密，合理利用光照，增加产量；采用熊蜂授粉技术，提高果实商品性；采用绿色防控技术，降低农药使用率；采用标准化植株管理技术，对植株管理采用标准化管理，提高产量。该园区的生产技术支持来源主要为北京市农业技术推广站和北京市现代农业产业体系果类蔬菜创新团队的专家和农技推广工作者们对该园区的实地指导。

综上所述，蔬菜产业在北京设施农业中占比最大，各年间蔬菜及食用菌生产面积在设施农业中的占比均在80%以上；从设施上看，塑料大棚和日光温室是设施农业的主要类型，2019年塑料大棚和日光温室生产面积在设施农业中占比分别为47%和46.9%；从分布区域上来看，大兴区和顺义区的设施农业最为发达，约占北京市总面积的46%以上。除农户外，新型设施农业经营主体还包括农业企业、合作社等，从表9－7中可以看出，农户与新型生产经营主体间的耦合方式主要有“买断式”“合同式”“合作形式”和“企业化形式”。

表9－7　　农业经营主体与农户的合作机制

合作机制	合作方式
买断式	一次性收购
合同式	明确企业与农户之间的权利和义务以及交易的事项、利益分配的合同
合作式形式	通过契约的形式建立合作关系
企业化形式	垂直一体化模式

五、成本收益及其产业支持政策实施效果

（一）果类蔬菜成本收益分析

农户的经营管理能力、生产决策和技术采用最终都反映在蔬菜生产的成本收益上。同时成本收益也体现着蔬菜生产的经济可持续性。依据果类蔬菜生产投入品种类，将总投入成本划分为种苗费、机耕费、肥料费、农膜费、农药费、水电费、雇工费和其他费用8项。图9－15汇总了样本农户总体的成本收益情况。农户果类蔬菜生产投入成本平均为9194.2元/亩，在投入成本构成方面，所占比重较大的是雇工、肥料和种苗费用。由于在新型城镇化建设的背景下，北京市农业劳动力向非农行业不断转移导致农业雇工成本不断升高，因此雇工费用成为在果类蔬菜生产成本中占比较大的项目。

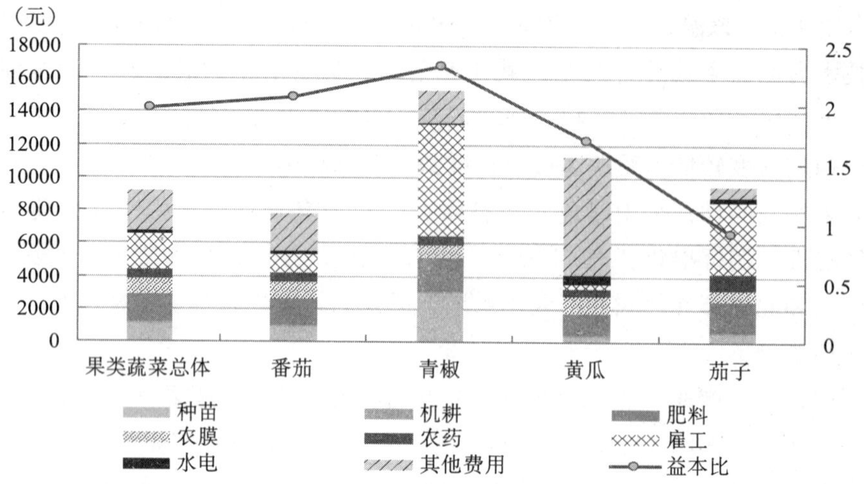

图 9－15　果类蔬菜成本收益情况

数据来源：北京市果类蔬菜创新团队产业经济岗位调研数据整理。

分品种来看，不同品种的成本构成有较大区别。辣（甜）椒、茄子的亩均生产成本构成较为类似，占总成本比例最高为雇工费，在辣（甜）椒和茄子生产成本中占比分别为44%和45.8%。就黄瓜和番茄而言，其他费用为占比最高的一项，比例分别高达63.3%和28.2%，其他费用、肥料费和雇工费为构成番茄生产成本的三类主要支出，其在总成本中的占比分别为28.2%，20.9%和15.1%，三项支出之和在总成本占比超过60%。就茄子而言，雇工费、肥料费和农药费构成生产成本的三类主要支出。黄瓜生产成本中的其他费用占比为63.3%，为最高的一项投入。就亩均收益而言，辣（甜）椒的亩均收益在四种果类蔬菜中最高，为35672.2元，其次分别为黄瓜、番茄，茄子的亩均收益最低为8756.4元。

从成本收益比来看，辣（甜）椒的益本比最高，达2.3，其次为番茄和黄瓜，益本比分别为2.1和1.7，茄子的益本比最低，收益已低于投入成本。根据以上分析，黄瓜、茄子生产投入相对番茄较高，尤其对生产设施有较高要求；辣（甜）椒属于高投入高收益型蔬菜，但近年来生产规模逐渐减小。因此，北京市果类蔬菜产业发展应当注重稳定黄瓜和番茄生产，以保证果类蔬菜价格在年度间保持稳定和保障农户收入。

（二）果类蔬菜产业支持政策及其实施效果

农业的基础性、弱质性、外部性、政治性等特征，决定了政府需要对农业进行支持。政府给予果类蔬菜的相关产业支持政策大多包含在这些与蔬菜产业紧密相关的宏观农业政策之中。即按照国家出台相应的宏观农业支持政策或针对蔬菜产业的政策，间接促进果类蔬菜产业发展政策文件；以及根据上述政策文件制定实施的蔬菜产业相关项目，直接定向的对果类蔬菜生产进行支持。

1. 果类蔬菜产业相关支持政策

蔬菜产业支持政策的制定遵循以下两个层面：一是基于世界贸易组织农业协议的微观

层面。在 WTO 农业协议框架下，具体措施由改善蔬菜生产条件的投入政策和改善提高蔬菜生产要素质量的投入政策两部分组成。二是基于农业政策理论的宏观层面。蔬菜产业支持政策是政府为建设现代农业，实现农业与经济社会协调发展，促进蔬菜产业良性发展所采取的一系列具有宏观调控作用的保护与支持性政策。本章按照类型将蔬菜产业支持政策大致分为技术创新类、流通类、生产补贴类等，生产补贴类政策实施内容侧重于微观层面，技术创新类和流通类政策则更加偏向于宏观层面。如表 9－8 所示，当前北京市蔬菜产业政策更倾向于宏观层面的技术创新和市场流通方向。

表 9－8　2019 年北京市蔬菜产业相关政策详情

政策类型	政策支持力度	政策目标	部门	政策文件
生产补贴类	优先保证节水、节肥、节药等农业绿色发展机具的补贴需要，逐步将区域内保有量明显过多、技术相对落后、价值较低、需求量小的机具品目剔除出补贴范围	促进农业机械化全程全面高质高效发展；保障北京市都市型现代农业各产业发展全面机械化的需求；提升农机作业质量；促进农机社会化服务	北京市农业农村局等	《2018—2020 年北京市农机购置补贴实施方案》
技术创新类	给品种权规范使用企业授牌给予支持，全力搭建服务平台；严格市场监管，严厉打击扰乱市场秩序行为；生物品种专项治理	建设种业示范区，打造农业高精尖，推动北京现代种业健康繁荣发展	北京市农业农村局	《北京市种子监管三年行动计划（2018—2020 年）》
技术创新类	通过专项引导资金（基金）、科技创新基金、人才与基地基金等，支持园区开展农业科技成果转化示范、创新创业	建设科技支撑明显、技术装备先进、产业链有机延伸、新型业态丰富的都市农业特色科技园区	北京市科学技术委员会	《北京市农业科技园区发展规划（2019—2025 年）》
流通类	明确蔬菜直通车的定义、定位和设置要求；明确相关单位工作职责和管理蔬菜直通车	培育现代经营主体、完善蔬菜零售终端，进一步优化蔬菜零售网点布局，提升服务能力，促进蔬菜直通车的规范化程度	北京市商务局等	《关于加强社区蔬菜直通车管理的指导意见》
流通类	统筹利用商务发展等财政资金，加大对新建连锁直营门店和特色小店等商业便民服务项目的资金支持	争取用三年左右时间，实现北京市每个社区蔬菜零售等基本便民商业服务功能全覆盖，新建蔬菜零售网点 230 个左右，使北京的便民服务程度达到国内一流水平	北京市商务局等	《北京市便民店建设提升三年行动计划》

数据来源：根据北京市人民政府门户网站数据整理所得。

从蔬菜生产补贴角度来看，政策作用在于保证蔬菜产量的基础上，通过加大农机类生产设备投入，提高农机社会化服务水平和农业生产效率，同时加强对生产过程中农药和化肥的使用进行管理，提高资源利用效率，并减少农业面源污染对蔬菜品质的影响，为社会提供更多更好的生态产品。从技术创新角度来看，一方面提升蔬菜生产创新能力，挖掘和开发优质蔬菜种质资源，使农业科技创新成果真正转化为现实生产力。另一方面，发挥农业科技园区示范带动作用，以园区为中心向蔬菜生产经营主体辐射蔬菜生产技术，提升蔬菜生产效益；从流通角度来看，优化蔬菜供给结构，规范蔬菜供给市场，稳定供销端以带动蔬菜产业健康可持续发展。

2. 根据宏观目标对支持政策的评价

农业支持政策目标是政府为了解决农业问题而采取的行动所欲达到的目标、指标和效果，它既是政府调控意图与政策取向的具体体现，也是选择农业支持政策工具和进行政策效果评价的基本依据。从北京市蔬菜支持政策内容来看，其政策目标如下：

第一，促进蔬菜生产技术推广，带动农民持续较快增收。2019 年选育、筛选与示范新品种 219 个，开展新技术引进、攻关与示范推广 218 项；农业科技进步贡献率达 72%，高于全国平均水平 14 个百分点；农作物耕种综合机械化率为 91. 2%，高于全国平均水平 24 个百分点；每年选育主要农作物新品种数量约占全国的十分之一。北京市依靠科技支撑提高生产要素利用率，进而提高土地产出率，带动农户收入持续增长。

第二，提高了蔬菜市场供给效率。“农户 + 中间收购商 + 批发市场 + 零售市场 + 消费者”是目前存在最广泛的供给模式，北京市加强批发市场蔬菜供应管理，完善零售市场网点布局，提高蔬菜市场供应能力。北京市蔬菜供给量的 90% 来自外埠地区，批发市场是重要的中转站，北京市已经基本形成九大最具代表性的批发市场，其中北京新发地农产品批发市场平均每日蔬菜交易 12000 吨，约占市场蔬菜交易量的 70%。对于零售市场，2018 年北京市共建有蔬菜交易市场 21 个，摊位数 3663 个，实现成交额 225. 2 亿元，占农产品交易市场总成交额的 66. 96%。

第三，提升蔬菜产品供给水平。为缓解北京市蔬菜供需结构失衡，保障居民菜篮子的稳定供应。一方面，提高设施化和机械化蔬菜生产水平，到 2018 年末，设施蔬菜播种面积比重为 74. 45%，设施产量占比为 70. 30%，在所有蔬菜品种中，果类蔬菜设施产量比重已高 83. 00%，其中番茄设施产量比重更是高达 91. 3%。农业机械总动力 125. 6 万千瓦。另一方面，建立外埠生产基地，北京市在环京周边地区扶持建设蔬菜基地近 30 万亩，环京津一小时物流圈 20 个蔬菜主产县平均供京比重近 50%。2019 年新建外埠基地 4 万亩以上，主要种植番茄、黄瓜等蔬菜。

第二节 果类蔬菜产业发展中创新团队的技术支撑作用

现代农业产业技术体系北京市果类蔬菜产业创新团队（简称：果类蔬菜团队）于2009年开始启动，2019年果类蔬菜团队在密切合作交流、研发技术攻关、助力技术落地、支撑产业发展等多方面发挥重要作用。

一、果类蔬菜团队基本情况

（一）创新团队功能定位及其建设任务

2019年果类蔬菜团队贯彻落实《北京市十三五期间都市现代农业发展规划》和《北京市果类蔬菜产业创新团队十三五规划》，以“工业思维”为引领，以推动都市型现代农业发展为核心，发展环境友好型果类蔬菜产业，推进农业发展方式的转变，引导京郊果类蔬菜生产向着生产规模化、经营品牌化、管理专业化、技术标准化、操作轻简化和产品优质化的方向发展，推动蔬菜产业升级。

（二）创新团队组成架构

果类蔬菜团队遵循研究、示范、集成推广的工作思路，设置科研推广网络架构。如图9－16所示，团队以首席专家负责制组建团队，分为四个层级，具体为首席专家、功能研究室、综合试验站和田间学校工作站。其中功能研究室方面，果类蔬菜团队重点研究设施面积大、经济效益高的蔬菜品种，以番茄、黄瓜、辣（甜）椒、茄子为研究对象，围绕上述四种果类蔬菜的产前、产中、产后3个环节，建立了育种与繁育、栽培技术、土肥水调控、设施设备、加工流通与经济、病虫害研究6个功能研究室。团队在果类蔬菜主产区设立6个综合试验站，分别位于大兴区、顺义区、延庆区、密云区、通州区、房山区，在乡村下设40个农民田间学校工作试验站。

根据果类蔬菜团队组成架构，聘用各级团队成员。首席专家和功能研究室成员包括1名首席专家、19名岗位专家，分别来自高校、科研机构、农业技术推广机构等。同时设置6名综合试验站站长和40名农民田间学校工作试验站站长。形成了强有力的技术攻关队伍，上下联动的科研推广网络，有助于新技术、新产品的从研发到推广应用的高效畅通。

（三）创新团队作用与交流机制

第一，定期梳理团队工作，加强项目资金管理。增强内部沟通，充分发挥研究室职能，定期梳理团队工作。2019年共组织了5次团队活动，分别为2019年全年工作部署会

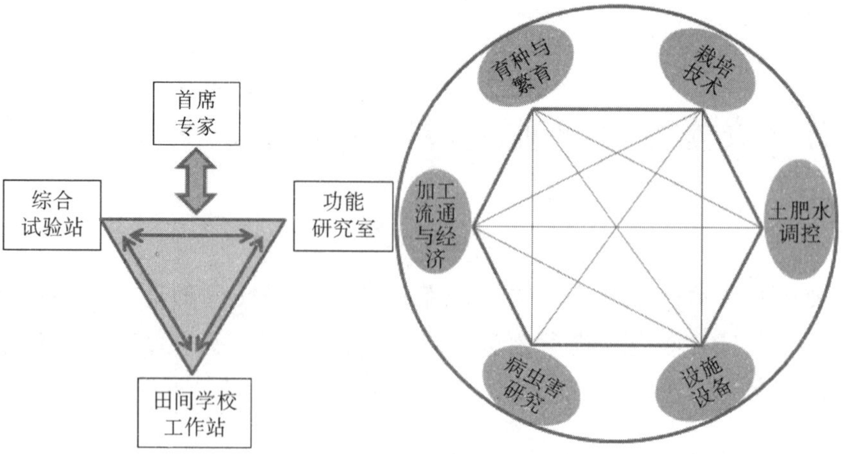

图 9－16　果类蔬菜团队架构

暨任务书签订仪式、果菜团队现场外部评估工作、2019 年度总结会、2020 年实施方案和经费预算内部评审、2020 年实施方案和经费预算外部评审。既加强了成员间相互合作，也可充分发挥各自技术优势、强强联合。其中“工作部署会”，明确以果类蔬菜高品质、高效率生产为目标，完善果菜团队前期技术积累形成的标准化技术，进行互联网＋农业的生产模式探索等 7 项任务。团队要求各级成员加强项目资金管理，做好专项经费的明细账，并配合审计做好项目资金使用情况及问题说明，规范项目资金使用。根据资金使用情况，组织团队成员按要求进行项目经费核减。

第二，促进团队交流沟通，加速技术推广实施。通过组织观摩示范、培训农技人员、参会交流和媒体宣传等形式，助力技术交流和科技成果转化。第一，果类蔬菜创新团队汇编“观摩手册”，将 82 项新品种、新技术等汇编成册，在 6 月初和 9 月底启动了春季和秋季观摩季，并在果类蔬菜生产关键时期，在顺义、通州、延庆等 5 个区组织田间现场观摩 45 次，890 人次参加；第二，团队在 2019 年共开展技术培训 42 次，农民培训 2800 人次，组织观摩 45 次，参加人员达 890 人次，使农民的技术水平和素质得到了显著提升；第三，团队多次参加或组织国内外会议交流，进行主题报告、学术报告和交流，扩大了果类蔬菜团队的影响。全年参加国内外交流次数 16 次，体系内部交流 20 次。2019 年团队各专家进行电视、电台、网络、报刊等媒体交流宣传共 32 次。

第三，进行岗位工作督导，加强团队交流合作。果类蔬菜团队及时跟踪工作进展，督导岗位专家工作共计 8 人次，加强了岗位间交流与合作。2019 年 3 月督导生物菌剂研发及推广进展；6 月考察团队辣（甜）椒、茄子、番茄的新品种示范；9 月了解辣（甜）椒、茄子、番茄、黄瓜的新品种筛选和培育情况；9 月督导设施设备研究进展，下一年果菜团队智慧农业成果集成示范计划；10 月督导病虫害防控研究室岗位专家工作进展，以及下一年工作计划，并针对土壤消毒、秸秆还田、土壤安全等内容进行了研讨。工作督导使团队建设更加规范有序，保障了岗位工作合理高效运行。

第四，及时进行信息报送，完成工作日志填写。为了促进团队信息的高效沟通和传递，功能研究室、综合试验站和农民田间学校工作站成员及时报送试验情况、推广情况、应急情况等信息。截至2019年11月21日上报材料共计1576篇，不仅圆满完成各项考核指标，而且团队工作效率得以有效提高。

二、果类蔬菜团队技术研发与主推技术

（一）团队技术研发情况

2019年围绕番茄、辣（甜）椒、黄瓜、茄子四种果类蔬菜从育种辅助手段、育种方向、育种技术、亲本创制等方面进行了创新研究并取得了一定成果。

1. 跟踪国际育种前沿、提升育种技术水平

第一，开发了辣（甜）椒CMS线粒体基因标记，提高了雄性不育三系选育效率。率先以辣（甜）椒为重点研究对象，测定分析了辣（甜）椒CMS线粒体的基因组，确定了线粒体不育的候选基因，并开发了基因标记，应用于不育细胞质的育性鉴定，显著提高了雄性不育三系选育的效率。

第二，建立了4种病害6个抗病位点的Target－seq检测技术。建立了辣（甜）椒疫病、疮痂病、TMV、PVY4种重要病害、6个抗病位点的多重PCR靶向捕获测序技术（Target SNP－seq）。利用该技术完成了160多份优异材料的检测，为辣（甜）椒综合抗病新品种选育奠定了良好的基础。

第三，进行了茄子单倍体育种及时高诱导率基因型筛选研究。比较了7种不同基因型的茄子材料在不同培养基条件下的正常植株成苗率（如表9－9所示），通过调节植物生长调节剂种类及浓度，筛选出适合的诱导培养基并且筛选出胚状体高诱导率基因型茄子1005。

表9－9　　不同培养基不同基因型茄子单倍体诱导成苗率

接种材料	正常植株数（棵）	E1（棵）	占比（%）	E7（棵）	占比（%）	E8（棵）	占比（%）	E12（棵）	占比（%）
1001	23	13	56.5	7	30.5	2	8.7	1	4.3
1002	23	8	34.8	9	39.2	4	17.4	2	8.6
1003	34	13	38.3	10	29.4	6	17.6	5	14.7
1004	65	28	43.1	23	35.4	6	9.2	8	12.3
1005	404	173	42.8	163	40.4	36	8.9	32	7.9
1008	90	41	45.6	39	43.3	6	6.7	4	4.4
1009	85	34	40.0	28	32.9	8	9.4	15	17.7

数据来源：根据北京市果类蔬菜创新团队实验数据整理。

2. 筛选优良后备品种，助推产业可持续发展

开展品比试验，筛选出辣（甜）椒、番茄、黄瓜 8 个优良品种；配制出表现良好的 105 个辣（甜）椒、番茄、茄子杂交新组合。2016～2019 年团队选育品种在北京推广 1.29 万亩，占产业规模 35.43%，其中海丰 23 号和海丰长剑占北京牛角椒类型辣椒市场的 91.25%。图 9－17 中的胜寒 740 辣（甜）椒、京番 102 番茄等品种示范效果显著，其中京番 102 番茄已在全国推广，成为部分地区的主栽品种之一。经济、社会和生态效益显著。

京番102　　京茄110　　胜寒740　　京研春秋绿2号

图 9－17　蔬菜优良品种

3. 开展新品种示范推广，促进成果快速落地

示范点建设带动生产技术水平提高。通过技术集成、示范和适度规模推广，连栋温室示范点大果型番茄平均产量 41.94 公斤/平方米，樱桃番茄平均产量 20.57 公斤/平方米，示范点最高产量 69.45 公斤/平方米，使北京市番茄生产达到国内领先水平。

4. 分析果类蔬菜产业经济数据，把握京津冀产业发展动态

2019 年团队根据北京市果类蔬菜产业经济岗位对北京市及周边省市果类蔬菜产业的调研，对果类蔬菜产业进行了系统分析。内容涵盖了北京果类蔬菜生产的新情况、生产效率及高品质果类蔬菜生产情况，比较了北京与周边省市果类蔬菜生产的情况；在研究指导生产实践、提出政策建议等方面做了大量工作，为果类蔬菜产业的发展提供重要的参考。

（二）团队主推技术情况

2019 年，果菜团队从良种繁育技术、绿色生态技术、工厂化技术、生产设施配套、采后加工技术等角度入手，重点研发高效、节肥、节药、增产、提质、保质的果类蔬菜生产加工新模式。

1. 筑牢果菜品种育繁基础，助力果菜产业持续发展

做好基础研究，促进产业转型发展。初步明确了辣（甜）椒果实发育中辣（甜）椒素类物质的变化规律，并获得了高辣（甜）椒素类物质的新种质，同时揭示了我国主要 5 种辣（甜）椒栽培种的遗传结构。

2. 示范推广绿色生态技术，促进果菜产业优质发展

第一，番茄营养品质提升技术研究与示范。围绕番茄椰糠基质栽培，开展亏缺灌溉、高 EC 灌溉、高钾灌溉等研究，制定了基质栽培高口感番茄适宜的水肥管理技术方案。首次引入番茄果实品质综合评价指数 TQI；集成设施无土栽培条件下高品质番茄栽培技术模式，控制栽培密度为 3. 8 株/平方米，同时采用高钾营养液灌溉。

第二，根际益生菌在日光温室番茄无土栽培的应用研究。日光温室无土栽培番茄生物技术集成，采用高效水肥管理技术和生物技术集成，提高养分利用效率 20% ~30%；减少 70% 的化学农药使用。促进根系生长 30% 以上，增产 5% ~10%。

第三，开展果类蔬菜作物水肥一体技术示范推广。开展基质培黄瓜水肥循环栽培模式示范，制定了番茄、辣（甜）椒、黄瓜、茄子专用水溶肥大配方及施肥套餐。北京市累计推广应用 140 吨，推广面积 2800 亩。

第四，果类蔬菜主要病毒病鉴定与病虫防控技术集成。研究并制定了工厂化番茄、越冬茬日光温室和春季塑料大棚黄瓜、番茄的病虫害综合防控方案，优化全生育期的病虫害全程绿色防控技术规程。土传病害防控效果方面，在示范点连续 6 ~7 年开展黄瓜、番茄土传病害效果的示范，增产效果显著。

3. 集成工厂化关键技术，引领番茄高产优质示范

第一，工厂化栽培番茄最高产量有突破。示范点大果型番茄平均产量 41. 94 公斤/平方米，樱桃番茄平均产量 20. 57 公斤/平方米。平均每三次方米水产出番茄 51. 5 公斤，每公斤肥料产出 25. 28 公斤，分别比传统土培提高 99% 和 82. 55%。示范点最高产量 69. 45 公斤/平方米。人均管理土地增加至 4. 5 亩/人，劳动效率提高 2. 25 倍。

第二，挖掘工厂化生产数据，初步建立数学模型。开展塑料大棚、日光温室 4 种果类蔬菜生长发育与温光关系调查和研究，形成数字化关系研究报告。初步建立大型连栋温室光照、温度影响的茎粗、叶片数、花序数、果穗数及产量数学模型各 1 个。例如，株高与温度、湿度和辐射量之间模型的建立如下：

$$H = 0.5781\ X_1 - 0.7023\ X_2 + 0.0103 X_3 + 61.2065$$

4. 开发设施生产配套装备，促进产业轻简高效转型

第一，高效节水灌溉技术示范与推广。团队在房山、昌平、密云等地，以 800 亩的番茄、黄瓜、辣（甜）椒为果类蔬菜示范品种，主推滴灌施肥技术模式，即以微灌为核心，配套高效灌溉制度、水肥一体化、地膜覆盖保墒等技术。示范区果类蔬菜较常规灌溉施肥年亩均节水 114 三次方米，总节水 4. 79 万三次方米；亩节本增收 836 元，总增收 35. 1 万元。

第二，改进完善了日光温室农机作业 3D 平台（见图 9 –18 左）。主机平台可实现自动化控制，手动控制，遥控控制，使之操作更简单。加工生产第二代铺管铺膜设备（见图 9 –18 中），可实现自动抻管抻膜和自动断管断膜功能。改进第二代移栽设备，实现半自

动化上苗、自动化移栽功能。平台主机配套集成了平地、旋耕、起垄、铺管覆膜、移栽、喷灌、植保、运输作业等温室果类蔬菜生产关键环节机械化作业。

第三，集成蔬菜定植机械化配套技术并开展示范。结合蔬菜生产常用设备，针对设施、露地蔬菜膜上和裸地移栽，集成了 3 种蔬菜机械化移栽配套模式（见图 9－18 右）。

日光温室农机作业3D平台　　第二代管铺膜设备　　第二代移栽设备

图 9－18　设施蔬菜生产设备

第四，研发新型土壤消毒设备。共同研发“土壤旋耕消毒覆膜一体机”，不仅能够根据不同药剂需求调节施药刀的间距、施药深度，对不同深度土层进行分层施药，根据病害情况进行变量施药；还可以实现施药覆膜一体化操作和施药镇压一体化操作。

5. 研发改进采后加工技术，提升采购品质和保鲜效果

开展高营养黄瓜采后品质保持技术研究，研发流态冰冷却保鲜装备和技术，该技术可在最短的时间内将被保鲜物全覆盖，形成无死角浸泡式速冻保鲜。

（三）团队研发成果情况

试验研究出一批果类蔬菜新品种和新技术，研发多种新产品。选育出果类蔬菜新品种 11 个，包括京番 102、京茄 110、海丰 104、海丰 396、括农大 17－799 等；总结形成新技术 16 项，包括辣（甜）椒 CMS 线粒体基因标记、辣（甜）椒抗病位 Target－seq 检测技术、高铁番茄栽培技术、增施微生物菌肥提高日光温室黄瓜风味品质、小型自动换行换向农机动力平台等；研发新产品 10 项，包括微生物菌剂、小型自动换行换向农机动力平台、一种信息素光源诱捕器、精准注肥机、液态冰预冷机、保温蜂箱等。

科研成果推广方面，团队申报专利 24 个，发表文章 43 篇（其中 SCI 论文收录 12 篇），编著书籍 6 本，制定标准 2 个。提出政策建议 15 项，内容涉及产业扶贫、设施农业发展、农产品物流体系建设、农业品牌目录建设、都市型农业发展、果类蔬菜产业发展等。

三、果类蔬菜团队技术示范推广效益

根据技术示范推广的实施效果，可将其分为经济效益、生态效益和社会效益。

（一）技术示范推广经济效益

第一，减少水肥投入。实施水肥一体化等措施后，北京市示范点平均化肥投入整体上减少11.6%，节约生产成本50元/亩，经济效益得以提高。团队通过研究水肥温光与作物生长发育的影响，科学施肥，保证土壤健康，良性循环。

第二，减少劳动投入。通过针对果类蔬菜生产新型经营主体推进实施果类蔬菜规模化生产和工厂化生产，蔬菜种植的轻简化，机械化水平的提高，替代劳动力的投入量，示范点平均节约劳动力投入量41.5%，一方面降低人工成本，也给农业劳动力高龄化的北京，解决了谁来种菜的难题。

第三，提升果类蔬菜单产及收入水平。四种果类蔬菜单产均有所提高，2019年北京市黄瓜平均亩产4920.2公斤，较上年度提高485.1公斤；番茄平均亩产6255.8公斤，较上年度提高101.6公斤；茄子平均亩产4061.6公斤，较上年度提高210.1公斤；辣（甜）椒平均亩产4748公斤，较上年提高323.2公斤。在单产提升、单价上扬的双重作用下，四种果类蔬菜平均每亩收入较上年度增加1600元，增幅达12.21%，按可比面积计算，2019年果类蔬菜总增产2.5万吨、总增收1.35亿元。

（二）技术示范推广生态效益

第一，节约蔬菜生产用水。应用节水高效技术及设施设备，使资源利用率得以提高，2019年京郊果类蔬菜每方水平均产出果类蔬菜24.1公斤，比上年同期增长5.7%，每公斤肥平均产出果类蔬菜143.7公斤，较上年增幅2.5%。

第二，提高土壤使用效率。利用土壤消毒技术，一方面可杀灭土传病害，消除农药残留问题，另一方面还可释放土壤中的养分。示范区内采用土壤消毒技术使得每年节本增收2317元/亩，投入产出比1:5以上。

第三，提高水肥利用效率。无土栽培使水肥利用效率得以提高。根据辣（甜）椒品种农大24，对比辣（甜）椒无土栽培与有土栽培水分产出率，实验结果表明（见表9-10），在一茬辣（甜）椒生产用水中，前者比后者每亩节水134.8三次方米，辣（甜）椒平均单产耗水减少了36.69%。

表9-10　　辣（甜）椒无土栽培与有土栽培水分产出率比较分析

生产类型	品种	定植期	面积（亩）	总用水量（三次方米/亩）	产量（公斤/亩）	平均株高（厘米）	单产耗水（公斤/公斤）
无土栽培	农大24	5.1	0.6	146.4	6014.5	155.66	24.34
有土栽培	农大24	5.1	0.6	281.2	8452.5	253.16	33.27

数据来源：根据北京市果类蔬菜创新团队实验数据整理。

（三）技术示范推广社会效益

通过媒体宣传、农民培训与观摩、应急保障工作、支撑世园会百蔬园建设、低收入村科技帮扶等形式，产生广泛的社会效益。

第一，注重媒体宣传和国内外会议交流。2019 年团队成员有 32 次通过电视、电台、网络、报刊等媒体交流宣传；多次参加或组织国内外会议交流以及体系内部交流，促进果类蔬菜产业发展；全年组织报送信息和工作日志 1567 条。

第二，通过农民培训与观摩，提高农民素质。岗位专家指导区县基地或者农户生产 210 次以上；全年组织生产观摩、交流和培训 12 次；组织田间现场观摩 45 次；开展技术培训 42 次，农民培训 2800 人次。

第三，灾害性天气、病虫害预警及其他应急工作。围绕果类蔬菜生产的自然风险和产业需求，团队及时圆满完成了多项应急性任务。积极应对突发病虫及冰雹、低温灾害等不利天气条件，及时下发蔬菜生产管理技术指导意见，将农户的损失降到最低；发布病虫害预警 1 次，重点对番茄黄化曲叶病毒、褪绿病毒等病害进行预警，保障了京郊果类蔬菜安全生产。与丰收节筹办单位协作，整理制作了团队成果展板，宣传团队的工作成效。国庆前与种植业管理处共同开展设施农业生产安全检查，发现及排除隐患 15 个。

第四，为世园会“百蔬园”建设提供有力技术支撑。果菜团队与其他团队协作成立了百蔬园科技专家小组，果类蔬菜岗位专家担任组长，定期对世园会“百蔬园”生产及展览展示中发现的问题及隐患进行会商，共形成会商建议 28 期，发现问题 168 条，提出建议 172 条，有效保障了“百蔬园”展览展示的顺利进行。

第五，低收入村科技帮扶工作。团队帮扶低收入村延庆区香营乡黑峪口村，该村位于昌赤路去白河堡水库、百里山水画廊路口，属浅山区，全村 115 户 230 人（其中农户 78 户 160 人）。60 周岁及以上 46 人，残疾人 24 人。

对黑峪口村，重点从品种引进、示范种植、技术培训三方面进行农业科技帮扶，取得了一定的成效。首先，品种引进方面，通过与科研院校和企业对接，引进籽粒玉米农华 101、联创 808，甜玉米圣甜白珠、5590 黄甜玉米，谷子品种冀谷 39 等优良品种；其次，示范种植方面，共种植籽粒玉米 100 亩、鲜食甜玉米 20 亩，谷子 60 亩，推广配方施肥 120 亩，配方肥 6 吨；最后，技术培训方面，邀请了市农科院姚磊副研究员及我站粮作科裴志超高级农艺师为农户讲解谷子和甜玉米栽培技术，到田间地头实地查看作物生长情况，并进行现场指导等；最后，帮扶成效方面，籽粒玉米平均亩产 750 公斤，平均亩增收 100 元，共增收 6000 元。谷子平均亩产 350 公斤，平均亩增收 250 元/亩，共增收 15000 元，而且权威测定小米营养品质优异。在产业帮扶下，黑峪口村顺利完成脱低任务，并巩固了成果。

四、果类蔬菜团队对产业支撑作用

（一）对果类蔬菜产业的支持转化模式

1. 技术转化

2019 年，果菜团队从良种繁育技术、绿色生态技术、工厂化技术、生产设施配套、采后加工技术等角度入手，重点研发高效、节肥、节药、增产、提质、保质的果类蔬菜生产加工新模式。以品种转换为例，开展品比试验，筛选出辣（甜）椒、番茄、黄瓜8个优良品种；配制出表现良好的105个辣（甜）椒、番茄、茄子杂交新组合。团队选育品种2016～2019年在北京推广1.29万亩，占产业规模35.43%，其中海丰23号和海丰长剑占北京牛角椒类型辣椒市场的91.25%。胜寒740辣（甜）椒、京番102番茄等品种示范效果显著，其中京番102番茄已在全国推广，成为部分地区的主栽品种之一。

通过示范点、监测点建设，促进果类蔬菜产业发展。跨研究室协作，由栽培技术研究室岗位专家牵头，开展规模化生产示范，在北京市6个区建立示范点12个，集成各岗位专家的品种、省力化栽培、产后加工及流通技术15项，全团队形成上下联动机制，为京郊蔬菜生产方式转变贡献力量。此外，还在北京市6个区建立品种比较试验和示范点30个，建立春、秋、越冬三大茬口4类果类蔬菜育苗监测点6个，生产监测点83个，示范点120个，获得果类蔬菜生产情况监测点完整数据记录83份，设施果类蔬菜高产栽培技术集成示范点数据记录120份。

2. 产业转化

2019年，果菜团队通过技术示范和推广，以及生产者拿着直接生产指导，等促进了果类蔬菜生产乃至产业发展。2019年北京市黄瓜平均亩产4920.2公斤，较上年度提高485.1公斤；番茄平均亩产6255.8公斤，较上年度提高101.6公斤；茄子平均亩产4061.6公斤，较上年度提高210.1公斤；辣（甜）椒平均亩产4748公斤，较上年提高323.2公斤。四种果类蔬菜平均每亩收入较上年增加1600元，增幅达12.21%，按可比面积计算，2019年果类蔬菜总增产2.5万吨、总增收1.35亿元。

2019年，北京市举办了世界园艺博览会，果菜团队与其他团队协作成立了世园会“百蔬园”科技专家小组，果类蔬菜岗位专家担任组长，定期对世园会“百蔬园”生产及展览展示中发现的问题及隐患进行会商，共形成会商建议28期，发现问题168条，提出建议172条，有效保障了“百蔬园”展览展示的顺利进行。

3. 政策转化

果菜团队全年形成一系列政策和建议，提出了大棚房清理背景下的果类蔬菜设施现代化水平提升等政策建议；提出了“十四五”果类蔬菜产业发展规划等对策。产业经济岗位在研究、指导生产实践、提出政策建议等方面，做出了大量工作，为果类蔬菜产业的发展提供重要的参考。

4. 引领京津冀

果菜团队多年来注重加强京津冀技术合作交流，促使三地果果类蔬菜产业协同发展。积极与周边团队进行沟通交流，与国家蔬菜产业创新团队、河北创新团队建立了长期协同合作关系。通过主办“首届京津冀鲜食番茄擂台赛暨第三届京津冀蔬菜工厂化生产技术交流会”、合作开展蔬菜新品种、新技术科技创新成果展示观摩、赴津冀开展病虫害绿色防控培训会、番茄施肥套餐技术示范、进行京津冀三地工厂化生产考察交流等活动，促进了三地蔬菜新品种、新技术的引进和推广。

（二）对产业支持的案例分析——以 2019 年世园会支撑为例

北京市果类蔬菜团队，在世界园艺博览会期间，围绕百蔬园，开展了一系列的工作。重点从生产、养护、网格、展览展示四个方面开展了技术督导服务。全展期技术督导服务天次覆盖了全占展期的 75%，具体做法有：驻会值班、直接发现问题、提出技术建议、撰写报送简报以及发布生产预警等，从而有效保障了世园会展区展品供应、养护技术落实、运行安全等，从而保障了世园会“百蔬园”展览展示顺利进行。

1. 果菜团队支持措施

（1）组织建设。为了在 2019 年世园会更好地做好专业支撑工作，北京市果类蔬菜团队成立了统筹小组和 5 个工作小组，分别是观赏蔬菜品种筛选与繁育小组，观赏蔬菜预展生产与景观规划小组，观赏蔬菜病虫害测报与防控小组，盆栽蔬菜水肥调控小组，盆栽蔬菜机械化装备技术服务小组。集全团队之力，明确协同配合和职责分工，促进 2019 年世园会“百蔬园”展示工作的顺利有序开展。

（2）前期技术研发。在 2019 年之前，果菜团队就启动了围绕世园会的技术研发工作，主要包括：一是造型技术研发：果类蔬菜立体栽培、植株管理非常关键，在盆栽过程中，植株管理应根据最终造型目标采取不同管理措施，立体栽培要依托造型架等外部辅助设施完成。二是果类蔬菜品种和栽培技术：由于果类蔬菜观赏其果实及造型为主，在选择品种时宜选择抗早衰能力强、果实观赏性强、观赏周期长、连续坐果能力强的品种，如番茄树立体栽培，选用连续坐果能力强、果实耐储运、观赏周期长的京丹 6 号等。在基质种类方面，常用的无机基质有蛭石、珍珠岩、岩棉、沙、聚氨酯等；有机基质有泥炭、稻壳炭、树皮等。因此基质栽培又分为岩棉栽培、沙培等。采用滴灌法供给营养液。在水肥管理方面，果类蔬菜生长周期长，且盆栽蔬菜均采用基质无土盆栽模式，良好的水肥管理是果类蔬菜立体栽培成功与否的关键，结合北京延庆地区气候变化规律及盆栽蔬菜植株大小等因素，建立四次浇水法和六次浇水法等浇水制度。三是果类蔬菜展出期间的病虫害防治，在果类立体栽培生产棚，生产前，采用辣根素等进行清洁消毒处理，并在风口、门口等位置要覆盖 50 目以上防虫网，在大型果类立体栽培外围设立隔离区，进行病虫害隔离。

（3）展期技术支撑。以番茄为例，2019 年 4 月 26 日至 10 月 7 日展期内，每 5 ~ 7 天更换一批果品，展示各类番茄果品品种 76 种以上，制作番茄科普宣传材料，组织番茄科普活动，多方位做好技术支撑工作。为丰富展示番茄果品的种类、保障展示效果，果菜团队以一直以来的技术工作积累为基础，搜集了各类蔬菜品种，像番茄又分大型果、中型果及樱桃番茄，品种颜色包括红色、粉红色、黄色、橙色、绿色、黑紫色、彩条纹等，并精选品种 76 个以上。世园会期间，委托京郊园区或合作社进行番茄品种的生产保障供应。进行果类蔬菜病虫害发生情况巡查。采用一看、二摸、三查找的办法：一看是观察作物叶片、茎等部位是否有虫咬痕、是否有病斑等；二摸是用手轻轻触碰植株，查看是否有害虫，植株生长是否健壮；三查找是发现咬痕或病害时，查找咬痕来源、病害发生规律等以便向专业人员详细描述病虫发生情况。

2. 果菜团队支持效果

（1）增进了消费者对北京蔬菜产业的了解。果菜团队在世园会期间，开展了蔬菜"食育"、科普和品鉴等一系列活动。为提升"百蔬园"展览展示的科普性和体验性，配合活动运营方利用蔬菜荟萃展示平台在蔬菜剧场开展了番茄日讲座——番茄的"来世与今生"、蔬菜采摘和品鉴等一系列互动科普活动。活动讲解内容包括蔬菜的美丽传说、北京主栽蔬菜的种植历史以及北京蔬菜工厂化种植技术等，讲解了蔬菜种植相关知识及采摘过程中的注意事项，让游客在有趣、可体验中感受到蔬菜的独特魅力以及北京蔬菜种植的"科技范儿"，并实地了解了农作物的生长环境，体验到了劳动带来的充实感和愉快感。也让消费者对北京自产蔬菜有了更进一步的了解。"番茄荟萃"活动内容丰富多彩，既有夺人眼球的多品种番茄观赏活动，也有拍照、品鉴番茄等参与体验式环节，还有知识普及的科普活动，充分满足了游客的视觉和味觉享受。

（2）提升和丰富了世园会的展示效果。通过科普讲座、果品观赏、竞猜、品鉴、采摘、雕刻等一系列互动活动，让游客在感受园艺之美的同时了解了蔬菜丰富的品种资源、种植现状以及种植技术，让观众感受并体验农业科技的有趣有料。通过在世园会"百蔬园"内打造蔬菜荟萃景观节点，进一步丰富了"百蔬园"展览展示内容，提升了百蔬园的科普性、体验性、参与性，吸引众多游客，带动了门票收入增加。通过打造果类蔬菜重点景观，对提升百蔬园室内整体展示效果、展示北京市农业技术水平具有积极意义。

综上所述，在北京市政府相关产业政策引导下，2019 年北京市果类蔬菜创新团队在团队建设和工作方面的不断探索和创新，进一步健全了运行机制。结合自身的科技实力、资金实力与实践经验，针对果类蔬菜产业发展需求，在品种研发、技术示范和推广、团队建设上付出了巨大的努力并取得了丰硕的成果。与此同时，果类蔬菜团队积累了较为成熟的产业支持模式和手段，对果类蔬菜产业的可持续发展发挥支撑作用。

第三节　果类蔬菜产业典型案例分析

以北京天安农业发展有限公司（简称"天安农业"）的精准扶贫工作为例进行典型案例分析，主要展示如何将小农户纳入果类蔬菜产业的新业态发展中以及现代农业企业的农业产业扶贫协作工作展开形式和效果。

一、果类蔬菜产业发展新业态案例

（一）“天安农业”建设京外蔬菜基地的背景

北京天安农业发展有限公司成立于2006年，集蔬菜生产种植、加工、物流、销售于一体，是北京市农业产业化龙头企业，全国农业农村信息化示范基地，旗下品牌“小汤山”是北京市著名商标。企业产品的市场需求规模不断扩大，而北京正在疏解非首都功能，从1999年开始，“天安农业”在外埠的河北、山东等地区，逐渐投资兴建了多家蔬菜基地。

北京市为了满足居民对蔬菜的消费需求，每年需要调入大量外埠生产的蔬菜。因此，供京蔬菜生产农户面对较大的消费市场，理应可以取得较高的收入。但是，由于北京市消费者有着较高的食品安全意识和蔬菜品种质量多样性需求，经济较滞后的外地小农户生产的蔬菜无法完全满足，并且存在明显的信息不对称和销售不畅等问题，使得缺乏综合竞争力的蔬菜产品附加值较低，对那些区域农户增收贡献也很有限。

从区域发展视角看，“天安农业”利用京外蔬菜基地打造生产和技术应用中心，利用京内基地形成消费和技术创新中心，通过二者结合来保证首都居民可以购买到新鲜、安全和绿色的蔬菜。作为北京市蔬菜行业的领军企业，“天安农业”顺应国家产业扶贫和乡村振兴战略。具体地，“天安农业”通过政策扶持与自身发展相结合的方式，积极带动农民致富，探索扶贫工作模式，采取多种方式实现京外农民脱贫增收，起到了一定的社会带动作用。

（二）“天安农业”长期扶贫模式

“天安农业”在精准扶贫工作中，积极探索有效、可持续的扶贫模式。经过不断的实践，创立了两种行之有效的方式（见图9－19）：第一种属于“现代农业与小农户衔接”模式，依托于龙头企业“天安农业”和北京市著名商标“小汤山”品牌的“品牌企业＋低收入村（低收入户、贫困户）＋全程技术服务＋销售渠道＋提质增收”的品牌引领精准帮扶模式；第二种属于“企业社会责任模式”，搭建专家和小农户直接沟通的桥梁，利用兴农资金和农资支持鼓励小农户的蔬菜生产创业。

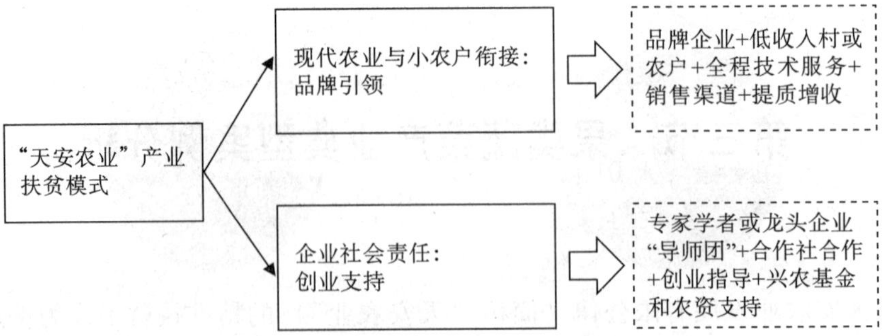

图9－19 “天安农业”产业扶贫模式

1. 品牌引领模式

品牌引领模式通过科学技术和精准规范管理提升农民种植技术水平和管理水平，提高蔬菜农产品质量，实现优质优价，并通过企业所覆盖的150余家超市和品牌影响力，将生产者与市场连接起来，以及规范管理和科学技术融入农民的意识，实现农民脱贫致富。蔬菜种植农户贫困的主要原因是生产能力不高，种植缺乏计划导致产量与市场不匹配，生产技术偏低导致产品质量无法得到提升，造成收入很低。在这种创新模式中，从源头入手，聘请国内农业专家现场指导，驻派技术人员长期驻扎生产基地，解决农产品质量问题，提升产品价值，并依托“小汤山”品牌影响力和强大的销售渠道形成连接机制，成为一种使农品长期稳定盈利的模式，从源头上解决农户贫困问题，实现产业扶贫。

2. 创业支持模式

为鼓励农民创业创新，“天安农业”成立了“天安兴农”星创天地，资助创业农户温室大棚和标准化基地建设费。“天安兴农”星创天地拥有来自高校、科研单位以及农业技术推广机构的专家学者和市级农业龙头企业负责人组成的15人导师团，并拥有多样化的室内设施设备及完整的加工生产线，致力于投身农业行业的创业人员“轻松创业，科学致富”。目前已与25家合作社建立利益联结关系，为创业农户开展创业指导。此外，“天安兴农”每年给合作社提供一定额度的服务费，在投入资金帮助合作社管理生产的同时，也给予合作社农药、农业设施、物理防治材料等农资支持，不断建立并完善合作社的管理和激励机制。

（三）“天安农业”促进农户脱贫增收的成效

1. 蔬菜生产基地的产业带动效果

从2006年起，“天安农业”先后与内蒙古乌兰察布右旗，河北崇礼、张北、抚宁、平泉，天津蓟县，海南东方签订协议（见图9－20），开展市场对接、技术对接和标准输出等工作。对接产品包括火山岩红土豆、胡萝卜、菠菜、结球生菜、西兰花、小番茄等63个蔬菜品种，保证很大的蔬菜供应量。这样，以紧密合作、订单采购、松散合作等多种方式建立蔬菜生产基地、带动农户；此外，组织当地农户成立农民合作组织，并出资扶持农业协会发展，帮助建立和完善农户管理机制、激励机制；为保障农户利益，公司收购农户蔬菜的平均价格高于当地市场价格，辐射带动农民增收和农村发展。

“天安农业”在京外建立了大量蔬菜生产基地中，以下以2019年对接“赤峰安丰种养殖合作社”为例，进一步说明基地产业带动效果。该合作社位于赤峰市松山区安庆镇小北道村，该村有贫困户，以及生态脆弱区域（移民）困难户。合作社依托当地政府支持和“天安农业”平台，引入种植高品质番茄，其中温室和大棚种植面积335亩，2019年冬季番茄生产实行订单农业模式，保证了当地农户的收入，稳住了价格，帮助农户解决了买菜难问题，优先与困难农户签订协议，派驻技术人员指导生产，在当地引起了示范效应与产业带动。通过一期合作，直接带动了联接农户提高收入，通过高品质番茄联接项目使得当

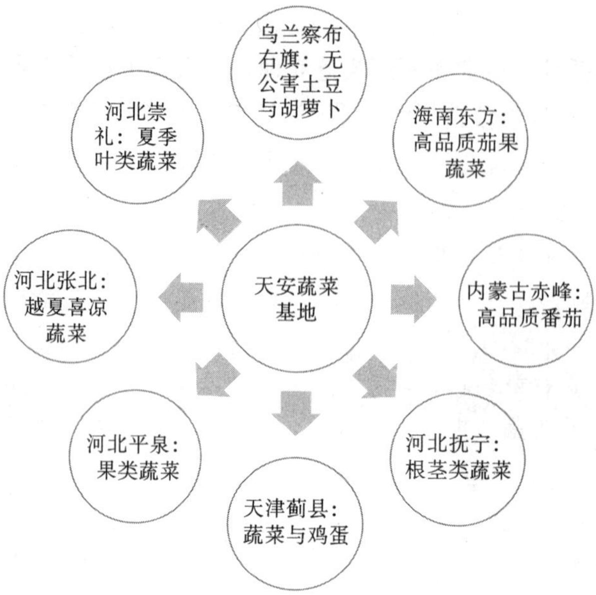

图 9－20 “天安农业”京外蔬菜生产基地

地农户设施种植“亩均”效益增加 1 万元以上；与此同时，通过番茄整枝打杈、采摘临时雇用周边村民，从而间接带动了当地农户收入的增加。总之，据此也增强了合作社和村民的合作意愿和对种植高品质蔬菜的信心。

2. 农户蔬菜生产创业的扶持效果

“天安兴农”星创天地自创立以来，凭借独特的经营理念，和多元化的宣传营销策略，带动农户稳定增收，并且在这一过程中，将扶贫对接工作落到实处。对于农户和合作社，天安兴农提供技术和生产销售指导以及各种物资。“天安兴农”以“企业＋合作社＋农户”的生产模式，资助创业农户，对农户进行创业指导和培训；与此同时带动农户进行生产经营，帮扶贫困村和贫困户提高收入。合作帮扶时间最长的已经达到 18 年，其中，在北京与 6 家农民种植专业合作社的连续多年稳定合作。

在代表性成果方面，“天安兴农”星创天地在河北尚义县建立了蔬菜现代信息化有机生产园区，长期驻派技术人员进行生产技术研究，培训和带领当地农户提升种植技术；吸纳当地就业发放工资，带动贫困户脱贫，2019 年实现整村脱贫。

二、果类蔬菜产业发展典型案例分析

在精准扶贫和乡村振兴背景下，北京市果类蔬菜发展新业态的主要目标从区域内的增加产业附加值，转向跨区域的扩大产业规模以优化供应链。进一步地，无论是第二产业的蔬菜加工业或是第三产业的休闲农业，均需要稳定的、低成本的、安全的果类蔬菜生产，否则任何形式的新业态都无法长久存在。因此，促进小农户收入增长和现代农业发展属于相辅相成的策略。

在“天安农业”发展蔬菜生产基地的案例中，蕴含了一个代表性的现代农业企业产业扶贫的模式，有催生新兴业态和高效产业链的效果（见图9－21）。在消费端，“天安农业”依托“小汤山”品牌和良好的蔬菜质量，已拥有稳定的顾客群体和口碑，也大力发展网上商城、果蔬采摘、礼盒礼包、食育教育等新型销售模式，提高了居民对蔬菜的质量需求和健康消费习惯；在供给端，“天安农业”推动全国蔬菜基地布局，发挥了现代农业企业技术创新的驱动功能，助力小农户脱贫并积极推广种植经验和技术，更重要的是保证农户与现代农业有机衔接并共享生产利益。在政府支持方面，“天安农业”的京外生产基地建设离不开当地的区域规划和产业扶持政策，对于要素高效配置和企业长期投资具有积极影响。最终，大量生产者通过现代农企的技术引领、政府的全力支持，可满足消费者不断升级的需求，进而增加收入增加、提高生产管理水平，“干中学”过程又反过来促进现代农企的技术革新和实验，形成了可持续的、包容性的现代蔬菜产业供应链。

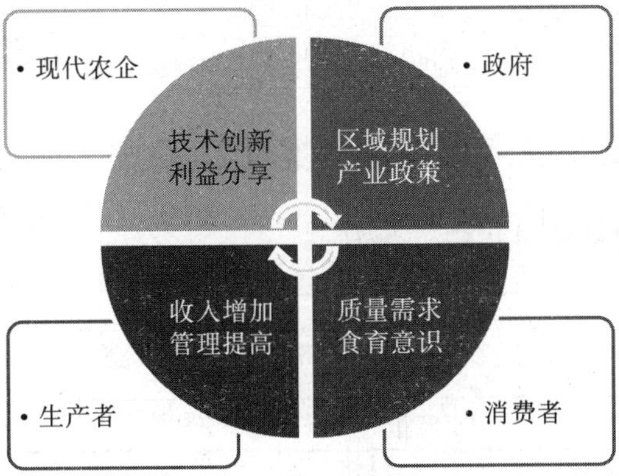

图9－21　以“天安农业”为代表的现代农业企业产业扶贫模式

以“天安农业”为代表的产业扶贫模式，可以概括为以下几个特点：

第一，与小农户结合为利益共享体，形成可持续的、包容的蔬菜供应链。涉及全产业链下，现代农业企业最大的两个优势是拥有大规模消费群体和先进的技术信息；农户或普通生产主体，也拥有生产灵活、数量众多、管理成本低等特点，可见二者具有极强的互补性。因此，现代农企建立新的订单合作模式或者新型供应链时，必须平等分享获得利润，利用农业保险平缓双方共同的风险。

第二，保证生产投资的精准性和长期策略，对当地农户配套合理的技术推广和资金支持。普通农户无论生产规模如何，在生产管理和技术应用上始终处于相对落后的状态，一旦现代农企制定了需要大量农户参与的长期生产投资计划，就要适当地进行技术和资金支持，帮助农户度过“高风险”的转变时期，以适应公司的标准化和质量安全需求。

第三，区域间政策协同是北京现代农业企业与小农户对接的基础。农业生产具有高风险、投资周期长、公共性强等特点，需要多地政府出台相关政策联动机制，以发挥北京农业技术区域溢出效应。当前，北京市政府鼓励建设外埠蔬菜生产基地，当仍需制定更加具体的跨区域合作方案和政策联动，甚至进行一定程度的横向转移支付，以促进具有公共产品性质的跨区域农业供给。

第四节　果类产业发展政策建议

在乡村振兴战略和农业供给侧结构性改革的要求下，促进果类蔬菜产业转型升级，提高“菜篮子”保障水平具有重要的意义。同时果类蔬菜与社会中的其他经济部门联系紧密，果类蔬菜产业健康发展有助于带动农户持续增收，提升农业高效节水能力，发挥农业的休闲观光等功能。因此，有必要深入挖掘果类蔬菜产业发展过程的问题难题，把握未来的发展趋势，满足农户对技术和设施设备的需求，以助力北京市果类蔬菜产业发展。

一、果类蔬菜产业发展问题及其技术需求

（一）果类蔬菜产业发展过程中的难题

第一，果类蔬菜生产劳动力年龄大，生产机械化水平较低。蔬菜产业是资源密集型与劳动密集型相结合的产业，而且在当前的产业结构中，蔬菜增收增产需要劳动力的高投入。然而从调研情况来看，北京市从事蔬菜生产的人员普遍年纪较大，多为 50～60 岁的人员，在体力、接受新技术方面不如青壮年劳动力。导致蔬菜生产综合机械化率低，设施蔬菜智能化发展进程缓慢，产业整体生产效益低下。

第二，果类蔬菜品牌覆盖面有限。在各级政府的推动下，北京市农产品品牌建设在全国处于领先水平。果类蔬菜品牌是助推蔬菜产业转型升级和提质增效的重要支撑，也为蔬菜产业发展提供了持久动力。目前北京市果类蔬菜的品牌影响力大，但品牌的覆盖面很有限。主要表现为：一是果类蔬菜生产经营主体重注册而轻运营，重眼前利益缺乏战略眼光和长远谋划，重“三品一标”营销轻品牌维护。二是农业生产者重视产量，但对高品质的追求还有限。三是没有着重突出品牌核心价值、个性和利益点，各蔬菜品牌之间存在同质化。四是果类蔬菜品牌建设，需要扩展到产业渠道环节对品牌的塑造。

第三，果类蔬菜产业的深加工全产业链建设缓慢。蔬菜产业与第二、第三产业融合不仅可以优化农村产业结构，而且也可以提高蔬菜生产效益水平，是蔬菜产业发展的必由之路。但北京市果类蔬菜生产经营主体大多只注重生产端，没有将产业链各环节有效联通，外销蔬菜基本是以初级蔬菜产品的形式，极少考虑蔬菜的功能拓展；蔬菜缺乏加工以及包装，尤其是没有对蔬菜产品的精深加工，导致蔬菜产品附加值低，向市场下游延伸能力有限，生产效益较低；果类蔬菜分级技术应用率不高，分级设备层面，分级设备投入不足，

缺乏分级技术人员专业指导。人工分级层面，用工成本高而且出错率高。

第四，农户果类蔬菜生产的专业化服务体系有待完善。果类蔬菜产业社会化服务可在蔬菜生产的全过程强化农业技艺与农机的结合，是推动蔬菜产业发展的重要保障。北京市蔬菜生产经营主体以散户为主，组织化程度偏低。蔬菜生产中的存在低效率问题，生产管理成本偏高，结构性供需矛盾显著，而且个别存在质量安全隐患。通过构建全产业链的果类蔬菜社会化服务体系，为蔬菜生产经营主体提供社会化服务，是有效解决生产问题的关键。但目前还存在一些问题，政府推广社会化服务体系方面，政府职能部门交叉，机构分散，服务范围小，各推广部门缺乏明确的分工和团队合作；政府部门对社会化服务者缺乏相应的绩效激励机制、服务效果评价和监管监督机制；对社会化服务者支持力度不足。社会化服务提供主体方面，存在技术缺位或技术断层，蔬菜生产加工、品质分级等技术水平不高；龙头企业不能覆盖农业生产经营全过程，比如产后销售、生产风险管控等，难以发挥引领和服务作用。社会化服务体系建设方面，北京果类蔬菜植保、水肥监测、技术咨询等服务有待完善。此外，小规模农户蔬菜销售依赖于传统的地头收购、批发市场等渠道，难以加入线上销售、超市等获利程度高的渠道，也不能参与以销定产的订单农业，因此，在新型销售渠道服务方面还需加强。

（二）果类蔬菜产业发展的技术需求

推广和应用蔬菜技术是促进蔬菜产业发展和实现农民增产增收的重要途径之一。明确农户的技术需求特征（见图9－22），促进农户广泛地采用蔬菜技术用于生产实践，不仅能够提升蔬菜种植综合效益，而且也有利于实现蔬菜产业的良性发展。农户风险认知、技术来源渠道是影响果类蔬菜种植户技术需求的重要因素。

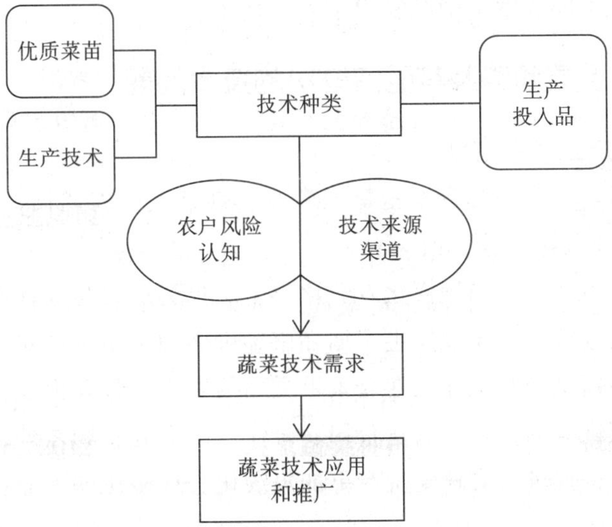

图9－22　农户对果类蔬菜的技术需求特征

农户的技术需求类型多样，涵盖了优质种苗、生产技术和各类投入品。病虫害防治是农户最需要的一项技术，表示需要该项技术的农户占比为30.67%；其次为良种和优质菜苗，占比为24.54%。调研中，问卷进一步设置了农户需要但选项未列出的技术，选择其他选项的农户大多表明需要除草技术和无土栽培与水肥一体化技术。根据农户的技术需求可以看出，北京市果类蔬菜种植户对新技术的需求较大，主要集中在病虫害防治、良种和优质菜苗和施肥指导等方面。

农户对新技术的需求会受到风险认知的影响。调研结果表明，风险偏好型农户在全部调研农户的比重为34.72%，且占比最大。风险规避型农户次之，占比为27.78%，不过在大多数尝试新技术的农户获得成功后，这类农户也会考虑跟随使用，在技术扩散过程中属于"跟随型"。北京市果类蔬菜种植农户的风险态度情况决定了在蔬菜种植中会倾向于使用新技术，进而带动新技术的增产增收效果。

农户技术来源渠道影响农户的技术需求和农业技术推广的效率。有43%的样本农户由于没有获得技术的渠道，而不能够获取需要的技术，这是限制农户掌握新技术上的首要因素。在已获得的技术中，通过自学新技术是农户最为主要的一种新技术来源方式，其占比高达31%，通过临近农户交流、技术员指导和培训观摩获取新技术，占比分别为23%、11%和11%，说明农业技术推广服务和社会网络是果类蔬菜生产技术推广的重要载体。有8%的农户通过农民田间学校学习新技术，表明农民田间学校作为技术扩散的媒介，在农户获取新技术的渠道中具有重要的作用。

农户技术需求和采用受其他方面的制约。缺乏相关政策支持是限制技术采用的主要因素，调研样本中，有22%的农户表明政策支持对学习新技术较为重要；资金、劳动力约束和技术掌握困难也在不同程度上限制农户学习新技术。

二、果类产业发展趋势及其亟待解决的技术问题

（一）果类蔬菜产业发展趋势

果类蔬菜属于劳动密集型和资本密集型产业，具有生产周期长、技术含量高等特点，北京市果类蔬菜产业发展的趋势如下：

第一，果类蔬菜生产经营向规模化专业化集中。果类蔬菜与其他类型蔬菜相比，生产周期长、生产成本大等特点，小规模生产加之市场价格的不稳定，对果类蔬菜生产的比较利益受到冲击；一些新型经营主体正在介入果类蔬菜生产，显现出规模优势、市场竞争力大等优势，具有规模优势的，除了农业公司、合作社、家庭农场之外，在北京市一些区县的果类蔬菜专业村，也促进果类蔬菜生产更加集约化、规模化和专业化，农业经营的现代化水平得以提升。

第二，果类蔬菜生产的社会化服务覆盖范围广泛，服务能力不断提升。一方面，小农户开展适度规模经营，发展现代化蔬菜种植模式，特别是转变为合作社和农业企业，有利

于实现果类蔬菜生产上种苗统一育供、农资统一采购、病虫统一防治、采后统一标准分级等农业社会化服务；另一方面，果类蔬菜社会化服务领域涵盖耕种收和农业废弃物综合治理，经营方式更加多元化与多样化，服务范围逐步扩大，大量专注于生产机械租赁、植保防治、嫁接育苗、产品收购等社会化服务主体将会涌现。果类蔬菜生产经营主体基于蔬菜生产各环节需求，可采取合作社代耕代管、土地租赁等模式，将蔬菜生产外包给社会化服务提供者。

第三，果类蔬菜的科技创新能力、保障优势产业的地位。果类蔬菜在育种育苗、栽培管理、病虫害防治、农机装备、设施建设等方面，均表现出科技创新优势，势必带动果类蔬菜产业全要素生产率的提高，在传统要素收到局限的情况下，实现果类蔬菜产业发展水平的提升。此外，正着力构建蔬菜价格信息服务和供求信息服务平台。因此，鉴于北京果类蔬菜雄厚的科技创新能力，保障未来果类蔬菜产业持续保持优势产业和支柱产业的地位。

第四，北京市着力推动建设蔬菜全产业链，提高果类蔬菜产业附加值。果类蔬菜产业发展正在不断延展蔬菜产业链，丰富产业价值链。产前的育种育苗发挥着优势作用，北京总体种业成为全国农作物种子的研发中心、交易中心、信息中心；正在不断完善现代果类蔬菜生产体系；在果类蔬菜产后环节，北京有大型农产品批发市场，特别是综合型的农产品批发中心，在蔬菜的交易、仓储、加工、物流等方面发挥有重要的作用。2019 年北京市批发市场蔬菜上市量 908. 75 万吨，其中茄果类蔬菜上市量 134. 19 万吨。今后果类蔬菜产业进一步向下游加工行业延伸，引进高新技术设备，提升果类蔬菜产品的精细化处理水平；与此同时，也进一步向下游流通领域延伸，构建蔬菜保鲜仓储基地以及物流配送体系，确保蔬菜质量安全，减少流通中的浪费；向下游销售渠道拓展，利用各种线上平台销售产品，拓宽蔬菜销售渠道。此外，各种电商模式和电商平台，对北京市果类蔬菜产业的发展正在发挥重要作用，通过电商进行果类蔬菜销售的生产者不断增加。

第五，以机械代替人力，果类蔬菜机械化智能化水平得到提升。蔬菜生产的老龄化问题愈发严重，加之农村缺乏年轻劳动力，用工成本上升，用蔬菜生产机械替代劳动投入是提高综合生产水平的发展方向。蔬菜产业的主要机械种子处理、育苗机械、节水灌溉、植保、卷帘、收获、冷藏保鲜运输设备设施等。通过引进这些机械；人工智能在果类蔬菜产业的示范和推广，也会带来蔬菜产业逐步实现机械化应用，打造精细化、自动化、智能化的现代产业技术体系，进而实现果类蔬菜生产设施、农艺、农机的相互配套和标准化生产。

（二）果类蔬菜生产经营主体亟待解决的技术问题

果类蔬菜产业逐渐从“靠天吃饭”的泥潭中解脱出来，越来越依靠高新技术带动增产增收。但蔬菜种植户受传统思想、技术观念和掌握新技术能力的束缚，技术推广网络难以覆盖每位种植户，仍然有技术进步发挥作用的空间。农户视角下急需解决的技术难题包括以下三点：

第一，果类蔬菜集约化育苗技术的采用上。果类蔬菜育苗主要采用自育自用，集约化育苗程度低。育苗技术人员大多为当地农户，且没有参加专门培训，育苗技术来自总结得出的自身育苗经验，没有形成严格的育苗技术规范，技术水平参差不齐。育苗操作和管理方式较为粗狂，对繁育种苗的环境条件难以及时调控，育苗壮苗率较低。多数从业人员仅初步掌握一到两种育苗方法，没有能力开展多种蔬菜集约化育苗的专门育苗场，因而无法匹配育苗行业的企业化运营模式，集约化育苗发展程度低。

第二，质量安全技术如何压缩采用成本。温室等设施内果类蔬菜所处环境封闭、温度湿度均高于露地，容易频繁发生病虫害，防治难度高。果类蔬菜种植模式决定了其冠层高度密集，叶片相互遮蔽，雾滴不能均匀喷洒至患处，导致施药机械难以喷药作业。而且温室中设施空间有限，大中型植保机械无法作业，受到成本和温室作业可靠性、方便性等问题影响，或因作业效率低、施药人员安全性能差，难以进行大面积的推广使用。迫切需要针对上述问题，研发并推广在温室中高效作业的植保机械。

第三，温室大棚等设施设备方面。北京市设施蔬菜播种面积较大，占总蔬菜播种面积的 74.43%，但依然在设施生产上存在问题，在设施内种植蔬菜不同于露地生产，尤其是对于反季节蔬菜生产，大部分生长时间处于低温弱光、高温强光、高湿等不良环境或亚适宜环境之中，但是这方面的技术普及程度有待提高。农业生产者存在生产经营风险。设施管理有限，在农技、设备等方面存在调配、管理上具有盲目性；在种植上设施内空间相对狭小，容易出现生态系统失衡，导致系统性的生产风险。国内外也在示范推广智能技术，但生产实践中的前期成本大，普通农户难以承受。设施内作业环境上，高温带来的劳动强度加大问题，也不利于提高劳动效率。

三、具体对策建议

根据上述北京市果类蔬菜产业发展趋势、面临的问题，为促进首都都市型现代农业发展，提升果类蔬菜产业整体竞争力，促进菜篮子稳定、高效、安全供给。并结合果类蔬菜生产经营主体的技术需求、技术难题，提出如下的政策建议：

（一）进一步促进生产者蔬菜生产技术采用，实现“藏菜于技”

蔬菜生产技术的真正落地，促进技术优势转化为产业优势，是蔬菜产业整体水平提高的关键。全面引入工业思维方式来发展蔬菜产业，强化蔬菜工厂化生产，将更多地技术集结于蔬菜生产的全过程，突破自然条件对蔬菜生产的制约，通过调控生产投入、进行高科技干预，来主动调整蔬菜产能。在市场对蔬菜需求量大增的时候，可以通过人工补光、采取加温等措施，来提高产能，从而满足消费者的需求；在市场过剩或需求量低的时候，通过压缩生产投入，保持植株缓慢生长，而控制蔬菜产能，从而也有利于让生产者避免因供带来降价而损失经济利益。这样，实现蔬菜生产和供应的市场导向。此外，蔬菜生产是技术密集型产业，在近几年的蔬菜生产技术和推广中，特别是质量安全生产技术和营养价值高的蔬菜生产技术推广中，受到成本大的影响，技术的覆盖面的扩大受到很大的制约，政府有必要实施技术补贴政策。

为保障蔬菜技术推广效果，应发挥技术示范的带动作用，加强面向一线蔬菜种植户的培训力度，重点培养科技示范户和生产管理能手，进而推动北京市蔬菜产业的发展。科学合理的规划示范区域，并进行统一的布点，构建示范区，并且充分发挥示范户带动普通户的作用，覆盖示范区周围，从而实现由点带面，带动设施蔬菜生产和温室环境调控的科学化管理。建立温室蔬菜生产专家数据库，针对不同地区、设施、作物、季节等制定温室蔬菜标准化生产管理卡，实现水肥、药的精准按需施用，达到减施增效目标。

加大蔬菜生产的科技支撑，提高蔬菜科技含量。改善种苗质量，提高产品的抗病性和质量，并且通过种植高科技的种苗，减少在相关种植技术上的技术采用成本，提高生产的效率；研发专门用于温室内果类蔬菜的植保机械，提高农机作业效率和质量；提高温室设施设备的智能化和自动化生产技术水平，对相关新技术进行试验和示范，以进一步发挥优势，规避威胁；大力发展智能温室、植物工厂、设施农业综合体，提高蔬菜生产效率和蔬菜产品的持续供给能力。

（二）稳定菜田面积、强化设施生产，实现“藏菜于地”

近几年受多种因素的影响，北京市蔬菜种植面积出现减少趋势，蔬菜总产量也相应减少。与此同时，设施蔬菜在整个蔬菜生产中的地位越来越重要，设施的发展，可以促进在菜田面积的基础上扩大播种面积，从而提高土地的利用率，进而促进蔬菜生产发展。因此，今后采取必要的保障措施，保证菜田面积的稳定的同时，强化蔬菜生产的设施建设，加强老旧设施的改造和原有设施的充分利用。老旧设施的改造，既能提高蔬菜生产效率，促进蔬菜生产发展；又能改善劳动环境，减轻劳动强度，吸引更多的年轻人从事蔬菜产业，提升蔬菜产业的现代化水平。

完善现代农业生产体系，需要用现代生产要素，替代土地和劳动等传统农业的生产要素。具体为，一是促进果类蔬菜的设施化和工厂化生产，引入无土栽培或营养液栽培，减少耕地使用并提高土地资源利用率；二是改造竹棚和土棚等老旧设施，制定设施利用规划，充分利用新建设施，提高果类蔬菜生产设施的现代化水平；三是蔬菜种植补贴政策适当向年轻人倾斜，鼓励年轻人从事蔬菜生产；四是采取相应措施，用测土配方和生物菌肥等代替化肥投入。

（三）充分发挥多种资源优势，实现“藏菜于家”

近年来，北京市一直在推广针对居民的社区种菜、庭院种菜、阳台种菜等技术和模式，一方面丰富居民的生活；另一方面发挥农业的多功能性。2020 年发生了世界性新冠疫情，一些居民发挥原有阳台种菜技能，种植芽苗菜、果类蔬菜和叶类蔬菜等蔬菜，丰富餐饮生活的同时享受了乐趣。今后，可以扩大面向市民的蔬菜种植技术培训，鼓励种菜体验活动，并开发面向市民“藏菜于家”的蔬菜种植设备、工具和材料等硬件，以及提供种子、技术等配套支持。

（四）完善果类蔬菜生产经营服务体系

北京市果类蔬菜生产的小而分散经营格局在短时间内难以发生改变，由于小农户对于农业技术、农业机械和劳务等农业生产性服务有着旺盛的需求。在此背景下，强化生产性服务体系供给建设，推动生产性服务发展，能够极大的促进小农户与现代化“大生产”的统一。依靠蔬菜种植户、农业技术人员、农民合作社等多方参与，建设多种专业化服务组织具有重要的意义。积极引导新型经营主体发展，建设专业化服务组织。农业新型经营主体具有显著的规模优势，依靠经营者自身素质和经营管理方式，可以有效提升蔬菜产业的现代化水平。新型经营主体农业生产的机械化水平较高，通过引导其向普通种植户提供技术服务，建设多种专业化服务组织，提升果类蔬菜生产的社会化服务水平。蔬菜专业村对生产性服务发展具有促进作用。蔬菜产业村形成了产业集聚，会进一步形成社会化服务的共享机制。专业村内尽管大多是一家一户小而分散的农户，但种植的蔬菜种类、蔬菜生长日期、生产要素投入、销售渠道等都较为接近，便于社会化服务的推广。

（五）完善果类蔬菜标准化生产体系

蔬菜生产标准化直接关系到蔬菜产业集约化、现代化、市场化的实现，也关系到蔬菜产品质量和安全。尽管在北京市各级机构的综合推动下，标准化生产体系建设取得了一定成效，果类蔬菜的质量安全性逐步提高。但高品质蔬菜的市场溢价能力不足，经济效益有限，致使果类蔬菜市场出现“柠檬”现象。根据2019年北京市蔬菜质量安全生产情况的调研，大多数农户对蔬菜质量安全生产的态度较为积极，但农户从事蔬菜生产经营的目标是追求利润最大化。有44.70%的农户认为提高蔬菜质量安全有利于蔬菜销售价格提高，仅有10.61%的农户认为提高蔬菜质量安全仅是可以让自己吃得放心或没有任何经济收益。因此，需从农户内部激励出发探索构建质量安全生产驱动力，并依靠蔬菜标准化生产，建立优质优价的蔬菜价格形成机制。

果类蔬菜的标准化生产体系，还有助于果类蔬菜品牌建设。通过实施品牌战略，创建优势蔬菜品牌，树立品牌形象，发挥品牌引领作用；通过举办蔬菜品牌推广活动，宣传蔬菜品牌，提升品牌知名度；通过大力发展当地品牌，充分利用北京本土市场，可以加强农户与合作社以及企业之间的联系，进一步改善蔬菜产业经营一体化的发展；通过企业品牌蔬菜与超市与大型直销卖场的直供连接，降低中间的流通损耗与成本，增加产品的附加值，提高农民收入水平。

（六）打造跨区域果类蔬菜的创新和流通中心

北京市通过搭建技术创新平台，推动全国范围内蔬菜产业整体发展。北京市蔬菜产业在发挥生产与流通功能的同时，承担着解决区域蔬菜生产技术难题的重要功能。作为全国的科教文化创新中心，果类蔬菜产业发展应当依托首都丰富的科技资源和优势，定位为京津冀甚至全国的“果类蔬菜科技创新中心”，提高蔬菜产业科技创新水平，促进科技成果落地转化。同时，发挥技术推广和示范等溢出效应，强化对全国蔬菜科技创新的示范引领作用。一方面鼓励北京市蔬菜生产资金和技术流向外埠，通过建设外埠蔬菜生产基地或产业帮扶，带动周边蔬菜生产经营主体技术进步；另一方面鼓励外埠劳动力流入北京从事蔬菜生产，在种植实践中学习先进的蔬菜生产技术和管理模式，在其回乡时可以依靠当地生产条件，提升当地蔬菜技术水平和生产效率。

加强蔬菜流通和销售市场体系建设，稳定首都“菜篮子”。京郊生产的蔬菜难以满足需求，供给多来自河北、辽宁、山东等周边主产区。北京应承担区域果类蔬菜流通中心的功能，加快建设和完善蔬菜市场的流通体系，推进“产销对接”“农商互联”，强化蔬菜供给能力。建立规范的批发市场和零售市场，不断降低流通成本，提高蔬菜流通效率。促进蔬菜运输业和销售业发展，利用商业流通资源为农民开拓市场服务。同时发展蔬菜超市经营、连锁配送等现代流通业。

（七）建立和完善农业保险制度，增强农民抵御风险的能力

近些年来灾害对蔬菜的生产、流通以及销售等方面的影响也逐渐凸显出来，导致农户生产受损，价格波动剧烈，特别是一些重大灾害使农户亏损严重。政府部门可通过引入农业收入保险，完善农业保险体系。制定具有普适性的农业保险推广政策，使保险真正能对农户遭受自然灾害和意外事故所造成的经济损失提供保障。

（八）发挥农业的多功能性，发展果类蔬菜产业的多业态

现代农业不仅具有生产性功能，还具有改善生态环境质量，发挥生态功能，并且具有为人们提供观光、休闲、度假的生活性功能。通过发展观光和采摘蔬菜，还有助于提高农业收入和旅游收入双重的经济效益，两者的结合使得其效益优于传统生产方式。通过开展农事节庆活动、农耕体验活动，建设休闲农业示范区和休闲农业观光园，开发符合蔬菜产业现代化生产特点的休闲农业项目，满足市民休闲需要；景观农业产业要突出蔬菜产业特征，突出行业亮点，打造优美景观田、优良生态田与优势产业田，形成首都特有的生态景观田园。

第十章　北京市叶类蔬菜产业发展报告

依据《北京统计年鉴》、北京市农业农村局和叶类蔬菜产业技术体系北京市创新团队的内部资料，主要对北京市叶类蔬菜产业生产状况、叶类蔬菜加工现状调研和加工技术、北京市消费者购买蔬菜调研、叶类蔬菜创新团队主要研发技术和主推技术、叶类蔬菜产业形成的新业态以及产业发展过程中亟待解决的问题重点分析，从而为制定现代农业产业技术体系北京市叶类蔬菜创新团队的长期研究任务以及政府的科学决策提供参考依据。

叶类蔬菜创新团队积极开展叶菜新品种筛选培育、高效节水技术、减肥减药技术、水肥一体化技术、绿色防控技术、“互联网＋叶类蔬菜产业”模式及创新机制研究、应用示范与试验推广，取得了一定的成果，促进了蔬菜产业发展。但是叶类蔬菜品种精细化筛选和选育、绿色技术供给、蔬菜装备智能化、技术人员缺乏都是需要继续深化研究的方向。

第一节　叶类蔬菜产业发展现状

一、叶类蔬菜生产现状

（一）基本情况

1. 蔬菜种植面积

2011～2019年，北京市蔬菜总种植面积和叶类蔬菜总种植面积均呈现缓慢缩减趋势，叶类蔬菜种植面积占蔬菜总种植面积比重呈先升缓降的趋势，2019年叶类蔬菜种植面积为26.57万亩，占北京市蔬菜总面积的50.0%，相比2011年叶类蔬菜面积占比提升了6个百分点（见图10－1）。

从2011年到2019年期间，蔬菜种类增多，增加了花菜类、芽苗菜类、鲜食玉米类和草莓类品种，满足消费者多样化需求。叶类、瓜类种植比重增加，根茎类、茄果类种植比重减少，葱蒜类蔬菜种植基本稳定，其中叶类蔬菜增加比重最大。叶类、茄果类、根茎类和瓜类是北京主要蔬菜生产品种，其中叶类蔬菜一直占有绝对优势（见图10－2）。

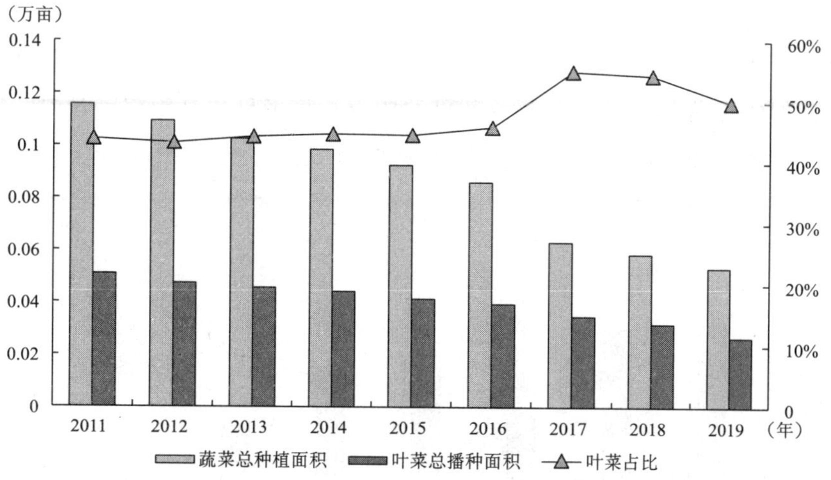

图 10－1　2011～2019 年北京蔬菜种植面积变动情况

数据来源：根据北京市农业农村局数据整理。

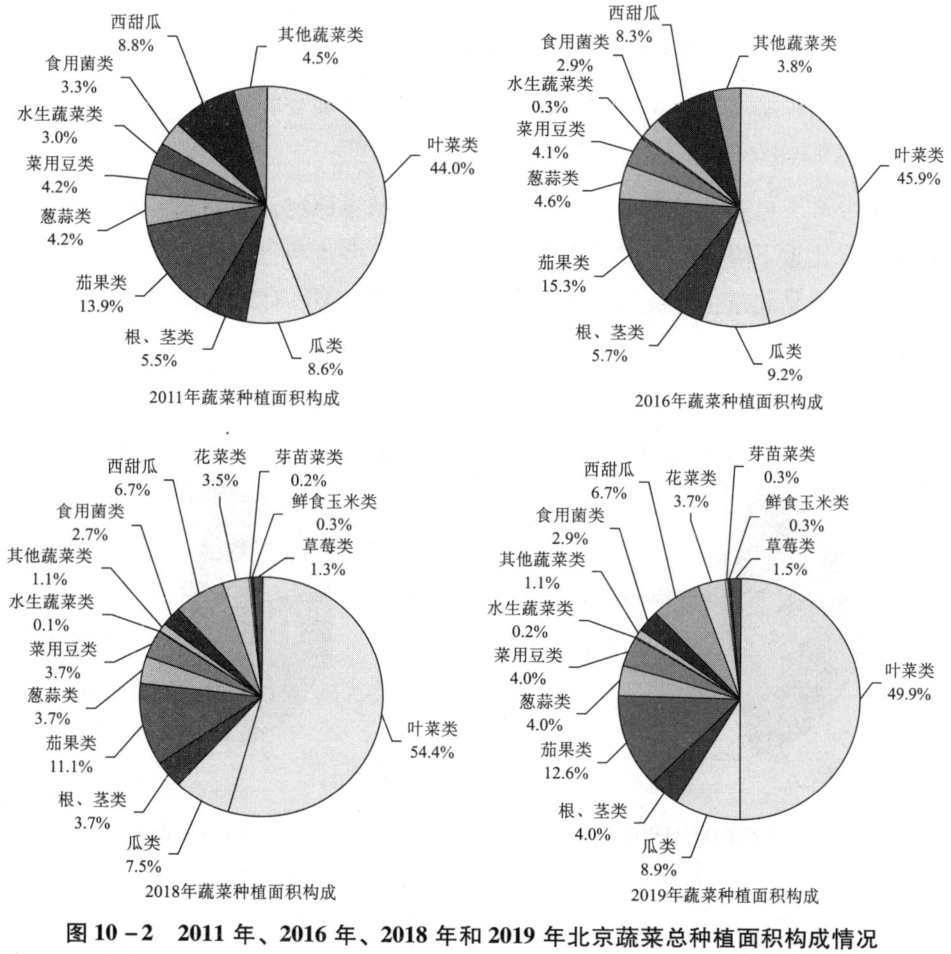

图 10－2　2011 年、2016 年、2018 年和 2019 年北京蔬菜总种植面积构成情况

数据来源：根据北京市农业农村局数据整理。

2. 蔬菜产量现状

从蔬菜产量角度分析，2011～2019 年，北京市蔬菜总产量和叶类蔬菜总产量均呈现缓慢减少趋势，但叶类蔬菜产量占蔬菜总产量的比重却呈现呈先升缓降的趋势。2019 年叶类蔬菜产量为 20.28 万吨，占北京市蔬菜总产量的 41.2%，相比 2011 年，叶类蔬菜产量占比变化不大（见图 10－3）。

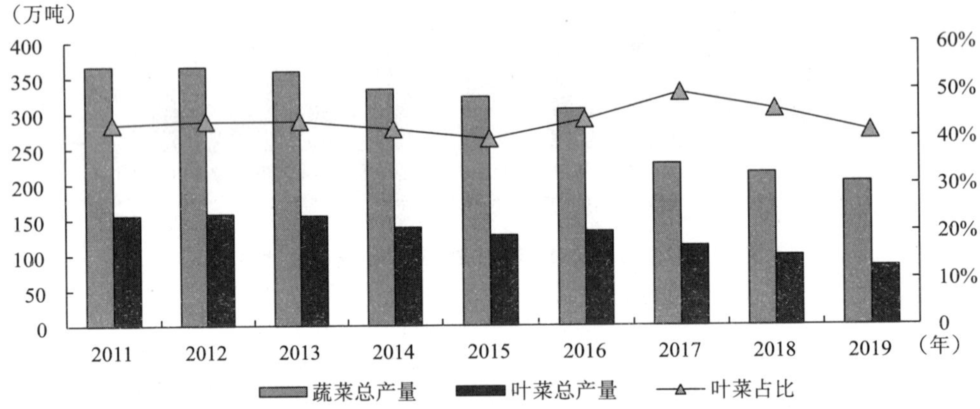

图 10－3　2011～2019 年北京蔬菜总产量变动情况

数据来源：根据北京市农业农村局数据整理。

2011～2019 年，叶类、菜用豆和葱蒜类产量比重基本稳定，西甜瓜和茄果类产量比重增加，根茎类产量比重下降，其中根茎类产量比重下降较多；与种植面积相一致，叶类、茄果类、根茎类和瓜类是北京主要蔬菜生产品种，其中叶类蔬菜占有绝对优势（见图 10－4）。

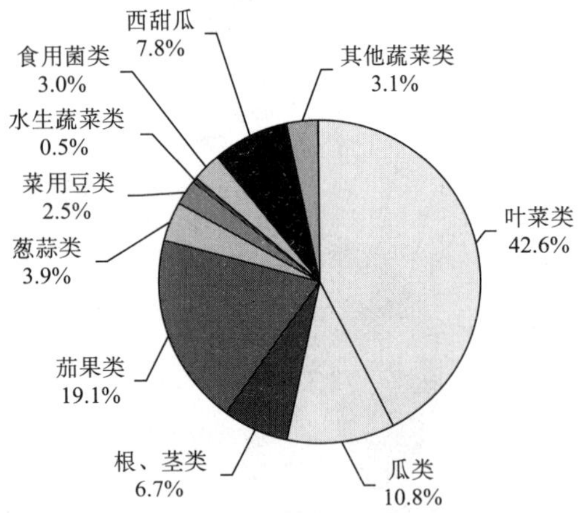

2011年蔬菜总产量构成

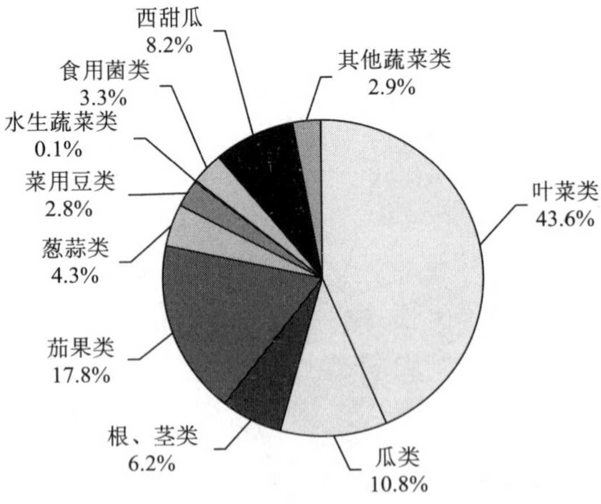

2016年蔬菜总产量构成

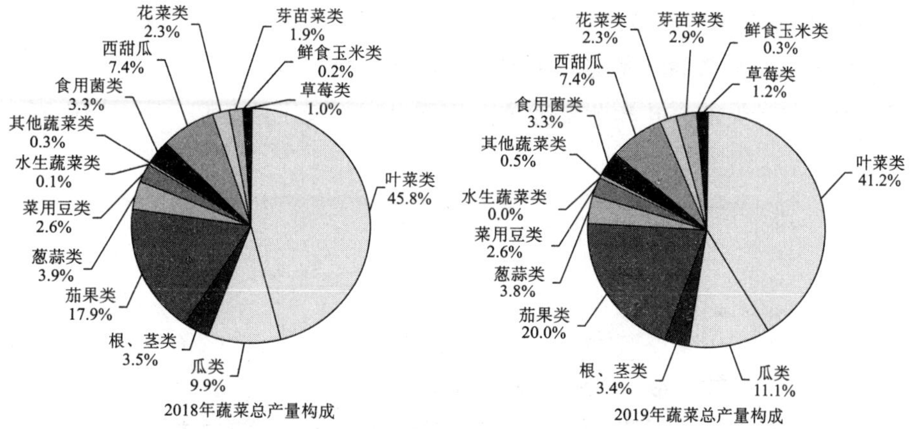

图 10－4　2011 年、2016 年、2018 年和 2019 年北京蔬菜总产量构成情况

数据来源：根据北京市农业农村局数据整理。

3. 蔬菜种植环境

2011～2019 年，北京市在不同环境下蔬菜产量比重变化明显，由传统蔬菜种植逐渐向现代设施环境种植发展趋势。其中 2019 年露地产量为 54.33 万吨，占总产量比重为 26.8%，相比 2011 年露地产量比重下降 17.3 个百分点（见图 10－5）。

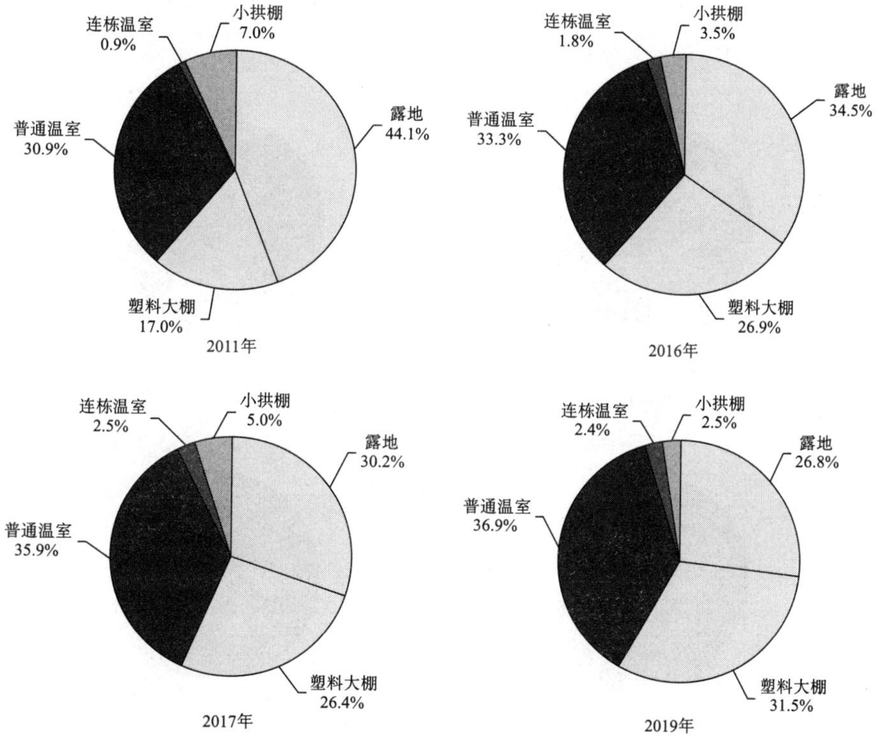

图 10－5　2011 年、2016 年、2017 年和 2019 年不同设施环境下蔬菜产量变动情况

数据来源：根据北京市农业农村局数据整理。

（二）北京叶类蔬菜生产变动趋势分析

1. 基于时间序列视角的叶类蔬菜生产变动趋势分析

2011～2019 年，大部分叶类蔬菜种植面积均呈现平稳下降趋势（见图 10－6）。

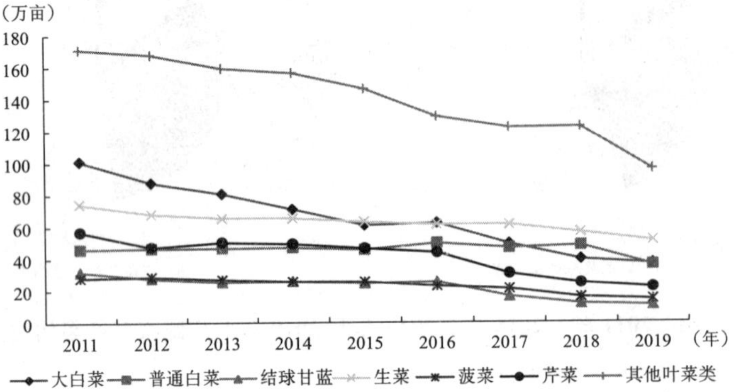

图 10－6　2011～2019 年叶类蔬菜种植面积变化趋势

数据来源：根据北京市农业农村局数据整理。

2011～2019 年，北京市叶类蔬菜生产品种种植结构发生变化。大白菜、结球甘蓝、芹菜、其他叶类蔬菜种植比重减少，而普通白菜、生菜种植比重增加，菠菜种植比重基本稳定。其中，2019 年生菜、大白菜和普通白菜种植比重占比为前三位，分别为 19.2%、13.8% 和 13.5%（见图 10－7）。

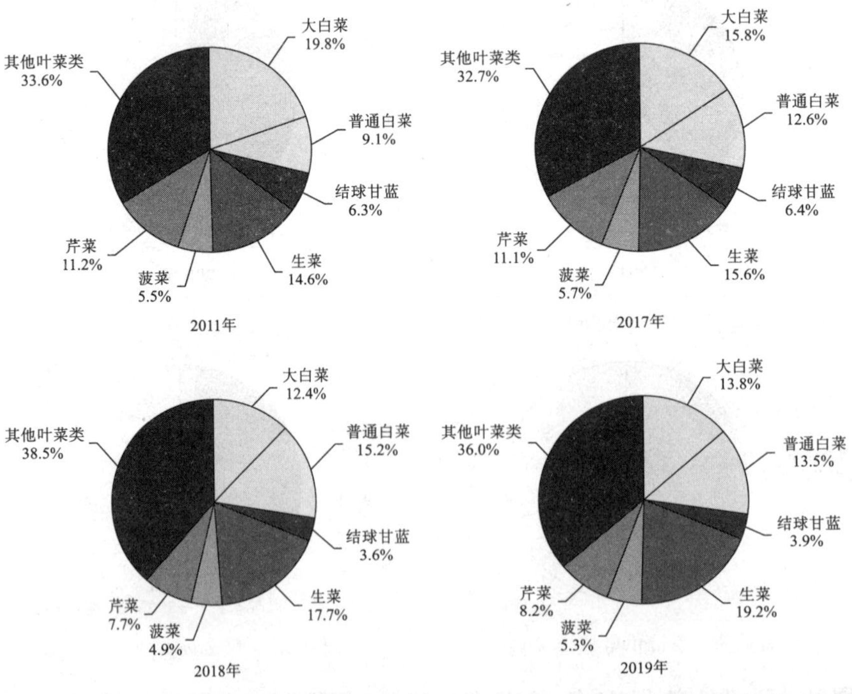

图 10－7　2011 年、2017 年、2018 年和 2019 年不同叶类蔬菜品种种植面积构成比较

数据来源：根据北京市农业农村局数据整理。

2011～2019年，大白菜、普通白菜、结球甘蓝、生菜、菠菜、芹菜和其他叶菜类产量年产量均呈现不同程度减少，其中大白菜年产量下降最多（见图10－8）。

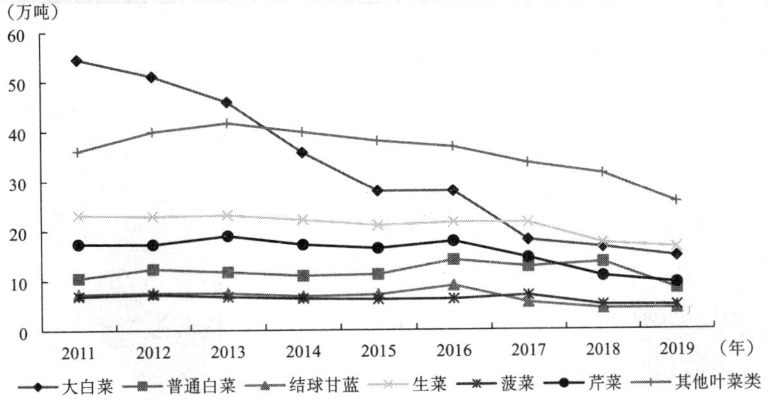

图10－8　2011～2019年叶类蔬菜产量变化趋势

数据来源：根据北京市农业农村局数据整理。

2011～2019年，北京市叶类蔬菜产量结构也发生变化。其中大白菜年产量比重下降最多，相对2011年年产量比重下降17.3个百分点；生菜和普通白菜年产量比重略有上升，相对2011年年产量比重提升4.8个百分点和3.2个百分点（见图10－9）。

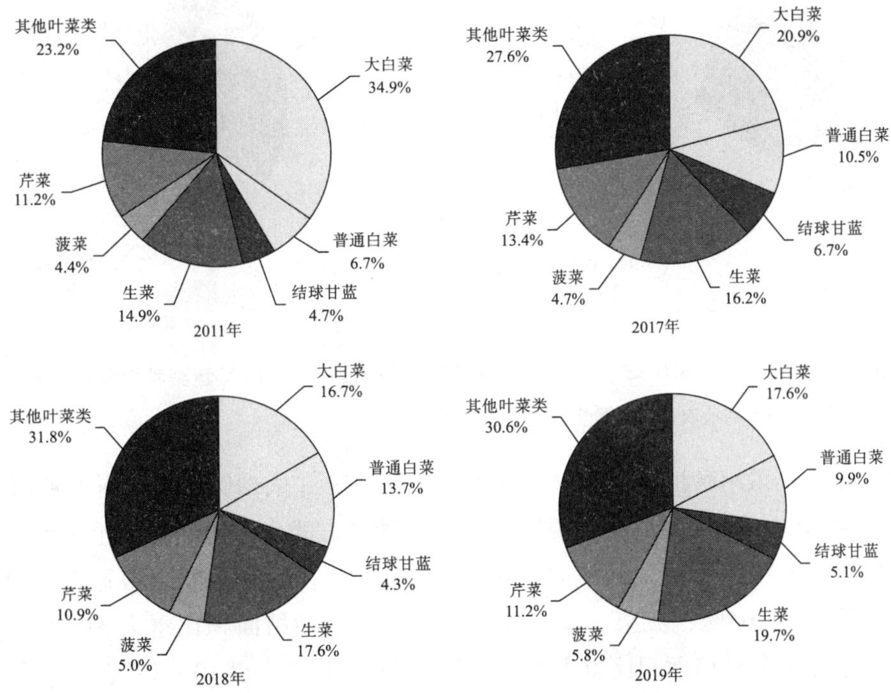

图10－9　2011年、2017年、2018年和2019年叶类蔬菜产量构成

数据来源：根据北京市农业农村局数据整理。

2. 基于种植模式视角的叶类蔬菜生产变动趋势分析

设施种植是叶类蔬菜主要种植模式，且所占比重不断提高。叶类蔬菜总体种植面积略有缩减，露地种植面积减少幅度较大。2019 年设施叶类蔬菜种植面积占比为 69.0%，相对 2011 年增加 7.8 个百分点（见图 10－10）。

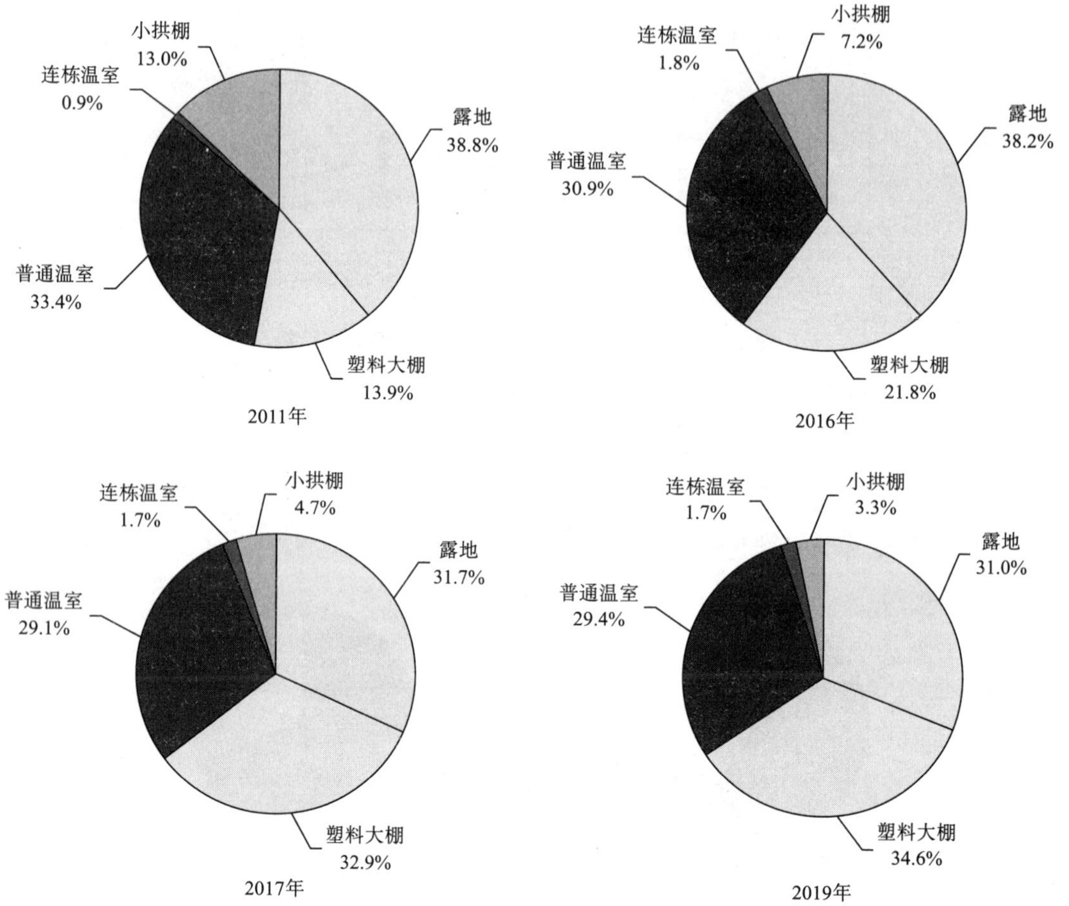

图 10－10　2011 年、2016 年、2017 年和 2019 年不同设施环境叶类蔬菜种植面积构成比较

数据来源：根据北京市农业农村局数据整理。

不同叶类蔬菜采用种植模式生产差异性较大。2019 年大白菜主要以露地种植方式，种植面积比重为 90.6%；普通白菜主要以塑料大棚种植方式，种植面积比重为 60.13%；结球甘蓝主要以露地种植方式，种植面积比重为 42.80%；生菜主要以普通温室种植方式，种植面积比重为 37.64%；菠菜主要以露地种植方式，种植面积比重为 31.34%；芹菜主要以普通温室方式，种植面积比重为 31.34%（见表 10－1、表 10－2、表 10－3）。

表 10－1　2016 年不同设施环境的叶类蔬菜种植面积情况　（单位：亩）

品种	露地	塑料大棚	普通温室	连栋温室	小拱棚
大白菜	59951.1	1402.8	573.6	5.9	306.6
普通白菜	15929.9	14310.1	16715.0	1887.8	845.0
结球甘蓝	10163.5	6643.3	6356.5	11.9	2124.7
生菜	13909.9	16655.9	24512.8	1419.1	4861.4
菠菜	9223.4	5650.1	6540.4	87.6	1123.6
芹菜	6877.5	10728.4	17616.5	321.0	8248.4
其他叶菜类	34468.3	30621.3	49429.5	3371.6	10993.3
合计	150523.6	86011.9	121744.3	7104.9	28503.0

数据来源：根据北京市农业农村局数据整理。

表 10－2　2017 年不同设施环境的叶类蔬菜种植面积情况　（单位：亩）

品种	露地	塑料大棚	普通温室	连栋温室	小拱棚
大白菜	46810.32	1412.1	676.6	41.1	228
普通白菜	4770.23	26998.45	13240.2	703.5	910.6
结球甘蓝	7268.52	4552.32	3620.69	66.6	601
生菜	14151.94	21892.67	21649.31	673.3	2884.2
菠菜	7100.92	6200.6	6111.22	108.1	1314
芹菜	3194.25	10441.53	13783.29	312.1	2815.2
其他叶菜类	26499.73	42478	41641.48	3903.6	7428.8
合计	109795.91	113975.67	100722.79	5808.3	16181.8

数据来源：根据北京市农业农村局数据整理。

表 10－3　2019 年不同设施环境的叶类蔬菜种植面积情况　（单位：亩）

品种	露地	塑料大棚	普通温室	连栋温室	小拱棚
大白菜	33274.68	1980.6	1458.2	0	15
普通白菜	3654.86	21588.5	8703.45	1485.5	471.6
结球甘蓝	4479.71	2377.78	3034.1	246	330
生菜	15160.82	15066.36	19240.83	420.1	1235.9
菠菜	3893.38	4441.94	4980.45	214.2	644
芹菜	2195.52	7538.81	10307.57	382.1	1269.8
其他叶菜类	19613.7	39035.2	30437.53	1887.5	4671.1
合计	82272.7	92029.2	78162.1	4635.4	8637.4

数据来源：根据北京市农业农村局数据整理。

（三）北京蔬菜生产时空规律及其产业地理聚集分布格局

1. 北京蔬菜生产时空规律分析

（1）北京蔬菜单产时空格局变化。按照已有文献的平均单产法，以平均单产上下浮动

15%为限，北京蔬菜生产区分为高产区（>3955.40公斤/亩）、中产区（2923.55～3955.40公斤/亩）和低产区（<2923.55公斤/亩）。2012～2019年，蔬菜单产呈现出由东北向西南方向依次递减的空间分布规律，且高产区逐渐向东部转移，整体呈现出由东向西方向蔬菜单产依次降低的空间趋势，且高产区逐渐增多，整体呈现出单产显著提高态势（见图10－11）。

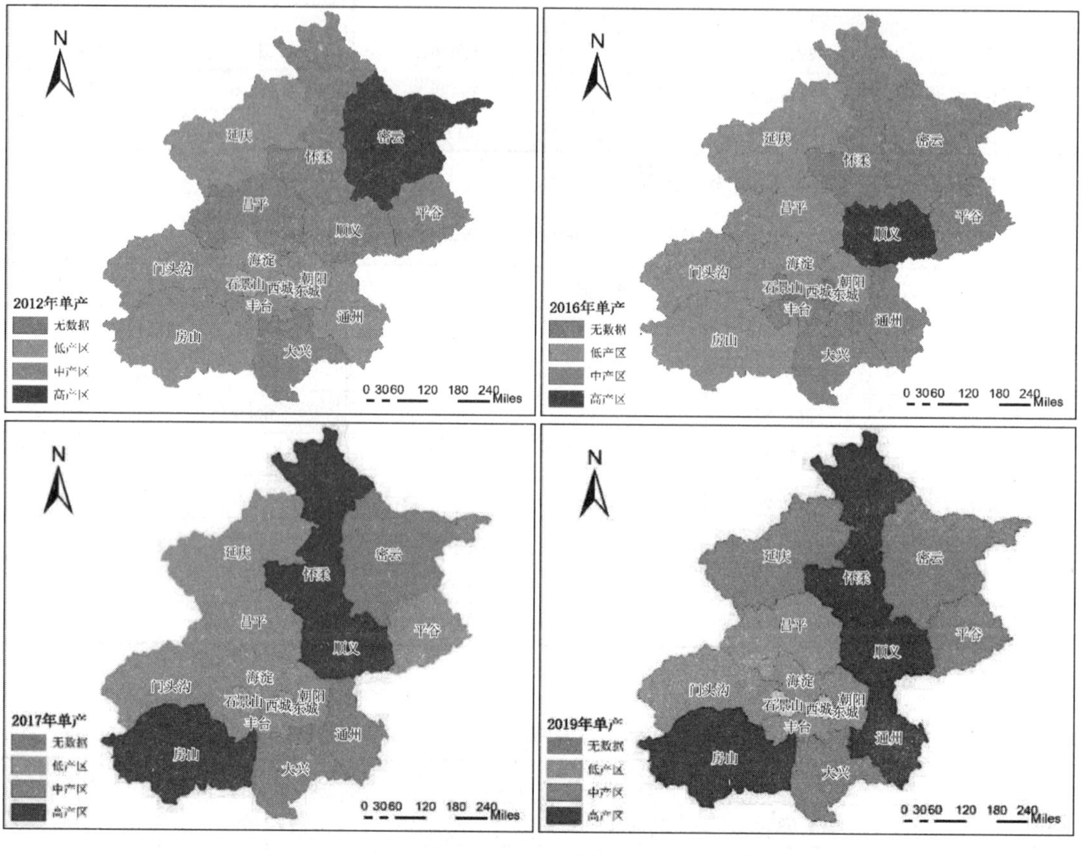

图10－11　2012～2019年北京蔬菜单产时空格局变化

数据来源：根据北京市农业农村局数据整理。

（2）北京蔬菜种植面积时空格局变化。为了方便研究蔬菜种植面积的时空变化规律，本章按照蔬菜种植面积规模将蔬菜生产区分为大规模区（>10万亩）、中规模区（5万～10万亩）和小规模区（<5万亩）。蔬菜种植面积呈现出显著的空间分布规律，2012～2019年蔬菜种植面积均呈现出由东南向西北方向规模依次递减的空间分布规律（见图10－12），且输出中规模种植区域逐渐减少。

（3）北京蔬菜产量时空格局变化。北京区域之间较大的蔬菜种植面积差异，导致区域之间蔬菜的总产量也呈现出巨大差异，从最小的0.4万吨左右到最大100多万吨。为了方便研究蔬菜产量的时空变化规律，本章按照蔬菜产量大小将蔬菜生产区分为主产区

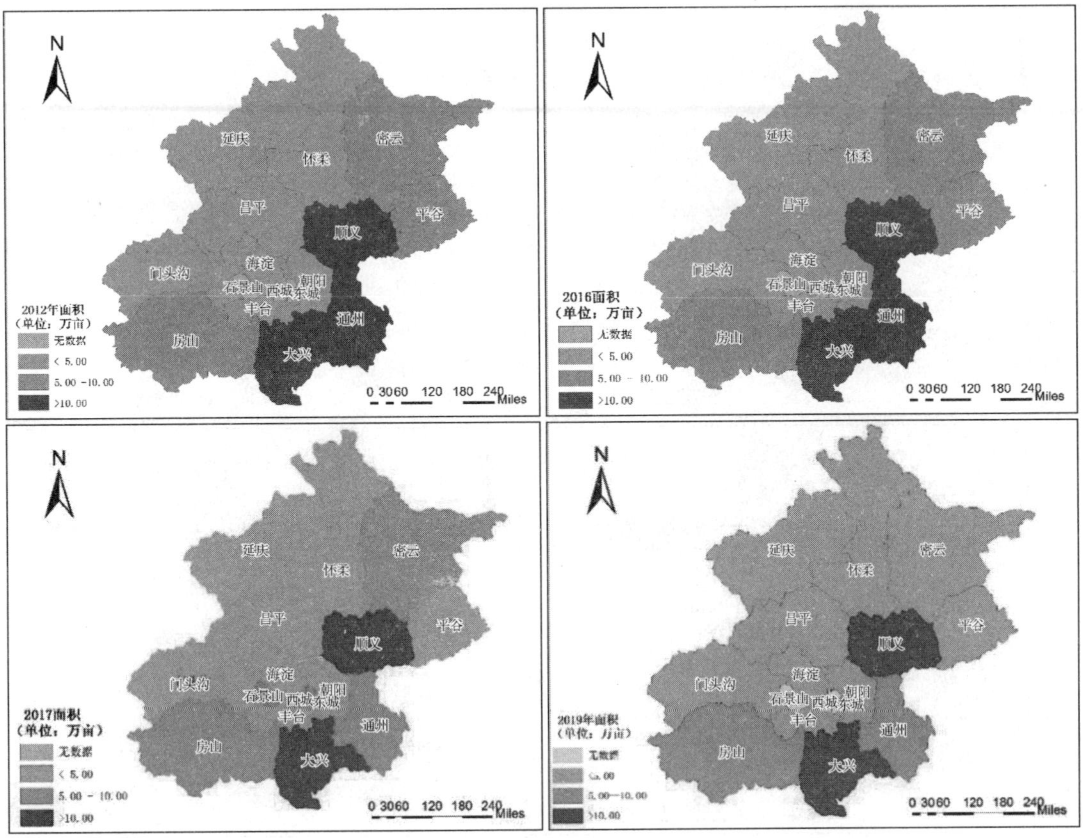

图 10-12　2012～2019 年北京蔬菜种植面积时空格局变化

数据来源：根据北京市农业农村局数据整理。

（大于 50 万吨）、次产区（10 万～50 万吨）和低产区（小于 10 万吨）。2012～2019 年北京蔬菜产量时空格局变化如图 10-13 所示，蔬菜产量呈现出显著的空间分布规律，2012～2019 年蔬菜产量均呈现出由东南主产区、西北低产区和西南东北次产区的空间分布规律。

2. 北京蔬菜产业地理聚集分布格局

2012～2019 年，北京蔬菜生产的 Moran's I 指数变化趋势如表 10-4。北京蔬菜种植面积的全局空间自相关 Moran's I 指数均为正，但是 Moran's I 指数呈现变大趋势，但均未通过显著性检验，这说明虽然北京蔬菜种植面积在地理聚集方面存在正相关，但是这种地理聚集并不明显，呈现出较强的随机分布状态，并不能形成显著的地理聚集效应。通过局部空间自相关热点分析，2012～2017 年，北京蔬菜种植面积在空间高低值聚集方面只呈现出海淀区一直处于低值区，其余区域不存在冷热点，但是 2019 年北京蔬菜种植面积在空间高低值聚集方面不存在冷热点区域（见图 10-14）。

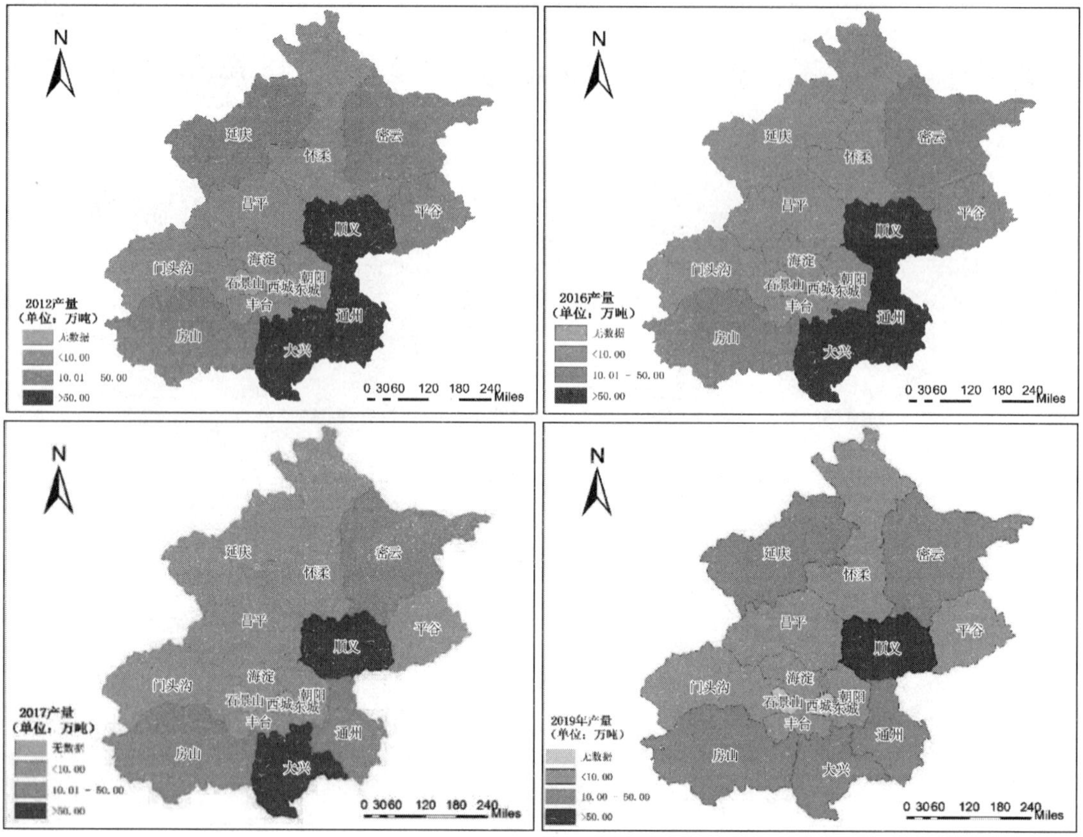

图 10－13　2012～2019 年北京蔬菜产量时空格局变化

数据来源：根据北京市农业农村局数据整理。

表 10－4　　2012～2016 年北京蔬菜生产的 Moran's I 指数变化趋势

类别	指标	2012 年	2013 年	2014 年	2015 年	2016 年	2017 年	2019 年
面积	Moran's I	0.0731	0.0739	0.0763	0.0757	0.0355	0.1662	0.3126
	Z 值	0.7308	0.7633	0.7819	0.7652	0.5398	1.5069	1.5632
	P 值	0.4649	0.4453	0.4343	0.4442	0.5893	0.1312	0.1179
产量	Moran's I	0.0625	0.0628	0.0599	0.0552	0.0323	0.1644	0.3590
	Z 值	0.6950	0.6887	0.6874	0.6646	0.5287	1.4629	1.8709
	P 值	0.4871	0.4910	0.4918	0.5063	0.5971	0.1434	0.06137
单产	Moran's I	0.0702	0.0628	0.5620	0.4739	0.3889	0.5407	0.3404
	Z 值	0.7902	0.6888	3.0297	2.5793	2.1679	3.744	1.6829
	P 值	0.4294	0.4909	0.0025	0.0099	0.0302	0.0002	0.0924

数据来源：根据北京市农业农村局数据整理。

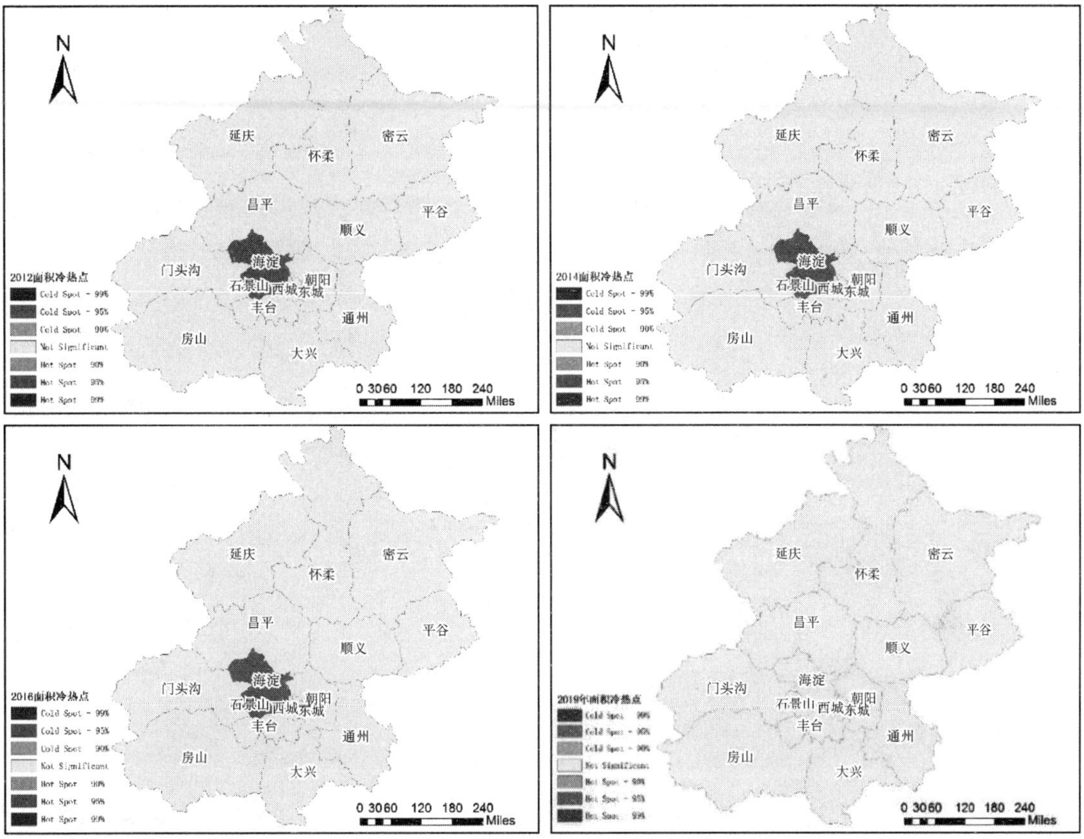

图 10 - 14　2012 ~ 2019 年北京蔬菜种植面积的冷热点分布

数据来源：根据北京市农业农村局数据整理。

与北京蔬菜种植面积相似，蔬菜产量的全局空间自相关 Moran's I 指数均为正，Moran's I 指数呈现变大趋势，但均未通过显著性检验，这说明虽然北京蔬菜产量在地理聚集方面存在正相关，但是这种地理聚集并不明显，呈现出较强的随机分布状态，并不能形成显著的地理聚集效应。通过局部空间自相关热点分析，2012 ~ 2017 年，北京蔬菜产量在空间高低值聚集方面只呈现出海淀区一直处于低值区，其余区域不存在冷热点，但是 2019 年北京蔬菜种植面积在空间高低值聚集方面不存在冷热点区域（图 10 - 15）。

与蔬菜种植面积和产量相比，2012 ~ 2019 年，北京蔬菜单产在地理聚集方面有着显著的特征。从蔬菜单产的 Moran's I 指数变化趋势可以看出，北京蔬菜单产地理聚集特征分为两个阶段，2012 ~ 2013 年 Moran's I 均在 0.07 左右，且均未通过显著性检验，这说明这个阶段北京蔬菜单产在地理聚集方面存在正相关，但是这种地理聚集并不明显，呈现出较强的随机分布状态，只有在顺义区呈现出热点聚集，这并不能形成显著的地理聚集效应；2014 ~ 2017 年 Moran's I 均高于 0.35，且都通过显著性检验，这说明这个阶段北京蔬菜单产在地理聚集方面存在正相关，这种连片地理聚集显著，呈现出较强的区域聚集分布状

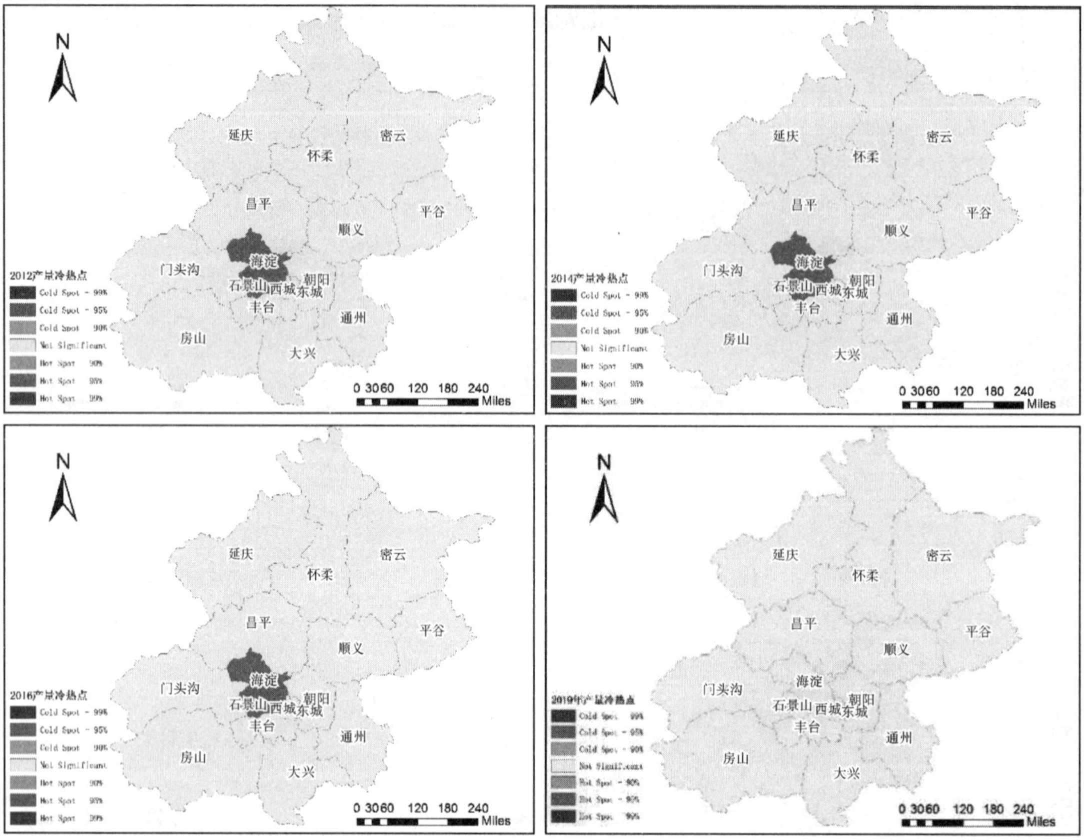

图 10－15　2012～2019 年北京蔬菜产量的冷热点分布

数据来源：根据北京市农业农村局数据整理。

态；其中，2014 年这种地理聚集效应最为明显，在密云和怀柔区呈现出显著的热点聚集，而在海淀、朝阳和丰台等区域呈现出显著的冷点聚集，到 2016 年这种地理聚集效应逐渐减弱，只有在门头沟、海淀、朝阳和丰台等区域呈现出显著的冷点聚集区域，而没有热点区域；2019 年，Moran's I 为 0.3404，且通过 10% 显著性检验，这说明北京蔬菜单产在地理聚集方面存在正相关，但是这种地理聚集并不明显，呈现出较强的随机分布状态，只有昌平区呈现出热点聚集，这并不能形成显著的地理聚集效应（见图 10－16）。

二、加工流通现状

（一）叶菜产后加工技术应用与示范

1. 鲜切叶菜生产全程冷链控制技术集成示范

对鲜切叶菜（生菜）产品的原料预冷及冷链贮运、产品加工、产品贮运等各环节进行全程冷链控制技术集成示范，确定各环节安全 CCP 点，建立鲜切叶菜的生产全程冷链控制体系和标准操作规范（见图 10－17）。

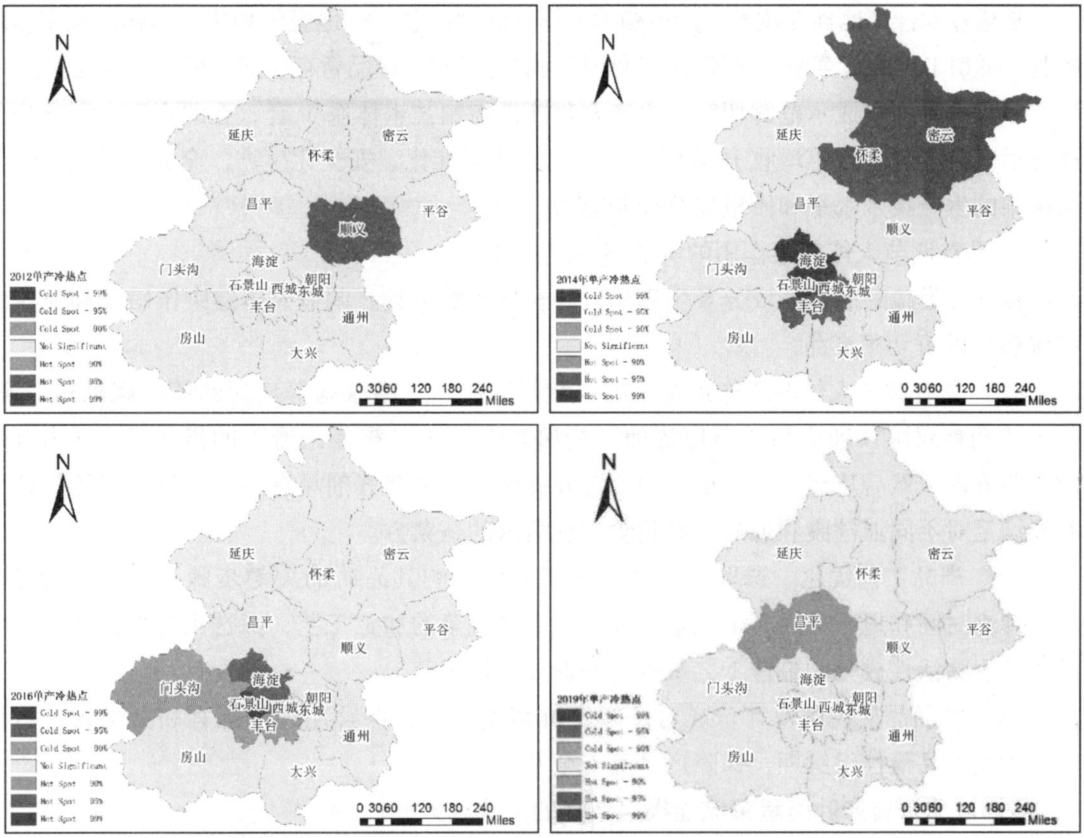

图 10－16　2012～2019 年北京蔬菜单产的冷热点分布

数据来源：根据北京市农业农村局数据整理。

图 10－17　鲜切叶菜产品各环节全程冷链控制示范

集成技术：产地预冷技术、产地初加工车间温度控制、产地至鲜切工厂运输冷藏车温度控制、鲜切工厂内蔬菜原材料储存、鲜切车间温度控制、成品暂存、成品配送冷链技术。

示范效果：集成示范鲜切叶菜生产全程冷链控制技术体系1套，在北京康安利丰公司进行示范，实现企业年增收10%以上。实现企业标准化、安全化生产。全面提升北京市鲜切蔬菜的生产技术水平和质量安全控制能力。

2. 具有调节人体健康作用的鲜切蔬菜产品开发

根据叶类蔬菜的营养成分及生理功效，合理搭配出具有调节人体健康作用（高血压及糖尿病）的鲜切菜产品。

（1）具有调节人体健康作用蔬菜方。针对高血压、糖尿病等病症的核心病机和主证，基于“药食同源”理论和“君臣佐使”中医理念，在“辨证论治”的指导下，开出有效的中药方剂，然后从建立的数据库中筛选并确定出与中药方剂具有相似“性味归经”特性并能满足对不同亚健康和患病人群膳食调理需求的蔬菜方。

（2）产品工艺优化。选取鲜切菜加工工艺中影响其品质的关键步骤及因素：消毒浓度、焯水时间和甩干时间3个因素，并根据不同蔬菜的加工工艺，筛选出对保持产品营养品质及生物活性成分的最佳工艺参数，并形成操作规范。

（3）产品品质控制及评价。对已开发鲜切菜产品在保鲜期内的感官和微生物进行评估，确定产品最佳保鲜期，保障产品的安全及品质。

（二）北京自产叶类蔬菜流通渠道选择的影响因素分析

1. 基于合作社视角蔬菜流通渠道选择分析

本次调研对北京市每个区发放100份农户问卷，30份新型经营主体问卷，预计共调研700个农户，210个新型经营主体和7个区，这些样本有一定的代表性，能够满足对生产者流通渠道选择开展分析的数据要求（见表10－5）。

表10－5　调研区被调查对象分布情况

被调研区	农户数	新型经营主体调研数	总数
通州	198	40	238
怀柔	89	14	103
大兴	100	30	130
密云	100	8	108
昌平	18	9	27
顺义	43	6	49
房山	100	30	130
合计	648	137	785

最终收到有效农户问卷648份，新型经营主体问卷137份，问卷回收率分别为92.6%和65.2%。其中137个新型经营主体问卷中，98%为合作社，故以下新型经营主体均以合

作社为研究对象。

（1）基本信息。从图 10－18 可以看出被调查的合作社中有 15 家是在 2010 年成立的，有 10 家是在 2006 年以前成立的，合作社成立的高峰期集中在 2009 年与 2010 年（见图 10－18）。2006 年是北京市合作社快速增长的元年，直到 2016 年增长速度才大幅减缓。我国于 2007 年颁布《中华人民共和国农民专业合作社法》，这对于北京市合作社于该时间点附近密集增长有着密不可分的关系。

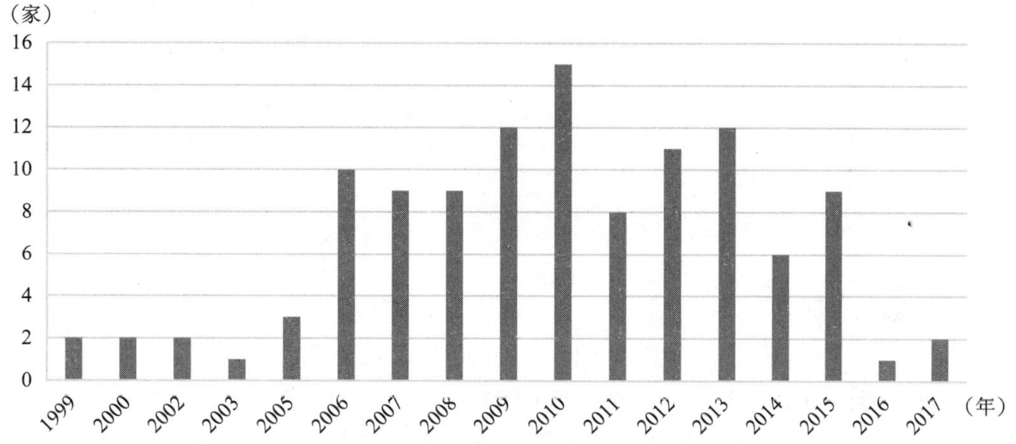

图 10－18　被调查合作社成立时间分布图

本次抽样调查的北京市合作社中，最大规模的合作社为位于通州的北京永乐小务蔬菜专业合作社，共有 2000 人，最小规模的是 2010 年于通州成立的东方合盛园蔬菜专业合作社，仅有 2 人并雇佣了 10 名劳动力。其中，劳动力个数与从事农业生产的人口数完全一致，说明现在的合作社中雇佣的劳动力基本都从事农业生产，并没有专门雇佣从事加工、会计、电子商务等工作的人员。合作社中距离最近的集镇最远的有 20 公里，最近的仅 500 米，拥有最多耕地的为 3000 亩，最少仅为 3 亩，平均 265 亩，租赁土地中最多租赁 1300 亩，平均 189 亩。从事蔬菜生产年限中最长的有 35 年，最少的 2 年，平均从事 12 年。合作社基本情况如表 10－6 所示。

表 10－6　　合作社基本情况

项目	最多	最少	平均
组织人口数（人）	2000	2	1001
劳动力个数	1000	2	501
从事农业生产人口	1000	2	46
距离最近的集镇（km）	20	0.5	0.8
共有耕地（亩）	3000	3	265
租赁土地（亩）	1300	0	189
从事蔬菜生产年限（年）	35	2	12

从表 10－7 可以看到，合作社负责人中，只有一人文化程度是高中或者中专，其他均为大专以上，拥有大专学历的负责人最多占到了总数的 40%，其次为本科学历，占比为 37%。22% 的负责人拥有研究生学历，说明合作社的专业化水平已经不断提高。而负责人的身份中又以普通村民为最多，占到了 45%，其中负责人中有 12 个是村干部。从调研数据中我们可以发现，在合作社中有村干部的仅为 26 个，没有村干部的达到 94 个，规模前 5 的合作社均是由村干部组织建立，因此对村干部的教育培训更显重要。

表 10－7　　合作社负责人学历

学历	频数	频率	身份	频数	频率
中及以下	0	0	村干部	12	8%
高中及中专	1	1%	党员	36	25%
大专	37	40%	退伍军人	5	3%
本科	34	37%	普通村民	64	45%
研究生	20	22%	外来人员	26	18%

从事蔬菜生产的人员平均年龄集中在 41～50 岁，占到 52%（见图 10－19）。招用的蔬菜生产者主要以初中为主，占 41%，高中 32%，初高中加起来占了 73%之多（见图 10－20），可以看到普通蔬菜生产者的文化水平均不高。调研发现，合作社对农户进行蔬菜技术培训的达到了 104 家，占 94%之多，基本可以弥补文化水平的不足。

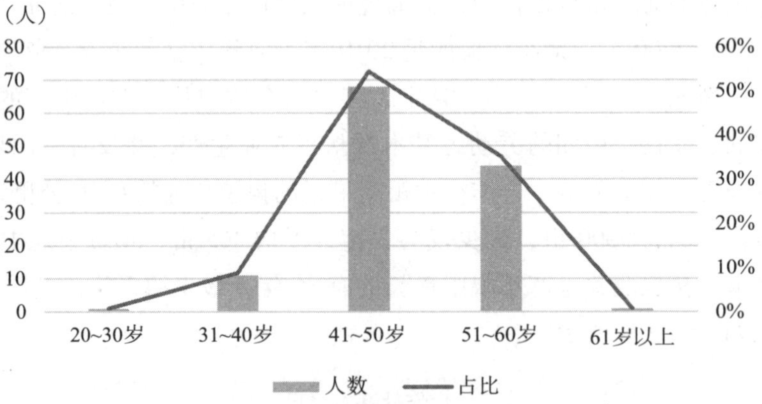

图 10－19　合作社从事蔬菜生产的人员平均年龄

（2）合作社蔬菜流通渠道。从图 10－21 可以看到，被调查合作社的流通渠道选择主要由电子商务平台、路边市场、批发市场、农贸市场、加工企业、超市、农村经纪人、批发商等构成，其中流通最多的以大型批发商为主的流通渠道，占到了 21%，其次是批发市场，占比为 20%，电子商务使用率偏中等，占到了 7%，农村经纪人和加工企业占 6%，路边销售的最少，仅占 4%。其中，兼具采摘休闲的 4 家，占调研总数的 1%。被调研合作社中，最不愿意选择的流通渠道是农贸市场，除了费时费力浪费人工，不利于品牌建设

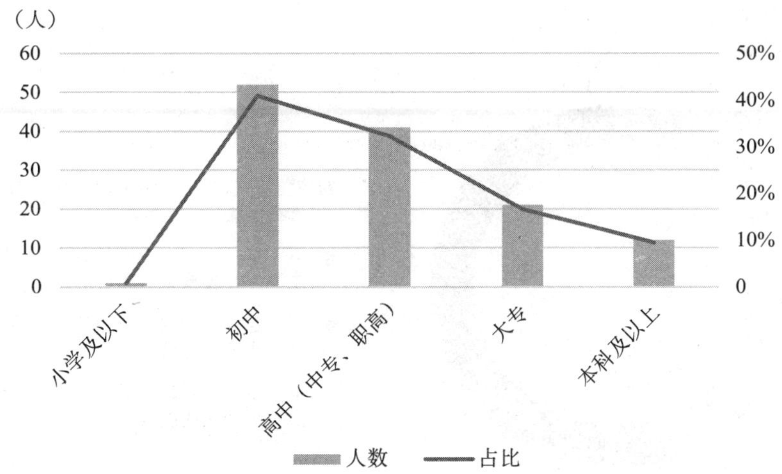

图 10－20　合作社从事蔬菜生产的人员平均学历

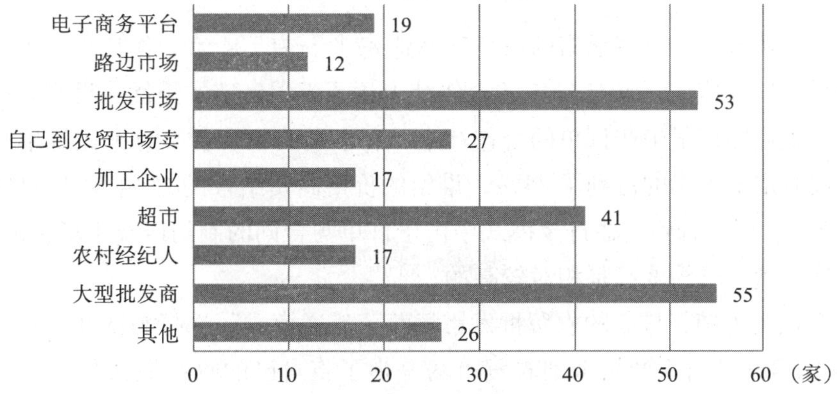

图 10－21　合作社的销售流通渠道

等原因以外，有相当一部分合作社因量大卖不过来或者量少路途远而耽误销售的原因拒绝去农贸市场销售。

（3）合作社蔬菜流通渠道选择分析。对“以新型经营主体（销售企业）为销售核心的订单模式”。被调查合作社中已经与企业签订生产订单的共有 56 家占 45%，55% 的合作社没有与企业签订生产订单（见图 10－22）。而同时，有高达 84% 的合作社表达了期待与企业签订订单的意愿，主要原因是因为与企业签订生产订单以后效益较高，销量和价格有保证，生产目的性强，产供销连为一体后在节约了大量时间和人力的情况下还能完成销量的稳步上升。而 16% 的合作社并不愿意与企业签订订单，原因在于企业订单的产品单一，对于生产的要求较高，价格并没有想象中高，部分合作社由于自身产量限制与实验基地属性而不适合与企业签订。受调研的合作社普遍认为，与企业签订了订单就能保证有稳定的好收益，认为这样生产有数且保证销量的占到了 74%，对企业心存忧虑担心变卦改变收购量和价格的有 16 家占 14%，对于企业签订订单价格感到不满意的占比 6%，对企业订单表示深深担忧的有6%。

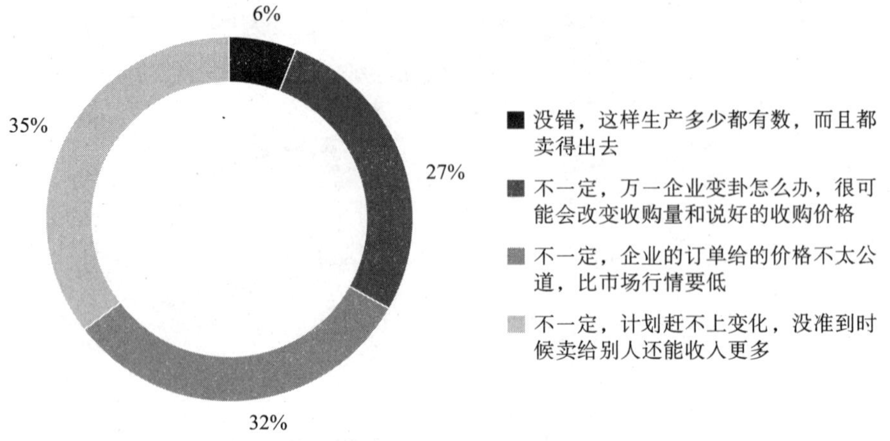

图10－22　合作社对与企业订单模式的认可度

合作社对企业履行订单中承诺的信任度高达87%，有104家合作社表达了对企业订单履约度的非常信任与信任，仅有13%的合作社表达了不太确定的担忧，没有合作社对企业不信任。在与企业签订了生产订单的合作社中，有个别的收购者愿意出比订单中规定更高的价格，仍按原定要求卖的占到了84%，谁给的价格高卖给谁的有14家占11%，不知道怎么办的占5%。可以看到，在订单模式中由于订单与合同的制约以及市场化的诸多优势，订单双方的信任度、履约度都是相对较高的。

对“以产地销为销售核心的农贸批发市场蔬菜流通模式”选择与认知。在调研的合作社中，有81家合作社将农产品带到农贸市场是为了将自己的收益最大化，占到了全部受调研合作社的67%。而在农贸市场中销售的合作社中，有38%的合作社经常会遇到滞销或者过剩的情况，55%合作社偶尔遇到，仅有8家合作社从未发生过滞销的状况，占了7%。

在选择去农贸市场的原因中，36%的管理者认为直接与消费者接触更放心，有23%的管理者认为这里的市场空间是最大的，22%的管理者因为长期在农贸市场而产生了惯性，分别有8%的合作社是跟着别人以及不知道其他的流通渠道，有4家合作社因为自己生产的东西不多所以选择来农贸市场销售占3%。

对“以蔬菜零售端为销售核心直供式的蔬菜流通模式”选择与认知。在受调研的合作社中，听说过超市直接来村里收购农产品的有82家，占到了66%，而没有听说过的有43家，占到了34%。如果有超市直接来收购农产品，它们的价格可能会略高于批发商出的价格，会选择卖给超市的合作社有95家，占了77%，主要原因是农超对接的直供模式收购量大，利润高，固定客源销量有保证，省时省力等。而不愿意卖的合作社有28家，占了23%，主要原因有批发量太大，对产品太挑剔，回款慢，合同期没保证等，也有相当一部分合作社认为超市质量鱼龙混杂对他们充满了不信任。目前为止，已经有48家38%的合作社选择了与超市、高校直接进行对接，还有 79 家 62% 的合作社没有选择。

从图 10－23 可以看到，在受调研合作社中，选择超市、高校进行直供销售时所进行的质量控制、包装加工，相对于粗放地种植，收益是得到了显著的提高，多达 102 家 89% 的合作社认为直供模式大大提高了销售的收益。

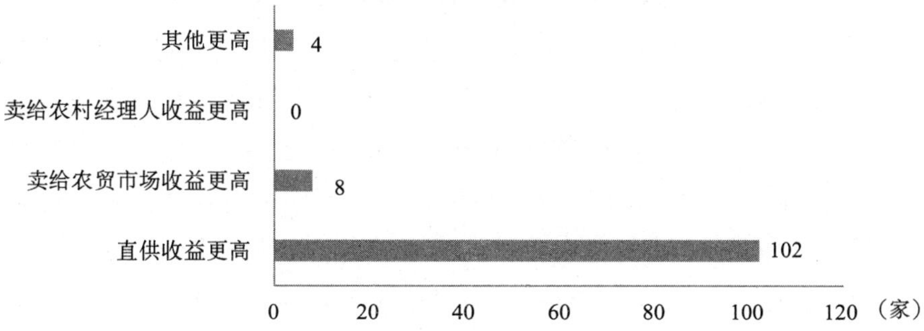

图 10－23　总体收益比较

多达 86% 的合作社认为以蔬菜零售端为销售核心直供模式更有利于品牌的构建，4% 的合作社认为苛刻的要求与不规范的超市并不利于自身的品牌构建。74% 的合作社认为直供模式相对于其他订单模式更能够保证长期的合作，22% 持怀疑态度，4% 的合作社认为农超对接为主的直供模式并不能保证长期的订单。

对于选择直供模式的原因，受调研合作社中，共有 45 家合作社表示是由政府引导，占到了 25%，其次是由于直供模式可以节省自己大量用于销售的时间。也有 17% 的合作社认为可以提升产品的口碑，17% 的合作社表示是由于朋友介绍而跟着做，12% 是由于超市或者高校上门洽谈，还有 7% 的合作社只是认为这个模式好而选择了直供（见图 10－24）。

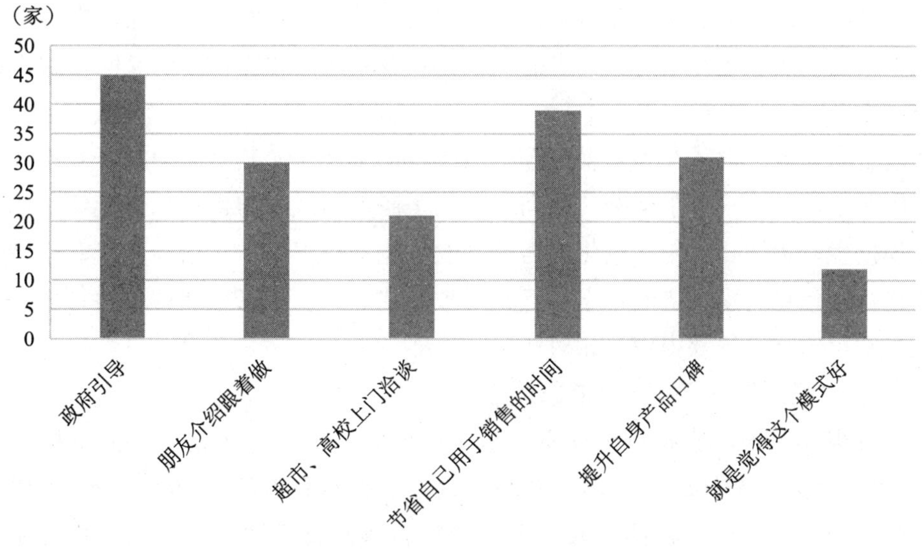

图 10－24　合作社选择直供模式的原因

对“以电子商务为销售核心的产销对接蔬菜流通模式”选择与认知。北京市新型蔬菜流通模式占比较低，新型流通模式单一，农户选择蔬菜销售渠道更偏保守，生产者对新型流通渠道选择较少。农户对于新型流通渠道的采纳率远低于合作社，大多数农户都选择传统销售模式。据调研共有 42 家占比 38% 的合作社曾使用电子商务销售蔬菜，相对于 15.8% 的农户使用电子商务，高出了一倍多。而在通过电子商务销售蔬菜的合作社中，电子商务销售蔬菜产值占总产值平均为 43%，远远高出农户通过电子商务销售蔬菜产值。最高的电子商务销售蔬菜占到总产值的 83%，最低的是只占了 6%。在农户中，蔬菜全部都在电子商务上销售占 6.69%，电子商务上销售额占总销售额一半的人数有 17.73%，有高达 45.35% 的受调研合作社没有任何电子商务销售。有 63% 的合作社认为通过电子商务销售对蔬菜价格没有任何影响，30% 的合作社认为电子商务销售会得到比传统渠道销售更高的价格。而没有使用电子商务的合作社中，有高达 86% 的合作社表示非常愿意学习并使用电子商务，14% 的合作社认为使用与否对他们影响不大，没有合作社不愿意使用电子商务。可以看到，蔬菜电子商务流通模式缺乏品牌效应，还无法实现优质优价，整体效益不高。

通过对使用电子商务的 42 家合作社样本研究发现，在使用的电子商务平台的合作社中，通过微信销售的使用率是最高的，高达 93% 的电子商务平台使用者会选择用微信进行销售，其次专门开设微店的有 11 家，占所调研电子商务平台的 25%；利用顺丰鲜食并直接在运用其快递运输的占了 10%；在京东上销售的有 8 家，占总数的 19%；淘宝和一号店的共有 7 家，占 17%；苏宁易购紧随其后，占 14%；最后与一些蔬菜 O2O 平台对接做销售的有 5 家，占 12%；其他平台选择则相对较少，仅有 3 家。通过比较合作社对电子商务平台采纳现状与采纳意愿的数据我们可以看到，微信依然是合作社们愿意青睐的平台，而有越来越多的合作社愿意使用顺丰鲜食、一号店以及京东。农户在使用的电子商务平台中，微信平台的使用率也是最高的，占总数的 50.48%，一号店和苏宁易购使用率相对较少，都只占 2.17%。

蔬菜电子商务流通模式在销售渠道选择中所占比例低，尤其是农户对于新型蔬菜电子商务采纳率非常低。农户对于电脑、移动终端电子商务的概念与操作依然模糊，同时农户普遍以小规模生产为主，对于信息化的需求与发展能动性不高。多数新型经营主体与农户在获取价格行情信息的渠道依然不丰富且属于被动状态，生产者在获取价格行情信息时还是靠他人告知，这种渠道获得信息相对滞后。

2. 基于农户视角的蔬菜流通渠道选择分析

（1）户主基本情况。根据调研样本分析，被调查农户的户主是男性的占样本总数的 75.52%。平均年龄为 53.05 岁，超过 40 岁的农户占样本总数的 87.60%，50 岁以上的农户人数接近一半。农户户主在接受教育方面学历普遍较低，初中学历的农户最多，占到 78.1%；户主身份多为普通村民，占到近八成。

（2）家庭情况。根据调研样本分析，家庭成员中有村干部的只占 1. 90%，超四成农户被合作社吸纳，同时也有 56. 98% 的农户没有被吸纳。77. 90% 的农户接受过蔬菜农技培训，86. 96% 的农户为小农户生产状态，其他为大户、家庭农场经营户等。

被调查者家庭人口数平均为 3. 9 人，家庭人口从 1 ~ 12 人不等，家庭劳动力平均为 2. 46 个。平均蔬菜种植面积 6. 49 亩，种植面积最大的有 226 亩，有 4. 2% 的农户通过租赁土地进行蔬菜种植，农户平均租赁土地占总种植比为 68. 43%，大小不等。农户通过从事生产种植所创造的收入占劳动收入比的均值为 53. 19%，通过种植蔬菜获得收入占劳动收入比的均值为 44. 8%。农户平均已从事农业生产种植 15. 87 年，最长时间的达到了 60 年。生产种植产地距最近销售市场的距离平均 5. 53 公里，最远达到 55 公里。

（3）农户蔬菜流通渠道选择分析。农户蔬菜流通渠道选择主要有农贸市场、批发商、经纪人、路边市场、超市、合作社、电子商务等，每一个流通方式都有适应农户选择的时机与方式。对于规模较小、销售灵活的农户而言，常常采用多种模式结合的方法进行销售，以实现销售利润的最大化。因此研究农户选择流通渠道的时候，其流通渠道选择的问题为多选，如此较为贴近实际，研究结果更能解释农户选择流通渠道的真实情况。

各农户对蔬菜流通渠道选择时机、偏好与认知都不一样。从调研样本分析，农户选择流通渠道以农贸市场和批发商为主，分别占 24. 36% 和 20. 78%。农户比较抗拒的是电子商务流通渠道，占总数的 29. 30%，占总数的三成，关键在于对于北京市的农户而言，生产量不大，销路相对稳定，对于新型蔬菜流通渠道的积极性不高。同时由于学历、年龄等问题，对于学习并采纳新渠道比较抗拒。从图 10 – 25 中看到，有 38. 98% 的农户只选择一种销售渠道，33. 05% 的农户选择两种销售渠道，选择三种和四种及以上销售渠道的农户分别占到 20. 00% 和 7. 97%。

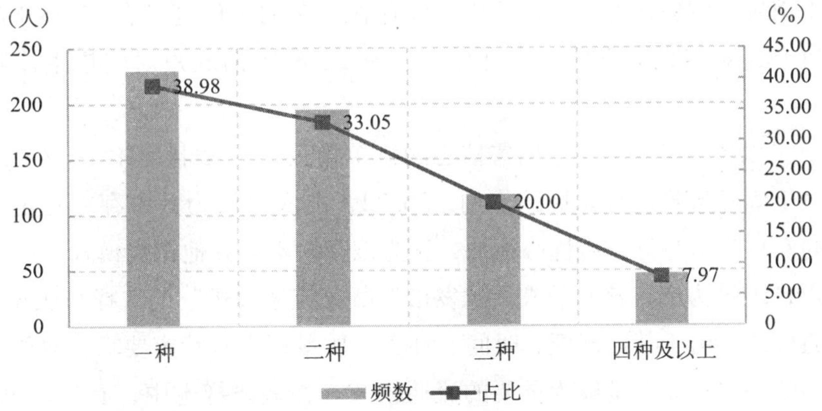

图 10 – 25　农户选择蔬菜销售渠道数分布

农户选择蔬菜销售渠道占比如图 10 – 26 所示，自己到农贸市场卖（24. 36%）> 批发市场（20. 78%）> 合作社（16. 44%）> 大型批发商（14. 82%）> 路边市场（10. 14%）> 超市（6. 47%）> 电子商务平台（3. 66%）> 农村经纪人（2. 47%）> 加工企业（0. 85%）。

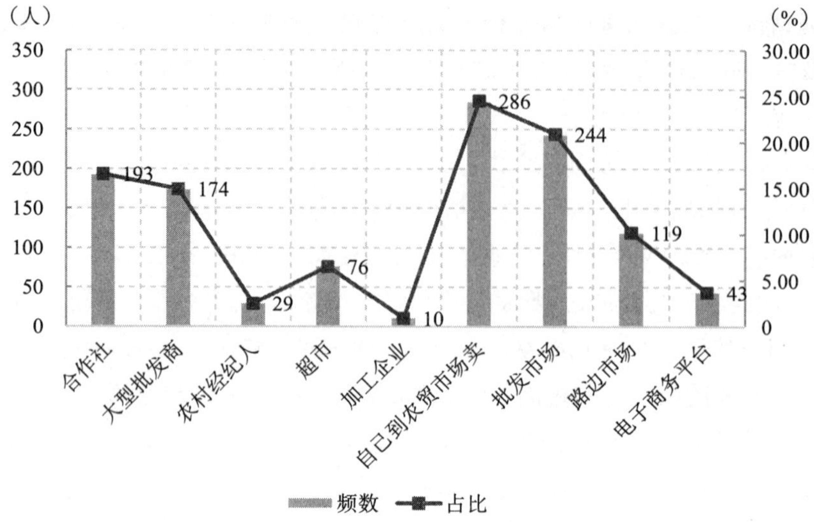

图 10－26　农户选择销售蔬菜渠道统计

①对“以新型经营主体为销售核心的订单模式”的选择与认知。合作社负责统一生产和销售农产品，因此将蔬菜提供给合作社销售的农户占农户样本总数的 16.44%，在提供给合作社的这部分农户中，提供给合作社的量占自己生产种植的蔬菜总量的 50.01%，远高于其他销售量。

在农户样本总数中，只有 16.76% 的农户与销售企业签订了生产订单合同，但是有 72.8% 的农户愿意与企业签订生产订单，他们认为与销售企业签订合同能够降低自身的销售风险，能够节约时间和精力从事其他生产活动。有 27.19% 的农户依然拒绝与销售企业建立订单合作，主要受限于自身产量以及产品质量标准等问题。

农户对于销售主体信任度不一，销售主体存在一定的失信度。有 77.38% 的农户对销售主体完全放心，对签订的合同不存在歧义；有 22.62% 的农户对销售主体履约度持有异议。

农户对于“以新型经营主体为销售核心的订单模式”认知状况不一。63.28% 的农户认为该模式对于确保年收益有积极的作用，36.72% 的农户认为其中存在一定的风险和变数，9.96% 的农户表示签订以后忧心忡忡，认为该模式不如其他销售模式。

②对“以产地销为销售核心的农贸批发市场蔬菜流通模式”的选择与认知。农贸批发市场蔬菜流通模式，由于其对规模、时间、种类、质量都没有特定要求，对于小而散但是总体数量众多的小农户而言是最为重要的流通模式。在调研样本中，有 24.36% 的农户选择距离自己最近的农贸市场进行销售。

批发市场同样是农户流通的重要选择方式。在调研样本中，共有 20.78% 的农户选择批发市场作为主要流通渠道，14.82% 的农户选择大型批发商收购。

农贸批发市场是最为传统的蔬菜流通模式，经过长时间的积累，农户对于该模式下适合销售的时间、地点、价格、利润都有比较清晰的掌握，有较强的认知。同时该模式对于农户的生产质量的硬指标要求最少，无须宣传、经营、加工等环节，对于农户而言，无须过多学习与升级，较为省时。但是一旦农户产量提高想扩大销量增加利润，该模式的劣势即会显现。

③对“以蔬菜零售端为销售核心的直供式蔬菜流通模式”的选择与认知。从调研情况来看，农户对于直供式的流通选择较少，对于超市、食堂等直供模式没有较多的选择。样本总数的20.90%的农户与超市或者高校签订了部分生产订单。其中有85.42%的农户愿意与超市或高校签订生产订单，愿意签订生产订单的农户认为选择超市进行农超对接以后，省时、省力、方便、性价比高，对于收益也能起到积极的效果；其余14.58%的农户不愿意与超市或高校签订生产合同，主要有认为该模式不稳定、不长期、质量要求严、加工麻烦、不固定等原因。

3. 基于消费者视角的蔬菜流通渠道选择分析

（1）样本基本信息。被调查的消费者中，男性占比54%；年龄结构主要集中在21～30岁，占总数48.7%，20岁以下和50岁以上的占比最少；单身消费者接近40%；60.5%为北京人；58.9%的消费者拥有大学本科学历。消费者基本信息结构分布相对合理，以年轻人为主要群体（见表10－8）。这种情况能够反应出一定发展趋势。

表10－8　被调查者个体特征

被调查者特征	特征属性	频数（人）	占比（%）
性别	男	454	54.0
	女	386	46.0
年龄	20岁及以下	24	2.9
	21～30岁	409	48.7
	31～40岁	297	35.4
	41～50岁	74	8.8
	50岁及以上	36	4.3
婚姻状况	已婚	523	62.3
	未婚	317	37.7
户籍	北京	508	60.5
	外地	332	39.5
学历	初中及以下	9	1.1
	高中	52	6.2
	大专	120	14.3
	本科	495	58.9
	研究生	164	19.5

消费者样本中，在企业工作的消费者占主体，为62.26%，进城务工人员、退休人员、无职业人员相对较少（见图10－27）。

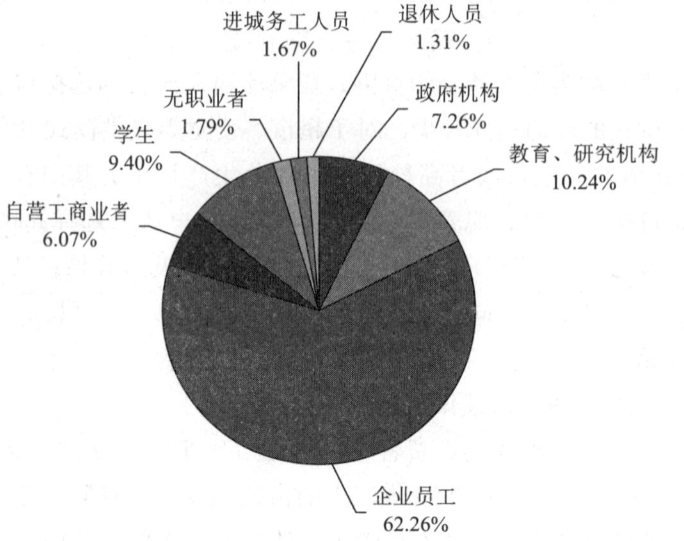

图10－27　被调研者职业分布情况

（2）消费者行为特征分析：

①品种与季节。从图10－28可以看出，叶菜是消费者购买最为频繁的蔬菜，然后依次是果菜、根茎菜，购买最少的是食用菌类。

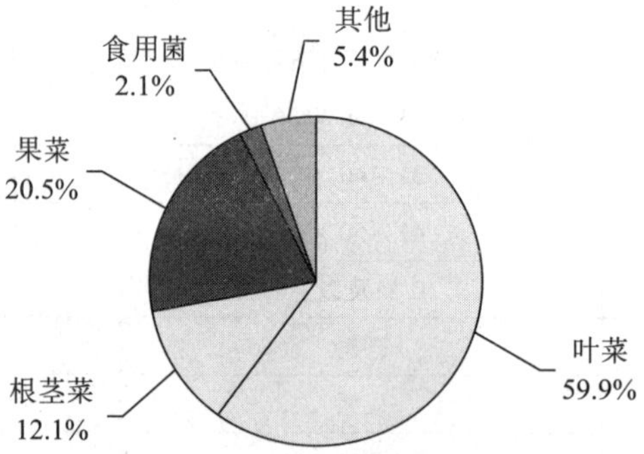

图10－28　消费者最常购买的蔬菜种类

由图10－29可以看到，受调研群体中，56%的消费者在不同季节购买蔬菜没有区别，有32%在夏季购买最多，主要在春秋冬季购买蔬菜的消费者明显少于夏季。

②频率与地点。由表10－9可以看出，36%的消费者每天购买蔬菜，然后分别是每周购买3次、1次、2次。蔬菜的易腐性决定了消费者对于蔬菜购买的频率，增加购买频率将蔬菜保鲜、蔬菜新鲜供应控制交给生产者。

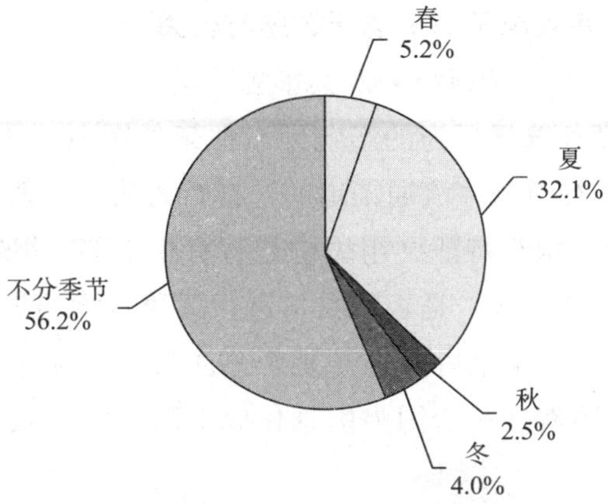

图 10－29　消费者购买蔬菜季节性分布

表 10－9　消费者购买蔬菜频率与地点特征

购买特征	特征属性	频数（人）	占比（%）
蔬菜购买频率	每天	304	36. 2
	每周 1 次	131	15. 6
	每周 2 次	133	15. 8
	每周 3 次	243	28. 9
	半月 1 次	5	0. 6
	每月 1 次	2	0. 2
	几乎不买	22	2. 6
蔬菜购买地点	路边摊位	113	13. 5
	农贸市场	324	38. 6
	超市	272	32. 4
	专营店	59	7. 0
	社区便利店	48	5. 7
	网络电商	14	1. 7
	其他地点	10	1. 2

在购买渠道选择中，接近 39% 的消费者选择了农贸市场，32% 的消费者选择在超市购买，这两个渠道能够保证价格与质量可控，10% 的消费者选择在路边摊就近购买，选择蔬菜电子商务等其他渠道的消费者相对较少。可以看到，社区店、电子商务等流通渠道对于消费者而言同样以补充手段为主，并不取代线下购买的行为与认知，价格、品种、质量是限制消费者选择购买渠道的因素。蔬菜生产者与消费者间实现优质优价的电子商务供需桥梁还有待于进一步搭建及完善，蔬菜产销对接不顺畅，优质蔬菜生产与优价蔬菜消费脱钩，消费者缺乏信任。

（三）北京自产叶类蔬菜电子商务选择意愿与行为

1. 合作社对蔬菜电子商务选择行为及其影响因素

合作社对蔬菜电子商务选择行为的影响因素框架如图10－30所示。将蔬菜流通渠道作为因变量，将影响合作社对蔬菜流通渠道的选择行为的五类因素作为自变量，负责人特征（负责人受教育水平）、组织特征（组织中是否有村干部、组织人口数、从事蔬菜生产的人员平均年龄、叶菜生产收入、是否对农户进行蔬菜技术培训）、生产种植因素（种植规模和距离最近的集镇）、蔬菜销售因素（是否关注目前市场上的价格，是否经常发生滞销或者过剩）、供需对接因素（是否因为信息化成本高、是否因为蔬菜质量运输中不好控制）。

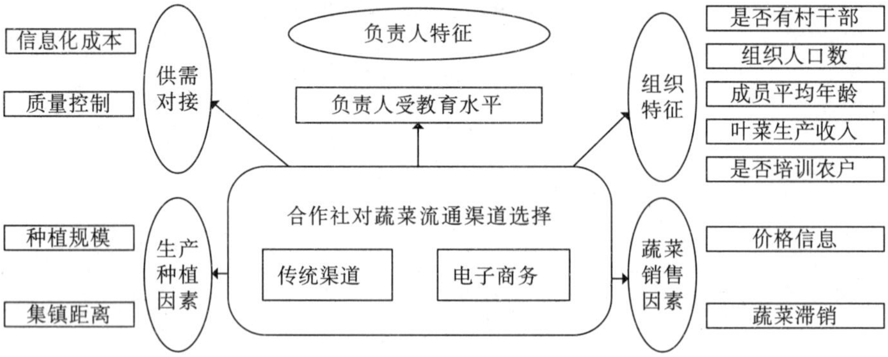

图10－30　合作社对蔬菜电子商务选择行为的影响因素框架

（1）描述性分析。通过北京市叶类蔬菜创新团队体系在北京市各区县选择农业技术推广站以及田间学校等负责人，对调查人员关于问卷发放和回收注意事项等进行培训再开展相应工作，本次问卷预计总共发放210份，共计调研北京7个区，每个区发放问卷30份，最终回收问卷202份，问卷回收率为96%，剔除无效问卷后实际可采用问卷数为200份，问卷有效率为95%。在200个新型经营主体问卷中，98%为合作社，故以下新型经营主体均以合作社为研究对象。问卷的组合采用入户调查和访谈的形式组合完成，以提高调查结果的准确性。

调查对象的基本情况。从负责人特征来看，多数负责人的受教育水平集中在高中、大专，占比超过50%，小学占比最低，只有0.5%；从组织特征可以看出大多数的区没有村干部，从事蔬菜生产的人员平均年龄在41～60岁，多数农户接受过技术培训，总的来说区组织缺乏管理，从业人员老龄化趋势重，青年人群补给不足；蔬菜销售特征上表现出合作社对市场价格的关注度高，市场滞销问题严重，这说明合作社的意识在不断提高，但是市场整体蔬菜滞销问题还是比较严峻，需要积极疏导；供需对接因素说明信息化成本高和蔬菜质量运输问题对于合作社而言是可以接受的，由于合作社体量规模因素使得合作社对于供需对接成本与质量相对而言在可控范围内。

（2）蔬菜电子商务选择行为及其影响因素。从结果来看，Logistic 回归分析模型整体的拟合优度为0.958，模型整体解释能力很好，该模型合适。由检验结果可知：负责人受教育程度、从事蔬菜生产的人员平均年龄、叶菜生产收入、是否对农户进行蔬菜技术培训、距离最近的集镇、是否经常发生滞销或过剩和是否因为蔬菜质量运输不好控制对合作社选择电子商务渠道有显著影响，其中，当负责人受教育程度提高时，合作社会更多地选择电子商务渠道；当从事蔬菜产生的人员平均年龄增加时，合作社会减少电子商务渠道的选择；当叶菜生产收入增加时，合作社也会减少电子商务的选择；当距离集镇近时，合作社电子商务选择会增加；当蔬菜质量运输不可控时，合作社电子商务流通渠道选择急剧减少。

2. 农户对蔬菜电子商务选择行为及其影响因素

农户对蔬菜电子商务选择行为的影响因素框架如图 10－31 所示。可以将蔬菜流通渠道作为因变量，将影响农户对蔬菜流通渠道的选择行为的五类因素作为自变量，农户户主特征（户主性别、户主年龄、户主受教育水平）、农户家庭特征（家庭成员中是否有村干部、生产专业程度）、生产种植因素（加入合作社和种植规模），蔬菜销售因素（农户是否知道市场蔬菜价格信息、价格满意度、蔬菜是否滞销），供需对接（是否因为信息化成本高、是否因为蔬菜质量运输中不好控制）。

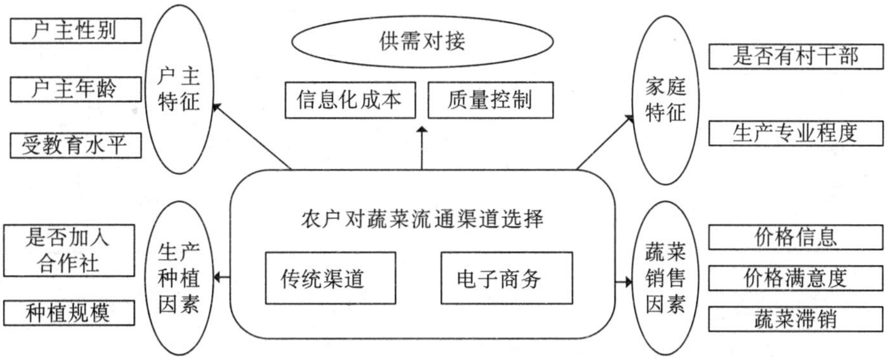

图 10－31 农户对蔬菜电子商务选择行为的影响因素框架

（1）描述性分析。通过北京市叶类蔬菜创新团队体系在北京市各区选择农业技术推广站以及田间学校等负责人，对调查人员关于问卷发放和回收注意事项等进行培训再开展相应工作，共调研 560 名农户，最终收到有效农户问卷 456 份。调查对象的基本情况如表 10－10 所示，农户户主性别为男性居多，占比 73.5%；户主受教育水平中未上过学的最多，占比 75.2%；户主受教育水平为大专的最少，占比 0.4%；家庭成员中没有村干部的最多，占比 94.5%；没有加入合作社的最多，占比 52.6%；农户不知道市场蔬菜价格信息的偏多，占比 59.6%；价格满意度基本满意的最多，占比 67.1%；蔬菜没有滞销的最多，占比 67.8%。

表 10－10　　农户自变量特征统计

变量类型	变量名称		N	百分比（%）
农户户主特征	户主性别（X1）	女	121	26.5
		男	335	73.5
	户主受教育水平（X3）	未上过学	343	75.2
		小学	89	19.5
		初中	13	2.9
		高中（中专、职高）	9	2.0
		大专	2	0.4
农户家庭特征	家庭成员中是否有村干部（X4）	否	431	94.5
		是	25	5.5
生产种植因素	加入合作社（X6）	否	240	52.6
		是	216	47.4
蔬菜销售因素	农户是否知道市场蔬菜价格信（X8）	不知道	272	59.6
		知道	184	40.4
	价格满意度（X9）	不满意	129	28.3
		基本满意	306	67.1
		很满意	21	4.6
	蔬菜滞销（X10）	否	309	67.8
		是	147	32.2
供需对接	是否因为信息化成本高（X11）	否	414	90.8
		是	42	9.2
	是否因为蔬菜质量运输中不好控（X12）	否	416	91.2
		是	40	8.8

（2）蔬菜电子商务选择的行为及其影响因素。对收集的456个样本数据采用Logistic回归分析方法，利用SPSS18.0软件得到农户蔬菜销售行为及影响因素的结果如表10－11所示。

表 10－11　　消费者年龄段分布

选项		频数（人）	百分比（%）
年龄	20岁及以下	27	6.32
	21～30岁	201	47.07
	31～40岁	130	30.44
	41～50岁	49	11.48
	51岁及以上	20	4.68

从结果来看，模型的拟合优度为0.503，解释能力可行。对农户选择电子商务平台行为影响显著的因素主要有户主性别、户主年龄、户主受教育程度、家庭成员是否有村干

部、种植规模、农户是否知道市场蔬菜价格信息、价格满意度、蔬菜滞销、是否因为信息化成本高、是否因为蔬菜质量运输中不好控制等因素，这就说明对于农户做出电子商务平台销售选择，农户个人特征、蔬菜销售因素和供需因素影响非常明显，其中，男性户主更倾向于电子商务平台销售，年龄越大的农户越不容易接受电子商务平台销售，受教育水平越高，越有利于农户选择电子商务平台销售，即越年轻越高素质的男性农户接受新事物能力越快；家庭中有村干部的农户选择电子商务平台销售较多，思想更开明；种植规模越大，对市场越了解的农户越喜欢使用电子商务平台销售，这可能与电子商务平台流量大，销售方便等有关；电子商务平台销售农户的选择会受到信息化成本、蔬菜运输质量制约。

3. 消费者对蔬菜电子商务选择意愿及其影响因素

北京市叶类蔬菜创新团队于 2019 年 3 月通过“问卷星”发放问卷，一共搜集到 581 份问卷，去除填写不完整的问卷之后，共回收到 427 份问卷。

（1）调查样本情况分析。对 427 份问卷中的消费者基本情况进行分析，分别从性别、年龄、学历、月收入、月消费和职业等方面分析。男性占比为 35.36%，女性占比为 64.64%，消费者中以女性调查者为主，主要考虑到购买蔬菜类产品的用户中女性更多，所以在问卷调查时偏向女性用户。对调查者中的年龄段进行分析，可以从表 10－11 中看出，被调查者年龄集中在 21～40 岁，占比达到 77.51%，超过了 50%，说明多数消费者偏年轻化，这将成为一个趋势。

对调查样本的学历进行分析，可以得到图 10－32，发现多数被调查者学历集中在本科以上。我国推行全面素质教育以来，国人整体素质提高。另外，网购人群根据有关调查主要集中在高学历人群，所以该结果比较符合实际。

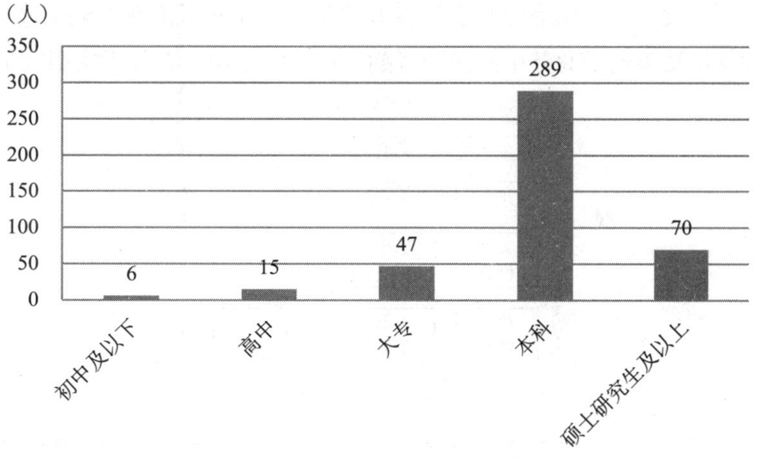

图 10－32　学历分布

对问卷中被调查者的月收入能力和消费能力进行分析得到表 10－12。表中结果显示，月收入在 7001～11000 元占比最高，为 30.44%；月食品消费额 1001～3000 元占比最高，为 47.78%，这说明被调查者月收入能力和消费能力较强，其中月收入能力基本达到中等收入，符合我国收入的人均水平，消费能力上食品消费能力相较于收入还是偏低，说明当下我国消费升级加快。

表 10－12　　消费者收入和消费能力

选项		频数（人）	百分比（%）
月收入	3000 元及以下	75	17.56
	3001～7000 元	107	25.06
	7001～11000 元	130	30.44
	11001～14000 元	71	16.63
	14001 元及以上	44	10.30
月食品消费金额	500 元及以下	24	5.62%
	501～1000 元	143	33.49%
	1001～3000 元	204	47.78%
	3001～5000 元	48	11.24%
	5001 元及以上	8	1.87%

另外问卷中显示职业中企业人员占比最高，为 48.95%。所住区以朝阳区和海淀区为主，分别占比 28.10% 和 22.95%。

（2）蔬菜电子商务中的消费者购买行为的影响因素分析框架。初步假设，顾客诉求对态度契合有着显著正向影响，态度契合对风险感知影响购买意愿有着正向促进作用，二者存在中介效应，认知过程对态度契合影响购买意愿有着正向促进作用，其存在调节效应。

基于 TRA、TPB 和 TAM 理论模型，结合相关学者的研究，拟从消费者电子商务蔬菜购买的诉求出发，分析态度契合、风险感知等与诉求的关系，并分析消费者购买意愿和三者之间的内在联系，从而得出蔬菜电子商务中的消费者购买行为的影响因素分析模型（见图 10－33）。

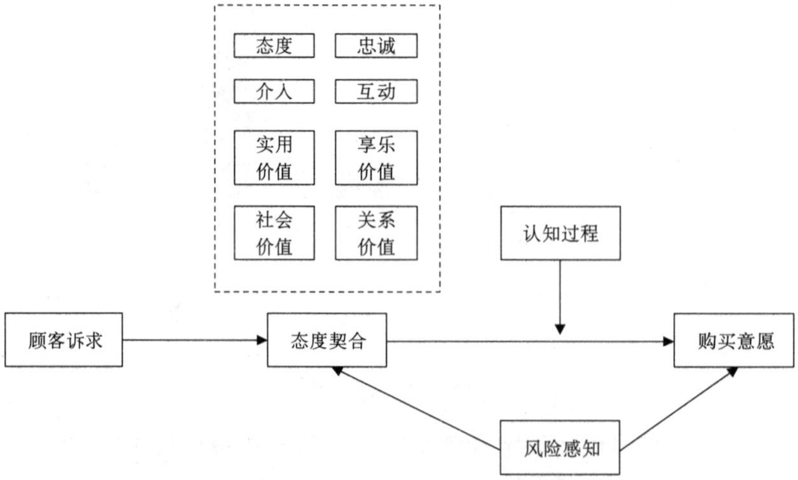

图 10－33　蔬菜电子商务中的消费者购买行为的影响因素分析模型

H1：顾客诉求正向影响购买意愿。顾客诉求越高，对于蔬菜电子商务购买的意愿越强烈。

H2：态度契合在诉求和购买行为中起到中介作用。

H3：感知风险对购买态度和意愿影响显著。

H4：认知能够正向调节态度与意愿的关系。

（3）蔬菜电子商务中的消费者购买行为影响因素。考虑到顾客诉求是通过态度契合作用于购买意愿，风险感知、态度契合和购买意愿之间有着中介效应，利用 Mplus7. 0 软件最终得到总模型结果如图 10－34 所示。

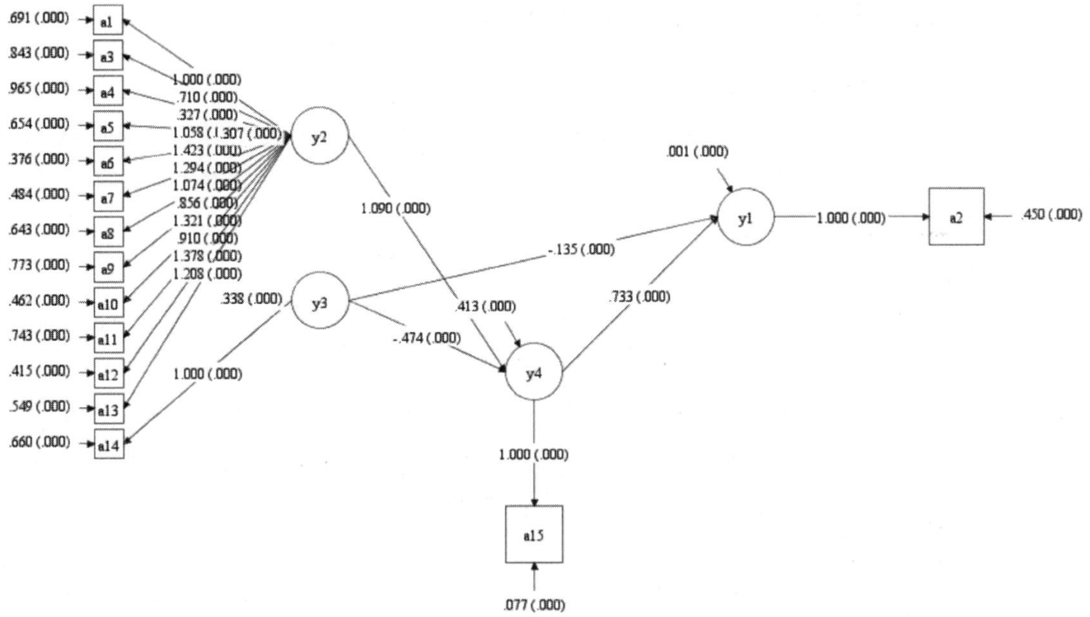

图 10－34　总模型结果图

从图 10－34 中可以看出，潜变量顾客诉求 y2 对潜变量态度契合 y4 有着显著正向作用，其系数为 0. 413，潜变量风险感知 y3 对潜变量态度契合 y4 有着负向作用，其系数为－0. 576，潜变量风险感知 y3 对潜变量购买意愿 y1 有负向作用，其系数为－0. 135，潜变量态度契合 y4 对潜变量购买意愿 y1 有着正向作用，其系数为 0. 733。所以模型开始的假设 H1、H2、H3 成立，H4 不成立。对于消费者购买行为而言，最重要的影响因素是态度契合，而影响态度契合最重要的因素是顾客诉求，所以顾客诉求对于消费者购物行为有着重要影响，其中影响最大是产品品牌诉求 a6 和服务质量诉求 a12。结合实际来看，平台品牌效应对用户购买行为有着重要影响，越是知名的平台用户越多，其发生购买的概率越大；另外随着互联网的发展，用户体验感也变得越来越重要，因此平台质量对于用户影响非常大，如果用户对平台质量不认可，很快就会脱离该平台；用户自身对平台的态度对于其购买行为有着直接效果，越是忠诚的客户购买行为越多；用户素质的提高，对于平台要求也就越高，因为用户风险感知能力增强，其对平台态度很容易受到作用，从而下意识地脱离平台。

上述结论对于蔬菜电子商务平台而言，用户的态度对用户使用平台的频率有着显著作用。如果用户对平台态度不认可，使用频率会大幅下降，而一旦用户频繁使用，其会形成黏性和依赖性，就会更高频地使用该平台；顾客诉求是影响用户态度最直接的因素，顾客诉求得到满足，就会形成带有正向效应的粉丝经济，价格再高都会令消费者趋之若鹜；随着国家经济发展，全民素质的提高，用户自身对风险感知越来越敏锐，一旦出现任何危机或者问题，用户就会感到极大的不安，从而丧失原本的信任，甚至将事件无限放大。

三、蔬菜支持补贴政策分析与满意度评价

（一）调研样本收集与区域分布

本次调研7个蔬菜主产区的400个农户，采取分层调研的方法，每个区调研60~80农户，这些样本分布均匀且广泛，具有很好的代表性，能够满足对蔬菜优质品种补贴效果评估研究的数据分析要求，最终收到有效问卷370份，问卷回收率为92.50%。

（二）调研结果分析

1. 基本生产情况

（1）农户户主及家庭基本信息。根据调研样本分析，被调查农户的户主以男性为主，占到81.57%；平均年龄为52岁，44.44%的户主年龄分布在41~50岁，51~60岁的户主数量占比29.13%，其次分别是61~70岁和40岁以下的户主，占比分别为12.91%和11.11%，70岁以上高龄的户主极少，占了总体的2.40%，年龄在40岁以上占到了88.89%，50岁以上的农户占44.45%。

户主从事蔬菜生产的时间普遍不长，低于10年的户主人数占了将近半数，随着从业时长的增加，从业人数呈明显下降趋势。

户主的健康程度普遍较好，七成的户主健康状况良好，28.61%的户主健康状况一般，只有1.36%的户主健康状况低于正常水平；从户主人员结构来看，绝大多数（90.88%）的户主为本地农户，只有9.12%的农户为外来农户；户主的受教育程度偏低，其中初中学历的农户最多，占到78.1%；户主身份多为普通村民，占比83.79%，户主是村干部的只占到了2.75%，而家中有村干部的则占了4.93%。

被调查者家庭人口数平均为3.68人，最大的家庭有10人，最少的只有1人；每个家庭劳动力平均为2.35人，平均从事蔬菜的劳动力人数为1.74人。被调查者家庭2018年平均收入为7.70万元，收入最多的有30.00万元，最少的只有1.00万元，平均年蔬菜收入为4.61万元；农业收入占家庭总收入比的均值为62.11%，农户蔬菜收入占家庭总收入比在各区间均有分布，在80%以上的农户占比最大（见图10－35）。

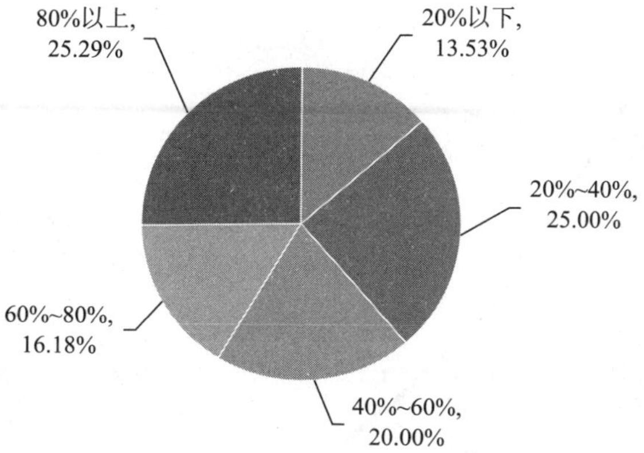

图 10－35　蔬菜收入占家庭总收入比重

蔬菜种植耕地距离最近集镇的距离平均为 4.99 公里，最远的达到 20.00 公里；加入合作社的农户占比为 57.03%，有 42.97% 的农户未加入合作社；有 47.51% 的农户经常接受蔬菜相关技术培训，37.02% 的农户偶尔接受蔬菜相关技术培训，从整体来看，农户接受培训的频率较高（见图 10－36）。

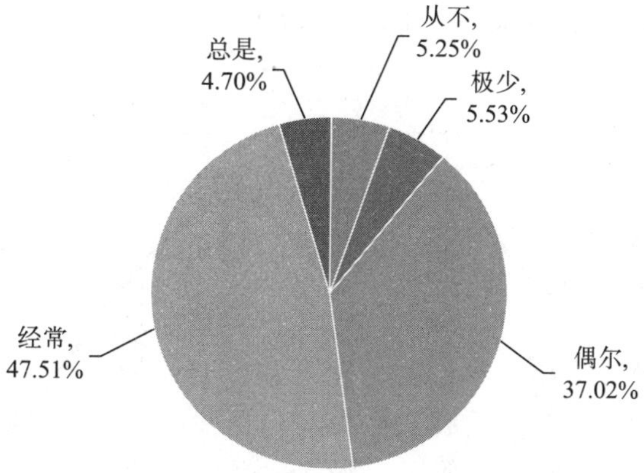

图 10－36　农户接受蔬菜相关技术培训的频率

占了样本总体的 23.89% 的农户家庭是蔬菜生产示范户，而占样本 76.11% 的农户家庭不是蔬菜生产示范户；有 28.17% 的农户存在兼业现象，而 71.82% 的农户不存在兼业。

有近六成的农户生产的蔬菜有认证，其中最多的是无公害认证，占到了总体的 41.41%，其次是绿色认证，占到了 15.95%，而有机认证和国家地理标志的占比极低，都只有 1.23%，但仍有四成的农户没有获得任何认证（见图 10－37）。

新技术和政策信息对农户生产经营起到至关重要的作用，经调查，有 46.72% 的农户平时通过电视、报纸等传统媒介了解新技术和政策信息，有 33.33% 的农户平时通过互利网了解新技术和政策信息，有 59.02% 的农户平时通过技术人员了解新技术和政策信息，有 34.15% 的农户平时通过政府示范了解新技术和政策信息，有 59.84% 的农户平时通过

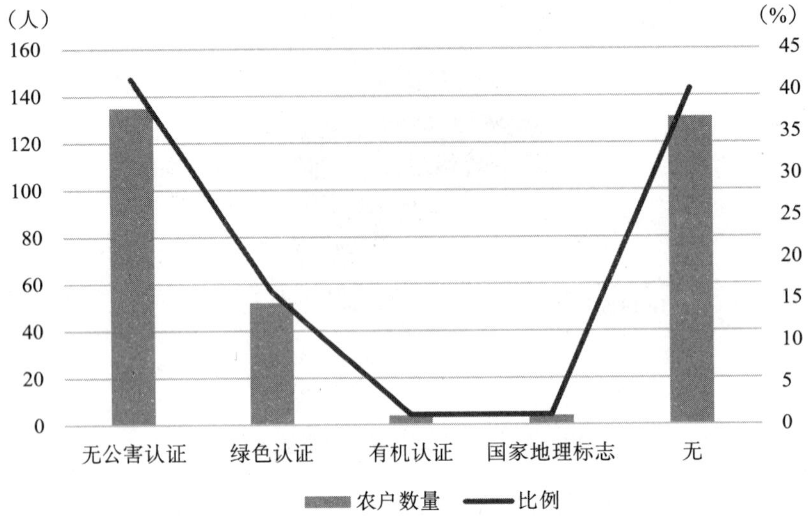

图 10－37　农户户主身份

周围的种植户了解新技术和政策信息，有 36.89% 的农户平时通过合作社了解新技术和政策信息，有 3.28% 的农户平时通过协会了解新技术和政策信息，有 18.85% 的农户平时通过其他渠道了解新技术和政策信息（见图 10－38）。

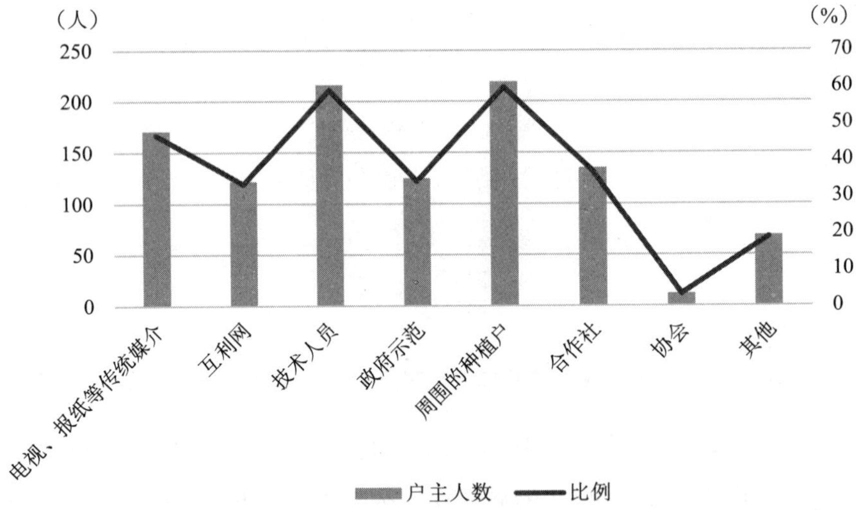

图 10－38　农户平时了解新技术和政策信息的渠道

当平时种植蔬菜遇到问题（买种、买药、病虫害、农业技术等），有 48.99% 的农户选择向周围邻居求助，有 27.67% 的农户选择向亲戚朋友求助，有 12.68% 的农户选择向村里干部求助，有 47.26% 的农户选择电话咨询农技部门，有 59.08% 的农户选择请教科技示范户/种植大户，有 34.29% 的农户选择向合作社、龙头企业、基地等生产组织求助，有 18.16% 的农户选择向专业农业公司求助，有 1.44% 的农户选择其他途径求助（见图 10－39）。

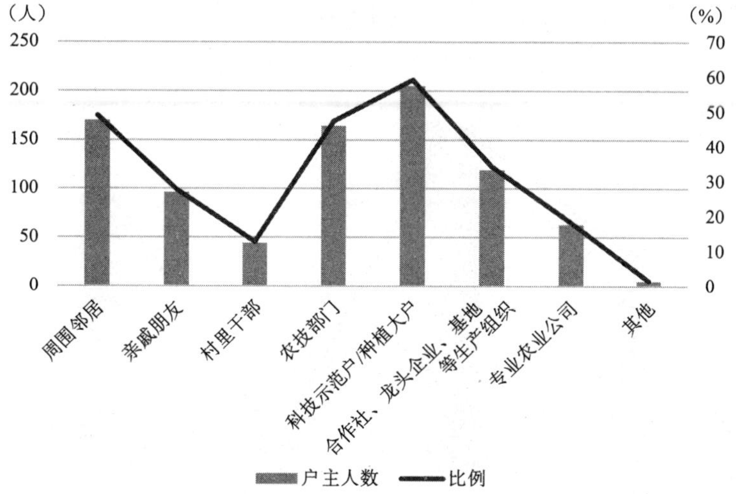

图 10－39　农户平时种植蔬菜遇到问题时的求助对象

（2）农户生产基本信息。被调查农户的平均耕地面积为 5.73 亩，平均蔬菜种植面积为 4.12 亩，蔬菜种植的土地来源有两类，分别是自有土地和租赁土地，分别属于这两类的农户占比为 70.89% 和 29.11%。

有 34.42% 的被调查农户在 2018 年的主要蔬菜生产方式为塑料大棚种植，34.42% 的被调查农户主要蔬菜生产方式为日光温室种植，34.42% 的被调查农户在 2018 年的主要蔬菜生产方式为简易小拱棚种植，34.42% 的被调查农户在 2018 年的主要蔬菜生产方式为露天大田种植（见图 10－40）。

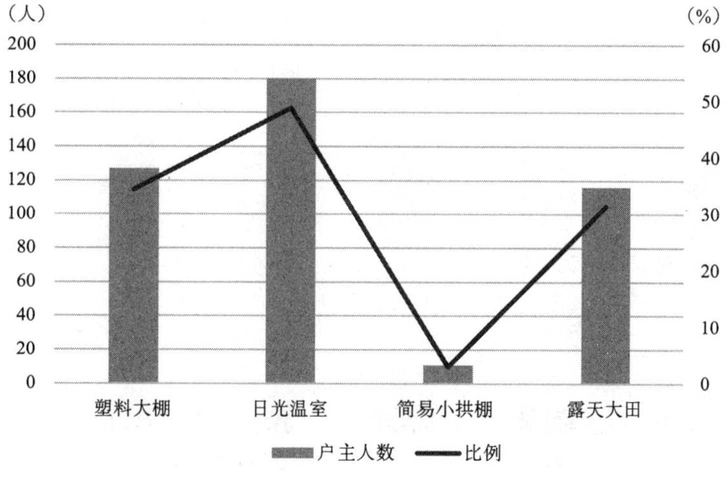

图 10－40　农户 2018 年蔬菜主要生产方式

有 30.19% 的被调查农户在 2018 年的主要叶类蔬菜生产方式为塑料大棚种植，47.65% 的被调查农户主要叶类蔬菜生产方式为日光温室种植，4.16% 的被调查农户在 2018 年的主要叶类蔬菜生产方式为简易小拱棚种植，37.95% 的被调查农户在 2018 年的主要叶类蔬菜生产方式为露天大田种植（见图 10－41）。

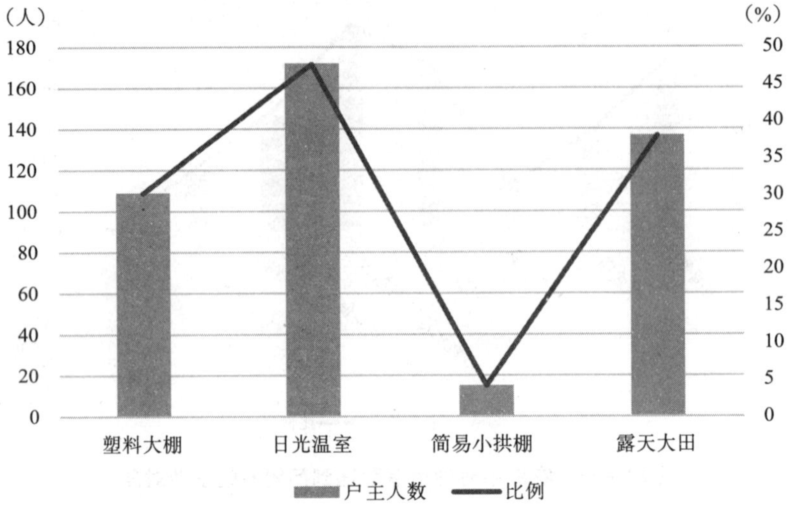

图 10－41　农户 2018 年叶类蔬菜主要生产方式

被调查农户 2018 年叶类蔬菜设施生产平均总面积为 3. 20 亩，年均叶类蔬菜总产量为 10. 67 吨，平均露天生产面积为 2. 05 亩，年均露天生产总产量为 6. 13 吨。

2. 蔬菜优良品种补贴的效果评价

（1）蔬菜优良品种补贴的效果的总体评价。经调查，农户对优良品种补贴政策的整体评价较高，农户对补贴政策的补偿标准、补偿额度、补偿对象、补偿方式、补偿原则以及政策整体的不满意比例分别只有 11. 99%、12. 26%、12. 81%、12. 84%、12. 02% 和 11. 51%，其平均不满意比例仅为 12. 24%，农户对优良品种补贴政策的满意度主要集中在一般和比较满意区间，其平均占比高达 77. 25%（见图 10－42）。

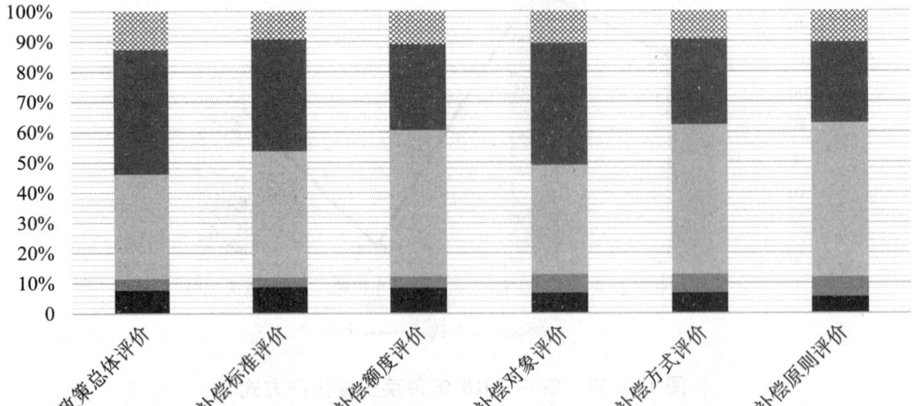

图 10－42　农户对蔬菜优良品种补贴的效果的总体评价

(2) 蔬菜优良品种补贴支持政策的满意度评价。经调查,农户对优良品种补贴政策的整体评价较高,农户对补贴政策的信贷服务政策、保险政策、技术指导服务以及补贴程序的不满意比例分别为21.79%、22.00%、6.81%和11.44%,其评价不满意比例仅为15.51%,农户对优良品种补贴政策的满意度主要集中在一般和比较满意区间,其平均占比高达76.99%(见图10-43)。

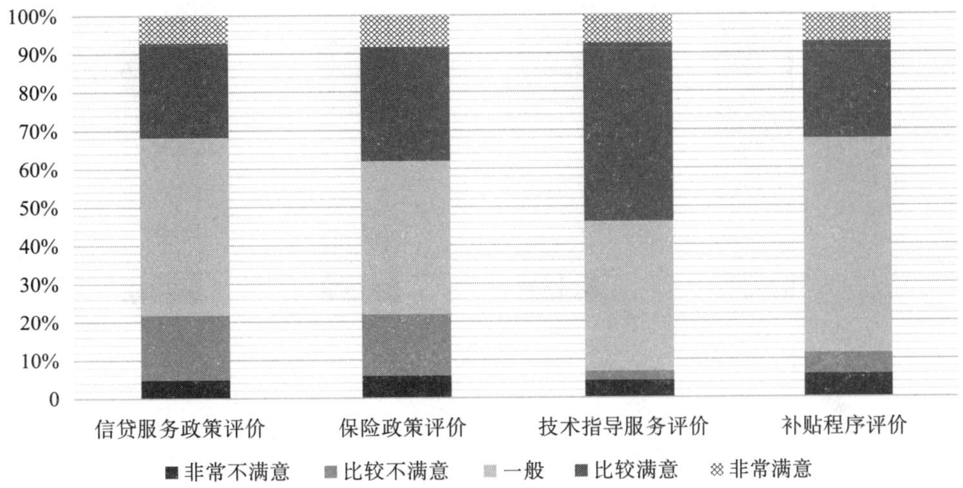

图10-43 农户对蔬菜优良品种补贴支持政策的满意度评价

(3) 蔬菜优良品种补贴的实施过程的满意度评价。经调查,农户对优良品种补贴政策的整体评价较高,农户对补贴执行公开性程度、补贴公平程度以及补贴支持力度的不满意比例分别为22.07%、22.40%和11.67%,其评价不满意比例为18.71%,农户对优良品种补贴政策的满意度主要集中在一般和比较满意区间,其平均占比高达73.51%(见图10-44)。

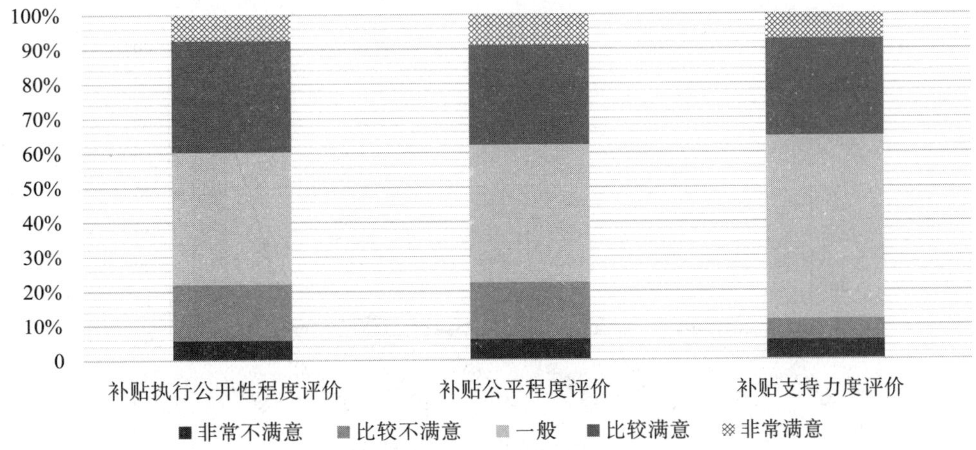

图10-44 农户对蔬菜优良品种补贴的实施过程的满意度评价

（4）蔬菜优良品种补贴效果和宣传评价。经调查，农户对优良品种补贴政策的整体评价较高，农户对补贴政策的宣传、补贴的作用效果、补贴政策整体表现和期望的差距，以及补贴政策可持续性的不满意比例分别为 9.14%、11.08%、26.37% 和 12.26%，其评价不满意比例仅为 14.71%，农户对优良品种补贴政策的满意度主要集中在一般和比较满意区间，其平均占比高达 75.58%（见图 10－45）。

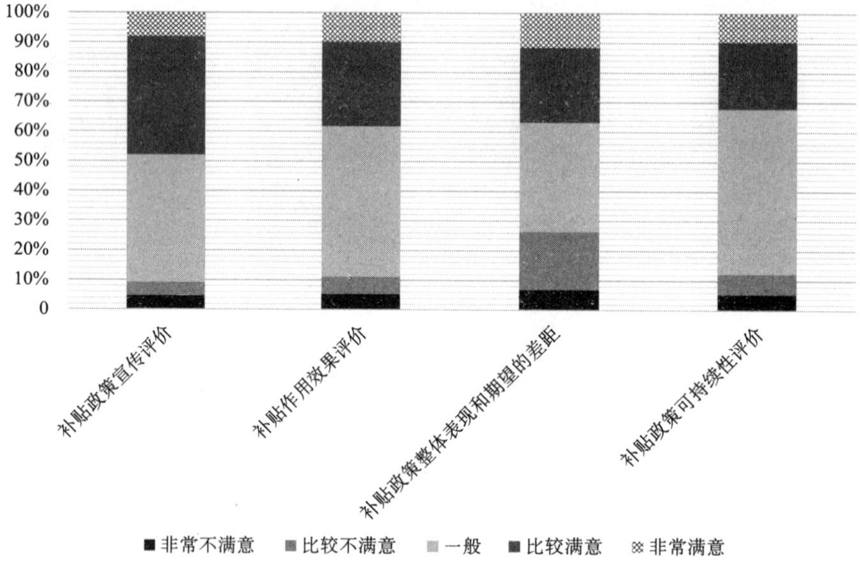

图 10－45　农户对蔬菜优良品种补贴效果和宣传评价

（5）农户对蔬菜优良品种补贴需求。经调查，如果北京市实施蔬菜优良品种补贴补偿，在不考虑蔬菜优良品种补贴收益的情况下，大多数（73.56%）的农户愿意参加蔬菜优良品种种植的最低补偿金额为 400 元以上，其次是 200～250 元，占比为 13.68%，其余区间农户人数分布较少（见图 10－46）。

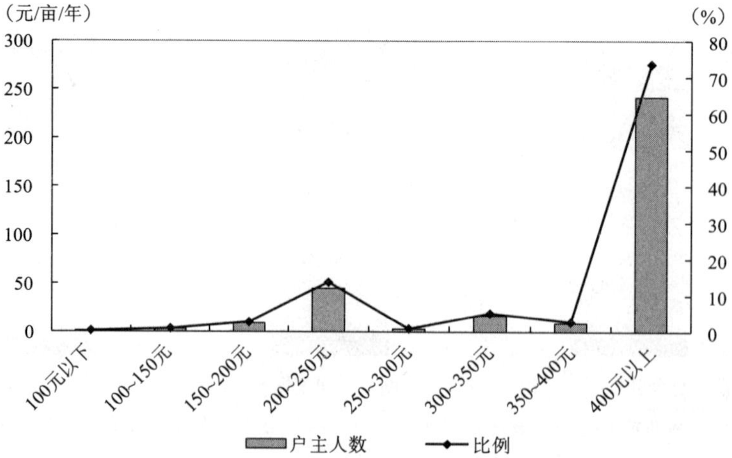

图 10－46　农户愿意参加蔬菜优良品种种植的最低补偿金额

经调查，有23.46%的农户认为蔬菜优良品种补偿应当补偿农民，7.04%的农户认为蔬菜优良品种补偿应当补偿专业蔬菜生产户，36.07%的农户认为蔬菜优良品种补偿应当补偿实际从事农业的人，33.43%的农户认为蔬菜优良品种补偿应当补偿实际从事蔬菜生产的人（见图10－47）。

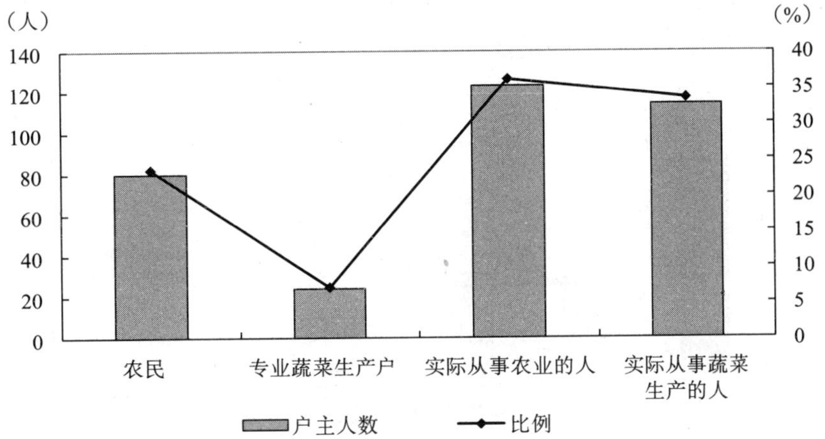

图10－47　蔬菜优良品种补偿的对象

在补偿标准方面，有50.14%的农户认为蔬菜优良品种应按照投入成本补偿，而49.86%的农户认为蔬菜优良品种应按照使用蔬菜优良品种面积补偿；在蔬菜优良品种的补偿形式方面，有85.14%的农户赞成现金补贴方式，而只有14.86%的农户赞成实物补贴方式。

3. 农户对蔬菜优良品种补贴认知

经调查，农户对目前蔬菜优良品种补贴政策的了解程度较高，不了解蔬菜优良品种补贴政策的农户占比仅为13.66%，了解蔬菜优良品种补贴政策的农户人数约是不了解补贴政策人数的2.45倍（见图10－48）。

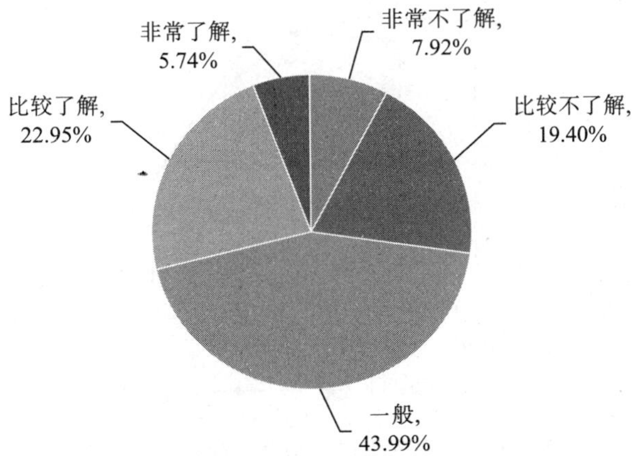

图10－48　农户接受蔬菜相关技术培训的频率

几乎所有（96.79%）的被调查农户都愿意使用蔬菜优良品种，仅有3.21%的农户不愿意使用蔬菜优良品种，对于愿意使用蔬菜优良品种的原因，有77.53%的被调查农户认为蔬菜优良品种可以提高蔬菜品质，44.66%的被调查农户认为蔬菜优良品种政府有补贴，43.84%的被调查农户认为蔬菜优良品种可以降低产品安全风险，31.23%的被调查农户认为蔬菜优良品种有助于保护环境，15.34%的被调查农户认为蔬菜优良品种是政府推荐，7.95%的被调查农户有其他使用蔬菜优良品种的理由（见图10－49）。

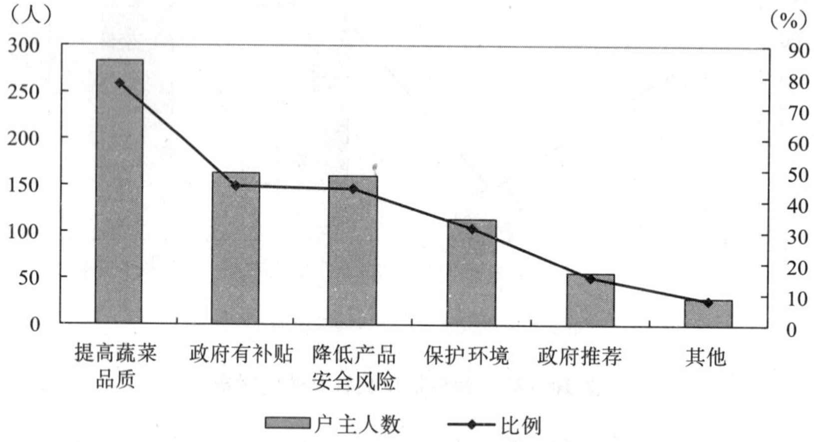

图10－49　农户愿意使用蔬菜优良品种的原因

对于不愿意使用蔬菜优良品种的原因，有25.97%的被调查农户不了解蔬菜优良品种，55.52%的被调查农户认为蔬菜优良品种难以实现优质优价，57.14%的被调查农户认为蔬菜优良品种政府扶持力度不够，51.95%的被调查农户认为蔬菜优良品种缺乏技术人员指导，14.94%的被调查农户认为蔬菜优良品种周围没有人用，10.39%的被调查农户有其他不使用蔬菜优良品种的理由（见图10－50）。

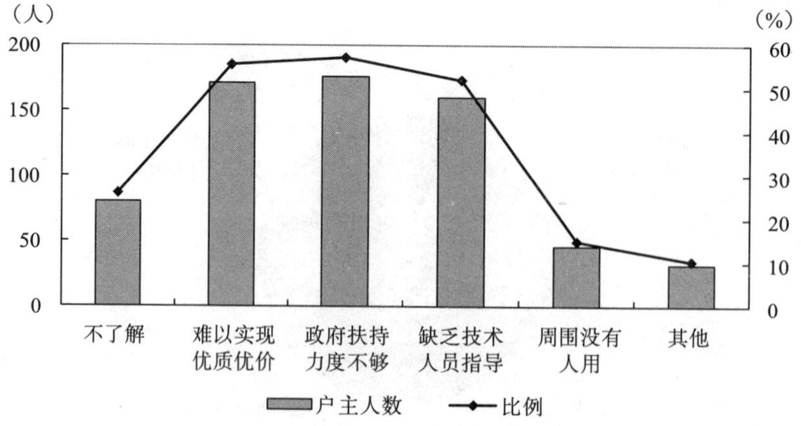

图10－50　农户不愿意使用蔬菜优良品种的原因

从实施蔬菜优良品种补贴政策的目标认知方面看，有 43.38% 的农户对实施蔬菜优良品种补贴政策的目标认知为弥补生产资料差价，有 68.17% 的农户对实施蔬菜优良品种补贴政策的目标认知为提高蔬菜品质，有 51.55% 的农户对实施蔬菜优良品种补贴政策的目标认知为保护生态环境，有 78.87% 的农户对实施蔬菜优良品种补贴政策的目标认知为提高农民收入，有 40.00% 的农户对实施蔬菜优良品种补贴政策的目标认知为农药减量增效（见图 10－51）。

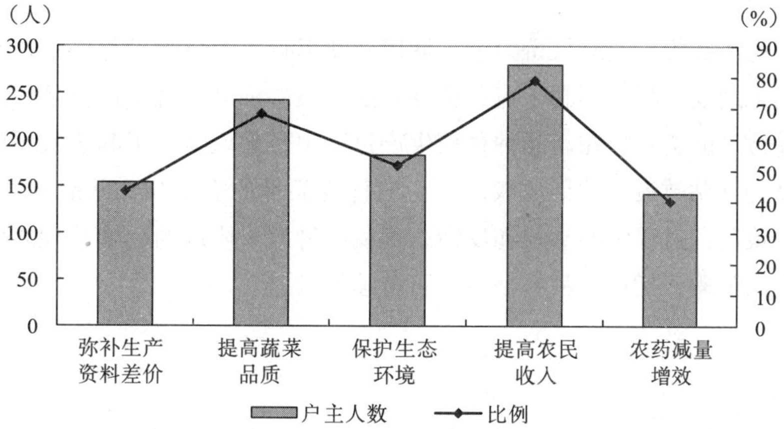

图 10－51　农户对实施蔬菜优良品种补贴政策的目标认知

（三）调研结论及问题

1. 调研主要结论

（1）根据蔬菜优良品种需求实际情况可以得出，优质芹菜品种应侧重于味道浓郁、优质和纤维少等特点，优质菠菜品种应侧重于优质、耐寒和耐热等特点，优质生菜品种应侧重于口感好、优质和抗病等特点，优质快菜品种应侧重于生长速度快、耐抽薹和抗病性强等特点，优质油菜品种应侧重于优质、耐抽薹等特点，从而更好地迎合农户需要，扩大蔬菜优良品种种植面积。

（2）农户对蔬菜优良品种补贴的效果的整体评价较高，从对蔬菜优良品种补贴的效果的总体评价方面来看，农户对补贴政策补偿对象的评价最高，对补贴政策补偿原则的评价最低；从对蔬菜优良品种补贴支持政策的满意度评价方面来看，农户对蔬菜优良品种技术指导服务的评价最高，对蔬菜优良品种信贷服务政策的评价最低；从对蔬菜优良品种补贴的实施过程的满意度评价方面来看，农户对优良品种补贴执行公开性程度的评价最高，对蔬菜优良品种补贴支持力度的评价最低；从对蔬菜优良品种补贴效果和宣传评价方面来看，农户对优良品种补贴政策宣传的评价最高，对优良品种补贴政策可持续性的评价最低。

（3）农户对目前蔬菜优良品种补贴政策的了解程度较高，对参与蔬菜优良品种种植的意愿非常高，其中蔬菜优良品种能够提高蔬菜品质、政府有补贴以及可以降低产品安全风险是农户愿意使用蔬菜优良品种的主要原因；而蔬菜优良品种可能难以实现优质优价、政府扶持力度不够以及缺乏技术人员指导是目前阻碍蔬菜优良品种推广的主要障碍；提高农民收入和提高蔬菜品质是农户对实施蔬菜优良品种补贴政策的主要目标认知。

（4）大部分农户愿意参加蔬菜优良品种种植的最低补偿金额在400元/亩/年以上，希望补偿的对象是实际从事农业（蔬菜）生产的人，希望补偿的形式是现金补偿，而补偿的标准问题仍需进一步研究。

2. 存在问题

难以实现优质优价、政府扶持力度不够以及缺乏技术人员指导等因素，导致农户对蔬菜优良品种的采纳度不高，不利于蔬菜良种补贴政策的推进。蔬菜优良品种与传统品种之间存在的差异性可能给农户在新品种种植生产过程中带来风险，不利于农民的持续稳定增收。农民在良种补贴政策中的话语权较弱，对优良品种的需求与实际品种之间存在差异，农户缺乏在政策制订过程中的参与和反馈。优良品种与不协调的后期管理之间的矛盾也是良种政策推进的障碍，优良品种补贴政策可持续性较差。

第二节　产业发展中创新团队的技术支撑作用

一、团队基本情况

（一）创新团队功能定位及其建设任务

依据北京市“都市型现代农业”“菜篮子工程”的功能定位及其发展战略规划，北京市叶类蔬菜产业定位体现在城市蔬菜应急供应的基地、农民增收致富的手段、现代都市农业的展示、首都技术优势的示范四个方面，其发展方向是以北京蔬菜“三率一能力”建设为主线，以“节水、减肥（减施化肥）、减药（减施农药）”为工作方向，认真组织实施和开展叶菜新品种筛选培育、高效节水技术、减肥减药技术、水肥一体化技术、绿色防控技术研究、示范与推广，有效促进北京市叶菜产业健康有序发展。

团队以“节水轻简、安全生产、周年均衡”为目标，以生菜、芹菜、菠菜、油菜和快菜等主要叶菜为重点，开展新品种选育、种苗集约化培育、轻简省力化栽培、安全标准化生产、产品采后质量保持及现代流通技术等研究，研究成果为提高叶菜产量，保障产品安全，提升供给能力，促进农民增收，提供有效的技术支撑。

（二）创新团队组成架构

北京市叶类蔬菜创新团队于2012年4月组建。团队由三个层级构成，产业技术研发中心依托北京农学院，团队聘任首席专家 1 名，功能室主任 4 名，岗位专家 20 名，下设综合试验站 5 个，农民田间学校工作站 17 个，团队成员共计 42 名。北京市叶类蔬菜创新团队是由产业技术研发中心（育种与繁育、栽培与设施设备、病虫害防控与产品安全和加工流通与产业经济四个功能研究室）、综合试验站和农民田间学校工作站 3 个层级构成。

（三）创新团队作用与交流机制

北京叶类蔬菜产业当前发展目标是健康、稳定发展；远景发展目标则是可持续发展。依据京农发〔2009〕44 号文件，北京市叶类蔬菜创新团队作用机制可以解读为三个关键词：产业（对象、目标）、技术（手段）和创新（手段）。依托北京市叶类蔬菜创新团队平台，通过技术创新和制度创新手段，实现北京市叶类蔬菜产业可持续发展。

二、技术研发与主推技术

（一）团队技术研发情况

1. 品种选育与筛选

2019 年选育新品种 21 个，筛选新品种或种质 14 个。其中选育快菜新品种 12 个：耐抽薹快菜新品种 5 个（19Z5－203、212、244、245、248）；耐热耐湿耐雨快菜新品种 4 个（19Z5－212、244、245、248）；抗根肿病快菜新品种 3 个（19CR 昆/火－479、487、488）。选育油菜新品种 4 个：耐热耐湿耐雨水品种 3 个（198－13、19.8－56、19N4），耐抽薹品种 1 个（19N14）。选育高品质芹菜品种 2 个（香芹 1 号、香芹 2 号）。创制抗线虫材料 1 份（Y28）。选育韭菜新品种 2 个（京韭 1 号、京韭 2 号）。筛选生菜抗病种质 4 个（抗霜霉病 25004、25005，抗灰霉病 19S5、19H4）。筛选耐热耐抽薹菠菜品种 3 个（沪菠二号、农大七号、农大九号）。筛选彩色苋菜品种 2 个（花苋 1 号、黄绿苋 1 号）。筛选观赏羽衣甘蓝品种 2 个（白冠 1 号、紫莲 1 号）。

2. 叶菜轻简化生产与示范

（1）可变（调）垄宽的起垄机的研发。随着农机改革进程加快，农户逐渐认识到了农机在减轻劳动强度、降低生产成本方面的重要性。在调研时了解到，现有微耕机配套的起垄机多数或不能调整或调整范围不能达到宽幅起垄的效果，而菠菜和香葱等叶菜有宽行畦上栽培的农艺要求。为此，团队研发了一款可变（调）垄宽的起垄机。

该样机既可在宽度方向调节拢土罩，也可在高度方向调节拢土罩，除了可以适应旋耕、开沟、培土作业时的拢土外，还能通过调节拢土罩的高低和宽窄以获得不同尺寸和形状的垄畦，可实现起垄宽度在 75～120 厘米间调整，垄高在 10～15 厘米调整。农户可以根据自身需求自由调节，有一定的一机多用的作用。该起垄机采用螺栓顶紧的方式，调节简单方便快捷。

（2）生菜水培漂浮板清洗机的研发。漂浮板的清洗已经完成样机的研发，可以进行漂浮板清洗作业。一是洗板功能的实现。利用滚刷对洗板进行清洗，选购主清洗电机，独立驱动清洗模式试验清洗效果较为满意。二是洗孔喷水方式，每孔独立精确喷水，喷头与电机并列安装，喷头以 45 度角喷水到刷头。同时设计了独立的水循环回收过滤系统，有利于在缺水地区用少量水即可完成清洗及消毒工作。整个清洗机采用可拆组装方案，便于运输（见图 10－52）。

图 10－52　样机加工制作清洗

（3）异形苗盘播种器的研发。针对水培叶菜育苗盘目前多采用异形苗盘，市场上没有相应的配套机械装备，种植园区对此有一定需求。团队技术人员经过讨论，确定了样机制作方案，年初进行了样机设计方案讨论及样机的制作准备工作。团队技术人员开展了异形苗盘播种器的性能测试试验（见图 10－53）。技术人员针对不同的播种盘分别使用与之相对应的种子进行播种试验，并统计了播种的单粒率、双粒率及堵塞情况等。以油菜为例，利用 32 穴播种盘播种，单粒率达到 97%，比人工效率提高 4 倍。

图 10－53　团队人员现场试验

3. 叶菜工厂化生产与示范

（1）日光温室：小汤山日光温室叶菜周年生产、永盛园日光温室叶菜周年生产、密云巨海阔散叶生菜浅液流周年生产技术示范。

（2）大棚：永盛园大棚结球生菜高产示范、神州绿鹏大棚结球生菜高产示范。

（3）露地：通州永盛园露地结球生菜高产示范。

4. 叶类蔬菜“两减一节”关键技术

（1）生菜底肥—追肥减量优化技术集成。2019 年进行生菜底肥——追肥减量优化技术集成。温室大棚生菜施商品有机肥1000公斤/亩，复合肥20～30公斤/亩，做成下底宽90厘米，上底宽60厘米，畦高10～15厘米的小高畦，铺设滴灌、地膜，安装施肥器。每个小高畦上定植两行，株距30厘米，密度4000～5000株/亩。全生育期追肥3～4次，苗期1次，追肥量3公斤/亩，莲座期1次，追肥量5公斤/亩，结球期1～2次，追肥量5～8公斤/亩（见图10－54、图10－55）。

图10－54　冬春多膜覆盖生菜

图10－55　盛夏的填闲作物种植

示范区化肥用量较农民常规施肥方式减量30%～50%；配合生菜水肥一体化管理技术，根据生菜不同时期的养分需求规律，研发专用水溶肥料，同时，对追肥量进行优化，对生菜全生育期营养进行精准调控，节约肥料、灌水，提高生产效益。

（2）京津冀塑料大棚结球生菜周年生产的化学农药减施增效栽培技术模式。

主要环节关键技术：集约化育苗技术、移栽棚室处理技术、土壤改良技术。

技术模式实施效果：利用该模式示范后，化肥减施28%；降低化学农药使用次数3次，霜霉病防效85.5%，降低化学农药比本地调研数据减量75%，增产15.1%。石灰氮土壤消毒对生菜根际土壤微生物群落具有一定的影响。可培养细菌是土壤微生物的主要组成部分，比真菌高2个数量级，其次为放线菌数目，而真菌占土壤微生物的比例最低。空茬＋石灰氮熏蒸、填闲秸秆＋石灰氮熏蒸处理均对土壤微生物具有显著的杀灭效果，而对照无显著的差异。

（3）生防芽胞杆菌与化学药剂协同定点防控叶类蔬菜土传病害技术。

关键技术：利用筛选获得的10亿 cfu·mL^{-1}枯草芽胞杆菌（B. subtilis）ZF94与浓度为0.3 mg·kg^{-1}的22.4%氟唑菌苯胺复配与育苗基质混合后育苗，预防苗期及生长前期的生菜立枯病，生长期配合滴灌施用2000倍枯草芽胞杆菌ZF94，全生育期预防生菜立枯病的发生。

实施效果：菌株ZF94与氟唑菌苯胺0.3 mg·kg^{-1}混配施用后，病情指数为18.8，防效为55.3%。且对生菜有明显的促进作用，与对照相比，株高增长率为32.4%，叶面积增长率为24.8%，鲜重增长率为27.3%，根重增长率为12.7%，亩增产4.6%（见图

10－56、图 10－57）。分别在大兴、通州、顺义、密云示范推广应用，累计示范面积 50 亩。

图 10－56　处理组

图 10－57　对照组

（4）中蔬丰产菌 TM 与土壤消毒协同防控叶类蔬菜土传病害技术。

关键技术：6～8 月份进行石灰氮土壤消毒，8 月末揭膜晾晒 1 周后施入复合微生物菌肥，正常定植作物缓苗后补施 1 次中蔬丰产菌 TM 复合微生物菌剂，每隔 10 天施用一次中蔬丰产菌 TM 复合微生物菌剂，整个生长期内施用 3 次。

实施效果：使用土壤消毒处理和中蔬丰产菌 TM 复合微生物菌剂处理的地块，结球生菜根部病害发病率显著低于对照地块，平均防效 79.2%，单球重及叶球总数显著高于对照地块，亩增产 54.9%，土壤消毒处理和中蔬丰产菌降低土传病害发生率，增加产量（见图 10－58、图 10－59）。

图 10－58　中蔬丰产菌＋石灰氮消毒

图 10－59　中蔬丰产菌

（5）叶菜蔬菜（韭菜、芹菜）蓟马生物防治技术。

增产增效情况：在用捕食螨（巴氏新小绥螨和剑毛帕厉螨）及球孢白僵菌防治蓟马的各个虫态，对环境不造成危害，成本低，效果好。能够在减少化学农药甚至不使用化学农药的情况下，对蓟马的防治效果达到 90% 以上。

技术要点：①植株上方黄板诱捕蓟马成虫，每亩挂放 30～40 块黄板；②巴氏新小绥螨（见图 10－60）、胡瓜新小绥螨防治蓟马（幼虫），预防 50～150 头/平方米，防治 250～500 头/平方米；土壤中应用剑毛帕厉螨。防治蓟马老熟幼虫和蛹等地下虫态，预防 50～200 头/平方米，防治 250～500 头/平方米；③高毒力白僵菌菌株 WLMQ－32，植株根际周围撒施白僵菌颗粒剂（见图 10－61）防治地下蓟马蛹虫态（每平米 10 克）；植株上喷施白僵菌可湿性粉剂防治蓟马成虫和若虫（1×108 个孢子/毫升，每亩 40 升）。

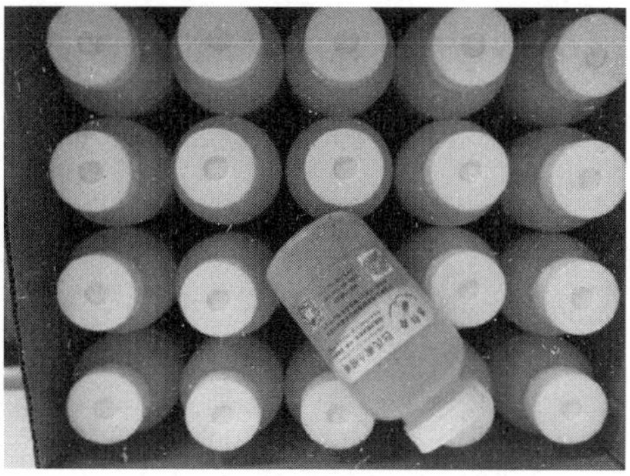

图 10－60　巴氏新小绥螨

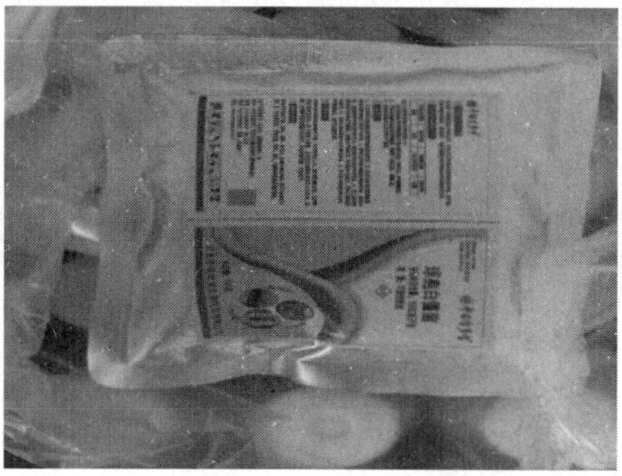

图 10－61　球孢白僵菌

适宜区域：适用于日光温室和塑料大中棚的韭菜产区应用。

注意事项：剑毛帕厉螨使用时，不要暴露于过高（＞35℃）或过低（＜10℃）的温度下，被石灰和农药处理过的土壤不要使用。

（二）团队主推技术情况

1. 品种繁育与推广

春季繁育快菜品种 1400 亩、油菜品种 450 亩，新生产合格快菜、油菜杂交种子 35 万斤。其中京津冀销售良种 5 万斤，推广面积 5 万亩（快菜 2 万亩、油菜 3 万亩）。

（1）昌平综合试验站推广叶菜新品种 20 个，推广新技术 5 项，推广新模式 2 项。总推广面积 2350 亩。年总增效 138.12 万元，年总节水 21.22 万吨。

（2）大兴综合试验站推广叶菜新品种 22 个，推广新技术 10 项，推广新模式 4 项。

（3）房山综合试验站示范推广生菜新品种 29 个，推广面积 431 亩。

（4）怀柔综合试验站推广叶菜新品种 22 个，推广新技术 8 项，推广新模式 4 项，推广面积 820 亩。亩均增产 300～500 公斤，平均增收 760 元。

2. 叶菜高产、轻简化技术示范推广

（1）集成示范优质绿色高产栽培技术，助推叶菜周年安全、绿色、轻简化生产。

（2）推广叶菜栽培规程与技术模式：修订了北京市地方标准，制定了叶菜栽培技术规程 4 套，创建了 4 套叶菜栽培技术模式，并推广应用。

（3）推广叶菜集约化育苗技术：与 20 余个市级育苗场合作，规范集约化育苗技术，缩短育苗天数 25%，成苗率和壮苗率分别提高 15%、28%，减少人工 55%。

（4）推广叶菜轻简化栽培技术：推广研制、引进的13种新机具，主要有：起垄机、2BSC－1手持式播种机、2BDD－4电动自走式蔬菜直播机、日光温室温湿度监控设备等。配套机具应用，降低人工成本45%，提高劳动生产率40%以上。已实现生菜的全程机械化。

（5）推广叶菜周年栽培技术：创新成果"叶类蔬菜周年安全生产技术研究与应用"。

3. 绿色综合防控示范与推广

（1）华北地区塑料大棚多膜覆盖越冬生菜农药减施技术模式。

（2）华北暖温带区日光温室芹菜农药减施技术模式。

（3）减肥关键技术示范与推广。

推广水肥一体化、测土配方施肥、轻简化栽培、全程绿色防控等集成技术，亩节水40三次方米节省20%，亩节肥11公斤，节省15%，减少用工15%～20%。

4. 节水节肥关键技术示范与推广

推荐农户使用微喷灌溉技术、改良微喷灌溉技术、水肥一体化技术，在此基础上主推微喷灌溉水肥一体化技术，能够比常规灌溉节水50%，为农户节本增效。

5. 产后加工示范与推广

针对鲜切叶菜原料及产品损耗高，开展鲜切叶菜生产全程冷链控制技术研究与集成示范，形成鲜切叶菜生产全程冷链控制体系1套。在北京康安利丰公司进行示范，实现企业年增收10%以上。实现企业标准化、安全化生产。

（三）团队研发成果情况

2019年，北京市叶类蔬菜创新团队推广自主研发品种11.3万亩，推广引进筛选品种17.5万亩；以重要企业为载体，合作推广育苗技术，总计育苗4350万株；示范推广生菜集成技术5万亩，油菜4万亩，芹菜3.2万亩，菠菜3万亩，快菜2万亩。组织农民培训286次，累计培训农民8580人次，组织农民活动日322个；开展叶菜生产竞赛，大兴生菜越夏栽培生产竞赛每次均有160多位农民参与；培养种植能手24名。选育新品种21个。完成专利23项（获得授权18个，申请5个）。出版4部，发表论文60篇（SCI 16篇，EI 4篇），完成研究报告8部，提出标准2项，计算机软件著作权2项。获得奖励2项。创新团队助推北京市叶类蔬菜产业快速健康绿色发展，在促进北京市农村经济发展、农民收入增加以及丰富首都市民"菜篮子"等方面发挥了重要作用。

三、技术示范推广效益

（一）技术示范推广经济效益

全程冷链技术体系的应用，将明显减少加工企业垃圾处理成本，垃圾处理成本将减少50%；明显减少单位蔬菜成品用水量，减少用水成本，并确保企业用水不超用水指标；人工费用将降低近40%；减少蔬菜原材料损耗。蔬菜原材料的获得性成本预计降低至少

20%；企业即用即食鲜切果蔬纯利润将成倍提升至15%以上；将大大降低大城市附近即用即食蔬菜加工的工作量，比现在预计减少30%。

（二）技术示范推广生态效益

推广水肥一体化、测土配方施肥、轻简化栽培、全程绿色防控等集成技术，亩节水40三次方米，节省20%，亩节肥11公斤，节约15%，减少用工15%~20%。

推荐农户使用微喷灌溉技术、改良微喷灌溉技术、水肥一体化技术，在此基础上主推微喷灌溉水肥一体化技术，能够比常规灌溉节水50%，为农户节本增效。

（三）技术示范推广社会效益

（1）郊区县新品种宣传和技术培训（4100人次）：除分别和昌平、大兴、房山、顺义、密云、怀柔郊区综合试验站紧密结合，进行叶菜品种示范外，2019年秋季育种功能室在顺义、大兴组织了六种叶菜及观赏叶菜等新品种集中示范，组织品种集中展示会。

（2）京内、外品种展示观摩与培训（1900人次）：分别在山东寿光、北京通州、张北坝上、海淀四季青、广州柯木塱组织6次品种展示观摩会，通过展示观摩培训农户及相关技术人员1900人次。

（3）建立河北沽源夏淡生菜示范基地：夏秋茬在张家口沽源、赤城等地，核心示范2400亩。

四、团队对产业支撑作用

（一）创新团队对产业支持模式

1. 生菜水肥高效利用技术试验示范

通过设施栽培水肥一体化条件下优化生菜化肥用量，达到减少肥料投入、降低生产成本、提高经济效益和保护生态环境的目的。2019年进行生菜底肥减量、追肥优化和配方肥筛选试验示范，初步确定生菜最佳施肥制度。

2. 生菜水肥一体化技术示范

在通州、顺义和房山等区县建立示范基地（见图10－62），示范推广生菜底肥减量、追肥优化和滴灌施肥技术，根据制定的生菜水肥一体化技术规范，指导基地生产，效果显著。

图10－62　示范基地图

2019 年在通州和顺义等示范基地，示范底化肥减量技术、生菜专用水溶肥 22－8－22（N－P205－K20）施肥技术等，示范面积 270 亩。生菜底肥施用配方肥 20 公斤/亩，全生育期共追肥 20 公斤/亩，追肥施用生菜专用配方肥 22－8－22（N－P205－K20），取得了显著的节水节肥效果，较基地传统灌溉施肥，亩均节水 45 三次方米以上，亩均节肥 5.2 公斤（纯量）以上。

3. 北京地区温室韭菜有机生产关键技术模式示范

关键技术：品种筛选上，顶丰 9 号、久星 18 号等适应京郊不同栽培模式和茬口的品种，具有生长势强、耐寒、不休眠、粗纤维少等特点，适宜在北京地区栽种。栽培技术上，要避免选用种过百合科作物的地块，采用基质穴盘育苗，定植后浇透水，及时松土蹲苗，采用滴灌方式浇水，保持土壤见干见湿状态，另外调控好温湿度，株高 10 厘米以上时，保持白天 16～20℃，超过 24℃放风降温排湿，夜间 8～12℃，相对湿度 60%～70%。植保方面，对于灰霉病的控制，采取覆盖韭菜产前、产中和产后的全程病害防控技术。肥水管理上，根据韭菜的生长期和土壤肥力，定植前可用沼液、蚯蚓肥、生物有机肥等作为底肥，避免使用秸椰糠等基质，夏季养根期间控水控肥。

示范效果：示范区韭菜生长健壮，病虫害发生轻，避免了化学农药和化肥的使用，在元旦春节茬口，每公斤售价 20～40 元，而普通韭菜售价每公斤售价 4～10 元，收益可以提升 3～4 倍。

（二）创新团队产业支持案例分析

2019 年 4 月 30 日，艺术乡村·大地艺术季暨第二届醉美油菜花节在北京赵全营前桑园工作站兴农天力农业园正式启动。园区累计接待游客达 10 万余人次，门票、采摘、餐饮、娱乐、农产品展销等各项收入累计已达 265 万元。

京郊惊现大地艺术，艺术乡村引领农业转型升级，多方位融合，享受“农业＋”带来的极致感受。以“艺术乡村·大地艺术季暨第二届醉美油菜花节”为本次活动的主题，继续延续北京顺义区首届“醉美油菜花节”中油菜花海的壮丽与浪漫，同时对油菜花海进行了艺术性的创意改造，加入视觉美感、文化意味和艺术价值，在京郊大地上打造出了独树一帜、别具风格的大地艺术景观。通过园区的各项活动，全方位地带领游客领略北京都市型现代化农业发展所带来的乡村产业振兴、农业转型升级、农民幸福生活的繁荣气象，享受“农业＋”带来的极致感受（见图 10－63）。

图 10－63　活动现场图

2019年9月22日第二届“中国农民丰收节”在北京赵全营前桑园工作站兴农天力农业园开幕。本届丰收节以“礼赞丰收·致敬农民·祝福祖国”为主题。设立南区种植区及北区主会场，占地面积约800亩，包含农机耕作文化展示、北京农业科技成就展示、千企万品助增收、丰收集市、“百草园”观赏区、电商展区、农事采摘体验区等。园区总收入198.7万元。其中包含门票收入62万元，农产品销售收入44万元，美食区销售收入38万元，其他收入54.7万元。丰收节的举办将有效推动地区产业融合，深入推进乡村振兴战略和农业高质量发展。

第三节　叶类蔬菜产业典型案例分析

一、自主选育出北紫生系列生菜特色品种，形成自有品种配套

自主选育出耐热、耐腐烂，抗干烧心力强的“北生1号”“北散生2号”等生菜新品种，填补了春夏高温季节国内外缺乏耐热生菜品种的空白。在北京、河北、天津推广，平均增产13%，净菜率80%以上。选育2个耐寒结球生菜品种“北生3号”“北生4号”和2个耐寒散叶生菜品种“北散生3号”“北散生4号”。冬春低温栽培较国外同类品种，结球生菜生长快10天左右、散叶生菜快5～7天，增产均为10%以上。自主选育出北紫生系列生菜特色品种，满足市民追求高品质高营养蔬菜的需要，并形成了周年的自有品种配套。

二、大白菜优异种质创新和多样化系列品种选育和推广，满足国内市场需求

深亮色京研快菜和京研快菜2号、耐抽薹春油5号为市场标杆品种，京研快菜系列、京研油菜系列品种在全国快菜和油菜的市场占有率均达到了30%。建立了基于全基因组分子标记鉴定和高通量分子标记选择的优异种质创制与高效育种技术体系。其中选育杂交优势强、综合性状优良、春夏秋配套的大白菜、快菜、娃娃菜新品种，创建了育繁销一体化的产业化模式。

三、彩色叶菜品种的选育与推广，为都市景观农业提供了品种技术支撑

选育和筛选出彩色叶菜品种紫生1号、2号，紫色菠菜、白芹、红芹、红梗甜菜、新紫冠油菜、京研紫快菜、红苋菜、紫芥菜等，助力都市景观农业建设。

四、叶菜安全生产示范点建设

在小汤山展示基地、通州永盛园、神州绿鹏、碧海圆、中农富通、顺义综合实验站、蔬之家、密云巨海阔、密丽兴源、怀柔静云笛声基地建立安全生产示范点10个。

五、水培叶菜的立体景观栽培技术摸索

在通州中农富通园区充分利用现代化温室空间，形成三层水培立体种植，取得良好景观效果。据统计，全年接待参观人员6万多人次，其中团队人员参观，采取适当收费，社会人员不收费，充分展示了水培立体种植和景观打造技术，为园区增加收益200多万元。此外，商务部带领10多个国家人员，前往基地进行10期的观摩培训，共计200多人次，向国际友人充分展示了北京市现代农业的发展。

第四节　产业发展政策建议

一、产业发展问题及其技术需求

（一）缺乏不同生产环境（低温、高温、露天种植、设施种植、工厂化生产等）要求的优质品种（满足周年均衡供应）

目前迫切需要繁育与筛选适合北京地区生产的高产、优质的叶类蔬菜新品种，尤其是耐热品种、耐抽薹品种、节水品种、耐寒品种、抗病性强的复合型抗逆性优质品种。夏季是北京主要叶类蔬菜的生产淡季，夏季保护地高温不利于叶菜生产，露地相对凉爽但雨水较多，因此要发展夏露地生产，需要有耐热耐雨水的叶类蔬菜品种。另外，适合工厂化生产蔬菜品种种类也较少，尤其是国内有竞争力的品种急需优先筛选与选育以及适应性评价。

（二）转变生产方式，提升生态效率（资源利用率），解决蔬菜绿色发展问题

当前蔬菜生产同样面临资源环境约束、农业环境污染等问题。蔬菜绿色转型是从传统的农业经营方式向绿色农业经营方式转变，不仅保证蔬菜生产方式环保高效，而且所生产的蔬菜产品也是健康无污染的。北京都市农业实现蔬菜生产绿色转型发展，转什么、如何转、谁来转？北京当前有待于解决相关的蔬菜生产绿色转型关键技术及其集成研究与应用示范。

（三）转变生产方式，提高劳动生产率，解决劳动密集型，散户种植为主的问题

目前叶类蔬菜还是劳动密集型生产方式，散户种植为主，周年需要均衡供应，蔬菜生

产种植户兼业及外来务工人员突出，迫切需要蔬菜轻简化技术及其生产模式变革。解决当前蔬菜生产轻简化、劳动力紧缺问题，需要强化蔬菜生产全程机械化技术及装备研制，解决蔬菜生产机械化程度不高及部分环节农业机械装备缺失问题；要重视引入现代信息技术在蔬菜产业中的应用，积极推进“互联网 + 蔬菜产业”的深入融合，提高蔬菜产业数字化、智能化、决策化水平；要推进设施蔬菜种植方式变革，探索推广日光温室、连栋温室和智能温室的应用与发展，提高蔬菜生产标准化、规模化和集约化水平；更需要规范土地流转，加快培育新型经营主体，健全农业社会化服务体系，解决北京蔬菜生产劳动力急缺的问题。

（四）实现优质优价，培育品牌，推进叶类蔬菜生产可持续性

北京自产蔬菜流通存在优质不优价及品牌缺乏问题，如何将蔬菜质量优势向价格优势转变是值得思考的。这也是制约北京蔬菜产业可持续发展的瓶颈问题。由于职能定位与缺失问题，导致农业农村管理部门过多重视生产环节，往往忽视流通营销环节管理与资源投入。要基于当前农业供给侧结构性改革的机遇，从全产业链的视角强化蔬菜产业的管理与服务，注重蔬菜品牌培育与营销管理，实现优质优价，提高蔬菜种植户的收入及其种植蔬菜的积极性。

二、产业发展趋势及其亟待解决的技术问题

（一）工厂化生产模式及其关键技术

亟须改变生产方式，探索蔬菜工厂化生产模式及其关键技术，提高北京蔬菜规模化、标准化生产水平。

（二）轻简化生产技术

蔬菜种植是劳动密集型生产方式，散户种植为主，亟须轻简化生产技术，降低劳动强度，提高叶类蔬菜社会生产效率。

（三）育种与繁育

需要适应不同生产环境（低温、高温、露天种植、设施种植、工厂化生产等）要求的优质品种，育种繁育工作意义重大。

（四）“两减一节”技术

减施农药、减施化肥和节水关键技术仍需突破，保证叶类蔬菜品质，提高蔬菜生态效益。

（五）“互联网 + 蔬菜”模式创新

需要从全产业链角度研究搭建蔬菜生产者和蔬菜消费者的产供销桥梁，推进蔬菜产业升级，解决蔬菜质量安全与优质优价问题。

三、产业发展政策建议

（一）绿色投入品筛选应用与示范

结合各个区农业产业结构、土地资源状况和病虫害发病规律情况，重点从作物品种筛选、肥料管理和病虫害防控三个方面推进实施农业生产绿色转型。在作物品种筛选方面，采用转基因、全基因组选择、多性状复合育种、良种良法配套技术等，研发与筛选具有耐性强、抗病、抗害、高效、优质的蔬菜品种。对生菜、快菜、油菜、菠菜、芹菜、西红柿、黄瓜、辣椒等品种进行优选，筛选高产、优质和适于区域自然资源条件的蔬菜品种，以及开展优质有机蔬菜品种的筛选，促进抗病虫、高产、稳产有机蔬菜的示范与推广。在肥料管理方面，合理调整施肥结构，优化配置肥料资源，重点筛选一批绿色、高效、多功能性肥料，包括生物肥料、土壤调节剂、理化诱控、肥料增效剂等，坚持可持续发展、安全优质、化肥减控、有机为主的科学施肥原则，综合运用“精、调、改、替”的思路，进一步建立完善科学施肥管理和技术体系，扩大技术覆盖范围。在病虫害治理，优先采用农业病虫害防控措施，通过选用抗性品种、物理及生物方法进行种子消毒、培育壮苗、加强栽培管理、清洁田园、轮作倒茬、间作套种以及灯光、色板诱杀害虫，机械捕捉害虫，机械或人工除草等一系列措施进行有害生物综合防控，结合实际生产状况，推广生物天敌、授粉昆虫及生物农药的使用，扩大生物农药补贴项目实施范围，开展化学农药替代工作，带动农民正确选购农药、科学使用农药，对病虫害实施专业化统防统治。

（二）绿色生产精准化管控技术集成应用与示范

融合农机农艺，推进作物品种、栽培技术和机械装备集成配套，提高农机装备智能化；同时，大力发展数字农业，实施智慧农业工程和“互联网＋”现代农业行动，鼓励对农业生产进行数字化改造，加强农业遥感、物联网应用，提高农业精准化水平；充分挖掘农业大数据，建设智慧农业大数据平台，将农业投入品监管、生产档案管理、农产品价格采集、农机耕作管控、农业基地建设等实时数据纳入大数据平台，为农业发展提供科学分析和决策依据。重点推广应用数字农业智能管理、智慧农业生产、作物生长管控、病虫害防治、智能节水灌溉等绿色技术，实现精量播种、高效移栽、精准施药、精准施肥、节水灌溉、低损收获、采收嫁接、分级分选和智能精深加工；通过“物联网＋绿色农业”模式，建设绿色农业智能管理平台及信息化追溯平台。绿色农业智能管理平台对农业资源利用效率、农业生产环境影响等进行智能化实时监控管理，增强对绿色农业生产的管理。信息化追溯平台重点采集主体管理、产品流向、监管监测和公众评价投诉等相关信息，实现蔬菜产品的可追溯管理。

（三）设施蔬菜种植模式应用及推广

适应北京蔬菜标准化、规模化和集约化发展趋势，积极应用与推广设施蔬菜种植模式，重点推广应用日光温室、连栋温室和智能温室，积极探索蔬菜工厂化生产模式。①日光温室。日光温室是我国北方地区独有的一种温室类型，是一种在室内不加热的温室，通过后墙体对太阳能吸收实现蓄放热，维持室内一定的温度水平，以满足蔬菜作物生长的需要。同时，“日光温室”产业作为我国设施农业产业中的主体，近20年来已成为农业种植中效益最高的产业。因日光温室结构牢固，成为北方种植大户蔬菜转型的主要工具。②连栋温室。连栋温室是把原有的独立单间温室，用科学的手段、合理的设计、优秀的材料将原有的独立单间模式温室连起来。其中，连栋温室拥有比较高的科技应用受到现代化种植企业热捧。③智能温室。在连栋温室的基础上，应用了人工智能、大数据、物联网、溯源系统、区块链技术、无土栽培、LED灯等技术。同时，智能温室的蔬菜生产将是对设施蔬菜生产方式的革新式改进，也会影响消费者的蔬菜消费方式。随着蔬菜消费市场对更加质量安全、更加高品质的、更加新鲜而健康的、更加入手快捷的蔬菜个性化需求的发展，智能温室技术可以针对特定人群进行指向型品种生产与质量调控，必将成为未来社会为高品质生产和高收入人群提供个性化蔬菜的新型生产方式。同时，温室农业不能只作为新技术存在，必须要与新产业、新零售、新消费结合才能体现更高的社会价值和经济价值。

（四）价值提升与区域品牌构建

顺应北京市居民消费拓展升级趋势，盘活农业资源，深入发掘农业生态涵养、休闲观光、文化体验多种功能和多重价值。遵循市场规律，推动资源全域化整合、多元化增值，突出地方农业特色，形成新的消费热点。

实施品牌战略，培育扶持一批辐射带动作用明显、影响力大和知名度高的蔬菜产品品牌。严格产品认证管理，提升有机、绿色、地理标志蔬菜品牌的社会公信力。大力推进蔬菜产品品牌建设，加快形成以蔬菜产品公用品牌、特色蔬菜产品品牌为核心的蔬菜品牌格局。引入现代要素改造提升区域品牌，推进现有蔬菜品牌整合，形成以“北京”为地域标识系列绿色蔬菜产品区域公共品牌。通过举办“丰收节”、农产品博览会、展销会等活动，利用电商和“互联网＋”等新兴手段，尤其是结合人工智能、大数据、区块链技术，加强品牌市场营销，提高品牌的知名度、信誉度和美誉度，丰富蔬菜产品品牌的文化内涵。

（五）农业社会化服务建设

重点实施规范土地流转、加快培育新型经营主体和健全农业社会化服务体系三大服务内容。着力实现五个转变，即注重主体合作，由单打独斗向整体推进转变；注重发展质量，由数量扩张向数量质量并重转变；注重生态提升，由传统种植向绿色种植转变；注重利益联结，由松散的买卖关系向组建利益共同体转变；注重产业融合，积极发展“互联网＋”新型农业经营主体，由第一产业向一二三产业融合发展转变，加快新型农业经营主体发展，促进多功能性农业、绿色科技农业转型升级，创造北京市绿色科技农业发展新优势。

（六）蔬菜支持补贴政策建议

1. 利用良种补贴政策推动农户更换品种

尽可能加大良品补贴的金额，采用现金的方式发放到农户手中，同时政府在确定良种补贴品种时，可根据优势农产品区域布局，结合小麦加工企业的需求，在品种适宜种植区确定良种补贴项目。企业跟进政府政策在该地区发展订单农业，以消除农户的后顾之忧。农户按国家政策指导和企业要求生产，最终做到规避风险，实现增收。

2. 推进良种良法配套，降低农户生产风险

必须要发挥基层科技推广队伍的作用，推进良种良法配套，具体指导农户降低生产中的风险。良种推广补贴不能只停留在“补贴”上，还要注重良种“推广”和良种良法配套，增加政策的科技含量，从而提高农民的素质和种田水平，实现农业增产、农产品优质等多项目标，最终达到农民持续增收的目的。

3. 政府应做好良种补贴政策宣传工作，实现良种良法配套

建立农户反馈机制，让农户也在实施良种补贴政策的过程中发挥主观能动性，让农户参与良种品种的确定，不仅让农户成为良种补贴受益者、种子的最终使用者，也成为良种补贴政策间接参与者。

4. 政府应既重视补贴过程，又要重视后期管理

加强对农业补贴对象、种类、资金结算的监督检查，确保补贴政策落到实处；区、乡（镇）人民政府要做良种补贴的基础工作，明确相关单位、部门的职责；加强现代电子、信息技术特别是遥感技术在作物面积测算、估产等方面的应用，以减轻基层的工作量，提高工作效率。

第十一章　北京市食用菌产业发展报告

食用菌具有高蛋白、低脂肪，含多种人体所需的氨基酸和微量元素，具有许多食品所无法取代的保健作用，得到联合国粮农组织的认可。近年来北京食用菌生产品种不断增加，科技含量不断提高，投入原料成本不断降低，生产手段更加环保，组织化程度不断提升，食用菌产业已成为北京市重要的富民项目和“菜篮子”工程的组成部分。本部分在回顾2019年食用菌作物产业发展现状的基础上，结合团队支撑下产业发展的典型案例，论述食用菌创新团队对产业发展的技术支撑作用，并针对食用菌产业发展面临的主要问题，提出相关政策及管理方面的参考建议。

第一节　食用菌产业发展现状

一、生产现状

（一）总体生产情况

1. 食用菌总体种植情况

从2011年以来，北京的食用菌播种面积呈现下降的趋势，2019年种植面积15461.2亩，基本与2018年持平，2011～2019年食用菌种植面积年平均减幅10.7%，与北京整体蔬菜产业演变趋势基本相同，播种面积萎缩，生产逐渐向周边省份转移；另外受环境综合治理的政策影响和安全生产的要求，部分菇农退出食用菌生产。

食用菌上市量变化不大，2011年开始呈上升趋势，2013年达到最高值，为12494.7万公斤，然后逐年下降，2019年上市量为6672.66万公斤，比2018年减少5.8%，2011～2019年上市量年均减幅5.9%。

上市收入变化趋势与上市量类似，但幅度较大，在2013年达到最高值72120.58万元，然后逐年下降，2017年有小幅度增加，2018～2019年再次下降，2019年为31358.61

万元，比 2018 年下降了 17.5%（见图 11－1）。

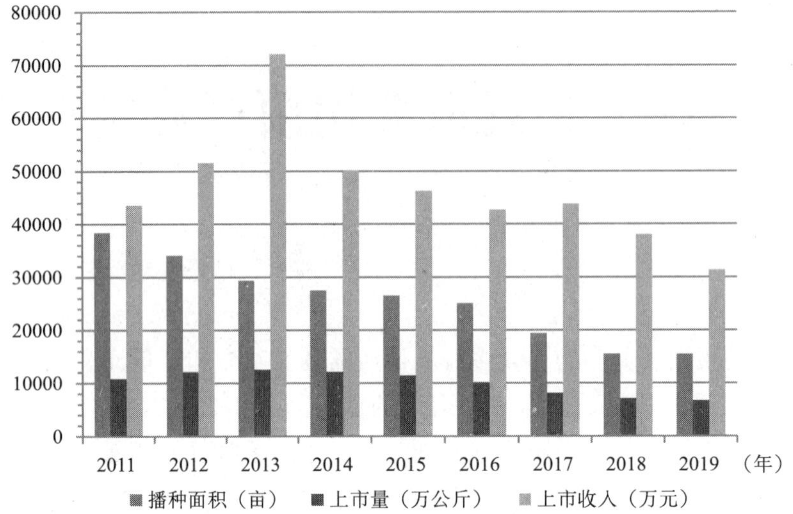

图 11－1　北京市食用菌播种面积、上市量和上市收入

数据来源：北京市农业农村局。

2. 食用菌主要品种种植情况

（1）主要品种种植面积情况。2019 年主要食用菌品种种植面积继续呈减少走势。2019 年平菇种植面积占食用菌总种植面积的 39.0%，种植面积为 6024.2 亩，同比减幅 2.6%，较 2011 年减幅 53.9%。2019 年香菇种植面积占食用菌总种植面积的 31.1%，种植面积为 4803.2 亩，同比减幅 11.2%，较 2011 年减幅 66.0%。香菇和平菇主要集中在房山区种植。

从图 11－2 可以看出，北京市种植食用菌的主要品种是香菇和平菇，占总体的 70% 左右。近几年，香菇的比例基本平稳，平菇比例有所上升，其他食用菌类比例在上升，以茶树菇、秀珍菇等珍稀品种以及灵芝等药用食用菌品种逐渐增多，形成了以大宗食用菌品种为主，珍稀食用菌品种、药用食用菌、野生食用菌为辅的结构。

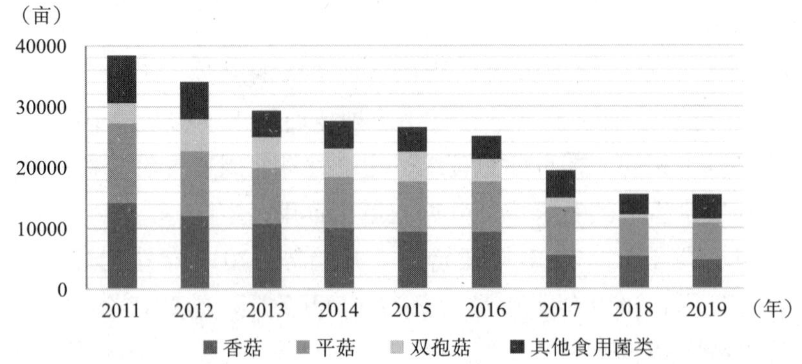

图 11－2　北京市食用菌各品种播种面积变化趋势

数据来源：北京市农业农村局。

（2）主要品种上市量情况。香菇的上市量从 2011 年的 3693.99 万公斤增加到 2013 年的 4846.3 万公斤，达到最高值，2014～2019 年逐年下降，2019 年下降为 1353.67 万公斤，同比减幅 8.9%。

平菇的上市量总体呈现下降趋势，2012 年达到最高值，为 4736.0 万公斤，2013～2019 年逐年下降，2019 年为 2229.36 万公斤，同比减幅 5.1%。

除香菇、平菇和双孢菇外，其他食用菌的上市量在逐年增加，2017 年到最高值为 3262.86 万公斤，2018～2019 年有所下降，2019 年为 2557.33 万公斤，由此可以看出，生产者的种植趋向于品种多样化（见图 11－3）。

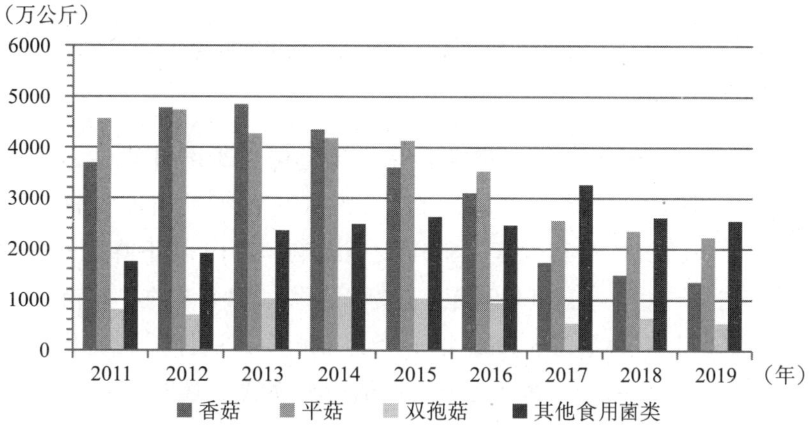

图 11－3　北京市食用菌各品种上市量变化趋势

数据来源：北京市农业农村局。

（二）食用菌生产区域分布

1. 各区食用菌种植情况

（1）种植面积情况。在食用菌种植地域分布方面，北京种植已由近郊区向远郊区扩展。房山区和通州区是北京食用菌第一、第二生产地，2016 年之前播种面积基本在 1 万亩以上，2017 年通州区下降幅度较大，种植面积为 1658 亩；其次是顺义区和大兴区。

2019 年食用菌种植面积最大的是房山区，种植面积为 9792 亩，同比减幅 6.8%。从历史统计来看，2011～2014 年下降幅度较大，从 2011 年的 20809.08 亩降到 2014 年的 10791.8 亩；2014～2017 年有稍许上升，2018～2019 年又有所下降。通州区 2011～2016 年种植面积较为平稳，由于受通州城市副中心建设及产业结构调整的影响，2017 年下降幅度较大，从 2016 年的 9344 亩降为 2017 年的 1658 亩，2019 年上升为 2367 亩（见图 11－4）。

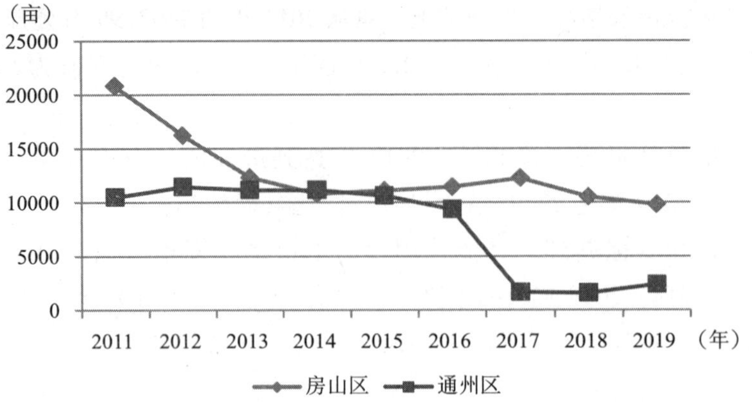

图 11－4　北京市房山区和通州区食用菌播种面积

数据来源：北京市农业农村局。

顺义区食用菌种植面积从 2011～2014 年呈上升趋势，2014 年到达最高值，为 2731.6 亩；然后开始下降，2019 年降到 1351.7 亩。大兴区前几年种植面积较为平稳，基本在 1200 亩左右，受大兴新机场及其配套工程建设等影响，2019 年下降到 632.4 亩；密云区基本呈现下降趋势，从 2011 年的 1309 亩，逐渐下降为 2014 年的 278 亩，2015～2018 年先上升（2016 年 605 亩）后下降，2019 年下降为 381.6 亩；怀柔区变化趋势与密云区类似，呈下降趋势（见图 11－5）；其他几个区种植面积都低于 100 亩。

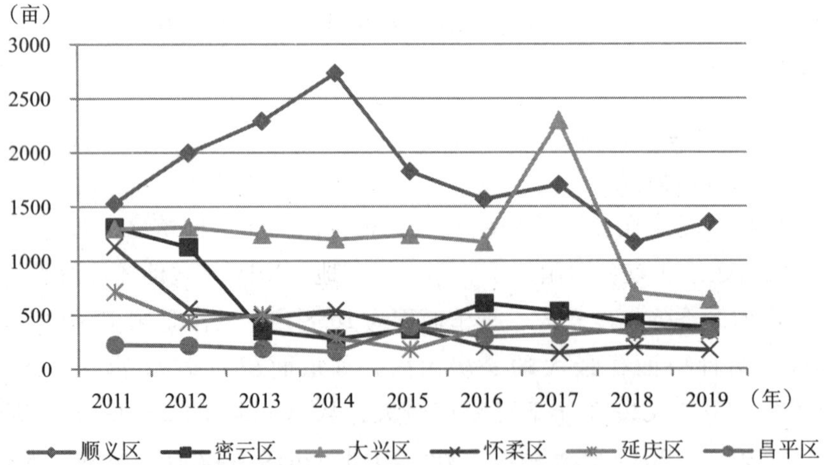

图 11－5　北京市其他区食用菌播种面积

数据来源：北京市农业农村局。

（2）食用菌上市量情况。北京市各区食用菌上市量的排名基本与种植面积一致。

房山区上市量在北京市各区中最高，2011～2016 年上市量基本在 5000 万公斤以上，2017 年急剧下降，为 2700 万公斤，2019 年上升为 2934.3 万公斤。

通州区上市量居第二，2011～2013 年成增长趋势，以后各年基本在 2500 万公斤左右，2017 年开始下降，2019 年下降为 1577.97 万公斤。顺义区居第三（见图 11－6）。

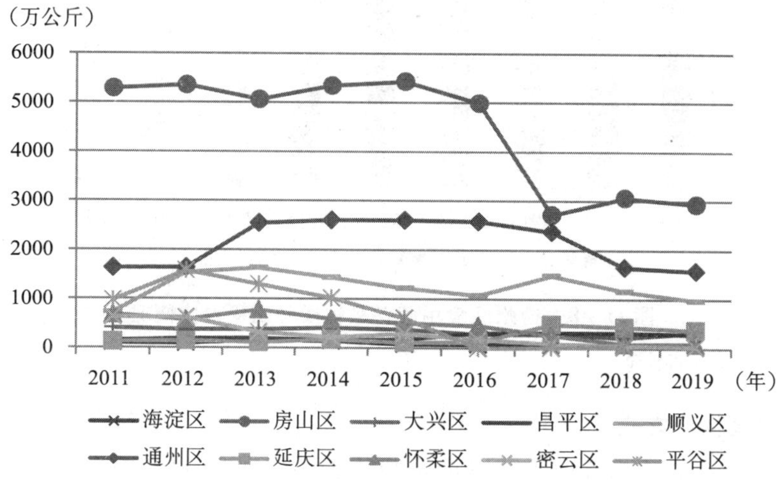

图 11－6　北京各区食用菌上市量

数据来源：北京市农业农村局。

2. 主要种植区食用菌各品种种植情况

房山区主要种植品种是平菇，近几年来播种面积基本占房山区食用菌播种面积的 50% 左右（见图 11－7）；香菇的比重也在不断增加，2019 年比重为 48.9%。而通州区在 2016 年前食用菌的主要品种是香菇，品种面积所占比重基本在 45% 左右，2017 年由于通州区整体食用菌种植下降，香菇种植面积也急剧下降，主要发展其他食用菌（见图 11－8）。

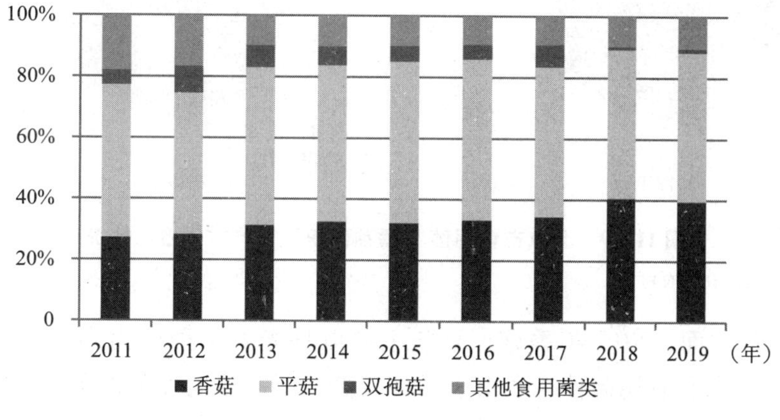

图 11－7　房山区食用菌各品种播种面积占比情况

数据来源：北京市农业农村局。

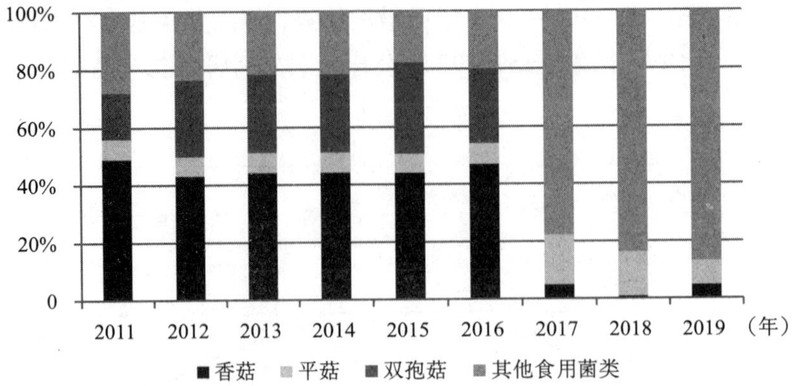

图 11－8　通州区食用菌各品种播种面积占比情况

数据来源：北京市农业农村局。

（三）食用菌生产方式

总体而言，北京食用菌种植主要以设施栽培为主（见图 11－9）。2018 年食用菌设施种植面积比例为 91.6%，主要以日光温室种植为主，占比 88.2%。2019 年食用菌设施种植面积比例也超过 90%。

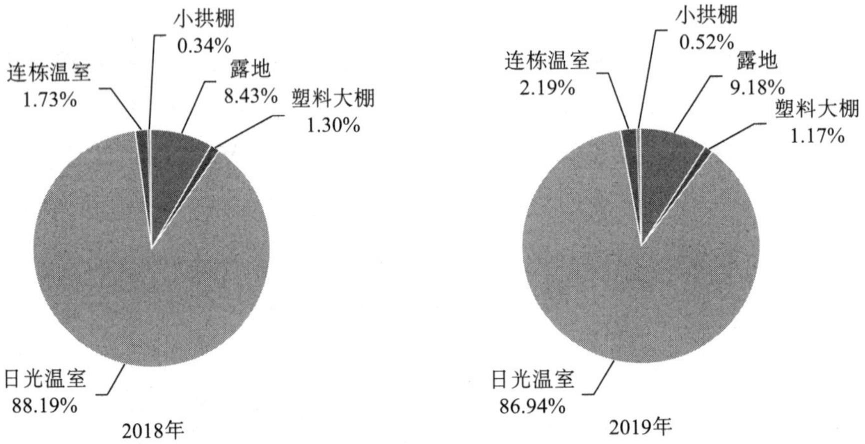

图 11－9　北京市食用菌（播种面积）生产方式占比情况

数据来源：北京市农业农村局。

具体到品种方面，2019 年香菇、平菇主要以日光温室种植为主，比例为 95% 以上（见图 11－10）；其他食用菌种类中由于品种较多，所以露地种植占了 34%，日光温室占了 57%。

二、加工流通现状

（一）加工情况

从 2019 年的调研情况来看，北京市食用菌整体加工水平一般。只有延庆区继续对某

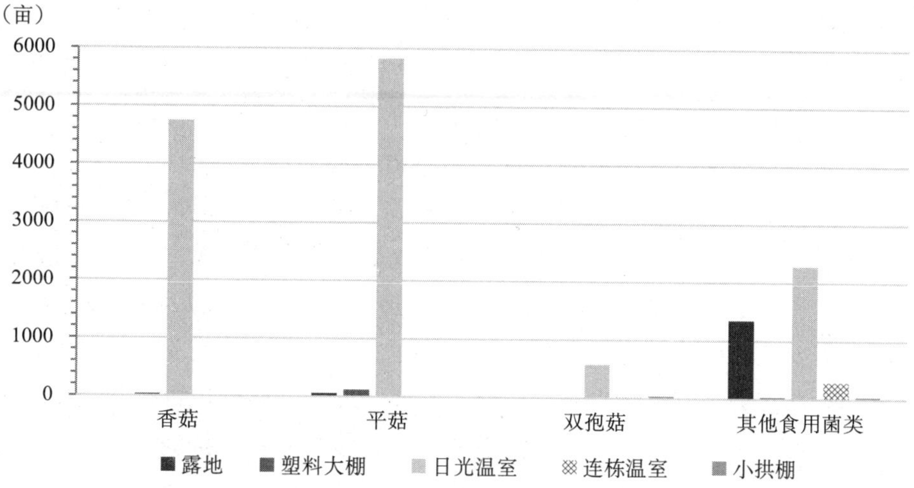

图 11－10　2019 年食用菌各品种（播种面积）生产方式情况

数据来源：北京市农业农村局。

些食用菌进行了加工，2019 年对 1.2 万公斤的猴头菇和 6000 公斤的黑木耳进行了简单加工。

随着整个食用菌产业的逐渐发展壮大，食用菌加工技术也取得了很大的发展，在传统干制、盐渍、罐头、速冻等初级加工形式的基础上，一些新的加工技术和产品不断涌现，即食休闲类食品、调味类食品、方便调理类食品、主食类食品、功能营养产品等逐渐进入市场，从而打破了传统单一的干制、盐制食用菌加工模式。

食用菌干制和罐制是最传统的食用菌加工方式，也是目前食用菌产品应用最多的加工方式，在国内市场销售的食用菌加工产品中，干制和罐制食用菌占据了 90% 以上，我国出口的食用菌产品中，也以干香菇、干木耳、双孢蘑菇罐头等为主。

为了提升食用菌加工产品附加值，我国食用菌深加工产品也在不断发展，主要涌现的产品有食用菌主食化休闲食品、食用菌即食脆片食品、食用菌营养调味品类等。这些食用菌加工产品目前大多只处于起步阶段，部分产品刚刚投入市场，品种单一、质量不高，销售量仅占食用菌加工产品总量的 5% 左右。食用菌主食休闲食品的开发是一种近年来受热捧的主流食用菌加工方式，以猴菇饼干为典型代表，这类产品不仅提高了食用菌的消费水平，还能够通过将食用菌粉添加到传统面制品中，赋予传统面制品独特的风味和丰富的营养与功能，迎合了当今消费者对营养健康的心理需求。食用菌即食脆片食品是一种以食用菌为原料，经过真空低温脆化技术加工而成的即食休闲食品。以香菇脆片、杏鲍菇脆片、秀珍菇脆片、白玉菇脆片为主。食用菌营养调味品类属于第四代新型营养调味品。食用菌中含有大量呈鲜呈味物质，包括可溶性糖、游离氨基酸、呈味核苷酸、有机酸等成分。食用菌调味品利用其鲜美的风味与丰富的氨基酸和核苷酸，以及含有的醇类、醛类等浓郁的特异香味物质，通过提取、酶解或发酵等方式制成酱油、蘑菇精等调味品。其中，加工原料应用最多的是香菇、草菇等。

食用菌富含多种营养与功能活性物质，如多糖、活性蛋白和肽、酚类、酮类、萜类和甾体化合物等，因此，食用菌已被作为一种优质的功能因子原料进行精细化深加工。食用菌营养健康食品和功能保健食品依赖于食用菌中诸多的功能活性因子，通过提取、分离、纯化等制备工艺，获得高纯度高活性的食用菌营养功能组分，并进一步加工成食用菌茶、食用菌冲饮粉、食用菌压片糖果、食用菌片剂、饮剂、胶囊等形式。目前这类产品在食用菌精细化加工中占据了主导地位，食用菌药品制造是发展相对滞后的一种精细化加工方式，由于药品需要全面明确其有效成分和功效特性，所以食用菌药品的开发非常少，目前主要为灵芝和香菇多糖类产品，以香菇多糖口服液、灵芝、猴菇护胃片等为主。随着食用菌多糖类、核苷类、多肽氨基酸类、多酚类和三萜类等成分具有抗炎、抑菌、抗皱、抗衰老、美白、保湿等功效逐渐被证实，食用菌活性物质在日用品和护肤品上的应用越来越受到人们的关注。消费者对从食用菌来源的天然活性成分具有很高的接受度，以银耳胶补水保湿护肤品、灵芝护肤护发化妆品等为典型代表。目前应用于化妆品研发较多的食用菌包括香菇、灵芝、双孢菇、平菇和银耳等品种。食用菌中的曲酸作为一种天然的皮肤美白剂，可被添加到面霜和美白精华中，作为治疗老年斑和色素沉着的药妆产品。食用菌中的萜类成分具有良好的免疫调节和抗炎活性，多添加于治疗皮肤感染及皮肤过敏护肤品中。食用菌的多糖具有保湿的功效，在适宜的条件下，平菇、白灵菇多糖的保湿效果优于甘油。

食用菌加工的核心价值是更好地发挥食用菌多营养、高活性特点，食用菌药用及保健用品仍然具有巨大的商业开发潜力。随着消费者对营养健康型食品的需求量逐渐增大，为食用菌这种具有天然优势的食品提供了很好的发展机遇。针对不同年龄消费群体、不同亚健康人群，开发多元化、个性化高端产品，是食用菌功能型产品的发展方向。

（二）流通情况

北京市食用菌产量占北京市蔬菜产量的3.6%左右。目前批发市场交易量较大的食用菌品种主要以鲜香菇、平菇、金针菇、茶树菇、草菇、鸡腿菇、杏鲍菇、双孢菇、海鲜菇、滑子菇等10个品种为主。通过与2018年对比，香菇、平菇、鸡腿菇、海鲜菇、双孢菇来自北京的比例在增加；金针菇、草菇、茶树菇、杏鲍菇、滑子菇来自北京的比例在下降（见图11－11）。

2019年北京批发市场香菇主供地，主要来自河北、北京两地，分别占比47.63%和35.34%，合计占比超过80%，基本与2018年持平；平菇主供地也主要来自北京和河北，分别占比57.69%和31.89%，合计近90%，比2018年有所增加；金针菇主供地进一步集中，从主要来自北京、河北和山东，进一步向山东集中，2019年山东比例上升为40.62%；草菇供应地集中在北京（49.47%）和山东（42.11%）；茶树菇主供地主要来自于福建，比例为60.02%，其次是山东（26.65%），北京的比例下降为13.33%；鸡腿

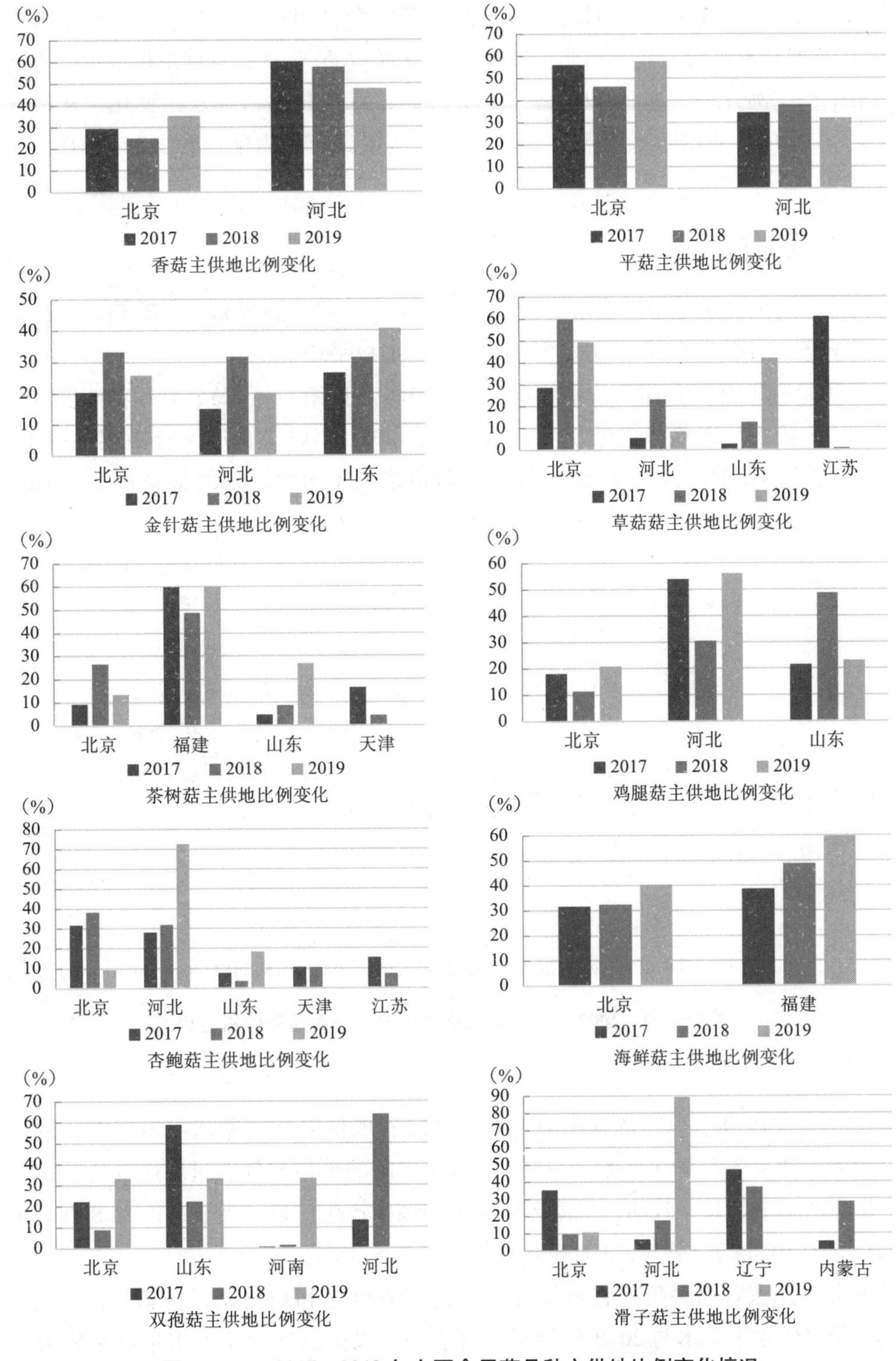

图 11－11　2017～2019 年主要食用菌品种主供地比例变化情况

数据来源：北京市农业农村局。

菇主供地变化不大，主要来自河北、山东和北京，合计 100%，其中河北的比例最大为 56.22%；杏鲍菇来源地主要以河北为主，占比均为 72.57%；海鲜菇主供地进一步向福建和北京集中，比例分别增加到 59.67% 和 40.33%；双孢菇主供地发生变化，从河北、山东变成北京、山东、河南三足鼎立；滑子菇供应从以辽宁和内蒙古为主变化为河北为主，比例近 90%。

三、市场消费现状

本文中食用菌价格是指鲜香菇、金针菇、平菇、草菇、茶树菇、鸡腿菇、杏鲍菇、海鲜菇、滑子菇、双孢菇等 10 个主要食用菌品种的加权平均价格。

基于 2002 ~ 2019 年食用菌价格的年度走势来看（见图 11 - 12），食用菌年度价格呈现波动上行的走势，长期趋势仍处于上行周期。自 2017 年以来食用菌价格连续两年上涨，2018 年食用菌平均价格为 9.44 元/公斤，绝对价格处于历史以来的最高水平，2019 年下降为 9.05 元/公斤。

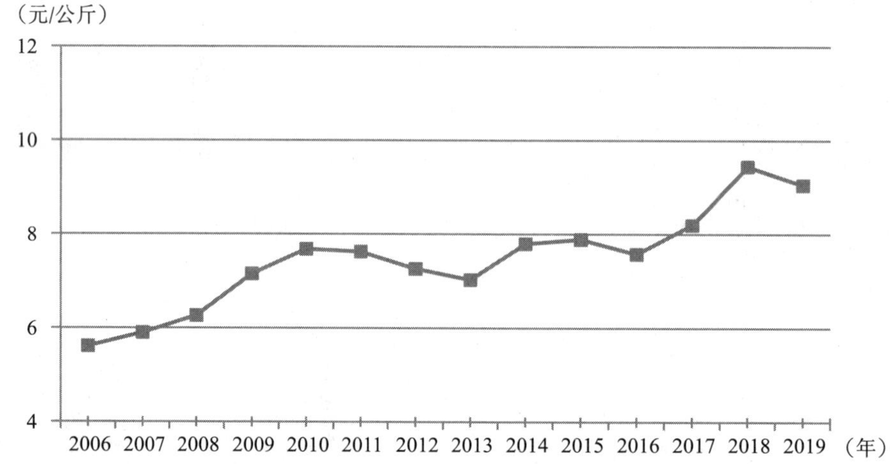

图 11 - 12　2002 ~ 2019 年北京市批发市场食用菌价格走势

数据来源：北京市农业局信息中心。

通过分析 2019 年各月份的食用菌价格，可以发现价格高位期基本出现在 8 月，价格低位期大多出现在冬春季（见图 11 - 13），即食用菌的价格与气温呈同向变化，这与食用菌生产供应的季节性是一致的，低温环境下食用菌生产供应量较大。2019 年 8 月食用菌平均价格最高为 10.45 元/公斤，3 月平均价格最低为 8.15 元/公斤。

2019 年食用菌各品种价格普遍下降，尤其是海鲜菇和鸡腿菇，价格下降超过 10%。市场上市量总体水平基本与 2018 年持平，滑子菇、双孢菇和草菇上市量增幅较大，分别为 85.3%、85.09% 和 41.05%；而茶树菇上市量下降了 13.57%。传统种植模式的菌类如平菇、香菇价格和上市量均有所下降，下降幅度 5% 左右；金针菇价格下降 8.64%，上市

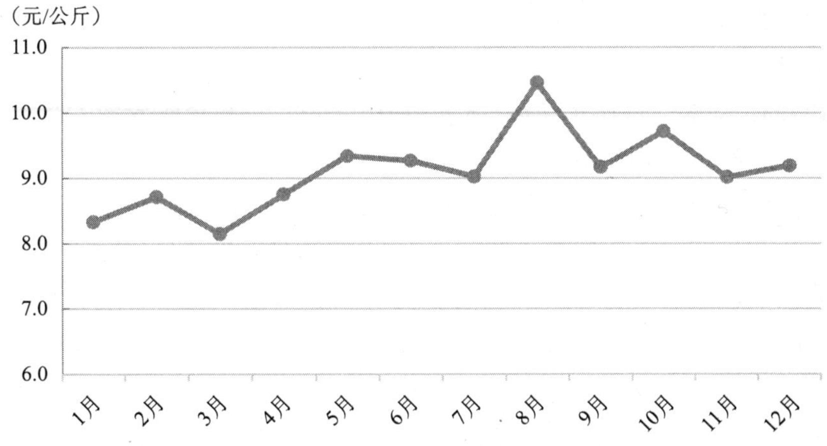

图 11－13　2019 年北京市批发市场食用菌各月份价格走势

数据来源：北京市农业局信息中心。

量增加了 3.69%（见表 11－1）。

表 11－1　2019 年主要食用菌品种价格和上市量情况

品种名称	平均价格（元）	±（%）	上市量（公斤）	±（%）
草菇	17.5	－8.09	4303400.16	41.05
茶树菇	11.56	－4.07	4193300.11	－13.57
海鲜菇	10.69	－13.72	2720200.18	5.43
滑子菇	13.24	2.80	2631100.18	85.30
鸡腿菇	15.76	－14.39	7641200.21	－5.15
金针菇	5.92	－8.64	8643990.18	3.69
平菇	6.86	－4.19	30427460.25	－6.59
双孢菇	12.69	－6.90	2658600.11	85.09
鲜香菇	8.43	－4.20	29032800.18	－4.04
杏鲍菇	6.74	0.30	5040400.14	－1.92
合计	9.05	－4.13	97292451.7	－0.42

数据来源：北京市农业局信息中心。

四、新型经营主体现状

2019 年对食用菌生产主体调研问卷内容进行了重新设计，采用系统填报和采集数据的形式，用户既可以直接在系统进行填报，也可以在调研人员的指导下进行填报，所采集的数据直接进入数据库保存。本次调研覆盖了房山、大兴、通州、延庆、顺义 5 个食用菌主产区，在各区综合试验站及农业技术推广站的大力支持下，开展了全样本调研。首次建立了食用菌生产主体目录，共计涵盖 215 个食用菌生产主体，建立了一套生产主体档案。

当前北京市食用菌生产主体数量以小规模家庭生产经营为主，产量以工厂化生产为主。从数量上来看，在215个生产主体中，其中普通农户（10亩以下）有193个，占比89.8%，合作社有10家，占比4.6%，大户（10亩以上）和企业分别为6家。从食用菌产量上来看，5个区食用菌年总产量在5.29万吨左右，工厂化生产主体产量约为2.77万吨，占全部产量的52.4%，其次是普通农户产量1.77万吨，占全部产量的33.6%，如果不考虑3家工厂化生产主体，普通农户食用菌生产量占到全部产量的64.1%。房山区生产主体数量和食用菌产量是最大的，140个生产主体占全部生产主体的比重为64.8%，食用菌年产量在2432.4万公斤，占全部5个区产量的比重为46.0%，其次是大兴区，产量为1983.1万公斤，占比37.5%，延庆区食用菌年产量在473.4万公斤左右，占比9.0%，通州区食用菌年产量242.4万公斤，占比4.6%，顺义食用菌年产量154.4万公斤，占比2.9%。如果仅从设施生产食用菌来看，房山区食用菌年产量仍然是最大的，且占全部设施产量的比重超过一半，年产量1519.9万公斤，占比60.4%，其次是延庆区，占比18.8%，通州占比9.6%，顺义占比6.1%，大兴设施食用菌产量128.1万公斤，占比5.1%（见表11-2）。

表11-2　各区生产主体及产量分布

按区域	房山区	大兴区	通州区	延庆区	顺义区	合计
普通农户数量	129	5	33	14	12	193
大户数量	2	2	1	0	1	6
企业数量	2	0	0	0	1	3
合作社数量	6	1	0	3	0	10
工厂化生产企业数量	1	2	0	0	0	3
合计	140	10	34	17	14	215
产量（公斤）	2432	1983	2422	4733	1543	5285

数据来源：北京市食用菌创新团队。

北京市食用菌生产主体主要以外地人员为主，是北京市设施食用菌生产的主导力量。根据调研数据，外地生产主体数量共计171个，占比80%，其中绝大部分外地生产主体是以家庭生产为主的普通农户，193个普通农户生产主体中来自外地的有166个，占比86%，6个大户中有4户来自外地，占比66.7%，北京市生产食用菌的普通农户主要以湖南、福建、安徽、河北等地为主。

房山区外地生产主体是最多的，占全部外地生产主体的比重为60.5%，占本区生产主体的比重为74.3%，其次是通州区，占全部外地生产主体的比重为20.3%，通州区全部的生产主体均为外地人员，延庆区外地生产主体占全部外地生产主体的比重为8.7%，占本区生产主体的比重为88.2%，顺义区外地生产主体占全部外地主体的比重为7.0%，占本区生产主体比重85.7%，大兴区外地生产主体占全部外地主体的比重3.5%，占本区生产主体比重60%（见表11－3）。

表11－3　　不同类型生产主体从业人员情况

主体类别	外地生产主体	从业人员数量	平均年龄	雇佣人员数量	本地人员数量
普通农户	166	436	42.5	19	30
大户	4	33	43.7	15	12
企业	0	42	43.8	25	18
合作社	1	130	46.7	106	85
工厂化生产主体	0	209	48.6	205	160
合计	171	850	44.7	370	305

数据来源：北京市食用菌创新团队。

湖南人是来北京市生产食用菌最多的群体，主要以生产平菇为主，所生产平菇产量占全部产量的46.1%。其次是福建人，主要生产平菇、茶树菇和秀珍菇，占总产量的比重分别为78.2%、4.8%和80.1%。安徽人也是以生产平菇为主，占平菇总产量的5.1%。

企业和合作社生产主体带动本地人口就业。全部调研主体的从业人员数量为850人，雇佣人员（带动就业）数量为370人，总体雇工占比43.4%，企业和合作社雇工占比90.8%，普通农户主要以家庭生产为主，长期雇佣生产的情况很少，主要在制棒装袋时临时雇工。食用菌雇工主要解决了本地人员就业，雇佣本地人员数量305人，占全部雇工人员的比例为82.4%。从雇工成本来看，临时雇工平均每天134元左右，按照小时计工的，每小时16元左右，固定雇工成本每月约为3460元。当前北京市食用菌从业人员的平均年龄为44.7岁，其中普通农户从业人员的平均年龄是最低的，为42.5岁（见表11－4）。

表11－4　　各区食用菌生产主体从业人员情况

按区域	外地生产主体	从业人员数量	平均年龄	雇佣人员数量	本地人员数量
房山区	104	523	44.50	203	212
大兴区	6	100	46.81	76	40
通州区	34	67	46.58	1	0
延庆区	15	118	43.77	76	44
顺义区	12	42	42.40	14	9
合计	171	850	44.73	370	305

数据来源：北京市食用菌创新团队。

北京市食用菌生产组织化和规模化程度相对较低。北京市食用菌生产主要有两种方式，即设施生产和工厂化生产。从设施生产情况来看，北京市食用菌生产设施数量共计1050个，其中日光温室919个，占比87.5%，房山区生产食用菌的设施数量是最多的，共有557个，占全部5个区的比重为53.0%，其次是延庆区，204个设施，占比19.4%，通州区 150 个，占比 14.3%，大兴区和顺义区分别为 77 个和 62 个，分别占比 7.3% 和 5.9%。设施食用菌生产主要以两茬为主，一年生产两茬的主体占比 74.6%，房山区、延庆区和顺义区主要以一年生产两茬为主。当前北京市菌棒基本以自制为主，自制菌棒的主体占比 93.0%。当前灭菌主要以用气为主，占比 77.0%，调研中了解到还有部分主体还没有完成灭菌设备改造，过渡期还存在燃煤灭菌的情况。

根据调研的 5 个区 215 个生产主体，仅有 10 家合作社，占比不足 5%，而在普通农户和大户中，认为自己加入了某一合作社的情况基本没有，仅仅是租赁了设施。普通农户主体户均设施数量为 4 个棚，一般都是家庭夫妻两个人生产经营，大户主体户均设施数量为 15 个棚，需要雇工经营。获得三品一标等认证的主体仅有 12 家，占比仅为 5.6%。有品牌的主体一共有 7 家，总体品牌意识较为淡薄，其中房山区有 4 个品牌（品品鲜、海龙山、马良、宝利军），8 个无公害、1 个绿色认证，大兴有 3 个品牌（维得鲜、逸农兴翠、菌益农）、2 个无公害和 1 个绿色认证（见表 11－5）。

表 11－5　不同类型生产生产方式等情况

主体类别	温室大棚数量	塑料大棚数量	一年生产一茬	一年生产两茬	自制菌棒主体	菌棒外购主体	用电灭菌主体	天然气灭菌主体	用煤灭菌主体	品牌	无公害	绿色
普通农户	702	75	45	148	181	13	0	151	31	0	3	1
大户	73	20	3	3	6	0	1	3	1	0	0	0
企业	23	10	1	2	2	1	0	2	1	1	1	0
合作社	121	26	4	6	9	1	0	8	2	3	3	0
工厂化生产	0	0	3	0	3	0	0	3	0	3	3	1
合计	919	131	56	159	201	15	1	167	35	7	10	2

数据来源：北京市食用菌创新团队。

从食用菌销售渠道来分析，北京市食用菌销售主要以地头卖给经纪人为主，总体占比 79.2%，其次是到批发市场进行自主销售，占比 18.2%。不同生产主体类型食用菌销售的渠道存在较大的差距，普通农户更侧重于生产，销售渠道最为单一，销售上主要以卖给经纪人为主，占到全部销售量的 82.7%，也有部分农户自己销往就近的批发市场，占到全部销售量的 16.7%；大户销售给经纪人和销往批发市场这两个渠道的比重更为接近，分别为 51.7% 和 45.0%；企业主体的销售渠道明显更为分散，销售到批发市场、超市、经纪人、机关学校食堂的比例分别为 33.3%、30%、16.7%；合作社主要以销售给经纪人为主，占比 72.7%，另有 8% 左右以采摘形式销售；工厂化生产主体在销售方面具有更大的主动性，全部自主在批发市场进行销售。

从各区来看，延庆区和房山区主要以农户生产为主，因此在渠道主要依托经纪人进行销售，分别占到 97.6% 和 87.4%，其次是通州区的 73.7%。大兴区由于工厂化主体较多，所以在批发市场销售和通过经纪人销售的比例基本持平，分别为 47% 和 49.7%。顺义区种植户产品不太集中，同时对后端销售较为重要，主要自主在石门和东寺渠批发市场进行销售，因此在批发市场销售的比例高达90%（见表11-6）。

表11-6　　不同类型生产主体销售渠道情况

主体类别	经纪人占比	批发市场占比	超市销售占比	机关学校占比	合作社占比	电商销售占比	采摘销售占比	其他渠道占比
普通农户	82.7	16.7	0.0	0.0	0.0	0.0	0.1	0.5
大户	51.7	45.0	0.0	0.0	0.0	0.0	0.0	3.3
企业	33.3	20.0	30.0	0.0	0.0	16.7	0.0	0.0
合作社	72.7	5.0	5.0	0.0	0.0	3.3	8.0	6.0
工厂化生产主体	0.0	100.0	0.0	0.0	0.0	0.0	0.0	0.0
合计	79.5	18.2	0.7	0.0	0.0	0.4	0.5	0.8

数据来源：北京市食用菌创新团队。

北京市生产的食用菌品种主要有平菇、海鲜菇、杏鲍菇、蟹味菇、白玉菇、鲜香菇、茶树菇、草菇、秀珍菇和榆黄蘑等共计17种，主要以大众品种为主，珍稀品种种植规模偏少。从设施生产来看，主要品种以平菇、香菇、茶树菇和秀珍菇为主，占到全部设施产量的98.6%，从工厂化生产来看，主要以海鲜菇、杏鲍菇和蟹味菇为主，占到全部工厂化产量的91.5%（见表11-7）。

表11-7　　不同类型生产主体主要品种产量情况　　单位：公斤

按品种	普通农户	大户	企业	合作社	工厂化企业	产量合计
平菇	16171925	1405000	1478250	3816000	0	22871175
海鲜菇	0	0	0	0	10800000	10800000
杏鲍菇	0	0	0	2400	9125000	9127400
蟹味菇	0	0	0	0	5400000	5400000
白玉菇	0	0	0	0	1800000	1800000
鲜香菇	407400	42500	0	440200	0	890100
茶树菇	848525	0	0	0	0	848525
草菇	0	0	0	0	550000	550000
秀珍菇	301100	0	0	0	0	301100
榆黄蘑	0	0	168500	9500	0	178000
猴头菇	0	0	0	70000	0	70000
黑木耳	0	0	0	7000	0	7000
元蘑	0	0	0	5000	0	5000
白灵菇	0	0	0	2400	0	2400
灵芝	2000	0	0	400	0	2400

续表

按品种	普通农户	大户	企业	合作社	工厂化企业	产量合计
鸡腿菇	0	0	0	1200	0	1200
羊肚菌	0	0	0	250	0	250
设施食用菌合计	17730950	1447500	1646750	4354350	0	25179550
工厂化食用菌合计	0	0	0		27675000	27677400
合计	17730950	1162500	1646750	4353950	27675000	52569550

数据来源：北京市食用菌创新团队。

五、成本收益及其产业支持政策实施效果

从实地调研来看，各区对食用菌产业发展的重视程度普遍不高，相关的扶持政策较少。单个设施租赁成本平均在6700元左右，由于是外地生产者，目前正在执行的基本菜田补贴政策基本没有享受到，而且在设施租赁的过程中，普遍经过1~2次倒手，再次拉高了设施的租赁成本。外地生产者在北京从事食用菌生产，之前主要住在耳房和操作间，现在都到邻近的村里租房居住，再次拉高了生产成本，也直接导致部分生产主体退出了生产。食用菌生产不同于其他种植业，一般需要建设或者租赁冷库用于储存，冷库建设补贴属于农机补贴的范畴，而绝大多数生产者不了解政策，也没有申请补贴的渠道，目前用电成本一般在0.9元/度左右，没有相关的农业用电政策支持。

第二节　产业发展中创新团队的技术支撑作用

一、团队基本情况

2019年，食用菌团队紧紧围绕“种业创新、绿色生态、安全营养健康、提质增效、智慧农业”工作主线，团结协作，努力完成了各项任务指标。

（一）创新团队功能定位及其建设任务

本团队遵循创新、协调、绿色、开放、共享的发展理念，以实现农业现代化和推进产业结构升级提供科技支撑为目标，加强团队作风建设和制度完善，创新育种方法、加大新品种选育、驯化速度；开展配套技术研究创新、加大示范推广力度；改进技术服务模式，促进产业发展方式转变和产业技术体系完善，协同京津冀，推动产业升级发展，为走出一条产出高效、产品安全、资源节约和环境友好的现代化食用菌产业道路提供有力支撑。

（二）创新团队组成架构

2019 年，食用菌创新团队聘任首席专家 1 名、岗位专家 9 名、综合试验站站长 5 名、田间学校工作站站长 16 名、设功能研究室 3 个。其中正高级职称 5 名，副高职称 10 名，中级及以下 16 名。食用菌创新团队有效整合了中央科研、市级科研、市级推广、区级推广等农业科技资源。

（三）创新团队作用与交流机制

1. 完善的外部评估制度

通过外部评估制度，可以判断各项工作的针对性、实用性和科学性是否达到预期效果。邀请相关领导、专家对食用菌团队的各项工作进行监督、检查、指导，完善项目管理制度。

2. 严格的内部督导体制

为了解食用菌创新团队各岗位专家、综合试验站站长、田间学校工作站站长工作进展和取得的成效，以及围绕落实调转节和农业供给侧改革方面的工作思路和下一步工作技术路线，食用菌团队在内部定期组织开展调研督导工作。对食用菌团队成员实行内部督导，并且在督导后进行座谈交流活动。

3. 考核管理制度

严格落实《现代农业产业技术体系北京市创新团队评估管理办法》（京农发〔2015〕151 号）、《现代农业产业技术体系北京市创新团队建设专项资金管理办法》（京财科文〔2014〕1765 号）等文件，对团队成员实行既考评过程又考评结果的机制。在每个实施阶段对实施过程中相关事项进行档案登记打分；在半年或年度结束对主要课题任务进行文字总结与汇报，根据主要任务要求完成情况进行考核打分。并按照有关管理办法规定进行相应惩处。

二、技术研发与主推技术

（一）团队技术研发情况

1. 资源收集与保育

在全国各地开展野生菌资源采集工作。对其中有食用价值的野生菌开展驯化栽培工作。采集野生种质资源 154 份，其中羊肚菌、灵芝、巨大侧耳、银耳等珍稀资源 4 份。其中巨大侧耳在 PDA 培养基上出现了原基分化，表现出较好的出菇能力。

保育：野外段木栽培品种进入出菇期，香菇、猴头菇、平菇、金顶侧耳、桃红侧耳等 5 类 15 个品种进入子实体形成阶段并完成了种质采集。

2. 开展优质品种选育

（1）平菇野生菌株选育出菇：从采集到的 26 个平菇菌株中筛选出 CB4 产量高，菇形最为美观，商品价值好。

（2）金顶侧耳菌株选育出菇：从 28 个金顶侧耳中筛选出金 20、金 3、金 21、金 6、金 14、金 15、金 22 这 7 个菌株的颜色较黄，其余菌株的颜色相对为浅黄。

（3）蒙古口蘑驯化栽培：蒙古口蘑是中国名贵的食用菌，收集到的一些蒙古口蘑菌株，经过室内碳氮源筛选、配方试验、液体菌种制作、栽培试验，目前进展如下：蒙古口蘑可以在母种培养基上形成原基，说明它可以不覆土出菇；液体摇瓶菌种接种栽培袋后，生长旺盛。

（4）野生库恩菇的驯化栽培：野生库恩菇人工栽培（正在进行）菌种来源：祁连山国家级自然保护区野生菌株 ZRL20181619、ZRL20180987，库恩菇与滑菇生相近种，同为鳞伞属。库恩菇子实体枞生，大小中等，味道、质地和口感都令人喜爱。

3. 育种技术研发

（1）香菇单倍体菌株及其交配型确定。目前通过香菇辽 10 和香菇 20 单孢分离菌落的交配型位点序列比对分析，确定了菌株是否为单倍体。通过对单倍体菌株性亲和实验判断其交配型。从香菇辽 10 获得 13 个单倍体菌株，香菇 20 获得 7 个单倍体菌株，并筛选到性亲和的配对菌株。获得适宜北京的耐高温香菇相关转录组，蛋白质组数据 10 套；初步构建香菇遗传操作体系 1 套。

（2）丝球小奥德蘑 JZB2115081 基因组测序。

（3）香菇菌种老化检测：建立了香菇菌种老化检测技术体系，香菇固体菌种培养 21 天、液体菌种培养 19 天后菌丝细胞核凋亡开始、活力减弱，为生产中菌种制备、使用和争议提供了数据指导。

（4）研发香菇、平菇液体菌种技术。

4. 栽培技术研发

（1）优化北京羊肚菌栽培技术参数并开发出液体菌种直播新模式：生长最适的碳源为乳糖；菌核产生最适合的碳源为葡萄糖和蔗糖。株菌丝生长最适合的氮源为黄豆粉和蛋白胨，菌核产生最适的氮源为酵母粉。最适的 pH 为 8. 0。

（2）银耳段木与袋料栽培技术：袋料栽培生产周期为 40 天，可春、秋两个季节分别安排生产。段木栽培生产发菌期较长，接种时间为 4 月 10 日左右。

（3）金耳段木与袋料栽培技术：袋料栽培生产周期为 60 天，农户设施栽培可选择 9 月栽培；段木栽培第一茬收获周期为 90 天，可在 4 月进行。

（4）试验并建立卵孢侧耳、鹿茸菇、工厂化“奥德京 1 号”（热带小奥德蘑）等 3 个新品种的工厂化栽培工艺参数。

（5）榆黄菇栽培技术试验。

5. 产后加工产品开发

开发出榆黄菇冻干品、猴头菇超微粉、灵芝超微粉 3 种新产品。针对榆黄菇货架期短，尤其在高温期不耐储运影响销售等问题，研发其冻干品及菌粉制品，为进一步开发食用菌功能性产品打基础。2019年初步摸索了榆黄菇的冻干技术的工艺流程，其适宜参数需要进一步试验。

6. 食用菌家庭栽培模式研究

研究了大球盖菇、新肥菇、双孢蘑菇、鸡腿菇、黄伞、鹿茸菇、小白平等菌株的家庭栽培模式，在北京市农业技术推广站、北京农学院、北京密云、平谷等地开展相关技术。

7. 智慧农业—研发云端控制和主体信息系统

初步建立了黑木耳云端控制—数据采集系统，已完成关键数据采集系统搭建，并实现无线互联和数据传输，为下一步完成栽培管理措施联动和即时控制打下基础。开发了包括属性、从业人员、生产空间、种植、销售等7大类信息，共计40个核心指标的生产主体信息系统，实现了数据的动态收集与更新。

（二）团队主推技术情况

1. 食用菌固体液化菌种的制备技术

该技术由中国农科院进行推广，推广范围为北京、河北。应用菌种有平菇4195，平菇4142，覆盖面积为150亩，产生经济效益为2.5元/公斤。

2. 优质品种香菇0912推广

该技术由北京市农业技术推广站进行推广，主要应用于香菇0912，推广范围为怀柔、密云、顺义，覆盖面积为52亩，亩产量1.35万公斤，亩产值15.3万元，亩纯效益2.7万元，优质菇率高。

3. 栽培技术推广

（1）大球盖菇温室、林地秋冬季栽培技术：该技术主要应用于大球盖菇，推广范围为平谷，覆盖面积为10亩。

（2）短菌龄香菇品种栽培技术：该技术由北京市农业技术推广站进行推广，主要应用于香菇，推广范围为大兴区，覆盖面积为1亩，经济效益为13500元。

（3）金耳栽培技术：该技术由北京市农业技术推广站进行推广，主要应用于金耳，推广范围为通州，覆盖面积为1亩，单棒经济效益15～20元，增加了食用菌新品类供应。

（4）香菇越夏高效栽培技术：该技术由食用菌创新团队进行推广，主要应用于高温8号和夏一，推广范围为大兴、房山、河北省丰宁县、阜平县，数量为10万棒，亩均增产约5%，提高了农林废弃资源利用率，带动贫困户400余户，户均增收3000元以上。增加了香菇反季节供应量，满足市场需求。

（5）榆黄菇高效栽培技术：该技术由北京市农业技术推广站进行推广，推广范围为房山、顺义、密云，覆盖面积为24亩，平均亩效益8.4万元，生物学效率较高，高效利用农业废弃物，增加了淡季食用菌供应。

4. 平菇发酵料+短时高温处理技术

该技术由食用菌团队进行推广，推广范围为房山、大兴、通州、顺义、密云、怀柔、平谷，覆盖面积为1000亩，亩增收1200元以上，节省了能源、降低了成本、出菇品质好、不用化学药剂、污染率低，保护了环境。

5. 木条菌种应用技术

该技术由北京市农业技术推广站进行推广，主要应用于平菇，推广范围为房山、大兴、顺义、密云，覆盖面积为1100亩，亩节约菌种费用5000元，接种效率高，节约人工成本。

6. 病虫害综合防控技术示范应用

开展昆虫病原线虫与Bti粉剂防治茶树菇菇蚊蝇田间示范、昆虫病原线虫结合防虫网防治秀珍菇菇蚊蝇示范、昆虫病原线虫防治秋冬茬平菇菇蚊蝇的田间示范、昆虫病原线虫防治夏季平菇菇蚊蝇的田间示范、昆虫病原线虫防治春季平菇菇蚊蝇的田间示范。如：

（1）昆虫病原线虫防治菇蚊幼虫技术：该技术由北京市植物保护站进行推广，主要应用于茶树菇、平菇、秀珍菇，推广范围为3个区县5个基地，覆盖面积约10亩，茶树菇试验棚增产6.4%；秀珍菇试验棚增产5.9%；平菇试验棚增产8.7%，可减少化学药剂使用1~3次。

（2）Bti粉剂防治菇蚊幼虫技术：该技术由北京市植物保护站进行推广，主要应用于茶树菇、平菇，推广范围为2个区县3个基地，覆盖面积约315亩，茶树菇试验棚增产2.7%，可减少化学药剂使用1~2次。

7. 菌糠资源化利用技术

菌糠育苗技术：该技术由食用菌创新团队进行推广，推广范围为顺义区、大兴区庞各庄镇，覆盖面积约200亩，用于叶菜类、茄果、西瓜和花卉类等作物的育苗，以降低育苗成本（仅限于香菇与平菇菌糠腐熟物）。实现了菌糠的资源化利用，同时避免了对环境的污染。

8. 平菇黑白菌袋应用

该技术由北京市农业技术推广站进行推广，推广范围为房山、大兴、通州、顺义、密云，覆盖面积为30亩，亩增收1000元以上，延长出菇期。

9. 平菇专用发酵剂

该技术由顺义区食用菌综合试验站进行推广，推广范围为顺义区，覆盖面积300亩，发酵时间由一般7~10天缩短到4~5天，时间段作用快，原料养分消耗少，出菇单产水平增加，菌袋制袋成品率均在99.5%以上。

10. 香菇层架式免割保水膜栽培技术

该技术由顺义区食用菌综合试验站进行推广，推广范围为顺义区，覆盖面积50亩，香菇质量提档升级，为消费者提供了优质产品。

11. 蘑菇包装盒及DIY产品

该技术主要应用于草腐型食用菌双孢蘑菇鸡腿菇等，通过北京农学院学农项目合作食用菌科普课堂推广，数量为1000个，产生经济效益3万，启发了中小学生对食用菌大型真菌的好奇心，普及了食用菌文化。

12. 景观食用菌制作方法

该技术主要应用于双孢蘑菇鸡腿菇、茶树菇等，推广范围为顺义、昌平、通州、房山等，丰富了园区、家庭、学校等室内和温室的观光采摘内容，科普效果很好。

（三）团队研发成果情况

2019年度，本团队的产品成果硕果累累，自行研发新产品3个：食用菌蘑菇栽培盒、家庭栽培出菇装置、羊肚菌液体菌种配方。引进产品1个：黑色平菇菌袋。研发新技术10项：食用菌固体液化菌种的制备、黑色菌袋栽培平菇技术、菌渣替代化肥和有机肥种植叶菜技术、香菇老化菌株的检测方法、香菇脱毒方法、热带小奥德蘑工厂化栽培工艺、段木金耳栽培技术、袋料金耳栽培技术、段木银耳栽培技术、袋料银耳栽培技术。集成技术模式11项，分别是平菇高产高效栽培技术集成、平菇病虫害综合防治技术集成、菇蚊蝇生物防治技术、工厂化菌渣种植草菇、菌糠基质西甜瓜育苗、套环封口快速发菌定向出菇、木条菌种制作及应用、防虫网阻隔和预防菇蚊蝇技术、食用菌休闲采摘模式、食用菌盆栽模式、羊肚菌液体直播技术。自主选育新品种6项，分别为鹿茸菇、新肥菇、卵孢侧耳、库恩菇、平菇、金顶侧耳。筛选新品种16项，包括912、灰美2号、双抗黑平、大黑山、平菇1671、平菇灰美2号、平菇云南89、平菇德丰5号、白灵菇1433、白灵菇PS167、杏鲍菇RCB、香菇辽抚4号、榆黄蘑吉林2号、羊15、黑皮鸡枞、猪肚菇。授权专利15项、申请专利9项；发表论文15篇。

三、技术示范推广效益

（一）技术示范推广经济效益

2019年，本团队积极推进技术和产品（品种）的研发、引进、推广和培训，如菌渣种植草菇提质增效技术，以配方“菇渣85% ＋牛粪10% ＋石灰2%”，在北京大兴、河北邢台临西推广菌渣种植草菇74.65万平方米，获得草菇单产2.5公斤/平方米以上，达到国内先进水平，原料成本降低50%以上，人工成本节约5元/平方米。菌渣替代化肥和有机肥种植叶菜技术，由于菌渣中氮、磷和钾的总量高，尤其是钙的含量高，可以替代部分化肥和有机肥，提高产量，增加抗逆性，改善叶菜品质，实现节肥增效。按复合肥40公斤/亩、茶树菇菌渣1.5吨/亩、有机肥1.5吨/亩的施入量种植茼蒿，不仅产量比传统施肥方式（80公斤复合肥/亩）提高了10%，且茼蒿中6种矿物元素的含量均高于传统化肥种植，尤其是其中的钙含量高出传统化肥种植产品30.8%，重金属等指标也符合无公害蔬菜标准要求。套环封口快速发菌定向出菇技术、木条菌种制作及应用、防虫网阻隔和预防菇蚊蝇技术的应用均使经济效益增长约2% ~3%。

（二）技术示范推广生态效益

本团队在考虑农业生产效率提升的同时，还综合考虑了生态效益，积极进行循环利用模式研究，推广循环利用技术，将循环利用技术与农业生产生活技术相结合，开发了菌糠资源化利用的多个方向，利用菌渣种植草菇提质增效，延伸了食用菌产业链、提高了食用菌菌渣利用率，菌渣种植草菇可以节水 50%，节约电能 30%，具有良好的生态效益。菇蚊蝇生物防治技术减少了农药的施用量，确保上市食用菌产品的安全。桃木屑食用菌基质化利用技术应用于大球盖菇、平菇、灵芝等，分利用当地桃树枝杈资源，给农民找到一个可以利用和获得效益的途径，以桃树枝换菌棒和蘑菇。

（三）技术示范推广社会效益

2019 年，本团队的共获媒体宣传报道 14 次，其中报纸宣传报道 8 次，电视、电台宣传报道 5 次，网络宣传报道 1 次，开展国际学术交流 4 次，有效宣传了团队的工作成果，提升了团队的知名度同时，通过本团队的积极宣传推广，团队的新技术新产品对产业的辐射率高达 50% 以上，为农户带来了良好的效益，稳定了产业发展。通过农民田间学校工作站，组织农民活动日 114 次，培训学员 177 人、1004 人次；举办培训 27 次、培训 1403 人次，开展观摩 20 次，参加 431 人次，涌现出了一大批高水平的种植能手，技术水平显著提高，示范和带动周边农户的能力也不断增强，使农民田间学校工作站成为食用菌科技示范的重要支点。团队综合技术示范区成为区域产业集群带动中心，有力推动了当地产业发展。另外团队研制的景观食用菌，以各种容器和发菌好的培养基质组装用于科普食用菌种植及 DIY 教学，受到中小学生和家庭的青睐，对中小学生做了科普教育和亲手操作，在农民丰收节上展示展示了食用菌文化。在世园会上展示，宣传了多姿多彩的食用菌种类和知识。

与河北省食用菌创新团队协同开展了高温香菇分子育种工作，在河北省承德市丰宁县御今农业发展集团股份有限公司和平泉市瀑河源食品有限公司开展了相关出菇试验。开展技术交流 13 次，联合培训 4 次，联合观摩 2 次，辐射带动津冀农户 500 户，户均增收 3000 元。

四、团队对产业支撑作用

北京市食用菌创新团队对产业的支持作用大致可概括为四个方面：一是首席专家、岗位专家进行品种、技术研发及技术集成，通过在生产中试验、示范，观摩推广服务于食用菌种植户；二是食用菌种植户在生产中出现的问题通过田间学校及综合试验站反馈至首席办及岗位专家，通过体系专家的研讨、试验解决出现的问题，实现了专家成果的快速转化，生产中的问题及时解决；三是开展科技帮扶任务；四是加强与其他创新团队及对外交流，扩大创新团队的影响力。

（一）品种支持

在大兴区，团队在产中环节通过提供优良品种，对食用菌产业发挥支撑作用，具体品种有平菇 4142、4155、灰美；香菇申香 215、0912、238。在房山区，团队在产中环节中为食用菌产业发展也提供了优良的品种。在密云区，团队在产前、产中、产后环节中为示范点大窝铺村提供大秋盖菇、竹荪菌种，特别是种植大秋盖菇起到了很好的示范作用。

（二）技术支持

在大兴区，团队在产中和产后两个环节中为产业发展提供了技术支撑，具体技术为平菇发酵料短时高温处理技术、生物药剂防治菇蚊蝇技术、菌糠基质西甜瓜育苗技术、木条菌种制作与应用技术、平菇害虫物理隔杀技术、短菌龄香菇品种栽培技术；在房山区，房山区石村工作站在产中环节中为产业发展提供了优良品种、实用技术；在密云区，团队在产前、产中、产后环节中到田间地头指导技术；岗位专家师迎春在产中环节的防治技术支持，包括病虫情况和防控技术的电视预报发布、实地技术指导服务、物资提供，如在通州开展的菇蚊蝇生物防治工作，经多年持续地在大香仪村基地的试验示范，通过田间实际防治效果的展示将该技术从基地内的茶树菇生产推动到在平菇生产上应用，同时通过该基地的效果展示和基地菇农的口碑，带动了该基地周边其他茶树菇基地农户尝试使用生物防治措施，并配合项目的各项试验调查工作，推动了绿色防控技术在生产上的应用。岗位专家魏金康提供产前环节的羊肚菌液体直播技术，可使繁种周期缩短 20 天，原材料成本降低 40%；开发了黑木耳环境监测控制智能云平台，并提出了一套基于英特尔物联网中间件（IDRM）的露天黑木耳栽培管理策略，保证了在生产关键时期，掌握实时环境数据，落实每个环节技术细节，提高了木耳品控及质量追溯水平。

（三）产销对接

在产前、产中、产后环节中，食用菌团队搭建平台，联系生产基地和销售基地，解决榆黄菇产销不对称问题，共同推进榆黄菇生产。2019 年在顺义综合试验站召开会议，就榆黄菇产销对接问题进行了研讨，初步确定了几个生产基地和有销售渠道的基地。

（四）低收入村科技帮扶

团队共承担了 4 个村的科技帮扶任务，2019 年以延庆区珍珠泉乡南天门村、延庆区永宁镇西灰岭村为重点科技帮扶对象，发展刺五加黑木耳，平均单袋产量分别达到 40g 和 45g，相当于北京市高产示范户产量水平，分别增收 16.5 万元和 16.74 万元。西灰岭村：在领导的推动下，理顺了土地关系，享受到粮食直补 300 元/亩；该村新建饮用水井 1 口，生产与生活用水将在 2020 年得到保障，为后续产业植入发展提供了基础条件。南天门村：因北京市食用菌创新团队植入的特色产业及效果，村书记于亚权入选延庆区百名农业领军人物。

（五）世园会“百蔬园”建设

技术支撑百蔬园食用菌展区 - 蘑菇原生境、工厂化食用菌生产沙盘和活体展示内容的设计和施工，科室成员分别在世园会科技小组、生产小组、养护小组、运输保障组、网格化小组参与了运行保障服务。

（六）京津冀协同

开展技术交流 13 次，联合培训 4 次，联合观摩 2 次，辐射带动津冀农户 500 户，户均增收3000元。

（七）丰收节筹备

完成了第二届丰收节主会场有关北京市食用菌产业发展历程和北京市食用菌创新团队成立9年成果，并准备了有关灵芝实物展品。

第三节　产业典型案例分析

一、产业发展新业态案例

（一）林地食用菌观光采摘

房山区蒲洼乡东村林下食用菌基地逐渐发展为北京第一、第二、第三产业融合的特色农业亮点，主要开展蘑菇鲜品和加工产品生产，开发多个特色蘑菇菜品，成为北京山区林下食用菌示范窗口。2019年基地产值达80万元，解决村内就业35人；带动49户农家乐从事“蘑菇宴”，助推当地民俗旅游业发展，户均增收达万元以上，年均接待游客2.5万人次，年均旅游综合收入达200万元以上，较传统种植模式增收4倍以上。2019年东村获得市委统战部授予的“北京科技小院（统农025号）”之牌，并被农业农村部评为“中国美丽休闲乡村”。6月27日，北京市委书记蔡奇一行到房山区就“实施乡村振兴战略、推进美丽乡村建设”进行调研，期间视察了东村食用菌种植专业合作社，认真听取了基地负责人对东村林下食用菌产业发展历程、现状和科技帮扶带动情况的汇报，并参观了林下蘑菇大棚中正在出菇的榆黄菇等食用菌品种。蔡书记指出林下经济也是旅游资源，凭借生态优势发展高端休闲旅游。

（二）智慧农业助力黑木耳产业

北京市低收入村南天门村，开展智能化监测，提高管理效率。开发黑木耳环境监测控制智能云平台，建立了黑木耳云端控制—数据采集系统，并根据当地气候提出了一套基于英特尔物联网中间件（IDRM）的露天黑木耳栽培管理策略。在村里的出耳场地安装2台设备，保证随时随地使用手机App掌握出耳场地实时环境数据，并实现异常参数报警，及时通知种植户采取相应对策，确保每个环节技术细节的及时有效落实，提升木耳产品的品质。

（三）北农云+企业+农户服务模式

“北农云”系北京农学院旗下科技协同创新服务品牌，以科技农业为中心，以科技成果转移为发力点，以国家乡村振兴战略与农业科技服务创新为基本点，致力于现代农业技术转移公共服务平台，其宗旨是创新技术转移模式，服务农业产业发展。产品线除了科技成果转移之外，还会涉及品牌策划、产品陈列展示、产品质量检测、电商直播/孵化、产品代运营、准意向用户涉及技术需求开发、科技基金/金融及其他内容的服务。典型案例为：与平谷仟佰家合作社、大华肥业开展桃木屑平菇、大球盖菇配方与工艺试验示范，在技术上无保留指导，选出优良配方为企业服务。

二、典型案例分析

（一）“五位一体”推广模式

在产后环节中，食用菌创新团队实现了以技术成果为依托，以服务实体为落脚点，以形成可复制推广技术为目标，以观摩、培训和媒体宣传为手段，以共赢为主旨的“五位一体”推广模式。

北京三宝香农业科技发展有限公司位于北京市通州区漷县镇大香仪村，其园区占地面积265亩，建有55栋日光温室、蔬菜塑料大棚141栋100亩、露天种植面积20亩，园区年产蔬菜1400吨和食用菌700吨、蔬菜废弃物55吨，年生产食用菌菌棒150万棒，产生废菌渣约400吨。采用环境友好的生物技术就地解决园区农业生产废弃物的出路问题对于改善园区的环境，提升企业形象，打造企业品牌至关重要。通过深入调研，团队了解到园区的蔬菜大棚多为2017年新建棚，土质较为板结，土壤中的营养元素含量较低。基于这些实际情况，团队为企业量身定制了发展循环农业的技术方案，将企业每年自产的150万棒废菌棒经无害化处理后回用于园区的叶菜种植，既改善了园区的土壤环境，又节约了叶菜种植的肥料成本，还提高了蔬菜产品的品质。在创新团队成熟技术成果（菌渣无害化处理技术、菌渣农田利用增效技术）基础之上，在合作过程中形成了双方共有的“菌渣替代化肥和有机肥种植叶菜技术”，依托该技术课题组与企业联合申报了北京市科委的“创新券”项目，获批项目经费41.92万元。“创新券”项目获批后，三宝香公司还拿到了一笔通州科委匹配的“创新券”项目落地补贴15万元，实现了课题组和企业的双赢。企业在合作中得到了实惠，尝到了甜头，更加积极、主动地配合课题组的试验、示范和推广工作，稳定并巩固了双方长期的技术协作关系。

（二）创新团队+合作社的组织形式，构建菌糠高效循环利用模式

北京海龙种植专业合作社位于北京市房山区琉璃河镇石村，该合作社有社员20名，主要以种植平菇为主，每年生产平菇菌棒175万棒，产生废菌料500吨。这些废菌料堆放在菇棚的周围，如果不能得到及时清理，会造成大量病原菌滋生和蚊蝇的产生，不仅污染环境而且会给棚室内食用菌的安全生产带来污染的风险。

针对上述情况，食用菌栽培废弃物循环利用岗位专家在（房山）北京海龙种植专业合作社开展了如下工作：一是积极引导合作社社员对废弃菌棒实施就近无害化处理和循环利用，免费为其提供无害化处理技术咨询。通过宣传引导，目前该合作社的50%的废菌棒得

到了回用（该合作社之前的废菌棒没有循环使用，废菌棒或是随意丢弃，或是找外来人员免费收走）。二是建议并指导菇农利用夏季的（食用）菌类生产农闲期将处理后的菌渣用于西瓜、花卉的育苗以及作为蔬菜、西瓜等的种植肥料，并开展了食用菌废弃物无害化处理与循环利用技术示范，处理规模每年 30 万棒废菌棒，辟建了 1000 平方米的废弃菌棒处理场地，购买了翻倒机等必要的废弃物处理设备。处理后的菌渣，用于西瓜种植，每亩西瓜可新增收 1 万元，不仅使园区部分食用菌废弃物得到了循环再利用，而且为菇农的创收提供了新的途径和手段，还可带动更多菇农因地制宜地对废菌棒进行处理和利用。三是废弃物循环再用于种植西瓜和蔬菜，改善了园区的生产和生活环境，丰富了合作社的产品种类，带动了观光采摘的发展，合作社依托食用菌和西瓜建立了采摘园，影响力逐年提升。四是积极组织相关专家和技术能手为合作社提供技术支持与服务，邀请了病虫害防治技术专家以及大兴庞各庄种瓜能手到合作社进行现场指导和技术培训 50 余人次，既为食用菌和蔬菜种植过程中病虫害的控制和安全用药提供了技术保障，也及时解决了西瓜育苗和种植过程中遇到的难题，保障了菇农的收益。五是由于该合作社在食用菌废弃物循环利用方面以及与院（所）技术合作方面的突出成绩，2019 年该合作社被评为北京市房山区区级生态园区，并从房山区种植中心获得园区改造资助 50 万元。

（三）合作社通过自身的渠道优势，带动产业发展

安顺荣达种植专业合作社园区占地 150 亩，目前有出菇棚 17 个，配套有晾晒棚、冷库和保鲜库。合作社主要以鲜品猴头菇的生产销售为主，依托地理和环境优势，出品的鲜猴头菇品质优产量高，广受市场好评。合作社为其他合作社引进优良菌种，带动农村剩余劳动力就业，通过自身发展，带动周边贫困村通过开展食用菌生产脱贫致富。

第四节　产业发展政策建议

一、产业发展存在的主要问题

（一）菌种方面的问题

目前北京市食用菌菌种较混乱，平菇品种同物异名现象严重，一些小品种种性不明，没有品种名，许多菌种销售单位没有相关资质。缺乏稳定、正规的优良菌种供应平台；菌种品种退化严重，生产中栽培品种青黄不接，缺乏适合本地性状稳定的耐高温型品种；形成产业规模化的食用菌品种相对单一，珍稀菇类占比例较少，新品种未成规模。

（二）原材料问题

木腐菌生产规模快速发展，造成“菌林矛盾”；草腐菌生产资源丰富，但是发展滞后。

（三）休闲观光和科普食用菌产品技术稳定性较差

由于季节性和出菇的环境条件所限，菌棒 、菌料的生产性能时好时坏。急需稳定的菌棒菌料以及出菇条件、设施容器等。

（四）专业化、标准化、轻简化栽培技术及设施设备研究不足

生产中普遍存在“小而散”“小而全”的问题。需要小型、便捷的自动化设备研发及物联网技术研发普及。

（五）在食用菌上登记的农药缺少

现有登记的农药品种极少，但生产中存在用药剂防治的需求，导致生产中用药混乱，存在食品安全风险。

（六）政策对食用菌生产的影响

因煤改气、煤改电、大棚房治理等原因，导致生产成本增加，外地菇农减少，茶树菇等菇种的种植面积减少。

（七）废弃物循环利用的问题

食用菌生产废弃物的处理和循环利用问题主要不在技术层面，而是在处理成本方面，废菌棒无害化处理需要清棚、脱袋、腐熟等过程，需要人工、场地、设备以及循环利用技术等诸多环节，成本较高。

（八）缺乏食用菌加工产品，产业链条延伸不够

市场价格波动较大，高温期不耐贮运的食用菌鲜销损失较大，并且农户自产菌类缺少保鲜手段，需要在食用菌保鲜和深加工方面得到较高的科技支撑。

（九）销售渠道窄，价格不稳定

目前北京市食用菌销售渠道较为单一，主要依靠商贩地头收购，价格偏低，优质不能保证优价，议价权较弱，甚至存在现货不现结账的情况，这种情况在其他农产品销售中已经很少出现。

二、产业发展趋势

工厂化、标准化、规模化将成为食用菌产业未来的发展方向。随着产业技术升级、环境监测以及人工成本增加，作坊式的小规模生产将逐渐被淘汰，专业化、规模化的合作社或公司将成为地区食用菌产业的龙头，带领小的合作社或企业逐步发展。建设以食用菌为重要元素的现代农业产业园区，使食用菌产业与互联网产业、物联网产业深度融合。

食用菌产业逐步扩大领域，如家庭化栽培、、休闲采摘、盆景园艺等休闲农业模式。食用菌虽然种类丰富，栽培方式多样，但其保鲜期短，采收期短，不能鲜食，栽培技术环节多，出菇要求苛刻等特性对发展休闲农业形成了一定难度。但北京人口优势、都市农业对食用菌休闲体验产品的需求市场和消费群体巨大，园艺疗法需要食用菌的空间较大，科普教育，互联网产品需求旺盛，等等，都将是食用菌休闲产业发展的机会。

三、具体建议

（一）培育、选育优质品种

一是传统大宗种类（香菇、平菇、黑木耳等），菌种比较完备，存在比较突出的问题是制种过程造成的菌种质量参差不齐。建议扶持几家实力较强的单位，统一向菇农提供菌种。

二是对于工厂化栽培的种类（金针菇、蟹味菇、海鲜菇、杏鲍菇等），菌种几乎都是来自日本等国家。建议扶持育种单位和企业联合，共同选育自己的菌株，以免将来受制于人。

三是野生食用菌中，有不少具有驯化栽培价格的种类，建议扶持野生菌驯化栽培，做好技术贮备，为将来的食用菌产业竞争赢得先手。

（二）构建食用菌销售链

支持本地规模化的食用菌企业、合作社进行产品销售链的构建，打出食用菌品牌。可以几家联合，以微信接龙等形式，抱团供应不同的社区、市民等。抱团内部建立统一的产品种类、规格等级以及价格，以快递、外卖等形式销售。

（三）进一步推广食用菌家庭栽培和休闲科普形式

在北京这样的大都市，食用菌家庭栽培和休闲科普的需求量较大，因此需要进一步创新推广方式和手段，进行生产和生活双向推广。目前，京郊有不少科普教育基地对食用菌科普课程有浓厚兴趣，但还缺乏标准规范的课程设置、通俗易懂的课件以及形式多样实操教具、展示产品、适宜的菌棒供应渠道等。需搭建一个科普基地、生产基地和科研推广单位之间有效的合作研发推广模式。

（四）相应政策的制定与执行

一是抓紧制定和出台针对食用菌高温灭菌环节的补贴政策。鉴于环保政策对原有生产秩序产生的影响，农业生产主管部门应及时制定相应应对措施，减少或降低环保政策对食用菌生产的冲击，保障北京市食用菌产业健康稳定发展。建议参照每棒 0.1 元左右的标准进行补贴，并设立专项资金支持输气管道扩容。

二是完善食用菌补贴机制，推进北京市食用菌生产的标准化进程。采取先产后补的原则，侧重于补贴北京市龙头企业或规模较大的食用菌生产企业，从而逐步将制棒、灭菌等环节集中起来，将有利于减少资源的浪费和环境的污染。

三是补贴对象面向北京市食用菌生产主体。目前北京市食用菌生产从业人员中有很大比例来自外地，为北京食用菌生产做出贡献，在实施补贴中应充分考虑这部分生产主体的诉求。

第十二章　北京市粮经作物产业发展报告

北京市甘薯、鲜食玉米和草莓（以下将3种作物简称“粮经作物”）是北京市粮经作物创新团队自2017年以来的工作重点。本报告在回顾2019年粮经作物产业发展现状的基础上，结合团队支撑下产业发展的典型案例，论述粮经作物创新团队对产业发展的技术支撑作用，并针对粮经作物产业发展面临的主要问题，提出相关政策及管理方面的参考建议。

第一节　产业发展现状

一、生产现状

（一）2019年北京市粮经作物生产水平及生产区域分布

1. 甘薯

2019年，北京市薯类播种面积1164.6公顷，比2018年的1181.1公顷稍减了16.5公顷，降低1.4%。为适应质量农业发展需求，北京部分甘薯品种由高产型陆续向优质型转变，单产水平较以前稍有降低；种植规模在140公顷以上的主产区由大到小依次是大兴、密云、平谷和房山，上述4个区的薯类播种面积占北京市91.1%，大兴和密云的种植面积占北京市的63%。这种布局是由土壤、气候等自然禀赋条件以及种植历史和政策导向等因素综合决定的（见图12-1）。

2. 鲜食玉米

2019年北京市鲜食玉米播种面积2197公顷，比2018年的2040公顷增加了157公顷（2355亩），增长了7.7%。2019年鲜食玉米生产规模在200公顷以上的产区，按生产规模的由大到小依次是房山、大兴、平谷、密云和顺义。上述5个区合计的播种面积占全区的71.6%（见图12-2）。鲜食玉米的产量水平，因品种、播期和种植密度以及管理水平而异，一般多数情况在12000~22500公斤/公顷的范围。

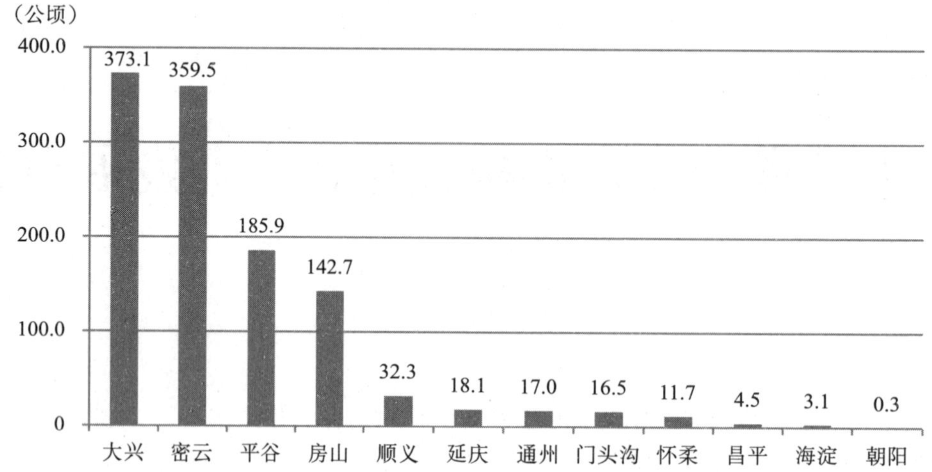

图 12－1　2019 年北京薯类生产规模及区域分布

数据来源：北京市农业农村局。

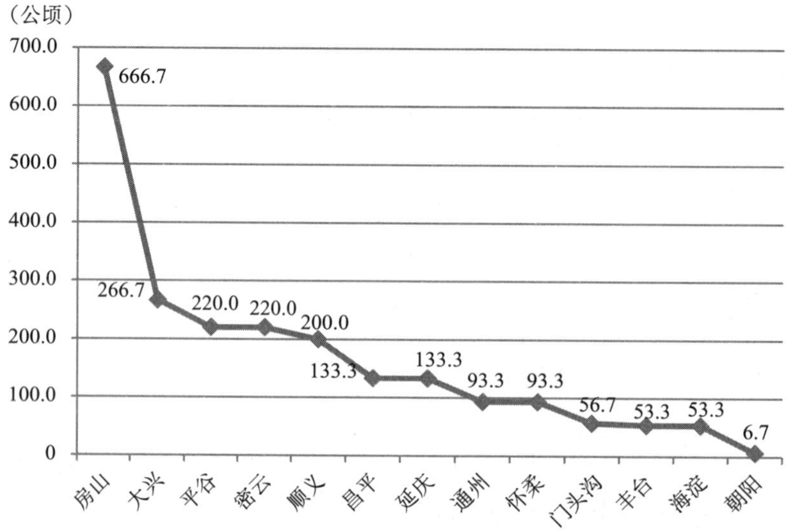

图 12－2　2019 年北京鲜食玉米生产区域分布

数据来源：根据北京市农业技术推广站农情监测系统调查数据整理。

3. 草莓

北京草莓在 2018～2019 年度（2018 年播种，2018 年 11 月到 2019 年 5 月期间陆续收获）总播种面积是 766. 6 公顷，总产量达到 15530. 9 吨，平均单产水平是 20. 26 吨/公顷；播种面积、总产和单产分别比 2017～2018 年度增加了 9. 4%、24. 8% 和 14. 1%。其中，2018～2019 年度播种面积超过百公顷的区域有昌平、顺义、通州和平谷，这 4 个区的播种面积占全区总面积的 80. 7%。延庆、昌平和顺义区的单产水平高于北京市平均水平（见图 12－3）。

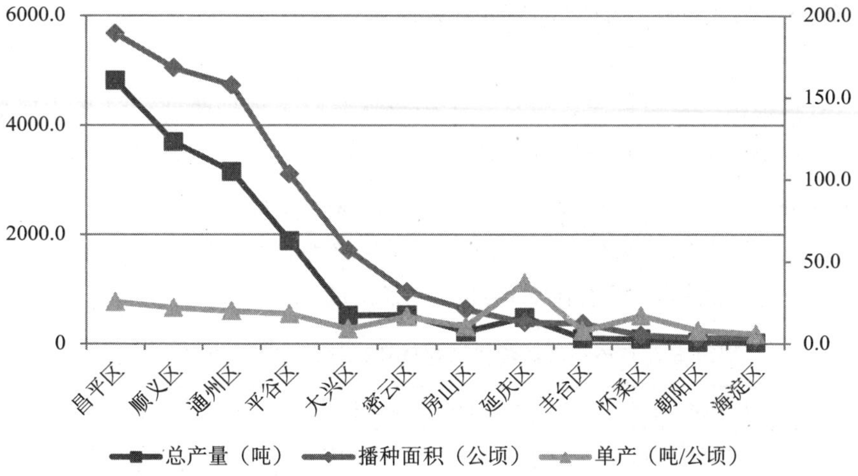

图 12－3　2018～2019 年度北京草莓生产水平及区域分布

数据来源：北京市统计局。

（二）粮经作物生产上的品种应用

甘薯种植品种包括烟薯 25、普薯 32、龙薯 9 号和济薯 26 等，种植区域主要以密云和大兴等甘薯主产区；鲜食玉米以京科糯及京科玉系列为主，以房山种植面积最多；草莓品种中红颜和章姬所占面积约占北京市总播种面积的 2/3，其余品种有圣诞红和国有自育品种（见表 12－1）。

表 12－1　　　2019 年北京粮经作物主要品种、规模和区域分布

作物	生产主播品种（种苗）名称	生产应用面积（亩）	该品种在北京生产应用的主要区域
甘薯	烟薯 25	5339	密云、大兴、房山、平谷
	普薯 32	3218	密云、大兴、平谷
	龙薯 9 号	2618	密云、大兴
	济薯 26	1739	密云、大兴、平谷
鲜食玉米	京科糯 2000	4000	房山、大兴、顺义等
	农科玉 368	2000	房山、昌平、海淀、密云等
	京科糯 928	1000	房山、顺义等
	BMB380	1000	房山、顺义、密云等
草莓	红颜	5796	昌平、平谷、顺义、通州
	章姬	282	通州、大兴、平谷
	圣诞红	194	昌平、通州、顺义
	国有自育品种	105	昌平、平谷

资料来源：粮经团队作物栽培岗位专家提供。

（三）粮经作物机械化作业试验示范及生产应用概况

1. 甘薯

甘薯不覆膜种植，从旋耕起垄、移栽、中耕除草、杀秧到收获，已初步形成全程机械化配套技术；甘薯的覆膜种植，仍处于探索适用、高效、配套成熟机具的选择阶段。

2. 鲜食玉米

鲜食玉米生产环节机械化程度相对较高。在耕整地、田间管理等环节借助籽粒玉米设备完成机械化作业；2019 年重点在播种环节展开试验示范（见表 4 – 2）。

表 12 – 2　　2019 年北京市粮经作物机械化作业试验示范及生产应用概况

作物	机械化作业环节	机械化生产作业面积或机械化试验面积（亩）	生产或试验的主要区县
甘薯	旋耕起垄	1800	密云
	移栽	220	密云
	中耕除草	600	密云
	杀秧	1800	密云
	收获	1800	密云
鲜食玉米	播种	760	房山
草莓	起垄	110	昌平、顺义

资料来源：粮经团队农机岗位专家提供。

3. 草莓

北京草莓在多个生产环节缺乏高效适用机具的主要原因，是设施生产受温室面积、温室结构、种植模式等多因素影响，制约了草莓生产机械的多环节应用。草莓种植的机械化生产水平较低，总体属于劳动密集型产业，目前主要在起垄阶段试验机械化作业。

二、产后贮藏及加工流通现状

（一）北京市粮经作物产后贮藏及加工概况

北京生产的甘薯和鲜食玉米，多数以销售鲜食产品为主，产后储藏和加工的比例相对较小。2019 年，甘薯通过半地下贮藏库贮藏 300 万公斤鲜薯，储藏品因售价提高增加 300 万元纯收益；加工品薯干的加工量达到 18 万公斤，加工品因售价提高增加 80 万元纯收益；鲜食玉米冷藏 50 万公斤鲜穗，因售价提高增加 100 万元纯收益（见表 12 – 3）。

表 12 – 3　　2019 年北京粮经作物产后贮藏及加工概况

环节		甘薯	鲜食玉米
产后储藏	储藏形式	半地下贮藏库	鲜穗冷藏
	储藏量（万公斤）	300	50
	贮藏品比鲜食品单价提高（元/公斤）	2.0	2.0
	增加的纯收益（万元）	300	100

续表

环节		甘薯	鲜食玉米
产后加工	加工形式（加工品）	薯干	软包装雪糯
	初级产品总加工量（万公斤）	18	20
	加工品比鲜食品单价提高（元/公斤）	2.4	0.77
	增加的纯收益（万元）	80	15.3

资料来源：粮经作物团队产后加工专家提供。

（二）北京粮经作物产品流通情况

首先，北京本地出产甘薯的销售，0.33 公顷（5 亩）及以下小规模生产者以销售给上门收购的中间商为主，占其鲜食甘薯总产量的四分之三以上。其次，在产地附近集市零售或销售给所在的合作社；0.33 公顷以上中大规模生产者的产品，有储藏或加工条件的，以产后储藏或加工为主，希望从错峰销售或加工品销售中减少损失并获利更多。没有储藏条件或储藏条件无法满足全部产品储藏时，则以批发给中间商为主，部分产品也会在当地农贸市场零售。近年来，在北京市粮经作物创新团队成员共同努力下，以密云主产区为代表的甘薯规模化生产示范区，甘薯贮藏条件和技术有明显改善。目前，全市出产甘薯，产后储藏鲜薯及加工成薯干比例，合计占总产量 8% 左右。生产者从储藏错峰销售和薯干加工中获得利润水平也相应得到提高。

北京本地出产的鲜食玉米，不作为加工品（冷冻、真空包装等）而直接用来鲜食销售的，因其不耐储运而对供求快速对接的保质要求较高，致使其销售渠道类型也相对丰富。小规模生产者主要通过产地周边零售、中间商上门收购为主，部分生产者也会配送给餐馆或食堂进行销售；错期播种的中大规模生产者，销售渠道相对较宽：批发市场批发、给电商或超市供货、向单位食堂或餐馆供货、按订单给团购供货、进社区宣传售卖、中间商上门收购等多渠道并用。

北京本地出产的草莓，因其上市时间在 11 月到次年的 5 月这段北京出产其他瓜果的上市淡季，有利于和其他北京产水果的采摘休闲形成错峰竞争，也与外埠草莓形成了采摘销售壁垒，因而在正常年份，草莓以采摘休闲而销售的比例，一般在总产量的三分之一左右。因草莓的不耐储运特点更明显，除了采摘之外的其他销售渠道也相对较丰富。一般而言，1 ~3 个棚的普通小规模生产者，主要渠道是被动等待中间商收购或产地周边零售，兼有少部分数量不等的采摘或微信订单的快递到户；4 个棚及以上的大中规模生产者（合作社、中大户等）的产品销售是多渠道并举：团体批量订单送货上门、电商、微信或电话接单并经快递物流给老顾客送货上门、中间商上门收购、产地周边零售等。随着网络技术的发展，有实力的规模生产商也在尝试通过直播平台，结合小程序集单进行更广范围的销售。

三、市场消费现状

北京本地产甘薯、鲜食玉米和草莓，主要以初级产品鲜食形式被消费，深加工比例总体上还不是主流；2019 年 6 ~ 11 月，针对在北京城六区（东城区、西城区、朝阳区、丰台区、石景山区、海淀区）常住居民，以问卷为工具，采用典型调研结合随机抽样确定调研对象，以问题导向型研讨、一对一互动面访和电话调研相结合等形式，完成有关草莓消费的调研数据收集，进而重点分析消费者在非疫情的正常状态下，对草莓的需求偏好及消费行为特征。共发放问卷 666 份，收回的有效问卷有 579 份，问卷的有效回收率为 87%。

（一）被调查消费者样本的基本特征

1. 样本中来自朝阳区和东城区的占比较大

被调查者中来自朝阳区的样本占比 31. 8%，东城区样本占比 25. 4%，二者合计占比达到 57. 2%。丰台、西城、海淀和石景山区的样本占比则分别为 13. 5%、10. 2%、10. 0% 和 9. 1%。

2. 样本群体以女性为主，年龄集中在中青年，文化程度总体偏高

总体样本中，性别上女性占比 71. 5%；年龄上 23 ~ 35 岁和 36 ~ 45 岁的中青年占比分别为 82. 4% 和 13. 8%，二者合计达 96. 2%。文化程度上，大专及以上学历的占比达 84. 0%，其次是高中/中专/高职文化程度的被调查者占 14. 9%。可见，被调查者的文化层次相对较高。

3. 被调查样本的家庭人口数量以 3 ~ 4 人为主

被调查者的家庭人口数量是 3 人和 4 人的占比分别为 38. 7% 和 35. 1%，二者合计约占总样本的四分之三。其次是 5 口和 2 口之家，分别占比 13. 1% 和 8. 1%。

4. 被调查者收入在中等偏上水平，以全职工作者为主

被调查者的年收入水平，在 8 ~ 15 万元的占比为 31. 3%，在 15 ~ 60 万元和 3 ~ 8 万元的则分别占比 28. 0% 和 27. 1%。更低或更高收入水平的样本则较少。工作状态方面，全职的被调查者占比达 2/3，职业上教师、企事业/公司基层管理者、私营业主、公务员等全职工作者分别占比 10. 9%、12. 4%、10. 0% 和 13. 7%。

（二）消费者对草莓产品本身特性的需求偏好

1. 多数消费者最重视口味，其次是口感、颜色和果型

调查显示，三分之一的被调查者最重视草莓口味，占比最高；其次重视的是口感、颜色和果型，分别占比 23. 4%、23. 1% 和 20. 4%。

口味上，三分之二以上的消费者以甜或酸甜适中的草莓为主要偏好，占比分别是 44. 7% 和 24. 2%；口感上，软硬适中的草莓更受消费者欢迎；

颜色上，喜欢深红或浅红的被调查者占比超过 67%，而粉色、白色、黄色和黑色草莓的偏好度则较低；

果型方面，偏好大个头椭圆形或扁平状的占比 63.6%，喜欢小个头椭圆形的占比 27.2%。

2. 多数消费者更在意草莓的新鲜度、安全性、营养价值、应季消费和品种

根据李克特量表调查结果，至少有三分之二消费者对草莓产品新鲜度、安全性、营养价值、应季消费和品种等特性的重视程度，选择在“非常重要”和“重要”档次。其中，重视产品新鲜度和安全性的被调查者占比分别为 84.6% 和 80.5%；营养价值、应季消费和品种被重视的比例分别是 78.6%、70.5% 和 66.0%。在认为品种非常重要和重要的被调查者中，清楚地了解草莓品种的被调查者占比为 88.30%，他们所熟知的草莓品种为红颜、圣诞红、白雪公主和章姬。

（三）消费者草莓购买行为偏好

1. 购买便利是多数消费者选择的因素

农贸市场和连锁超市是主要购买场所，其次是采摘、社区超市和网上购买。

调研结果表明，78.41% 的消费者认为“购买便利”是影响其选购草莓的重要因素。半数以上消费者采购草莓的渠道，以农贸市场和连锁超市为主，占比分别为 54.8% 和 51.0%；产地采摘、社区超市和网上购买草莓的占比则依次是 40.4%、36.4% 和 20.8%。被调查者从批发市场和街边商贩购买草莓的比例较低。采购量小和不方便是消费者很少从批发市场采购的主要原因；从街边商贩处采购比例低，一是街边商贩的销售地点和时间无规律不利于采购，二是认为临时商贩资质不足，担心草莓的安全及质量无法保证（见图 12-4）。

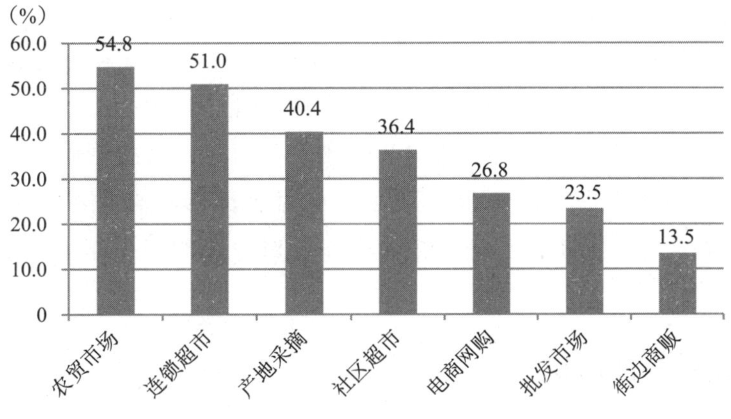

图 12-4 消费者选购草莓的渠道分布

购买时段和频率上，三分之二左右的被调查者选择在草莓上市主要时段采购，四分之三以上的消费者购买草莓的频率在每月 1~4 次。

2. 消费者青睐的价格区间以 20~60 元/公斤为主

近 60% 的被调查者购买草莓的价格区间在 20~60 元/公斤。20 元/公斤以下和 60 元/

公斤之上的价格，消费者购买的比例较小。低价草莓多数是季尾产品，口感等质量大打折扣，明显影响消费者购买意愿；高价草莓，特别是价格高于 120 元/公斤时，普通消费者会觉得价格太贵而影响购买。因此，60 ~ 120 元/公斤是消费者承受的高价极限（见图 12 –5）。

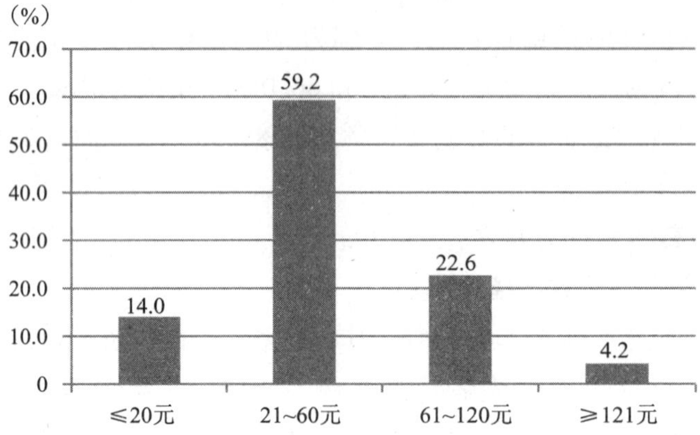

图 12 –5　消费者面对草莓不同价格的选购比例分布

3. 消费者更容易受促销活动的吸引而购买草莓，但认可广告宣传重要性的比例不高

面对商家的不同促销方式，消费者的购买行为更容易受直接促销活动的影响。调查显示，近四分之三的消费者认为直接促销活动对草莓购买的影响比较重要或者很重要。但只有不到半数的消费者认为广告宣传重要。可见，消费者更看重直接带来经济实惠的促销活动。

消费者在产品上市季节，购买草莓的频率主要为每月 1 ~2 次和每周 1 ~2 次。在草莓销售淡季，苹果、梨、香蕉、樱桃和桃等果品成为主要替代类果品。

各区产业发展的比较优势和农业结构调整政策等因素，直接影响北京市农民专业合作社的行业和区域结构。平谷区和密云区在重视对农民专业合作社服务和发展的基础上，分别成立了联合社，对提高当地种植业合作社对农民的带头作用，起到了明显的推动效果。

四、新型经营主体现状

农民专业合作社、专业大户、家庭农场和农业产业化龙头企业作为新型农业经营主体的主要类型，在提高农业生产经营的集约化、专业化、组织化与社会化程度放面发挥着重要作用。实践中，很多专业大户和家庭农场也同时注册农民专业合作社以便与相关农户合作。本节重点分析北京新型经营主体的主要类型——农民专业合作社的发展现状。

2019 年，按从事的行业而言，北京市农民专业合作社的分布，集中在种植业方面的占 58%，其次是畜牧业占 19%。从区域分布看，北京种植业类农民专业合作社，在平谷、密云、大兴、房山和延庆区的分布，均占全市总量的10%以上，上述5区合计占比达到全市的四分之三。其中平谷和密云区所占比例都超过15%，二者合计占全市种植业合作社的三分之一以上（见图12－6、图12－7）。

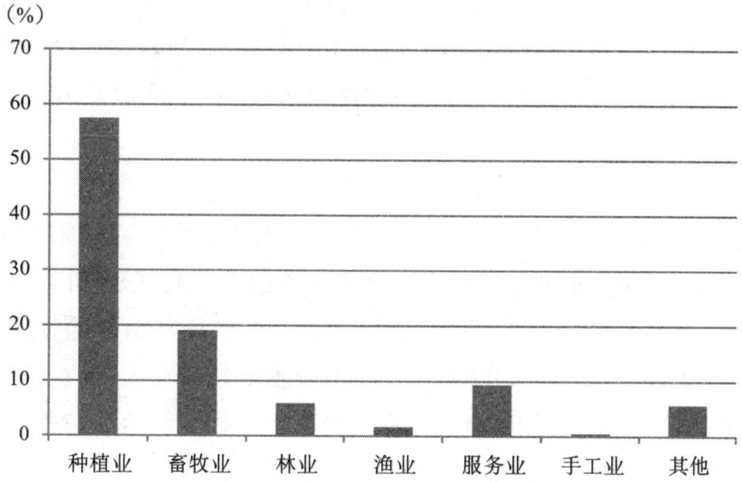

图12－6 2019年北京农民专业合作社行业分布

资料来源：北京市农业农村局。

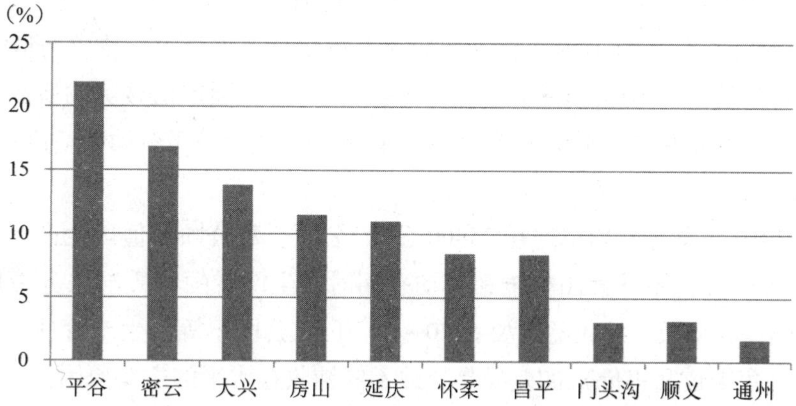

图12－7 2019年北京农民专业合作社区域分布

资料来源：北京市农业农村局。

各区产业发展的比较优势和农业结构调整政策等因素，直接影响北京市农民专业合作社的行业和区域结构。平谷区和密云区在重视对农民专业合作社服务和发展的基础上，分别成立了联合社，对提高当地种植业合作社对农民的带头作用，起到了明显的推动效果。

五、成本收益及其产业支持政策实施效果

（一）北京粮经作物成本收益水平

粮经作物经营的成本和收益水平，受到经营主体、生产规模、技术管理水平、产品质量、市场开拓能力等多方面的影响，导致其成本收益各不相同。结合粮经团队岗位专家们的实地调研并参考相关统计资料，得出不同粮经作物的平均成本及收益水平大致范围如下：

1. 甘薯

2019 年北京市甘薯产业的平均单产是 27660 公斤/公顷，每公顷产值平均在 3 ~ 4 万元，平均产值 3. 87 万元。本地生产者在不计土地租金和自己的劳动工费时，物质投入水平在每公顷 2 ~ 3 万元的居多，平均水平 2. 45 万元。每公顷产值减除物质与服务费后获得的收益分布在 1 ~ 2 万元，平均 1. 42 万元，这部分主要是劳动人工收益的补偿。其中，生产水平和市场开拓能力或产后储藏条件较高的经营者，收益会稍高一些；供给旺季被动等待中间商收购的小规模农户，则纯收益相对低。

2. 鲜食玉米

鲜食玉米的产量水平，主要受品种、播期、种植密度、生产者经营水平和生产区域等因素的影响。2019 年北京市鲜食玉米平均单产是 16768 公斤/公顷，每公顷产值平均在 3 ~ 4 万元，平均产值 3. 80 万元。在不计劳动工费和土地租金时，物质与服务费用的投入水平多数在每公顷 1 ~ 2 万元，平均水平 1. 84 万元。每公顷产值减除物质与服务费后获得的收益多数在 2 万元左右，平均 1. 96 万元，这部分大致相当于劳动净产值。

3. 草莓

北京市 2019 年草莓平均单产是 25460 公斤/公顷。每公顷产值因生产经营水平不同而多数在 30 ~ 80 万元。不计大棚租金和劳动费用时，生产者的物质与服务费用投入水平多数在 15 ~ 60 万元/公顷，纯收益主要在 20 ~ 60 万元/公顷不等。生产管理水平和生产经营能力（包括销售渠道和售价）的差异是导致不同纯收益水平的主要原因。

（二）产业支持政策及其效果

1. 现有产业支持政策

（1）草莓主产区昌平，对符合条件的草莓生产者，给予产业链多个环节的全方位政策补贴。

①种苗方面。每栋 400 平方米（50 × 8 米）标准日光温室按 5000 株种苗量、每株种苗 0. 5 元标准，每栋标准日光温室最多补贴 2500 元。

②栽培管理环节。一是草莓立体基质栽培补贴政策。二是温室草莓半基质栽培补贴。三是温室草莓后墙壁挂式管道栽培补贴。

③植保和环境安全绿色生产方面。一是草莓和蔬菜生产的农药、生物菌剂和土壤消毒

补贴。二是对草莓生产者使用区内养蜂户蜜蜂授粉的，每栋（亩）补贴100元；三是对包括草莓在内的“菜篮子”产品取得无公害、绿色和有机农产品认证证书的基地，一次性补贴资金2万元；对同一基地同时获得认证的不重复补贴；有机农产品认证需经过转换期后才可享受资金补贴。

④试验示范及推广补贴。一是温室高架草莓套种食用菌补贴。二是温室葡萄与草莓立体栽培补贴。

（2）甘薯主产区以种苗补贴为主。密云区低收入村薯苗100%补贴；低收入村以外的其他甘薯种植户政策补贴80%，自付20%。密云薯苗补贴约占全区种植面积的80%以上；大兴区甘薯种植每公顷补贴3000元。

2. 现有产业支持政策实施效果

（1）经济效果。草莓及甘薯的种苗补贴，以及草莓生产中的栽培、植保和试验示范等补贴，一是直接降低了生产者成本，提高了农户种植积极性，并优化了产业结构；二是有利于生产者应用高质量种苗和采用优质投入品，促进了产品质量提高和农户增收。例如，昌平草莓各种补贴，直接使农户每栋大棚投入至少节约2500元，提高了农户种植意愿和采用优质投入品的意愿，在获得理想收益的同时促进了产业的持续发展。甘薯种苗补贴促进了优新品种及良种（苗）的推广应用，使生产者每公顷节约成本5400～7200元，每公顷增收在1.5万元左右。

（2）生态效果。良种（苗）补贴和推广，一是鼓励农户应用抗性强的高质量健壮种（苗），能明显达到节药和节水效果。如甘薯应用良苗每公顷能节药300元，节水60立方米。二是鼓励农户使用正规、低毒、安全的农药，既不会产生药害，也能提高农产品的安全性，更有利于环境保护。

昌平区调查显示，86%的草莓农户使用化学农药、生物农药、物理防治中的两种或三种方法进行综合防治，减少了农药的使用。在保护生物多样性和地下水资源的同时提高了产品安全性。草莓生产用授粉蜜蜂补贴，提高了产量及品质，减少人工成本，提高了农户种植无公害、绿色和有机农产品的积极性。

（3）社会效果。鼓励甘薯种苗的集约化、规模化育苗，在增加农村劳动就业机会的同时，有利于培育更多甘薯专业村。例如密云车道峪，在甘薯规模化育苗环节实现人均增收1000元。提高经济效益的同时又给村里提供50余个劳动力就业机会。

农药、生物菌剂和土壤消毒等植保投入品的补贴，有利于提高农户安全用药意识，推进生物防治措施的推广，提高农产品安全质量和社会认可度。

第二节　产业发展中创新团队的技术支撑作用

一、2019年团队技术研发现状及主要成果

（一）品种与种苗技术研究

1. 技术研发现状

（1）甘薯。

①研发目标：根据市场消费需求，培育适于鲜食烘烤、食品加工、全粉加工、色素提取等专门用途的新品种；甘薯外形指标要求薯形好、薯皮光滑、耐贮存、抗病性强和利于机收。

②将200多个良好株系再次种植到密云两河村基地进行第五年田间筛选。

③加快在广州和海南开展的南繁育种工作。

④对南繁杂交种子经育苗和试验基地田间种植，从薯形、薯皮和薯肉颜色、结薯习性、产量、抗病性、商品性、机械收获等方面进行筛选。

⑤甘薯茎尖脱毒、高温脱毒和化学药剂脱毒综合应用技术；脱毒苗组培快繁技术；脱毒甘薯电热温室育苗技术。

（2）鲜食玉米。

①紫色糯玉米种质资源收集、选育和鉴定；甜味糯玉米种质创新、组合与鉴定。

②利用京科糯2000育种模式进行改良高赖氨酸玉米。

③高品质鲜食玉米新品种的筛选。

（3）草莓。培育适合栽培、品质优、抗性强的新品系。储备有苗头重点观察的草莓新品系3个：通州公主、承德公主、香杉。

2. 技术研发成果

（1）甘薯。

①登记新品种5个：农大602、农大白、农大16、农大29、农大28等5个品种在农业农村部“非主要农作物品种登记管理系统”做了新品种登记。

②筛选出优良食用甘薯新品系2个：ND13－21、ND50－9。

③南繁收获3400多颗定向改良的甘薯杂交种子。

④筛选出165个表现优异的株系。

⑤制定北京脱毒甘薯种薯（苗）质量标准（草案）；提出甘薯脱毒技术操作规范1个；脱除甘薯羽状斑驳病毒（SPFMV）、卷叶病毒（SPLCV）。甘薯接种试管苗脱毒率平

均达到90%以上。健康种苗覆盖率和百株重分别从2013年39%、454克提高到2018年78%、571克。筛选出的培养基，使甘薯月增殖系数提高1倍以上，生根率100%；筛选出的基质，使甘薯组培苗移栽成活率达到100%。

（2）鲜食玉米。

①获得形状优良的京紫糯219和京科糯768。

②获得o2基因的纯合自交系。

③筛选出4个高品质鲜食玉米新品种。

（3）草莓。筛选出“香杉”和“香玉”2个优良品系；构建草莓品种DNA指纹图谱。

（二）资源利用与节约技术

1. 技术研发现状

（1）甘薯。

①改良水平移栽方式；喷生长调节剂烯效唑化学控旺；适时收获：地下5～10厘米地温10～15℃之前收获。正常月份在9月15日～10月10日。

②含氨基酸的中微量元素水溶肥料研发。

③调查甘薯大田期和储藏期主要病害为根腐病、茎线虫病、病毒病。

（2）鲜食玉米。

①密度与一等穗产量关系研究。

②研发不同新型缓释肥对鲜食玉米产量、品质和肥料利用效率的影响。

③探索适宜节水灌溉方式及其配套灌溉施肥设备和灌溉施肥技术。

④调查出鲜食玉米主要病虫害为穗期棉铃虫、玉米螟、甜菜夜蛾等。

（3）草莓。

①草莓套种甘薯的高效栽培模式研究；草莓打孔地膜多季使用技术研究

②调查出草莓主要病害调查，发现以枯萎病、根腐病和炭疽病为主。

③研发草莓施肥机；探索草莓整个生育期水分需求规律。

④不同有机物料投入下草莓土壤“养生”研究。

2. 技术研发成果

（1）甘薯。

①优化关键栽培技术：水平移栽比直插法单株结薯数增0.9～2个，商品薯率增加3.5%，增产33.7%；化学控旺增产4.6%～16.7%；适时收获亩产较早收增产28.1%，与晚收10～20天差异不显著。

②研发新型肥料1种：应用含氨基酸的微量元素水溶肥料，增强植物呼吸作用，使薯块Vc含量和可溶性糖中各组分果糖、葡萄糖、蔗糖的含量分别比对照增加25.6%和12.4%。

③形成病害发生报告：明确了大田期水药一体化、高效低毒低残留农药防治等措施防治三大病害，减少化学农药使用。

（2）鲜食玉米。

①优化关键栽培技术：明确了高品质甜玉米最佳种植密度是45000～49500株/公顷，最佳密度下一等穗产量可达15750～17250公斤/公顷。

②明确施肥策略：通过了解不同新型缓释肥对提升籽粒Vc、可溶性糖及可溶性蛋白质含量的作用：减施25%缓释肥可达到减施稳产增效目的。

③集成了育苗移栽+微喷、直播+半固定式喷灌（高架喷灌）等节水灌溉组合；研发出一键式喷灌施肥机，实现水肥一体化；明确了最佳追肥时期等施肥策略，提高鲜食玉米品质，并获得节水节肥效果。

④形成病害发生报告：筛选出高效防治药剂：将筛选出生物药剂白僵菌和高效低毒化学农药福戈分别和矿物油混合施用，防治后蛀穗率降低10%～15%。

（3）草莓。

①优化关键栽培技术：成功探索出草莓—甘薯套种模式；总结形成打孔地膜多季使用技术1套。可回收重复利用农膜，减少农膜污染和资源浪费。

②形成病害发生报告：探索出草莓主要病害的发生规律及其防治方法。

③研发出两类施肥机：轻简式和精准灌溉施肥机；研发出感应光辐射的智能灌溉决策技术，提升了灌溉施肥决策的科学性，实现节水目的。

④研制出土壤改良物料1个：在土壤改良基质中添加生物活性物质和有机物料的配方，有效改善土壤EC值而实现土壤“养生”作用。

（三）草莓轻简装备与技术研究

1. 技术研发现状

研发京郊温室草莓便携移动作业椅、草莓种植省力车。

2. 技术研发成果

研制出便携移动作业椅和草莓温室省力车实物：已在昌平园区使用，有效降低劳动强度，提高劳动效率。

（四）甘薯产后储藏、加工与销售技术

1. 技术研发现状

（1）不同甘薯品种的耐贮性研究和食用品质评价。

（2）研究甘薯收获时不同损伤程度对贮藏效果的影响及入库前处理对贮藏保鲜的影响。

（3）甘薯智能贮藏库升级改造、研发小型化、在线化、智能化作物蒸腾监测仪和智能植物生理监测仪。

（4）调查甘薯储藏期主要病害为干腐病、软腐病及黑斑病。

2. 技术研发成果

（1）提出甘薯贮藏技术规范：给出不同品种的适宜贮藏期建议：龙薯9号、济薯26号贮藏期大于150天；普薯32号贮藏期可达120天以上；烟薯25号、苏薯16号和心香贮藏期不应超过 120 天；浙薯 75 号贮藏期不应超过 90 天；分别给出适合烤薯的品种是普薯 32 和苏薯 16；适宜制作冰烤薯的品种是普薯 32 和龙薯 9。

（2）给出甘薯收获不同机械损伤程度的储藏建议：无损伤的可贮藏 150 天以上，轻微损伤贮藏期不超过 120 天，轻度或中度损伤薯块贮藏时间不应超过 90 天，重度损伤薯块不适合贮藏。建议甘薯采收入库前先冲洗干净，进行 4 ~5 天预贮愈伤后再入库更利于贮藏保鲜。减少产品损耗 10% 以上。

（3）获得软件著作权 3 个（开发甘薯知识百科公众号共享平台、甘薯预处理库自动控制系统、植物蒸腾在线监测系统、植物蒸腾设备远程控制数据采集系统、智能植物生理监测仪系统）；获得实用新型专利（植物蒸腾在线监测仪）和外观设计专利（智能植物生理监测仪）；

（4）针对储藏期病害，探索出防治方法：用 50% 福美双可湿性粉剂 1000 倍液浸泡 + 4. 5% 噻苯咪唑烟熏，先浸后熏，提升甘薯储藏效果。

（五）2019 年度粮经团队技术研发总体成果

审定品种 5 个，获得软件著作权 3 个，实用新型专利和外观设计专利各 1 个；出版专著 1 部，发表论文 30 篇；草莓、甘薯和鲜食玉米相关研发推广，分别获得北京市农业技术推广奖（一等奖、二等奖和三等奖）总计 6 项。提出相关政策建议 1 份；提交技术经济分析报告 5 篇。

二、2019 粮经团队主推技术情况及其效益

（一）品种与种苗技术及其效益

1. 甘薯及草莓健康、脱毒种苗繁育及推广应用，推动优质种苗覆盖率提升

（1）甘薯健康种苗覆盖率达到 78%，其中脱毒苗占比达 57%，较 2018 年度覆盖率提高 5%。

（2）草莓：品种引进筛选与示范上，从引进的品种中筛选出 2 个品种：白雪公主、燕香和冬香；“京香”和“公主”系列草莓品种（系）在全国推广种植面积 11. 1 万余亩。其中“白雪公主”和“京藏香”2019 年全国种植面积分别为 6 万亩和 5 万亩；“京香”系列草莓苗辐射推广至俄罗斯远东地区达 380 万株。

品种权转让方面，“白雪公主”“燕香”和“粉红公主”等 7 个品种（系）的繁殖权授权给济南普朗特农业技术有限公司和承德同欲农业开发有限公司。

草莓健康种苗覆盖率达到 71%，其中脱毒苗占比达 60%，较 2018 年覆盖率提高 4%。

取得的效益：①经济效益：在草莓示范点，平均每公顷繁优质种苗 75 万株，效益 69 万元/公顷，产量和纯收益较非示范点分别提高 7. 1% 和 8. 2%。同时提高了土地利用率。②社会效益：提高了草莓种苗质量和定植成活率，对保障安全生产、提高果品质量和促进产业发展具有重要意义。

2. 自育品种在全国的应用面积不断扩大，并开始走向世界

（1）甘薯：新品种示范推广上，推广优质、抗病、高产品种烟薯25、济薯26、普薯32，搭配高胡萝卜素鲜食甘薯品种“黄玫瑰”“黄香蕉”等。2019年全市新品种烟薯25、济薯26、普薯32、黄玫瑰品种覆盖率达到87.7%。繁育黄玫瑰、黄香蕉和农大白3个自育新品种1.5万多公斤种薯，示范应用120多亩，辐射推广200多亩。生产经检测合格的符合国标（NY/T1200－2006）质量标准原种薯2.076万公斤。

（2）鲜食玉米：从引进的品种中筛选BM380、京白甜456、京科甜608、美珍208四个高品质水果型鲜食玉米，以及农科玉368、京科糯2000E、京科糯609三个高品质糯玉米，其中京科糯609获得植物新品种保护；

鲜食玉米的自育“京科系列”：京科糯928、农科糯368等自育品种，在房山琉璃河、窦店，密云河南寨，通州漷县，顺义赵全营等北京地区，示范推广333.33公顷，在全国的应用面积占比达30%以上。通过运用优新品种、抢早播种、病虫害防控、水肥一体化、贮藏保鲜等技术，达到亩产1166.3公斤，亩效益1905.7元，亩产和亩效益分别较北京市平均水平提高4.5%和47.9%；单方水产出、纯养分产出、劳动生产率分别提高10.6%、6.6%、27.7%。

取得的效益：①经济效益：每公顷平均产值达到7.5万元，纯收益达到4.5万元，累计纯收益达到22500万元。②生态效益：减少肥水使用量节约资源；秸秆可供应养牛场青储饲料，提高资源利用率。③社会效益：通过多次良种良法培训，提高了北京地区鲜食玉米种植水平，培养现代种植技术能手数十名。

（3）草莓自育“京香”和“公主”系列草莓：在全国的应用面积占比达4.1%，在国产品种中推广面积占比达36.6%。白雪公主、京藏香进入全国前十种植品种，改变了全国草莓品种种植结构，同时“京香”系列也开始出口俄罗斯，并向“一带一路”国家辐射推广。

自育品种在国内的推广区域和取得的效益见表12－4。

表12－4　草莓自育新品种在京外多省区的示范推广及其效益

示范推广品种		京藏香	白雪公主	通州公主	京桃香
示范推广区域		内蒙古、云南、山东、青海、河北	云南、山东、河南、贵州、河北	辽宁、山东、安徽	河北、山东、内蒙古
示范推广效益	经济效益	全国推广应用超7333公顷；莓农收入平均45～60万元/公顷，年总产值30亿～40亿元。			
	生态效益	推广的品种抗病性强、适应性广、栽培管理简单，降低了农药使用量，保护了生态环境，保证了食品安全。			
	社会效益	“京香”系列草莓品种的推广，丰富了消费者选择的品种类型，特别是“白雪公主”的推广，为采摘消费者提供了丰富花色品种，保证了消费者对优质草莓的多样化需求。			

资料来源：粮经作物团队育种岗位专家王桂霞、常琳琳提供。

（二）资源利用与节约技术及其效益

1. 甘薯配套栽培技术及效益

（1）主推技术体系：应用脱毒种苗，采取合理密植、趁墒定植、科学移栽、控氮补钾、化学控旺及滴灌水肥一体化等配套栽培技术。

（2）取得的效益：①经济效益：2016～2018 年累计推广 2296.7 公顷，比对照平均增产 5.6%；实现纯收入平均 28680 元/公顷，较全市平均水平增收 14475 元/公顷。②生态效益：节肥 8.3%，节水 29%。

2. 鲜食玉米配套栽培技术及效益

（1）主推技术体系：以抢早播种为核心的绿色高质高效种植技术。

（2）取得的经济效益，见表 12－5。

表 12－5　2019 年鲜食玉米抢早播种技术的示范推广及其效益

区域类型＼指标	种植面积及其较上年增幅	每公顷产量及其较上年增幅	售价及其较上年增幅	每公顷利润及其较上年增幅
2019 年示范区	303.3 公顷；16.7%	17025 公斤；0.10%	2.7 元/公斤；8.0%	27060 元；14.6%
2019 年辐射带动区	1576.13 公顷；5.3%	16950 公斤；3.6%	2.3 元/公斤；3.1%	20595 元；13.6%

资料来源：粮经作物团队栽培岗位专家周继华、裴志超提供。

3. 草莓配套栽培技术及效益

（1）主推技术体系：草莓套种甘薯高效栽培模式＋打孔地膜多季使用技术。

（2）取得的效益：经济效益上促进农户增收；生态效益方面促进可回收农膜的重复利用，减少农膜污染和节约资源。

4. 绿色配套技术及效益

（1）病虫害防治技术，提升安全生产水平。

①甘薯根腐病防控技术：建立甘薯病害绿色防控技术示范田 3 个，主推筛选出的 15 个。

高抗根腐病品种、1 种抗根腐病药剂四霉素和 1 个抗软腐病品种，综合防治甘薯根腐病。

②鲜食玉米蛀穗害虫防治技术：建立鲜食玉米病虫害综合技术示范田 33.33 公顷。鲜食玉米中后期，主推生物农药（白僵菌）＋高效低毒农药（福戈），对玉米螟和棉铃虫等蛀穗害虫防效达 80%；明确福戈的安全施药间隔期为 3～7 天。

③草莓绿色防控技术：建立草莓优质高效病虫害防治示范园 3 个。

④综合效益：

经济效益：甘薯病害绿色防控技术示范田产量提高 5%，每公顷节本增收 450 元，总体效益提高 150 万元以上；鲜食玉米虫害防控示范田产量提高 5%，每公顷节本增收 750 元，总体效益提高 37.5 万元以上。草莓生育期减少农药施用量 10%，每公顷减少农药用量7500克、增收300元以上。

生态效益：绿色防控技术的应用，压低虫口数目，减少了化学农药用量，保护环境和提高产品安全性。

社会效益：促使生产者进一步认识病虫害的危害，学习和应用病虫害绿色防控技术，提升生产者病虫害绿色防控能力、提高产量水平及农产品质量安全。

（2）节水节肥管理技术，贯彻生态理念。

①甘薯滴灌水肥一体化技术。

②鲜食玉米减施缓控释肥技术：应用新型缓释肥料，减氮25%，Vc和可溶糖增加。

③草莓智能灌溉施肥技术：基于光辐射智能灌溉决策；用水量比常规管理用水降低51.1%；水分生产效率提高81.4%。

④综合效益：建立示范点15个，示范面积总计达100公顷。单方水产出和每公斤化肥产出率提高12.5%~38.9%（见表12-6）。

表12-6　2019年粮经作物节水节肥技术示范推广情况及其效益

作物	节水技术措施	示范规模（公顷）	单方水产出（公斤/三次方米）	单方水产出增加（%）	肥料利用率（公斤/公斤）	肥料利用率增加（%）
草莓	智能灌溉施肥	53.33	10.5	38.9	11.2	35.8
甘薯	滴灌水肥一体化	13.33	19.8	17.6	36.5	12.5
鲜食玉米	微喷施肥	33.33	7.5	14.6	85	22.3

（三）轻简装备/技术及其效益

1. 甘薯

（1）甘薯起垄移栽机配套应用技术体系，提升甘薯起垄移栽机械化水平：①薯苗选择：薯苗挺直，长度要在20~30厘米左右；②动力选配：雷沃阿波斯1204-1k多档位拖拉机；③摆苗工培训：薯苗基部控制在夹板下方12厘米左右。

（2）甘薯不覆膜全程机械化作业技术体系：①经济效益：比人工作业提高效率5倍以上，亩公顷节约人工成本12000元。降低人工劳动强度，解决农忙用工难问题。②社会效益：示范社会化服务方式，培育河南寨农机合作社等，提高农机作业总体效果和服务农户的效率。

（3）建设大兴石垡村、赵村，密云石匣村、塔沟村甘薯种植基地4个，面积1863亩。运用应急灌溉及节水灌溉、因墒适时起垄、高效轻简栽培技术、机械化种植技术应用，亩产达到2389千克，亩效益1622元，较北京市提高29.6%、70.0%，单方水产出、纯养分产出、劳动生产率提高22.5%、32.3%、49.6%。

2. 鲜食玉米

气吸式播种机械化技术：①经济效益：作业成本至少减少1350元/公顷以上；②社会

效益：提高机械化生产水平，降低人工劳动强度，解决农忙用工难问题。

3. 草莓

（1）示范草莓起垄机作业技术：①东西向起垄 1～1.5 小时/日光温室，比人工起垄（16～20 个小时）提高效率 10 倍以上，节约人工成本 4500 元/公顷（节省 45 个工日），作业总成本减少 10500 元/公顷以上。②降低人工劳动强度，解决农忙用工难问题。③带动农户应用草莓机械化起垄作业面积较上年增长 3 倍。

（2）推广草莓省力车和便携移动作业椅：田间作业辅助设备，减少弯腰、跨垄作业次数，降低劳动强度。

（四）产后储藏与销售及效益

1. 鲜食甘薯高效贮藏保鲜技术规范

（1）贮藏设施性能提升：改进贮藏库结构，增设强制通风系统、保温涂层、臭氧循环通道，提高保温、通风、灭菌性能。

（2）贮藏环境在线监测：研发贮藏库自动控制系统，实时监测库内的温度、湿度和气体动态条件。

（3）保鲜技术综合应用：包括品种耐贮性、适时采收、产地分级、预贮愈伤、臭氧灭菌，以及温度、湿度和气调管理等。

（4）综合效益：甘薯贮藏保险技术规范的示范规模达 200 万公斤，贮藏损耗率由 30% 以上降至 10% 以下，贮藏期延长至 180 天，好薯率提高到 90% 以上。既增加甘薯错峰销售的经济收益，也在储藏中杜绝了有害药剂的使用，保证产品质量和安全。

2. 鲜食玉米低温气调技术

可保存鲜食玉米 30 天左右，较现有方法延长 10 天，品质无明显下降。显著缓解了鲜食玉米供求对接不畅的流通瓶颈，降低了销售风险而最终实现收益保障目标。

3. 草莓气调保鲜技术

推广应用高氧低碳（O_2 60%、CO_2 1.5%）的气调包装，明显抑制草莓失水，保持产品风味和硬度。对减缓产品销售风险起到一定作用。

4. 产后销售，开展 3 大主题推介，搭建产销平台

团队在搭建产销平台、开展甘薯、鲜食玉米和草莓等优新产品的宣传推介活动中，与党建、节庆活动、区域性产业合作相结合，取得良好的传播效果。

（1）甘薯：优质甘薯推介与京津冀甘薯产业对接相结合。在北京市农业技术推广中心成功举办“2019 年京津冀甘薯产业对接暨第三届北京优质甘薯推介会”，活动期间进行了京、津、冀优良品种，优级基地，优质产品，优秀品牌“四优”推介。品鉴了 16 个优质甘薯新品种，评选出烘烤型品种烟薯 25、苏薯 16；蒸煮型品种普薯 32、心香；抗病型品种黄香蕉、济薯 26。签订了“京冀甘薯产业合作发展框架协议”。

（2）鲜食玉米：举办第五届“北京鲜食玉米节”。汇集了百余个新品种，邀请企业和

市民代表进行现场品鉴，评选评选出最佳风味金奖、银奖等新品种。同时，将高品质鲜食玉米推介与不忘初心、牢记使命主题教育相结合。

（3）继续举办第五届“北京草莓之星”评选推介活动；同时，将昌平草莓推介与农业嘉年华相结合。

（五）主推技术的综合示范及成果落地转化效果显著

2019 年，粮经团队带动全市甘薯和鲜食玉米种植面积分别比上年增加 6% 和 9%，效益分别增加 19.6% 和 11.8%。具体表现：①建立综合样板田 9 个 211 公顷，增收 7%；②建立各项技术示范点 14 个，面积 186.67 公顷以上。辐射带动全市应用 1333 公顷以上；③繁育甘薯和草莓脱毒苗 2.1 和 2.5 万株，新品种繁育与示范 40.8 公顷，2 个甘薯自育品种种薯扩繁 1.5 万公斤，生产质量合格种薯 10 万公斤；④示范点辐射带动全市节本增收 1500 万元以上。

主推技术综合示范的节水节肥和增产增收效果见表 12 – 7。

表 12 – 7　　2019 年粮经团队主推技术的综合示范推广成效

作物	类型	产量（公斤/公顷）	效益（元/公顷）	灌水（三次方米/公顷）	纯施养分（公斤/公顷）	用工（工日/公顷）	单方水产出（公斤/三次方米）	纯养分产出（公斤/公斤）	劳动生产率（公斤/工日）
草莓	示范田	31380	1245000	2760	2580	2040	11.4	12.3	15.4
	全市	29805	1215000	3960	3360	2085	7.5	8.9	14.3
	较全市	5.3%	2.1%	–30.3%	–23.2%	–2.2%	34.2%	27.6%	7.7%
甘薯	示范田	35835	24330	5475	422	105	7.5	85	341
	全市	27930	14700	4575	4305	135	6.2	65	209
	较全市	28.3%	65.5%	19.7%	–2.1%	–21.5%	21.3%	31%	63%
鲜食玉米	示范田	17025	27060	1875	489	90	9.1	55.3	20.8
	全市	16740	19320	1200	450	75	14.0	42.9	16.0
	较全市	1.7%	40.1%	56.3%	8.8%	20.0%	–34.9%	28.8%	30.2%

第三节　产业典型案例分析

一、甘薯：“四链共构”助推密云石匣甘薯产业高质量发展

石匣村南靠密云水库，承担“水源保护”重要职责，为适应农业“调转节”，粮经团队指导石匣村优化产业结构，成立石匣碧水甘薯合作社，从传统的籽粒玉米生产调转为发

展甘薯产业。合作社吸纳高岭镇8个村1100户村民，2015年以来甘薯年均种植达到67公顷的规模化生产，其中2019年达103公顷。针对甘薯生产品质差、效益低等问题，近两年团队指导协助当地打造“四链共构”（延长产业链、强化创新链、提升价值链和分享利益链）甘薯全产业链的高质量发展模式，受到市领导肯定。昔日不起眼儿的甘薯，如今成了村民保水增收“金疙瘩”。

1. 延长产业链，提高产品附加值

指导建设甘薯贮藏窖和引进薯干加工设备等贮藏加工增值技术，通过错峰销售增收。目前，合作社年产出300余万公斤甘薯，50%收获时直接鲜售，45%经贮藏而陆续销售到来年4月，5%加工成薯干等产品。通过延长销售周期和开发休闲产品，增值效益占总效益的2/3。2019年，当地优质甘薯平均产量达31935公斤/公顷，经贮藏加工使综合效益达64320元/公顷，较2016年增加45450元/公顷，每年解决330人临时性就业，社农年增收2200元。

2. 强化创新链，解决关键技术难题

针对甘薯贮藏损耗率大的问题，依托粮经团队，以安全减损为重点，改进贮藏保鲜技术。一是储藏普薯32、烟薯25等优质耐贮品种。二是明确安全采收期（九月底前完成入库），避免田间冻害，入库前做愈伤处理。三是提升贮藏设备性能。四是实时监控贮藏环境。经多措并举，降低贮藏损耗率并延长贮藏期。

3. 提升价值链，保护当地生态环境

注重优质甘薯生产全过程的生态价值提升。按生态种植要求，从应用脱毒种苗、土壤改良、增施有机肥、节水种植、生物防治、收获前甘薯茎叶机械杀秧直接粉碎还田等综合技术措施，减少化学品投入和病虫害发生，降低农业面源污染、避免秸秆焚烧，综合改善产地生态环境。

4. 分享利益链，产销一体紧密合作

牵线搭桥甘薯产销各方，推动北京天地清源、密农人家等销售企业与石匣甘薯合作社对接，组建甘薯产销联合体，实现利益共享。借助销售企业的高端超市、配送制会员、社区社群和电商平台等渠道资源，挖掘优质客群，打通产后线上线下销售，带动石匣优质甘薯开拓更宽的销售渠道，提升产品售价（平均每公斤达10元以上），促进合作社、农户和销售企业多方共赢。

二、鲜食玉米：扶低与对口支援并进，扩大产业辐射带动力

创新团队在鲜食玉米新品种、新技术等成果的综合推广中，在北京低收入村帮扶、外埠对口支援和京津冀都市圈合作中扩大了产业辐射带动力。

1. 北京低收入村帮扶

2016年来，创新团队在延庆区香营乡、房山区浦洼乡、密云区不老屯镇、门头沟区斋

堂镇等乡镇的16个低收入村，累计发展鲜食玉米种植430亩，推广京科甜608等新品种、错期播种、绿色防控等新技术，开展技术培训与田间指导，带动农户240多户，总增收40余万元。

2. 北京外埠对口支援

项目成果推广辐射到内蒙古赤峰市、通辽市、河北保定及张家口等对口帮扶地区。

京科甜608等高品质鲜食玉米新品种，在内蒙古通辽市科尔沁区东喜伯营子村种植13公顷以上，通过规范化和标准化种植，带动周围农户20多户，纯收益大3万元/公顷，合计增收20多万元。指导泰民同丰农业公司在内蒙古赤峰市巴林右旗的贫困村，示范种植鲜食玉米150亩，开展订单生产，提供品种、农机和植保等全程服务，带动低收入户60多户，增收12万余元。依托专利发明的“微波鲜玉米”产品，在保定涞水县、张家口宣化区等贫困村发展水果玉米，种植14公顷，带动低收入户120多户，平均增收14100元/公顷。

3. 京津冀都市圈合作

重点与天津武清区、河北廊坊市等规模化种植区域合作，保障北京市民菜篮子供应。天津武清区为提前鲜果穗上市时间，确保良好收益，有早春播种习惯。以往种植的早熟甜玉米多在出苗后80天左右采收；为满足该区早播早收的提前上市需求，创新团队提供自育甜玉米新品种京科甜608，将出苗到采收缩短到75天，很快在该区域扩大了推广面积。2019年京科甜608在武清种植达2000公顷，占该区甜玉米种植面积的20%，是近3年种植面积上升较快的水果型早熟甜玉米品种。

指导廊坊市万洋农业科技有限公司引进BMB380、京白甜456等优新品种，种植面积15公顷。示范田于3月15日覆膜抢早错期播种，6月15日陆续上市，并与小丁家（北京）农业科技有限公司、北京天安农业发展有限公司等签订销售订单，纯收益平均达28500元/公顷。

三、草莓：提升环控技术水平，促进示范园优质种苗供给能力

草莓的重要科技实验示范基地——北京万德园农业科技发展有限公司，主要从事草莓种苗繁育和优质草莓果品生产。公司现有育苗温室大棚108栋，日光温室23栋。主要采用避雨、无土、基质槽育苗技术，每年向市场提供480万～500万株优质草莓苗。

作为团队的技术支撑基地，为重点解决育苗中存在的灰霉病、炭疽病等严重影响商品苗质量和数量问题，团队开展了以种苗秋植技术和环境调控技术为核心的优质种苗繁育技术示范，有效减少苗期病害，提高单株繁苗系数和种苗质量，促进园区优质种苗供给能力和增产增收。

1. 专家问诊，寻找病因

邀请日本专家来园区实地查看，分析出种苗染病原因是育苗环境中的病菌在适宜条件

下传播，提出了增加育苗环境消毒、降低棚内温湿度、对病害定期喷药等防治和改进措施。

2. 监测检测，源头保障

对母苗病毒和病菌检测，确保母苗无病健壮；每两周监测种苗病害发生情况，及时清除病株并进行药剂防治，保证子苗健康。

3. 开展试验，精准操作

根据园区育苗模式，开展覆膜技术研究，确定适宜的覆膜地温为4℃，适宜的揭膜地温为10.4℃，使得灰霉病发生率较对照降低50%。

4. 资材消毒，清洁田园

采用氯化苦对苗地土壤消毒；使用次氯酸钠喷雾对苗棚柱、架、管道等设施消毒；清除棚室周围的杂草，防止病害传播。定植后使用浓度为200～500ppm的次氯酸钠对育苗槽、育苗夹、剪刀、花铲等工具器材浸泡消毒后使用。

5. 环境调控，降温防病

初期保持室温25℃，超过28℃则开风口降温。后期温度上升后打开风口，棚室覆盖遮阳网，悬挂使用环流风机等促进棚室空气流通、保持温度适宜。

6. 集成技术，外阜扶低

通过脱毒原种苗+资材环境调控+定期防控的病虫害防治措施集成应用，园区草莓单株繁苗系数较春季育苗平均提高80%以上，种苗炭疽病发生率由53%降低到降低到12%，定植成活率达到98%，繁育种苗壮苗率达到95%。2019年，园区共生产优质种苗426万株，产值达到885万元/公顷。在张家口尚义地区生产优质种苗440万株，促进当地农民脱贫致富。

通过集中团队力量、完善技术支撑基地的管理体系，打造典型，形成可看、科学、可复制的推广模式，在京津冀发挥示范带头作用，促进技术落地、产业进步和农民增收。

第四节　产业发展政策建议

一、产业发展亟待解决的主要问题

（一）草莓产业存在的主要问题

种苗质量不稳定，主栽品种相对单一，具有潜在环境和种苗安全问题。

原因在于：①正宗纯种资源不足，存在品种退化问题：原原种组培方面，因目前主栽品种是日系品种，一般企业较难拿到正宗纯种，多选择田间表现好的植株组培，但长时间多次组培后存在品种退化问题。②原种与商品苗繁育方面的过程管理不严格。原种与商品苗繁育时缺乏区分与隔离，缺乏相应试种和繁育记录，仅靠常规经验判断，代际区别不够严格；③病毒检测不够严谨严格：虽在原原种生产中进行了检测，但只是抽检，没有按原原种阶段每种均检测的严格要求来做；繁育过程随机检测，没有定期定量检测；对检测结果，可能仅证明检测株是否有问题，无法做到溯源追踪销毁。

（二）甘薯产业存在的主要问题

1. 品种（苗）丰富度不足，难以满足消费者多元化需求

一是遗传资源贫乏导致突破性品种数量不多；二是甘薯组织培养的成苗率和试管苗的快繁结果受品种、操作熟练程度等因素影响而质量参差不齐。三是北京甘薯生产上的主栽品种相对单一且严重退化；四是北京脱毒种薯（苗）的普及率与江苏等先进地区仍有差距。

2. 甘薯机械化技术标准和评价指标不统一，影响机械生产及应用的规模化推广

我国甘薯在生产各环节的机械与生产实践需求都存在一定差距。我国不同区域因甘薯生产方式和规模、地理和气候等情况不同，对甘薯机械的大小、作业性能和机型等需求各异，因而技术标准和质量评价指标难以统一，不利于推动机械的标准化和规模化推广。北京市场的甘薯节水灌溉设备的灌溉效率及节水效果与先进地区也存在一定差距。

3. 产后贮藏与保鲜技术一直是科研重点和难点

因甘薯自身水分较大，贮藏生理反应较活跃，不同品种间的含水量差别也很大，储藏质量受温湿度、外界环境和人为管理因素影响较大。因而，国内商业化、规模化、安全化贮藏甘薯的研究一直是科研重点和难点。

（三）鲜食玉米产业存在的主要问题

1. 优质种质资源不足，影响多样化育种目标的实现

随着种植资源保护意识的强化，国内育种者得到国外优质种植资源的难度提高，制约了育种技术创新空间。甜玉米好品种70% ~80%属于国外品种（品系），国内甜玉米育种与国外仍有一定差距。

2. 产后储藏及保鲜技术与市场均衡供给需求存在一定差距

采收后的鲜食玉米货架期较短，销售上对冷藏和保鲜技术的需求较大。在应用甜玉米采后速冷技术保持产品原始风味方面，国内尚需在冷链支持和产后储藏保鲜技术上进一步突破，才能适应流通销售和消费市场的需求。

二、产业发展的政策建议

从制约产业发展的主要问题出发，提出的重点参考建议，一是很抓产前种业和产后储运销售的产业链两端；二是重视人才吸引和培养；三是优化市场竞争的制度及管理环境。

（一）促进国外优质遗传育种资源规范引进，挖掘种/苗新技术对产业的支撑潜力

粮经作物存在的优质育种（苗）资源匮乏问题，已成为制约产品提质增效的重要瓶颈之一。急需从政策导向上探索优质育种（苗）资源引进支持政策。

（二）注重支持产后储藏保鲜技术研发与推广，促进产业提质增效

过硬的产后储藏保鲜技术对降低鲜食农产品销售风险、对错季销售调节供求和增加收益，具有重要的支撑作用。

（三）全方位吸引和培育人力资源，保障产业发展的内生动力

一是提高典型专业村、典型集体经济、企业及生产经营大户的示范带动和辐射作用；二是持续优化农民培训和吸引有文化的新型农民投身农业等政策；三是从制度上探索北京专家资源服务京郊农业的智力支持机制，促进技术供求的及时顺畅对接。

（四）强化育种（苗）市场监管力度，营造公平竞争市场环境

合法正规育种（苗）企业，在资质获得及高质量种苗生产方面成本较高，在低价无序竞争中处于劣势。提高对无证照经营处罚力度和违法成本，强化市场监管，能够为促进种业市场良性竞争提供保障。具体建议：

（1）推进品种审定/备案进程，加强保护力度。

（2）完善种苗脱毒技术体系。严格执行种苗生产经营许可、检验检疫、标签、档案等管理制度。

（3）加强质量监管。及时发布种苗质量检验信息，依法打击制售假、劣种苗和植物新品种侵权等行为，健全种苗行政执法和质量监督体系。

（4）完善品种鉴定和保护体系。支持品种鉴定、区分工作，成立品种 DUS 测试和分子检测机构。支持品种分子身份证建立工作，提供品种鉴定依据，依法解决种苗纠纷，保障种业健康发展。

（五）适度推进规模化经营

适度的规模经营能够吸引优质生产资源进入产业链各环节，并带来优质产品在市场交易中的品牌效应和话语权，降低交易成本。如果整体产业规模不足，产前的生产资料市场不易找到生产者所需的优质资源供应商，也影响产中和产后相关节点的社会化服务和产销对接。

第十三章　北京市西甜瓜产业发展报告

2019 年北京市西甜瓜产业持续稳定发展。种植面积稳中有降，区域分布略有微调，西甜瓜品质不断上升，社会认可度高，品牌效益日益显著，消费需求多样，有向中高端发展趋势。本章从 2019 年北京市西甜瓜产业发展现状、西甜瓜产业技术体系在北京市创新团队在产业发展中的支撑作用、产业典型案例分析、产业发展中存在的问题和对策建议几个方面进行了描述和分析。

第一节　西甜瓜特色产业发展状况

一、生产现状

（一）基本情况

1. 生产结构

2019 年北京市西甜瓜种植面积共 2700 公顷，比 2018 年降低 2%，全年总产量 12.97 万吨。西甜瓜生产主要以集约化育苗和设施栽培为主，2019 年北京市建设大、中型集约化育苗场 14 个，供应商品苗能力达到 1983.3 万株，能覆盖 47.2% 的生产，较 2018 年增长了 563 万株。设施包括温室、大棚、中小棚。蜜蜂授粉技术应用 1570 公顷，覆盖 58.4%。水肥一体化技术应用使得西甜瓜产业总节水 16.5 万三次方米；立体防控技术应用，较 2018 年相比总减少化学农药使用 2.88 吨；瓜农在生产过程中的生态意识有较大的提升。

2019 年，示范种植高品质西瓜品种 6 个，甜瓜 3 个。其中对于 5 个西瓜品种和 1 个甜瓜品种开展集约化育苗，通过建立集约化育苗场推动和促进了西瓜新品种的应用。小型西瓜主要以 L600、超越梦想、京颖为主，中果型西瓜主要以华欣和京美为主；甜瓜品种以薄皮甜瓜博洋九号为主。品种由多样化向优良化转变，优良品种覆盖率达到了 90%。

2. 地区结构

北京市西甜瓜主产地位于延庆区、大兴区、昌平区和顺义区等，大兴区（庞各庄和魏善庄）、顺义区（李桥、李遂、杨镇、北务）等8个乡镇形成了两个重要的西甜瓜产业带，占总生产面积的85%。通州区、房山区、平谷区和延庆区等区有小面积生产种植，其中，延庆区西瓜生产面积逐年增加，2019年达到66公顷。密云区、昌平区、顺义区、大兴区等区的农业观光采摘园区也有部分种植。

3. 从业人员结构

同北京市农业种植人口发展趋势一致，目前西甜瓜产业从业人口面临严重老龄化、女性化问题，劳动力不足现象日益严重。截至2019年，北京市西甜瓜产业相关的从业人员为1.62万人，生产经营单位以农户为主，占总生产面积70%左右；合作社和企业约占20%。

4. 技术结构

围绕西甜瓜产业“四化”（生态化、安全化、简约化、融合化）的内在发展需求，从提高小型西瓜商品率、减少投入品使用、发展新型栽培模式、延伸服务链条等方面入手，重点研究无土栽培、采摘栽培技术，示范“一控两减”技术体系和高密度栽培、简约化栽培等高效模式，促进西甜瓜标准化、规模化生产，推进生产和经营方式转变。

“两减一节”以及“蜜蜂授粉”等生态栽培技术的深化研究和扩大应用，提高了首都西甜瓜产品的安全性；通过集约化育苗、简约化栽培、农机匹配等关键技术研发集成，以及产业链服务，提高了组织化和规模化生产能力，亩用工量减少3.5个，平均生产规模提高12.2%；技术模式集成和产销模式探索形成“北京品牌”，延庆和外埠基地扩大生产，延长了北京西甜瓜供应时间，初步实现四季生产、四季有瓜。

（1）“两减一节”技术。北京市西甜瓜产业中，所应用与推广的节肥技术主要以水肥一体化技术为主，通过此项技术的应用与推广可以节省西瓜种植过程中的成本，从而促进了北京市西瓜产业进一步提质增效。

西瓜团队将节水灌溉技术扩大应用，针对园区、集中农户及分散农户，分别示范滴灌、膜下微喷及膜下沟灌三种节水灌溉方式，每茬每公顷用水量分别为1530三次方米、2070三次方米和2685三次方米，示范区平均用水量137.5三次方米，比常规大水漫灌减少82.5三次方米，示范面积133.33公顷，总节水16.5万三次方米；覆盖应用占比48.6%。化肥减量技术示范运用西瓜专用肥，从替代化肥和精准配肥两方面着手，减少化肥使用20%以上。以“减量施肥技术”和“单质肥施用技术”为核心进行技术示范，示范80公顷，每公顷化肥用量1050千克，比常规生产每公顷减少化肥用量450千克，共减少化肥用量36吨。

（2）栽培技术。按照北京市的设施特点、气候特点和种植习惯，集成小型西瓜高密度栽培、中果型西瓜简约化栽培、小型西瓜基质栽培、甜瓜优质栽培、小型西瓜长季节栽培等

5 套适应性技术模式，推广应用 1643. 3 公顷，节省人工约 1. 2 万个，增收 5257. 936 万元。

同时提升西甜瓜产业的采摘功能，筛选了色彩丰富、观光期长的蓝香芥、板蓝根、花菱草、矢车菊等设施棚档景观种植作物，并采用深液流水培等配套栽培模式；研发了适合北方大棚内栽培的廊架系统和栽培技术，用于盆栽、廊架等景观栽培，取得了良好效益。

（3）销售技术。通过制定小型西瓜产后分级标准，完善分选装置，研发了物流运输装置。在延庆建立分拣中心 2 个，初步实现了西甜瓜无损分级和保鲜运输。较人工分选速度提高 20 ~ 30 倍，分选范围：20 ~ 9000 克，提高产品标准化程度；挖掘产品和产地文化，设计包装，开展宣传，帮助企业建设品牌，通过与销售平台进行对接，品牌化销售比例达到 50% 以上。

（二）生态安全情况

1. 生态环境

2019 年，北京市多地多次出现连续雾霾天气、强降雨及大风天气，局部地区出现冰雹等极端天气。综合试验站和相关技术人员均立即响应成立应急小组，及时下乡解决问题，有效控制病情，确保西甜瓜安全生产、顺利上市，帮助农户雨后及时开展生产自救，对于已倒塌的棚室清理死秧及棚架，确保剩余植株继续生长；出现积水及时进行排涝，预防高温高湿环境下病虫害的发生。

2. 病虫害综合防治情况

在西瓜育苗、嫁接、定植、生长、发育、成熟等不同阶段均会发生多种重要的病害，这些重要的病害大体上可以分为三大类：种传病害、土传病害和气传病害。通过对北京地区种传病害及苗期病害监测，有不同程度的苗期猝倒、蔓枯病、褐斑病发生；没有瓜类黄瓜绿斑驳花叶病发生；发现个别种植户有西瓜细菌性果斑病发病植株，由于及时发现病株并采取清除措施，控制住病情发展。

为了安全、有效地防治该类病害，保证西瓜的优质高产，通过开展长季节栽培西瓜土传病害绿色防控技术示范，以产业辐射性较强的园区（老齐瓜园）为示范点示范推广，土传病害防效率为 94% 以上。

北京市西甜瓜生产过程中主要害虫以西瓜瓜蚜、蓟马和红蜘蛛为主。蚜虫最先发生，一般在 4 月中旬进入始发期，4 月下旬进入盛发期并持续到 5 月中上旬，5 月下旬进入衰退期；蓟马发生较少，4 月下旬零星发生，6 月初逐渐进入衰退期，叶螨尚未发生，可能与 2019 年雨水较多，且夜温较低有密切关系。

3. 标准化生产情况

目前北京市已经初步实现西瓜耕种机械化、塑料大棚“宜机化”改造和机械化分选技术熟化，以提高产品质量和品质均一性。包括“八达岭老齐西瓜专业合作社”“世同瓜园”“蓝调庄园”“小李瓜王”“老宋瓜园”等标准化生产基地面积共计 693. 33 公顷，能够满足电商、精品水果店等新型销售方式对小型西瓜高品质、商品一致性好、供应期长等需求，而其他生产基地标准化程度较低。

同时，逐步将普通农户纳入标准化产品供应链条，以保证产品质量，提高商品率。集约化育苗场的建立，为标准化生产奠定了坚实的基础，目前能覆盖北京市47.2%的生产；简约化栽培技术能覆盖北京市49.37%的生产；蜜蜂授粉技术，目前能覆盖58.4%的生产。而对其他种植户标准化生产技术尚未推广完成。

（三）品牌建设情况

在西甜瓜经济岗专家的指导下，进行生产与市场分析，挖掘产品和产地文化，设计包装，开展宣传，帮助企业建设品牌，提高品牌化销售比例，部分企业达到50%以上。从2016年开始，北京市西甜瓜产业围绕休闲采摘和规模化生产、品牌化销售两个发展方向建设品牌。在地理标志的带动下，龙头企业、种植大户和合作社以及瓜农开始着重打造西甜瓜品牌，并充分发挥网络在西甜瓜品牌建设之中的作用。目前，已经注册的西甜瓜瓜商标有10多个，“京彩一号”“京庞”“乐平”“宋宝森”“九元”“巴特农”“永定河”“北京日光温室网纹甜瓜”“维蜜”等一批西甜瓜品牌逐渐呈现在消费者眼前。

2019年5月主办第三届西甜瓜产业融合与品牌建设研讨会，对市民和全国销售商宣传北京西瓜“采摘化、优质化、商品化”形象，进一步打造“北京西瓜”品牌，实现优质优价。

二、加工流通现状

2019年，北京市西甜瓜生产者所选择的营销渠道较多。调研发现，西甜瓜主要有采摘（2.6%）、产地市场（41%）、瓜贩子收购（54.4%）、合作社收购（1%）、路边摊（6%）、网上销售（2%）、销地市场（1%）7种销售方式。其中，合作社在收购时会利用分选机等有标准地选择，收购价格也高于瓜贩子和批发市场0.5～0.8元。瓜贩子的西瓜最终会流向批发市场，西瓜专业合作社和企业的西瓜以电商、订单、商超供应、新零售业态（例如盒马鲜生）直接流向消费者。

（一）流通方式

批发商采购西瓜主要以自营物流为主，批发商销售西瓜主要以对方物流为主，瓜流通主体普遍规模较小，专业化的第三方物流发展滞后，物流方式单一，商贸物流基础设施落后，配送能力不强，且缺乏统一规划和布局。

各大批发市场的合作方式分为口头协议、年度订单、实时交易、1年以上合同。调研发现，合作方式仍以传统的市场交易为主，这样的情况下整个供应链管理的效果处于低水平状态。

超市所选择的三种物流方式占比比较平均，对方运输占比39.1%，自行运输占比34.8%，第三方物流占比26.1%。

（二）流通品种

在农贸市场所销售的品种中，普通西瓜品种主要包括“京欣”“麒麟”“梦想”及

“L600”等，华北地区西瓜品种主要有“京欣”和“红玉”，西北地区以“硒砂”瓜为主，东北地区以“京欣”为主，西南地区主要有“麒麟”“黑美人”等品种。

甜瓜品种为普通网纹甜瓜。其中，高端甜瓜品种在示范点进行双品牌销售，分别采用“北京日光温室网纹甜瓜”公共品牌和自有企业品牌。销往华堂、华联超市及水果店，优良品平均售价60元/个，高于普通网纹甜瓜3倍。

三、市场消费现状

伴随着经济高品质发展，消费市场不断升级，消费方式愈发丰富。2019年，北京市西甜瓜消费者的需求和行为特征也在逐渐发生转变，对于品质化的追求日益增长。西甜瓜产业消费主要是通过直接购买瓜品与采摘方式消费两种渠道。

（一）消费者产品需求现状

通过对消费者进行调研，发现西瓜型号、西瓜品质、购买场所、购买季节等因素影响购买行为。

根据调查数据，消费者购买小型西瓜（1～3.5千克）占比最高为45.2%，购买中型西瓜（3.5～6千克）占比为27.8%，购买大型西瓜（6千克以上）占比为16.7%。与2016年的调研数据相比较，发现并无较大的差别，总体可以看出西瓜消费者对于购买西瓜仍然朝着小型瓜的方向发展。

消费者在购买西瓜过程中重视西瓜品质，其中最重视的是口感，占比接近70%，其余包括西瓜产地、价格、品种、外观，消费者均有重视，但对于西瓜消费，绝大多数消费者首先考虑的是西瓜的口感。通过数据显示，西瓜消费者对于西瓜品质的偏好比较明确，偏好于甜度高、汁液多的西瓜。

对于购买场所而言，北京市居民购买西瓜的主要场所是农贸市场和超市，分别占比为22.7%和50.7%，其次为流动摊贩和社区便利店，占比为13.5%和10.8%。因为西瓜的体积以及运输中易发生损坏以及成本因素，所以网上购买的消费者仍占较小比例。

对于购买季节，受访的西瓜消费者购买西瓜主要集中在夏秋季，比例高达74.2%，春冬季购买者比例仅为0.3%，另外，四季均购买西瓜的人群比例为25.5%。在主要消费季节，西瓜的购买频次多为一周2～4次，占比达到了59.8%，一周5次及以上的占比也达到了17.3%；在非主要消费季节，4周一次及以下占比高达64.0%。可见，西瓜消费仍然以夏秋季为主。

（二）消费者采摘行为现状

通过对西甜瓜采摘消费者进行调研，北京市采摘消费者主要构成为京内人员，其中居住于北京市区的采摘人员略多与居住于北京郊区采摘人员。根据调查，采摘消费者在采摘过程中最重视的是产品质量，占比29.6%；其次，采摘园交通方便、体验项目有吸引力、采摘环境卫生整洁也影响采摘消费者的体验，分别占比19.3%、18.4%、16.1%；此外，服务态度和服务设施完善程度也一定程度上影响采摘消费者的采摘行为。

通过对采摘消费者的动机进行调查，消费者选择采摘活动主要是由于体验采摘的田园生活、休闲放松增进身心健康以及与家人朋友享受闲暇时光 3 个原因。总体来讲，采摘消费者主要是将采摘活动作为一种休闲娱乐的方式，这与休闲农业的发展理念相吻合。

四、新型经营主体现状

（一）新型农业经营主体发展现状

1. 合作社

2019 年北京市西甜瓜合作社中，注册资本在 200 万元以下占比 9.1%；200 万 ~ 400 万元占比 45.4%；400 万 ~ 600 万元占比 18.2%；600 万元以上占比 27.3%。

合作社管理者中，文化程度大专及本科以上占 36.4%；高中水平占比 45.4%；初中及以下为 18.2%。

合作社为其社员提供的服务项目中，包括生产资料采购、生产技术支持、提供销售渠道等服务内容。大多数合作社均提供生产技术支持和提供销售渠道的服务，超过半数合作社提供生产资料采购服务。

2. 企业

一批优秀的农产品企业也在快速发展，以大兴区老宋瓜园为例，通过与技术相结合，建立了物联网示范点。通过建立小型西瓜高产数据库，老宋瓜园明确了温度、灌溉量、施肥量与小型西瓜长势及产量的关系，制定了设施西瓜生产技术规程。基于数据模型，建立了灌溉参数，引进物联网控制系统，开发西瓜灌溉决策系统 1 套。企业也逐渐重视起电商平台的运用，拓宽销售渠道。

3. 种植大户

2019 种植大户的种植面积集中分布在 0.6 ~ 1.2 公顷，占 83.33%。在所调研的种植大户中，33.33% 是由种植大户自己建造的，66.67% 是由政府补贴建造温室、大棚等设施，平均每亩补贴为 28536.9 元/公顷。

（二）新型农业经营主体经营情况

通过对北京市西甜瓜合作社 2019 年经营状况的调查，年盈利 10 万 ~ 100 万元的样本量最大，占比 45.4%；年盈利在 10 万元以下的占比 18.2%；基本持平的占比 18.2%；年盈利 100 万以上的占比 9.1%；亏损的占比 9.1%。具体经营情况见图 13 - 1。

通过对合作社经营管理部门的设立情况进行调查，发现现阶段 70% 的西甜瓜合作社单独设立了销售部和财务部；60% 的合作社单独设立了技术服务部；50% 的合作社单独设立了采购部和生产部。其中，有 40% 的合作社设有以上全部 5 个经营管理部门；有 20% 的合作社未单独设立经营管理部门。

通过建立龙头企业帮扶机制，北京市推动本市 100 家大中型农业产业化龙头企业与

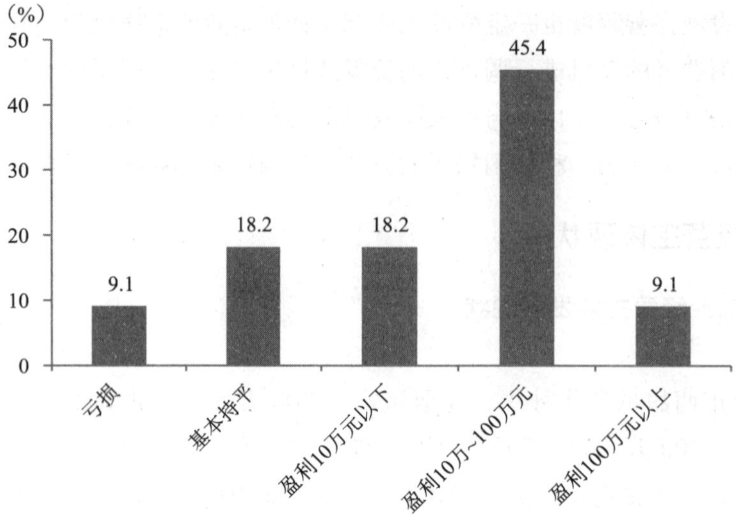

图 13－1　合作社经营状况情况

100 个低收入村按照就地便利、产业关联、资源互补的原则结成帮扶对子，相互支持与促进，进一步促进了龙头企业和低收入村的共同发展，产生了积极的社会效益。

五、成本收益及其产业支持政策实施效果

（一）现行产业支持政策

1. 扶持西瓜育苗基地建设，促进北京市西瓜集约化育苗的发展

北京市为了解决西瓜育苗的难题，保障西瓜的正常生产，通过项目补贴先后扶持建立了“四季阳坤”“李家巷西瓜产销合作社”等 13 家西瓜集约化育苗基地，还给育苗基地进行了西瓜籽种的补贴，降低西瓜商品苗价格，使瓜农以优惠的价格买到优质的商品苗。

2. 示范推广“两减一节”技术，扩大应用范围

对膜下喷水等节水技术、化肥减量技术及病虫害综合防治技术进行示范，建立示范点、研发和推广新产品，使两减一节技术的推广范围加大，推广效果增强。

3. 改良集成技术

进行集成技术试验并推广新型集成技术，用以支撑西甜瓜产业的适度规模化生产。

（二）产业支持政策效果评价

在一系列产业政策支持下，2019 年北京市西甜瓜产业发展取得了良好成效。通过对集约化育苗场的扶持建设，使育苗基地与农户的西瓜苗订单服务得到良好开展，北京市年供应商品苗能力达到 1983.3 万株，能覆盖 47.2% 的生产，较 2018 年增长了 563 万株。通过一系列技术推广示范，总节水 16.5 万三次方米；化肥减量技术 80 公顷，比常规生产每公顷减少用量 45 千克；病虫害综合防治技术 63.6 公顷。通过新型集成技术，集成小型西瓜高密度栽培、中果型西瓜简约化栽培、小型西瓜基质栽培、甜瓜优质栽培、小型西瓜长季

节栽培等5套适应性技术模式，辐射推广1643.33公顷，节省人工约1.2万个，增收5257.936万元。总体来看，2019年西甜瓜产业支持政策实施效果十分显著，使得投入成本降低、环境污染减少、供给能力提高、获得利润增加。

第二节　产业发展中创新团队的技术支撑作用

2019年西甜瓜创新团队坚持创新、协调、绿色、开放、共享的发展理念，紧紧围绕“调、转、节”，依据北京市当前西甜瓜发展的实际现状而进行具有现实意义的团队定位，坚持以“质优、境佳、效高、标清”的总体工作目标为指导，立足于提升农业发展水平和服务首都的能力，确保北京市西甜瓜安全供应，发挥科技创新和示范推广的辐射带动作用。

一、团队基本情况

（一）创新团队功能定位及其建设任务

2019年，团队岗位专家围绕西瓜产业“四化”（生态化、安全化、简约化、融合化）内在发展需求，选育新品种满足市场高端供应；继续示范“两减一节”绿色技术体系和高密度栽培等高效综合技术，推动生态绿色生产；集成改良技术，支撑适度规模化，开展栽培模式集成试验；促进生产型园区向休闲型园区转变，研发新模式，促进第一、第三产业融合发展；提高产品标准化程度，挖掘产品和产地文化，探索适度规模化发展，建设品牌，宣传北京西瓜形象。

（二）创新团队组成架构

2013年8月，西甜瓜产业技术体系北京市创新团队开始筹备，2013年10月14日正式成立。团队由产业技术研发中心、综合试验站和农民田间学校工作站3个层级构成。团队成员自成立以来根据产业实际略有调整，如表13－1所示。

表13－1　团队组织人员数量　　单位：人

	2013年	2014年	2015年	2016年	2017年	2018年	2019年
产业技术首席专家	1	1	1	1	1	1	1
研发中心岗位专家	6	9	9	9	9	11	11
综合试验站	2	3	3	3	3	3	3
农民田间学校工作站站长	16	18	18	18	18	12	12

西甜瓜创新团队2019年设置4个功能实验室，聘任首席专家1名、岗位专家11名、

综合试验站站长3名、田间学校工作站站长12名，总工作经费636.5万元。为加强组织化管理，创新团队设置功能研究室、综合试验站与农民田间学校工作站3个管理层级，其中功能研究室包括育种功能研究室、栽培功能研究室、植保功能研究室和产业经济研究室；综合试验站以大兴区、顺义区、延庆县3个区的种植业服务中心与农技推广中心为依托；农民田间学校工作站由13个工作站组成，涉及大兴区、顺义区、延庆区、通州区、房山区、昌平区共6个区，形成由首席专家领导，各部门分工明确的组织化程度高且统一协调的团队。

（三）创新团队作用与交流机制

创新团队机构健全，分工明确，制定了健全的团队管理办法，制定考核奖惩制度以及考评测评机制，具备良好的组织领导，建立了统筹协调机制，首席专家组织建立了岗位专家与农民田间学校工作站对接点；发展定位明确，根据目标管理工作，建立课题研究制度；开展科技督导，团队技术水平不断提升；执行科学规范的科研项目资金管理办法，保障科研项目顺利执行；具备应对紧急状况的能力，深化产业服务水平。在完整的团队理念指导下，团队成员之间密切合作、配合默契，提高了整个团队的工作效率，并且主办多次观摩交流会，多次组织或参加相关技术活动，报送相关信息材料，发表相关学术论文。

二、技术研发与主推技术

（一）团队技术研发情况

2019年，创新团队育成新品种5个，均已通过西瓜品种登记，筛选新品种或组合2～4个；抗白粉病转育取得初步成功，抗病性显著增强；研发了一种采用秸秆和食用菌菌渣发酵制作西瓜基质技术，集成了小型西瓜基质栽培水肥管理技术、西瓜廊架式栽培技术；筛选出高抗枯萎病、白粉病优良材料121份；筛选出高抗“根腐病”、病毒病优良葫芦砧木材料25份；筛选出一种适宜基质栽培生产的含腐殖酸水溶肥；筛选出两种适宜基质栽培自根苗生产的抗重茬菌剂即固氮类芽孢杆菌（菌种为WLY－78和BJ－18）；筛选出一种适宜基质栽培自根苗生产的生根剂；研发廊架式观光栽培设备一套；示范新产品2个。

（二）团队主推技术情况

团队2019年主推技术具体情况见表13－2：

表13－2　　主推技术应用一览

主推技术	区域和对象	目标	责任主体
蜜蜂授粉技术	园区、合作社、农户	减轻人工授粉劳动强度，亩节省人工3个以上；提高西瓜品质，增加风味	栽培岗
集约化育苗技术	园区、合作社	建设集约化育苗场14家，集约化育苗数量达到1973余万株，培育育苗大户15户，形成集约化育苗技术	栽培岗

续表

主推技术	区域和对象	目标	责任主体
小果型西瓜高密度栽培技术	园区、合作社、农户	坐果率97%、亩产量可达5571千克和果实中心可溶性固形物含量达到13.2%，边缘可溶性固形物含量达到10.9%	栽培岗
病虫害绿色防控技术	园区、合作社、农户	技术示范面积为36.87公顷，技术辐射面积66.67公顷以上，示范区内3种害虫的平均防效可达70%以上，西瓜全生育期内化学药剂减少3~5次，节省用工45~60个/公顷	植保岗
生产与市场分析	园区、合作社、农户	对西甜瓜产业进行评估和经济效益评价，做强做大西甜瓜北京品牌，探索新型营销模式，实现优质优价	经济岗

数据来源：团队数据整理。

三、团队研发成果情况

2019年发表论文20篇，其中SCI文章3篇，著作3部，其中1篇影响因子25.455；申报专利3项。开发了“京彩一号”高胡萝卜素西瓜、粗网类型网纹甜瓜等高端新产品形成规模化供应；5个西瓜高品质新品种“京嘉101”“京嘉203”“京欣901”“京彩1号”和“京美8K02”已通过西瓜品种登记。获发明专利3项，分别为“一种与西瓜果肉硬度相关的分子标记Hf2－Indel及其应用”“一种烟盲蝽工厂化生产方法”“一种提高黄芩种子及幼苗素质的引发方法”。

四、技术示范推广效益

（一）技术示范推广经济效益

在品种繁育方面，2019年已推广春大棚小西瓜品种（京颖、京彩1号、京美2K）300公顷以上。中小果型西瓜品种（抗裂京欣3号、京美4K01、京美4K02）示范推广面积10.67公顷；中果型西瓜品种（京美8K、京美10k）推广面积300公顷以上；春大棚无籽小西瓜品种（京珑、京雅）推广面积6.67公顷以上，每公顷增产3000千克，每公顷增加经济效益6000元。新型西瓜砧木品种“京欣砧9号”示范推广面积100公顷以上，每公顷增产1500千克左右。开展甜瓜优新品种及砧木品种示范4公顷，其中优良甜瓜新品种2.8公顷，砧木品种1.2公顷。

在栽培技术方面，2019年小型西瓜高密度栽培技术推广266.67公顷，辐射推广300公顷，增加经济效益840万元。小西瓜高密度吊蔓栽培示范6.67公顷，辐射推广266.67公顷，商品瓜总增收840万元。小型西瓜基质栽培技术示范点的每公顷产量能达到62689.5千克，每公顷产值26.79万元，2019年应用面积3.33公顷，增加经济效益1.786

万元。小型西瓜高密度抢早栽培技术实施运用，辐射推广266.67公顷，商品瓜总增收840万元；中型西瓜简约化栽培技术示范点平均每公顷产量79657.5千克、每公顷纯效益121507.5元，辐射推广1333.33公顷，总增收3480.3万元；天窗放顶风共示范8公顷，共节省人工106个，增加经济收益1.44万元。瓜垫可重复使用，一个成本0.4元，1公顷约用36000个，每公顷增收12000元以上，示范16.67公顷，增收20万元。精品网纹甜瓜高商品率栽培技术5.33公顷，商品率75%以上，每公顷增收120万元。甜瓜优质栽培85.33公顷，增加经济效益12.81万元。

在植保技术方面，2019年病虫害综合防治技术示范区内病虫害平均防治效果在85%以上，每亩化学农药施用量为0.6千克以内，低于考核指标（1.2千克）50个百分点，减少化学农药16.4%，节约成本约317.74万元。西甜瓜瓜蚜虫绿色防控技术示范面积13.2公顷，示范区内防治效果为76.2%；东亚小花蝽防治西甜瓜蓟马绿色防控技术示范点3个，示范面积5公顷，防效可达71.4%；智利小植绥螨防治西瓜红蜘蛛技术示范点7个，示范面积18.67公顷，防效为89.7%。长季节栽培西瓜土传病害绿色防治技术集成与示范面积为9.33公顷，技术辐射14公顷，土传病害防效为94%以上。种子处理技术示范面积超过666.67公顷。

（二）技术示范推广社会效益

团队首次从全基因组层面明确了西瓜属全部7个种之间的进化关系，完成了新一代西瓜基因组精细图谱绘制和驯化历史解析，首次系统揭示了西瓜果实品质性状进化的分子机制，奠定了我国在西瓜基因组学与分子育种技术研究领域的国际领先地位。

团队培育的西瓜新品种在大兴西瓜节全国西甜瓜擂台赛摘取多项桂冠。高产、抗病的大型西瓜品种“京欣8号”又一次囊括了大型西瓜重量组的所有奖项，连续5年捍卫了单瓜重瓜王的地位。小型功能性西瓜品种“京彩1号”和小型无籽西瓜“京豹”获得新品种奖，甜瓜品种“库拉”和“香蕉蜜瓜”获甜瓜综合奖和新品种奖。这些获奖进一步丰富了市民的果盘子，为北京大兴西瓜产业的发展提供了强有力的科技支撑。

团队打造观光休闲区和精品采摘区，研发新模式，促进第一、第三产业融合。建立4个示范点，提升园区景观，促进生产型园区向休闲型园区转变。同时开发文娱活动，如“西瓜越野跑”“西瓜大战”等吸引中粮集团等8家企业赞助、500名粉丝参与、30多家媒体和自媒体报导，大大增加了采摘园区的休闲观光职能，有利于当地更好地发展休闲农业与观光采摘。

技术模式集成和产销模式探索形成“北京品牌”，外埠扩大生产，延长了北京西甜瓜供应时间，初步实现四季生产、四季有瓜；实现媒体宣传共50余次，主办了第三届西甜瓜产业融合与品牌建设研讨会，对市民和全国销售商宣传北京西瓜“采摘化、优质化、商品化”形象，对北京西瓜品牌提升起到了推动作用。

“两减一节”以及“蜜蜂授粉”等生态栽培技术的深化研究和扩大应用，提高了首都西甜瓜产品的安全性；通过集约化育苗、简约化栽培、农机匹配等关键技术研发集成，以及产业链服务，提高了组织化和规模化生产能力，亩用工量减少 3.5 个，户均生产规模提高 12.2%。

助力脱贫攻坚，2019 年负责延庆区香营镇聂庄村的脱低技术帮扶工作；在外埠基地进行帮扶服务，服务 4 个低收入村，在当地劳动力稀缺的情况下，有效解决了人力不足的问题，同时提高了作业效率，节省了成本，为北京提供了“产业脱低”经验。

在世园会中指导盆栽生产 4000 盆，生产及展示期间进行了技术指导 24 次，提供指导意见 4 次；生产巨型南瓜和西瓜，展出 30 个，开展专题活动 2 次，吸引游客 1600 人次。团队进行国内交流 16 次，国际交流 3 次，宣传了北京西甜瓜产业，扩大了团队的社会影响。

五、团队对产业支撑作用

西甜瓜团队围绕北京市西甜瓜产业以建立北京品牌为方向，开展“品种选育满足市场高端供应”“两减一节生态绿色化生产”“技术研发适度规模化生产”“研发新模式促三产融合发展”和“品牌化建设优质优价”五大课题，引领和支撑产业发展，促进西甜瓜产业持续稳定发展和瓜农收入稳定增长，产生了较好的社会影响力。

第三节　西甜瓜产业典型案例分析

北京市西甜瓜产业正处于发展转型的新时期，西甜瓜创新团队在新品种示范与推广以及新技术研发与应用方面持续发力，进一步提升了北京市西甜瓜产业的质量和效益，不仅保障了北京市西甜瓜的高质量和充足供给，也促使瓜农增产增收。

一、产业发展新业态

（一）休闲农业和乡村旅游

当前，北京市西甜瓜产业大力推广休闲农业和乡村旅游，且逐渐成为西甜瓜产业的重要组成部分。市民在休闲时可以前往相应的西瓜采摘点，不仅可以享受乡村旅游的魅力，还可以体验采摘西瓜的乐趣，同时也能了解到不同西甜瓜的生产活动和口感特点，以及本区域的知名度。以北京市大兴区庞各庄为例，本地的特色就是皮薄、汁多、脆甜的西甜瓜种植区域，而且正守着京郊这片地，为了扩大区域影响、创造市场需求、提升区域内产品品牌形象、吸引消费者，大兴西瓜节、春华秋实等文化节庆的举办，不仅提升了大兴整体形象，也促进了休闲观光旅游的发展。

（二）农业电子商务

随着农产品电子商务的迅速发展，越来越多的农产品尝试网上销售，西瓜电子商务的发展，不仅促进了生产者的收入，也向全国推广了北京市西甜瓜品牌知名度，让更多的消费者能够品尝到北京的西甜瓜。电商对生产者来说相较于传统的销售方式（批发、采摘）是一种新趋势，也是一种销售渠道，具有交易成本低、运营效率高、服务时间受地域限制小和供应链短等特点。对消费者来说，线上购买不仅能够节省自己的时间，而且也可以参加店家的活动（如领取优惠券和预售模式），同时使消费者借助电商平台从源头了解西瓜的品种和质量安全。电子商务缩短了生产与消费的距离，现如今已被很多生产者和消费者所青睐。

（三）新技术投入与应用情况

北京市西甜瓜产业是北京都市型现代农业的重要组成部分，在西甜瓜创新团队的支持和指导下，西甜瓜产业持续稳定发展，瓜农收入持续稳定增长。2015～2019 年，西甜瓜创新团队示范新技术 34 项，示范面积推广成熟技术累计 1 万公顷，在示范区内取得了良好的效果。2016 年，开始建立综合集成和关键技术示范点，分层次分重点进行成熟技术示范推广；2019 年集约化育苗技术迅速发展，育苗基地与农户开展西瓜苗的订单服务，承接农户西瓜苗的订单近 1973 余万株，较 2018 年增加了 563 万株。

2018 年至今，开始西甜瓜无土栽培技术集成示范，建立示范点 5 个，面积 3.34 公顷，辐射带动 6.67 公顷。包括越冬、春、秋和秋冬茬四个茬口，实现设施西甜瓜无土栽培植株管理、温湿度控制、灌溉施肥、植保等环节的标准化管理。打造西甜瓜观光采摘及科技展示园区，开展了西甜瓜品种筛选、延时采摘栽培技术、廊架栽培技术模式研究。开展产后技术研发，宣贯分级标准，研究产后处理技术，引进新型包装材料和分拣设备，优化了工作流程。

西甜瓜创新团队在北京各区县安排了西瓜及砧木新品种的示范评比，开展小型西瓜品种筛选试验、优良甜瓜品种筛选试验等，力求研发优质、耐裂、丰产的中小型西瓜新品种，高产、耐裂、优质的中型西瓜品种，达到高产、易坐果、肉质脆嫩、风味佳的西瓜品质，引进抗性强、产量高、品质好、效益好的甜瓜品种，形成了大小果型、红黄果肉、皮色多样搭配的品种生产格局，获得较好的经济效益。

二、典型案例分析

（一）能人带动、社员满意，完善社会化服务——北京乐平西甜瓜专业合作社

1. 公司发展现状

北京市乐平西甜瓜专业合作社于 2007 年成立，提供的服务最为全面，以服务西瓜种植户为基础，解决了西瓜农户的生产和销售问题。当前，合作社主要以育苗、销售为主

体，负责农资与生产资料购买与销售，同时也有生产资料品种的引进与推广以及种植技术培训。合作社集约化育苗场的建立也推动和促进了西瓜新品种的应用，育苗效率得到了极大的提升，为大兴西瓜的标准化生产奠定了坚实基础，带动周边瓜农共同发展。

2. 公司经营现状

合作社自成立以来，始终以服务西瓜种植户为基本，为西瓜农户的生产和销售环节服务。伴随着西瓜种植技术的不断完善，园区西瓜种植标准化生产水平也不断提升。因此当前园区为适应消费者的购买需求，以发展精品西瓜为主，采用最新的半有机模式进行栽培，生产有机的精品西瓜。

当前，合作社的销售模式中位于首位的是批发销售，其次是依托“乐平·御瓜园”渠道的采摘销售。合作社线下的客户资源也比较稳定，在电商日益流行的趋势下，合作社推出了线上销售，线上经营模式通过公众号和相关网站销售来实现，线上销售在经过不断改进之后，销售额也在逐渐增加。

3. 农业社会化服务现状

合作社为社员统一订购满足种植条件的地膜、底肥、有机肥、病虫害药等生产资料，然后预定量分发到各户，以统一生产资料的质量，避免个别农户由于订购不一而导致产量受到影响。合作社在瓜熟季节时会统一向瓜农收购代理销售，并且以社员优先，仅收购符合标准的瓜品。其中收购标准根据每年市场需求来定位，将瓜分成不同的等级，定位不同的价格，出售给不同的人群。

在技术方面，合作社向社员及周边瓜农提供高效种植的解决方案与信息化的服务。合作社作为一个整体，获得的技术支持要比社员多且快。每年定期外请技术专家给社员提供西瓜栽培培训，也会购入农机具改善种植条件。合作社充分发挥服务优势，从最初的单一生产销售转变为综合销售。

合作社严格依据采收上市时间来倒推播种日期的方式来进行西甜瓜育苗，针对新入社的成员，合作社定期进行培训，讲解有关育苗技术的实施、注意事项和防御措施，将专业知识传授给新社员。

4. 优点

（1）定期组织技术指导培训。乐平合作社为了保障西瓜种植的质量，提高社员的生产技术能力，定期请专家为瓜农开展关于各个品种的西瓜生产、种植与栽培讲座，为瓜农进行答疑解惑。通过西瓜的种植培训，使社员及周边瓜农从选瓜、育苗、栽培、除虫治病到收获各个阶段都能获得技术支持。

（2）线上销售稳步上升。近年来，线上销售是一种新模式，越来越多的生鲜经销商或企业与电商平台合作，如京东、盒马鲜生等，为了紧跟社会大环境的发展，乐平合作社也加入了线上销售，实现了顾客在线上下单，两天左右就能吃到可口的西瓜，并且确保西瓜在运输过程中完好无损，因此赢得了新一批慕名而来的消费群体，电商平台成为乐平合作社的又一大销售渠道。

（3）全方位服务社员。乐平合作社对社员普及技术知识，定期举办农业生产技术培训班。为了满足社员多元化的需求，开通了技术咨询电话。随着现代机械引入园区，不仅让社员真实体会到农业科学技术在西瓜栽培过程中的作用，也使社员很快掌握了西瓜栽培技术，从而提高社员收入。

5. 不足

（1）品牌意识有待提升。乐平合作社在营销方式上比较传统，不能有效地利用现代化的营销传播工具来树立企业形象，提高知名度，在网络、报纸、电视等媒体广告的投入几乎是空白，这直接影响了合作社的品牌知名度。大兴西瓜近几年一直走的是高端市场，随着消费结构的变化，采摘销售的份额也逐年上升，好的产品离不开宣传，没有品牌，产品就好似没有内涵。因此，合作社要积极扩大品牌的影响力，树立好自己的小品牌，从而维护好大兴西瓜这个大品牌。

（2）西瓜标准化生产有待完善。乐平合作社在瓜熟期，积极为农户寻找高于市场收购价的销售渠道。但由于种植西瓜的农户较多，西瓜品种多、杂、乱，且生产种植过程中无法采用统一的种植方法、栽培方式、施肥施药标准，因此各种植农户种植出的西瓜品种质量不均等，导致合作社无法大规模进行收购并出售，严重影响精品西瓜的发展道路。

（3）劳动力成本增加。由于园区内机械化程度较低，大部分的种植采摘仍然需要依赖人工进行操作，且社员大部分是老年人及妇女，青壮年劳动力流失严重，这就需要在农忙季节雇佣劳动力去干农活，导致人工成本不断上升，这为合作社的发展增加了压力。

（二）科学育苗、服务瓜农，实现科技扩散新模式——北京四季阳坤农业科技有限公司

1. 基本情况

北京四季阳坤农业科技有限公司成立于 2015 年，拥有两个农业生产基地共 13.33 公顷，主要生产西红柿、西甜瓜等瓜菜作物。2017 年开始建设西瓜集约化育苗场。2018 年生产西瓜嫁接苗 384 万株，产值 537.6 万元。2019 年供应西瓜嫁接苗 360 万株，产值 540 万元。

2. 规模化育苗背景

北京市传统的一家一户分散育苗，存在着育苗质量不稳定、成活率不高等问题，特别是需要使用燃煤加温，对空气污染造成一定影响。2015 年开始，北京市开始推广集约化育苗。四季阳坤通过北京市西甜瓜创新团队集约化栽培技术的扶持以及政府补贴，也开始进行大规模的集约化育苗。2019 年，四季阳坤的育苗数量达到了 332.683 万株，占北京市育苗总量的 16.8%。

3. 科技投入

近两年，四季阳坤在科技方面的投入比例不断增加。2017 年新建温室 3 栋共 0.6 公顷，引进了加温、自动喷淋灌溉、催芽室、补光灯等集约化嫁接育苗设备，至 2019 年总投入 499 万元，其中财政补贴 240.5 万元，另外种子及育苗补贴 744 万元；自筹资金 258.5 万元。四季阳坤的科技投入在政府的财政扶持下，机械化程度不断提高，规模不断扩大，加快了产业化的进程。

表 13－3　科技投入一览

序号	新品种新技术新设备投入	金额（万元）	来源
1	温室 0.6 公顷	200	自筹
2	补光灯、新品种、自动灌溉、催芽室等	200	区财政
3	补光灯、加温灯、空气源热泵	40.5	区财政
4	内遮阳	58.5	自筹

数据来源：调研数据。

4. 优点

（1）技术创新力度大。四季阳坤利用大兴区独一无二的气候条件和土壤环境开启新的育苗模式，与科研团队建立紧密联系，选取优良的品种进行技术创新。同时，合作社不定期进行培训。合作社与科研院所、农业技术推广站保持了长期良好的交流，使其可以得到及时有效的技术和信息方面支持。目前，四季阳坤在育苗创新领域走在行业前列。

（2）集约化育苗技术标准化程度高。传统的散户育苗，直接污染了水源和空气，造成了以煤烟型为主的大气污染。随着北京集约化育苗技术的发展以及农村煤改电工程的推进，势必要求小规模、散在育苗户向大规模、标准化集中育苗发展。随着四季阳坤集约化育苗基地的建设，西瓜育苗设施、设备得到了改善，加温设施、育苗室、补光灯等提升了育苗基础，为西甜瓜生产的稳产、丰产提供了技术保证。同时，实现了种苗生产的商品化，向现代化农业方向发展。瓜农由传统自己买种子育苗向从集约化育苗场购苗转变，集约化育苗数量逐步上升。

（3）科技引领合作社健康稳定的发展。近几年，四季阳坤与北京市西甜瓜团队有效连接起来，经常进行技术和信息方面的交流，专家团队也经常来到种植基地对社员进行技术指导，尤其是在种植、节水、灌溉和蜜蜂授粉等方面。同时，合作社也定期开展各种农业生产技术培训，请技术专家进行讲解。此外，还组织社员到园区实地参观，进行手把手教学。通过培训、学习和参观，社员掌握了西瓜有机化栽培、立体栽培和四季栽培等技术。

5. 不足

（1）育苗工作受限。四季阳坤的育苗数量逐年增加，但是合作社冬季育苗时间集中，供应时间集中在 3 月 1～20 日，给育苗工作造成较大影响。由于育苗时间集中，不仅需要长工，也需要雇佣短工，使合作社出现招工难的问题，也增加了合作社的人工成本。北京市种植春茬瓜的需求集中，且成本较高，北京市的瓜苗供给压力比较大，2018 年有外埠合作育苗，但出现了供应不足和供应时间延迟的问题，2019 年取消了外埠合作育苗。

（2）技术服务体系有待提高。西瓜是一种劳动与技术密集型产业的作物，需要较高素质的劳动力和新技术新知识的指导。但是在种植过程中，常常遇到不同的问题，比如育苗环节嫁接效率低、成活率低，雾化喷水效果不如意等问题。新技术新设施的投入达不到预期效果，投入与预期不成正比，专业服务不到位，无法进行大规模机械作业，阻碍了生产经营成本的降低。

（3）育苗保险未普及。合作社在育苗过程中存在着低温、寡照等无法预料的天气风险，有不能按合同约定时间和数量供应种苗的危险。由于一些不确定的风险，西瓜种植的成本也在逐年升高。合作社在育苗过程中应购买育苗保险，当遇到不能完成合同的情况时，由保险公司对合同损失进行赔付。保险费用来生产一部分储备苗，抵御风险。

（三）科技支撑、瓜菜交错，实现规模化生产—北京顺义区杨镇松各庄村

1. 基本情况

松各庄位于北京市顺义区杨镇的东南部，合作社拥有社员 168 户。松各庄有耕地 82.67 公顷，以大棚为主，全部生产蔬菜。其中核心园区 8.8 公顷，拥有 14 栋温室、4.13 公顷大棚，种植西甜瓜和蔬菜。一般大棚 1 年生产 2～3 茬，栽培模式主要有：生菜—果菜—生菜、西甜瓜—果菜和果菜—果菜，每公顷效益 22.5 万～30 万元。

2. 科技投入

松各庄采用水肥一体化、生物防控害虫技术等，有效地控制了化肥、农药的使用。在北京市西甜瓜创新团队的帮助下，核心园区自行引进了微喷灌溉设备和电动加压施肥设备，每公顷投入 6000 元左右，可节省人工、减少肥料用量，但需使用全水溶肥，价格较高，肥料投入增加。植保站对化学农药、生物农药及天敌分别补贴 30%、50% 和 90%，并补贴了防虫网、杀虫灯等农资，减少了农药使用量。通过不断地努力，松各庄的蔬菜瓜果达到了优质高效、生态节水的目标。

3. 品牌建设情况

2015 年以前全部为小贩上地头收购，松各庄在 2016 年为了扩大品牌优势，开始发展多种销售渠道。品牌战略的第一步，则是严格控制好产品的质量，从产品的种植到采摘要做到详细的生产记录，从产品源头到消费者手中要保障产品质量达到预期效果，从而达到扩大品牌影响力的效果。松各庄现在的销售渠道是小贩地头收购、电商和超市采购 3 种渠道并存，分别占比 80%、10% 和 10%。2015 年注册了品牌，并陆续进行了无公害和绿色认证。通过不断地努力，松各庄组织瓜农逐步进行品牌化销售。

4. 优点

（1）销售渠道不断拓宽。近几年，松各庄的科技投入不断增加，且随着品牌知名度的提升，销售渠道也日渐成熟起来。松各庄不再局限于小贩地头收购，电商平台和超市这两个销售渠道的销售金额也在逐年递增。随着科技的引领及品牌的带动，松各庄的西瓜品质也在不断改善，效益明显增加。

（2）生产效益日益增加。松各庄在北京西甜瓜创新团队的扶持下，运用新技术、新模式、新品种提高了产品的质量，产品逐渐走向高端路线。在社会效益方面，合作社采用水肥一体化等技术，有效地控制了化肥、农药的使用。分级机设备的使用，有效地对西瓜经行分选，节省了人工。在食品安全方面，合作社具有无公害农产品认证。

（3）种植技术扶持大。松各庄接触的科研单位多，技术方面有保障。为了推动蔬菜瓜果产业化发展，松各庄不断转变观念，从最初单一的生产销售转变为综合服务，北京市西甜瓜创新团队为瓜农提供西瓜高效种植解决方案和信息化服务，将通过优化产品结构以及产业链各主体之间的资源配置，节约人力、财力、物力等生产要素。解决农户小生产与大市场之间的矛盾，将科学化管理有效地融入生产和市场中，充分发挥服务优势。

5. 不足

（1）产品销售渠道狭窄。随着科技的不断发展，传统的销售渠道已经不能满足合作社未来的发展，为了拓宽销售渠道，松各庄也顺应时代潮流，积极加入了电商的行列。但是松各庄的西瓜具有皮薄、多汁、易碎的特点，这就面临着运输西瓜的包装技术难、包装成本和物流费用贵的问题，因此其在电商平台上的售卖没有取得良好的效果和收益。松各庄的西瓜如何在电商平台走得更稳和更长远也是一个急需解决的问题。

（2）缺乏高技术人才。由于农村地区老龄化特别严重，而且种植区域离市区较远，也没有很好的人才引进的福利条件，使松各庄很难招募到适合其自身发展的技术与管理人才。且园区内大部分的工作需要依赖人工操作，在农忙时不仅需要长工，也要雇佣短工，这就增加了人工成本，对松各庄的发展带来了极大的压力。

（3）机械化程度低。受目前技术水平限制，嫁接、定植、授粉等高强度、重复性工作难以实现机械化，专用机械应用效果欠佳。且受保护地结构和面积限制，大型农机具难以应用，进一步阻碍了西甜瓜机械化栽培模式的发展。推广高效、实用和小型化的专业农机具刻不容缓，西甜瓜产业机械化水平的提高同时也能促进劳动生产率的提升。

第四节　产业发展政策建议

一、产业发展问题及其技术需求

（一）产业发展问题

1. 技术方面

（1）技术和设备推广应用速度缓慢。西甜瓜种植户对新事物接受时间长，新技术、新设备推广普及速度慢，科技成果转化不够充分，造成生产资料成本提高；新技术使用推广慢，简化栽培等新技术得不到快速推广应用，造成劳动力成本过高；新设备更新慢，种植户重视当前的利益和投入，忽视长远的收益，不愿过多投入，造成劳动力成本增加。新技术、新装备不能快速应用到生产一线，科技成果转化较慢，无法满足西甜瓜产业的发展需求。

（2）品种趋同性较高。西甜瓜的品种具有较高的趋同性，种植的方式和技术比较接近，成熟期相对集中，短期内大量产品上市，供给量大幅上涨，引发产品相对过剩，价格也会随之下降，损害瓜农利益。

（3）采后处理与加工方面的技术水平有待提高。目前，西甜瓜采后处理与加工技术研究与应用还比较滞后，保鲜、加工、储藏、运输等方面的成本较高，造成技术应用效果缓慢，在运输过程中易产生损耗，影响了西甜瓜的品质和市场价值。

2. 产业经营方面

（1）组织化程度不高，产销失衡。近年来，龙头企业、产销协会、合作社尚未与瓜农形成紧密的利益联结机制，多是一种单纯的购销关系，小生产与大市场的矛盾依然突出。瓜农由于对市场销售信息缺乏准确有效的来源，很容易导致全国范围西瓜和甜瓜种植季节过于一致，进而成熟采收时间相对集中，上市销售时由于供给量过大，难以抵御市场风险。

（2）劳动力成本上升，企业压力增加。在西甜瓜种植过程中，机械化程度较低，大部分的工作仍然需要依赖人工进行操作，而随着老龄化现象的不断增加，青壮年劳动力流失也越来越严重，导致了人工成本的上升，一个工人的工资已达到 130 元/天。人工成本已成为在生产过程中花费最多的成本之一，劳动力成本的不断上升也给企业的发展增添了极大的压力。

（3）季节性消费降低，周期供应难以保证。西瓜消费仍以夏季为主，但季节性特征有减弱趋势，西瓜消费已由传统的夏季消费逐步转变为全年消费，反季节西瓜消费量逐年增加，周期性供应逐渐成为新问题。为满足周期性供应，合作社在外埠地区建立基地，来保障西甜瓜的全年供应。但是，受自然条件及技术水平应用的影响，各个基地产出的西瓜甜度、口感相差太多，使消费者重复购买率降低，影响企业经营效益。

3. 产品质量方面

（1）生产规模化、标准化程度低。一方面，近年来劳动力成本上涨，技术设备也得到推广普及，但科技成果转化较慢，新技术、新品种不能快速应用到生产，西甜瓜生产未发挥出应有的规模效应，导致劳动生产率不高，西甜瓜产业的经济效益有下滑的趋势；另一方面，西甜瓜生产尚未全面普及标准化技术，标准化管理水平不高，标准化生产推进力度不大，商品瓜的质量与国际标准有一定差距。

（2）灾害性天气及病虫害影响。随着全球气候变暖，旱涝等自然灾害更加频繁，灾害性天气严重影响西甜瓜早春上市的时间与产量，给西甜瓜生产带来了严重的影响。冬春季持续低温、阴雨、光照少和夏季高温多雨的天气，给西甜瓜育苗和定植后的管理带来极大困难，病虫害在部分地区危害严重，进而影响西甜瓜产品质量。

（二）技术需求

1. 种植技术

种植技术主要包括栽培技术、农机技术和智慧农业方面。

栽培技术包括集约化育苗技术、蜜蜂授粉技术，无土栽培，网纹瓜栽培，集约化育苗，精品网纹甜瓜高商品率栽培技术，小型西瓜基质栽培技术，中果型西瓜简约化栽培等技术。

农机技术包括机械化分选技术熟化，初步实现西瓜耕种机械化，塑料大棚“宜机化”改造等技术。

开展智慧农业：建立了小型西瓜高产数据库，制定了设施西瓜生产技术规程；基于数据模型，建立了灌溉参数，引进物联网控制系统，开发西瓜灌溉决策系统等技术。

2. 绿色防控技术

绿色防控技术主要包括西甜瓜苗期褐斑病防控技术；西甜瓜蔓枯病种子带菌情况的检测及其防控技术；一种引起西瓜苗期新发症状的种传病害的鉴定及其防控技术等技术。

二、产业发展趋势及其亟待解决的技术问题

（一）生产方式方面

1. 集约化、专业化的生产

随着农业产业化进程的推进，西甜瓜产业将整体呈现出流通市场与生产基地一体化整合的格局。为了让经营主体更好地发挥好领头军的作用，政府也出台了相应的补贴和鼓励措施，以推动经营主体的进一步发展壮大，北京市各地区西甜瓜龙头企业和农民专业合作社的发展也推动了北京市西甜瓜产业化发展，集中育苗与产销一体的生产经营大户也将进一步增加，提高西甜瓜产业集约化和专业化水平将是西甜瓜产业发展的主导方向。

2. 亟待解决的技术问题

（1）种苗集约化有待提高。市场监管不到位，常常出现假冒伪劣种子，种苗集约化生产由于受种子促萌引发技术及健康育苗技术的限制，水平不高，规模不大。

（2）专业人才缺乏。西甜瓜产业在技术研发、推广等方面人才紧缺，农村青壮劳动力少，从业人员素质低，应用技术服务推广困难，技术服务不到位，技术应用到位率不高。

（二）产品质量方面

1. 标准化的产品

随着生活水平的提高，消费者对西甜瓜的需求已从对“量”的满足转变为对“质”的追求。一方面要加快完善标准体系，制定一批西瓜、甜瓜生产技术规程、产品等级规

格、农药残留等标准；另一方面要加快标准的推广应用，依托农业经营主体，推广一批绿色提质增效技术模式，创建一批标准化生产示范园区。通过技术培训等形式，指导种植户切实按照生产技术操作规程进行田间管理和采摘、分级、包装等标准化处理，推动西甜瓜产品标准化发展。

2. 亟待解决的技术问题

（1）采后处理技术滞后。人工分级后简单包装上市，而没有进行冷链、分级、包装等标准化处理后再进入市场，质量参差不齐，产品附加值低。

（2）标准化管理水平有待提高。西甜瓜产品标准化管理水平不高，商品瓜的质量与国际标准有一定差距。

（三）产业经营方面

1. 品牌化经营

近年来，北京市西甜瓜产业推出“亮牌计划”，推动西甜瓜产业逐渐向品牌化方向发展。有了成熟的栽培技术，确保优良品质，才能拓宽产业市场。结合各地实际，因地制宜，实现一地一品。在推广优良西甜瓜品种的同时，配套推广先进的标准化优质高效栽培技术，整个生产过程各环节按标准程序化控制，无公害生产，精品化包装，分级别销售，也提高了北京市西甜瓜的品牌知名度和产品市场竞争力。

2. 亟待解决的技术问题

（1）经营主体的品牌维护意识较低。经营主体对品牌的主动维护意识普遍偏低，市场化意识和品牌化的认知较为薄弱，使品牌的建设与维护工作在种植户中难以开展。

（2）监管缺位，市场中存在仿冒品。以西瓜为例，京郊批发市场中存在打着产自大兴庞各庄镇为旗号进行售卖的西瓜，品质参差不齐，品种五花八门。这反映出有关部门的监管缺位，致使仿冒品、残次品盛行。

三、具体建议

1. 大力推广新技术和新设备，加快应用成果转化

对适合中小棚西甜瓜栽培模式的小型农机具、补温补光设备等设备设施，以及与其相配套的简约化栽培技术改造和研发，在西甜瓜主产区选择示范点对新技术新设备进行大力的示范推广，以点带面，促进新技术新设备大面积应用，同时做好对农户和种植大户的技术培训，使新技术新设备快速推广。

2. 加大品种改良选育，促进高量与高质并重

一方面，随着劳动力成本的不断提高，应选育种植容易、产量高、品质好、效益好的西甜瓜品种。另一方面，大力推广高效生态循环种植模式。积极推广大棚西甜瓜栽培模式，提高单位面积种植效益和耕地资源利用率。强化早熟栽培与质量并重的模式，力争早上市，同时保证质量，加强管理，开展长季节栽培。

3. 建立和完善的流通、销售渠道，促进产销平衡

在市场导向下，加强对西甜瓜种植面积、主要品种、上市时间、预计产量以及当期价格等信息的监测统计，掌握北京市西甜瓜的生产销售信息，及时在官方的信息服务平台发布；发展订单农业，瓜农可以与龙头企业、合作社或通过农产品经纪人签订合同，发展订单西甜瓜产业；依靠电子商务平台、物联网、云计算等技术拉近生产者与消费者的联系；建立微商营销、App 营销等多种形式的营销渠道，完善线上销售和线下的物流配送体系，改变消费者传统购买习惯，形成一定的用户忠诚度，创新和扩大西瓜销售渠道。

4. 加大政策扶持，减轻企业压力

各级政府和金融机构要积极探索瓜农融资的新渠道，了解资金需求情况，设立信贷绿色通道，采取简化手续、提高授信额度等有效措施，重点对西甜瓜种植进行全方位的资金支持，从土地流转、设施建设、新优技术推广、品牌建立及宣传、产销衔接、产品质量安全追溯体系建设等方面给予扶持。

5. 推动标准化生产，提高产品质量

根据国际、国家、行业以及地方的标准以及西甜瓜实际生产情况，制作出农户一目了然的操作手册。一方面，大力推广标准化种植技术，在短时间内让种植户有效地完成技术推广工作。另一方面，加快在西甜瓜种植环节普及智慧农业技术，推动大数据和云计算等数字经济的发展应用，凭借科学技术实现西甜瓜的标准化种植。

6. 完善预警机制，降低瓜农灾害损失

努力完善灾前预警、灾后管理机制，制订灾害发生应急预案。当面对自然灾害对西甜瓜产业造成的损害时，做好救灾工作，组织科技人员深入生产第一线，提出减少灾害损失的建议，及时帮助瓜农恢复生产，最大限度减少瓜农损失；加快产业保险体系建设，及时为瓜农提供保险服务，为西甜瓜产业健康可持续发展提供可靠保障。

7. 加强技术培训，加强职业农民技能

加大对技术农民的科技培训，提高科学管理，提升种植科技水平。进一步完善职业农民培育的教育培训、扶持措施等相关制度，细化管理制度和完善公平竞争、人才培养等机制，培育更多的职业农民。加大对西甜瓜种植技术的培训和推广，主要提供集约化育苗、水肥一体化，西甜瓜无公害生产技术等方面的培训，不断提高西甜瓜生产管理水平，提高产量和效益。

8. 注重西甜瓜品牌创建，提高产品市场占有率

品牌维护意识方面，强化瓜农的品牌意识；统筹加强区域内各经营主体的品牌自我保护意识。监管方面，应当加大对区域品牌的监管力度，通过设计统一的标识和包装，以及建立二维码溯源系统，提高品牌辨识度；建立一个适用于北京市西甜瓜生产活动的信用体系。借助于这些措施，确保西甜瓜品牌的优质发展。

第十四章　北京市生猪产业发展报告

北京市生猪产业发展处于转型升级关键期，受到资源约束趋紧、环境保护高压、养殖效率有待提升、质量安全隐患凸显、非洲猪瘟疫病防控风险加剧等多方因素的综合影响。为进一步摸清北京市生猪产业 2019 年发展状况、探索都市型生猪产业稳定发展途径，特形成本部分报告。本报告主要依据《中国畜牧兽医年鉴》《全国农产品成本收益资料汇编》《北京统计年鉴》以及北京市农业农村局和生猪产业技术体系北京市创新团队的内部资料，分析北京市生猪产业发展现状与成效，剖析面临的挑战与趋势，探索都市型生猪产业可持续发展路径，以破解制约生猪产业发展中的难点问题，加快推进生猪养殖业转型升级，促进生猪产业持续健康有序发展。

第一节　生猪产业发展现状

一、生产现状

（一）基本情况

1. 北京市总体情况

2019 年，北京市生猪出栏 28.36 万头，比 2018 年、2011 年分别下降 83.26% 和 90.74%；生猪出栏毛重 3.05 万吨，比 2018 年下降 83.09%；平均每头生猪出栏毛重 107.48 公斤，略高于 2018 年。2019 年，北京市生猪年末存栏 13.19 万头，比 2018 年、2011 年分别下降 70.97% 和 92.96%，其中，能繁母猪存栏 1.43 万头，比 2018 年、2011 年分别下降 72.12% 和 94.02%。2019 年，北京市猪肉产量为 2.29 万吨，比 2018 年、2011 年分别下降 83.07% 和 90.43%（见图 14－1）。

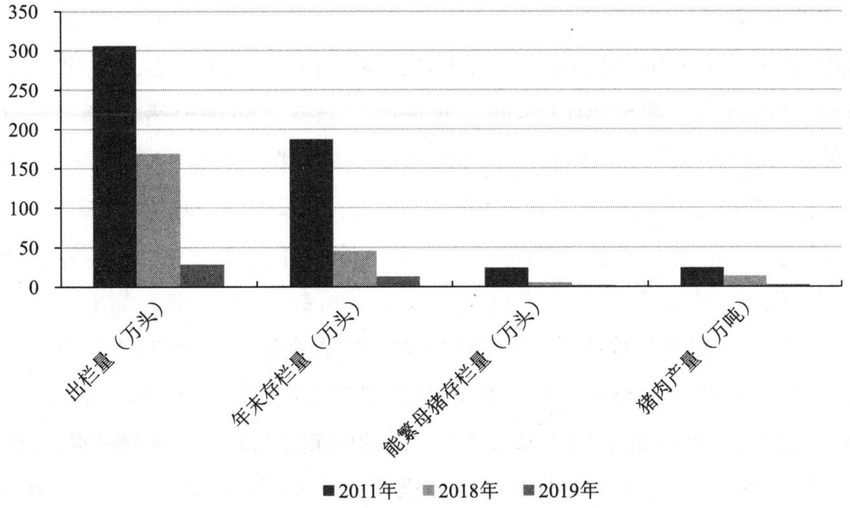

图 14－1　北京市生猪生产情况

数据来源：北京市农业农村局和《北京统计年鉴（2012）》。

2. 主产区情况

从北京市生猪生产分布看，顺义区、平谷区、密云区、怀柔区、延庆区和昌平区 6 个区为生猪主产区，这些地区 2019 年生猪出栏量、年末存栏量、猪肉产量分别占北京市的 99.10%、98.87%和 99.09%，比 2018 年分别降低 0.35、0.88 和 0.40 个百分点。其中，顺义区产能最大，生猪出栏量、年末存栏量、猪肉产量分别占北京市的 53.95%、62.59%和 54.77%，平谷区次之，密云区紧随其后（见图 14－2）。值得注意的是，2019 年年末，朝阳区、丰台区、门头沟区、通州区和大兴区 5 个区生猪存栏量为 0，海淀区和房山区生猪存栏量分别仅有 0.08 万头和 0.06 万头，与 2018 年相比，“无猪区”继续增多。

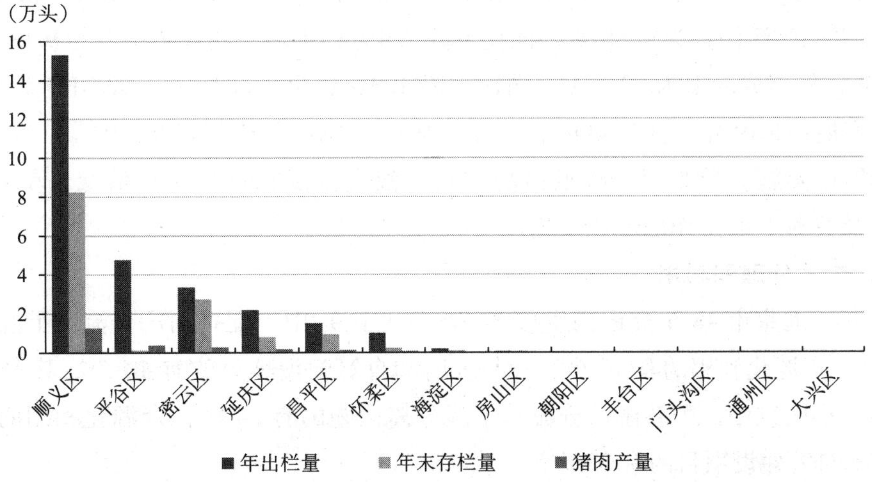

图 14－2　2019 年北京市各区生猪生产情况

数据来源：北京市农业农村局畜牧渔业处。

（二）产业布局

一是继续优化生猪养殖业布局。北京市各区制定区级实施方案，合理核定养殖规模，全面优化生猪产业布局。截至2019年底，北京市登记备案的规模猪场38个，其中，顺义区17个、密云区6个、延庆区5个、平谷区4个、昌平区4个、怀柔区1个和门头沟区1个，登记备案的规模猪场数量比2018年减少98个，比2011年减少1100个。二是积极推进生猪产业基地建设。充分发挥首都市场优势和北京市龙头企业主体作用，在外埠建立生猪和猪肉“点对点”供应基地。以“自主、安全、可控”为前提，与北京市企业投资自建、合资（合作）经营的外埠生猪养殖和屠宰加工基地建立“点对点”供应模式，推进环京生猪全产业链联动、互补式发展。农业农村部门会同商务、市场等部门，依据相关标准，确定养殖基地50家和屠宰加工基地10家，确保到2022年，实现年供京猪肉53.7万吨（折合商品猪569.6万头），猪肉区域可控供给率64%的目标。三是大力推进生猪养殖结构调整。2019年底，北京市登记备案的38个生猪规模场平均养殖规模为3408头，比2018年增加15.51%。其中，养殖规模在1000头以下的养殖场占26.32%，养殖规模在1000~5000头的养殖场占47.36%，养殖规模在5000头以上的养殖场占26.32%，分别比2018年提高-4.56%、-5.58%和10.14%，大型规模场比例明显提高。

（三）良种繁育

一是种猪基因组选择技术推广顺利。2019年，北京市种猪参考群体规模达到5233头，新增350头种猪的生产性能和基因组数据，基因组选择示范点达到8个，新增2个；累计评估种猪达4123头，其中2019年评估种猪1018头；累计开展基因组遗传评估26次，其中2019年评估6次。基因组选择技术落地，为做“精”做“强”种猪产业提供了技术支撑。二是母猪繁殖生产水平略有下降。2019年共监测5个区8家规模养殖场1277头适繁母猪全年繁殖数据，新增记录25000余条。母猪窝平均产仔数为10.98头，同比下降4.9%；窝平均产活仔数为9.88头，同比下降7.4%；平均断奶仔猪头数为9.09头，同比下降7.4%；仔猪成活率为92.0%，同比下降1.3%；母猪非生产天数NPD为53.96天，同比略有增加；2019年监测母猪年平均胎次为2.11窝，同比下降0.04%。三是生猪良种补贴工作停止实施。受非洲猪瘟疫情防控对精液安全要求严格、精液交易受限等影响，2019年生猪良种补贴工作已停止实施。

（四）粪污处理和利用

2019年，北京市48个登记的生猪养殖场（小区）中，配备雨污分流、干湿分离设施的有42个，资源化利用的有46个，参与政府和自筹建设项目的有40个。其中，38个生猪备案场（小区）中，配备雨污分流、干湿分离设施的有34个，资源化利用的有38个，参与政府和自筹建设项目的有32个。

（五）外埠基地建设

一是引导龙头企业在周边省市建设自控外埠基地，实现猪肉区域可控供给率64%的目标；通过产销对接，与主产区形成契约化、常态化供应机制，实现供给率26%的目标。二是强化外埠基地保障能力，鼓励北京市龙头企业在北京周边建设稳定、可控的生猪养殖和屠宰加工基地，配备现代化生产设施和检测设备，做到产品“批批检”，不断强化外埠基地的供应保障能力。

（六）质量安全保障

一是加大屠宰环节监督整治力度。2019 年，北京市加紧落实屠宰环节“瘦肉精”监督检测及风险监测方案，完成猪尿、牛羊尿样本 6500 份的检测任务，协助采集药物残留等风险监测样品 120 份。同时，完成 2018 ~ 2019 年度病害猪无害化处理项目，全年发放补贴费用493 万元，其中2019 年1 ~ 11 月发放105 万元。组织进行畜禽屠宰场关键环节视频监管建设项目实施，项目资金达360. 1 万元。二是严把关键环节，做好重大活动保障工作。按照2019 年三大国际性会议农产品质量安全服务保障工作方案要求，组织相关站所做好供应单位质量安全控制和抽样检测工作。对北京市供应单位使用外埠基地生猪，在外埠屠宰后进京分割加工，服务保障重大活动质量安全管控进行调查研究。

二、加工流通现状

（一）屠宰加工现状

1. 生猪屠宰情况

一是屠宰企业集中度和数量保持稳定。随着首都发展定位确立、禁限目录出台、屠宰企业分布调整，截至2019 年底北京市生猪定点屠宰企业9 家，与2018 年持平。二是实际屠宰量大幅下降。2013 ~2016 年北京市实际屠宰量连年下降，2017 年小幅回升，2018 年再次下降，为625. 13 万头，2019 年大幅下降，为21. 00 万头（见图14 –3）。

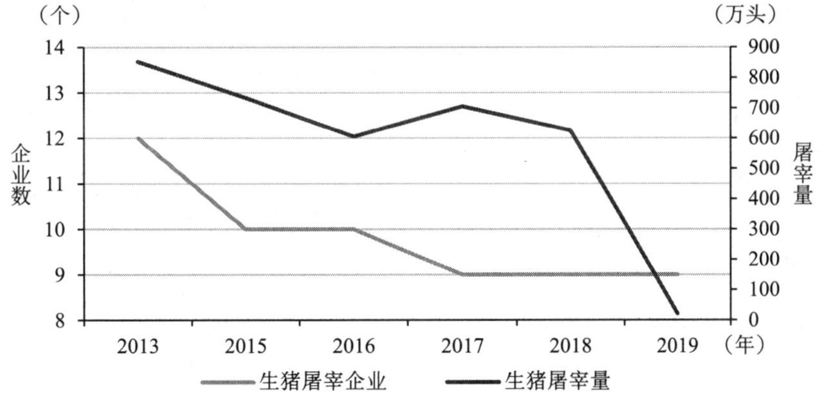

图14 –3 近年来北京市生猪屠宰企业及屠宰量情况

数据来源：北京市农业农村局畜牧渔业处。

2. 屠宰企业经营状况

屠宰行业经营方式发生变化。2019 年受非洲猪瘟疫情防控禁止商品猪跨省流通的限制和北京市生猪出栏量锐减的影响，北京市猪肉日常供给保障提到重要日程，除了个别连锁超市与外埠生猪一体化经营企业直接采购部分猪肉外，北京市9家生猪定点屠宰加工企业承担起在外埠采购猪肉供应北京市场的任务。屠宰企业根据自身情况采取了不同采购方式（见表14－1）。

表14－1　　2019年北京市屠宰企业外埠采购白条猪肉情况

企业名称	每日约采购白条量（吨）	外埠采购猪肉方式
北京顺鑫农业股份有限公司鹏程食品分公司	200	（1）屠宰基地直供占25% （2）采购生猪委托代宰占70% （3）稳定合作供货商供货占5%
北京二商肉类食品集团有限公司（通州）	180	（1）生猪屠宰基地供货占75% （2）稳定合作供货商供货占25%
北京二商大红门五肉联食品有限公司（昌平）	180	（1）生猪屠宰基地供货占30% （2）稳定合作供货商供货占约50% （3）临时供货商供货占约20%
北京燕都立民屠宰有限公司	30	（1）委托代宰占50% （2）稳定合作供货商供货占约10% （3）临时供货商供货占约30% （4）其他形式（主要是直接从国外进口冻肉）采购占约10%
北京千喜鹤食品有限公司	80	基本全部采取生猪后委托外埠屠宰基地屠宰
北京资源亚太食品有限公司	100	（1）委托代宰占约20% （2）稳定合作供货商占约40% （3）临时供货商供货占约20%
北京中瑞食品有限公司	100	（1）委托代宰占约30% （2）稳定合作供货商供货占约60% （3）临时供货商供货占约10%
北京宇航肉联加工有限公司	25	基本采取“临时供货商”随机进货
北京市郎中屠宰厂	25	（1）稳定合作供货商供货占60% （2）“临时供货商”（如外埠大型批发市场、电商平台、具备屠宰资质的屠宰企业等）随机进货占40%

数据来源：北京市农业农村局畜牧渔业处。

可见，2019年北京市9家生猪定点屠宰企业由2018年之前的主要在外埠采购活猪运回北京屠宰后将猪肉上市销售的经营模式，转变为在外埠采购活猪后直接在外埠自有生猪屠宰加工企业屠宰、或直接与外埠生猪屠宰加工企业合作待宰、或直接从外埠生猪屠宰企业采购猪肉等，然后将猪肉运回上市销售。2019年北京市共有9家生猪定点屠宰企业，实际屠宰量仅有21.00万头，较2018年下降96.64%（见表14－2）。

表14－2　　2019年北京市屠宰企业实际屠宰量变化情况

企业名称	2018年屠宰量（万头）	2019年屠宰量（万头）	2019年屠宰时间
北京顺鑫农业股份有限公司鹏程食品分公司	136.73	14.70	全年每周2～3次
北京二商肉类食品集团有限公司（通州）	103.38	0.18	全年每周1次
北京二商大红门五肉联食品有限公司（昌平）	130.79	1.54	2019年1月
北京燕都立民屠宰有限公司	40.19	0.07	2019年1～4月
北京千喜鹤食品有限公司	68.75	3.88	2019年1～4月
北京资源亚太食品有限公司	53.54	0	
北京中瑞食品有限公司	46.97	0.56	2019年2～5月
北京宇航肉联加工有限公司	27.75	0.07	2019年1～8月
北京市郎中屠宰厂	17.41	0	

数据来源：北京市农业农村局畜牧渔业处。

3. 非洲猪瘟疫情防控

自2018年8月份我国爆发首例非洲猪瘟以来，北京市3个区共发生4起非洲猪瘟疫情，目前，非洲猪瘟疫情已得到有效控制，至今未发生新疫情。北京市积极贯彻落实《国务院办公厅关于加强非洲猪瘟防控的意见》及各项防控要求，采取措施严控非洲猪瘟疫情。按照“抓好非洲猪瘟有效防控，确保疫情不扩散不蔓延”总目标，紧紧围绕工作安排，全力开展非洲猪瘟防控工作。第一，开展生猪养殖环节生物安全评估整改，提升生猪养殖场户生物安全水平。根据现场评估结果，要求有关各区要坚决果断实施整改和调整。对于经过整改和再评估仍然难以达到低生物安全风险场，有关各区开展清退，调整优化区域生物安全环境。第二，研判非洲猪瘟疫情形势，防范疫情发生风险。为努力确保不发生非洲猪瘟疫情，化解和防范可能导致突发疫情的重大风险隐患，依据《北京市动物防疫条例》有关规定，2019年3月20日市农业农村局组织开展了年度首次非洲猪瘟风险评估，形成了评估报告，制定了相应的防控措施。第三，实施非洲猪瘟全链条监测，净化区域大环境安全。按照“关口前移、扩大防线”的原则，及时发现和清除非洲猪瘟病毒污染，以北京市范围大区域环境安全保护生猪养殖安全，在对养殖生猪、屠宰生猪及调入白条肉、饲料进行检测基础上，扩大到对屠宰厂和无害化处理厂的环境及相关运输车辆开展检测。截至2019年11月底，共监测样品308323份，其中市级监测7671份，区级监测300652份。第四，严格落实生猪屠宰环节非洲猪瘟自检和官方兽医派驻两项制度，保障屠宰环节安全。截至目前，北京市9家生猪屠宰企业已全部配备非洲猪瘟检测设备，配备专门人员负责检测工作。

三、市场消费现状

（一）总体情况

受非洲猪瘟疫情、畜禽养殖业布局优化和结构调整等因素影响，北京市生猪供给量急剧下降，猪肉自给率不断下滑。一是猪肉需求量由增到减。2011～2016年北京市猪肉需求量逐年递增，2017～2019年受常住人口负增长影响，猪肉需求量开始下降。二是猪肉自给率不断下滑。受畜禽养殖业布局优化和结构调整影响，北京市猪肉自给率由2011年的43%下降到2018年的22%，年均下降2.63个百分点；2019年由于北京市猪肉年生产量急剧下降，导致猪肉自给率下降至4%（见表14－3）。

表14－3　2011～2019年北京市猪肉需求量及自给率

	2011年	2012年	2013年	2014年	2015年	2016年	2017年	2018年	2019年
年消费量（万吨）	56.53	57.93	59.22	60.26	60.79	60.84	60.78	60.32	60.30
年生产量（万吨）	24.21	23.94	24.63	24.01	22.48	21.84	19.22	13.53	2.29
自给率（%）	43	41	42	40	37	36	32	22	4

注："自给率"指北京市生产的"菜篮子"产品在市场上的供应量占日常消费需求总量的百分数。年消费量根据北京市农业农村局提供数据（人均消费28公斤/年）和北京市国民经济和社会发展统计公报中的常住人口数计算。

（二）消费者购买情况

1. 消费量

依据北京市农业农村局提供的畜牧业生产情况数据显示，2019年北京市猪肉生产量为2.29万吨，较2018年下降83.07%，北京市猪肉年消费量为60.3万吨。依据海关总署发布的北京市猪肉进口数据，2019年北京市猪肉进口量为21.24万吨，不足北京市居民猪肉消费量的40%。受非洲猪瘟疫情导致全国猪肉产量下降和国际市场可供进口猪肉数量有限影响，全国及其北京市猪肉价格上涨，居民消费量减少。

2. 购买场所

2019年1月，北京市生猪产业创新团队对北京市城市居民猪肉消费者进行了问卷调研，共收集468份问卷。数据显示，有79.8%的受访者家庭猪肉主要购买场所在普通超市（包括沃尔玛、家乐福、物美、京客隆、卜蜂莲花等），这些超市的连锁店多、多分布在居民小区附近，每家超市都有冷鲜猪肉售卖，猪肉有相对正规透明的进货渠道且猪肉价格为各连锁店超市统一定价，较为公正，因此是多数居民猪肉购买场所的首选。如表14－4所示，普通超市契合购买场所选择的标准，所以成为理想的购买场地，相比之下，有26.9%的受访者会选择在农贸市场购买，19.4%的受访者主要在高档超市购买，17.31%的受访者选择在社区便利店或小超市购买。选择专卖店、批发市场和网络电商的受访者更少，分别占比6.41%、5.98%和5.34%。

表 14－4　　猪肉购买场所

购买场所	频数（次）	比例（%）
高档超市	91	19.40
普通超市	370	79.06
专卖店	30	6.41
社区的便利店或小超市	81	17.31
农贸市场	126	26.92
批发市场	28	5.98
网络电商	25	5.34

数据来源：2019 年 1 月北京市生猪产业创新团队对北京市城市居民猪肉消费者进行的问卷调研数据。

3. 质量安全认知

调查数据显示，消费者对北京市场上的冷鲜肉和冷冻肉的质量安全状况关注程度较高，如表 14－5 所示，超过 75% 的样本表示比较关注和非常关注猪肉品质状况，超过 68% 的样本表示比较关注和非常关注猪肉安全状况。

表 14－5　　猪肉品质及安全状况关注程度占比

关注程度	品质状况（%）	安全状况（%）
不关注	1.71	2.14
不太关注	5.77	7.05
一般	17.31	22.44
比较关注	43.59	42.95
非常关注	31.62	25.43

数据来源：2019 年 1 月北京市生猪产业创新团队对北京市城市居民猪肉消费者进行的问卷调研数据。

4. 特色品牌猪肉购买数量

调查数据显示，在 468 位受访者中，有 287 位购买过特色品牌猪肉，占全部受访者比例的 61.32%，说明大多数城市居民有过特色品牌猪肉的购买经历。但是消费者对特色品牌猪肉的消费量比较少，在购买过特色品牌猪肉的 287 个样本中，特色品牌猪肉购买量占家庭日常猪肉消费量的比重如图 14－4 所示：51.57% 的受访者特色品牌猪肉购买量占猪肉总购买量的比重在 20% 以下，19.86% 的受访者特色品牌猪肉购买量占猪肉总购买量的比重在 21% ～40%，13.24% 的受访者特色品牌猪肉购买量占猪肉总购买量的比重在 41% ～60%，仅有 15.33% 的受访者特色品牌猪肉购买量占猪肉总购买量的比重达到 60% 以上。这说明多数家庭会兼顾购买普通品牌猪肉和特色品牌猪肉，但是相比于普通品牌猪肉，对特色品牌猪肉购买量仍比较少。

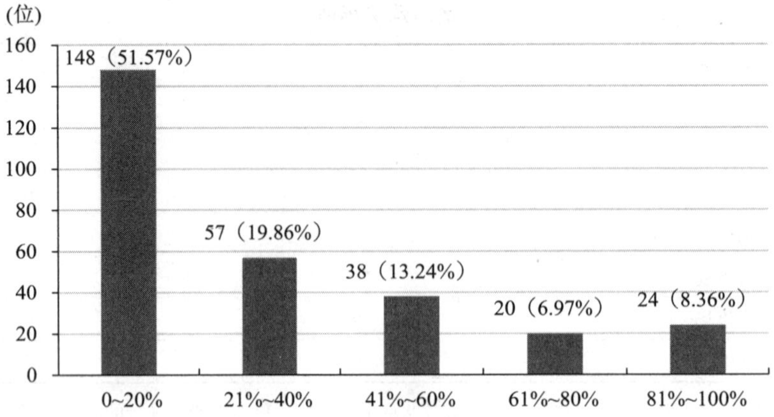

图 14－4　特色品牌猪肉购买数量占猪肉总购买量的比重

数据来源：2019 年 1 月北京市生猪产业创新团队对北京市城市居民猪肉消费者进行的问卷调研数据。

5. 非洲猪瘟疫情对消费者购买行为影响

调查数据显示，非洲猪瘟疫情的发生和猪肉价格上涨降低了消费者的猪肉购买频率和购买数量。如表 14－6 所示，购买频次在 1 天/次、2～3 天/次、4～5 天/次和 1 周/次的消费者比例在非洲猪瘟疫情发生后分别下降了 1. 50%、13. 25%、2. 78% 和 8. 33%；购买频次在 2～3 周/次和 1 月及以上/次的消费者比例增加了 4. 70% 和 21. 15%。同时数据还显示，非洲猪瘟疫情发生后，消费者平均每次猪肉的购买数量从 1. 64 千克/次下降至 1. 35 千克/次，下降幅度为 17. 68%。

表 14－6　　非洲猪瘟疫情发生前后消费者的猪肉购买频数及比例

	非洲猪瘟疫情发生前		非洲猪瘟疫情发生后	
购买频次	频数（次）	比例（%）	频数（次）	比例（%）
1 天/次	15	3. 21	8	1. 71
2～3 天/次	94	20. 09	32	6. 84
4～5 天/次	72	15. 38	59	12. 61
1 周/次	169	36. 11	130	27. 78
2～3 周/次	81	17. 31	103	22. 01
1 月及以上/次	37	7. 91	136	29. 06

数据来源：2019 年 1 月北京市生猪产业创新团队对北京市城市居民猪肉消费者进行的问卷调研数据。

四、新型农业经营主体现状

（一）养殖企业（公司）

2019 年登记备案的 38 个生猪规模场中，养殖企业（公司）18 个，比 2018 年减少 4 个，养殖企业（公司）占登记备案的生猪规模场的比重为 47%，比 2018 年增加 31 个百分点，养殖企业（公司）平均养殖规模为 4277 头，比 2018 年减少 15. 67%。其中，养殖规模 1000～5000 头和 5000 头以上的企业分别占比为 38.89% 和 44.44%，分别比 2018 年提高 -33.84 和 17.17 个百分点，大型规模养殖企业（公司）占比明显提高。

（二）合作社

2019 年登记备案的 38 个生猪规模场中，养殖合作社仅有 1 个，比 2018 年减少 5 个，养殖合作社占登记备案生猪规模场的比重为 2.6%，比 2018 年下降 1.7 个百分点。

五、成本收益及产业支持政策

（一）成本收益

1. 饲料转化率

受资源环境双重约束和非洲猪瘟疫情持续影响，生猪养殖成本快速上涨，尽管饲料转化率还有微弱优势，但成本效益存在劣势，尤其是大规模生猪养殖。2018 年北京市中规模生猪养殖饲料转化率为 2.70，较 2017 年、2011 年分别下降 0.06 和 0.61，低于全国平均水平（3.03）和天津（3.12）及河北（2.88）；大规模生猪养殖饲料转化率为 3.03，较 2017 年增加 0.05，较 2011 年下降 0.46，高于全国平均水平（3.01）和河北（2.83），低于天津（3.13）（见图 14－5）。

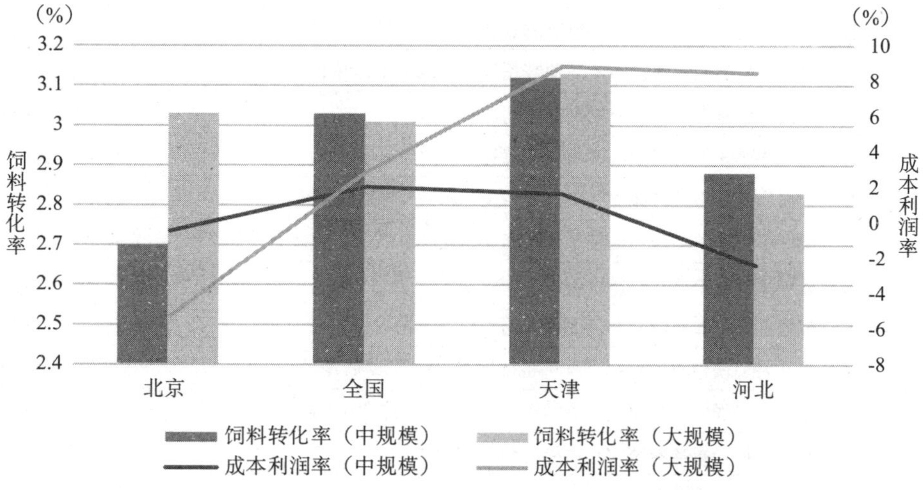

图 14－5　2018 年北京市生猪养殖效率比较情况

数据来源：《全国农产品成本收益资料汇编（2019）》。

2. 成本利润率

2018 年北京市中规模生猪成本利润率为 -0.46%，较 2017 年下降 20.42 个百分点、比 2012 年下降 3.88 个百分点，高于全国平均水平、天津和河北 2.02、1.63 和 -2.39 个百分点；大规模生猪养殖成本利润率为 -5.31%，较 2017 年、2012 年分别下降 0.98 和 5.10 个百分点，低于全国平均水平、天津和河北 2.87、8.83 和 8.47 个百分点（见图 14－5）。

（二）重点产业政策

截至2019年底，北京市发布的生猪产业政策大体可以分为支持性政策和限制或约束性政策，包括相关法律和法规、文件、规划、措施和手段等。由于产业政策的颁布实施从国家、部门、市局到各区乃至行业都有涉及，政策类型多样，有效期限不等，一一列举也难全面。因此本报告结合目前生猪产业发展实际，从综合、资源环境、效率效益、质量安全等4个方面进行总结，主要就2017～2019年国家和北京市层级比较重要的现行生猪产业代表性政策进行梳理（见表14－7）。

表14－7　代表性生猪产业政策

类别	名称	颁布/实施单位（时间）
综合	《关于创新体制机制推进农业绿色发展的意见》	国务院（2017）
	《乡村振兴战略规划（2018—2022）》	国务院（2018）
	《关于实施乡村振兴战略的意见》	国务院（2018）
	《畜牧业统计调查制度》	农业农村部（2018）
	《种养结合循环农业示范工程建设规划（2017—2020年）》	农业农村部（2018）
	《国务院办公厅关于稳定生猪生产促进转型升级的意见》	国务院（2019）
	《北京市生猪产业优化提升发展和保障猪肉市场稳定供应工作方案》	北京市（2019）
资源环境	《关于深化环境监测改革提高环境监测数据质量的意见》	国务院（2017）
	《关于建立资源环境承载能力监测预警长效机制的若干意见》	国务院（2017）
	《关于加快推进畜禽养殖废弃物资源化利用的意见》	国务院（2017）
	《关于划定并严守生态保护红线的若干意见》	国务院（2017）
	《关于全面加强生态环境保护坚决打好污染防治攻坚战的意见》	国务院（2018）
	《关于做好畜禽养殖场粪污治理工作的指导意见》	北京市（2017）
	《关于进一步加强畜禽养殖污染防治工作的通知》	北京市（2017）
	《北京市推进畜禽养殖废弃物资源化利用工作方案》	北京市（2018）
	《北京市开展“疏解整治促提升推进畜禽生态养殖”实施方案》	北京市（2018）
	《关于进一步加强中央财政畜禽粪污资源化利用项目管理的通知》	北京市（2019）
	《关于进一步加强畜禽养殖大户污染防治工作的通知》	北京市（2019）
效率效益	《非洲猪瘟疫情应急预案》	农业部（2017）
	《畜禽养殖标准化示范创建活动工作方案（2018—2025年）》	农业农村部（2018）
	《生猪产地检疫规程》	农业农村部（2018）
	《生猪屠宰检疫规程》	农业农村部（2018）
	《无规定动物疫病区评估管理办法》	农业部（2017）
	《动物防疫等补助经费管理办法》	财政部（2017）
	《无规定动物疫病区管理技术规范》	农业部（2017）
	《生态环境损害赔偿制度改革方案》	国务院（2018）
	《北京市生猪屠宰企业非洲猪瘟应急处置预案》	北京市（2019）
	《北京市屠宰环节病害猪无害化处理补贴申报程序》	北京市（2019）

续表

类别	名称	颁布/实施单位（时间）
质量安全	《关于进一步加强农药兽药管理保障食品安全的通知》	国务院（2017）
	《关于加快发展冷链物流保障食品安全促进消费升级的意见》	国务院（2017）
	《“十三五”国家食品安全规划》	国务院（2017）
	《北京市农业局关于下达2017年北京市动物及动物产品兽药残留监控计划的通知》	北京市（2017）
	《北京市农业局关于下达2017年北京市兽药质量监督抽检计划的通知》	北京市（2017）
	《北京市创建“国家农产品质量安北京市”实施方案》	北京市（2017）
	《国务院办公厅关于加强非洲猪瘟防控工作的意见》	国务院（2019）
	《农业农村部关于加强屠宰环节非洲猪瘟检测工作的通知》	农业农村部（2019）
	《农业农村部关于印发〈2019年农产品质量安全专项整治方案〉的通知》	农业农村部（2019）
	《北京市农业农村局关于开展落实生猪屠宰环节非洲猪瘟自检和官方兽医派驻制度专项行动的通知》	北京市（2019）
	《北京市农业农村局关于落实屠宰环节非洲猪瘟检测工作的通知》	北京市（2019）

数据来源：相关政府部门网站。

（三）社会化服务概况

北京市生猪产业依托生猪产业技术体系北京市创新团队，联合中国农业科学院和北京农林科学院等科研院所、中国农业大学和北京农学院等大专院校的科研人才资源，整合畜牧总站、动物疫病预防控制中心、兽药监察所、饲料监察所、动物卫生监督所、畜牧业环境监测站、家畜繁育改良站、乡镇畜牧兽医站、畜牧技术推广站等畜牧技术机构的技术力量，购买新华保险公司等企业社会化服务以及培育相关经营主体等构建起了“政府—院校—企业—协会”多方参与的完整社会化服务平台，有力推动了全产业链上的技术研究与实用技术推广，提升了产业科技创新能力与技术水平。

2017年北京市拥有1个市级和7个区级疫控中心（畜牧站），在编人员分别为69人和270人，拥有中高级技术职称的人员比例分别为71.01%、23.33%，本科及以上学历比例分别为78.26%、59.63%；137个乡镇畜牧兽医站中，866人在编，拥有中高级技术职称的人员比例为27.14%。与2016年和2011年相比，总体上机构数量和在编人员数量下降，中高级职称比例和本科及以上学历比例上升（见表14－8）。

表14－8　北京市畜牧站变化情况

年份	市级畜牧站				区级疫控中心（畜牧站）				乡镇畜牧兽医站		
	数量（人）	在编人员（人）	中高级职称比例（%）	本科及以上学历比例（%）	数量（人）	在编人员（人）	中高级职称比例（%）	本科及以上学历比例（%）	数量（人）	在编人员（人）	中高级职称比例（%）
2011年	1	99	39.39	61.62	15	506	20.16	39.92	137	907	22.49
2016年	1	69	71.01	78.26	14	515	25.44	52.04	128	837	26.76
2017年	1	69	71.01	78.26	7	270	23.33	59.63	137	866	27.14

数据来源：2012～2018年《中国畜牧兽医年鉴》，《中国畜牧兽医年鉴2019》还没出版发行，故没更新数据。

第二节　产业发展中创新团队的技术支撑作用

一、团队基本情况

（一）创新团队功能定位及其建设任务

1. 功能定位

按照生猪创新团队五年规划（2016～2020年），建立可持续促进生猪产业实现环保、高效和安全的技术支撑体系，发挥科技创新和示范推广的辐射带动作用，分阶段、分层次实现生态环境友好、生产效率较高、产品优质安全的北京生猪生产模式。以种猪生产为创新领域，以环保、高效、安全为目标，开展各项技术研发和示范推广工作。

2. 建设任务

团队“十三五”规划纲要的主要目标是初步建立可持续促进生猪产业实现环保、高效和安全发展模式的技术支撑体系。团队采取项目型复合组织管理模式，组建环保、高效、安全3个攻关协作组，进一步整合团队力量，目标更加明确。第一，环保。包括：重点是污水治理、粪便及病死猪无害化处理和资源化利用，污水治理（有机物、重金属、有害微生物的无害化处理和资源化利用），低碳排放、循环经济（种养结合）。第二，高效。包括：生产效率（母猪生产力、饲料转化率、劳动生产率—机械化水平）、经济效益、社会效益。第三，安全。包括：生物安全（疫病防控）、产品安全（饲料、用药、屠宰加工）。

2019年团队研发新技术25项、新产品20项，推广应用覆盖规模达5.13万头，经济效益1000余万元，社会效益和生态效益显著。全年共组织开展产业发展与需求调研93次，调研范围涉及相关政府部门、规模养殖场、消费者、生产加工企业等，涉及人员1272人次。在生猪养殖行业深刻变化的大背景下，完成《北京市生猪产业发展报告》，参与《北京市生猪产业优化提升与保障猪肉市场稳定供应方案》的编制，为相关部门科学决策提供了基础资料和技术支持。开展各种培训、观摩等活动54次，累计培训基层技术人员1571人次。团队本年度共获得专利6项，申报专利32项，获软件著作权9个，发表论文76篇（其中SCI 19篇），出版论著2部，制定地方标准1个。整体上，完成或超额完成本年度任务书中规定的任务指标。充分发挥了生猪团队对北京市生猪产业的引领和支撑作用。

（二）创新团队组成架构

2019年，共聘任团队成员35名，其中，首席专家1名，岗位专家19名，综合试验站站长8名，农民田间学校工作站站长7名。团队现有院士1名，正高级专家11名和副高级专家16名，岗位设置和职称比例得到进一步优化。

（三）创新团队作用与交流机制

团队机构健全、分工明确、管理规范，形成一套完整的团队理念。团队研发设计一系列物化产品，如专业著作、科普读物、技术产品、宣传材料、示范场牌匾等，凭借LOGO基础，彰显团队元素，提升团队形象。团队坚持项目绩效管理理念，引进美国PMI项目管理办法理念，参照ANSI/PMI标准，对团队工作任务的范围、进度、成本、质量、人员、沟通、风险、采购等8个方面进行标准化管理。团队全面推开成本绩效指数（CPI）、进度绩效指数（SPI）和质量评价指数（QPI）评价，显著提升团队绩效管理水平。

各级团队成员根据团队“十三五”规划任务目标和具体任务，以及产业发展实际需求，举办多层次技术观摩会，与养殖场户和产业链相关企业进行技术交流，相关基层和养殖场户等的技术人员通过观摩交流学习，在不断提高对新技术的认知的同时，也提高了主动学习和采用新技术的动力及行动力。首席办和各级团队成员不仅能积极组织环保、安全和高效等相关技术培训交流等活动，也能积极参加团队以及相关机构组织的相关技术活动，团队成员组织和参加相关技术活动丰富多彩且实用性强；团队各级成员通过管理平台完成信息报送和工作日志填报工作，超额完成年度材料报送的规定数量。

二、技术研发与主推技术

（一）团队技术研发情况

第一，聚焦生态环保，开展技术攻关研发。主要包括粪污的处理与利用技术示范与推广、节能节水减排降耗技术研发与推广。第二，围绕高产高效，开展技术攻关研发。主要包括母猪繁殖力遗传改良技术研究、适合我国主流猪种的遗传缺陷检测低密度SNP芯片技术研究、排卵定时输精技术研究、猪伪狂犬病净化技术示范、猪细菌病精准防治技术应用研究等。第三，紧盯优质安全，开展技术攻关研发。主要包括仔猪减抗饲料技术研发、益生菌替代抗生素在育肥猪中的应用研究、降低酱卤猪肉制品杂环胺生成的技术研究、低温乳化肉制品开发研究等。

（二）团队主推技术

第一，聚焦生态环保，开展技术示范推广。创新研制的携氧材料的应用，使猪场污水处理COD降到60mg/L，湿地水质达到《城镇废水处理厂水污染物排放标准》（DB11 890－2012）一级B标准。第二，围绕高产高效，开展技术示范推广。成功研发出1款猪用遗传缺陷检测芯片，可对遗传缺陷病进行早期诊断，减少生产上的经济损失，达到优生优育的目的，且成本投入与产出比可以达到1:4。定时输精与低剂量输精技术进入团体标准涵审征求专家意见阶段。第三，紧盯优质安全，开展技术示范推广。饲料减抗、替抗技术取得新突破。在不影响生长性能的前提下，试验猪群采用益生菌制剂、中草药制剂以及低蛋白日粮加抗菌肽等技术，大幅减少抗生素的使用量，甚至达到替抗，为无抗饲料时代的到来做好准备。

三、技术示范推广效益

（一）技术示范推广经济效益

2019 年，团队聚焦生态环保、围绕高产高效、紧盯优质安全，开展各类技术示范与推广工作，包括粪污的处理与利用技术、节能节水减排降耗技术、提质增效生产技术，饲料减抗、替抗技术等。其中推广新技术 25 项、新产品 20 项，覆盖规模达 5.13 万头，经济效益 1000 余万元。

（二）技术示范推广生态效益

创新研制的携氧材料的应用，使猪场污水处理 COD 降到 60mg/L，湿地水质达到《城镇废水处理厂水污染物排放标准》（DB11 890－2012）一级 B 标准。通过研发节能节水减排降耗技术，降低养殖场新鲜粪便中氨氮浓度，团队自主研发的碗式自动控制节水饮水器，较养殖场普遍采用的鸭嘴式饮水器节约用水 63.7%；应用猪低蛋白质日粮配制技术，使 80～120 千克育肥猪的料重比可达 2.85∶1；减排饲粮技术在育肥猪应用的示范中，粪尿中氮和磷各减排 23%。

（三）技术示范推广社会效益

1. 扩大团队影响力，积极开展培训、交流与宣传工作

通过科技培训、观摩、国内外交流及优秀成果的大力宣传来提升和扩大团队的影响力。2019 年开展各种培训、观摩等活动 54 次，累计达 1571 人次；国内外交流活动 95 次；通过电视台、电台、报纸、网络、自媒体、简报等宣传达 53 次。全年成果的重点宣传主要有：①团队自主研发的种猪自动化测定系统亮相第十七届中国畜牧业博览会；②与中国畜牧兽医学会养猪学分会及 15 个省市生猪产业技术体系创新团队，共同举办了 2019 非洲猪瘟防控技术论坛；③成功举办母猪批次管理论坛暨十三届全国猪人工授精大会；④将猪场污水处理与资源化利用技术成果制作成宣传片，利用网络进行广泛的宣传与推广，得到各大养殖场的现场观摩与认可。

2. 科研成果丰富，提高团队影响力

2019 年团队成员获得全国农牧渔业丰收奖成果奖 1 项、贡献奖 1 项，北京市农业技术推广奖 5 项，江苏省农业厅成果奖 1 项，教育部一等奖 1 项，第 39 届国际动物遗传大会奖 1 项（ISAG Travel Busary），何梁何利基金奖 1 项。共发表论文 76 篇，其中 SCI 19 篇，软件著作权 9 件，专利授权 6 项，申请 32 项，地方标准 1 项，著作 2 部。岗位专家任发政教授当选中国工程院院士。

3. 加强京津冀协同发展

2019 年团队在京津冀合作上取得了实质的进展，主要表现在：①京津冀三地携手构建

区域性生猪联合育种体系；②优质瘦肉型黑猪新品系的联合培育；③同期排卵定时输精技术示范推广；④低剂量深部输精联合缩宫素技术推广；⑤北京与河北生猪创新团队在河北涞水协同合作共建一个示范点——涞水京牧农业科技有限公司，受到当地县委县政府的大力支持；⑥京津冀创新团队在雄安共同举办“首届雄安猪业论坛暨后非洲猪瘟时代恢复产能稳定生产会议”。

4. 有效开展应急保障性工作

保障性工作主要在两个方面，一是完成“非洲猪瘟疫情防控对生猪全产业链的影响”的调研，对非洲猪瘟疫情的影响与防控做出研判，为政府决策提供建设性意见；二是完成北京市重大事件猪肉安全供给保障工作，特别在“2019 年全国两会”“第二届一带一路国际合作高峰论坛”“亚洲文明对话大会”“世园会”“庆祝新中国成立 70 周年”等重大会议和活动中圆满完成保数量、保质量、保安全的猪肉供给任务。

5. 生猪产业经济及政策研究与调研工作

全年开展生猪产业经济及政策问题的各类调研 93 次，调研对象 1272 人次。在对生猪产业发展中的生态环境保护、生产效率提升和猪肉质量安全保障等经济及政策问题持续系统调研和取得丰硕调研成果的基础上，2019 年提交的政策建议与研究报告得到领导和专家的认可率达到 60%。

6. 低收入村科技帮扶工作

团队联系的延庆区珍珠泉乡小铺村现已脱低。针对该村的现状，团队科技帮扶工作重点是，结合该村的实际情况及创新团队优势，从长远考虑加强产业扶贫扶低，支持成立专业合作社，开展利用传统手工艺热榨杏仁油农产品生产项目，同时储备“微生物培养专员”培育项目，持续开展科技帮扶工作。

四、团队对产业支撑作用

团队以产业生态环保、高产高效、优质安全为目标，从以下几个方面对产业发展起到支撑作用。

（一）以需求调研为基础，明确产业发展问题和攻关方向

团队通过调研策划、工作准备、人员培训、产业调查、产业分析汇总等一系列过程，全面调研北京市生猪产业发展需求。发现产业发展的问题，探讨解决问题方案。

（二）多渠道、多形式开展培训工作，推动科技进步，实现科技兴农

团队统筹部署，开展主推技术、新技术和职业技能等多种形式的培训，各级成员根据产业需求，采用专题座谈、技术观摩、入户指导等多种方式多层面多角度与养殖场户进行技术交流。通过各种类型技术培训，养殖场及从业者的生产经营理念和职业技能都得到提升。

（三）扩大团队影响力，积极开展对外宣传和国内外交流工作

团队积极参加各领域论坛，在大会上作专题报告并得到业内外人士的高度认可，扩大团队影响力。团队还以灵活多样的方式开展全方位、多角度、深层次的宣传工作，广泛报道团队试验示范和服务农民的成果。密切关注国内外发展动态，不断加强与国内外沟通交流。

（四）以环保、安全和高效为目标，推进规模化养殖场绿色可持续发展

团队以环保、安全和高效为目标，推进产业品牌化、养殖规模化发展，从饲料营养、饲养环境等方面，使养殖场向节水、节能、节饲料、高效能、低排放的绿色养殖模式转变，减少能源消耗和环境污染，整体提高经济、社会、生态效益。

第三节　产业典型案例分析

一、产业发展新业态案例：规模猪场废弃物资源化利用项目

近年来，我国规模化养猪业发展迅速，而且规模不断扩大。2018 年我国出栏生猪 69382 万头，规模化养殖场（年出栏 500 头以上）生猪出栏占比达到 50% 以上。但随之而来的粪尿和废水的大量排放对环境造成了巨大的污染。为解决养猪业的环境污染问题，多年来养猪企业、相关专家和学者研发出多项技术成果应用于养猪废水治理。应用较多的废水处理模式主要有 3 种：自然处理、达标排放和畜地平衡，这 3 种处理模式因地理环境不同、企业追求目标和处理对象差异各有优劣，但在北京市乃至华北地区所面临的共同问题是投资规模大、运行成本高、处理效果不理想。从投资和运行成本考虑，多数猪场接受的工艺是“三级曝气”，但废水 COD 多在 800 ~ 2000 mg/L，效果不够令人满意。

为了系统解决上述问题，生猪产业技术体系北京市创新团队牵头设计了一套符合环保要求、操作简单、可低成本运行的规模猪场节水型废弃物资源化处理技术方案，并在北京绿色园野养殖有限公司建设示范点。该养殖场位于平谷区胡家务村，占地 5.07 公顷，其中生猪养殖占地 2.87 公顷、果园占地 2.2 公顷。总建筑面积达 1 公顷，建设规模为饲养 400 头能繁母猪。项目初期能繁母猪存栏 300 头，总存栏 3200 头。

（一）项目目标

本项目综合政府节水养殖、解决污染、美丽牧场的要求与企业废水达标、成本低廉、操作方便的需求，针对规模猪场废弃物处理成本高、效率低的技术难题，利用新型携氧材料提高曝气效率这一关键技术，创造良好生物环境，最大限度利用微生物作用，同时兼顾处理过程美化，对固、液、气三相循环利用，在解决好废水处理的同时充分挖掘粪污的营养价值，变废为宝并增加其附加值。项目总目标是设计一套符合环保要求、操作简单、可

低成本运行的规模猪场节水型废弃物资源化处理技术方案并有效运行。

具体指标包括：废弃物资源化100%还田；废水处理后达到GB/T18596－2001标准要求；减少碳排放30%；处理系统绿植覆盖率60%以上；成本控制在5元/立方米以下。

（二）技术创新点

1. 研制新型携氧材料大大提高氧溶解量

携氧材料是模仿血红蛋白携氧功能来提高水中的溶氧量，从而降低废水处理费用和提高废水处理效率。本项目实证了新型材料可以显著提高水体中溶解氧含量（至少提高4倍），并在好氧处理技术中起到决定性作用，可以说在整个废水处理过程中好氧过程是关键，好氧决定着整个工艺的效率乃至整个工艺的成败。新型携氧材料的成功研发为该工艺的实施提供了技术保障。

2. 建立水生饲料系统与黑膜厌氧池叠层结构体

利用气压—水压平衡原理，在原有的黑膜厌氧池上形成塌陷，并在其上加入适量的湿地处理过的水，即黑膜上的水及水生植物产生的重力与黑膜厌氧池中的沼气所产生的向上的气压平衡，使其维持在一个相对稳定的系统，这样就形成了水生饲料系统与黑膜厌氧池叠层结构体，既增加了贮存水的能力和水生饲料生产面积，又美化了黑膜厌氧池的外观。这种叠层结构体在国内尚属首次建立。

3. 建立固、液、气三相资源化循环模式

在规模猪场废弃物资源化利用过程中形成了多种子系统。首先，养猪废弃物混合液经过厌氧、好氧及湿地处理后，用来生产水生植物饲料所建立的液相循环系统；其次，厌氧过程中产生的沼气燃烧后产生的二氧化碳释放到空气中，再由水生植物饲料进行光合作用吸收回来所构成的气相循环系统；最后，厌氧形成的沼渣用于周围园田，园田产出的饲用南瓜及枝叶作为养猪及相关环节的原料，构成固相循环系统。该示范点将固、液、气三相系统有机结合起来，形成了多系统循环模式，在此过程中不仅美化了环境，而且产生了一定的经济效益，为未来猪场的建设与发展提供了重要借鉴。

（三）效益分析

1. 经济效益

该项目直接产生的经济效益表现在废水处理费用显著降低，同时资源循环带来的肥料、湿地处理后的新水用于果园浇灌，每年节水约18250三次方米，每年可以节约用水费用2.74万元；示范点湿地还可通过种养殖业（如花卉、锦鲤等）获得收益。节约用水费用和湿地种养业收益每年总和约9.16万元。该示范点环保投入的年收益可达0.55万元，且整个系统投资后的运行基本做到废水处理零成本。如果将猪场PSY增加、果园有机果品价值提升等间接收益算入则经济效益更高。

2. 生态效益

一是结合雨洪利用可实现地下水“零开采”，实现了养猪业的节约用水。二是实现了变废为宝的资源化利用。即通过猪粪和废水的无害化处理和利用减轻了环境压力。该技术的应用可使废水回用率达到90%、减少碳排放50%，在实现污染“零排放”的同时，实现了温室气体的减排。三是改善了生产环境和生活环境。即通过废水治理猪场臭气显著减少，改善了猪场的生产环境，降低了环境恶化对猪场带来的潜在影响。示范点因环境和景观改善，减少蚊蝇滋生改善了猪场员工的生活环境，降低了猪场对周围环境的不良影响，也避免了对地下水等资源污染的潜在威胁。

3. 社会效益

养殖业面临环境污染、价格波动（猪周期）、猪肉安全及品质提高三大主要困难，解决污染、降低生产成本、提高品质是解决上述问题的关键，本项目技术综合地解决了上述问题。该项目的成功经验已经吸引正大、牧原、田野、温氏等国内知名养殖企业及当地多个养殖企业（养殖户）前往参观交流，也接待了丹麦驻华使馆食品农业及渔业主管高天先生等远方来宾，产生了较好的社会影响。

二、典型案例分析：北京顺鑫农业股份有限公司鹏程食品分公司

北京顺鑫农业股份有限公司鹏程食品分公司（以下简称“鹏程”）是一家集“种猪繁育、生猪养殖、屠宰加工、肉制品精深加工及仓储物流配送”于一体的北京市农业产业化重点龙头企业。在北京地区拥有规模大、设计科学、设备先进、技术领先的安全猪肉及肉制品生产基地，屠宰量位居全国前列。公司按照市场最大化、经营品牌化的战略目标，通过市场细分形成了以机关团体、社区市场为主的营销网络，产品出口多个国家。目前鹏程是北京地区安全猪肉生产基地，生鲜猪肉产品在北京市场处于领先地位。鹏程下属小店畜禽良种场是国家级种猪选育场，目前在北京、河北、山西等地区拥有十几家自有生猪养殖基地。2019年鹏程经历了极其严重的非洲猪瘟疫情考验，企业上下团结协作，共同打了一场声势浩大的非洲猪瘟疫情阻击战，在首都猪肉产品供应和食品安全保障方面发挥了重要作用。

（一）生猪养殖产业优化存量管理，积极恢复养殖存栏

自2018年8月非洲猪瘟疫情发生至今，在养殖行业的严峻形势和非洲猪瘟疫情的双重影响下，鹏程客观审视非洲猪瘟给行业带来的挑战和机遇，对各畜牧场实行生产计划统一管理，做好生物安全防控工作。对各畜牧场实行了封场管理制度及严格的消毒管控措施，加大了对人流、车流、物流、猪流、生物媒介流、饲料流、污物流等七流的消毒管控措施，严防死守，把生物安全工作做到极致，不断升级畜牧场的生物安全防控体系，确保防控非洲猪瘟工作取得最后胜利。并启动补栏实施计划，积极恢复养殖存栏，2019年11月份就恢复到了正常养殖水平。

（二）生鲜产业合理布局应对疫情，彰显国有企业的担当与责任

非洲猪瘟爆发后，鹏程迅速成立非洲猪瘟应急领导小组，启动应急预案，细化防控举

措。鹏程是第一家建立车辆、环境消毒规范化作业的企业，也是北京市唯一一家未发生疫情、未停止生产的屠宰企业，成为了行业内规范程序的范本。同时，为保证北京市场的猪肉产品供应，确保猪肉产品货源稳定，鹏程在生猪主产地寻求与优质生猪屠宰企业合作，并采用管理输出的方式，将鹏程好的管理模式和管理经验带给合作方，使合作方的产品质量迅速与鹏程的质量标准接轨，鹏程在辽宁、河北生猪主产区共有 4 家生猪代宰厂，在保证产品质量的同时保障了货源的稳定，非洲猪瘟疫情发生后鹏程在北京市场的占有率不降反升，保证了北京市场的稳定供应。

为保障国庆节期间市场稳定供应，鹏程认真分析国庆节期间和非洲猪瘟疫情期间市场供需变化，紧密关注销售情况和市场价格波动，有序安排了生产和供应任务，在猪源紧缺的情况下，加大生猪收购量和白条调拨力度，国庆假期期间（2019 年 9 月 30 日 ~2019 年 10 月 6 日）鹏程合计生产量为 27415 头（其中：屠宰量为 16017 头、外调白条量为 11398 头），与 2018 年同期的 25153 头相比增加了 9%，为有效保障国庆节期间北京市场猪肉供应作出了重要贡献。

（三）圆满完成各项重大会议及活动的服务供应，承接紧急储备任务，保障市场货源充足

受非洲猪瘟疫情冲击，我国生猪产能持续下滑，2019 年猪肉供应相对偏紧，在此形势下，鹏程既要保障老百姓采买等民生问题，也要保障各大重要活动猪肉供应。鹏程从上到下认真研究，周密安排，面对新形势采取新办法，圆满完成了北京“两会”、全国“两会”“一带一路”、世界园艺博览会、亚洲文明对话、第二届中非合作论坛、世界篮球锦标赛以及国庆 70 周年阅兵等重大会议活动的服务保障供应任务，累计供应生鲜产品 227.9 吨，供应熟食产品 29 吨。由于非洲猪瘟的不确定性，市政府紧急增加了大约 3 万吨应急储备。鉴于应急储备猪肉价格高，其他企业不敢承担风险。鹏程在原来 4400 吨政府储备的基础上，又新增了 26200 吨政府储备，全力帮助政府做好应对突发状况的准备。

（四）继续加强非洲猪瘟防控，加快生猪养殖产业布局

防控非洲猪瘟疫情是养猪产业的生命线。防控工作还需进一步细化和完善，需加强硬件设施配套与改造，进一步提升全员生物安全意识，不断总结经验，反思提升，最终形成一套完整系统的生物安全防控体系。同时，加快环北京地区增设种猪繁育场，形成鹏程自有养殖种猪 4 级繁育体系，扩大种猪生产规模、加快产业布局，将顺义养殖科研基地、制种基地的升级改造扩大及环北京区域发展和加快“规模化、标准化、集约化、自动化”的自有养殖基地的建设项目尽快落地。一是北京厂区转型升级，提高产品附加值。在禁止生猪跨省调运的大背景下，屠宰产能无法充分释放，要加快推进转型升级，在保证定量屠宰的前提下，增强精深加工业务，提高产品附加值。二是外埠布局屠宰企业，增强产业协同性。外埠屠宰布局与养殖形成合力，同时继续围绕北京南部和东北部 500 公里范围内自建或收购 1 ~2 家年屠宰能力达 100 万头的屠宰加工厂，与鹏程形成多点协同，保证北京市的猪肉供应和市场稳定。

第四节　产业发展政策建议

一、产业发展问题及其技术需求

（一）产业发展面临的主要问题

1. 环境污染治理与产业发展矛盾突出

2016 年以来相继颁布实施的北京市“十三五”规划、畜禽养殖禁养区划定工作方案、“土十条”“水十条”以及污染防治攻坚战均不同程度对生猪养殖业的规模、分布范围造成深刻影响，尤其对养殖场粪污治理与资源化利用提出高标准、严要求。环保高压下，养殖场户配套建设粪污处理设施需要大量资金投入，也缺乏技术工艺完备、运行成本低廉的成熟处理模式，加之实际生产中农牧结合不紧密，种养结合脱节严重，导致养殖场生产运营成本增加。同时，由于环保清退、禁养效应叠加，导致环保成本提高，大量养殖场户退出。生猪产能明显下滑，猪肉市场稳定供给和服务首都功能受到严重冲击。随着消费者对安全、健康、优质、特色生猪产品需求的不断加大，对北京市养殖业也提出了更高要求。而发展受阻的生猪产业无法完成“菜篮子”工程和消费升级要求。北京市生猪产业面临着环境规制带来的供给减少与经济社会发展引致的需求扩大的尖锐矛盾。

2. 生猪生产效率亟待提高

北京市生猪养殖效率高于全国平均水平，但与国际先进水平还有较大差距，与全国科技创新中心的地位不符，不能充分发挥引领和示范功能。在 PSY（每头能繁母猪年提供断奶仔猪数）指标上，2018 年丹麦平均达到 33. 57、荷兰 30. 55、德国 30. 10、法国 28. 49、美国 26. 80、西班牙 27. 45、芬兰 27. 46，欧盟的平均水平是 27. 77，中国畜牧业协会猪业分会定点监测的规模养殖场 2018 年度 PSY 仅在 23 ~24 左右，北京规模养殖场平均的 PSY 也仅为 21. 3（北京生猪创新团队示范场平均的 PSY 为 21. 5，最高为 23. 48）。除了 PSY 指标，每头母猪年提供出栏生猪数量（MSY）方面也存在较大差距，例如，丹麦和荷兰的 MSY 分别达到 31. 42 和 29. 01 头，美国 24. 54 头，我国全国平均水平仅为 18 头左右，北京也在这个水平上下。同时，受资源环境双重约束和非洲猪瘟疫情影响，北京市生猪养殖成本快速上涨，2018 年北京市中规模生猪成本利润率为 -0. 46%，较 2017 年下降 20. 42 个百分点。很多从事养殖的外埠农民离开，北京本地农民大多又不愿意从事生猪产业，劳动力缺乏，用工成本上涨过快，养殖效益比较劣势明显。

3. 猪肉质量安全隐患多，监管难度大

北京市猪肉质量安全监管水平在全国一直处于领先地位，但猪肉质量安全隐患仍然客观存在。主要原因是多数养猪场户自配饲料且缺乏饲料质量安全检测，饲料原料质量无法有效控制，容易诱发疾病而过量用药；为防控疫病和提高养殖效益，养猪场户不规范使用饲料添加剂和抗生素的情况仍然客观存在；生猪流通环节参与主体多，生猪产业包括饲料、兽药、养殖、收购贩运、屠宰等多个环节，一体化发展程度不高。每个环节都面临着生产经营主体多、管理水平参差不齐的问题，投入品采购把关和合规使用制度执行不到位，对生猪购销和运输过程的有效监管难度较大，存在生猪疫病防控和质量安全隐患；生猪屠宰加工企业尚未全部建立或者严格执行安全猪肉生产 HACCP 体系，猪肉及猪肉加工品存在质量安全隐患；猪肉终端市场优质优价体现不足和生猪产业链各环节利益分配机制不完善，难以正向激励养猪场户的安全和规范养殖行为。

4. 非洲猪瘟防控压力增大，经营不确定性增加

2018 年以来，受非洲猪瘟疫情影响，生猪主产区的一些养殖户重度亏损或者被强制清退，大量从业者被迫转产、转业。在政策执行过程中还由于关停标准、补偿标准、执法方式不明晰造成养殖场户生产信心不足、预期不稳，行业生存前景不乐观。目前，针对尚无有效药物治疗非洲猪瘟的严峻形势，疫病防控成为一场持久战，养殖场户生存压力和政府社会压力增大。防控非洲猪瘟需要养殖场提高生物安全水平和加强养殖管理，这将使生猪养殖总成本上升，无法同步提升生物安全水平和养殖管理的中小养殖户会最先被淘汰。生猪生产经营的不确定性增加，北京市生猪产业从业者数量和结构将发生显著变化。

（二）产业发展的技术需求

1. 环保技术需求

只有通过不同环节环保技术集成、全方位研发及推广治理技术模式，才能促进养殖废弃物治理的彻底性和有效性，适应生态循环农业发展要求，促进北京都市现代农业持续健康发展。环保技术需求主要包括以下几方面：

（1）种养结合与循环经济节点技术。一是全程监控减量化投入、无害化处理以及资源化利用三个关键节点，保障肥料化产品质量；二是确立肥料化的农地、水源可承载能力，通过卫星遥感系统等全面了解区域内种养面积、作物品种及数量，理清不同自然环境下种植不同作物所需的肥料数量，控制超载。

（2）废弃物资源化利用技术。积极研发推广肥料化、能源化、基质化等新型资源化技术；推动成本低、利用率高、便于推行的病死猪资源化技术。

（3）节能节水技术。推动煤改电、煤改气、雨污分流、干湿分离、污水无害化处理及资源化利用等技术。

（4）清洁能源应用技术。推广清洁能源取暖技术，安全推进沼气工程，选择成熟、便于运行的沼气技术模式，探索适合不同养殖规模的沼气配备运行技术。

（5）微生物系统工程。继续研发推广微生物在环保饲料、兽药研发、养殖废弃物无害化处理环节的应用，形成系统工程项目。

2. 高效技术需求

为提高北京市生猪产业生产效率，降低养殖成本提升产业效益，充分发挥其引领示范作用，亟需开展与提升母猪生产力、饲料转化率和劳动生产率等相关的节本增效技术的筛选、研发、集成、示范与推广。高效技术需求主要包括以下几方面：

（1）母猪生产力提升技术。如提升育种效率的常规和分子育种技术，提升繁殖效率的定时输精技术，提升生物安全水平的重大疫病防控技术，以及预防仔猪腹泻、提高仔猪成活率的相关技术等。

（2）饲料转化率提升技术。如促进猪群消化吸收提高饲料利用效率的生物饲料，降低废弃物排放的低排放饲料，以及分阶段精准日粮与精细化管理技术等。

（3）劳动生产率提升技术。如引进成熟的机械化自动化设施设备、物联网大数据云计算管理技术、积极开展养猪从业者技能培训以及设备管护方面的技术培训等。

3. 安全技术需求

为保障北京市猪肉质量安全，维护消费者权益，保证北京市生猪产业健康、有序运行，亟须在生猪养殖和流通过程中、猪肉产品加工过程中开发、应用相关的安全控制技术。安全技术需求主要包括以下几方面：

（1）生产过程安全控制技术。如疫病防控和疫病净化等减少乃至摆脱某些药物添加剂技术等，替代或减少生猪养殖和生猪流通过程中的可能导致猪肉质量安全隐患的添加剂、抗生素等的替代或减量化技术等。

（2）猪肉产品安全控制技术。如控制生猪和猪肉质量安全隐患的 HACCP 体系、追溯技术等，消除或减少亚硝盐残留、化学防腐剂和有害微生物等的替代或减量化技术等。

二、产业发展趋势及其亟待解决的技术问题

（一）产业发展趋势

坚持创新、绿色、协调发展理念，以种猪生产为主要创新领域，以环保、高效、安全为目标，筛选、研发、集成、示范、推广节水减排技术、循环低碳技术、提质增效技术、生物安全技术，最终构建可促进生猪产业素质提升的技术支撑体系。

（二）亟待解决的技术问题

（1）聚焦生态环保，开展技术攻关研发。按照减量化、资源化和无害化原则，从过程减排、末端治理和循环利用 3 阶段开展技术研究，先突破单个节点技术，再实现全过程粪污治理技术贯通，粪污废水达到有效治理并实现综合利用，猪舍节能降耗。具体包括：种养结合与循环经济节点技术、废弃物资源化利用技术、节能节水技术、清洁能源应用技术、微生物系统工程技术等。

（2）围绕高产高效，开展技术攻关研发。以提高生产效率、经济效益为目标，开展提高生物安全水平、母猪年生产力、劳动生产率和饲料转化率等节本增效技术的筛选、研发、集成、示范、推广。

（3）紧盯优质安全，开展技术攻关研发。以畜产品安全为目标，开展从农场到餐桌的一系列生产与产品安全保障技术的筛选、研发、集成、示范和推广。具体包括生产过程安全控制技术和猪肉产品安全控制技术。

三、主要政策建议

（一）适应资源环境约束，推动生猪产业可持续发展

研究制定适合北京市的土地承载力测算方法、粪肥还田利用规范、污染物减排核算制度等，解决生猪粪污综合利用相关标准和技术规范缺乏问题。根据种养品种和环境可承载能力优化种养业结构和布局，推动养殖废弃物收集、转化、利用的种养循环发展体系；鼓励不能直接实现种养循环发展的养殖密集区域建立废弃物集中处理中心，扩大有机肥市场需求、鼓励研究推广新技术，进一步推进种养结合的农牧循环养殖模式；在切实贯彻落实禁限养区规定基础上，稳步推进土地流转，保障消纳用地和基础设施配置；完善畜禽粪污资源化利用产品补贴政策，对种养一体化模式治理畜禽粪污的家庭农场或养殖企业，应给予有机肥生产设施及施用补贴奖励；探索市场化粪污治理模式，培育壮大畜禽粪污处理、施用等多类型社会化服务组织，通过政府购买服务、农机补贴等支持规模化畜禽粪污处理企业或农机合作社，为家庭农场或农牧企业提供有机肥施用服务。提高畜禽粪污资源化后的生态农产品的经济价值，通过完善农产品可追溯体系、规范农产品绿色认证门槛、优化农产品品牌建设等来提高消费者对农产品质量和生态价值的信任度，以优质农产品市场价值的提升来诱导有机肥使用。加快建立生猪粪污综合利用标准体系，利用环境治理这一契机，顺势调整优化生猪产业结构，提高可持续发展能力。

（二）提高养猪生产效率和效益

鼓励种猪企业根据自身资源和优势，在种猪生产的选育和扩繁环节通过专业分工和紧密纵向协作，积极参与联合育种，提升北京市种猪产业的整体竞争优势；继续提高规模化养殖比重，鼓励“公司＋合作社＋农户”或“公司＋农户”的经营模式，提高生猪养殖的产业化、组织化水平；扶持龙头企业建立紧密型外埠基地，提高资源使用效率和养殖效益。延伸生猪产业链条，推进猪肉产品的精深加工技术升级，提升品牌建设。在促进企业转型升级的同时，加大科技投入，建立稳定增长的科技投入机制，依托产业技术体系的科研力量，围绕种、料、病、管等关键环节开展攻关研究，不断提高企业产品的科技含量，提高龙头企业的科技创新能力。全面启动北京市生猪品牌建设活动，着力打造知识产权保护下的品牌产品，挖掘增值潜力。制定出台扶持生猪产业品牌发展的长效机制，比如通过免税、提供贴息贷款、设立专项扶持资金等措施，为生猪生产企业营造适宜的发展环境。

（三）切实保障猪肉质量安全和稳定首都菜篮子供应

安全的猪肉产品才能满足日益增大的市场需求。生猪产业链条上每一环节、每一主体都应高度重视质量安全问题。在养殖环节，健全饲料管理法律法规体系，加大饲料质量安全监管力度，完善饲料生产经营诚信体系，推动饲料生产规模化、标准化、集约化，建立完善饲料质量安全风险防控机制。在流通环节，加大对屠宰加工企业质量安全控制的资金、项目和政策支持；发挥批发市场质量安全控制的公益性职能，加大农贸市场质量安全的监管力度；加强信息化建设，推进猪肉产品质量安全追溯体系的发展。加强京津冀三地以及其他猪肉产品来源地区质量安全监管、动物疫情防控等方面的互联互通与合作，建立质量安全预警预报合作机制与安全风险预警会商制度。确保农产品质量安全，重点提升农业生产主体的质量安全保障能力，打造一流的北京安全农业品牌。

针对生产规模缩减，猪肉产品流通量增加的趋势，加强流通环节生物安全保障技术的研究。特别加强京津冀猪业团队协同，联合开展“跨区”技术研究、应用和推广，尽快形成新的工作模式以适应北京生猪产业新的形势和发展方向。加强畜产品冷链物流建设，完善冷鲜肉品流通和配送体系，实现产销有效对接，进而保障首都猪肉产品的应急供给和质量安全水平，稳定首都菜篮子供应。

（四）构建非洲猪瘟防控工作长效机制，加强生物安全防控

充分认识非洲猪瘟防控的复杂性、重要性和长期性，强化京津冀区域联防联控，建立非洲猪瘟防控工作长效机制。进一步明确各部门、各区县在疫情排查监测、消毒灭原、生猪调运监管、屠宰监督执法、餐厨剩余物监管、疫情应急准备、开展宣传引导等方面的职责和任务，与广大养殖场户上下联动，共同打赢非洲猪瘟防控持久战。聚焦非洲猪瘟快速诊断、疫苗研发、综合防治等关键技术，加大科研投入和攻关力度。加强智能化、信息化、自动化养殖技术手段和场景的应用，推进高质量的养殖设施设备的研发和猪场智能监控系统的建设，为畜牧兽医主管部门防范风险提供信息和技术支持。

健全突发卫生安全事件预警防控机制，提升产业应急能力。首先，建立养殖业应对突发卫生安全事件预警机制，及时研判形势、回应舆情，指导养殖场户在养殖计划、生产资料采购、疫病防控、环境治理等多环节制订预案、降低损失。其次，科学指导养殖场户开展安全生产经营活动。严格对出栏畜禽产品进行安全检疫，协助养殖场户健全完善员工管理制度；注重养殖废弃物处理，避免疫情带来的次生环境灾害。最后，构建养殖业应对突发卫生安全事件应急管理体系，加大对各区应急预备队建设指导力度，出台应急物资储备指导性目录，开展北京市应急管理培训和考核，提升北京市应急管理能力和水平。

第十五章　北京市家禽产业发展报告

2019年，北京市家禽创新团队以“调转节”“供给侧改革”作为团队发展的总体目标，通过“京津冀”协同合作提升团队辐射范围，“打造高精尖，引领京津冀”；通过深入实施“五项工程”，推进蛋鸡、北京鸭、北京油鸡、肉鸽等领域联合攻关，扎实推进调转节和供给侧改革。2019年，家禽创新团队积极开展低收入村科技帮扶工作；围绕“五项工程”联合攻关开展技术研发，促进北京市中小型蛋鸡企业的合理布局，有效推动北京家禽产业升级发展，为产业发展拓展新空间，增添新功能；通过“京津冀”协同合作拓展了团队辐射范围。在“推进两个布局，强化两个引领”方面作出了突出贡献；不仅为产业发展提供强有力的支撑，而且实现团队了在部分领域引领北京市家禽产业的发展。

第一节　北京市家禽产业发展概况

一、生产情况

（一）基本情况

1. 家禽存栏情况

按照北京市“调转节”的总体部署，2019年北京市家禽产业继续调减。2019年年末，北京市家禽总存栏量974.8万只，是2018年的98.4%、2016年的53.0%。其中，产蛋鸡和鸭存栏分别只有877.5万只和31.2万只，分别是2018年98.8%和72.5%、2016年的58.2%和23.4%（见表15－1）。

2. 家禽养殖场数量变化情况

2019年底登记的家禽养殖场（小区）有119个，比2018年的132个减少了9.85%，比2017年的269个减少55.76%；2019年蛋鸡场（小区）、肉鸡场（小区）、肉鸭场（小区）在2018年比2017年分别减少40.37%、70.33%和57.14%的基础上，又比2018年分

表 15-1　　北京市家禽存栏情况

	2019 年（万只）	2018 年（万只）	2017 年（万只）	2016 年（万只）	2019 年为 2018 年（%）	2019 年为 2016 年（%）
总存栏	974.8	990.7	1382.4	1838.0	98.4	53.0
产蛋鸡	877.5	887.9	1202.8	1508.0	98.8	58.2
肉鸡	65.2	58.6	101.9	194.40	111.2	33.5
鸭	31.2	43.0	74.7	133.50	72.5	23.4

数据来源：北京市农业农村局。

别减少了 2.08%、37.04% 和 16.67%（见表 15-2）。

表 15-2　　北京市家禽养殖场数量

	登记场（个）				登记并备案场（个）			
	2019 年	2018 年	2017 年	2019 年比 2017 年减少（%）	2019 年	2018 年	2017 年	2019 年比 2017 年减少（%）
蛋鸡	94	96	161	41.61	60	60	82	26.83
肉鸡	17	27	91	81.32	15	24	37	59.46
蛋鸭	3	3	3	0	3	3	3	0
肉鸭	5	6	14	64.29	5	6	12	58.33
小计	119	132	269	55.76	83	93	134	38.06

数据来源：北京市农业农村局。

在 2018 年比 2017 年减少 30.60% 的基础上，2019 年底登记并备案的家禽养殖场（小区）只有 83 个，比 2018 年继续减少 10.75%。2019 年蛋鸡场（小区）、肉鸡场（小区）、蛋鸭场（小区）、肉鸭场（小区），与 2018 年相比分别减少了 0、37.50%、0 和 16.67%，比 2017 年分别减少了 26.83%、59.46%、0 和 58.33%（见表 15-2）。

家禽存栏量持续减少。2019 年北京市家禽年末总存栏量 884.77 万只，是 2017 年 1382.41 万只的 64.0%。其中，产蛋鸡、肉鸡和鸭存栏分别是 773.34 万只、72.68 万只、38.75 万只，分别比 2017 年减少了 35.70%、28.67% 和 47.97%（见表 15-3）。

表 15-3　　北京市家禽存栏情况

	2019 年（万只）	2018 年（万只）	2017 年（万只）	2019 年为 2017 年（%）
总存栏	884.77	990.74	1382.41	64.00
产蛋鸡	773.34	887.89	1202.79	64.30
肉　鸡	72.68	58.63	101.89	71.33
鸭	38.75	43.01	74.47	52.03

数据来源：《北京统计年鉴》、北京市农业农村局。

3. 禽产品产量变化情况

从禽产品产量来看，2019 年禽肉产量 1.68 万吨，比 2018 年的 2.39 万吨减少 0.71 万吨，只有 2016 年禽肉产量 6.3 万吨的 26.7%，占北京市肉类总产量 5.14 万吨的 32.7%；

2019 年生产禽蛋 9.62 万吨，比 2018 年的 11.25 万吨减少了 14.5%，只有 2016 年 18.3 万吨的 52.6%（见图 15－1），在保证北京市居民禽蛋供应中发挥着不可替代的作用。

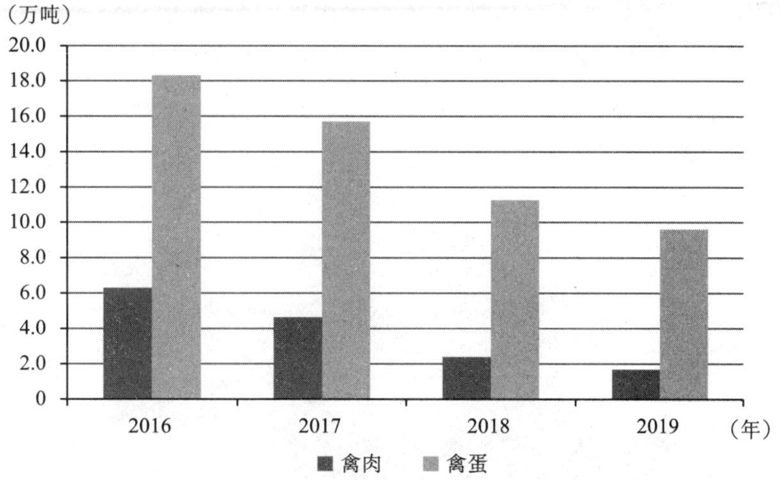

图 15－1　2016～2019 年北京市主要禽产品产量

资料来源：北京市农业农村局。

（二）产业区域分布情况

禽蛋生产主要集中在生态涵养发展区（见图 15－2）。2019 年，北京市禽蛋产量的 86.75%，也即 83469.31 吨产自生态涵养发展区。其中，平谷区的禽蛋产量最大，为 61636.23 吨，占北京市禽蛋总产量的 64.06%；其次是延庆区生产禽蛋 12126.03 吨，占北京市禽蛋总产量的 12.60%；第三位的是密云区生产禽蛋 9352.64 吨，占北京市禽蛋总产量的 9.72%。

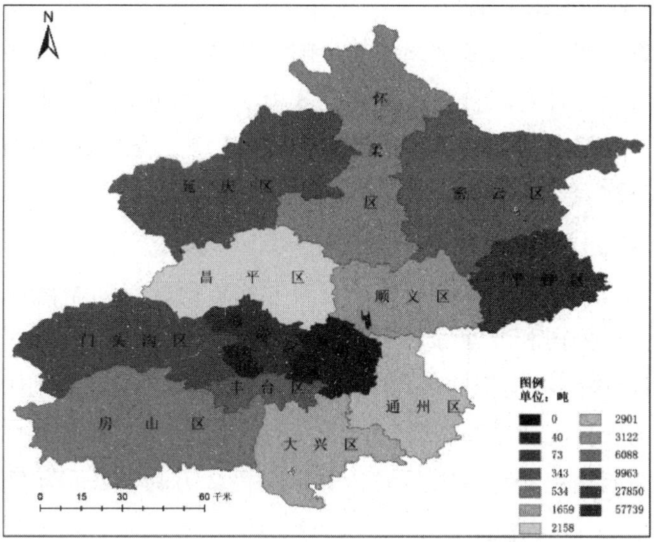

图 15－2　2019 年北京禽蛋产量区域分布

数据来源：北京市统计局、《北京统计年鉴》。

禽肉主产地为通州区、平谷区、顺义区、房山区等区（见图 15 –3）。2019 年北京市禽肉产量共 16775. 02 吨。其中，通州区的禽肉产量最大，为 4021. 77 吨，占北京市禽肉总产量的 23. 97%；其次是平谷区、顺义区和房山区，分别为 3443. 84 吨、2614. 62 吨、2319. 49 吨，占北京市禽肉总产量的 20. 53%、15. 59% 和 13. 83%。

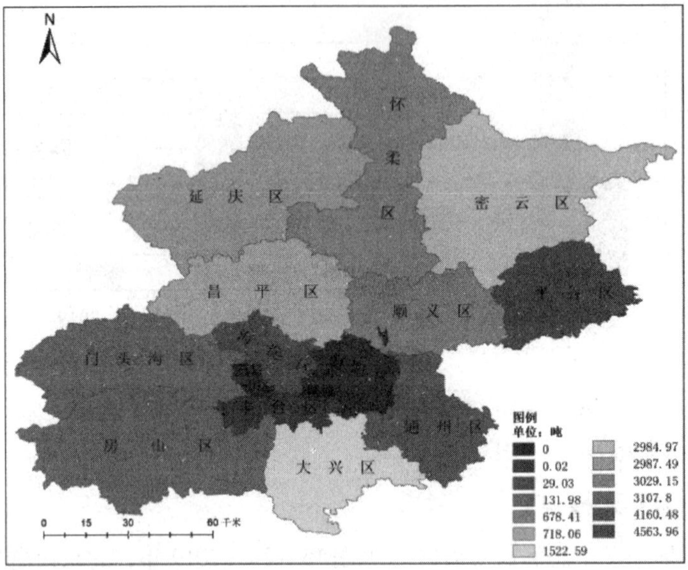

图 15 –3　2019 年北京禽肉产量区域分布

数据来源：北京市统计局、《北京统计年鉴》。

（三）北京市家禽种业发展情况

从家禽种业来看，北京市是名副其实的全国种禽之都。北京市蛋鸡原种场 2 个，为峪口禽业和中农榜样蛋鸡育种有限公司，总存栏 8 万只，其中峪口禽业 6 万只，中农榜样 2 万只；祖代场 6 个，存栏 37 万只；父母代蛋种鸡场 8 个，存栏 68 万只；商品代存栏 773 万只。每天 2000 万枚鸡蛋的消费量，需要商品代蛋鸡约 2800 万只，推算需要 6000 只祖代蛋鸡，约 90% 的父母代和商品代蛋鸡销往外埠。

现有肉鸡场 19 个，其中种鸡场 17 个，主要为北京爱拔益加家禽育种有限公司、北京大风家禽育种有限责任公司和北京家禽育种有限公司等繁育场，祖代存栏 52. 1 万只，父母代 45. 2 万只，所产肉雏鸡均销往外埠，北京区域内无商品代白羽肉鸡养殖；北京油鸡种鸡场 3 个，为中国农科院北京畜牧兽医研究所保种基地、北京市农林科学院畜牧所保种基地以及北京百年栗园油鸡繁育有限公司，分别存栏 2 万只、2. 1 万只和 5. 8 万只，目前保种工作稳定进行。

目前北京区域内有北京鸭原种场 1 个和商品代养殖基地 5 个；北京鸭种鸭存栏约 7 万只，其中，原种 1. 7 万只，祖代 3. 5 万只，父母代 2. 1 万只。

（四）废弃物处理情况

2019 年北京市登记并备案的家禽养殖场中，配备雨污分流、干湿分离设施的比例在 70% 以上，其中，肉鸭、肉鸡、蛋鸡养殖场的设施配备比例较高，在 80% 以上；蛋鸭比例相对较少，为 33.33%。与 2018 年相比，蛋鸡、肉鸡、肉鸭养殖场的设施配备比例，分别提升 5%、0.83%、33.33%。

2019 年北京市登记并备案的家禽养殖场中，资源化利用率均在 60% 以上，其中，蛋鸡的资源化利用率达 96% 以上，肉鸭、肉鸡、蛋鸭养殖场的资源化利用率分别为 80%、66.67% 和 66.67%（见表 15-4）。

表 15-4　2018 年、2019 年北京市家禽养殖场污染治理与资源化利用情况

	2018 年					2019 年				
	养殖场数（个）	配备雨污分流、干湿分离设施		资源化利用		养殖场数（个）	配备雨污分流、干湿分离设施		资源化利用	
		数量（个）	比例（%）	数量（个）	比例（%）		数量（个）	比例（%）	数量（个）	比例（%）
蛋鸡	60	45	75.00	59	98.33	60	48	80.00	58	96.67
肉鸡	24	19	79.17	22	91.67	15	12	80.00	10	66.67
蛋鸭	3	1	33.33	3	100.00	3	1	33.33	2	66.67
肉鸭	6	4	66.67	6	100.00	5	5	100.00	4	80.00
合计	93	69	74.19	90	96.77	83	66	79.52	74	89.16

资料来源：北京市畜牧总站。

二、加工流通现状

（一）肉鸽的深加工有助于提升产品附加值

我国肉鸽饲养开始于 20 世纪 70 年代后期，在特禽养殖中脱颖而出，已成为家禽养殖的新兴养禽业。

肉鸽产品主要包括生鲜系列、半成品系列、深加工系列。肉鸽的加工主要是以整只加工为主，少量进行分割，主要有腌制、烤制、酱制、醉制等加工方法，成品主要是以菜肴的形式食用，少量以即食产品进行软包装和罐装。目前开发出的鸽肉风味制品主要有软罐头制品、调味肉制品、肉脯制品等。高附加值制品有鸽肉水解液、乳鸽超微粉、乳鸽营养咀嚼片、高钙鸽精、桑椹乳鸽酒等。

经过前处理的肉鸽胴体，可进行多种不同的加工。常见的加工方法有烤肉鸽、罐头肉鸽、醉肉鸽等。烤肉鸽的加工，肉鸽胴体—腌制—漂洗—填料—整形，紧皮上色—烤制—包装—冷却—成品检验，经过烤制工艺制作的肉鸽，表面金黄色，口感香脆，香味浓郁，食用安全；罐头肉鸽的加工，肉鸽胴体—腌制（分干腌和湿腌）—整理、烘烤—罐头包装杀菌；醉肉鸽加工，肉鸽胴体—预煮—煮制—腌制—醉制—真空包装—低温贮藏。

肉鸽加工品，包括符合大众的消费心理和趋势的独立小包装的休闲小食品等多样化新形式将会很有市场潜力。将肉鸽进行分割，制作成分割食品，如对鸽脯肉加工就是将鸽脯肉独立分割出来，加工成味道鲜美、营养丰富的休闲小食品，不仅便于消费者的休闲娱乐消费需求，也增加了肉鸽产品的附加值。

（二）肉鸽的流通

作为一种高端食品，乳鸽历来有“一鸽胜九鸡”美誉。乳鸽不仅集丰富的营养、不可替代的保健和药用价值于一体，而且还具有肉质细嫩、味道鲜美的特性，在让消费者满足口福的同时，还能够实现增强体质、防止疾病和延年益寿的益处。

鸽肉的销售根据消费主体的不同分为胴体、分割和深加工等销售方式。

胴体销售多为企业定点屠宰销售和社会零散屠宰销售，主要的消费市场有大型餐饮公司、酒店、宾馆、饭店和农贸市场，以及大型超市和专卖店，也包括加工企业加工的生、鲜和熟产品等。

传统肉鸽主要经过超市、农贸市场、酒楼等货物聚集集中的场所进行流通（见图15－4）。北京市家禽创新团队的市场调研发现，目前肉鸽消费的各种渠道中，酒楼消费占比为85%，农贸市场消费占比为8%，超市消费占比为5%，网络生鲜平台消费占比为2%。

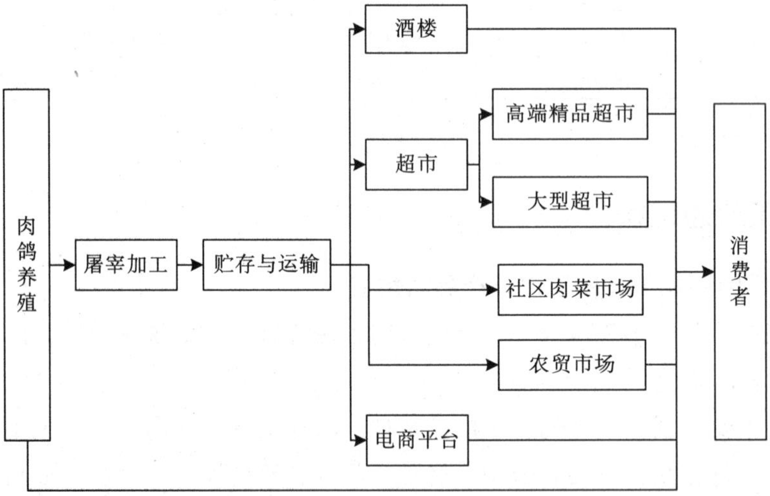

图15－4　肉鸽的流通渠道

资料来源：家禽团队调研总结。

与传统流通渠道相比，电商与微商平台的乳鸽价格略高于一些社区超市、肉菜市场等零售终端。随着网络与信息技术的发展，生鲜农产品的电商销售迅速增加。通过对京东生鲜上面的冷冻肉鸽价格进行比较发现，老鸽的价格一般高于乳鸽的价格，对于一只在300～400克的乳鸽，价格多数在40～50元；400～500克的老鸽，价格多数在60～70

元。此外对通过对某微商平台调研发现，乳鸽的价格一只一般在 48 元左右，与京东生鲜平台乳鸽价格基本一致。

随着经济发展水平和健康、营养意识的不断提高，我国居民肉鸽消费量将不断增加，并会对流通技术提出新的要求。

三、市场消费现状

禽产品是居民日常饮食的重要组成部分，在饮食结构中占有重要比重。近年来，随着收入和生活水平的提高，居民对禽产品健康安全以及多样化需求越来越高。研究发现，omega－3 多不饱和脂肪酸（n－3 PUFAs）在降低血脂、抗血小板凝聚、延缓血栓形成，预防心脑血管疾病和抗癌等方面有重要作用。1993 年联合国粮农组织和世界卫生组织联合发表声明，在全世界范围内推广 n－3 PUFAs。

通过向蛋鸡日粮中添加富集 n－3 PUFAs 的饲料，如亚麻籽、海藻和鱼油等途径，可以生产 n－3 PUFAs 富集型鸡蛋。然而，现在国内有关消费者对 n－3 PUFAs 富集型鸡蛋的感官评价和接受程度的研究还很不够，更缺乏对在不同温度下鸡蛋感官指标变化的研究。2019 年 5 月，北京市家禽创新团队通过网络开展了消费者鸡蛋消费情况和对 n－3 PUFAs 富集型鸡蛋的认知调研，并开展了消费者对不同种类 n－3 PUFAs 富集型鸡蛋与普通鸡蛋的感官评价和接受度实验。

（一）消费者对 n－3 PUFAs 富集型鸡蛋认知程度尚需提高

调研采用线上方式进行，问卷的回收率 100%，其中有效问卷 734 份，问卷有效率 96.37%。

调研结果表明，只有 4.62% 对 n－3PUFAs 富集型鸡蛋很了解，9.80% 比较了解，17.24% 只是一般了解，而分别有 33.54% 和 35.27% 的受访者表示不太了解或者很不了解。

调研结果表明，消费者对 n－3 PUFAs 富集型鸡蛋认知程度普遍不高，急需通过不同方式提高消费者对 n－3 PUFAs 富集型鸡蛋的了解。

（二）不同日粮类型的 n－3 PUFAs 富集型鸡蛋具有差异

通过正常日粮、日粮中添加鱼油、日粮中添加小球藻和日粮中添加亚麻籽 4 种不同日粮类型的鸡蛋的对比实验表明，4 种鸡蛋在气味、颜色和整体可接受度上存有差异（见图 15－5）：

气味和腥味：鱼油饲喂的鸡蛋气味和腥味得分最高，与其他三种鸡蛋具有明显差异，普通柴鸡蛋次之，其他两个鸡蛋气味较弱且相近。

硬度和弹性：小球藻和鱼油饲喂的鸡蛋硬度最大，鱼油饲喂的鸡蛋弹性最大。

蛋黄颜色：鱼油饲喂的蛋黄颜色最深，亚麻籽次之，其余两个近似且差异性很小。添加鱼油会明显增强蛋黄颜色和弹性，小球藻、亚麻籽鸡蛋的蛋黄和普通柴鸡蛋的蛋黄无明显差异。

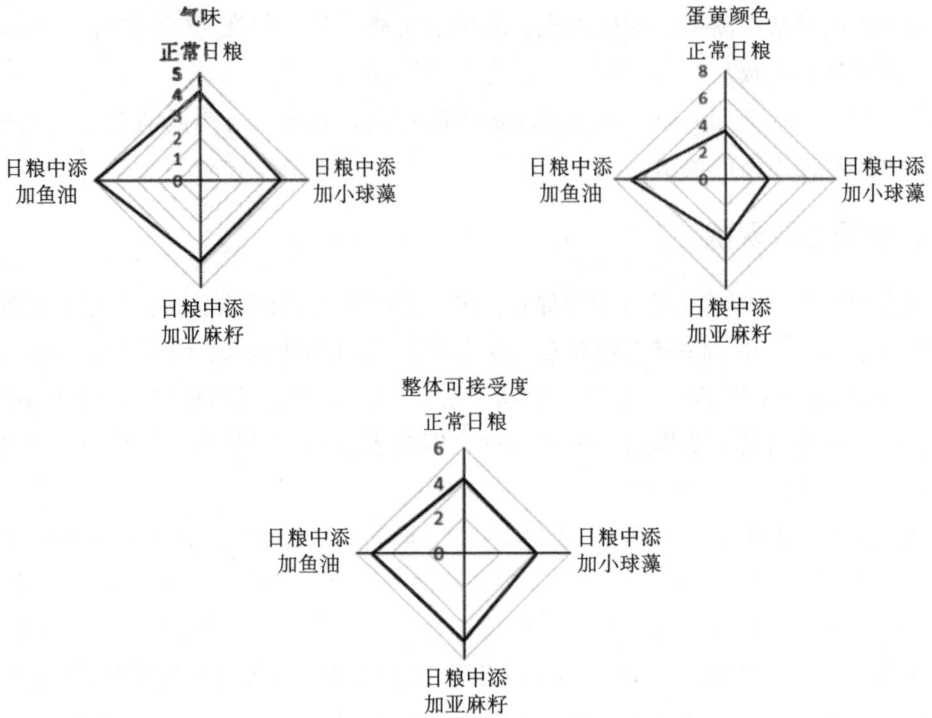

图 15－5　四种鸡蛋气味、颜色和可接受度对比

湿润度、油脂感、凝聚度和细腻度：鱼油饲喂的湿润度、油脂感、凝聚度和细腻度都最高，亚麻籽饲喂的鸡蛋次之，其余两种鸡蛋都较弱。

整体可接受度：鱼油和亚麻籽饲喂的鸡蛋可接受度最高，其余两种可接受度较弱且相近。

（三）n－3 PUFAs 富集型鸡蛋具有广泛的市场发展前景

通过实验可以看出 ω－3 鸡蛋的食用感官特性是消费者可以接受的，并且人们对 n－3 PUFAs 富集型鸡蛋的接受度较高。其中 4 种鸡蛋中，人们对普通柴鸡蛋和小球藻鸡蛋可接受度相同且较弱，对亚麻籽和鱼油鸡蛋的可接受度接近。

该实验结果表明，未来 n－3 PUFAs 富集型鸡蛋具有广泛的市场发展前景。

四、新型经营主体现状

2019 年登记并备案的 83 个家禽养殖场（小区）中，养殖企业、养殖合作社、家庭养殖场、研究中心分别为 56 个、4 个、21 个、3 个，较 2018 年分别减少 16 个、7 个、9 个、2 个。

2019 年登记并备案的家禽养殖场（小区）主要是蛋鸡养殖养殖场（小区），共有 60 个，其中养殖企业 39 个、蛋鸡养殖合作社 2 个、蛋鸡家庭养殖场 18 个、研究中心 1 个；登记并备案的肉鸡养殖养殖场（小区）有 15 个，其中，养殖企业 15 个；登记并备案的 3

个蛋鸭养殖养殖场（小区）中，养殖合作社1个，研究中心2个；登记并备案的有5个肉鸭养殖养殖场（小区）中，养殖企业2个、家庭养殖场3个（见表15－5）。

表15－5　　家禽养殖经营主体情况　　单位：个

	蛋鸡		肉鸡		蛋鸭		肉鸭		总计	
	2018年	2019年	2018年	2019年	2018年	2019年	2018年	2019年	2018年	2019年
企业	45	39	22	15	—	—	5	2	72	56
合作社	5	2	4	—	1	1	—	—	10	3
家庭养殖场	20	18	5	—	—	—	5	3	30	21
研究中心	3	1	—	—	2	2	—	—	5	3

资料来源：北京市畜牧总站。

五、成本收益及其产业支持政策实施效果

（一）成本收益情况分析

1. 成本情况

家禽养殖的总成本主要分为雏鸡费、饲料费、人工成本、土地成本和其他费用5部分。其他费用主要分为水费、燃料动力费、医疗防疫费、死亡损失费、工具材料费以及修理维护费。下面从蛋鸡养殖的成本、收益以及与全国其他地区的比较三个方面来分析北京市大、中规模蛋鸡养殖的成本收益特征。数据来源为《全国农产品成本收益资料汇编（2019）》。

北京市中规模蛋鸡养殖总成本上升明显，大规模蛋鸡养殖成本下降明显，生产成本都占总成本比重较大，与2017年的13131.23元/百只相比，2018年中规模蛋鸡养殖总成本为15605.51元/百只，增加了18.84%。大规模蛋鸡的总成本为14254.30元/百只，较2017年的16776.29元/百只减少了15.03%。大、中规模蛋鸡生产成本占总成本的比重较大，均在99.50%以上（见图15－6）。

生产成本中饲料费用所占比重最大，人工成本、土地成本以及其他费用占生产成本比重较小。2018年大规模蛋鸡饲料费为9996.00元/百只，占生产成本的71.63%。雏鸡费为3040.00元/百只，占生产成本的21.78%。人工成本为516.21元/百只，占生产成本的3.70%。土地成本为9.25元/百只，占生产成本的0.07%。其他费用为394.50元/百只，占生产成本的2.83%；中规模蛋鸡饲料费为10991.00元/百只，占生产成本的71.10%。雏鸡费为2900.00元/百只，占生产成本的18.76%。人工成本为1160.19元/百只，占生产成本的7.50%。土地成本为9.25元/百只，占生产成本的0.15%。其他费用为384.99元/百只，占生产成本的2.49%（见图15－7）。

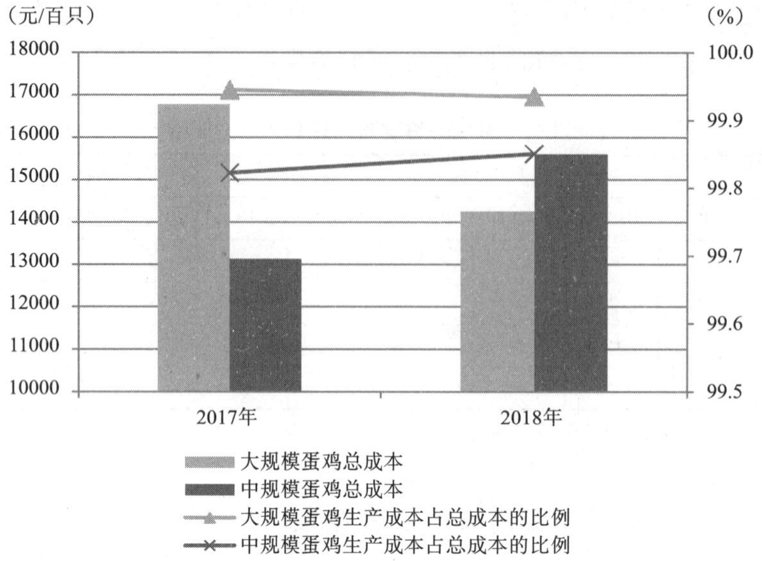

图 15－6 北京市大、中规模蛋鸡养殖成本变化

数据来源：全国农产品成本收益资料汇编。

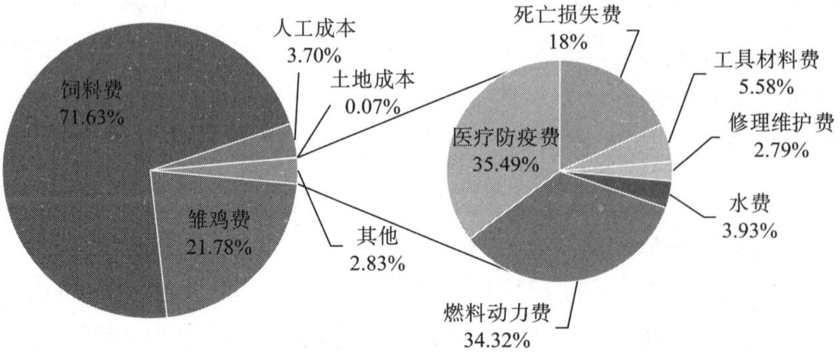

a　2018年大规模蛋鸡养殖生产成本构成

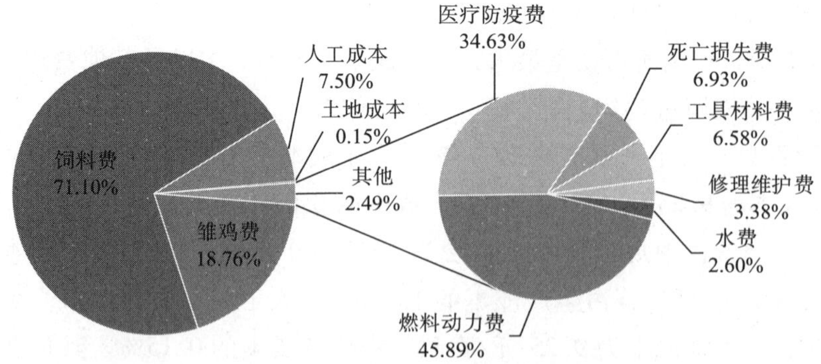

b　2018年中规模蛋鸡养殖生产成本构成

图 15－7　2018 年大、中规模蛋鸡养殖生产成本构成

数据来源：全国农产品成本收益资料汇编。

其他费用主要是燃料动力费和医疗防疫费。2018 年大规模蛋鸡养殖的燃料动力费和医疗防疫费分别为 135.00 元/百只和 140.00 元/百只，两者占其他费用的 34.32% 和 35.49%；中规模蛋鸡养殖的燃料动力费和医疗防疫费分别为 176.66 元/百只和 133.33 元/百只，两者占其他费用的 45.89% 和 34.63%。

北京市中规模蛋鸡养殖饲料费明显增加，大规模蛋鸡养殖饲料费明显减少。与 2017 年的 9392.00 元/百只相比，2018 年中规模蛋鸡饲料费为 10991.00 元/百只，增加了 17.03%，与 2017 年的 1180.50 元/百只相比，2018 年大规模蛋鸡的饲料费为 9996.00 元/百只，减少了 15.31%（见图 15 -8）。

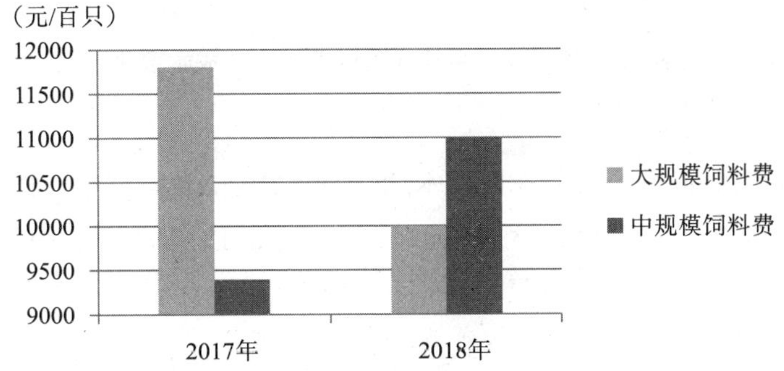

图 15 -8　大、中规模蛋鸡饲料费变化

数据来源：全国农产品成本收益资料汇编。

北京市大规模蛋鸡养殖的雏鸡费略有减少，中规模蛋鸡养殖的雏鸡费明显增加。与 2017 年的 3300.00 元/百只相比，2018 年大规模蛋鸡养殖的雏鸡费为 3040.00 元/百只，减少了 7.88%，与 2017 年的 2286.67 元/百只相比，2018 中规模蛋鸡养殖的雏鸡费为 2900.00 元/百只，增加了 26.82%（见图 15 -9）。

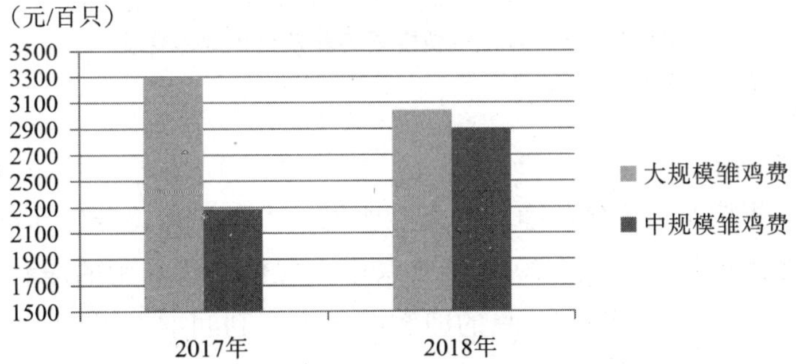

图 15 -9　大、中规模蛋鸡养殖雏鸡费变化

数据来源：全国农产品成本收益资料汇编。

北京市大规模蛋鸡养殖的人工成本减少明显，中规模蛋鸡养殖的人工成本略有增加。2018 年大规模人工成本为 516.21 元/百只，较 2017 年的 737.82 元/百只，减少了

30.04%。2018 中规模蛋鸡的人工成本为 1160.19 元/百只，较 2017 年的 1135.73 元/百只增加了 2.15%（见图 15－10）。

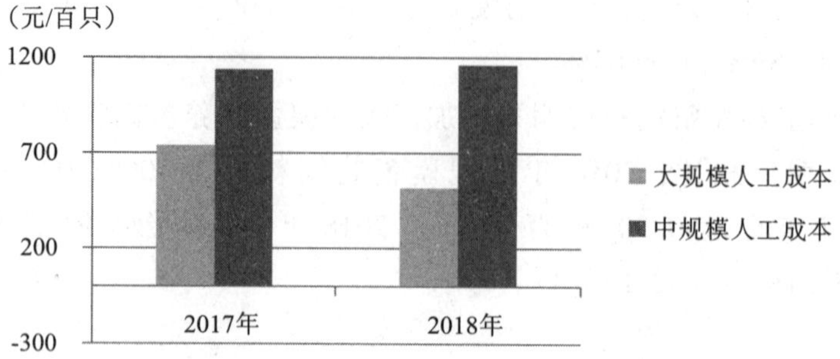

图 15－10　大、中规模蛋鸡养殖人工成本变化

数据来源：全国农产品成本收益资料汇编。

北京市大、中规模蛋鸡养殖的土地成本均保持不变。2018 年北京市大、中规模蛋鸡养殖土地成本分别为 9.25 元/百只、23.33 元/百只，与 2017 年的大、中规模蛋鸡养殖的土地成本 9.25 元/百只、23.33 元/百只持平（见图 15－11）。

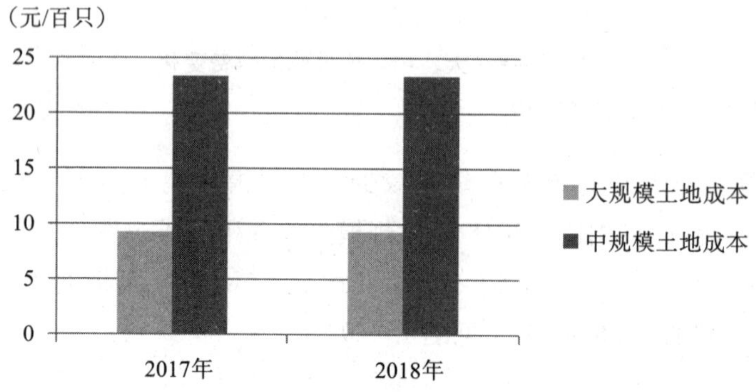

图 15－11　大、中规模蛋鸡养殖土地成本变化

数据来源：全国农产品成本收益资料汇编。

2. 收益及效益情况

北京市大、中规模蛋鸡养殖的净利润上升明显，大规模蛋鸡养殖净利润由负转正，中规模蛋鸡养殖的净利润稍有亏损。2018 年北京市大规模蛋鸡养殖的净利润为 2646.70 元/百只，与 2017 年的－4462.79 元/百只的净利润相比净利润增加明显。中规模蛋鸡养殖的净利润为－35.94 元/百只，较 2017 年的－803.40 元/百只有所好转，但仍有所亏损（见图 15－12）。

北京市大、中规模蛋鸡养殖总产值均增加明显。2018 年北京市大、中规模蛋鸡养殖总产值分别为 16901.00 元/百只、15569.57 元/百只，与 2017 年的大、中规模蛋鸡养殖总产值 12313.5 元/百只、12327.83 元/百只相比，分别增加了 37.26%、26.30%（见图 15－13）。

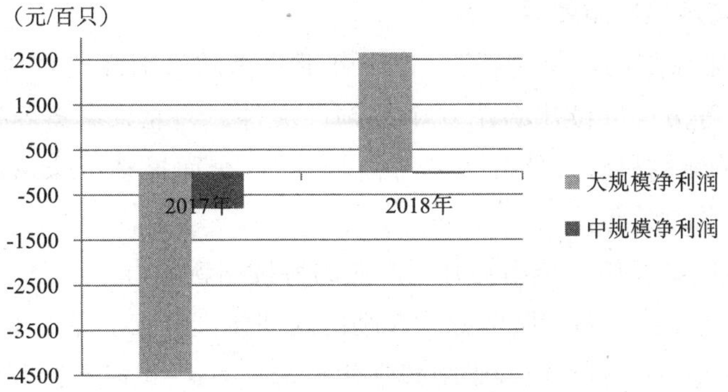

图 15－12　规模蛋鸡净利润和利润率变化

数据来源：全国农产品成本收益资料汇编。

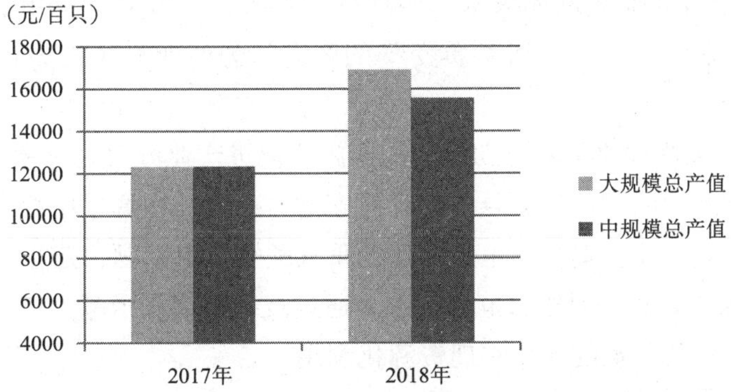

图 15－13　规模蛋鸡总产值变化

数据来源：全国农产品成本收益资料汇编。

北京市大、中规模蛋鸡养殖主产品产值均增加明显。2018 年北京市大、中规模蛋鸡养殖主产品产值分别为 15200. 00 元/百只、13619. 57 元/百只，与 2017 年的大、中规模蛋鸡养殖总产值 10601. 00 元/百只、10334. 50 元/百只相比，分别增加了 43. 38%、31. 79%（见图 15－14）。

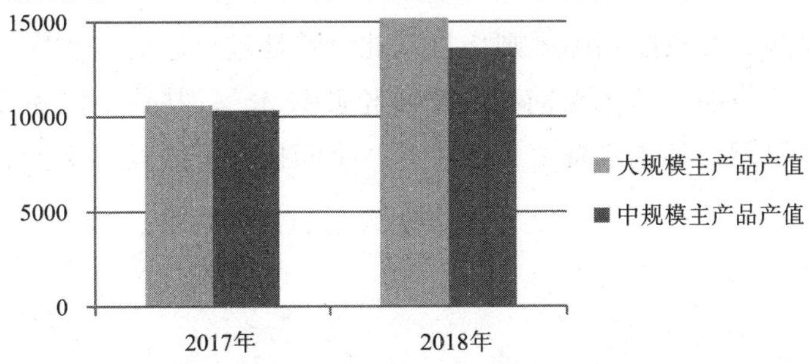

图 15－14　规模蛋鸡主产品产值变化

数据来源：全国农产品成本收益资料汇编。

（二）产业支持政策实施效果

惠农政策是产业发展的“推进器”，2019 年北京市政府围绕“乡村振兴”“小农户发展”“环境治理”等方面陆续出台了 6 个纲领性文件，为北京家禽养殖户注入了“强心针”，为北京家禽领域的科研人员指明了“信号灯”，全面推动了家禽产业的创新能力的提升和成果转化水平的提高。

1. 乡村振兴战略的实施，全面提升了产业的科技创新能力

北京市家禽创新团队统筹团队资源，鼓励协同创新，完成了绿壳蛋鸡新品系第十个世代的选育，创制了《ω－3 多不饱和脂肪酸强化鸡蛋》《ω－3 多不饱和脂肪酸强化鸡蛋生产技术规范》，获得“重组新城疫病毒、禽流感（H9 亚型）病毒二联灭活疫苗（aSG10 株＋G 株）”新兽药证书 1 项，研发的“提高种公鸡综合繁殖性能的饲料配制技术”和“提高放养蛋鸡产蛋率的饲料配制技术”两项技术入选《2020 年北京市农业主推技术推荐目录》，实现了产业从“量变”到“质变”的跃升，为产业科技能力提升，提供“全天候”的技术支撑。

2. 农业农村污染治理攻坚战行动计划的实施，促进产业健康可持续发展

北京市家禽创新团队注重问题导向，针对家禽养殖业结构调整中存在的技术瓶颈，着力解决制约节本增效、质量安全、生态环保的重大关键技术问题，建立“可看、可学、可用”的生态养殖模式 2 套，创建示范场 5 家，通过技术集成和示范推广，实现降低碳排放 10% 以上，95% 以上的养殖废弃物实现资源化利用。

3. 家庭农场培育计划的实施，促进产业的转型升级

北京市家禽创新团队开展产业调研 79 次，基于 2384 人次的大样本数据调研结果，结合北京市消费市场分析，推进北京市中小型蛋鸡企业合理布局，强化团队对北京市中小型蛋鸡企业的科技支撑，帮助中小型蛋鸡企业建立标准化生产技术体系，引导创建区域性品牌，探索推广“团队＋蛋鸡家庭农场”合作机制，促进北京市家禽产业的转型升级。

4. 强化创新驱动科技，全面支撑北京家禽产业高水平发展

北京市家禽创新团队创建了北京鸭的基因鉴定技术，开发北京鸭的“基因身份证”，确定北京鸭独有的生产工艺参数和指标，规划北京鸭的生产布局，形成完整的北京鸭地理标志保护技术和措施，并按照国际规则，推动北京鸭地理标志的“中欧”互认。此外，聚焦产业的关键问题，发明了“入孵前种蛋受精检测技术”，并获批国家发明专利，初步估计仅此项技术每年可避免种蛋浪费 1. 5 亿枚，产生间接经济效益 1 亿元，对产业具有重大推动作用。

第二节　产业发展中创新团队的技术支撑作用

一、团队基本情况

2019 年北京市家禽创新团队整体运行状况平稳，经费使用合规，团队的凝聚力和协作创新能力持续提高。

（一）创新团队功能定位及其建设任务

按照建设北京市建设“政治中心、文化中心、国际交往中心、科技创新中心”的具体要求和家禽产业京津冀协同发展的重大需求。以“调转节”“供给侧改革”作为团队发展的总体目标，通过“京津冀”协同合作提升团队辐射范围，“打造高精尖，引领京津冀”，实现团队在部分领域引领北京市家禽产业的发展。

（二）创新团队组成架构

按照国家现代农业产业技术体系建设的基本要求和北京都市型现代农业发展重点需求，北京市家禽创新团队建设依托在京的中央和地方两级科研、推广机构，调动现有科技和人才资源存量，团队 2019 年共聘任岗位 40 个，其中首席专家 1 人，岗位专家 21 人，综合试验站站长 6 人，农民田间学校工作站站长 12 人。团队成员中正高职称 15 人，副高职称 6 人，中级职称 8 人。

（三）创新团队作用与交流机制

北京市家禽创新团队面向京津冀协同发展的重大需求，立足科技支撑与产业引领发展相结合的发展方向，全面落实 2019 年各项任务，加强团队建设，深入实施“五项工程”推进蛋鸡、北京鸭、北京油鸡、肉鸽等领域联合攻关，积极开展低收入村科技帮扶工作，扎实推动调转节和供给侧改革，通过“京津冀”协同合作提升团队辐射范围。

团队实行过程管理，首席办对岗位成员的工作进行动态监控。北京市家禽创新团队通过会商和阶段性总结的方式，对团队内部的工作进行实时监控，对出现的问题进行及时地纠偏。根据年度计划任务、年度工作进行计划进度分解，确定成本和任务绩效，按时保质完成各项工作。

二、技术研发与主推技术情况

2019 年，团队围绕“五项工程”联合攻关开展技术研发 65 项，在“推进两个布局，强化两个引领”方面作出了突出贡献（见表 15 - 6）。

表 15－6　　家禽团队“五项工程”技术研发清单

序号	技术研发	序号	技术研发
1	绿壳蛋鸡新品系的扩繁及示范应用	34	发酵全价饲料对肉鸡生长性能、屠宰性能和血清生化指标的影响研究
2	鸡白痢沙门氏菌抗病育种研究	35	稀土饲料添加剂艾佐麦替代抗生素在肉鸡饲料中的添加效果研究及中试验证
3	蛋鸡持续性腹泻遗传力估计以及遗传基础分析	36	研究抑制致病菌和去除臭味物质的益生菌和寡糖的复配技术
4	蛋用种公鸡精液品质候选基因鉴定	37	开展生态环保微生态制剂产品的研究示范工作
5	农大三号蛋鸡的肌肉理化性质分析	38	鸽嗉囊泌乳特异性调控基因的挖掘及功能验证
6	家禽饲料质量安全评价及预警监测	39	家禽常用蛋白原料的标准回肠氨基酸评价
7	不同养殖方式下鸡蛋安全性评价	40	山黄粉和黄芪多糖对产蛋鸡健康的影响
8	吡咯喹啉醌对种公鸡精液品质影响的研究	41	蛋禽适宜光照周期的研究
9	类胡萝卜素对种公鸡精液品质的影响	42	发酵床养殖北京鸭技术的示范推广
10	种公鸡专用饲料配制技术试验示范	43	粪污无害化处理技术研发
11	利用转录组测序技术挖掘种公鸡睾丸中差异表达基因	44	养殖场空气中抗生素耐药菌生物多样性研究
12	鸡蛋安全控制技术研究	45	种养结合中的安全性评价
13	鸡蛋分级、喷码和贮藏技术的示范应用	46	禽场除臭技术及模式研究
14	鸡蛋快速腌制技术示范应用	47	电解水整场消毒技术应用研究
15	基于消费者认知的鸡蛋微营销策略研究	48	开展粪污处理机械化技术设备选型研究
16	北京市鸡蛋价格波动及影响因素研究	49	研究研究固体粪污社会化市场化处理运行模式
17	基于 TPB 模型北京市城区居民品牌鸡蛋消费行为研究	50	高效禽舍消毒技术的推广与应用
18	亚麻籽不同添加水平对北京油鸡生长性能和 ω－3PUFA 富集规律影响研究	51	鸡舍环境智能监控系统研究
19	天然虾青素对产蛋鸡 SCARBI 和 OVR 基因表达的影响	52	鸡白痢净化示范研究—净化程序的监控与研究
20	不同抗氧化剂对农大 3 号小型蛋鸡 w－3 鸡蛋货架期效果研究	53	研究建立鸡白痢多重荧光 PCR 鉴别诊断方法
21	功能性牛磺酸鸡蛋高效富集技术研究	54	基于免疫学技术鸡球虫病诊断方法的建立
22	鸭的基因组组装及不同品种间渗入分析	55	浒苔多糖调控机体免疫平衡的作用机制
23	北京油鸡优势肉质基因挖掘及品质检测	56	H7N9 流感病毒等病原的传播规律研究
24	北京鸭特异性分子标记的挖掘	57	禽流感等家禽重要病原的快速检测仪器研制
25	北京油鸡与其他鸡群体结构及遗传多样性分析研究	58	北京地区鸭源大肠杆菌耐药性分析和耐药基因检测
26	饲养方式对北京鸭胴体品质影响的研究	59	鸽毛滴虫抗性基因筛选及外泌体标记蛋白鉴定
27	北京鸭腿部出血综合征发病分子机制探究	60	2019 年鸡主要疫病的流行动态分析
28	中草药配方对北京鸭肉质以及风味的影响	61	“重组新城疫病毒、禽流感（H9 亚型）病毒二联灭活疫苗（aSG10 株＋G 株）”推广示范
29	地顶孢霉培养物对北京油鸡免疫指标和肠道健康的影响	62	鸽用新城疫疫苗研究
30	填饲对北京鸭肠道黏膜屏障、消化功能及免疫功能的影响	63	鸡传染性支气管炎（QX）和新城疫（La Sota）二联活疫苗研究
31	RhoA 重组蛋白调控北京油鸡精子抗冻性研究	64	新城疫抗病综合防控技术研究
32	北京油鸡肉品质分析和鉴别技术研究	65	沙门氏菌抗病综合防控技术研究
33	北京鸭文化遗产保护研究		

围绕北京市家禽养殖布局和规划，确定年度主推技术35项。围绕生态环保养殖技术、标准化生产技术、家禽疫病防控技术、安全优质生产专题培训80余次，技术指导和科技入户260余次，培训5100人次；设立示范场32家；主推技术覆盖北京市家禽数量699万只，只鸡年产蛋数提高5%，达到300枚；只鸡入舍合格种蛋数提高4%，达到204枚；肉鸭料肉比降低5%。

三、团队研发成果情况

2019年，北京市家禽创新团队共发表研究论文80篇，其中SCI论文31篇；新申请专利22项，其中发明专利12项，实用新型专利10项。获得专利授权16项，其中发明专利6项，实用新型专利10项；制定标准5项；出版著作5部；获得省部级奖励5项；获得新兽药证书1个。

四、技术示范推广效益

（一）技术示范推广经济效益

技术示范推广覆盖北京市家禽数量699万只，只鸡年产蛋数提高5%，达到300枚；只鸡入舍合格种蛋数提高4%，达到204枚；肉鸭料肉比降低5%，据统计产生直接经济效益6553万元。

（二）技术示范推广生态效益

通过技术推广，实现家禽养殖生产环节节能减排，降低对环境的生态负荷，实现养殖污染物的资源化利用，产生了显著的生态效益。

（三）技术示范推广社会效益

团队在科技扶低、京津冀协同发展方面建立了可复制、可推广的发展模式，对提高低收入地区农民增收，促进养殖人员技术提升等方面产生了显著的社会效益。

五、团队对产业支撑作用

实际上，在北京市农业农村局的领导、家禽创新团队和社会的合力推动下，近年来，家禽产业已经取得了长足进展，尤其是家禽育种和繁育、知识产权保护、功能性禽产品研发、标准化建设等方面。

（一）分子育种平台的建设，为家禽新品种的精准、高效培育提供重要支撑

北京市家禽团队汇集中央科研院所和北京市推广单位的技术优势，以地方家禽遗传资源保护与开发利用为目标，建立了包括外貌特征、经济性状、品质特性、抗病性能等全要素的综合性分子标记辅助育种平台。

该平台的建设不仅弥补了国内外家禽育种同质化严重、创新性不足，生物多样化衰退的现象，而且满足了人们对禽产品差异化、多样化和特色化需求，同时也促进了生物多

样性。

（二）实施北京鸭和北京油鸡地理标志认证登记，北京种业知识产权保护更上新台阶

北京鸭和北京油鸡地理标志的成功申报，不单单是北京市农业供给侧改革不断深入和北京市“调、转、节”政策实施的着力点，更是承载着国家种质资源保护以及传承历史和文化遗产保护以及打造北京世界城市名片的重要载体，是北京建设“政治、文化、科技、国际交流”中心不可或缺的重要元素，更是北京市在国家种质资源保护上作出的重大贡献，彰显了北京市对历史和文化遗产保护的高度重视，也是对世界范围内日渐重要的知识产权保护迈出的重要一步，具有非同一般的重要意义。

（三）支持中小型企业转型升级，推动北京市家禽产业调转节

基于对北京都市型家禽产业发展新阶段的分析，结合推进“乡村振兴”战略实施，北京市家禽创新团队 2019 年开展“不忘初心，牢记使命”基层调研，挖掘北京市中小型养殖企业的特色，总结了中小型家禽养殖场的 7 个典型案例。

中小型蛋鸡企业产能占北京自产鸡蛋的 50%，对北京鸡蛋供给有着不可替代的作用。家禽团队帮助中小型养殖企业探索多种类型的发展模式，形成了“无抗养殖模式”“林—草—禽生态养殖模式”“合作社带动模式”“以销带产模式”“放养蛋鸡规范化养殖模式”“功能性鸡蛋研发与生产模式”等多种发展模式；家禽团队帮助中小型养殖企业走标准化道路。为提升北京市家禽创新团队示范基地的标准化水平，示范带动家禽产业标准化水平提升，家禽团队支持了 6 家中小型家禽养殖企业开展了企业标准化建设工作，建立和完善了企业内部标准化生产体系；挖掘了中小型养殖企业在产业转型升级中的特征和亮点，特别是在乡村振兴中发挥的作用，为进一步了解新时期下的技术需求及产业转型升级提供决策依据。

（四）采用精准对接模式，开展“京津冀”协作

一是精准对接河北省蛋肉鸡创新团队，深度参与双方论坛及会议，加强了京冀团队间的合作交流。二是依托优帝鸽业综合站为阜平硒鸽扶贫项目提供技术支撑与科技支持。三是开展技术培训和现场指导，持续对津冀地区输出疫病防控和健康养殖技术，2019 年度开展培训 24 次培训农户 1800 人次。四是建立示范基地，围绕北京鸭健康养殖、精准营养和功能性鸡蛋技术在河北滦平、河间、保定等地建立示范基地，输出团队技术成果。

（五）调研和田地区肉鸽产业，协助做好援疆扶贫

应北京市援疆和田指挥部的邀请，2019 年 8 月家禽团队赴新疆和田地区进行肉鸽产业调研，形成《新疆和田地区肉鸽产业调研报告》并提交和田地区政府和农业主管部门。调研期间协助做好了北京企业野谷健康产业集团落户新疆扶贫的工作。

（六）深化国际合作，参与国家“一带一路”建设，提高团队国际影响力

北京市家禽团队定位于“国际家禽技术交流中心”，面向全球进行技术合作布局，与亚非拉等发展中国家搭建“双边”“多边”伙伴合作关系，立足人类命运共同体建设，在

“一带一路”沿线国家促进北京家禽养殖技术“走出去”。

2019年邀请国际畜牧研究所（ILRI）家禽领域首席科学家奥利维尔·汉诺特（Olivier Hanotte）教授到访北京市畜牧总站，并参与了世界农用林业中心在云南红河的“山地未来”建设项目，岗位专家与美国、澳大利亚、日本、瑞士等国家开展国际交流16次，增强了团队国际影响力。

（七）首次完成全球化肉鸽产业发展现状与趋势分析，为北京都市家禽产业结构调整提供决策支持

由家禽团队首席专家牵头的《中国鸽业科技发展报告》于2019年度顺利完成。作为国家鸽业科技创新联盟发起方之一，家禽团队在广泛调研、访谈、大量查找、阅读、总结文献资料的基础上，参照国际肉鸽生产、消费、贸易等资料，从全球化视角分析肉鸽产业发展的概况、鸽业科技发展与现状、鸽业存在的问题、科技需求与发展趋势、发展建议等内容，对中国鸽业与科技发展情况进行了系统梳理和分析，报告首次全面系统地分析了肉鸽产业及其科技总体发展情况。报告被国家鸽业科技创新联盟采用，并上报农业农村部相关司局。

（八）培养有科技与创新意识的新时代新型农民，推动乡村振兴

团队岗位专家来自国家级、北京市一流科研院校，具有广泛的国际交流和合作，通过农业农村局安排的科研推广、培训以及对接活动，不仅将新的科学技术，而且把新的理念、生产方式和营销模式等传递给了中小型家禽企业，开阔了家禽企业经营者视野、提高了专业水平和素质、培养了一批具有科研和创新意识的新型农民，为北京市乡村振兴培养了现代高素质新型农民。

第三节　产业典型案例分析

一、产业发展新业态案例

目前，北京市家禽产业仍然是多品种、多规模、多模式、多层次并行发展的格局。2019年，北京市蛋鸡总存栏877.5万只，其中，50%分布在北京市中、小型蛋鸡养殖企业，每年为北京市场提供5.6万吨鸡蛋。在不断探索、创新中，京郊的中小型蛋鸡养殖企业形成了“无抗养殖模式”“林—草—禽生态养殖模式”“合作社带动模式”“以销带产模式”“放养蛋鸡规范化养殖模式”“功能性鸡蛋研发与生产模式”6种多样的创新发展模式，在北京市家禽产业中发挥了多样性、创新性作用，在北京市鸡蛋供给保障中发挥着不可替代的作用。

二、典型案例分析

（一）以健康养殖为出发点，推动蛋鸡无抗生产

位于平谷区的北京双银养殖场，该场目前实施着家禽团队功能性鸡蛋、精细化饲喂（物联网环境控制）、疫病综合防控技术、鸡蛋分级喷码包装、品牌建设与营销等多项团队技术的示范，家禽团队多位岗位专家都在这里开展技术示范，是团队技术集成度较高的田间学校工作站（见图 15－15）。2019 年双银养殖场还有来自非洲贝宁的外国留学生 DANSOU 在驻场开展试验，双银养殖场“从修车匠到科技新农人”后，又开始有了“国际范儿”。

图 15－15　北京双银养殖场调研

该场响应国家提出的兽用抗菌药使用减量化行动，在 2017 年底已实现无抗生产，比国家计划的期限提前了 3 年。在家禽团队帮助下，双银养殖场采取“防、管、控”相结合的方式实现无抗生产（“防”主要是做好养殖场的生物安全控制，加强养殖场的消毒和防疫，从根本遏制疫病的发生；“管”是加强雏鸡的筛选和养殖管理，选择正规种鸡场的雏鸡，做好养殖过程的环境控制和营养调控；“控”是利用微生态和中草药制剂提高蛋鸡的免疫力，增强抗病能力）。通过科学管理和健康养殖技术措施，双银养殖场近 10 年没有出现重大疫病，鸡蛋安全水平持续提高，也取得了很好的经济效益。相关情况在 2019 年 8 月 3 日出版的农民日报《张双银：跟上无抗养殖潮流才有前途》中已经报道。

（二）打造全程质量安全标准化生产体系，创建品牌企业

位于平谷区的北京绿都峪口兴合养殖有限公司（见图 15－16），该企业采用“公司＋农户”的生产经营模式，高峰期时曾带动农户 100 多户，近年来由于环保和禁限养政策，目前还有农户 20 多户，共计存栏蛋鸡 20 余万只，年产鸡蛋 4000 多吨。据企业负责人张阳介绍，父母以前就是养鸡的，自己是子承父业。在父亲张来合时代，合作社与农户建立了“六统一”管理模式，即“统一供雏、统一用料、统一防疫、统一管理、统一标准、统一销售”，所有农户遵循合作社的技术规范和技术体系，完全按照标准化生产流程进行

养殖生产，所有社员基地鸡蛋产品统一由合作社利用自有渠道和品牌进行销售，并在家禽团队技术支持下，建立了合作社全程农产品质量安全标准化体系，顺利通过 GAP（良好农业生产规范）认证，获批北京市全程农产品质量安全标准化示范基地。在女儿张阳时代，秉承“民以食为天，食以安为先”的理念，合作社向家禽团队提出“鸡蛋现场快速检测是否无抗无残”的技术需求，引入了家禽团队研发的鸡蛋药残快检技术，用简单的试纸条约束了养殖户，提升了回收蛋品的质量安全水平，保证了市民“舌尖上的安全”（相关情况在 2019 年 7 月 27 日的农民日报《鸡蛋质量好不好，快检一下就知道》上进行了报道）。此举也为合作社带来了好的口碑和品牌影响力，日本、韩国企业纷纷上门签订合作协议，订制生产品牌鸡蛋，为企业带来了可观的经济效益。

图 15－16　绿都兴合养殖有限公司调研

（三）绿壳蛋鸡落户小吉祥村，有效带动低收入村低收入户增收

家禽团队在延庆区对口帮扶的低收入村小吉祥村，2019 年举办“绿壳蛋鸡落户小吉祥村”主题帮扶活动（见图 15－17），通过将家禽团队自主培育的“高产绿壳蛋鸡”落户“小吉祥村”，帮助打造“绿壳吉祥”品牌鸡蛋，助力村民增收。在村委会活动现场，家禽团队汇报了“绿壳蛋鸡”培育进展，同时还发布和展示了“绿壳吉祥鸡蛋”品牌和产品。据养殖场主介绍，“绿壳蛋鸡”所产的鸡蛋除颜色稳定、产量高之外，鸡蛋蛋壳色泽更显光亮，具有独特的气质。除此之外，由于“绿壳蛋鸡”父亲是黑羽，母亲是花羽，其地方血统和外貌更使得淘汰鸡价格大幅提升，养殖收益增加，具有显著的市场优势。家禽团队北京培育的蛋鸡品种优先服务北京农民，带动对口帮扶的低收入村小吉祥村增收，帮助小吉祥村创建了“绿壳吉祥”品牌鸡蛋并设计了“绿壳吉祥”鸡蛋的独特包装。

图 15－17　延庆区小吉祥村“绿壳蛋鸡落户小吉祥村”主题活动

（四）种养联动，实现北京油鸡生态养殖

密云区的北京诚凯成柴蛋鸡养殖合作社（见图 15－18），多年来利用当地的山地资源，围绕北京油鸡这一北京特色家禽品种，开展生态养殖。合作社目前养殖北京油鸡 6 万只，并建立了种养一体化生产模式：在北庄镇承包山地 66.67 余公顷，以种植中草药为主，在太师屯镇承包土地 10.67 公顷，种植苹果、樱桃等，将养殖产生的粪污进行资源化利用，为苹果、中药植物和油用牡丹种植提供了优质有机肥，按照“绿水青山就是金山银山”的发展理念，实现种养结合。

图 15－18　密云诚凯成柴蛋鸡合作社调研

（五）关注人类健康，把准市场的脉，生产优质、功能性禽产品

北京市家禽创新团队紧跟国际健康产业科研的前沿，开发了以 ω－3 功能性禽产品为主、牛磺酸、叶酸为辅的营养强化系列功能性禽产品，并积极搭建国际交流与研发平台，初步形成了以政府为主导，联动“国外科研机构＋国内顶尖功能性食品研究机构＋北京市家禽创新团队”三位一体的研究平台，探索建立了“技术引进—消化吸收—自主研发—示范推广”的研发模式，目前已经研发并推广系列 ω－3 功能性禽产品，包括 ω－3 鸡蛋、ω－3 鸡肉、ω－3 北京烤鸭等。

密云区的北京东安福农业科技有限公司走出了一条典型的“以商带养”发展模式

（见图15－19）：通过建立稳定的销售渠道，在充分了解市场需求的基础上，带动自身蛋鸡养殖发展。

图15－19　北京东安福农业科技有限公司调研

通过功能性食物研发平台的搭建，汇聚全球的科研成果和智力资源，共享功能性禽产品带给人类的健康和安全，相信不远的未来，美味健康的功能性禽产品将会走上人们的餐桌，走进人们的生活，让我们共同逐梦“功能性禽食物”，共享美好的未来。

（六）回归自然生态，发展林下养殖

位于顺义区的北京绿多乐农业有限公司打造了“林—草—鸡生态种养循环模式”，坚持“改善动物福利、提升蛋禽品质、回归自然生态”的原则，致力于发展林下经济。在北京油鸡养殖现场，可以看到养殖场自主设计的成本较低、生态感强的第一代简易鸡舍，以及相继开发的第二代别墅式放养鸡舍和标准化的第三代林下放养鸡舍。2019年在家禽团队支持下，养殖场自主设计的一套鸡蛋分级、清洁设备，有效提升了鸡蛋的外在品质（见图15－20）。

图15－20　北京绿多乐农业有限公司调研

（七）传播农耕文化，挖掘北京鸭历史传承

前鲁村在过去是京郊著名的鱼米之乡，号称“北方水稻种植第一村”，也是北京鸭

“鸭稻文化”的发源地之一。随着北京农业产业结构调整，曾供应北京烤鸭市场80%白条鸭的“前鲁鸭场”也逐渐退出了历史舞台，但原来的“鸭司令”黄礼并没有放弃，选择将鸭场改造成农耕文化体验园，重现当年的农耕场景，让更多的人了解北京鸭的历史。通过此次调研，专家对北京鸭的历史和文化有了进一步了解。

（八）培育新型职业农民，规范放养蛋鸡生产

北京宏栗园柴鸡专业合作社在2012年之前还只是一个简陋养殖户，存栏蛋鸡不超过3000只，养殖品种杂、生产效率低、销售渠道单一。在家禽团队帮扶下，该合作社从品种、设备、技术到产后鸡蛋分级、储藏、包装等环节都有了规范化的提升，合作社负责人王海文也逐渐成为了放养蛋鸡的“新型职业农民”。团队在交谈中了解到，2019年王海文为拓展合作社规模，依靠自身实力，赴河北张家口开辟新战场，发展自身的同时还为当地扶贫工作做出一份贡献。

第四节　产业发展政策建议

一、产业发展问题及其技术需求

随着北京市“四个中心”战略定位的确立和“调、转、节”等一系列政策的实施，北京市家禽产业面临新的发展问题和挑战。

（一）产业发展问题

1. 受限于空间和自然资源

从农业发展空间来看，北京市土地资源数量有限、质量不高、山地多、平地少、土地后备资源不足，农业发展空间及资源的刚性约束越发凸显。制约农业发展的还有水资源，北京市人均水资源占有量不足300立方米，仅为全国人均占有量的1/6，世界人均占有量的1/25，水资源的不足使农业用水更为珍贵，在农业结构调整中，水资源成为考虑因素的重中之重，开发节水技术、创新节水机制、提高节水系数是北京农业现代化发展的前提条件。

2. 环境保护压力较大，动物疫情仍不时发生

作为国际化大都市，北京对环境质量要求越来越高。但目前面临日益严重的水资源短缺与水体污染并存的问题。现有未经改造的基础设施、设备和尚存的传统家禽养殖业仍然在产生废气、废水、废物，破坏了生态平衡，是造成环境污染的隐患。

北京作为重要的动物产品消费的大市场，大量畜禽产品调入给重大动物疫情传播提供

了机会，北京市动物疫病防控工作面临的任务依然十分繁重。

3. 供需发展之间存在矛盾

市民对优质安全禽产品的多样化需求和市场供应的不平衡不充分发展之间存在矛盾。一方面是产业规模不断缩减，自给率逐步下降；另一方面是消费者对鸡蛋质量安全的需求不断提高。近年来，北京市家禽创新团队与国际健康产业对接和交流，发达国家功能性食物发展经验，结合中关村“大健康”发展计划，可以预见，在“安全农产品”的基础上，北京市居民对功能性家禽产品的需求将不断增加。

4. 中小型家禽企业的现代化与智能化装备水平

北京市中小型养殖企业是在北京市调转节和禁限养的大背景下生存下来的仅有的养殖企业，在京经营已有多年甚至几十年，目前的设施设备水平与全国相比已经落后很多，因此急需在将来的发展中重视家禽设施设备的现代化与智能化水平，提升基础养殖环境，以提高生产效率，加强疫病防控，保障养殖从业人员的利益。

5. 缺少禽产品质量安全相关的标准及配套法规

以鸡蛋为例，目前市场的供应仍然以壳蛋为主，加工率低；散装鸡蛋多，包装品牌鸡蛋少；鸡蛋包装标签信息（如营养成分、生产日期、货架期等）不规范；洁蛋比率低，大多数鸡蛋都未经过任何加工处理直接进入市场，存在较大的安全隐患；鸡蛋质量安全标准不全面，缺少对生产和流通过程的质量管控。

6. 科技创新能力仍是现代家禽业发展的瓶颈，需进一步强化科技支撑能力建设

现代化的家禽业能且只能依靠创新驱动实现农业增产增效。然而，目前北京的养殖企业中，大型企业的水平与设施设备非常先进和完善，而中小型企业的改造升级不足，生产水平和设施设备均落后于全国平均水平，难以实现产业和产品创新。

（二）技术需求

1. 迫切需要加强家禽生态环保养殖技术研发与示范

家禽生态环保养殖是未来产业的发展方向，目标是实现资源的高效利用，达到抗生素的减量化、养殖模式的福利化、废弃物的减量和资源化等；实现养殖过程中水资源减量使用；实现养殖过程中粪污安全管控，资源化利用；利用智能化和自动化减少养殖过程中能源的消耗。

家禽生态环保养殖是生态环境、食品安全、产业可持续发展的要求。家禽生态环保养殖包含两方面的考虑，家禽作为“生产者”需要健康的养殖环境提高生产效率，避免药物和抗生素的过量使用；人类作为“消费者”要求食用健康的禽产品，实现居住环境和养殖环境的和谐并存。

调研的 7 个中小型养殖企业面临的共同难题是粪便及其废弃物处理资源化利用。在提高北京市家禽产业绿色安全高质量发展水平，保障禽产品质量安全的同时，急需从全局出发，制定家禽粪便与废弃物资源化利用战略，推进强化以健康、节水、生态饲养技术的研

发，持续推进家禽高效安全生产，通过引入设备、革新理念和自主研发，继续进行新技术新产品的示范推广，这不仅是北京市家禽产业可持续发展的需要，而且对全国有着重要的示范意义。

2. 家禽主要疫病监测及综合防控技术

家禽主要疫病监测及综合防控是产业发展的必要保障。养殖水平参差不齐，集约化与散养共存，不同生产方式和饲养管理水平共存，难以形成一个共有的疫病防护体系。北京被周边养殖密集地区（高风险区）所包围，周边发生的疫情不断对北京形成威胁；而北京周边禽产品的输入和北京作为禽交易的集散地容易导致输入性疫病的发生。因此，寻求通过监测提前进行预警、采取综合防控是将疫病防控风险降低到最低的有效手段，也是家禽团队疫病防控技术团队持续追求的目标。

为此，需要继续加强家禽流感流行病学调查分析工作、H7N9 流感病毒等病原的传播规律研究、根据前期相关研究探索将建立的鸡白痢多重荧光 PCR 鉴别诊断方法、主要疫病的流行动态分析工作、鸽瘟流行病学调查与防治措施研究以及继续开展北京家禽养殖中兽药使用情况的调研与分析，为减少抗生素的使用提供科学依据。

3. 加强优质、功能性禽产品品种（品系）选育与配套技术研究

（1）提高家禽的育种技术。通过利用基因组学、生物信息学、表观遗传学及分子遗传学的技术手段，对家禽抗病性状、羽毛覆盖度、产蛋鸡拉稀、产蛋后期的蛋品质及生产性状等信息进行研究，分析这些性状的遗传基础，并将其应用到实际育种工作中。

（2）继续加强对北京地区蛋鸡品种的生产性能、蛋品质及适应性选育技术的研发，用于配套系生产的蛋鸡品系的培育技术。与北京中农榜样种禽有限公司合作，对农大 3 号、农大 5 号、绿壳蛋鸡新品系等蛋鸡品种持续选育，综合提高这些蛋鸡品种的市场竞争力，并通过与育种企业进行合作，提升现有品种的生产性能，并在未来的 3 ~ 5 年形成新的蛋鸡品种，并通过国家畜禽新品种审定。

（3）继续加强蛋用种公鸡综合繁殖性能饲养配套技术研究。进一步研究与鸡精液抗冻相关的基因以及相对应的抗冻蛋白，挖掘新型抗冻保护剂，多维度优化鸡精液冷冻保存技术；开展蛋用种公鸡精液品质候选基因鉴定技术；在已有研究成果基础上继续开展提高种公鸡繁殖性能专用饲料的示范与推广，同时继续开发用于提高种公鸡繁殖性能的新型营养素。

同时，依托家禽团队农民田间学校工作站欧米伽 3 富集鸡蛋生产技术；在已有研究的基础上开展生产富硒蛋的饲养配套技术；研究蛋壳品质的形成、影响因素与调控技术，形成有关技术产品，推广应用，研究鸡蛋风味的形成机理、影响因素和调控。

4. 智能化装备与技术

提高蛋鸡养殖场物联网技术应用及品牌鸡蛋运营服务。在北京及河北范围内为有需求的规模养殖场提供鸡舍小环境感知解决方案，采集鸡舍内环境的各项环境指标，在 3 ~ 5

家蛋鸡场安装物联网采集器；实时监控鸡舍温湿度、二氧化碳浓度、光照强度等指标，同时为优质规模养殖场和养殖户，提供品牌鸡蛋在线销售渠道，如蛋蛋商城。

5. 生产技术标准及其配套法规制定

围绕北京油鸡绿色优质鸡肉和鸡蛋产品生产全过程，健全产前、产中、产后等环节的标准化技术规程。同时根据市场需求，制定《生物活性硒北京油鸡蛋标准化生产技术规范》，保障生物活性硒鸡蛋安全、稳定生产，创建功能性鸡蛋品牌。

二、产业发展趋势及其亟待解决的技术问题

（一）产业发展趋势

综合分析北京市家禽产业的特点和新时期外部环境变化及对家禽产业发展的影响，北京市家禽产业已呈现出显著的发展态势。

1. 北京特色产品和北京传统文化相融合

地理标志登记是产业化升级的重要手段，通过知识产权保护可以将北京油鸡和北京鸭所蕴含的历史、文化和地理元素进行有效地固定和展现。地理标志保护作为公益性的管理手段可以有效地提升北京鸭和北京油鸡的产业化水平，促进特色高效家禽产业发展。借助地理标志平台，通过知识产权保护的手段，强化公益性技术服务职能，提升北京鸭和北京油鸡的市场竞争力和经济效益。

2. 技术引进和自主创新相融合

北京作为“科技创新中心”和“国际交往中心”具有明显的区位优势，但是单纯地通过技术输血很难占据产业的技术高地，必须通过自主创新，形成独有的技术体系。

3. 林—草—禽生态种养生态循环系统的构建和完善

林—草—禽生态种养循环模式能够实现立体种植养殖融合发展和资源循环利用，有效利用林下水土资源，较好地协调生态、经济和社会之间的关系，有利于农业资源在可持续发展战略中的实施。林—草—鸡生态种养循环模式符合国家关于生态林地建设、促进森林资源的保护和增长的战略，应该大力推广，促进北京市林—草—鸡生态种养循环模式的发展。

4. 功能性禽产品和健康产业的融合

功能性家禽食物是未来国际上最具有发展潜力的产业，功能性禽产品定位于国家公益性事业（市民健康、老龄化健康问题、减少国家治疗性财政支出），功能性禽产品与国家的发展方向吻合。中关村将启动“大健康”发展计划，北美也启动了功能性食物发展计划，目前在加拿大 ω－3 鸡蛋占到市场份额的 13.9%，而且以每年 10% 的速度递增。

虽然鱼类富含 ω－3，可减少 40% 心血管病发生率，但是重金属污染导致鱼肉存在安全风险。通过动物体的富集和过滤可以将原来的一些抗营养因子进行有效的排除，建立产品的安全阈阀，使得禽产品成为最安全的功能性动物蛋白产品。通过动物体的二次转化，

功能性禽产品成为最易被人类身体吸收和转化，通过蛋鸡、肉鸡、肉鸭等载体的转化，亚麻籽中的 ω－3 转化为人体容易吸收 EPA 和 DHA。

作为功能性食物的优良载体，n－3 鸡蛋、叶酸鸡蛋、富硒鸡蛋、牛磺酸鸡蛋、虾青素鸡蛋等功能性禽产品具有很好的市场前景，随着老龄化临近，健康将成为市民对禽产品的主要需求，而且通过功能性禽产品的开发可以减少对未来公共医疗体系的压力，具有重要的战略意义和良好的市场前景。

（二）亟待解决的技术问题

1. 北京鸭、北京油鸡地理标志产品保护、管理与开发利用技术

北京市家禽创新团队已经完成了部分的技术储备，包括北京鸭和北京油鸡特异性基因挖掘（北京油鸡多趾基因、北京鸭分子特征标记研究），以及北京鸭和北京油鸡地理标志保护产业化研究。家禽团队以后将注重：产品生产性能及特色品质的研究与开发、快速检测及鉴定方法的建立、可追溯体系的建立和遗传资源保护与开发、配套养殖模式和安全生产模式研发。

2. 国产蛋鸡品种高效生产技术与示范推广技术

北京拥有“京红”“京粉”“农大 3 号”“农大 5 号”等自主培育高产蛋鸡品种，以及优良地方品种北京油鸡和培育品系—栗园油鸡蛋鸡（三系配套）。针对北京市家禽产业结构调整的现状，需要重点开展特色家禽品种研究与开发，例如肉鸽、绿壳蛋鸡，围绕自主培育、拥有自主知识产权的蛋鸡品种（品系）进行高效生产技术的示范与推广，建立完善的配套技术体系，实现北京地区特色家禽品种养殖，打造新型产业。同时促进京津冀地区家禽产业协调发展、建立北京地区家禽产业生态可持续发展新模式、整合团队成员从育种、饲养、加工、销售多方面提供技术支持，进一步挖掘自主培育的蛋鸡品种的潜力和价值，实现联合攻关。

3. 生态保护与产业振兴深度融合技术集成

首先需要产业统筹规划，合力发展林下经济，强化农林复合，将生态保护与产业振兴深度融合，不断探索将绿水青山变成金山银山的方法和途径。其次，相关领域专家联合调研攻关，分析研究林—草—禽生态种养循环模式的有关的一系列相关问题。包括林—草—禽生态种养循环模式林—草—禽适度规模研究以及技术、经济、生态、社会效益评估的方法等的系统研究。最后，尽快出台符合北京市实际情况的林—草—禽生态种养循环模式政策。既要有宏观的指导，又要有明确的具体政策；既要体现部门联动、政策集成、资金聚焦，又要从解决林—草—禽经济发展的环节入手，制定切实有效的保障措施政策。

4. 功能性家禽产品生产体系研发与示范技术

加功能性禽产品合作、饲料与营养团队研发攻关和市场需求调研与分析，推动功能性禽产品发展，促进北京市家禽产业供给侧改革。

第一，需要开展基础性研究工作。围绕功能性成分鉴定、分子结构解析、活性物质转

化、营养物质互作效应等关键问题，开展相关机理研究；同时加强生产工艺优化、快速检测、储存包装等配套技术研发，保障功能性鸡蛋安全、稳定生产，并为新产品升级开发奠定基础。

第二，要开展产品开发与推广。在国际性和区域性畜牧、食品大会以论文、展板或技术报告的形式展示技术产品，扩大技术产品影响力；结合公益性活动，开展功能性鸡蛋进学校、进社区行动，进行健康知识和功能性食物科普，提高消费者对功能性禽产品的认知，积累潜在市场需求。

三、具体建议

（一）将 H7N9 防控工作放在首要位置

在前期 H7N9 防控工作基础上，拟进一步开展北京市家禽产业的调研和研讨，以人为本，从生产者和消费者的角度研究 H7N9 的防控工作。将开展北京市规模以下家禽养殖调研，重点针对疫病防控工作调研规模以下家禽养殖户的从业现状及从业意愿分析，从“三农角度”多维度地认识 H7N9 防控，并以北京市家禽团队的名义提出北京市防控 H7N9 的意见。

（二）发展生态养殖，实现可持续发展

家禽养殖的环保问题已经刻不容缓。发展家禽生态环保养殖，实现可持续发展是未来家禽产业的必然选择。

需要紧密围绕农业供给侧结构性改革，以“绿色生态”为主题，减少抗生素的使用，实现福利养殖和粪污资源的高效利用；实现养殖过程中水资源减量使用；实现生态环保技术与现代化家禽装备技术的综合性应用。坚持“政产学研推”的产业发展思路，激发企业和科研机构活力，构建现代家禽产业技术平台，集成绿色生态产业发展模式，应对当前产业发展的关键矛盾。

（三）建立综合性产业风险管理体系

目前北京市家禽业多重风险叠加，尽管家禽业生产者对风险防范需求强烈，但是对风险防范的重视不够，对风险规避的各种工具并不了解。因此首先应该借鉴国外经验，政府要对提高市场风险规避的手段和国外养殖业进行风险管理的经验加强宣传和讲解，提高农户自身的抗风险能力。其次，针对北京市养禽业保险产品有效供给不足，区县发展不平衡的问题，要进一步宣传和完善政策性农业保险制度，对政策性保险公司加大财政扶持，在家禽专业协会发展壮大基础上逐步引入合作性保险。再次，在当前生态安全形势日益严峻的情况下，北京家禽业需要解决综合防疫体系建设和生态环境保护问题以及综合食品安全质量控制体系建设问题，实现风险防控和质量提升的目标。最后要从产业安全视角尽快开展一体化风险管理体系的设计和制度安排。包括市场化风险管理工具的设计、政策性风险管理措施的优化组合模式，提出北京家禽业风险有效管理的体系。

（四）发展高端优质禽产品，满足消费者需求

实施乡村振兴战略和“农业质量年”，对于鸡蛋产销来说，就是以供给侧改革为主线，解决北京市消费者对优质安全禽产品的多样化需求和市场供应的不平衡不充分发展之间的矛盾。在新的发展形势下，急需借鉴发达国家和地区鸡蛋质量安全管理实践和成功经验，进一步完善北京市鸡蛋质量安全监督管理体系，这对于保证政府监管力、保证居民享受优质安全鸡蛋供应具有重要意义。

以“功能性食物”为突破，急需进行功能性家禽产品研发、转化系列功能性家禽产品技术成果的示范、推广，建立功能性家禽产品生产示范基地，并构建功能性家禽产品评测体系，以满足市场对安全营养农产品的需求。

（五）发挥“种业之都”的优势，参与国际分工

北京在家禽良种繁育上具有独特优势，2010 年北京正式实施《北京种业发展规划》，首次明确了打造“种业之都”。“十二五”畜牧业发展规划中，北京突出做强良种业，形成“两头在内，中间在外”的跨区域产业布局，有利于产业集聚效应和规模效益的发挥，辐射带动外埠规模化商品性养殖基地的建设，促进生态健康养殖模式的推广和扩张，促进科技资源优势向产业优势再到区域综合带动优势的转变。

（六）加强禽产品地理标志保护和开发利用，提升产业化水平

通过地理标志这一利剑，将北京油鸡和北京鸭所蕴含的历史、文化和地理元素进行有效地固定和展现，可以有效地提升北京鸭和北京油鸡的产业化水平，促进特色高效家禽产业发展。需要政府和行业专管部门、机构携手进行禽产品地理标志保护和开发利用的管理技术和法规、标准等制度建设，以提升北京油鸡和北京鸭（烤制型）的产业竞争力。

（七）培养产品和技术创新能力，提升产业核心竞争力

目前北京市家禽产业发展正处于结构调整和产业升级的转型阶段。北京聚集了 61.1% 的国家重点试验室，23.7% 的涉农国家工程技术研究中心，29 家全国一流的农业高校和涉农科研机构，具备整合高端科技资源、人才、服务和发展家禽产业技术集成优势，构建产学研结合的产业技术集成创新产品和技术的能力。通过研发具有自主知识产权和国际竞争力的家禽产品、集成包括饲养技术、产品质量、工艺装备等在内的安全高效化生产关键共性技术；实现科技资源整合和衔接，形成公共技术支撑平台，提高技术创新资源利用效率，实行知识产权分享；加速创新成果转化，完全可以推动产业核心竞争力的提升。

（八）加强相关法规、标准的建设和政策支持

循序渐进，分布实施，完善北京市场鸡蛋生产供应的质量安全法规、制度和标准。第一，梳理现有法规、制度和标准，发现北京市鸡蛋质量安全管控的漏洞，以及与欧美发达国家的差距；第二，开展全面调研，全面了解和把握北京市鸡蛋质量安全需求；第三，总体设计北京市鸡蛋质量安全管控体系；第四，制定北京市鸡蛋质量安全管控体系的目标、步骤和时间表；第五，逐步完善北京市鸡蛋质量安全法规、制度和标准。

另外，今后北京市家禽业还要加强政策和金融支持。首先，要改变在科技支撑、基础设施、环境设施和服务设施的建设方面的分散投入，加强在良种繁育、健康养殖及配套综合服务方面资源整合力度；其次，要通过政府主导建立以北京为核心的良种繁育信息网，在质量安全监督、行业资源共享等方面提供公共服务，实现种畜禽市场、畜禽管理、品种资源以及联合育种等信息资源共享和有效利用；最后要健全基层推广体系，扩大推广人员队伍和人才培养。

第十六章　北京市奶牛产业发展报告

北京奶业虽然在资源禀赋与养殖数量上不是优势，但是它独特的科技与种质资源、面向超大型超市多层次的消费需求，在我国奶业中占据着不可忽视的地位。本报告主要分为4个部分。一是从奶牛生产、加工、市场消费、成本收益等方面阐述了北京奶牛产业特色发展情况，以及近年来北京奶牛产业发展取得的喜人成就。二是从产业发展中创新团队的技术支撑作用出发，介绍了2019年北京市创新团队助推北京奶牛产业发展所开展的一系列工作。三是开展典型案例研究，介绍了三元爱力优奶粉和北京归原奶庄休闲观光牧场，并对奶牛体形外貌鉴定的案例进行了分析。四是产业发展的问题及政策建议，分析了产业发展的技术需求、产业发展的趋势、需要解决问题并提出了相应的政策建议。

第一节　产业发展现状

一、生产现状

（一）总体情况

1. 奶业发展布局

据北京市统计局数据显示，近年来北京奶牛存栏量和成乳牛数量总体呈双线下降趋势。截至2019年12月，北京市奶牛总存栏56829头，成乳牛存栏32903头。自2011年以来，奶牛存栏量和成乳牛存栏量持续下降，2019年比2011年分别下降62.28%和67.06%；比2018年同比下降24.47%和23.15%（见图16－1）。

北京市奶牛养殖在13个区均有分布，城市发展新区一直是奶牛养殖集中地，2019年奶牛存栏达到36064头，成乳牛20606头，分别占到北京市总量的63.46%和62.63%。2019年奶牛养殖规模较大的区是顺义区、密云区、通州区和延庆区。北京奶牛产业顺应北京城市的新型定位，在区域分布上进行了调整，城市核心区存栏量最少，城市发展新区虽

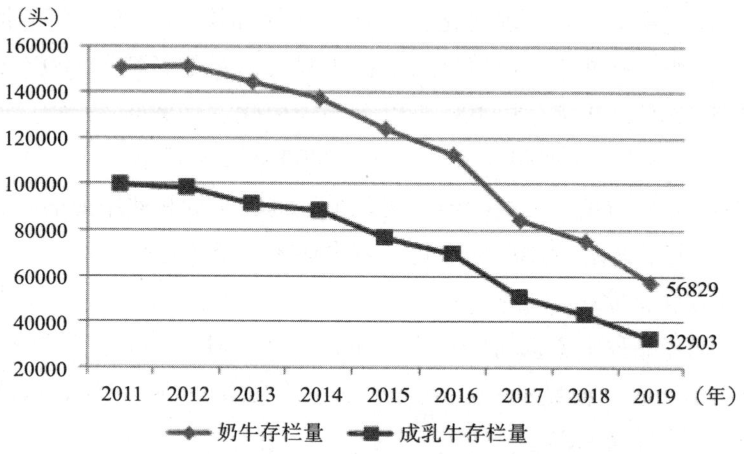

图 16－1　北京市奶牛存栏量和成乳牛存栏量

然目前承担着奶牛产业发展的重任，但为了支持北京生态保护、腾出近郊土地，2019 年通州区腾退了 1 万余头奶牛，大兴区也从 2017 年开始大幅减少奶牛存栏，生态涵养发展区中的门头沟区、怀柔区、平谷区作为生态保育重点区域也清减了奶牛存栏。昌平区、房山区、顺义区、延庆区、密云区存栏量虽也有减少，但幅度较小，基本保持稳定，保障着北京市奶源的稳定供应。（见表 16－1）。

表 16－1　　北京市各区奶牛存栏情况　　单位：头

单位	2011 年	2012 年	2013 年	2014 年	2015 年	2016 年	2017 年	2018 年	2019 年	2019 年占比（%）
北京市	150650	151013	144435	137663	124213	111803	84188	75236	56829	100
城市功能拓展区	6789	—	5172	3755	1446	1222	426	369	387	0.68
朝阳区	3179	164	2520	1911	824	626	152	187	216	0.38
丰台区	968	564	760	158	39	39	15	0	0	0
海淀区	2642	—	1892	1686	583	557	259	182	171	0.30
城市发展新区	90050	72395	93909	88520	79535	74424	55623	49077	36064	63.46
昌平区	10938	4524	10821	10459	8740	6776	4564	4166	4323	7.61
房山区	10408	10778	14071	11516	11278	9623	8634	7923	6753	11.88
通州区	20211	13552	23036	22786	22388	20436	19804	19860	9147	16.10
顺义区	18487	19594	17380	16672	16876	17787	14566	11746	11567	20.35
大兴区	30006	23947	28601	27087	20253	19802	8055	5382	4274	7.52
生态涵养发展区	53811	—	45767	45388	43232	36157	28139	25790	20378	35.86
门头沟区	316	—	30	29	10	10	7	7	7	0.01
怀柔区	10952	11743	9285	8664	7819	4667	1297	44	45	0.08
平谷区	1036	1125	760	1042	1080	936	238	493	239	0.42
延庆区	20443	21749	16855	16839	14850	12180	11421	11339	9159	16.12
密云区	22411	22273	18837	18814	19473	18364	15176	13907	10928	19.23

资料来源：《中国奶业年鉴》，“—”代表数据缺失。

奶牛养殖规模化水平较高，现代化奶业建设步伐加快。到2011年，散养奶牛入场入区工程顺利完成，奶牛标准化、规模化水平稳步提升，奶牛养殖场100%实现了机械化挤奶。截至2019年12月，北京存栏100头以上的规模化现代牧场59个，其中1000～1999头以上有18个，主要分布于通州区和顺义区；2000头以上的有7个，主要分布在密云区和通州区。机械化养殖防止了二次污染，实现了生鲜乳质量和效率显著提升，规模化程度的不断提高使奶牛场管理运营逐渐标准化，技术体系不断先进化。

2. 牛群结构及生产水平

北京市奶牛饲养品种主要以荷斯坦牛为主，其他品种奶牛有少量存栏。北京20家示范牛场的监测显示，在牛群结构中，成乳牛占总存栏量的54.44%，育成牛占31.27%，犊牛占14.12%（见图16－2）。

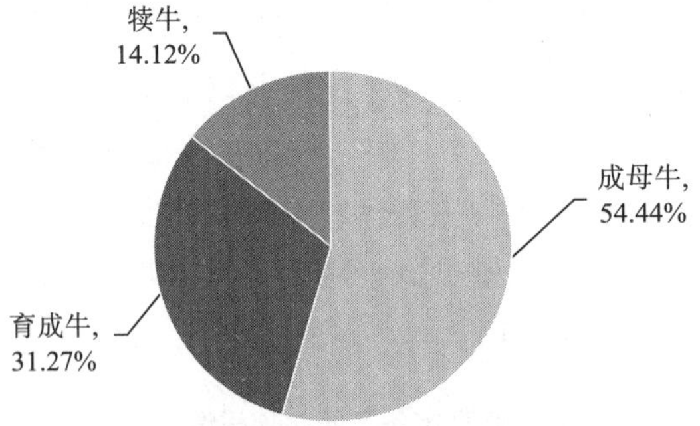

图16－2　2019年北京市示范牛场牛群结构

北京生鲜乳总产量稳中有降，单产波动式上升。近年来，随着现代奶牛饲养管理实用、新技术的积极推广，北京市成乳牛单产水平整体呈波动式上升趋势，仅于2016年有所下降至6.57吨/头，于2019年又回升至最高点。2019年北京市牛奶产量26.4万吨，比2014年减少了55.63%，主要集中于城市发展新区，占总产量的63.46%；此外，2019年成母牛平均单产为8.03吨，与2018年相比上升9.71%（见图16－3）。

从示范牛场方面来看，生鲜乳产量从2015～2019年一直呈稳步上升趋势，示范场生鲜乳产量在北京市生鲜乳总产量中所占比重也不断上升；成母牛单产方面，示范场始终高于北京市平均单产水平，且近两年单产水平有大幅提升，2019年示范场成母牛单产水平达到9.10吨，可见北京市奶牛创新团队对示范牛场的“奶牛保姆”式的帮助与支持成效显著。

从区域分布构成来看，通州区、昌平区和大兴区的成乳牛头均年产奶量显著高于北京市总体水平8028千克；分别为10239千克、9507千克、11336千克；而朝阳区、门头沟区、顺义区、平谷区和延庆区明显低于北京市总体水平，仅分别为4310千克、3333千克、6283千克、5573千克和6173千克；海淀区、房山区和密云区与北京市总体水平相近，分别为7693千克、7728千克和7843千克（见图16－4）。

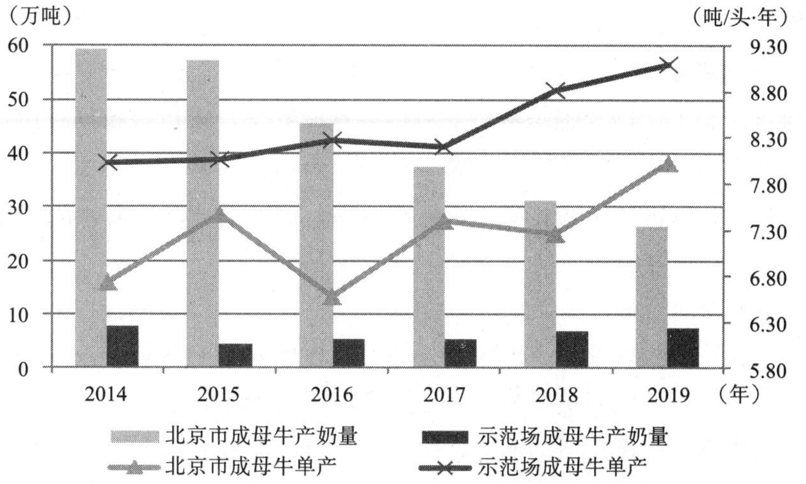

图 16－3　2011～2019 年北京市牛奶产量及成乳牛单产情况

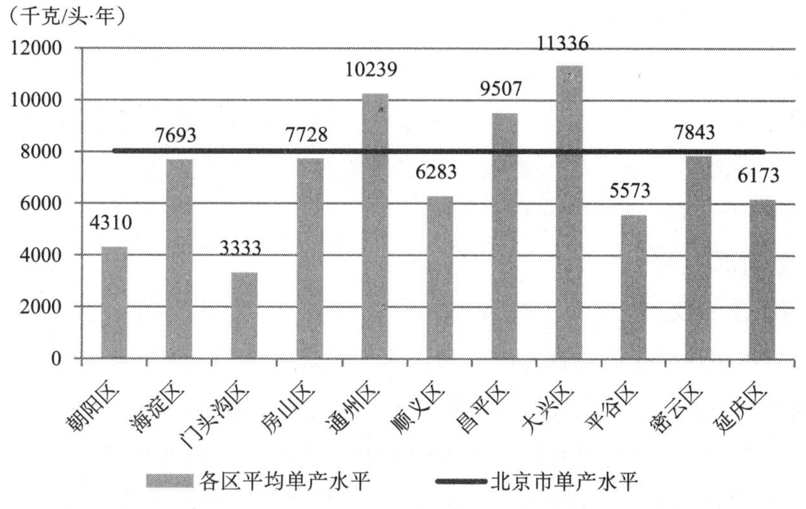

图 16－4　2019 年不同区成乳牛头均年产奶量

3. 奶源基地建设

（1）推广生鲜乳价格的保障机制，保护奶农利益，确保奶源市场稳定。北京市奶业协会与中国太平洋财产保险股份有限公司以及奶牛养殖企业共同合作推动“生鲜乳价格指数保险（北京地区）”产品实施，2019 年参加保险的养殖企业范围进一步扩大，取得良好收效。通过对生鲜乳目标价格多次调研商讨，确定以低于 3. 55 元/千克价格为保险赔付价格，有效保证了奶价的稳定，确保奶源市场与终端市场乳品供应。

（2）开展奶源牛群优化改良与繁育提升合作计划，完善奶牛良种繁育体系，推动良种产业发展。蒙牛集团奶源事业部、北京首农畜牧发展有限公司、北京奶牛中心三方进行全面合作，这次全面合作本着“强强联手、优势互补、振兴奶业”的原则，就启动牛群繁育与改良计划、开拓牧场创新管理方面达成合作共识，通过充分发挥和协同三方优势资源，助力北京市奶源基地建设。

（3）进一步推进京津冀协同发展，优化了奶业布局。按照《京津冀畜牧业协同发展合作框架》协议，相关部门及组织从产业对接，资源共享、人员科技信息协作、示范基地共建等方面积极推动京津冀奶业协同发展，布局了奶牛养殖和加工基地。通过龙头企业外埠基地建设等政策，按优化布局、协同发展的原则，引导产业向河北等周边省市转移。

（二）生态环境

1. 环境污染问题

北京市奶牛养殖粪污处理趋于无害化，粪污处理模式并不完善，存在一些问题。一是种养结合机制不充分，一些养殖场没有因地制宜利用附近的农田资源解决粪污处理和生态还田，未充分利用自有农田的消纳能力，导致干湿分离处理后的粪水中固形物含量高，不仅处理难度大，还增加了处理成本。二是国外引进的粪污处理新技术昂贵，大大提高了养殖成本，利用复杂的工艺，投入国家大量的资金进行处理和利用，从社会效益、经济效益和生态效益方面考虑值得商榷。

2. 奶牛养殖发展空间受限

奶牛养殖空间受土地资源减少、城市缺水和降低污染物排放要求等因素制约，以及周边省区牲畜养殖规划不规则发展的影响，奶牛场防疫压力加大，养殖空间格局正在从近郊到远郊，从平原到山区，从京内向京外转移。

（三）安全情况

1. 牛疫病防治问题

通过对北京市示范奶牛养殖场月度监测，发现目前北京奶牛发病率较低，其中，2019 年乳房炎发病率平均为 1%，子宫炎发病率平均为 1%，蹄病发病率平均为 2%。虽然其发病率相对较低，但是常见病的发生对奶牛养殖场的经济效益产生不可逆转的影响，因此应该继续加强奶牛疾病的防治工作，达到奶牛零发病率。此外，在奶牛在用药过程中不仅要注重“质”的标准，还要符合“量”的要求，不仅要确保奶牛的健康福利问题，还要保证人体健康。

2. 健康养殖问题

在牛场设施设备方面，北京市奶牛养殖场的防暑降温设施、饮水槽加热装置、卧床垫料和运动场地面设计、奶牛福利设施等总体上在国内处于相对较高的水平，但与国际主要奶业生产国相比仍存在差距。美国、澳大利亚等国家普遍采用太阳能、电子围栏以及防冻供水系统，同时配有先进的装卸和运输奶牛的装置和设备。

在奶牛福利理念方面，与国内其他省份类似，北京市多数养殖场对奶牛福利重视程度仍有待提高，牛群健康监测和评价记录存在缺失的现象，与国外奶牛福利现状存在一定的差距。如荷兰成立了“农场牛奶产业供应链质量保障基金会”，对动物健康、营养、福利、卫生和环境等方面进行检查，法国设立《动物福利保护法》，要求奶牛养殖户要从场区建设、动物心理方面考虑动物福利。

3. 生鲜乳质量安全状况

北京示范牛场生鲜乳平均品质水平高于国家标准，达到优质乳工程中特优级水平。与2010年颁布实施的《食品安全国家标准—生乳》相比，北京示范牛场2019年生鲜乳的乳脂肪率高0.83个百分点；生鲜乳的乳蛋白率高0.46个百分点（见表16-2），另外，生鲜乳的体细胞数降低到了19.30万个/毫升，菌落数降低到了每毫升2.85万CFU，均达到了优质乳工程中的特优级水平，与2018年相比，生鲜乳质量各项评价指标均有显著提升。

表16-2　2019年北京示范牛场生鲜乳质量情况

指标	乳脂率（%）	乳蛋白率（%）	体细胞数（万个/mL）	菌落数（万CFU/mL）
国家标准	3.1	2.8	—	200
北京示范牛场	3.93	3.26	19.30	2.85
特优级	≥3.3	≥3.1	≤30	≤10
优级	≥3.3	≥3.1	≤40	≤20
良级	≥3.2	≥3.0	≤50	≤30
合格级	≥3.1	≥2.9	≤75	≤100

数据来源：《中国奶业年鉴》，北京示范牛场监测月度数据。

4. 地方标准

截至2019年年底，北京市制定与奶牛产业相关的地方标准共计16项，2019年新立项地方标准4项，对推动本地区奶牛产业规范、健康、有序发展起到积极作用（见表16-3）。

表16-3　北京市奶牛产业地方标准

标准号	标准中文名称	实施日期
DB11/T150.1-2019	奶牛饲养管理技术规范第1部分：育种	2019年10月1日
DB11/T150.2-2019	奶牛饲养管理技术规范第2部分：繁殖	2019年10月1日
DB11/T150.3-2019	奶牛饲养管理技术规范第3部分：饲养与饲料	2019年10月1日
DB11/T150.4-2019	奶牛饲养管理技术规范第4部分：卫生防疫	2019年10月1日
DB11/T1332-2016	奶牛机械挤奶操作规范	2016年8月1日
DB11/T1021-2013	奶牛电子耳标技术规范	2014年2月1日
DB11/T902-2012	秸秆复合颗粒饲料制备及质量要求	2013年1月1日
DB11/T868-2012	生鲜乳贮运技术规范	2012年9月1日
DB11/T708-2010	生鲜乳收购站建设与管理技术规范	2010年8月1日
DB11/T631-2009	有机生鲜乳生产技术规范	2009年5月1日
DB11/T150.5-2007	奶牛饲养技术规范第5部分：卫生防疫	2007年12月1日
DB11/T425-2007	种奶牛场舍区、场区、缓冲区环境质量	2007年3月15日
DB11/T150.1-2002	奶牛饲养技术规范第1部分：育种	2002年4月1日
DB11/T150.2-2002	奶牛饲养技术规范第2部分：繁殖	2002年4月1日
DB11/T150.3-2002	奶牛饲养技术规范第3部分：饲养与饲料	2002年4月1日
DB11/T150.4-2002	奶牛饲养技术规范第4部分：卫生保健	2002年4月1日

数据来源：北京市畜牧总站。

（四）效益水平——净利润分析

2019 年北京示范奶牛养殖场每头净利润呈波动式上升趋势，团队对示范场的技术推广起到了关键作用，示范场经营逐渐改善。2019 年 1 月，北京示范牛场每头净利润为 394 元，同比上涨 43.29%，之后分别于 4 月和 10 月达到高点，每头净利润分别为 484 元和 476 元，10 月为全年同比增长率最高的月份，为 86.33%。2019 年 12 月，示范牛场每头净利润达到最高值 703 元，环比增长 12.12%，同比增长 62.58%。北京市示范牛场全年累计每头净利润为 5133 元，较 2018 年增长了 28.91%（见图 16－5）。

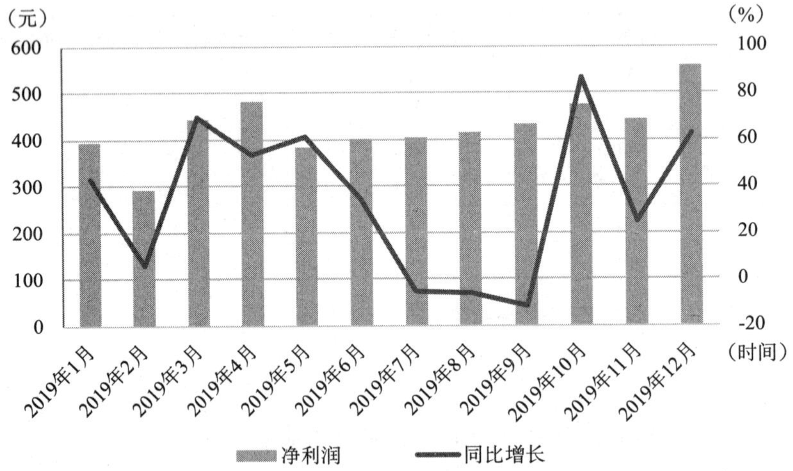

图 16－5　2019 年北京示范牛场净利润

二、加工流通现状

（一）乳企基本情况

北京大型乳企主要有“三元”“蒙牛”（含“达能”）“伊利”“光明”4 家，并在新一届的 D20 峰会换届选举中入选，其中“三元”为北京本土企业。2019 年，“三元”上市新产品 24 项，优化升级老产品 7 项，其中“衡安堂 166 酸奶”入选中国轻工业消费升级十大重点产品，“极致 A2 β－酪蛋白纯牛奶”荣获 2019 品牌中国健康产业高峰论坛科技创新产品奖，以科技创新持续不断满足广大消费者健康美好生活需求。“三元”凭借在履行社会责任，促进食品行业高质量发展方面做出的突出成绩，荣获 2019 年度食品安全示范企业及产品质量管控卓越奖。北京市场各品牌产品涵盖了几乎所有的乳制品种类，北京市乳制品的产品结构以液态乳为主，与其他所有乳制品的产量相当，表现在生产形式上主要是发酵乳、灭菌乳、巴氏杀菌乳和调制乳等液态乳制品。2019 年北京乳品加工的乳制品总产量为 55.40 万吨，与 2018 年相比略微下降。

（二）乳制品产量稳中有降

总体来看，北京市乳制品产量在 2016 年以前总体呈上升趋势，自 2016 年来稳中有降，如图 16－6 所示。2010 年北京市乳制品产量为 52.3 万吨，至 2016 年升至最高为 62.19 万吨；

2019 年北京市乳制品产量为 55.40 万吨，与 2018 年相比下降了 1.07%，但是与 2010 年相比上升了 5.93%。北京乳品加工以液态奶为主，历年均占总产量的 92% 以上。

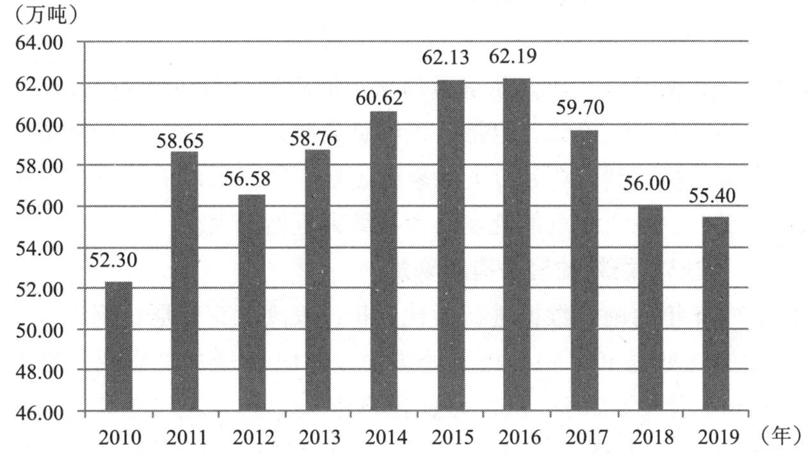

图 16-6　2010~2019 年北京乳制品产量变化情况

数据来源：《中国奶业年鉴》，2018 年、2019 年数据来源于中商产业研究院数据库。

（三）乳制品流通渠道多样化

目前北京市场上流通的乳制品品牌主要有“伊利”“蒙牛”“三元”“光明”等，因此也形成了以各个企业为代表的流通渠道。其中伊利提出了“一级配送、二级强化、决胜终端”的销售模式；蒙牛采用三级渠道分销网络；而三元以地域销售为主构成，分区划片，统一销售。

三、市场消费现状

（一）北京居民乳制品消费潜力依然较大

对北京消费者进行实地问卷调研，对受调研人群乳制品的家庭月度消费支出进行分析。发现有 74.8% 的家庭在乳制品方面的月支出超过了 100 元，其中 28.8% 的家庭乳制品月支出在 100~200 元，31.9% 的家庭乳制品月支出在 200~300 元，并有 14.1% 的家庭乳制品月支出超过了 300 元。（见表 16-4）

表 16-4　消费者所在家庭乳制品消费月支出

选项	频数（次）	百分比（%）
50 元以下	7	3.7
50~100 元	41	21.5
100~200 元	55	28.8
200~300 元	61	31.9
300 元以上	27	14.1

资料来源：北京农学院实地调研。

根据《中国居民膳食指南》的建议，我国居民每人每天应摄入相当于鲜奶300克的乳制品，若以此为标准，每月按30天计算，每个家庭平均人口按3人计算，据中国社会科学院农村所专家团队分析，以液态奶均价按每斤6.25元计，可算得每个家庭乳制品月度支出应为337.5元。

仅观察调研所的数据可以发现，北京市消费者的乳制品月度消费支出平均水平较高，支出在100元以下的家庭占比较低。但是，将调研数据与《中国居民膳食指南》的标准对比却又发现，消费支出能达到300元以上的家庭还是少数，所以对于很多家庭乳制品每日人均摄入量依然不足，也说明北京的乳制品消费潜力依然巨大。

（二）巴氏奶、酸奶与奶粉的消费有所增加

将2019年与2016年的调研数据进行对比分析，发现北京市居民对巴氏奶、酸奶与奶粉的消费均有所增加（见表16-5）。巴氏奶方面，2019年增加低温奶消费的被访问者占比28.3%，较2016年增加了2.4%，较为显著的是，选择"无人消费"选项的被访问者比重明显下降，较2016年下降了21.1%，说明北京市居民对巴氏奶的认知度与认可度有较大提升，促使居民对巴氏奶的消费有所增加。酸奶方面，2019年增加了酸奶消费的被调查者占比58.6%，较2016年增长了18.7个百分点，增长幅度较大，选择"无人消费"的被访问者仅占了3.1%，说明酸奶在北京市居民的生活中普及程度已较高。奶粉方面，消费有所增加的被访问者占了14.1%，较2016年增长了6.7%，选择"无人消费"的被访问者占了40.3%，较2016年下降了23.5%，北京市居民对奶粉的消费信心也逐渐恢复。

表16-5　2019年与2016年乳制品消费情况对比　单位：%

乳制品种类	消费趋势	2019年	2016年
低温奶	增加	28.3	25.9
	不变	45.0	28.2
	减少	5.2	3.3
	无人消费	21.5	42.6
酸奶	增加	58.6	39.9
	不变	34.1	47.0
	减少	4.2	4.2
	无人消费	3.1	8.9
奶粉	增加	14.1	7.8
	不变	30.4	22.9
	减少	15.2	5.5
	无人消费	40.3	63.8

资料来源：团队实地调研数据。

（三）北京居民乳制品饮用习惯更加规律

对比2019年与2016年的调研结果（见表16-6），发现选择在早餐后饮用乳制品的消

费者明显增多，从23.9%上升到了52.1%，增长了28.2%；选择在晚上睡前食用乳制品的消费者从17.7%上升到了22.1%，增长了4.4%；而没有确定习惯的被访问者从54.0%大幅下降到了19.4%，下降了34.6%。可见，北京市居民乳制品饮用习惯更加规律，饮用时间更加科学。

表16－6　　2019年与2016年乳制品饮用习惯对比　　单位：%

乳制品饮用时间	2019年	2016年
早餐后	52.1	23.9
晚上睡前	22.1	17.7
每餐饮用	6.3	4.4
没有确定的习惯	19.4	54.0

资料来源：北京农学院实地调研。

（四）北京居民乳制品购买渠道较为单一

调研数据显示，86.4%的受访问者选择从超市购买乳制品，9.4%的受访问者选择从网上购买乳制品，4.1%的被访问者选择订购、送奶到户的方式购买，另有1.0%的消费者选择从奶吧等加工点购买，由此发现，北京市消费者购买渠道较为单一，主要集中在超市。网络是消费者除超市外另一乳制品购买渠道，本次调研还对北京市消费者购买乳制品选择的网络APP或平台进行了统计（见图16－7），可以看到，京东与天猫超市是北京市消费者购买乳制品较为偏好的平台，在以网络为购买渠道的消费者中，有51.8%的消费者在“京东”购买过乳制品，有47.10%的消费者在“天猫超市”购买过乳制品（此题可多选，购买平台可不只一个）。

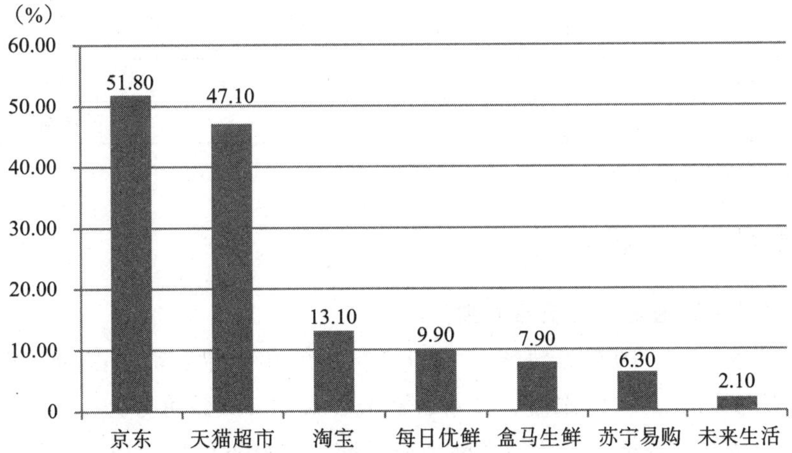

图16－7　乳制品网络购买平台偏好

（五）北京市居民对羊奶认知与认可度低

《关于推进奶业振兴保障乳品质量安全的意见》明确提出积极发展山羊奶生产，进一步丰富奶源结构的意见。羊奶具有很多优势，例如其蛋白质分子小更易吸收、色氨酸含量高可促进人体对有益脂肪酸和蛋白质的吸收，且羊奶其他营养物质也很丰富。

调研结果中，只有19.4%的受访问者曾经购买过羊奶或羊奶粉，问及未来是否会考虑购买羊奶或羊奶粉，只有41.9%的消费者选择“会”，超过半数的消费者选择“不会”，可见北京市居民对羊乳制品的认可度还比较低。

进一步调查消费者对羊奶的认知情况，发现仅有37.7%的消费者认为羊奶“营养更高”，仅有17.3%的消费者认为羊奶“质量更好”，仅有11.0%的消费者认为羊奶“更贴合中国人体质”，却有54.5%的消费者认为羊奶“味道膻，无法接受”。其实，现代营养学发现，羊奶确实是更适合中国宝宝体质的奶，且目前羊奶的脱膻技术很先进，已经能做到基本上没有膻味。由此可见，北京市居民对羊奶的认知程度也较低，还存在一定的认知误区。

（六）民族奶业发展仍然面临着国际市场的挑战

现场调研发现，消费者虽对国产乳制品的信心在逐步地提升，但是仍有一部分消费者对进口乳制品情有独钟（见表16－7），一般不会购买进口乳制品的消费者仅占了35.6%，有55.5%的消费者偶尔或经常购买进口乳制品，愿意尝试进口乳制品的消费者群体规模仍然较大，民族奶业发展面临着国际市场的持续挑战。

表16－7　　消费者进口乳品消费频率

选项	频数（次）	百分比（%）
经常	36	18.9
偶尔	70	36.6
一般不会	68	35.6
不确定	17	8.9

资料来源：北京农学院实地调研。

四、新型经营主体现状

（一）北京奶牛养殖企业性质与分类

北京奶牛养殖场中，国有养殖场占13.1%，集体和个体养殖场占48.2%，民营、独资和股份制牛场38.7%。根据规模、技术、资金、人才等大致可分为3类，第一类以国有大型企业为主，技术、资金、人才等方面力量雄厚，基础条件好，以三元绿荷奶牛养殖中心等28家国有牛场为主，代表着北京奶业乃至全国奶业发展的最高水平；第二类以民营、独资和股份制规模牛场为主，规模适度，有一定的竞争意识，能够主动接纳行业内的新技术、新方法和新事物，愿意为提高生产性能而加大科技投入，如果加以有效引导和培训，整体实力可得到进一步提升；第三部分由养殖小区、合作社和养殖户组成，规模小、管理意识粗放、技术落后，是整个养殖环节的薄弱点所在（见图 16－8）。

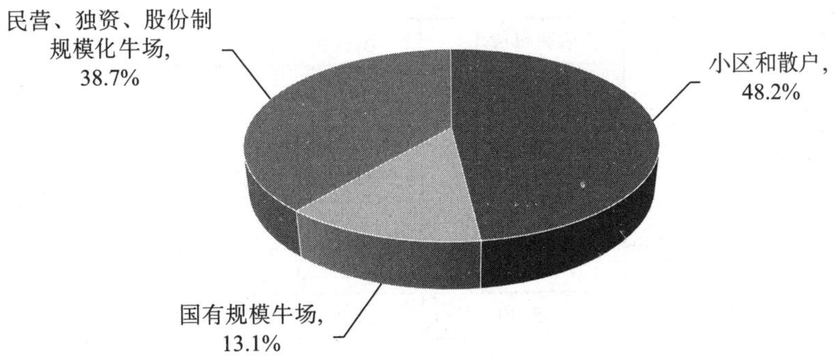

图 16－8　养殖场所有制形式情况

（二）奶牛合作社的作用有待于进一步发挥

奶牛养殖户入社率不高。调研发现，只有 36% 的奶牛养殖场户加入了奶牛合作社，其中包括了 32. 8% 规模牛场、43. 8% 养殖小区和 28. 2% 的小规模养殖场。64% 的场户没有加入奶牛合作社（见图 16－9）。

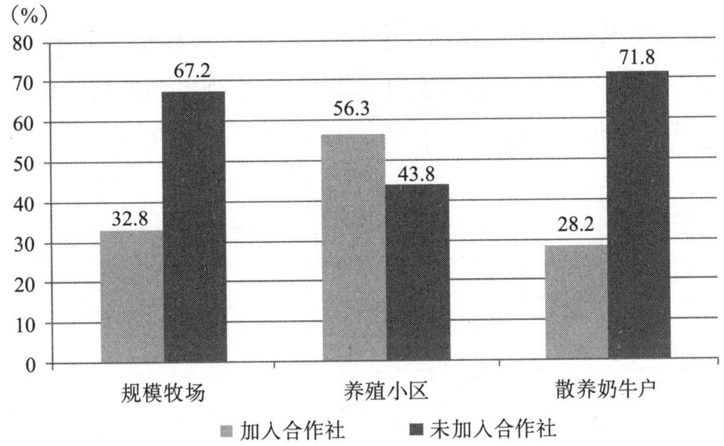

图 16－9　养殖场户加入合作社情况

五、成本收益及其产业支持政策实施效果

（一）成本构成分析

北京示范场饲料成本占比较高。根据对 20 家北京示范牛场月报监测（见表 16－8），2019 年北京市示范牛场饲养成本中饲料成本占比最高，每头牛平均饲料成本为 10747 元，占总成本的 72. 68%，其中精饲料成本平均每头 6585 元，占总成本的 44. 53%；粗饲料成

本平均每头4189元，占总成本的28.33%；人工成本平均每头为1246元，占总成本的8.42%；其他成本平均为每头2795元，占总成本的18.90%。

表16-8　2019年北京示范场养殖场成本构成情况　单位：%

时间	饲料成本	精饲料成本	粗饲料成本	人工成本	其他成本
1月	75.79	42.82	32.97	9.14	15.07
2月	73.21	41.21	32.94	8.98	17.81
3月	66.64	37.02	29.61	9.04	24.32
4月	63.70	39.59	24.11	7.67	28.63
5月	76.23	46.90	29.33	7.39	16.39
6月	73.71	45.40	28.31	8.11	18.17
7月	71.88	44.12	27.76	8.09	20.03
8月	75.57	45.01	30.56	7.82	16.61
9月	71.66	45.80	25.86	9.18	19.16
10月	74.63	50.82	23.81	9.57	15.80
11月	74.60	49.00	25.60	8.45	16.95
12月	74.50	46.70	29.05	7.64	17.86
平均值	72.68	44.53	28.33	8.42	18.90

从每50公斤主产品成本来看，2014~2019年，其主产品平均成本呈现波动下降趋势（见图16-10），2019年较2018年略有上升。2019年示范牛场的每50公斤主产品平均成本148.75元，与2018年相比上涨了1.97%，与2014年相比下降了14.93%。

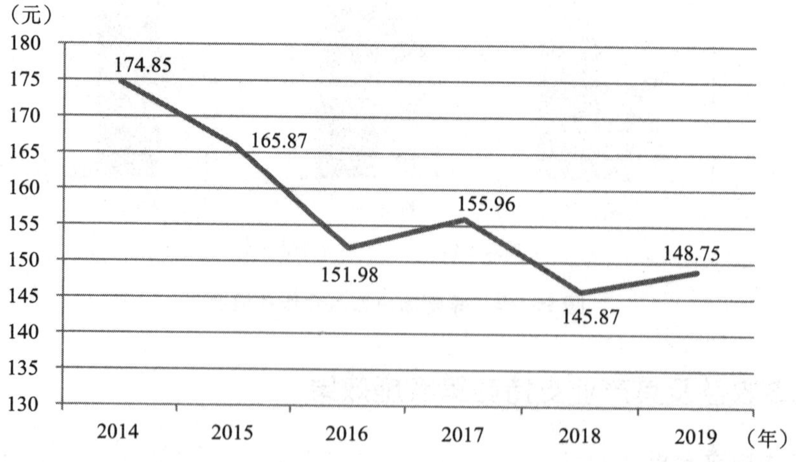

图16-10　2014~2019年每50公斤主产品成本

（二）成本收益率分析

北京示范牛场成本收益继续显著提高。2014~2019年，北京示范牛场的成本收益率呈上升趋势（见图 16－11），2014 年北京示范牛场平均成本收益率为 17.20%，2019 年北京示范牛场平均成本收益率为 34.54%，增长了 17.34%，与 2018 年相比成本收益率增加了 5.23%。

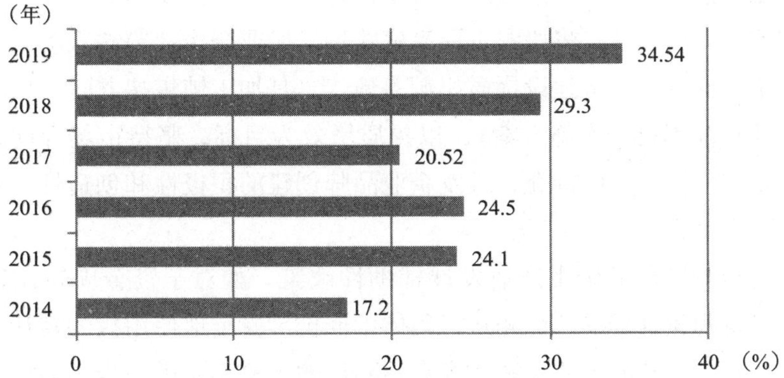

图 16－11　2014～2019 年北京示范场成本收益率

从各区构成来看（见图 16－12），除房山区外，2019 年各区均处于盈利状态，且各区成本收益率均超过了 25%，大兴和通州区示范牛场平均收益率较高，超过 40%，延庆区较低，为 26.66%。

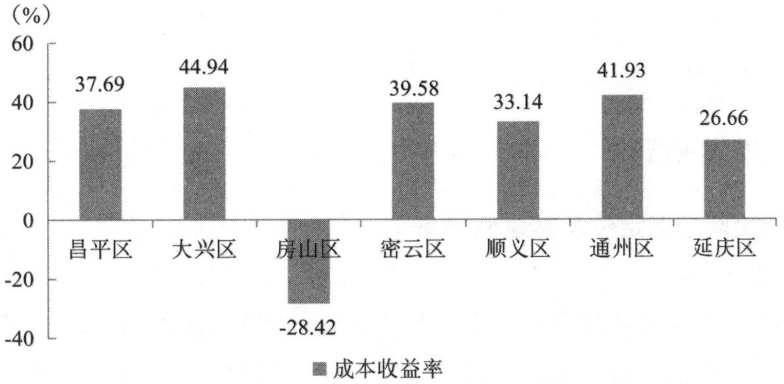

图 16－12　2019 年北京各区示范场成本收益率

（三）产业支持政策实施效果

近年来，北京为了推动奶牛产业的发展，出台了一系列鼓励政策，对奶牛产业发展起到了较好的推动作用。主要包括：

（1）生母犊牛补贴每年 500 元/头，后备牛补贴每年 100 元/头；

（2）冷冻精液每只国家补贴 10～15 元，超出自己支付；

（3）旧厂房改造、小区道路地面硬化，给予设备补贴 50%，以及挤奶设备、奶罐车，旧牛舍的补贴；

（4）污水处理，沼气补贴标准基本为 80%；

（5）免费疫苗、免费消毒用品等。

惠农政策推动了北京奶牛产业向标准化、规模化方向的发展。一是养殖端方面，2019年，中央财政重点支持制约奶业发展的优质饲草种植、家庭牧场和奶业合作社发展。加快发展草牧业，积极推进粮改饲，大力发展苜蓿、青贮玉米、燕麦草等优质饲草料生产，促进鲜奶产量增加、品质提升；将奶农发展家庭牧场、奶业合作社等纳入新型经营主体培育工程进行优先重点支持，支持建设优质奶源基地。二是加工销售端方面，2019年，农业农村部制定了《奶业品牌提升实施方案》，以提质增效为目标，坚持市场导向，注重科技支撑，狠抓品牌塑造，加强宣传推介，激发企业品牌创建的积极性和创造性，不断提高北京奶业发展质量和竞争力。

北京各区也纷纷出台了奶牛产业发展辅助性政策。如对于资金周转比较困难的养殖场，审批后可以得到免息贷款；优先从村集体中低价享受土地使用权的转让。但在落实产业扶持政策的过程中，有的区或乡镇在存在不到位的现象，应进一步加强奶牛产业专项资金的落实机制。

第二节　产业发展中创新团队的技术支撑作用

一、团队基本情况

（一）创新团队功能定位及其建设任务

1. 团队功能定位

结合北京市环境资源承载能力、北京畜牧业生产实际和市场需求，按照“一核五区”的北京市畜牧业发展空间布局规划，北京奶牛产业定位为：持续打造“三大基地”，即立足北京、引领津冀、辐射全国的奶牛优秀种质资源供应基地；高新技术、成果落地应用的现代都市奶业技术集成示范基地；生态环保、适度规模、优质高效的奶源生产与乳品加工基地。通过“三大基地”的建设，全面践行“北京市畜牧业十三五规划”，提升北京奶牛产业的核心竞争力和服务能力、牛奶自给率和市场控制力。

2. 团队建设任务

立足北京、引领津冀、辐射全国；淘汰落后产能、提供优质及高契合消费者需求的乳产品，至“十三五”末实现奶牛产奶量从7.4吨提高至8.0吨，在生态环保方面做到“可看、可学、可复制”的模型，带动辐射全国奶业发展。切实加大高新技术成果转化水平，提高从业人员业务素养，提升产业技术水平，提高消费者对国产牛奶的认知度和信心，促进北京乃至津冀地区奶牛产业的高质量、健康和可持续发展。致力将示范场成乳牛年单产从8.0吨提高到9.2吨，提高15%，辐射带动北京市成乳牛年均产奶量从7.4吨提高至8.0吨。在“四率”转化方面，示范场饲料转化率从1.2提高到1.3；土地产出率从6.86万元/亩提高至17.76万元/公顷，提高15%；劳动生产率从60.21万元/人提高至69.25万元/人，提高15%；水资源利用率5.12吨水/吨奶降低到4.5吨水/吨奶，降低12.0%；为津冀地区乃至全国提供高端模板。力争打造“和谐、高效、务实、创新”的一流技术支撑团队。

（二）创新团队组成架构

2019年，团队共设有功能研究室5个，综合试验站8个和农民田间学校工作站8个，200余名成员及助手分别来自中国农业大学、中国农业科学院、北京农学院、北京农林科学院、北京农职院等大专院校、科研院所、各级畜牧兽医技术推广机构及首农集团、中地畜牧、北京京鹏畜牧等企业。此外，团队还设有执行专家组，执行专家组由首席专家、5个功能研究室主任、1位综合试验站站长、1位田间学校工作站站长和5位相关领域的岗位专家，共13人组成，首席专家为组长。同时，聘请了2位业内知名专家为顾问。

（三）创新团队作用与交流机制

1. 团队作用

北京奶牛创新团队作为北京奶业技术研究、集成与推广应用的重要支撑组织，根据“十三五”发展规划，以“促进奶业优质安全发展”“全国奶业发展规划（2016～2020）”“供给侧结构性改革”和“京津冀协同发展”为方针，以优质安全为前提，以生态环保为基础，为研发高端高效乳制品为目标，在产业中起到示范引领作用。奶牛创新团队不仅关注行业发展趋势，也为养殖场提供技术需求，大大减少了奶牛疫病的发生，提高了奶牛的健康水平以及生鲜乳的质量水平，提高了产业核心竞争力，不仅支撑了北京奶业的发展，也促进北京乃至津冀地区奶牛产业的高质量、健康和可持续发展。

2. 团队交流机制

实行精细化管理模式。从最初的全部依靠专项办发放各项管理制度管理团队，到以专项办发放的管理制度为基础，学习其他团队先进的管理经验，结合团队实际情况，制定并执行本团队的8项基础性管理制度，再到以“量化”指标考核管理团队成员日常活动、参加团队活动情况、反馈信息报送情况、任务应答情况等，到要求团队成员必须以产业发展需要的技术支持方向为主，设定产业需求调研实施方案，到确定“奶牛保姆行动”为团队开展技术培训与服务的统一品牌，到逐步探索“一对一对接服务”实施方案等，经过不断地探索和实践，实现了团队管理工作的逐步完善，团队文化的凝练与践行。

同时，完善了团队成员考核机制。探索建立服务对象参与团队成员绩效考核机制。除在日常服务效果评价中加大服务对象的考核权重外，还邀请了21位牛场管理技术人员参与成员（首席专家、岗位专家、综合试验站站长、农民田间学校工作站站长）全年工作考评打分，其打分结果与考核专家、团队成员同等比例计入成员段度绩效成绩中，更全面、客观地反映了成员的工作绩效，为团队成员更多地服务产业提供了指引。

二、技术研发与主推技术

（一）团队技术研发情况

2019 年团队共开展试验研究 98 项，覆盖牛群 207088 头次，在各个领域取得大量的科研成果并惠及产业技术发展的诸多方面。

1. 饲喂过瘤胃褪黑素颗粒对牛奶体细胞数的影响

共使用 200 头经产荷斯坦奶牛，随机平均分为 3 组，一组为对照组，一组每天饲喂 40mg 过瘤胃褪黑素颗粒，一组每天饲喂 80mg 过瘤胃褪黑素颗粒，分别记录饲喂 7 天、14 天、28 天过瘤胃褪黑素的牛奶体细胞均值，发现饲喂 14 天和 21 天均可以显著降低奶牛体细胞数，饲喂 14 天组可以降低 53. 94%，饲喂 21 天组可以降低 33. 35%（$P<0.05$）。

2. 新型粗饲料与碳水化合物等精饲料的配伍技术，提高粗饲料利用率

采用体外产气法研究不同粗饲料组合、粗饲料与精饲料组合的营养价值，从中筛选出泌乳牛最佳的粗饲料和精饲料配比方式，达到降低苜蓿、豆粕用量，提高饲料营养价值的目的。初步研究显示，不同组合比例的粗饲料代替苜蓿体外发酵 72 小时，全株玉米青贮:燕麦:花生秧 =20:10:10 时组合效应最佳，可有效提高其营养成分的互补、瘤胃发酵水平及饲料利用率；而全株玉米青贮和苜蓿混合下，以苜蓿:全株玉米青贮 =10:30 最佳，以全株玉米青贮不同精粗饲料组合比例中，以粗饲料苜蓿:全株玉米青贮为 10:30 的 TMR 较好，其中尤以精料玉米：麸皮：棉籽粕：DDGS 为 60:15:7. 5:7. 5 时组合效应最佳。

3. 全株玉米青贮在奶牛瘤胃中降解特性研究与预测模型建立

采用体外法测定全株玉米青贮饲料在奶牛瘤胃中的降解特性，并分析了其营养成分与有效降解率（ED）的相关性，旨在寻求干物质（DM）、淀粉（Starch）、中性洗涤纤维（NDF）有效降解率的快速评定方法。以奶牛场不同贮存时期的玉米青贮饲料为研究对象，采用体外人工瘤胃持续发酵法，测定 DM、Starch、NDF 有效降解率，并分析与其营养成分的相关性，建立营养成分与 DM、Starch、NDF 有效降解率的数学模型。结果表明：

（1）在青贮 60 天、150 天和 240 天时，全株玉米青贮饲料 DM、Starch 和 NDF 有效降解率在 60 天时最高，分别为 33. 40%、78. 91% 和 25. 53%。

（2）以 CP、NDF、ADF、Starch，或 CHO、NFC、CB3、CHO、NFC、CA2、CA4、CB2、CC 为预测因子，建立 DM、淀粉有效降解率的预测模型，可快速、有效的评价饲料降解性能，为奶牛场饲料营养价值评定提供参考。

4. 利福昔明乳房注入剂（泌乳期）的相关试验研究

（1）利福昔明悬乳剂在奶牛牛乳和血液中的药代动力学研究。试验选取 6 头健康的荷斯坦泌乳奶牛，平均泌乳量 21 千克/天，正常饲喂，每头奶牛随机选择 2 个乳区，以每个

乳区200毫克的剂量进行单次乳房灌注利福昔明悬乳剂，利用高效液相色谱法检测牛乳与血液中利福昔明的含量。结果表明：利福昔明悬乳剂采用单次乳房灌注给药后，给药乳区36小时内乳头中利福昔明的浓度都在2微克/毫升以上，且血液中未检出利福昔明。说明药物主要集中在给药乳区，进入体循环的量极少，并且能在较长时间内具有抑菌作用。

（2）利福昔明子宫注入剂在牛奶中的残留消除规律研究。残留消除试验选择20头健康泌乳期奶牛，其中高产10头，低产10头，每头奶牛子宫注入利福昔明子宫注入剂100毫升（含利福昔明200毫克），3天1次，连用3次。奶牛在给药前和每一次给药后2、12、18、24、36、48、60、72小时，及最后一次给药后的12、18、24、36、48、42、60、66、72、84、96、108、120、132、144、156、168、192、216小时采集四个乳区的混合牛奶样品。牛奶样品中利福昔明用乙腈提取、正己烷除脂、HLB固相萃取柱净化，洗脱液经氮气吹干，流动相复溶后，UPLC－MS/MS法测定，外标法定量，并进行了方法学验证。

所建方法的检测限与定量限分别为0.2微克/千克和1微克/千克，利福昔明在1～600微克/升浓度范围内线性关系良好（$R^2>0.99$），回收率为70.43%～119.05%，日内和日间精密度为2.23%～11.09%。泌乳期奶牛子宫灌注利福昔明子宫注入剂后，各个时间点采集牛奶样品中利福昔明浓度最高值为5.43微克/千克，远低于欧盟规定的最大残留限量60微克/千克。

（3）进行了利福昔明在奶中的安全性试验。通过研究发现给药前后奶牛的体细胞、产奶量等指标变化不显著，说明利福昔明的安全性比较好。

通过相关试验的考察，证明新兽药利福昔明乳房注入剂（泌乳期）安全、高效、低残留，能有效防治金葡菌、链球菌等引起的奶牛乳房炎。

5. 取得新兽药证书4个，其中二类新兽药3个

2019年头孢洛宁原料药及乳房注入剂（干乳期）、碘甘油混合液、加米霉素原料成功取得新兽药证书（见表16－9），其中头孢洛宁原料药及乳房注入剂（干乳期）与加米霉素原料为国家二类新药。

表16－9　新兽药证书取得情况

序号	名称	适应症	证书编号
1	碘甘油混合液（防冻型）	乳房炎预防——乳头消毒，后药浴	2019［新兽药证字24号］
2	头孢洛宁原料	国家二类新药，抗菌原料	2019［新兽药证字16号］
3	头孢洛宁乳房注入剂（干乳期）	国家二类新药，干乳期乳房炎预防及治疗	2019［新兽药证字17号］
4	加米霉素原料	国家二类新药，抗菌原料	2019［新兽药证字42号］

头孢洛宁是一种头孢菌素类抗生素，对于金葡菌、链球菌等引起的奶牛乳房炎具有很好的杀菌作用；碘甘油混合液可有效预防奶牛乳房炎病原微生物的感染，该产品碘含量为1%，甘油含量为50%，其特点是消毒杀菌作用强，润肤效果明显，具有充分的消毒作用，

冰点低，不易结冰，特别适合在低温甚至寒冷天气下使用；加米霉素原料用于治疗对米霉素敏感的溶血性曼氏杆菌、多杀性巴氏杆菌、牛支原体引起的牛呼吸道疾病，及胸膜肺炎放线杆菌、多杀性巴氏杆菌等呼吸道疾病。

（1）两种不同牛粪再生垫料生产工艺探究。随着奶牛场规模化的发展，粪污排放量日益增大且排放集中，使得粪污处理成为制约奶牛场发展的瓶颈。固体牛粪生产牛床再生垫料技术不仅可以解决奶牛场粪污处理的难题，同时可为散栏饲养牛舍提供可再生利用的舒适垫料，因此受到了广泛关注。探究了两种不同的牛床再生垫料的生产工艺，两者都以固液分离后的牛粪为研究对象。其中一种为变温变湿干燥工艺，并对该干燥工艺通过响应面软件进行优化，得到牛床再生垫料变温变湿干燥的最佳工艺参数为：干燥温度77.995℃，物料厚度为4.074厘米，干燥时间为5.788小时。另一种生产工艺为滚筒好氧发酵生产牛粪垫料。该技术在处理粪污的同时，节约了构面牛床垫料的成本。

（2）连续回分式活性污泥处理工艺。引进日本“连续回分式活性污泥处理工艺”，融合了复合酵素酶解技术，突破了好氧处理高浓度有机废水的工程瓶颈，在进水COD浓度高达35000毫克/升的工况条件下，出水水质达了到农田灌溉标准。通过工程设计和精准调试的集成与创新，建成了以“连续回分式活性污泥处理工艺”为核心、全自动无人值守的奶牛场废水处理示范线，彻底解决了影响奶牛场生存的废水处理难题，实现了污水零排放，同时解决了牛场的臭气、蚊蝇等相关难题。该技术是首次在国内进行工程应用，尤其解决了北方寒冷地区畜禽养殖污染治理难题，效益进一步凸显，为奶牛场废水处理提供了切实可行的“北京方案”。

（3）微生态制剂中芽孢杆菌的菌种安全性评估。近年来禁抗、限抗政策趋紧，在国内微生态等生物发酵制品已经成为保障“减抗替抗”顺利实施的主力产品之一。芽孢杆菌因其良好的热稳定性和促生长点在畜禽养殖业得到广泛应用。以市场销售的芽孢杆菌为主要有效成分的益生菌产品为研究对象，进行芽孢杆菌分离鉴定，对分离株进行毒性及耐药性的评估。毒性评估包括在基因、蛋白和细胞水平的毒素特征研究。耐药性评估包括分离株耐药谱的调查；通过全基因组测序数据分析分离株中可移动耐药基因的携带情况及其基因环境分析。

共收集用于人、动物、植物和环境的益生菌产品78种，分离鉴定得到芽孢杆菌114株，其中蜡样芽孢杆菌43株，枯草芽孢杆菌62株，芽孢杆菌属其他种细菌9株。41%（47/114）分离株具有溶血性。对于益生芽孢杆菌分离株，32%（37/114）的分离株可产生蜡样芽孢杆菌常见的肠毒素（Nhe和Hbl）；94%（107/114）芽孢杆菌分离株携带编码非核糖体肽合成酶控制合成的脂肽类毒素毒力基因簇。值得注意的是，分离到4株质粒携带、产致吐毒素（cereulide）的蜡样芽孢杆菌。耐药性分析表明，分离株对四环素和红霉素耐药率较高，且耐药性表现出明显的种特异性。值得注意的是，全基因组数据分析发现几乎所有蜡样芽孢杆菌分离株均携带有部分的van基因簇基因，并且来源于人用益生菌分离株的 van 基因相似度显著高于其他来源的分离株。

益生菌产品分离菌株不仅可以表达多种细菌毒素，而且还携带具有可移动性的耐药基因。因此，不合理、广泛应用益生菌产品，将对人、畜禽以及环境等公共健康都将构成严重威胁，亟需对益生菌菌株的筛选和使用进行安全性再评价。

（二）团队主推技术情况

针对限制产业发展的全产业链技术问题，2019 年，团队成员从奶牛繁殖、奶牛特色基因筛选、奶牛营养、粗饲料资源高效利用、疫病防治、新兽药研发、健康养殖、粪污资源化利用、种养结合、乳品加工、生鲜乳安全风险评估与管控、新产品开发、产业经济等领域入手，开展了技术集成与转化推广工作。团队不仅持续推广了奶牛选配技术、早期妊娠诊断技术、全株玉米青贮调制技术、智能化防暑降温喷淋节水等技术或产品，而且加大了具有自主知识产权的技术和中试产品如增犊灵、降体细胞针剂、全株玉米青贮技术、奶牛专用系列新兽药等技术和产品的研发和示范力度，经济、社会和生态效益进一步凸显。

2019 年，团队共主推新技术 31 项（筛选 19 项，自主研发 12 项），新产品 29 个（筛选 13 个，自主研发 16 个），新模式 3 种（筛选 2 种，自主研发 1 种），辐射牛只达 105. 96 万头次，新增效益 3400 余万元。

（三）团队研发成果情况

1. 技术成果

2019 年，团队获得国家科技进步奖等集体、个人奖励 23 项，其中国家科技进步奖二等奖 2 项，团队成员分获第一、第二获奖人各 1 人次；团队专家作为第一完成人获中华农业科技奖一等奖 1 项、丰收奖一等奖 2 项，入围北京市农业技术推广奖 6 项，被推荐为一等奖 3 项；同时获得“国家级百千万人才”和“北京学者”各 1 人；发表标准团队科技论文 146 篇，其中 SCI 48 篇，核心期刊 79 篇，出版专著 13 部；授权专利 45 项，其中发明专利 16 项，申报专利 25 项，取得申报软件著作权 9 项，申报 3 项；撰写研究报告 53 篇，撰写政策建议 10 篇；起草、修订标准 16 部，其中行业标准 9 部，地方标准 6 部，团体标准 1 部；获得头孢洛宁原料等新兽药证书 4 个，其中国家二类新药 3 个。

2. 服务成果

2019 年，团队发起了“奶香飘万家”奶业公益科普活动，此次活动走进了北京乡镇、走进了四川成都，又走进了浙江衢州，深入各地向消费者介绍“牛奶的前世今生”，此次活动在消费者中得到了热烈反响，受到了一致好评。另外，“奶业京津冀协同发展”已成为团队成员日常工作之一，在协同研发、培训、观摩等方面开展了大量工作，充分发挥了北京奶业人才众多、技术领先的优势，为津冀奶业发展提供了数量众多、形式多样的技术和智力支持。

（1）彻底解决了困扰牛场生存的环保问题。在密云区北京市久兴养殖场集成示范了

“连续回分式活性污泥处理工艺”，建成并运行了全自动无人值守奶牛场废水回用示范线，不仅使牛场彻底摆脱了废水无处可排，环保压力无法逾越的“死亡威胁”，而且伴随着解决了牛场的臭气、蚊蝇等相关难题，使牛场获得了“新生”，为牛奶养殖场废水资源化利用创造出了“北京模式”。随着其推广面的扩大，将会给更多的牧场带来“生”的希望。

（2）奶牛保姆行动已成为北京周边牧场应对生产应急难题的重要支撑力量。2019 年，团队成员按照“四有四必原则”（有求必应、有问必答、有需必到、有难必帮）多次排解北京及周边牧场的燃眉之急，为牛场挽回了损失。如密云牧场配种后未孕牛返情率低、延照富民养殖中心犊牛腹泻、鼎晟誉玖示范场产后牛真胃变位高发、鼎晟誉玖二场体细胞高、康源奶牛场夏季生鲜乳细菌超标等一系列难题，在团队成员的支持下均在最短的时间内得到了圆满的解决。

（3）协助建设的一批示范牛场“特色”示范引领作用进一步凸显。持续的技术支撑和服务，使示范牧场从理念、管理、技术消化吸收、生产性能、营利能力等方面发生了“翻天覆地”的变化，打造出一批各具特色的示范标杆养殖场，如团队重点打造的北京久兴养殖场，成为废水资源化利用与高效生产示范牧场，并被伊利集团列为标杆牧场；南口二牛产平均单产居首农集团牧场前列；北京奶牛中心良种场成为高新技术养殖示范基地；北京农机试验站成为观光牧场示范基地。

（4）“奶香飘万家”奶业知识公益科普活动深入人心。当前，广大消费者对我国奶牛养殖业、乳品加工业、乳品质量安全监管等现状及国家有关政策缺乏了解，对乳及乳制品知识了解不够，致使消费者在选择乳及乳制品时出现困惑甚至偏差，从而影响了消费者营养、安全、经济地消费乳及乳制品。“奶香飘万家”活动旨在通过专家讲授、现场交流、线上阅读、释疑等多种形式，向广大消费者较为全面、客观地介绍与奶牛养殖、乳品加工、乳品选用等有关的基本知识，给大家还原奶业的本色，让广大消费者较全面地了解奶业。2019 年，团队共开展了 3 次大型活动和多次小型科普活动，得到了消费者的一致好评。团队计划进一步完善组织机制，在确保“公益性”的前提下，持续提高活动的质量和影响力，并在市农业农村局的领导和支持下，集聚多方软硬件资源，优化科普专家队伍，提高宣传效果，扩大活动辐射的地域和消费者群体。

（5）奶业京津冀协同发展。2019 年，团队以北京为中心，服务京津开展自主研发、筛选集成新技术、产品的示范推广工作。岗位专家与河北石家庄天泉良种奶牛有限公司积极交流，积极履行京津冀一体化政策，团队多次赴该公司进行实验，经过 1 年努力，该公司体内冲胚及胚胎移植成果显著；团队京鹏试验站在天津中地牧场推广粪肥黑膜高效存储系统，该牛场存栏量全群 5000 头，其中 3000 头泌乳牛粪污经过预处理后产生的液体进入黑膜存储沼气处理系统；另外，团队与天津梦得联合培育种公牛 5 头。

（6）培养了队伍，提高了业务素养。奶牛保姆行动、众多参与式服务生产一线的活动，提高了团队成员的业务能力，拓宽了生产一线技术、管理人员的视野和业务素养，基层技术人员的自身职称晋升能力较之前有了显著的提高，在取得经济效益的同时，社会效益凸显。

三、技术示范推广效益

（一）技术示范推广经济效益

2019 年，示范牛场成乳牛单产从 9. 01 吨提升到 10. 10 吨，比去年同期提高 12. 10%；平均乳脂率、乳蛋白率、体细胞分别为为 4. 04%、3. 35% 和 19. 56（10000/mL），生鲜乳产量和质量国内领先；平均产犊间隔较去年缩短了 11 天。

据不完全统计，重点示范场覆盖 37696 头成乳牛，平均单产达到 36. 32 千克/天/头（年 10. 6 吨），平均产奶量增加 2. 5 千克/天/头，新增产值 3. 44 亿元，新增收益 3400 余万元。如果按照全部示范场或团队技术、服务所能辐射的存栏母牛核算，效益将更加巨大。

（二）技术示范推广生态效益

团队多措并举，将“生态环保”作为团队 2019 年工作的重中之重，不仅发挥平台优势，组织集成人员、技术，完成了“北京市久兴养殖场污水处理项目”的竣工交接，而且协助多个牧场申报“美丽牧场”，取得了显著的成果，“源头减排、过程控制、终端利用”的废弃物处理路径已被团队成员及辐射牛场、工厂的普遍接受，生态环境得到了很大的改观，生态效益将逐步呈现。综上可以看出，本团队有效地提升了生态效益。

（三）技术示范推广社会效益

在团队扎实工作的推动下，示范场等奶牛养殖场的规范化、标准化、精细化程度不断深化，牧场技术人员、基层工作人员的技术水平得到了很大的提升，管理意识等得到了显著增强；消费者对中国奶业、北京奶业的认识不断提高，国产奶消费稳步回升，社会效益进一步凸显。

四、团队对产业支撑作用

（一）创新团队对产业支持模式

奶牛创新团队在建立伊始通过调研发现奶牛产业特点，团队在北京都市型现代农业发展的背景下，形成了一条自上而下的主导控制模式。由于牛场在职人员专业水平不一，文化知识和获取信息资源的能力不平衡，因此团队利用聘请岗位专家的专业知识，根据用户实际需求制定服务方案，调整服务方式，以提高农技服务的效率和实现效果，明确团队服务主体，建立以基层需求为根本取向的农技服务运行机制（见图 16 – 13）。

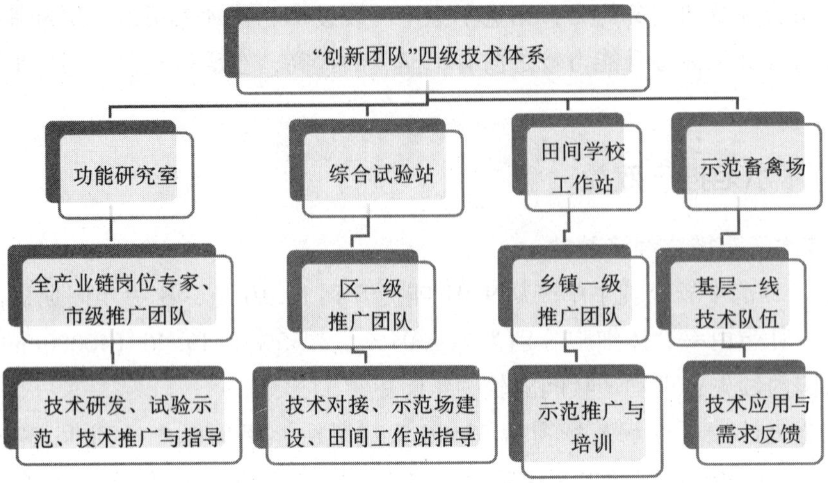

图 16－13　创新团队技术服务体系

管理机制方面，团队从细节入手，通过日常管理以及服务对象的评价进行管理服务，构建全产业链的服务体系，将农科教和产学研相结合的高效社会化服务平台，通过团队推广人员进行日常管理，通过基层畜牧兽医技术推广人员进行辐射管理，通过月报报送与分析反馈支撑团队示范牛场管理与发展，通过示范推广带动北京奶牛养殖场技术创新，管理组织结构层层递进。运行模式上，以产业一体化的管理模式为团队工作指南，在考评考核动态管理机制、推广路径调控机制、合作带动协同机制、基层服务保障机制等 4 个方面相辅相成，运用综合管理机制发挥团队的整体积极作用。

（二）创新团队产业支持案例分析

1.“奶牛保姆行动暨京津冀精准服务牧场行”持续发力

通过 2012～2019 年的连续实践，“奶牛保姆行动”已发展成为北京奶牛创新团队和北京市畜牧技术推广体系服务产业技术提升，传播新技术、新方法、新理念，新政策转化应用的重要平台，也是创新团队技术成果向产业转移延伸的有效抓手，同时也成为服务奶牛产业的一张靓丽“名片”，深受广大奶牛养殖场（户）赞誉与信赖。为贯彻“奶业京津冀一体化”的政策，“奶牛保姆行动”走出北京，走进了津冀，辐射全国。

“京津冀精准服务牧场行”活动是奶牛团队保姆行动从常规科技服务迈向科技精细化服务的一次重要尝试和转变，针对“不同季节、重点环节以及养殖中的顽疾”开展针对性的“及时提醒”“精细指导”“组合服务”，固化服务模式，延伸服务手段，充分体现了团队主动而为，需求主导、公益为先以及“有求必应、有问必答、有需必到、有难必帮”的四有原则，不仅在产业服务中进一步掌握了现阶段牛场的实际技术需求与转变，而且在服务模式上进一步成熟，深化了“专家＋综合试验站＋N 个牛场＝1 个牧场综合服务模块”的新型服务模式，通过“问题采集、专家会诊、保姆课堂、现场指导、定时回访”等服务手段，实现了专家技术领域的模块整合和靶向服务，进一步提升了保姆行动的综合服务能力。

2019 年“奶牛保姆行动”服务达 15738 人次，“京津冀精准服务牧场行”方面团队共开展了 56 项工作、81 次活动，团队成员及助手 1926 人次参与，覆盖牛只 77.35 万头次，据不完全统计增收达到 323.1 万元。截至 2019 年，北京成乳牛单产提高至 10.10 吨，与 2012 年相比提升了 3.70 吨，保姆行动不仅带来了社会效益，对奶牛场的经济效益也起到了助推作用，特别是新技术的实施，对京津冀奶业的发展功不可没。

2. 服务宗旨与原则

“奶牛保姆行动”是依托于以项目为支撑的奶牛产业技术体系北京市创新团队和以政府为主导的公益性服务体系而构建的技术推广模式，是以需求为导向、以“保姆”式服务为宗旨，致力于北京奶牛产业技术提升的实践活动的统称。“奶牛保姆行动”是支撑产业发展的重要手段，是广大技术人员服务于基层的重要桥梁，是畜牧技术及其成果（产品）突破“最后一公里”，实现“技术落地”的重要途径。奶牛保姆行动以“保姆式服务”为宗旨，坚持“有求必应、有问必答、有需必到、有难必帮”的四有原则，打造以“优质、高效、环保、安全”为核心的高端都市型奶牛产业，建设“专业化”的从业人员队伍，完善团队建设，服务奶牛产业。

3. 推广路径调控机制

从 2012 年“奶牛保姆行动”的提出，至今已经形成了成熟的运行调控机制，结合奶牛产业现状和特点并形成了四大推广路径，即团队联合推广体系、专家成员对接示范场、示范场形成示范群和牧场帮牧场的推广路径。推广路径调控机制主要包括推广体系建设和推广运行调控两大部分。奶牛推广体系建设内容主要为保姆行动的人员选择制度建设，从资格准入、定岗定责、按需设岗、竞争上岗、确定工作任务等，实施合同责任管理制，同时制定量化绩效考核办法，建立人员淘汰、补充和内部流动机制。

技术推广运行内容主要是保姆行动的具体内容及方式，通过产业需求进行调研并分析、归纳、总结、整理，进而提出服务方案，采取联合服务，给奶牛场提供应急服务、技术推广、技术示范、技术研究和人员培训，分别通过科技服务超市、技术产品定制服务、信息宣传及普及等方式，形成一条完整的服务链条（见图 16－14）。

图 16－14　技术推广运行路径

4. 团队对产业支撑的具体效益

2019 年奶牛团队持续以“立足北京、引领津冀、辐射全国”为指导，充分践行了“生态环保、高端高效、优质安全、示范引领”的团队发展方向，积极探索，以全产业链为战场，开展了大量的技术研发、示范推广和科普宣传等工作，为北京市奶牛产业的技术提升发挥了重要的支撑作用。据不完全统计，团队技术支撑为产业新增产值达 3.44 亿元，新增效益约 3400 余万元。

第三节　产业典型案例分析

一、产业发展新业态案例

（一）三元爱力优奶粉——基于中国母乳数据库研制

在国家科技部和北京市科委的大力支持下，“三元食品”筹建了“国家母婴乳品健康工程技术研究中心”，采用“. net”构架，构建了包括北京、河北、河南、江苏、湖南5个省份约20000条数据的母乳组分数据，选择722名哺乳期母亲及447名婴儿，纵向收集其母乳，全面覆盖初乳、过渡乳和成熟乳，该数据库是迄今为止最为完善的“中国人母乳成分数据库”，进一步将常规母乳营养素研究拓展到更加细微的母乳功能成分研究，并且建立前沿、快速、准确的母乳成分检测方法，首次对我国母乳中的500多种功能成分作出定量分析，并开展了中国母乳与婴幼儿配方奶粉临床喂养对比队列研究，为实现国产婴幼儿配方奶粉的自主研发与产业化取得了阶段性突破成果。

目前，三元食品承担的“三元爱力优母乳模拟与临床验证项目”已顺利通过北京市科委验收，成为行业首家通过母乳研究与临床验证的企业。同时，三元新品“超级金装爱力优”婴幼儿配方奶粉亮相，这款产品的营养更均衡与全面，且安全性好；同时，喂养效果评价研究报告显示，“超级金装爱力优”婴幼儿配方乳粉的配方设计能够完全满足婴儿正常生长发育所需要的全部营养，有助于婴儿健康成长。

（二）北京归元奶庄——休闲观光牧场

北京归原奶庄坐落于八达岭长城脚下，毗邻野鸭湖湿地公园和康西草原，是农业部推介的第一批8个休闲观光牧场之一，也是北京唯一获批的休闲观光牧场典型。归元奶庄秉承人与自然和谐发展理念，构建饲草料种植、奶牛生态养殖与有机乳品加工全产业链，摒弃一切化学物质介入，坚持种养结合与粪污资源化利用，实现牛奶生产回归自然本源，10余年来所产“归原”牌牛奶享誉京城。

归原奶庄建有奶业文化廊、世界奶业展示区、休闲体验互动区等，配有可视化挤奶厅、奶牛观光走廊等设备设施。奶庄开设奶业科普宣传，饮奶常识讲解，儿童犊牛饲喂，挤奶体验，自助制作，园艺实践，儿童乐园，牛饲养模式介绍等项目。奶庄日接待能力1000人次，自开放以来累计接待游人超10万人次。这种现代畜牧养殖示范、科普宣传、休闲观光体验于一体的休闲观光牧场集，是现代畜牧业的示范和宣传窗口，对展示我国奶业发展成效，引导国产乳品消费，培育奶业发展新业态，增加奶业发展新动能起到了示范促进作用。

二、典型案例分析

（一）“奶香飘万家”活动引导乳品消费，助力奶业振兴

1. 活动背景

为贯彻落实国务院办公厅关于推进奶业振兴、引导乳品消费等一系列意见精神，树立中国奶业良好形象、提升大众认知度和信任度，引导和促进乳品消费，2019 年，在北京市农业农村局的指导和市畜牧总站的大力支持下，奶牛产业技术体系北京市创新团队联合《中国乳业》杂志社共同开展了“奶香飘万家”公益科普系列活动。

2. 活动实施情况

活动以科普宣传和实地调研为主要内容，以在大型公众场所举办主题活动和针对特定群体的小型科普宣传活动等为手段，开展多维度、多领域的奶业知识科普宣传、互动交流，让奶业知识走进学校、社区、公园、企业、机关等，截至目前，共开展了 3 次大型活动和多次小型科普活动。

3. 活动取得的成效

“奶香飘万家”活动受到了三元、新希望、光明、君乐宝、天润、中垦乳业、燕塘乳业等乳业标杆企业的高度重视，团队与这些标杆企业共同开展了此次活动，活动现场，参与人数达 3800 人以上，团队专家 30 多人次到场与观众互动，得到了消费者一致好评。另外，团队编撰并出版了科普读物《牛奶的前世今生》，向北京市奶业协会、四川省奶业协会、学校及现场参与社会各界赠阅近 3000 册，并通过“乳业资讯网”微信公众号开通“奶香万家”专栏，辐射线上读者近 10 万人，读者好评如潮。此次活动得到了《北京日报》《科普时报》以及人民网、乳业资讯网等主流媒体的报道，并受到了农业农村部有关领导和奶业管理办公室的高度肯定。

（二）奶牛体形外貌鉴定典型案例

本案例分析数据来自 2016 ~ 2019 年 9 月鉴定的河北首农现代农业科技有限公司奶牛数据，全群牛规模为 18650 头，泌乳牛头数为 10673 头，后备牛 7977 头，牛群整体谱系状态完整，鉴定类型为全性状鉴定。

1. 牛群血缘分析报告

通过对全部牛群系谱筛查分析，可查询父亲系谱的奶牛有 14513 头，未提供 1947 头，无法有效追溯 2176 头，外祖父可追溯 5897 头，未提供 8329 头，无法有效追溯 4500 头；国内公牛女儿共 128 头，进口冻精女儿共 14385 头。

2. 体型鉴定数据分析报告

通过体型鉴定分析，得出表 16 – 10 所示报告，并找出了牧场重点改良方向。

表 16－10　　　　体型鉴定数据分析表

序号	评定性状	理想分值	平均分	标准差	变异度（%）	平均偏离度	相对偏离度（%）
1	体高	8	7.43	1.39	15.40	－0.57	－6.30
2	胸宽	9	5.13	0.99	11.00	－3.87	－43.00
3	体深	7	6.58	0.67	7.40	－0.42	－4.70
4	腰强度	9	6.95	1.17	13.00	－2.05	－22.80
5	尻角度	5	4.63	1.15	12.80	－0.37	－4.10
6	尻宽	9	5.73	0.91	10.10	－3.27	－36.30
7	蹄角度	7	5.24	0.9	10.00	－1.76	－19.60
8	蹄踵深度	9	5.38	1.11	12.30	－3.62	－40.20
9	骨质地	9	6.4	0.76	8.40	－2.6	－28.90
10	后肢侧视	5	4.25	1.38	15.30	－0.75	－8.30
11	后肢后视	9	6.04	1.4	15.60	－2.96	－32.90
12	乳房深度	5	4.26	1.26	14.00	－0.74	－8.20
13	中央悬韧带	9	4.67	1.22	13.60	－4.33	－48.10
14	前乳房附着	9	5.85	1.32	14.70	－3.15	－35.00
15	前乳头位置	6	5.06	0.73	8.10	－0.94	－10.40
16	前乳头长度	5	4.76	0.77	8.60	－0.24	－2.70
17	棱角性	9	6.34	0.72	8.00	－2.66	－29.60
18	后附着高度	9	6.04	1.55	17.20	－2.96	－32.90
19	后附着宽度	9	6.2	1.61	17.90	－2.8	－31.10
20	后乳头位置	5	5.86	1.02	11.30	0.86	9.60

经鉴定，牛群前乳房附着（≤5 分）的个体比例约占 31.82%，相对偏高，鉴于奶牛前乳房附着对乳房形态和乳房容积的影响较大，建议牛场对该性状着重改良；鉴定牛群后乳房附着宽度（≤5 分）比例为 33.39%，鉴于奶牛后乳房附着宽度决定乳房的容积，该性状表现不太好的奶牛泌乳潜力往往不高，建议对该形状引起重视；鉴定牛群后乳房附着高度（≤5 分）比例为 33.64%后附着高度不太理想说明奶牛乳房结构较差，会影响奶牛的乳房形态。后附着高度可显示奶牛潜在的泌乳能力，建议对该形状予以关注。

3. 生产性能测定分析

2017 年 1 月～2019 年 4 月，DHI 参测牛头数 18760 头，收录 215233 条数据，参测牛只产奶量 27.17 千克，校正奶 33.99 千克，乳脂率达 4.37%，乳蛋白率 3.48%，平均体细胞数为 30.23 万/毫升。

4. 牛群选配计划

根据牧场生产情况及体型数据分析，综合建议牧场育种目标设定为：重点改良产奶量和乳房结构性状，同时稳定乳指标。按照上述育种目标及近交控制要求，报告筛选出 7 头国产基因优选公牛，2 头进口冻精，作为牧场 2020 年使用的主力公牛，并根据当期鉴定结果，针对不同体型特点，对个体牛只进行个体选配建议，提高牛群体型整齐度，请牧场参照执行（见表 16－11）。具体方案如下：

适用时间：2020 年 1 月 ~2020 年 12 月

近交风险控制：后代近交系数≤6.25%（仅适用于系谱准确记录个体）

表 16－11　推荐使用公牛信息

类别	冻精号	TPI	产奶量	乳脂率（%）	乳蛋白率（%）	乳房总评	肢蹄总评
国产荷斯坦常规冻精	308HO17675	2654	1969	0.06	0.01	1.53	0.75
	308HO16665	2572	1800	0.05	-0.01	1.62	1.15
	308HO17809	2567	1588	0.06	0.04	2.68	0.95
	308HO17661	2650	1950	0.10	0.02	0.85	0.66
	308HO17672	2548	1967	-0.04	0.01	2.08	0.83
	308HO16693	2523	1795	0.07	0	1.66	1.34
	308HO16208	2470	1556	0.01	0.01	2.22	1.21
进口荷斯坦常规冻精	29HO18343	2686	1529	0.10	0.05	1.21	1.43
	29HO18505	2429	1575	0.08	0.05	1.64	-0.04

第四节　产业发展政策建议

一、产业发展问题及其技术需求

结合奶牛养殖场发展现状，北京市牛场对产业技术需求也在逐渐强化，按照团队岗位工分为 7 项技术，分别为育种与繁殖、饲料与营养、疫病防治、健康养殖与环境控制、乳品加工、生鲜乳安全和产业经济，另外对生产记录标准体系方面也有相应的技术需求。

（一）育种与繁殖

在一些养殖场中尚存在品种不纯正的奶牛，使奶牛在生长过程中容易出现体弱多病、营养不良以及生殖受限等问题。目前国内较为先进的是以基因组选择为核心的分子育种技术，可以鉴别奶牛遗传缺陷和亲子关系，但这种技术需要多年的养殖数据积累、足够数量的优质奶牛群体和高通量的基因标记检测办法，因此奶牛育种数据自动化高效采集技术有待提高，且这项技术普及程度也有待深化。这项技术使大数据的平行运算与网络化的育种数据服务平台成为新的追求方向。

（二）饲料与营养

一是科学合理的饲料营养配方仍需要继续开展研发，并加大推广力度。

二是饲料，特别是粗饲料，营养检测与评价的基础性工作需要持续开展。

三是奶牛精细化管理、动态营养供给等有待提高。

四是高产牛场营养代谢和应激性疾病发生率较高。

五是以饲料营养调控提高生鲜乳品质有待研究。

六是需要从养殖源头关注节本减排。

（三）疫病防治

一是奶牛重大疫病综合防控能力需进一步加强。需完善应对布鲁氏杆菌病种间传播的防控技术。缺乏用于区分布鲁氏杆菌病感染抗体与免疫抗体的检测方法。需进一步提高结核检测技术的准确性，防止人为干扰导致假阳性。

二是奶牛主要普通病诊断水平与防治措施有待提高。牛病毒性腹泻病毒检测需要扩大应用范围，需要有效疫苗免疫。牛传染性鼻气管炎诊治水平偏低。乳房炎用药成本高，用药次数多，弃奶期长，国产新药有待推广。子宫内膜炎检测手段缺乏普及，用药价格贵、效果差、周期长，新药物有待进一步研发及推广。奶牛营养代谢性疾病和肢蹄病防治措施需进一步规范。

三是需进一步关注犊牛健康。

（四）健康养殖与环境控制

一是在奶牛养殖中，奶牛的运动管理容易被忽视。养殖场应根据不同奶牛的年龄特征、生理机能以及身体状况等做好运动规划的制订，通过适量运动的方式提升奶牛身体素质、促进奶牛消化，对奶牛养殖当中可能出现的体弱多病问题进行解决。

二是奶牛的生活环境的卫生状况亦十分关键，将直接影响到奶制品质量卫生情况。如果奶牛生长在卫生状况不佳的环境中，则将因产生数量较多的细菌伤害到奶牛的身体健康，甚至导致部分严重疾病的发生。然而，涉及奶牛舒适度的温湿度噪声和有害气体远程监测技术、奶牛体质监测的饮食和体重监测技术、奶牛疾病防控的消毒液远程喷洒和常见病监控技术，这些技术的应用推广程度均较低。

（五）乳品加工

一是乳制品品种结构单一，奶酪等干乳制品的新口味需进一步加大研发，使其更符合中国人的饮食习惯。

二是婴幼儿配方乳粉功能配料多依赖进口，缺少自主研发的关键生产技术。

三是母乳数据库缺乏基础数据，婴幼儿配方乳粉加工技术和质量尚待提升。四是益生菌商业化程度有待提高，益生菌功能评价有待完善。

（六）生鲜乳安全

一是生鲜乳品质和质量控制尚需进一步提升。

二是缺乏奶牛营养代谢病等因素对生乳品质和加工特性影响的系统评价；缺乏见效快、抗菌效果好的化学药物替代品，造成生鲜乳中药物残留，存在安全隐患。

（七）产业经济

一是北京奶业信息预警平台研发与升级。进一步完善示范牛场生产信息监测系统、北京乳制品市场价格采集系统和中国奶业安全损害预警系统，全面升级北京奶业信息预警平台。

二是产业监测数据分析与数据挖掘。基于北京奶业信息预警平台大数据库，运用更为科学有效的数据挖掘与分析技术，探究数据背后的产业发展规律，提升产业的信息化管理水平。

三是产业前沿问题研究方法的追踪与应用。紧跟国内外奶业发展，深入开展奶业经济研究理论方法的追踪和升级，进一步提升产业发展理论与实际对接的能力。

（八）生产记录标准体系

利用生产记录数据形成企业优化方案，用于指导生产、降低成本、增加效益。

一是北京奶牛场生产记录标准不统一。较大规模奶牛场有自己的记录体系，每个集团牧场执行的体系互不沟通，记录水平各异，小规模牧场甚至没有记录标准。

二是一部分牧场记录体系不完善。每个牧场生产记录关注点不同，不同设备公司都突出宣传各自的设备，牧场不能将奶牛生产管理全程数据有机整合，这些数据也就无法发挥其应有作用。

二、产业发展趋势及其亟待解决的技术问题

（一）产业发展趋势

1. 将北京奶业建设成绿色环保型奶业

新时代的北京奶业将是绿色环保型奶业。第一，由于环境行政执法监管的要求日益严格，环保合规管理水平将不断提升。第二，未来环境战略与经营目标应有机融合，环境成本内部化是企业的必由之路，企业必须进行环保投资，制定与自身相适应的环境战略，将股东、消费者、供应商、物流商等利益相关者纳入环境战略生态圈。第三，重点构建绿色发展增值链，培育具有区域特色和国际竞争力的奶业品牌。新时代消费者健康意识增强，实施绿色品牌战略能更好地获得消费者的信任，同时也能提升应对国际绿色壁垒的能力。

2. 将北京奶业打造成跨界融合型奶业

北京市奶业目前正处于产业链一体化的竞争阶段，未来将进入资源协同配置整合阶段，跨界融合型奶业是这一阶段塑造奶业新业态的必然之路。纵向来讲，就是需要推进产业链融合，推动产业链上中下游之间的互动、协同、配合，提升产业链整体效能和效率，实现产业链各环节有机整合和集成，形成产业链一体化优化配置。横向来说，就是要推进奶业与生物技术、健康医疗、工程机械、信息技术、产业金融等各领域的交互融合，充分拓展、开发多种功能和多重价值，整合资源，共建共享，塑造跨界融合型奶业，引领新一轮产业模式变革。

3. 将北京奶业打造成智慧创新型奶业

未来北京奶业将依托数据资源，通过大数据和人工智能技术对数据进行挖掘，更精准

地满足需求。在育种环节，利用全基因组选择技术、配子工程技术等高科技手段，创新和挖掘一批具有国际水平的优质种质资源，助力北京打造“种业之都”；在研发环节，国家母婴数据中心将发挥重要作用，母婴乳品核心营养成分将不断优化；在生产环节，牧场和工厂将逐步实现智能化、信息化、生产一体化及社会化；在终端环节，未来乳品企业将通过大数据分析消费者的健康需求、功能需求、服务需求，进行个性化的供需配对；“互联网+”、体验消费、无人机配送等新型乳制品营销模式的开拓，推动线上线下互动、与新零售模式的结合等，将带给消费者前所未有的服务和体验。

（二）亟待解决的技术问题

近年来北京市亟待解决的技术问题主要是粪污资源化利用与奶牛育种科技的创新。虽然这两项技术北京已走在了我国前端，但由于北京市水土资源紧缺、环保政策格外严格，并且北京市承担着将先进科学技术辐射到津冀乃至全国的重任，北京奶业急需优化这两项技术。粪污资源化利用技术方面，目前的瓶颈是国外引进的粪污处理新技术昂贵，大大提高了养殖成本，且种养结合机制不完善，导致养殖场没有因地制宜地充分利用附近农田的消纳能力来解决废弃物。奶牛育种方面，奶牛数据库的建立与维护较为困难，部分核心群牛只的三代系谱档案还不完整，少数个体系谱不准确，个体照片等信息不全，各项数据的信息化程度较高，但数据流自动化水平低，奶吧与牛舍、配种与产犊等数据对接不畅。

三、具体建议

（一）加强优质奶源基地建设，稳住居民“奶罐子”

北京可用土地逐渐减少，外加环境压力下的腾退工作，北京奶牛养殖场骤然下降，生鲜乳供给量也相应紧缩。在清退奶牛养殖场的过程中，还应充分考虑剩余养殖场所拥有的奶牛存栏量能否保证居民对新鲜乳制品的需求，在环保达标的同时稳定首都居民的“奶罐子”，继续严控乳制品质量。2018 年新版《北京市新增产业的禁止和限制目录》就在充分考虑保障城市运行和百姓生活服务需要的基础上对 2015 旧版《目录》进行了修订。另外，北京市的奶源不能只局限于自身范围，在京津冀 1 小时经济圈内均可推进建设优质奶源基地。而且，北京适宜以高端奶为突破点，带动优质奶源基地建设，从奶牛投入品使用到休药期执行，对规范牛场进行档案管理。

（二）发挥科技资源优势，构建创新型奶业

在奶牛育种方面，北京建有国家奶牛胚胎工程技术研究中心，在乳品加工方面，又建有国家母婴乳品健康工程技术研究中心，要充分发挥科技资源优势，抓住机遇，以战略视野和使命担当，构建起“创新型北京奶业”，把育种、养殖、加工、科研紧密的联结在一起，集聚创新人才，凝聚创新主体，激活创新资源，优化创新环境，激发创新活力，建立北京的奶业科创中心，培育创新发展不竭动力，丰富与城市战略定位相一致的奶业发展内涵。

（三）增加政府资金支持

政府应扩大良种补贴的范围，提高补贴费用；提供先进检测仪器与全混合日粮机（配制饲料的机器），并有机械设备30%～50%补贴（如挤奶机，搅拌机、自动饮水设备、铡草机、揉碎机等）。加大牛棚改造扶持资金；免费提供兽药、疫苗。另外，多数养殖户希望政府把补贴直接拨给奶农和养殖场，缓解奶农资金压力，针对产业发展过程中存在的问题，加大对产业政策引导和有效扶持。

（四）建立利益联结机制，形成稳定的利益共同体

北京市应试行建立生鲜乳价格协商机制，以价格要素稳固链条联结，以风险共担抵御市场冲击，以利益共享增强发展动力，形成乳品加工企业、奶农和行业协会参与的生鲜乳价格协商机制，乳品加工企业与奶农双方应签订长期稳定的购销合同，形成稳固的购销关系和利益共同体，助力行业健康可持续发展。

（五）加大力度推进京津冀奶业协同发展

要积极鼓励北京市奶业龙头企业到外埠建立标准高、可控性强的奶牛生产基地，缓解北京奶源的供需不均问题。优化奶业布局，发展适度规模化养殖，构建现代化奶业社会服务体系，推动奶业转型升级，打造京津冀奶业生态圈，形成目标统一，优势互补，联动创新，互利共赢，组织有效的京津冀奶业新格局，倡导科学饮奶，提高区域人均乳制品的消费量，提升民族乳业品牌的竞争力。

（六）弘扬北京奶业文化，加强乳品消费引导

深度发掘北京奶业的历史，传承优秀文化，继续弘扬和丰富养殖文化、加工文化、消费文化，以奶业文化引导乳制品消费。建议加强休闲观光牧场推介，组织开展乳品企业公众开放日活动，让消费者切身感受牛奶安全生产的全过程，激发消费活力。大力推广国家学生饮用奶计划，增加产品种类，保障质量安全，扩大覆盖范围。开展公益宣传，加大公益广告投放力度，强化乳制品消费正面引导。普及灭菌乳、巴氏杀菌乳、奶酪等乳制品营养知识，倡导科学饮奶，培育消费者食用乳制品的习惯。

第十七章　北京市观赏鱼产业发展报告

2019 年，北京市观赏鱼创新团队 10 位岗位专家、2 位综合试验站站长、12 位农民田间学校工作站站长及其团队成员围绕“十三五”规划“高效、节水、怡情、乐享”的总体目标，在观赏鱼全产业链关键技术研发、示范推广、文化传播等方面奋力拼搏，为京津冀观赏鱼产业提质增效、绿色环保、可持续发展做出了重要贡献，取得了显著的经济效益、社会效益和生态效益。

第一节　产业发展现状

一、产业现状

2019 年，北京观赏鱼养殖面积为 388.13 公顷，较 2018 年观赏鱼养殖面积减幅 12.83%（见表 17－1）。顺义区和朝阳区在支持观赏鱼产业发展方面具有显著成效，经观赏鱼团队和顺义区农业农村局的共同努力下，市规土委特批用地 2380 平方米用于宫廷金鱼养殖，这在京郊农业面积大幅缩减的时期极为少见。经观赏鱼团队和朝阳区黑庄户乡政府的共同努力下，原朝阳区黑庄户发展中心更名为“黑庄户渔场”，渔场整体改建后，集中展示金鱼品种近 30 种，循环水养殖、木海养殖、展示鱼缸养殖、传统金鱼土池养殖、金鱼地膜养殖等 5 种养殖模式，目前已经成为朝阳区金鱼名片。可见，观赏鱼养殖已得到政府的高度重视。

二、市场流通现状

2019 年 4 ~ 9 月，观赏鱼产业技术体系北京市创新团队产业经济岗位专家团队采用问卷调查和实地走访相结合的调研方法，实地走访了 14 个的观赏鱼批发零售市场，调研观赏鱼店主 367 户，共发放调研问卷 367 份，回收 346 份，回收率为 94.28%。经过分析

表 17－1　　北京市观赏鱼养殖面积统计表

养殖区	2018 年 12 月		2019 年 6 月		2019 年 10 月		与 2018 年相比变化情况及原因
	户数（个）	面积（公顷）	户数（个）	面积（公顷）	户数（个）	面积（公顷）	
朝阳区	20	17.6	20	16.27	20	16.27	减少 1.33 公顷，拆迁、绿化
大兴区	5	9.67	5	9.67	5	9.67	无变化
顺义区	19	51.6	19	52.8	19	52.8	增加 1.2 公顷，闲置鱼池、食用鱼养殖池转成观赏鱼养殖
通州区	299	327.75	294	305.05	255	288.13	减少 39.62 公顷，潮白河公园占地，清退渔场
房山区	14	24.63	9	21.27	9	21.27	减少 3.37 公顷，拆迁用于绿化，或者养殖品种改变
合计	355	437.91	345	405.05	308	388.13	减少 49.78 公顷

数据来源：本节数据均来自北京市观赏鱼创新团队产业经济岗位专家实地调研，下同。

和审核，其中有效问卷 321 份，有效收率 92.77%。受市场规模、所选店铺和调研时间等不同因素的影响，各销售市场回收的有效问卷数量存在差异。整体调研遍布了首都 14 个观赏鱼销售市场，覆盖率为 100%。具体问卷数量见表 17－2。

表 17－2　　销售市场调研的问卷分布情况

调查对象	有效问卷（份）	调查对象	有效问卷（份）	调查对象	有效问卷（份）
广源工艺品市场	33	回龙尾货市场	9	高碑店华声天桥民俗文化园	28
十里河天骄文化城	27	牛栏山花卉市场	3	北京花乡花卉创意园	15
雅园国际	37	顺义火车站花卉水族市场	36	世纪金源花鸟鱼虫市场	32
美联居尚文化园	18	八里桥市场鲜花绿植观赏鱼厅	27	三旗百汇商城	23
汇隆文化广场	21	十里河花卉奇石城	12	—	—
合计（份）	136	—	87	—	98
总计（份）	321				

（一）观赏鱼市场整体情况

1. 北京市观赏鱼市场规模

经调查，观赏鱼销售市场主要分布在 6 个区的各类花鸟鱼虫市场，无专门的观赏鱼市场。其中朝阳区 5 个、海淀区 3 个、丰台区 2 个、昌平区 1 个、顺义区 2 个、通州区 1 个。北京市 540 家观赏鱼水族店铺分布在 14 个花鸟鱼虫市场之中，其中朝阳区 206 家，占北京市总数量的 37.80%，占比最高。第二为海淀区，现有 148 家，占北京市总数量的 27.16%。第三为顺义区 71 家，占比 13.03%。第四为丰台区 60 家，占比 11.01%。第五为通州区 45 家，占比 8.26%。店铺最少的是昌平区 15 家，占比 2.75%。

所有店铺均属于店主租借店面经营各类观赏鱼、观赏水生动物、观赏植物、水族箱及水族器材。北京市观赏鱼市场统计情况见表 17－3。

表 17－3　北京市观赏鱼市场统计

序号	市场名称	地址	所在区
1	广源工艺品市场	北京市海淀区广源闸 5－1 号	海淀区
2	十里河天骄文化城	北京市朝阳区东南三环十里河桥南侧	朝阳区
3	雅园国际	北京市朝阳区十八里店乡十里河村十里河南路 57 号	朝阳区
4	美联居尚文化园	北京市朝阳区十八里店乡十里河村东	朝阳区
5	汇隆文化广场	北京市丰台区西四环南路 3 号	丰台区
6	回龙尾货市场	北京市昌平区龙观西大街 18 号	昌平区
7	牛栏山花卉市场	北京市顺义区顺富路附近	顺义区
8	顺义火车站花卉水族市场	北京市顺义区建新西街与站前南街交叉口西北 50 米	顺义区
9	八里桥市场鲜花绿植观赏鱼厅	北京市通州区市兴路与金海街交叉口东南 100 米	通州区
10	十里河花卉奇石城	北京市朝阳区十里河大羊坊路 19 号	朝阳区
11	高碑店华声天桥民俗文化园	北京市朝阳区高碑店新文化街	朝阳区
12	北京花乡花卉创意园	北京市丰台区玉泉营环岛西南侧	丰台区
13	世纪金源花鸟鱼虫市场	北京市海淀区远大路 1 号	海淀区
14	三旗百汇商城	北京海淀区西三旗建材城中路	海淀区

在调研过程中发现，从老旧的花鸟鱼虫市场拆迁规范至新的现代化市场，广源工艺品市场（老官园市场）将是未来观赏鱼市场的典范，既满足市民生活需求，兼顾商贩生存问题，又解决了市场杂乱问题。按照综合店铺、观赏鱼店铺、鱼缸店铺、水族器材店铺、饲料店铺、钓具店铺、观赏龟店铺等 7 种类型，将观赏鱼市场商铺进行分类。据不完全统计，北京市现有观赏鱼市场 14 家，商铺总数量为 545 家。

北京市各大花鸟鱼虫市场观赏鱼店铺的具体情况见表 17－4。

表 17－4　北京市观赏鱼市场店铺数量及分类情况　单位：个

序号	市场	综合店铺	观赏鱼店铺	鱼缸店铺	水族器材店铺	饲料店铺	钓具店铺	观赏龟店铺	汇总
1	广源工艺品市场	12	15	11	6	1	9	2	56
2	十里河天骄文化城	4	11	12	10	2	0	6	45
3	雅园国际	6	22	24	6	0	0	4	62
4	美联居尚文化园	2	12	3	11	2	0	1	31
5	汇隆文化广场	2	11	12	2	1	0	7	35
6	回龙尾货市场	6	4	2	0	1	0	2	15

续表

序号	市场	综合店铺	观赏鱼店铺	鱼缸店铺	水族器材店铺	饲料店铺	钓具店铺	观赏龟店铺	汇总
7	牛栏山花卉市场	3	2	1	0	0	0	0	6
8	顺义火车站花卉水族市场	20	15	11	12	5	2	0	65
9	八里桥市场鲜花绿植观赏鱼厅	8	13	8	2	4	1	9	45
10	十里河花卉奇石城	6	3	2	3	4	2	0	20
11	高碑店华声天桥民俗文化园	12	12	6	8	4	3	3	48
12	北京花乡花卉创意园	8	4	6	4	3	0	0	25
13	世纪金源花鸟鱼虫市场	8	13	8	10	5	6	4	54
14	三旗百汇商城	13	4	6	5	2	3	5	38
	合计	110	141	112	79	34	26	43	545

2. 销售观赏鱼品种情况

目前，北京市观赏鱼店铺经营的观赏鱼品种主要有金鱼、锦鲤、热带鱼，其中热带鱼分为淡水热带鱼和海水热带鱼。金鱼主要的销售品种有：草金鱼、文鱼、狮头、红帽子、珍珠鳞、龙睛、龙睛高头、兰寿、日寿、水泡眼、朝天眼、蚕豆眼、寿星、虎头等50余种。锦鲤主要品系有红白、大正三色、昭和三色、中国彩鲤、红鲤、黄金、白金、秋翠、写、衣、银鳞、丹顶等20余个品种。热带鱼有灯鱼、鼠、斗鱼、龙鱼、血鹦鹉、红招财、孔雀鱼、地图鱼、接吻鱼、剑尾鱼、宝石、刀鱼、玛丽鱼、金线鲫、燕子美人、黑魔鬼、鲨、珍珠马甲、燕鱼、神仙鱼等100余个品种。海水观赏鱼的数量比较少，多为鲷鱼、小丑鱼、碟鱼。北京市14个花鸟鱼虫市场店铺的观赏鱼品种统计见表17－5。

表17－5　　北京市14个花鸟鱼虫市场店铺的观赏鱼品种统计

品种数量	金鱼、锦鲤		淡水热带鱼		海水热带鱼	
	户数/总数	占比（%）	户数/总数	占比（%）	户数/总数	占比（%）
3～10种	32/321	9.97	12/321	3.74	0	0
10～20种	57/321	17.76	98/321	30.53	14/321	4.36
20种以上	39/321	12.15	51/321	15.89	18/321	5.61
总计	128/321	39.88	161/321	50.16	32/321	9.97

从表17－5可以看出，以销售淡水热带鱼的店铺占绝大多数，其次是销售金鱼、锦鲤的店铺，专业销售海水热带鱼的店铺较少，仅有32家。从销售品种数量上来看，销售10～20种观赏鱼的店铺共169家，占比较高，为52.65%；销售20种以上观赏鱼的大型店铺为108家，占比为33.64%；而销售3～10种观赏鱼的小型店铺为44家，占比较少，为13.7%。

北京市观赏鱼店铺被调研对象的年销售额统计表见表17－6，可以看出，在被调研的

321 家店铺中，年销售额在 30 万～40 万元的比例较高，为 41.74%，其中淡水热带鱼店铺占比最高，为 21.18%。约有 29.28% 的店铺销售额在 20 万～30 万元之间，而销售额在 50 万元以上的大多数集中于批发，或以销售水族箱为主，店主具有丰富的观赏鱼养殖及水族器材经营经验。

表 17－6　　北京市观赏鱼店铺被调研对象的年销售额统计

销售额（万元/年）	金鱼、锦鲤		淡水热带鱼		海水热带鱼	
	户数/总数	占比（%）	户数/总数	占比（%）	户数/总数	占比（%）
0～10	3/321	0.93	0	0	0	0
10～20	18/321	5.61	23/321	7.17	5/321	1.56
20～30	37/321	11.53	44/321	13.71	13/321	4.05
30～40	55/321	17.13	68/321	21.18	11/321	3.43
40～50	9/321	2.80	14/321	4.36	4/321	1.25
50 以上	6/321	1.87	12/321	3.74	0	0
总计	128/321	39.88	161/321	50.16	32/321	9.97

在观赏鱼常见品种销售中，如表 17－7 所示，常见观赏鱼销售品种销售利润下降均在 10% 以下，其中体长为 15cm 的银龙鱼价格波动最大，下降了 9.82%。

表 17－7　　常见观赏鱼销售利润波动情况

序号	品种（体长）	2019 年利润（元/尾）	2018 年利润（元/尾）	波动（%）
1	锦鲤（15cm）	12.87	13.41	4.01
2	红色草金鱼（10cm）	1.44	1.56	7.78
3	红白泰狮金鱼（10cm）	3.14	3.41	7.89
4	鹦鹉鱼（10cm）	9.41	9.78	3.77
5	元宝鱼（12cm）	8.37	8.44	0.78
6	银龙鱼（15cm）	14.09	15.62	9.82
7	银龙鱼（20cm）	17.90	19.41	7.79
8	斗鱼（7cm）	1.46	1.58	7.52
9	丑鱼（3cm）	0.75	0.82	8.07

目前，北京市观赏鱼市场销售的金鱼、锦鲤价格较便宜，基本全部按“尾”销售，鱼的档次不高，具体情况见表 17－8。其原因主要是受市场供求关系的限制，由于普通市民消费者缺乏观赏鱼饲养技术，因此存在不敢尝试养殖高档的观赏鱼的胆怯心理。此外，目前北京市大多数市民住房面积较少，不具备养殖大型观赏鱼的条件，因此市场中高档大型观赏鱼的销售较为困难。

表 17－8　　北京市观赏鱼市场金鱼、锦鲤销售情况

品种	规格（cm）	价格（元）
金鱼	5～10	2～5
	11～15	10～30
	16～20	20～100
	20 以上	100～500
锦鲤	5～10	2～5
	11～15	15～30
	16～20	30～200
	20～30	80～300
	30～40	120～5000
	50 以上	1000～10000

（二）观赏鱼流通情况

1. 运输方式传统，流通模式灵活多变

通过对 321 户店铺的调研发现，传统加氧水袋包装仍是观赏鱼运输的主要方式。小型经销户所销售观赏鱼多产自北京本地，以草金、锦鲤和品相相对不高的宫廷金鱼为主。从养殖场至销售店面运输距离、时间均比较短，且该类观赏鱼对水温要求相对较低，传统的加氧水袋运输成本较低，仍是目前首都市场和京津冀区域观赏鱼流通的主要运输方式。而对于一般热带观赏鱼则是通过天津等地区批发市场进货，采用加氧水袋和保温箱相结合的公路运输，一般境内 2～3 小时运输车程，金鱼平均损耗率约为进货总价值的 6.91%，热带观赏鱼平均损耗率约为单次进货总价值的 8.4%。随着北京观赏鱼市场的萎缩，北京观赏鱼流通模式灵活多变，一方面是分散—集中—分散，由观赏鱼养殖户定期将鱼集中于各大观赏鱼市场，观赏鱼店铺到市场集中采购。另一种典型模式，则是观赏鱼店铺直接对接养殖企业、养殖户，定期将不同鱼种观赏鱼集中送至观赏鱼店铺。

通过调研发现，空运是北京大型观赏鱼店铺对接南方和海外养殖场的主要运输方式。对于高端热带观赏鱼和海水观赏鱼，本次调研的 321 家大型店铺中有 41.74% 均有销售，进货渠道则是直接对接广州、福建甚至新加坡、马来西亚等京外、境外养殖企业，运输距离远、时间长，为提高成活率，空运是其首选运输方式。根据观赏鱼种类、单体规格以及运输时间，采取不同的加氧、保温（冷）方式，运输方式损耗率低于首都传统加氧水箱运输方式，甚至零损耗，但运输费用相对较高，全部由店铺承担运输费用。

通过调研发现，不同类型经销户的进货渠道相对固定，订货模式灵活多变。在所调研的经销户中，具有稳定供货来源的店铺有 272 户，占调研对象（321 户）的 84.73%，特别是 26 平方米以上的店铺，全部具有稳定的供货商。多数店铺为稳定货源和降低经营供货风险，对于同品种观赏鱼均有两家甚至多家供货商（以中间商为主）。在订货模式上灵活多变，对

于常见品种且品相一般的观赏鱼，如草金、锦鲤、金鱼，84.91%以上的经销户采用电话预约方式订货，委托养殖户或第三方承担运输任务，根据实际到货价值支付货款。当然，由于不同季节、不同节假日销售量变化幅度较大，店铺根据不同节假日销量预判断，提前3～5天预约送货。对于价值较高、品相对价值影响较大的观赏鱼，为提高进货质量，店铺选择上门选购，首都和京津冀区域等短途运输通常自带运输工具，京外则采取委托代理公司进行空运。

通过调研发现，观赏鱼中间商发展迅速，且成为一般经销户对接养殖场的主要渠道。一方面由于养殖企业、养殖户极少对接一般零售商，无论是一般观赏鱼养殖企业还是精品观赏鱼养殖企业、养殖户，一般不对外零售，或者整塘销售或者整网销售。而一般店铺很难满足养殖企业、养殖户进货量要求，或者几十尾或百尾左右，而中间商则是同时对接多个一般观赏鱼销售店铺，可以满足养殖企业、养殖户大批量出塘销售的要求。另一方面则是进货成本考虑，尽管小规模多次进货可以减少经销过程中的损耗，但在自行承担运输费用的模式下，多批次进货造成进货成本较高，虽然中间商加价提高了进货成本，但从降低损耗和减少运输成本角度，观赏鱼店铺更倾向于通过中间商对接养殖企业、养殖户。

2. 流通效率较高，流通成本转移

运输技术日趋成熟，多种运输方式无缝对接，提高了观赏鱼流通效率。随着观赏鱼运输技术日渐成熟和广泛应用，运输成本和远途运输损耗率得以迅速下降，观赏鱼流通效率得以极大提高，不仅拓展了观赏鱼的流通范围，同时也为“互联网+”观赏渔业的快速发展提供了坚实基础。

通过调研发现，流通效率的提高与成本的降低，扩展了北京观赏鱼进货渠道。在进货渠道上，在所调研的经销户中，221户店铺有网络采购经历，占到被调研对象（321户）的68.85%。特别是小型观赏鱼店铺所经销一般品质的观赏鱼，通过网络进货的观赏鱼总价值约占到其销售价值的24.87%。同样，对于高端观赏鱼，流通效率的提高也促使了部分店铺直接选择京外、甚至境外养殖企业、养殖户作为供货商。具体观赏鱼网络下单比例如图17－1所示。

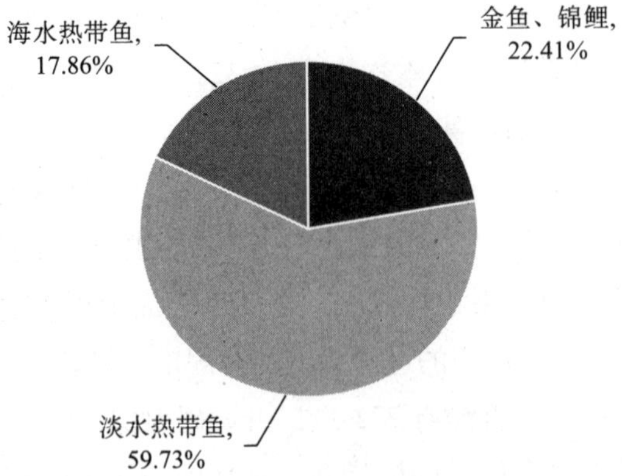

图17－1 观赏鱼网络下单进货比例

通过调研发现，传统的店内销售仍然是北京市观赏鱼销售的主要方式。但是，运输技术的成熟和流通效率的提高，拓展了店铺销售模式，随着物流成本的下降和运输损耗率的降低，店铺销售范围得以扩展和延伸。所调研的321户店铺中（如图17－2所示），68.89%的店铺采取店内销售的方式，4.94%选择朋友圈销售，8.46%选择微信公众号销售，第三方平台销售的有18.71%。本次调研的321户店铺通过第三方平台或微信订单的平均销售价值占到其销售平均总价值的24.82%，在网络销售的总价值中，销往外地客户价值占网络销售总价值的89.71%。

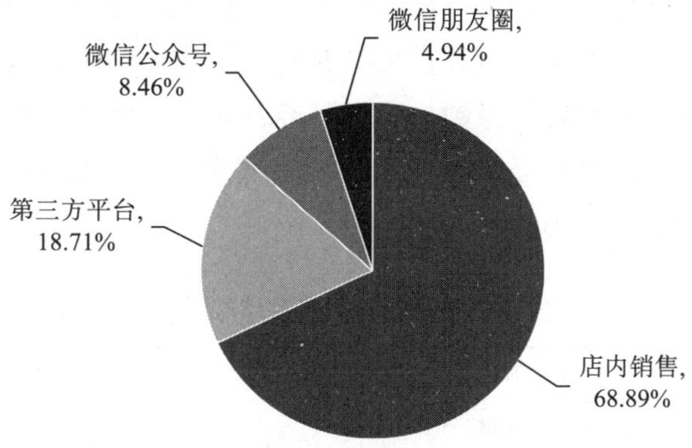

图17－2　观赏鱼店铺主要销售渠道比较

3. 京内高端微调，京外市场拓展

北京观赏鱼养殖历史悠久，且是宫廷金鱼和锦鲤的主要产地和输出地，但从销售市场来看，北京近两年高端消费需求呈下降趋势，特别是企事业单位等集团性消费锐减，但与之同时，京外观赏鱼市场得到一定培育，观赏鱼二级或三级经销店铺数量得以发展。

在本次调研中，高端消费锐减加速部分店铺经营转型，促使店铺多品种、多层次混合经营。高端消费和大宗消费锐减是所有经销户的一致观点，对于单体在800元以上的观赏鱼或龟多以展示为主，销售总价值仅占经销户总价值的12.46%，单尾10～80元的观赏鱼或龟是消费主要对象。为适应市场需求，店铺不仅丰富观赏鱼品种，在产品结构上也进行了大幅调整，如水族器材、渔药、饲料和水质改良剂等。

店铺京外市场拓展力度加大，中间经销商业务份额增加。随着京内高端消费市场萎缩，北京的观赏鱼店铺一方面不断丰富经营鱼种，调整品种结构，另一方面则是较有规模的店铺加强京外市场的拓展，充分利用北京锦鲤、金鱼资源优势，加强锦鲤、草金以及宫廷金鱼输出。在所调研的321户店铺中有84.76%均有京外固定客户，输出的主要鱼种是宫廷金鱼，该类业务占其业务总量的41.63%。对于中等规模的店铺，随着开展京外销售业务，但客户稳定性相对较差，业务量所占总业务量的比例约为18.49%，低于较有规模的店铺。

（三）附属品销售情况

通过调查显示，在经营观赏鱼的同时，有189家经销商销售观赏鱼附属品，占被调查对象（321家）的58.88%。由表17－9可知，有66家经营大型水族器材，但鱼药、鱼食经营较少，附属品销售额占总销售额的比例从15.41%～40.53%，销售利润占店面总利润10.17%～45.28%，平均占比27.03%。123家经销鱼药、鱼食，附属品销售额占店面总销售额的22.07%～47.98%，销售利润占店面总利润28.47%～49.18%，平均占比37.56%。通过与经销商详细访谈后，发现在所有经销水族器材的经销商中，各种新型材料和各类设计水族箱均有售卖，甚至根据养殖需要进行私人定制。各类鱼药、鱼食也更具有针对性，针对不同鱼种、不同规格观赏鱼具有针对性的鱼药和鱼食，有效提高了养殖的便捷性和观赏鱼成活率。各类规模经销户附属品经营业务比例较往年均有所增加，多数经销商承认自己的固定客户均会接受相关配套产品的推荐，且考虑到观赏鱼损耗的情况下，附属品利润远高于观赏鱼销售利润。

表17－9　被调查对象销售副产品情况统计

序号	经销商数量（个）	附属品对象	销售额占比（%）	利润占比（%）	平均利润占比（%）
1	66	主营大型水族器材，但有少量鱼药、鱼食经营	15.41～40.53	10.17～45.28	27.03
2	123	主营鱼药、鱼食	22.07～47.98	28.47～49.18	37.56

（四）信息宣传与需求情况

1. 自媒体宣传为主，市场宣传为辅

为提高自身店面知名度、扩展销路，所调研的观赏鱼经销户均采取不同的媒介加强宣传。在宣传媒体上，规模经销户以第三平台宣传为主，主要平台有淘宝、天猫等，同时通过第三平台和自媒体宣传（如微信、微博等），展示鱼种、产品报价以及技术辅导等。在所调研的341家经销户中，在第三方平台注册的有64.79%，使用微信公众号宣传的有39.56%，微信朋友圈宣传的有85.67%，使用微博宣传较少，只有6.54%。由于各类经销户多集中于花卉市场和农贸市场，宣传内容多集中于农贸产品和花卉产品等，观赏鱼销售宣传内容较少。市场宣传多采用图片展示或宣传海报，信息传播范围有限。因此，尽管观赏鱼经销户集中于某一农贸市场或花卉市场，但通过海报或背景墙等宣传产品信息的经销户只有17家。

2. 信息获取渠道广泛

从信息获取渠道来看，所调研的341家经销商信息获取渠道主要来自网络和供应商，分别有59.34%和89.21%经销户的信息主要来自此两类渠道。特别是新进入观赏鱼经销行业的经销户，由于电视关于观赏鱼信息较少，网络信息又存在一定虚假性，新进该行业的部分经销商更多通过供应商来了解相关产业信息。同时，同行也是其信息获取的重要渠道，通过与同行交流，获取更低价格、更高品质的鱼种，联系更优质的供应商。比较而言，市场管理部门和其他渠道并不是其信息获取渠道，可见，观赏鱼市场管理部门信息服务不足。

随着“互联网+”的推广与应用，本次调研中发现，59.34%的经销户不仅有实体店，同时也有网络销售，但网络销售主要集中于鱼食、水族药剂等观赏鱼养殖附属产品。通过网络销售，不仅扩大了实体店知名度，也显著提高了投资利润率，调研也同时发现，具有网络销售的经销商也将自己经营的观赏鱼鱼种、品相等进行宣传，但经销商普遍反映网络销售活鱼效果并不显著，但切实促进了实体店活鱼销量。

三、市场消费现状

（一）数据来源

2019年4~6月北京市观赏鱼创新团队产业经济研究团队采用随机调研的方式，对北京市观赏鱼消费者进行随机调研，本次研究共发放问卷280份，收回问卷276份，回收率为98.57%，其中有效问卷241份，有效率为87.32%。

（二）样本基本情况

本次调研基本信息主要涉及消费者的受教育程度、收入、受教育程度等内容。详细情况见表17-10：

表17-10　　被调研者基本信息汇总

个性特征	信息分类	样本量（个）	样本占比（%）
受教育程度	初中及以下	2	0.39
	高中与中专	14	6.51
	大专	43	23.27
	本科	118	42.31
	研究生以上	64	27.52
性别	男	128	53.11
	女	113	46.89
年龄	25岁以下	68	28.22
	26~40岁	121	50.21
	41~55岁	34	14.11
	56岁及以上	18	7.47
婚姻状况	已婚	96	39.83
	未婚	145	60.17
含有未成年人	是	162	67.22
	否	79	32.78

续表

个性特征	信息分类	样本量（个）	样本占比（%）
家庭月收入	3000 元以下	41	17.01
	3001～4600 元	39	16.18
	4601～8000 元	87	36.10
	8001～11000 元	36	14.94
	11001～15000 元	16	6.64
	15000 元以上	22	9.13
养殖情况	从未养殖	84	34.85
	曾经养殖	105	43.57
	正在养殖	52	21.58

（三）总体认知水平分析

（1）观赏鱼装饰和美化功能认可度较高，文化和科普功能也获得认可

无论是否曾经养殖的消费者或正在养殖观赏鱼的消费者，其对观赏鱼的娱乐和装饰美化功能均有较高的认知水平，且有过养殖经历的消费者更认可其装饰美化功能（见图 17－3）。尽管消费者对观赏鱼的文化与陶冶情操的功能认可度高于其养殖成本认知和养殖风险认知，但对比娱乐和装饰美化功能的认可度稍低些。特别是成本认知，消费者并不认为养殖观赏鱼会带来太多的经济压力。由此可见，消费者对观赏鱼的认知仍然比较直观，更多处于感性认知，对于观赏鱼的文化和科普功能认知虽得到认可，但是深层次认知程度仍有待提高，加强观赏鱼深层认知宣传、体验以及参与等，有助于消费者更深入了解观赏鱼。

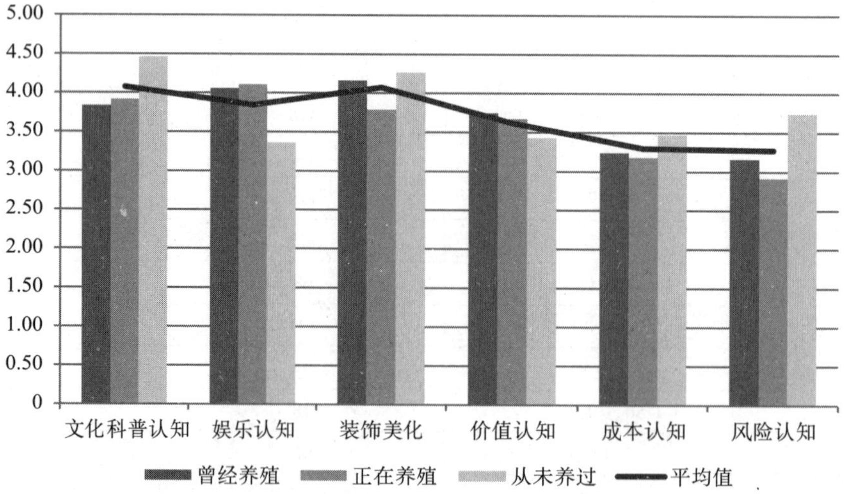

图 17－3　不同养殖经历消费者对观赏鱼认知

（2）除娱乐认知和价值认知外，曾经养殖和从未养殖者对观赏鱼各类功能认知均高于正在养殖的消费者

通过对241名观赏鱼消费者调研显示，消费者是否养殖观赏鱼对其产业认知影响并不大，但消费者对观赏鱼产业认知却对其养殖行为有直接影响。曾经养殖观赏鱼的消费者对观赏鱼在培养孩子观察能力、陶冶孩子情操等方面具有较高的认可度，虽然部分消费者从未养殖过观赏鱼，但其文化科普功能认知仍高于正在养殖观赏鱼的消费者。与之相似的消费者在装饰美化、成本以及风险认知等方面具有相同特征。

（四）消费者观赏鱼养殖行为分析

1. 性别和婚姻状况不同的消费群体的消费特点

不同性别和婚姻状况的人群在购买观赏鱼的愿意差别显著。从调研群体的性别来看，从未养过观赏鱼的人数女性多于男性12.17%。男性有45.31%的人群曾经养殖观赏鱼但现在不养了，高于女性的34.51%。正在养殖观赏鱼的男性与女性所占比例基本相同。在调研群体的婚姻状况方面，从未养殖过观赏鱼的未婚人数高于已婚人数，有38.54%的已婚人群养殖过观赏鱼，高于未婚人群，正在养殖观赏鱼的已婚人群比例高于未婚人群，占比为29.17%。

2. 青年与老年人群尝试意愿强，中年人群是养殖主体

在所调研人群中，25岁及以下人群有42.65%的人过去养过现在不养观赏鱼的，在该类人群中占比最高，其次是从未养殖的比例达到该类人群的36.76%。44.63%的26～40岁的人曾经尝试养殖但又放弃，而且也有20.66%的人正在养殖观赏鱼，但其放弃养殖的比例也最高，与之具有相似比例和变化的则是56岁以上的老年人群，说明26～40岁和56岁及以上人群尝试养殖观赏鱼的意愿较其他年龄人群略强，但其无论是因养殖技术还是精力受限，两类人群放弃养殖的比例也最高。约有27.78%的56岁及以上的老年人群正在养殖观赏鱼，在各年龄段正在养殖观赏鱼的人群中占比最高，说明观赏鱼的养殖意愿在老年人生活中很受青睐。

3. 各类学历人群均有养殖观赏鱼，大学本科及以上人群为主要养殖群体

在所调研的不同学历人群中，各类学历人群均有观赏鱼养殖经历，占比最高的是研究生及以上学历人群，具有养殖经历的人数占此类人群总数的比例为76.56%，其次为大学本科学历的人群，占比为72.09%。其中高中与中专学历人群放弃养殖比例高达58.80%，其次是初中及以下人群，由于样本中初中及以下学历人群只有2人，所以养殖后又放弃的比例比较高，为50%。对于养殖样本中该类人群数量较少，主要是因为北京市普及大学本科或中专，所以这类人群占比较高，具有初中及以下学历的人群极少。在大学本科、大学专科和研究生及以上学历人群放弃养殖的比例稳定在40.00%左右。尽管高中学历人群放弃养殖比例最高，但该人群中仍有41.20%正在养殖。研究生及以上学历人群正在养殖比例最高，为34.38%。大学本科、高中与中专学历人群正在养殖比例相当，约20%左右。但如果与北京人群学历层次分布比例相结合，由于北京大学本科及以上学历人群占比较高，大学本科及以上人群仍应为主要养殖群体。

4. 收入并不直接影响养殖选择，中等收入人群养殖比例较高

从收入水平上来说，在所调研的241人中，从未养殖过观赏鱼的为79人，占比32.78%，曾经养殖过观赏鱼的为97人，占比40.25%，正在养殖观赏鱼的为65人，占比26.97%。占比最高的为曾经养殖过，但是现在不养的人群。月收入在3001～4600元和11001～15000元的中等收入家庭曾经养殖比例较高，超过50%，月收入在3000元以下的人群曾经养殖比例最低，为34.15%。在正在养殖观赏鱼的调研方面，月收入在4600～8000元和8001～11000元的人群正在养殖比例较高，为30%左右，而月收入在15000元以上的人群正在养殖比例较低，为13.64%。月收入低于3000的人群，从未养殖过观赏鱼的人数占比最高，为39.02%。

5. 店铺布局的合理性对消费者消费欲望影响显著

通过调查，绝大多数消费者在选择店铺时都会有不同的评价标准，店铺的整洁程度、鱼种是否丰富、观赏鱼文化氛围以及摆设得当与否等都是消费者考虑的因素，但相比之下鱼种丰富与否是消费者考虑的最大因素，占到了48.74%。北京的观赏鱼市场基本包含在花鸟市场里面，并没有独立的市场。而花鸟市场通常显得不够整洁且布局混乱，观赏鱼市场在这样的环境里缺少了原有的美感，容易使市民产生排斥心理。店铺给消费者的第一印象非常重要，这直接影响消费者的购买欲望，如果一个店铺整洁好看、种类繁多，有浓郁的文化艺术气息，会瞬间抓住购买者的眼球，吸引更多潜在消费者。在接受调查的市民当中，94.51%的消费者关注观赏鱼店面布局。

6. 购买鱼类品种对消费者消费欲望影响显著

根据个人的喜好和需求的不同，消费者在品种选购时也有差异。有近70%的消费者购买淡水热带鱼，其次是冷水淡水鱼。而在被问及是否能买到自己想要的品种时，有94.61%的人表示都能买到，但仍有少数人表示没能买到想要的品种。名贵观赏鱼的饲养早已成为一种品味及地位的象征，优质奇特的稀有品种更是能让人感受到新奇。虽然市场上的珍稀品种越来越引起人们的关注，倾向于购买珍稀品种的消费者却仅占到了全部受访者的14.27%，说明这一领域有巨大的消费潜力，如果能加强和完善珍稀品种的服务，将会吸引更多入家庭的消费者选择购买高质量的珍稀品种。

四、成本收益及其产业支持政策效果

（一）成本收益

数据资料主要来自对养殖户的问卷调查和实地访谈，根据产业经济岗位专家任务要求和调研安排，岗位专家于2019年5～9月，深入北京市通州区、顺义区、大兴区、房山区和朝阳区等观赏鱼主要养殖区，与17个养殖企业或者养殖户对2019年养殖观赏鱼情况进行面对面的访谈和问卷调查，问卷当场填写后立即回收。根据观赏鱼养殖特点，将观赏鱼养殖成本通过物质成本和人工成本进行核算，其中物质成本视为固定成本，包括养殖设施

折旧、饲料成本、苗种成本、渔药成本、电费成本。人工成本包括雇工劳务成本和劳动力成本。目前在北京市的观赏鱼养殖过程中，有些区在适当的收取水费，但大多数养殖企业或养殖户处于安装水表待收费，或收取一部分水费的状态，本研究调研的17家样本未涉及水费。特别说明的是，国家2006年开始实行免征部分农业税的政策，本研究调研的17家样本均为自繁自育类型的养殖企业或养殖户，可以享受此优惠政策，无税费支出。

从成本金额来看，饲料成本平均金额为11.09元/尾，电费成本平均金额为3.02元/尾，人工成本平均金额为3.51元/尾，其中饲料成本单位平均值最大。就成本比例来看，最大的成本支出是饲料成本，所占比重为固定成本的67.48%，为总成本的50.19%，其次是人工成本，在总成本中所占比例为21.37%。除其他费用外，6项养殖成本中，渔药成本所占比例最低，为总成本的0.19%。综合各项成本来看，饲料成本、电费成本、苗种成本等3项成本占养殖总成本的79.12%。各项成本费用变异系数差异较大。总成本变异系数为0.38，这意味着，调查样本养殖总成本具有较大差异。在七项成本支出中，变异系数从大到小排列为：苗种成本＞设施成本＞渔药成本＞其他费用＞电费成本＞人工成本＞饲料成本，其中饲料成本变异系数最小，说明在所有调查样本中，饲料成本支出是成本构成中影响最大的。在所调研的样本中，混合养殖型投入产出比平均为1∶3.80，单养锦鲤型投入产出比平均为1∶3.36，单养金鱼型投入产出比平均为1∶2.68。高投入、高产出与高利润趋势大体持平，观赏鱼养殖在当前资源环境约束日益增强，成本上扬价格徘徊的环境下，必然成为今后可持续养殖的鱼类。观赏鱼养殖投入产出率在2.68～3.80，利润率在20%～40%。投入产出率变动趋势与利润的变动趋势大体持平，混合养殖投入、产出、利润率均最高，单养金鱼投入、产出、利润均最低。

通过净利润指标说明观赏鱼养殖收益水平。水产养殖净利润是指养殖对象销售后获得的销售收入与养殖过程中总成本和企业所得税的差值。由于观赏鱼按尾销售的特殊性，所统计的销售额为调查样本商品鱼数量销售额之和。特别说明的是，观赏鱼销售时，养殖者如果认为单位个体销售价格较低，或者有些个体需要养殖到一定规格后，待花纹、体色等特征达到理想效果时销售价格会更高，所以有些养殖者可能会等到恰当时间进行销售，这也许会形成隔年销售的情况，因此，在本文中，商品鱼数量指的是调查样本已销售的商品鱼数量，也包含水花、夏花的销售数量。在17个调查样本中，净利润最高的为34.54万元，最低的为2.14万元。混合养殖型样本商品鱼单位产品收益平均值高于单养锦鲤型样本和单养金鱼型样本。

（二）产业政策及应用效果

1. 典型产业政策应用情况

农业农村部办公厅《农业绿色发展技术导则（2018—2030年）》、农业农村部等10部委《关于加快推进水产养殖业绿色发展的意见》等文件强调农业以绿色投入品、节本增效技术、生态循环模式、绿色标准规范为主攻方向，全面构建高效、安全、低碳、循环、智能、集成的农业绿色发展技术体系，水产新品种、水产健康养殖技术、水产良种良法配套绿色种养技术和水产绿色投入品等具有明显乡村振兴、生态宜居特点的载体成为今后的研发推广重点。农业农村部办公厅关于开展2019年水生动物防疫系统实验室检测能力验证的通知（农办渔〔2019〕19号），锦鲤疱疹病毒病成为能力验证内容之一。2019年5月20日农业农村部关于印发《2019年国家水生动物疫病监测计划》的通知。锦鲤疱疹病毒病（鲤和锦鲤）、鲤浮肿病（鲤和锦鲤）成为2019年国家水生动物疫病监测计划之一。

（1）绿色发展政策应用情况。2020年3月6日，北京市农业农村局、北京市人力资源和社会保障局《关于2017—2019年度北京市农业技术推广奖表彰奖励的决定》发布，表彰为促进农业科技成果转化和实用技术推广做出突出贡献的科技工作者。观赏鱼创新团队首席专家主持完成的“优质锦鲤繁养殖绿色高效技术研究与产业化应用”成果获2017~2019年度北京市农业技术推广一等奖。该成果由北京市水产科学研究所和中国农业大学共同合作完成。该成果在锦鲤引进及其养殖与育种技术消化吸收的基础上，创新性的通过系统选育和生物技术集成，选育多个优良品系，并通过技术组装集成，建立了优质锦鲤繁养殖绿色高效技术体系，覆盖北京市锦鲤产业95%以上。通过展会、赛事和技术服务等形式，推进家庭和公共场所养殖，在打造生态宜居城市、拓展养殖空间、提升产业价值方面具有较大的发展潜力。该项目推动了锦鲤产业绿色高效的科技进步，促进了优质锦鲤苗种、绿色高效养殖及服务业三产融合、协调发展，创造了显著的经济、社会和生态效益，应用前景广阔。

（2）乡村振兴政策应用情况。2019年9月26日，北京市市场监督管理局发布《工厂化循环水养殖系统技术规范》（DB11/T 1663－2019），该标准由北京市水产科学研究所主持完成，标准发布实施有利于促进北京市水产养殖业发展模式的转变，提高养殖效率，有利于促进水产养殖业环保、高产、节水和标准化发展。

（3）实验室检测能力验证和疫病监测计划通知应用情况。观赏鱼团队在通州区、顺义区、平谷区等建立观赏鱼病监测点15个，监测重大水生动物疫病及26种常规观赏鱼疾病。鲤疱疹病毒2型是对金鱼和鲫感染率极高，严重危害金鱼、鲫养殖业，首次建立了鲤疱疹病毒2型RAA检测方法。

2. 全国观赏鱼产业成长研究

2019年，全国观赏鱼产业成长有影响力的活动约11项，其中北京市观赏鱼创新团队主办了中山公园金鱼展、北京自然博物馆夏季金鱼展，并承办了观鱼知乐—宫廷金鱼文化与故宫博物院藏金鱼题材文物联展，对于首都观赏鱼产业优质高效、绿色增收意义重大，有利于产业影响力的提升，从而提升产业整体竞争力，保障观赏鱼产业的健康持续发展。

第二节　产业发展中创新团队的技术支撑作用

一、团队基本情况

（一）创新团队功能定位及其建设任务

1. 团队功能定位

观赏鱼产业必须关注社会经济生活，走进市民家庭；必须立足于北京的区域优势和观赏鱼产业发展现状，走集观赏鱼养殖、观赏鱼饲料、水族器材、观赏鱼文化等要素为一体的综合性产业发展之路；必须立足于调整苗种自主繁育量，通过科技创新提高苗种质量，以“文化鱼”的思维提高观赏鱼产业的附加值；必须立足于品种多元化及配套关键技术的集成、创新和推广，以“可持续健康发展”为目标，走优质高效、品种多样、循环生态、年生产量适度之路，为北京市乃至全国观赏鱼产业提供高端的种质资源、节水生态养殖模式、都市型现代渔业产业化模式，及诸多新技术和新成果。“十三五”期间观赏鱼产业的定位为：研发新技术，开发新产品，提高从业者技术水平，提高产业链条各环节的生产效率和效益；加强宣传引导，提高市民养殖观赏鱼的技术水平，使观赏鱼走进千家万户，从而实现产业的可持续发展。

2. 团队建设任务

“十三五”期间，根据“高效、节水、怡情、乐享”的团队发展思路和定位，在团队首席专家的带领下，充分发挥团队各聘任岗位的人才、技术、资源等优势，全面提升北京市观赏鱼产业的技术水平和引领示范作用。重点开展观赏鱼及观赏龟等观赏水生动物品种引进驯化、繁养殖及节水养殖模式研究；基因编辑育种技术研究；系列专用饲料、细菌菌蜕疫苗、免疫增强剂、病害监测、抑菌中草药免疫效果研究与示范；水族器材成品及观赏鱼水族箱养殖技术研究与示范；进一步推动观赏鱼文化产业发展，逐步增强市民对金鱼、锦鲤的鉴赏能力，以提高观赏鱼产业整体水平为目标，开展北京市观赏鱼产业“养殖—流通—消费（市场）”环节的动态研究，为政府提出北京市观赏鱼养殖模式与产业发展合理性建议。通过 5 年的时间，全面推进观赏鱼产业转型升级，充分发挥科技创新和示范推广的辐射带动作用，努力将北京市打造成可持续发展的全国观赏鱼产业示范区、全国观赏鱼种业之都。

（二）创新团队组成架构

北京市观赏鱼创新团队以北京市水产科学研究所为依托单位，成立产业技术研发中心。团队主要由产业技术研发中心、综合试验站和农民田间学校工作站3个层级构成。根据北京市观赏鱼产业的特点，产业技术研发中心下设育种与繁殖、养殖、营养与病害、水族和产业经济等5个功能研究室，共10名岗位专家的建设，负责观赏鱼品种、产品和技术创新、研发等。另根据北京市观赏鱼优势区域特点，在北京市远郊观赏鱼优势区和特色区设2个综合试验站、12个农民田间学校工作站，2个综合试验站为大兴区综合试验站和顺义区农民田间学校工作站，12个农民田间学校工作站包括通州区张家湾镇西永和屯村、通州区西集镇马坊村、通州区马驹桥镇小松垡村、通州区西集镇王庄村、通州区漷县镇靛庄村、朝阳区金盏乡长店村、朝阳区黑庄户乡双南村、房山区琉璃河镇李庄村、房山区石楼镇夏村、大兴区礼贤镇东黄垡村、顺义区李遂镇牌楼村、顺义区马坡镇姚店村等，负责品种、产品、技术和模式的示范与推广。每位岗位专家、综合试验站站长和农民田间学校工作站站长各带有1~5人的研发团队，形成了一支技术研发能力强、示范推广水平高的观赏鱼专业技术研发与示范队伍。观赏鱼团队涉及北京市13个单位加入，参加单位有国家级大学、市级科研单位、市级及区级推广单位和相关企业，首席专家带领团队成员共计24人，为促进北京市高效、生态农业可持续发展方面发挥着越来越重要的作用。

（三）创新团队作用与交流机制

观赏鱼团队建设遴选集聚了一批北京市水产科学研究所、北京市水产技术推广站、中国农业大学等观赏鱼科技创新的行业领军人物和学术骨干组建团队，拥有了一支服务于北京市观赏鱼产业目标的市级创新团队，为北京市观赏鱼产业发展提供了科技支撑和技术保障。

首席专家对团队建设实施和工作任务完成负全面责任，团队设立首席专家办公室、专家执行组，首席专家办公室具体负责团队管理的日常工作，专家执行组监督团队运转。岗位专家与综合试验站、农民田间学校工作站交叉对接，首席专家、功能研究室主任、岗位专家、综合试验站、农民田间学校工作站站长建立垂直管理的关系，围绕产业链各个环节的科技需求形成了分工合作和紧密联系的关系。用任务书将各层级联系起来，促进相互沟通交流。另外，通过现代农业产业技术体系北京市创新团队管理平台、微信群、年初工作部署会、中期工作总结会、年终总结和考评会、年度学术研讨会及各种小型研讨和培训、观摩会等进行信息交流。

二、技术研发与主推技术

（一）团队技术研发情况

1. 高效任务

（1）观赏鱼育种与繁殖技术研究稳步推进。2019年在锦鲤、金鱼、观赏龟群体繁殖、品种选育、品质改良、繁育技术等多方面取得了显著进展。首次系统研究复合益生菌在锦鲤繁殖中的应用效果，可显著促进亲本性腺发育，增强繁殖性能，并促进苗种生长速率提高25%。获得墨龙睛金鱼F3代高品质个体2500尾，祖代11组。规范锦鲤繁殖技术和鹅头红金鱼繁养殖技术，基本解决锦鲤繁殖和鹅头红金鱼繁养殖中存在的问题。

（2）观赏鱼营养与饲料研究逐步精细化。复合甜菜碱添加对锦鲤肠道菌群结构和肠道形态检测和分析研究表明：棉子糖和甜菜碱的添加提升了肠道健康，增强了锦鲤肠道作为其抵御病原微生物入侵的第一道屏障的作用；添加不同n－3/n－6脂肪酸比例梯度的等氮、等能饲料表明：锦鲤苗种饲料中n－3/n－6脂肪酸＝2.45为最适水平。从锦鲤生长、血液免疫指标、血糖水平等15项指标中监测发现，在饲料外喷涂0.5%营养素A可显著提高锦鲤苗种的增重率、特定生长率和摄食率。

（3）观赏鱼养殖技术规范化、智能化不断加强。完成了《工厂化循环水养殖系统技术规范》（DB11/T 1663－2019）；自主巡航式水质监测平台水下信息综合采集技术研究方面完成了可遥控的自动收卷水质探头的投放装置主体设计和样品装置的制作；观赏鱼养殖远程无线水质监测及智能控制技术研究方面采用远程无线终端加现场声光电预警等技术，实现溶解氧全程实时动态调控，建立示范点4个，设计并实现1套小观测样本的养殖池塘藻类光谱特征观测系统。

（4）产业经济基础研究全面展开。为准确掌握市场的价格形成、传导机制、价格波动原因以及各环节主体的利益分配，产业经济研究室采取全程跟踪的方法对观赏鱼生产、流通、销售等各环节进行实地调查，并提出政策建议。

2. 节水任务

通过比较鱼菜共生养殖模式和传统养殖模式下锦鲤生长、池塘水质变化以及节水情况，表明生物浮床节水10.4%；观赏鱼与水生植物共养节水技术取得阶段性进展，采用观赏龟立体综合养殖模式，使龟保持优良品质、较强的免疫能力，并采用高通量转录组技术分析了养殖用水量对黄喉拟水龟背甲顶膜的影响，新基因的发现为研究龟耐旱响应奠定了基础。

3. 怡情任务

重点开展了文创产品开发和文化传承与实践活动两方面的工作。设计并制作金鱼团扇等文创产品16个，有关产品申报外观设计专利1项。开展观赏鱼品评交流活动5次；进城入园、进社区、进学校活动11次；在朝阳区黑庄户建立观赏鱼交流站1处；在莲花池公园建立观赏鱼景观1处。

4. 乐享任务

开展了原生观赏鱼引进及养殖技术，水族高效智能化技术，水生植物品质提升及净化技术研究，成功引进滇池金线鲃、鳑鲏等4种原生观赏鱼，水族箱养殖成活率在85%以上。研发利用光照促进鳑鲏体色增艳的方法1个，利用光照促进水生植物生长的方法1个，研发高效率循环过滤装置1种，实现延长换水清洗水族箱时间间隔46%；制造完成了首套具有多功能顶滤型水族箱盖智能监控功能的样品模型。

（二）团队主推技术情况

2019 年，观赏鱼团队共引进、驯化、筛选观赏鱼品种 17 个，包括短尾红弓背水泡金鱼、鹅头红金鱼、凤尾鹅头红金鱼、红白虎头金鱼、红蛋球金鱼、鸭绿江野生鲤鱼和红白锦鲤杂交后代、红辉黑龙与菊水锦鲤杂交种、草金鱼与彩鲤杂交种、黄缘闭壳龟、秋翠（♀）×黄金（♂）杂交 F1 代、墨龙睛金鱼、五花望天球金鱼、黑望天球金鱼、滇池金线鲃、温州光唇鱼、高体鳑鲏、马口鱼等。

研发观赏鱼繁育、养殖、营养、病害、水族、信息装置和文创产品等共计 77 种，包括木海（小）、木海（大）、金鱼茶具、金鱼扑克、金鱼茶巾、马克杯、笔记本、金鱼伞、鱼浅、金鱼手机壳、金鱼丝巾、金鱼团扇、金鱼泥塑、新版手机壳、菌蜕疫苗、中草药、木海架（大）、木海架（小）、金鱼过滤槽、人工培育金鱼饵料果蝇、金鱼半合成饲料、活饵裸腹蚤和低额蚤、抄子、虹子、金鱼家庭养殖自动补光、杀菌仿古工艺容器、观赏鱼各系列饲料等。

示范推广主推技术 15 项，已覆盖苗种 8 亿尾，品种、产品、技术在京郊推广 400 公顷；观赏鱼饲料 446.5 吨，防病中草药 500 千克，面积 60 公顷。建立病害监测点 15 个，发现常见病害 26 种，药敏监测点 2 个，监测重大疫病样品 65 个。同时在示范推广过程中，重点依托团队试验站和工作站，积极创响“雅仕锦鲤”“雅悦锦鲤”“宫廷金鱼苑”“黑庄户金鱼”“老龟王”等 5 个品牌，经济效益、社会效益和生态效益显著，充分发挥了观赏鱼团队对北京市观赏鱼产业的引领示范与技术支撑。

（三）团队研发成果情况

（1）基本研发成果：选育筛选观赏鱼品种 17 个；研发新技术 15 项；新产品 77 个；集成新模式 5 个；菌蜕新工艺 1 个；经济效益达 4300 余万元。

（2）基地建设情况：试验基地 5 个；示范基地 12 个；种业基地 6 个；饲料生产线 3 条。

（3）社会化服务：产业调研 113 次；举办培训、观摩活动 182 次；培训技术人员、农民 3180 人次；培训经营主体 420 人次；组织宣传 39 次，发放资料 1860 份，进城入园、入社区或品鉴活动等 16 次，支持或举办全国性展会 10 次，50 余万人次参与。

（4）制定标准情况：主持制定行业标准 1 项（送审稿）；地方标准 2 项。

（5）论文、专利、论著：撰写论文 28 篇，发表论文 26 篇；授权专利 11 项、新申请专利 8 项；编著 1 部；获得软件著作权 3 项。

（6）获奖成果：获 2019 年度北京市农业技术推广奖 2 项，其中一等奖 1 项、三等奖 1 项。

（7）咨询建议：为农业部发展计划司、市农业农村局科教处、种业处及其他部门提供观赏鱼相关政策建议 12 个；为生产一线提供技术指导规范 5 个。

（8）成果采用：入选农业农村部农村创新创业实用技术平台主推技术 3 个；成功转化

专利1项。

（9）低收入帮扶：培训8次，31人次参与，引进新技术4项，引进新品种1个，引进新产业1个，获科技帮扶收益3万元。创造就业岗位4个，低收入户就业7人，脱低率为12.12%，节约成本6万元。

三、技术示范推广效益

（一）技术示范推广经济效益

2019年，在渔业调转节政策下，观赏鱼产业的急需转型升级。观赏鱼团队积极开展主推技术、主推品种、主推产品等推广服务，实现了京郊良种覆盖率83%，产生直接经济效益4300万元。

（二）技术示范推广生态效益

团队在积极利用品种、技术，推进观赏鱼产业经济效益和社会效益的同时，时刻注重环境保护、节约水资源等生态效益。

（三）技术示范推广社会效益

通过观赏鱼团队的品种、技术推广、科技培训和宣传等工作，观赏鱼养殖企业和养殖户的技术水平、知名度以及市民认可度都得到了大幅度的提高，观赏鱼的健康养殖、标准化养殖得到了大幅提高，极大地促进了观赏鱼产业的转型升级。

团队先后支持全国性会展5次，举办全国性展会5次，“鱼文化”传承与实践活动2次，50余万人次参与。以产业发展、技术对接、文化交流为主题，展示观赏鱼产业发展成果，也示范和验证了团队“高效、节水、怡情、乐享”4项重点任务的技术集成。

团队为农业农村部发展计划司、市农业农村局科教处、种业处及其他部门提供观赏鱼相关政策建议12项，并积极对口开展科技帮扶低收入村工作，为实现全面脱低做出了积极的贡献。

团队根据企业、农户的需求，并结合北京观赏鱼产业实际情况，在观赏鱼繁养殖的各阶段积极开展贴近农民的多种培训，共开展各种形式科技服务182次，包括专题讲座、现场观摩、科技入户指导等，培训指导3180人次，发放技术资料3650份，组织观摩460人次，开展工作指导118次，田间学校工作站培训实地操作21次。团队专家分别多次在京郊召开观赏鱼养殖现场会，大力宣传和普及观赏鱼提质增效的效果。

四、团队对产业支撑作用

观赏鱼产业的最终目标是全面服务首都观赏鱼产业，并推动产业的健康与持续发展。因此，2019年观赏鱼团队除了在技术研发与推广方面积极开展工作之外，在北京市的产业统筹、科普宣传、媒体宣传等方面也开展了大量工作。

（一）积极消除环保压力对产业的影响

2019年是观赏鱼产业经受环保压力考验的又一个年头，产业面积锐减千亩以上，给产业造成严重负担。为此，观赏鱼团队在市农业农村局的统一领导下，首席专家联合行业学会和各种社会力量，带领全团累计进行网络、电视台、电台、报纸和拍摄宣传片等26次，亲自参加2019年全科普日中国水产学会主会场活动启动仪式，并多次组织召开有关绿色高效养殖技术培训班、观摩会，通过团队综合试验站、农民田间学校工作站等进行北京市95%以上覆盖率的技术推广，全面普及绿色理念。通过宣传，全力协助企业转型升级，大力促进产业复苏。

（二）始终坚持以解决产业发展实用关键技术为目标

2019年，观赏鱼团队在首席专家的带领下，通过全体岗位专家、综合试验站、农民田间学校工作站及其团队成员的共同努力下，以“高效、节水、怡情、乐享”为目标，围绕观赏鱼育种与繁殖、观赏鱼主要病害防治及监测、观赏鱼营养与饲料、观赏鱼养殖技术、观赏鱼（龟）与水生植物共养节水技术、原生观赏鱼引进及养殖、水族高效智能化技术、水生植物品质提升及净化、产业经济，及文创产品开发和文化传承与实践活动等团队30项科研任务、15项推广任务，攻坚克难，积极开展科研推广工作，不仅加强了不同岗位间的合作，联合研发，同时更加注重岗位与综合试验站、农民田间学校工作站的对接联动，及时将拟形成成果在多个综合试验站、农民田间学校工作站进行示范推广。2019年度，团队在成立10年来的科研推广积淀的基础上，形成了良好局面：与产业联系更加紧密，技术进展有新成效，对主管部门支撑有力，团队建设有成效，全体成员工作努力踏实。

（三）实现地方团队与国家体系的有效对接

与国家体系实现有效对接是2019年观赏鱼团队工作的一大特点，目前与国家大宗淡水鱼产业技术体系、国家特色淡水鱼产业技术体系建立了联系。通过沟通交流，进行了有效对接，具体包括：首席专家参加国家大宗淡水鱼产业技术体系2018年终总结考评会；与国家体系联系举办培训班。

第三节　产业典型案例分析

在水资源和土地资源日益紧缺，成本与收益双重挤压下，传统渔业急需转型，工厂化循环水养殖模式具有节地、节水、无废排出等优点，在北京得到快速发展，工厂化循环水养殖模式将是未来都市渔业的必然趋势。

一、整体情况

近两年，京郊出现了较多具有一定规模的渔业工厂化循环水养殖温室，比较有代表性的为北京雅仕锦鲤养殖有限公司、北京花港观鱼生态文化发展有限公司、北京贤雅聚悦生态农业园、北京东方锦鲤养殖有限公司、北京都市农汇观赏鱼养殖有限公司等。北京雅仕锦鲤养殖有限公司总占地面积 33.33 公顷，养殖面积 10 公顷，现有锦鲤工厂化养殖车间 4000 平方米，孵化、育苗车间3500 平方米，年孵化锦鲤鱼苗3000 万尾，现有锦鲤品种 20 余种。主要经营：锦鲤孵化养殖、锦鲤批发零售、观赏鱼池的设计建造、锦鲤饲养咨询服务。

二、“雅仕锦鲤”发展特点

（一）养殖生产投入持续增加

目前，北京市工厂化循环水养殖产业化已经形成。“雅仕锦鲤”公司投入工厂化养殖中的人力、物力、资金及技术等均呈现增长趋势。对工厂化循环水养殖前景普遍看好，国家和北京市对发展工厂化养殖给予相关支持和一定的政策保障，发展力度总体趋强。

（二）养殖品种不断增加，养殖技术日趋成熟

随着渔业科技的发展和品种引进、培育力度的加大，各类养殖品种不断增加。观赏鱼众多品种均进入了工厂化温室进行养殖。目前，不仅单项技术如水处理技术、零污染技术等日趋完善，而且成套养殖技术也在大规模应用。

（三）科技创新与技术研发、引进相结合成为重要技术支撑

为探索适应新形势下都市渔业新的养殖模式、水资源的重复利用和土地资源节约、零污染排放等，国家和北京市通过不同的科技平台对工厂化循环水养殖关键技术进行科技创新，取得了较多实用技术成果，北京市农业农村局也提出制定了北京市地方标准《工厂化循环水养殖技术规范》。近些年，国家提倡绿色、高效、健康养殖，工厂化循环水养殖模式还带动了国内外先进技术和设备进入北京，如循环水处理设备、蛋白质分离器、活性碳吸附器等，雅仕锦鲤不但在工厂化养殖模式上进行了创新，而且引进国外先进的水处理设备，这些对公司工厂化循环水养殖技术水平的提升和设备更新、改造，促进养殖水循环使用率的提高以及提高养殖经济效益起到了重要作用。

（四）养殖生产“绿色、高效”理念加强，建立起标准化生产体系

目前，“雅仕锦鲤”大力倡导“科学养殖、健康养殖、环保养殖”的理念，对工厂化养殖的全过程实行质量监控，包括水质、饵料和渔药等，均有详细的记录。

三、成本收益

经营成本费用包括土地租金、人员费用、饲料费用、电费、渔药、养殖生产设施、工具、设备维修费用、固定资产折旧等。2018 年，公司运行成本 560 万元。其中，饲料费用 100 万元，占比约 17.86%；电费 42 万元，占比约 7.5%；固定资产折旧 200 万元，占比约 35.71%；人工成本 48 万元，占比 8.57%；养殖生产设施、工具 145 万元；占比约

25.89%；设施设备维护10万元，占比1.79%；渔药6万元，占比1.07%；其他成本约9万元，占比1.61%。

目前公司的主要收入为锦鲤水花、商品鱼和技术服务的销售收入。2018年共计繁育水花2000万尾，商品鱼库存2万余尾。价格方面，水花800元/万尾，商品鱼不同规格、不同品相价格不同，从500~80000元/尾不等。2018年总营业收入1200万元，其中锦鲤水花160万元，商品鱼200万元，技术服务收入500万元，全年盈利约340万元。

第四节　产业可持续发展政策建议

一、产业发展问题及需求

（一）重视观赏鱼养殖对发展空间的需求

观赏鱼养殖乃至整个水产养殖在与其他主导地位的商业、公益用地上，基本没有竞争力，绿化、疏解、腾退、大棚房整治等多重因素叠加产生共振作用，养殖面积连年递减，生存问题成了产业发展的重中之重。在这种情况下，以政策的形势把观赏鱼在发展中所需要的土地纳入到首都建设规划中就显得极为重要，设置主养区最小使用水面积，积极挖掘养殖水面使用潜力。

（二）满足观赏鱼种业发展需求

国务院办公厅《关于加强农业种质资源保护与利用的意见》、北京市农业农村局等《北京现代种业发展三年行动计划（2020—2022年）》等文件的出台将推动水产种业的大发展，北京观赏鱼种业的发展将迎来前所未有的重大发展机遇。大力发展观赏鱼种业已成为北京农业的重大发展需求。目前北京观赏鱼养殖虽然在全产业链取得较好进步，但"主要品种种质资源创新能力弱、高品质突破性品种空白、良种保育水平低"等问题还比较突出。建立高效的观赏鱼种业技术体系对促进北京观赏鱼养殖的良种进程、产业增效及推动可持续发展具有重要意义。

（三）满足观赏鱼高质量绿色发展需求

国务院《乡村振兴战略规划（2018—2022年）》、农业农村部《国家质量兴农战略规划（2018—2022年）》、农业农村部等10部委《关于加快推进水产养殖业绿色发展的意见》、农业农村部《农业绿色发展技术导则（2018—2030年）》等政策的出台，为水产养殖指明了方向，有力地促进了产业持续健康发展。观赏鱼养殖在发展过程中所体现的最主要的功能就是绿色生态的可持续发展功能，在养殖过程中为科学混养、互利共生、低碳循环、节能减排的现代化高质量养殖目标奠定基础。

二、产业发展趋势及其亟待解决的技术问题

（1）量水发展。按照北京市“以水定产”的方针，大力推进渔业结构调整，全面推广高标准节水技术，提高用水效率，为首都水资源节约做贡献。

（2）种业科技创新。观赏鱼遗传育种基础研究尚薄弱，体色、体型等生物基因资源匮乏，“经验育种”在整个产业中占有较大比例，高效定向和标准化育种体系空白。

（3）高质量绿色发展。符合水产高质量绿色发展要求的观赏鱼养殖技术模式尚少，观赏鱼产业效能发挥有限，从传统渔业向都市渔业、创意渔业转型尚在途中。

三、具体建议

（一）积极拓展观赏鱼养殖发展空间

除了将观赏鱼养殖纳入城市规划，保障产业基本产出外，积极推进家庭养殖、景观区养殖，及企业、医院等公共场所养殖，拓展发展空间，促进产业转型发展。

（二）开展优良种质和重大育种技术创新专项研究

重要观赏鱼品种育种核心群体遗传参数与表型性状评估，养殖、观赏性状突出的优异新种质创制，典型品种全基因组图谱构建及解析，重要性状 QTL 精细定位等基因资源的挖掘。创新常规育种、细胞工程育种、基因组选择育种和多基因聚合育种技术。

（三）开展观赏鱼绿色生态养殖模式推广行动

观赏鱼绿色生态养殖模式包括工厂化循环水养殖技术模式（技术要求可参考 DB11/T 1663－2019）、微生态制剂应用技术模式（技术要求可参考 DB11/T 1724－2020）和多营养层级综合养殖技术模式、鱼菜共生生态种养技术模式。

（四）充分发挥产业创意效能

创意渔业是渔业资源综合利用的一种重要体现形式。它包括渔业品牌建设和鱼文化发掘，提升养殖品种的竞争力和影响力。

（五）发展智慧观赏渔业

发展智慧观赏渔业主要是应用“互联网＋”观赏渔业实现，它的本质是采用电子商务技术，创新发展渔业的在线化和数据化新模式，推动产业内部及其相关产业间的相互连通、资源共享，通过大数据库实现信息透明和资源利用最大化，实现渔业发展方式的根本性转变。

第十八章　北京市鲟鱼、鲑鳟鱼产业发展报告

鲟鱼、鲑鳟鱼产业是北京都市型现代农业的重要组成部分，北京市鲟鱼、鲑鳟鱼种业在全国具有举足轻重的地位。近年来，受农业“调结构、转方式”及水生态环境治理等因素的影响，养殖面积和产量下降较快。但鲟鱼种业、休闲渔业仍保持稳步增长，京津冀冷水鱼产业协同发展的趋势更加明显，基本形成集苗种繁育、商品鱼养殖、产品加工、销售、休闲、餐饮于一体的全产业链体系，成为引领京津冀、影响全国的都市型现代农业特色产业。鲟鱼产业的发展对促进农民增收致富、满足市民生鲜消费需求、保护自然资源和生态环境都有着重要的作用。

第一节　产业发展现状

一、生产情况

（一）养殖面积持续缩减

鲟鱼、鲑鳟鱼是北京冷水鱼养殖的主要品种，从2013年开始，鲟鱼、鲑鳟鱼养殖产量呈下降趋势，到2019年降到最低。主要是由于病害以及养殖场在环境整治中被清退，养殖户积极性不高，产量下降较明显，鲟商品鱼销售价格从2014年开始，一直徘徊在30元/千克。由于产业“调节转”及环保对养殖尾水排放的要求，北京市鲑鳟鱼养殖场已基本腾退，目前仅剩余2家育种场仍具有较强的生产能力。从统计数据看，2019年北京市鲟鱼养殖产量821吨，鲑鳟产量为为375吨，呈下降趋势。养殖面积发生了很大的变化，2011年底养殖面积为76.4公顷，2019年为37.97公顷；养殖户2011年底为256户，以散户为主；2019年底为31户，主要为繁殖企业和养殖与休闲渔业相结合的企业。受疫情影响，2020年生产规模有所压缩。

（二）养殖方式不断升级

在养殖模式上，从单一养殖模式向多种模式发展：水泥池流水养殖、池塘养殖、温棚微流水养殖、工厂化循环水养殖；在养殖品种上，除了保持纯系品种外，进行了大量的杂交试验并选育了多个形状稳定、优良、市场前景看好的优质品种；在养殖设施上，养殖设备更新加快，集约化养殖特别是工厂化循环水养殖发展加快，水质智能在线监测的应用、液氧加注技术的应用、太阳能利用、温控调节设施的投入、推水技术的应用上都大大保障和提高了冷鱼养殖业的生产能力；在养殖技术上，苗种培育、商品鱼养殖技术趋于完善并形成了北京市地方养殖技术规程。生态综合养殖技术也逐渐得到重视，生态预防疾病技术提高，环境保护、节水、安全用药成为业内共识。

（三）生态养殖持续推进

由于北京市对水资源环境保护的力度逐年加强，自然养殖资源缩减，2019 年北京市淡水养殖总面积有所下降，但由于工厂化和生态池塘养殖面积的增加。养殖优质鲟鱼和鲑鳟鱼，水是关键，管理靠科学。随着新环保政策力度逐年加强，自然养殖资源缩减，2019 年北京市淡水养殖总面积有所下降，但由于工厂化和生态池塘养殖面积的增加，许多冷水鱼养殖经营主体都积极采用健康养殖技术和生态循环养殖模式，主要有生态节水型池塘养殖模式、循环水池塘生态养殖模式和工厂化循环水养殖模式，而且这些模式已成为北京鲟鱼等冷水性鱼类养殖的主要模式。

（四）品牌价值不断提升

围绕生态、节能、高端、高效为重点，积极推广使用先进渔业装备，大力推进渔业高产高效基地建设，塑造了以“北水”牌、“中科天利”为代表的一批高附加值的自主品牌鲟鱼加工产品，其中，“北水定制”鲟鱼子酱多次进入了国家特殊服务保障活动贵宾餐食供应。同时，在伴随休闲渔业的发展，也形成了以密云区山水野泉缘农庄、怀柔区鲟香来和房山区鲟鱼食府等为代表的鲟鱼特色餐饮品牌，备受消费者青睐。

（五）种业发展全国领先

种业作为水产养殖产业链的源头，是战略性、基础性核心产业，北京鲟鱼种业在全国具有举足轻重的地位。从统计数据看，2012～2019 年总产鲟鱼苗种 77406 万尾。其中，2011 年底鲟鱼苗种产量 2930 万尾，2019 年底产量为 1.31 亿尾，占全国总产量 70% 以上，鲟鱼苗种销售到 20 余个省（区、市），并出口越南、韩国等国家，怀柔区、延庆区、房山区、密云区等形成以种苗繁育为主，成鱼养殖为辅的冷水鱼产业格局。据 2020 年 5 月实地到户对鲟鱼亲鱼和后备亲鱼的统计，北京市保有鲟鱼亲鱼 3.03 万尾、后备亲鱼 2.97 万尾，为鲟鱼种业的发展奠定坚实的基础。当前，北京市正在着力打造中国种业之都和世界种业枢纽，水产种业成为重点发展的四大种业之一，鲟鱼种业更是北京市种业的重中之重。

（六）休闲渔业蓬勃发展

休闲渔业把旅游、观光等休闲活动与现代渔业方式有机结合，实现第一产业与第三产业的有机融合，是北京市渔业重点发展方向。目前，北京市郊的怀柔、房山、门头沟等区，依托已形成规模的鲑鳟鱼、鲟鱼产业，建立了集观光、垂钓、品尝等于一体的休闲渔业景区，并在继续开发现有资源的基础上，重点提高服务水平和设施档次，增加服务功能治理园区环境，为游客和市民提供原汁原味的绿色食品和自然清新环境，取得了可观的经济效益。

二、加工流通情况

（一）挖掘精深加工潜力，产品开发取得突破

目前，在市场上的鲟鱼深加工产品，主要包括速冻调理产品、开袋即食产品、鱼子酱和高附加值的保健功能食品开发。由于鲟鱼没有肌间刺和硬骨，冷冻及加工制品也便于运输，因此鲟鱼冷冻及加工制品市场可面对广大的消费群体。冷冻鲟鱼肉鱼片、黑胡椒鲟鱼扒以及鲟鱼各部位分割产品如：鱼骨、鱼腩、龙筋、鱼头、鱼钳、鱼唇、鱼鼻等。鲟鱼调理产品是新鲜鲟鱼经过预处理后切成薄块，－20℃以下速冻，待到食品中心温度降到－18℃后进行托盘包冰衣，搭配相应调味料，真空包装，于－18℃速冻下冻藏，可保存6个月以上，此类产品适合家庭、火锅店、饭店使用。鲟鱼开袋即食产品目前在市面上较少，国内鲟鱼精深加工企业也只有2～3家，养殖企业不具备高端深加工设备。鱼子酱目前在世界各国都有生产，是一种营养价值丰富、商业价值很高的即食盐渍水产品。鲟鱼保健食品主要以硫酸软骨素和胶原蛋白为主，鲟鱼皮胶原蛋白的提取方法一般采用醋酸和胃蛋白酶结合的方法。鲟鱼鱼油中的高不饱和脂肪酸含量高，其中二十碳五烯酸和二十二碳六烯酸具有很高的医药价值，对于保护视网膜、心血管病、增强免疫力等有疗效。鲟鱼脂肪酸的不饱和程度明显高于淡水养殖鱼类，因此鲟鱼肚和鲟鱼内脏是提取鱼油的较佳原料。

（二）“互联网＋”助推发展，区域协同格局形成

目前，基本形成商超、“互联网＋”、就地餐饮、批发市场等新型营销模式和传统流通模式并存。鲟鱼、鲑鳟鱼创新团队依托北京北水食品工业有限公司，该公司集生产加工、贸易流通、仓储服务为一体的国有企业，同时结合养殖品种，开展鲟鱼鱼子酱精深加工、鲟鱼软骨素高速提取与利用、鲑鳟鱼鱼子酱精深加工以及水产加工废弃物综合利用等研究，提高鲟鱼、鲑鳟鱼产品附加值，提高行业效益，扩大鲟鱼、鲑鳟鱼市场空间，拓宽产业链。

近年来，通过扶持北京水产企业在津冀地区开展水产养殖，协调津冀地区在政策、土地等方面为北京企业提供优惠政策。积极推进农超对接、农企对接、农校对接，鼓励津冀大型水产养殖企业在京建立直营店、直销点和专柜，共同出资打造20个水产品农超对接基地，统一标记，为北京市民提供优质水产品。建立三地渔业部门协作沟通机制，协调京津冀地区水产养殖苗种供应，扶持河北、天津的冷水鱼养殖。建立京津冀重要水域的水生生物资源保护和增殖放流协调投入机制，设立增殖放流专项资金，协同开展水生生物资源

保护和增殖放流活动。协调建立京津冀渔业一体化信息管理网络，为三地渔业管理部门、企业、市场等提供信息，促进三地渔业发展。

三、市场消费情况

目前国内的水产品消费市场已经从数量的满足向质量的满足转变，要求养殖的水产品安全系数高、食用品质高、营养价值高，我们养殖的水产品要好看（外观指标、形体指标）、好吃（味道好、口感好），更要安全（无药物残留、重金属残留、致病微生物）。国际市场对养殖水产品的质量要求更高，而我国养殖的水产品因为质量不稳定导致价格低，养殖效益低，很难参与国际市场的竞争。这种形势要得到改变，只有从提升养殖水产品质量入手，改变养殖方式和养殖模式，全面提升养殖水产品的质量，参与全球化的水产品市场竞争，满足已经改变了的国内、国际水产品市场需求。

中国鲟鱼养殖产品主要用于出口，但随着中国民众消费习惯的变化和消费水平的提高，国内对鲟鱼的消费会逐渐加大，鲟鱼养殖产量有望进一步提高。随着人们生活水平的不断提高和膳食结构的调整，人们普遍崇尚绿色健康消费，由于鲟鱼对养殖水质要求高，消费者对鲟鱼产品的安全和健康性要求更高。

同时，随着我国鲟鱼养殖规模的快速扩张，由养殖向深加工延伸是鲟鱼产业健康发展的必由之路，如杭州、湖南等地的大型养殖企业均相继建立了深加工生产线，但是鲟鱼低温保鲜技术还不够成熟，经过速冻的鲟鱼片（块）与鲜品相比，口感老化粗糙，品质下降，直接制约了鲟鱼调理食品的开发，鲟鱼蛋白低温抗冻技术将是一个研究方向，鲟鱼加工品的单一性等原因使得国内市场鲟鱼肉价格低迷。

四、新型农业经营主体现状

（一）发展新型销售模式

多种形式进行鲟鱼、鲑鳟鱼预调理制品与鲟鱼鱼糜产品市场推广，如与电商平台“沱沱工社”“北水呦鱼”“微官网”“京粮点到网”等合作推广鲟鱼子酱、鲟鱼骨丸、即食麻辣鲟鱼骨丸等产品，集合电商优质流量资源进行产品推广；与商超渠道推广，鲟鱼骨丸产品进驻“华普超市航天桥”店，正式推广上市，也为团队研发产品的推广开辟了新渠道。截至目前，累计推广鱼糜产品 15 吨，鲟鱼水饺产品 10 吨，鱼天下产品 7 吨，鱼子酱 1500 盒。

（二）推行产品特供模式

通过积极参加“两会”等大型会议，推行产品特供形式，增加特殊供应品种，扩大了团队的影响力。创新团队积极研发鲟鱼加工产品，提升产品附加值，依托北水食品公司渠道，将研发产品推广上市。即一是国家重大活动推广，鲟鱼子酱、鲟鱼骨丸进入了 APEC 会议、纪念中国人民抗日战争暨世界反法西斯战争胜利 70 周年阅兵、世界锦标赛等食品服务保障活动产品名录中，为国家特殊服务保障工作提供了安全、优质的产品；二是展卖、展会渠道推广，风味鱼片产品与鱼糜制品在湛江国际渔业博览会、首届中国国际现代渔业暨渔业科技博览会、第22届中国国际渔业博览会等各种展会以及社区内进行市场推广。

（三）推广鲜活配送模式

特色“鲜活鲟鱼礼包”的配送形式，既保证了鲟鱼的鲜活，更让鲟鱼成为节日期间走亲访友的选择之一。受到消费者欢迎，广大市民不出家门，就可以享用地道的新鲜美味。

第二节　产业发展中创新团队的技术支撑作用

一、团队基本情况

（一）功能定位及建设任务

团队紧扣北京都市型现代农业应急保障、生态休闲、科技示范三大功能，以市场需求为导向，以北京鲟鱼、鲑鳟鱼产业供给侧结构性改革为动力，以市场为导向，充分发挥人才聚集、专业融合的团队优势，构建集繁殖与育种、饲料营养与安全、养殖与病害防控、产品加工流通于一体的科技创新链。种业引领，做强良种繁育体系；厚植优势，做精科技研发体系；市场驱动，做活市场流通体系；服务为本，做实支撑保障体系。立足北京、服务京津冀、辐射全国，构建集研发试验、推广应用、技术培训于一体的科技服务链，带动农民增收致富，全面打造“生态、环保、安全、高效”的新型鲟鱼、鲑鳟鱼产业体系。主要建设任务包括以下几个方面：

1. 种业引领，做强良种繁育体系

充分发挥北京科技资源优势、山区的自然条件优势，进一步完善院地、院企合作机制，在冷水鱼人工繁殖、苗种培育方面取得新突破，以种质鉴定技术优化、亲鱼和仔稚鱼专用饲料研发、育种设备更新应用为重点，加大提升冷水鱼种业发展。重点培育水产苗种企业，采取“两头在内，中间在外”的模式，苗种繁育和市场在京内，亲鱼培育、养殖和选育在外，建立高效的种业产业链和技术链，示范、引领全国现代化水产养殖。

2. 厚植优势，做精科技研发体系

紧扣深化渔业供给侧结构性改革，围绕产业链，做精科技创新链，实现要素优化配置，提高全要素生产率，进一步释放团队创新红利，把冷水鱼产业打造成高效、生态的可持续产业。放眼全球视野，持续在现代渔业关键技术上实现突破；围绕节水节能、生态环保，加大环保型饲料研发、强化水环境安全技术研发、持续开展生态型养殖模式推广；立足安全、营养，强化水产品质量安全技术、病害防控技术、鲟鱼、鲑鳟鱼加工技术的研发与应用，支撑鲟鱼、鲑鳟鱼安全健康产品供给体系。

3．服务为本，做实支撑保障体系

坚持服务生产者、服务产业、服务京津冀三位一体的服务思路，转变服务思维，创新服务模式，提升服务质量，把团队建成北京乃至京津冀冷水鱼产业的有力支撑，保障产业健康、快速发展。整合新品种培育、技术研发、科技培训、鲟鱼、鲑鳟鱼市场等信息资源，建设北京市鲟鱼、鲑鳟鱼信息平台，为生产企业、物流企业、政府机构、中介服务机构提供全面、及时、精准的信息服务与应急保障服务，实现数据共用、资源共享、信息互通。加大科技培训与技术服务，进一步强化与农户尤其是新型经营主体的对接和合作，加速科研成果转化。加大产品宣传力度，提高鲟鱼、鲑鳟鱼产品的知名度，提升市场竞争力。

4．需求导向，加快休闲渔业发展

把推进渔业供给侧结构性改革作为团队“十三五”时期工作任务的主线，牢固树立“创新、协调、绿色、开放、共享”五大发展理念，立足保供给、保安全、保生态，坚持“调结构、提品质、促融合、去库存、降成本、补短板”，围绕市场需求，优化科技创新供给，优化渔业资源配置，扩大水产品有效供给，增强供给结构的适应性和灵活性，提高发展效率，扎实推进冷水鱼产业转型升级，加快都市休闲渔业发展，不断增强冷水渔业综合生产能力、市场竞争能力和可持续发展能力。

5．市场驱动，做活市场流通体系

瞄准首都、京津冀消费市场，利用互联网等现代信息技术完善水产品市场流通体系，培育一批龙头企业，加大北京鲟鱼、鲑鳟鱼品牌建设，倒逼产业规范和产业升级，塑造产业信誉，提高产品品质，走“高精尖”之路。以企业为龙头，采取直供直销、会员制等多种销售形式，形成冻品从出库到消费者的全程冷链无缝对接，完善冷链物流直销配送网络，打造京津冀 1 小时冷链配送链。积极推进冷水鱼电子商务发展，构建低成本、广覆盖的信息化化配送网络。鼓励经营主体推行会员制营销，强化体验服务，通过产品品质、订制配送等特色化服务，提高产品竞争力、提升附加值。

（二）团队架构

北京市鲟鱼、鲑鳟鱼产业创新团队按照市农业农村局创立农业产业技术体系，北京市创新团队的统一架构安排，也是由技术研发中心、综合试验站和田间学校工作站三部分组成。团队整合中央科研院校、市级科研机构和高等院校、国企、区县渔业管理部门，由北京市水产技术推广站牵头，成立 4 个功能研究室、5 个综合试验站、12 所农民田间学校工作站。团队有首席专家 1 名：张黎（北京市水产技术推广站），岗位专家 12 人，其中 8 名研究员，4 名高级工程师，分布在 2 个中央科研院校，4 个市级科研究机构和院校、国企；综合试验站站长 4 人，其中 2 名高级工程师，1 名工程师，主要分布在鲟鱼、鲑鳟鱼养殖业占 95% 的房山区、怀柔区、通州区、延庆区 4 个区。田间学校工作站站长：7 人涉及 3

个区县，7 个乡镇。

1．技术研发中心

技术研发中心的依托单位为北京市水产技术推广站，2012 ~ 2014 年首席专家是殷守仁研究员，2014 ~ 2019 年首席专家是张黎高级工程师；在技术研发中心模块，组建了涉及产业链不同研发环节的繁殖与育种、饲料营养和安全、养殖与病害、产品加工流通与产业经济 4 个功能研究室，聘请岗位专家 12 人作为鲟鱼、鲑鳟鱼产业链上技术研发及创新等科研骨干。岗位专家分别来自北京市水产技术推广站（2 人），北京市水产科学研究所（4 人），北京市水生野生动植救护中心（1 人），中国农业大学（1 人），中国农科院饲料所（2 人），北京农学院（1 人），北京北水食品有限公司（1 人）。其中高级工程师 4 名，教授 1 名，副教授 1 名，研究员 6 名。研发内容涉及繁殖育种、养殖模式、病害防控、产品加工技术和流通、产业经济等领域。

技术研发中心主要职责：围绕北京市鲟鱼、鲑鳟鱼产业技术体系的任务规划，在上级技术研究单位、相关功能研究室和综合试验站的指导和协调下，以落实北京市鲟鱼、鲑鳟鱼产业技术体系相关任务为纽带，开展相关研究及试验示范工作；系统梳理本地产业链各个环节中已有的技术和在研项目，对单项技术进行系统集成和组装配套，研究北京产业发展战略、产业经济政策和产业技术的基础性、公益性工作，为地方政府决策提供咨询建议。

2．综合试验站

根据北京鲟鱼、鲑鳟鱼产业区县布局特点，2012 ~ 2016 年分别在房山区、怀柔区、密云区、延庆区、通州区建立 5 个综合试验站，聘请试验站站长 5 人；2017 ~ 2019 年分别在房山区、怀柔区、延庆区、通州区建立 4 个综合试验站，聘请试验站站长 4 人，综合试验站的依托单位主要是相关区县的渔业主管部门。

3．农民田间学校

2012 ~ 2016 年根据各区县鲟鱼、鲑鳟鱼生产布局特点，建立在相关区县代表性产业村，设立 12 所农民田间学校的团队，聘请田间学校工作站站长 12 人；2017 ~ 2019 年设立 7 所农民田间学校的团队，聘请田间学校工作站站长 7 人。

（三）团队作用与交流机制

为加强合作交流，团队建立了执行专家组，讨论制定体系的规划、人员和机构变动、经费分配、管理制度、运行机制等重大事项；负责实施鲟鱼、鲑鳟鱼产业技术体系发展规划和年度计划；指导、协调和监督各功能实验室、综合试验站和田间学校工作站的业务活动；对各功能研究室、综合试验站和田间学校工作站实施年度考评。首席专家办公室负责体系内部联络、文件起草、档案管理、信息采集编报、会议准备及体系日常工作，负责与其他产业技术体系的沟通与联络。

加强团队内部岗位专家、综合试验站及田间学校间的合作交流，集成、共享先进的科技成果，使团队成果能够通过综合试验站、田间学校等平台落地、转化，并有效地推广，实现科技成果共享，在种业、养殖、生态、加工、休闲等领域综合运作发展，形成一个有机发展的整体，使我们的团队呈现团结奋进、积极向上的蓬勃局面。

加强机制创新，进一步优化团队管理机制。一方面打破技术限制，联合研发，共创成果，针对重大问题设立项目，聚集各领域专家开展集中攻关，切实形成强有力的生产力。另一方面进一步明确岗位权责利、完善评价体系、激励机制，加强后备人才培养，实现团队高效运转。

加强区域联合，不仅北京市各个养殖区域要联合，而且要进一步加强京津冀联合乃至全国性的产业联合。在科技共享、人才交流、技术服务、产业发展研讨等环节实现资源优势互补、发展联动。加强京津冀地区先进渔业技术合作，建立京津冀区域合作平台与示范基地，突出技术协同，促进产业联动，科技成果共享。与黑龙江、吉林、辽宁等冷水鱼主产区科研及生产单位联合开展哲罗鲑、细鳞鲑育种技术研究，提高北京市国产鲑鳟鱼育种技术水平，推动北京市鲑鳟鱼子种产业的健康发展。与河北省联合开展细鳞鲑生态保护技术、大水面生态增养殖技术研究，探索京津冀生态渔业发展模式。

二、技术研发与主推技术

（一）团队技术研发情况

各岗位专家发挥专业优势，立足全球视野，不仅持续突破制约北京市鲟鱼、鲑鳟鱼产业发展的技术问题，更加注重从国际角度、全国形势来展开研究，真正做到了“顶天立地”，产生了一批有前瞻性、可推广、有效益的技术成果。

1. 实现繁育环境全人工控制

通过设施精准化控制进行环境调控，通过营养优化进行产前强化培育，实现繁育环境的全人工控制，使繁育过程摆脱了对环境气候条件的依赖，提高孵化率，实现 5 种鲟鱼纯种及杂交种周年全人工繁殖，能耗降低 30% 以上，孵化率提高 50% 以上，出苗率达到 90% 以上。

2. 鲟鱼种质鉴定技术

在国内首次使用鲟鱼分子标记辅助种质鉴定技术，可以准确鉴定我国主要养殖的五种鲟鱼纯种和杂交种，以及杂交种的父母本，处于国际先进水平；2018 年 12 月获得国家发明专利授权（专利号：ZL 2014 1 0524751. 3）。

3. 高效环保型饲料与营养技术成果丰硕

自主研制了鲟鱼亲鱼营养强化饲料、鲟仔稚鱼营养及开口饲料鲟鱼专用低鱼粉膨化饲料，解决鲟鱼亲鱼“油包卵”现象，填补了国际上有关鲟鱼亲鱼营养需求研究的空白；鲟仔稚鱼成活率可达 90% 以上；低鱼粉膨化饲料总氮排放降低 14. 9%，总磷排放降低 40. 5%，节水率可提高 10% 以上。在国内首次发现乙醇梭菌蛋白是可以替代鱼粉的优良蛋白源，研究发现，取代3%～5%的鱼粉可显著降低饲料容重和浮水率。该技术在珠海恒兴饲料公司精准加工系统进行了中试，可连续生产低淀粉浮性饲料24小时，未产生非计划停机，生产效率提高50%，降低饲料生产废料50%以上，效益显著。

4. 在节水生态养殖模式上取得突破

通过对工厂化养殖、山区流水养殖、池塘流水养殖等模式的节水技术研究，使单位养殖水体鱼载量增加，水环境质量改善，鱼病减少，提高水体使用效率，产生显著的经济效益，原有的养殖容量提高2～3倍，同时节约养殖用水90%以上。

5. 冷水鱼产品质量安全取得新进展

通过重点养殖场的水环境监测，以及对北京市鲟鱼和鲑鳟鱼产品药残的检测以及重点药物的代谢规律研究，提出限用药物在冷水性鱼类养殖中的休药期，有效保障产品质量安全，提高养殖鲟鱼和鲑鳟鱼产品品质。

6. 加工技术与产品硕果累累

拥有自主研发的加工工艺和鲟鱼肉、鲟鱼糜、鲟鱼脯、鲟鱼肉烘焙产品和菜品等系列产品，以及鲟鱼骨素精深加工产品18种，产品形式实现丰富多样。

（二）团队主推技术情况

为顺应市场的需求，岗位专家，中国农业大学李平兰老师实验室积极与北水食品有限公司合作，对一下产品的生产技术、货架期和功能进行了较为深入的研究和开发。

1. 开展不同新型包装技术对鲟鱼制品品质影响的评价

水产品的贮藏和保鲜是消费者和生产者最为关心的问题，团队对新鲜的鲟鱼片的包装形式进行了研究，将托盘包装和真空包装对比，确定了真空贴体包装鲟鱼冷藏过程中各指标的变化，基于生长温度与其最大比生长速率和延迟期的关系拟合，并构建了真空贴体包装鲟鱼货架期预测模型。空贴体包装鲟鱼质量控制技术和货架期，其有可能成为未来水产品销售的主流，可以提高鲟鱼产品的品质，增强市场竞争力，也有利于推动该产业的创新发展。

2. 开展鲟鱼鱼糜制品的加工技术研发和评价

以产鱼子的鲟鱼肉为原料，首先测定了鲟鱼的全营养成分，综合评价了其营养价值，为后续试验的开展提供了理论依据；其次选定鲟鱼肉肠为目标产品，针对鱼糜制作过程中漂洗带来的营养成分损失和淡水需求量大的问题，探究了漂洗对鲟鱼肉肠营养及品质特性的影响，确立了不漂洗操作的可行性；同时，针对鲟鱼漂洗与不漂洗操作均存在凝胶强度低的问题，探究了利用转谷氨酰胺酶提高凝胶强度的可能性，并优化了转谷氨酰胺酶的最适添加比例为0.5%。在此基础上，确立了鲟鱼肉肠及骨肉肠的加工制备以及配方工艺，其中配方为：鱼糜1000克、TGase 5克、复合磷酸盐2克、蔗糖50克、山梨糖醇0.4克、味精5克、白胡椒粉3克、生姜粉1克、乙基麦芽酚A3型1克、呈味核苷酸二钠0.6克、大豆分离蛋白粉50克、玉米淀粉60克、鸡蛋清50克、冰水50毫升；工艺流程为：鲜活鲟鱼→宰杀→清洗降温→采肉→绞肉→空斩→加盐斩拌→加调味辅料斩拌→灌肠→煮制→冷却，开发出了普通和含骨两类鲟鱼肉肠产品，并建立了它们的货架期预测模型，普通鲟鱼肉肠在4 ℃和25 ℃下货架期分别约为19天和4天；含骨鲟鱼肉肠约为11天和3天。研究结果为产鱼子鲟鱼肉的有效加工利用提供了途径，研究具有重要的理论意义和实际应用价值。

3. 一种发酵鲟鱼软骨咀嚼片的制备

主要材料有干酪乳杆菌和西伯利亚鲟。发酵鲟鱼软骨咀嚼片的生产利用传统湿法压片的方法，按照鲟鱼软骨粉与菌体的混合物30%（w/w），奶粉30%（w/w），甘露醇25%（w/w），微晶纤维素15%（w/w）的比例混合，加入羟甲基纤维素钠（CMC－Na）、柠檬酸制软料，40℃干燥，轻微研磨混匀后过20目筛，加硬脂酸镁压片，紫外灭菌20分钟包装即可，发酵鲟鱼软骨钙含量。

（三）团队研发成果情况

自2012年团队成立以来，团队协同合作、创新务实，形成了一批多形式的研究成果，成为持续开展鲟鱼、鲑鳟鱼研究与推动产业发展的重要基础。开展技术研究50多项，研发新产品38种（其中食品产品及工艺24种和2个菜品，添加剂2种，饲料6种，疫苗4种）；出版著作12本；受理、授权专利授权61项（其中授权54项）；发表论文243篇（其中SCI文章87篇）。制定行业标准1项，制定北京地方标准7项；获得科技奖励21项；形成政策建议13份。各岗位专家发挥专业优势，立足全球视野，不仅持续突破制约北京市鲟鱼、鲑鳟鱼产业发展的技术问题，更加注重从国际角度、全国形势来展开研究，真正做到了“顶天立地”，产生了一批有前瞻性、可推广、有效益的技术成果。在以下几个方面取得重大突破：

1. 在主导品种繁育规模和技术上取得突破

通过设施精准化控制进行环境调控，通过营养优化进行产前强化培育，实现繁育环境的全人工控制，使繁育过程摆脱了对环境气候条件的依赖，提高孵化率，使得鱼类繁育生产较传统模式能耗降低30%以上，孵化率提高50%以上，出苗率达到90%以上。繁育生产水质要求设计研制的养殖水质自动监控系统，可确保繁育环境的稳定和可控，水质指标的检测精度达到pH：±0.2；DO：±0.2mg/l；T：±0.5℃；ORP：±2%，对致力于北京市种业之都发展上意义重大。

2. 促生长用抗生素替代研究具有国际原创性

5项关键生物制剂创制及应用具有国际原创性。从包括饲料加工在内的水产养殖环境适应性、工业化生产经济性、产品有效性等角度，项目组所创制淬灭酶、几丁质酶两项产品具备国际先进性。

3. 冷水鱼产品质量安全上取得新进展

通过重点养殖场的水环境监测，以及对北京市鲟鱼和鲑鳟鱼产品药残的检测以及重点药物的代谢规律研究，提出限用药物在冷水性鱼类养殖中的休药期，有效保障产品质量安全，提高养殖鲟鱼和鲑鳟鱼产品品质。

4. 加工技术上取得突破

研究开发了鲟鱼肉系列特色加工产品（烟熏鲟鱼片产品、烟熏鲟鱼头产品、液熏鲟鱼片、鲟鱼快速发酵肠、鲟鱼干发酵香肠）和鲟鱼软骨系列精深加工产品（鲟鱼硫酸软骨素产品的研制、发酵鲟鱼骨系列产品、鲟鱼硫酸软骨素结构与功能研究、鲟鱼头骨和脊骨硫酸软骨素抗血栓功能研究），产品形式实现丰富多样，具有良好的市场前景和巨大的开发价值。在加工环节将生物型防腐剂乳酸菌细菌素和来源于芽孢杆菌的群体感应淬灭酶创新性的应用于鲟鱼和鲑鳟鱼的防腐保鲜研究，取得了良好的应用效果。这一系列生物防腐剂的研发将有利于保证鲟鱼、鲑鳟鱼产品安全，增加产品经济效益，并最终提高鲟鱼、鲑鳟鱼在鱼类加工市场的竞争度。

5. 开发鲟鱼低氮磷排放饲料

水产养殖过程中饲料中大约 50% ~75% 未被利用的氮、磷会排放到养殖水体，其中高水平鱼粉、陆生动物蛋白灰分含量高，干物质消化率低，造成较大环境压力。此外，世界鱼粉的总产量逐年下降，价格不断攀升，如何有效在水产饲料中降低鱼粉的用量，成为目前水产养殖业研究的重点。不同食性鲟鱼对植物蛋白源的利用率不同：对于西伯利亚鲟而言，在可消化必需氨基酸模式下，饲料中用混合植物蛋白 100% 的替代鱼粉不会对其摄食、生长、生长激素轴调控、肝脏和肠道健康以及肉品质造成负面影响；史氏鲟对植物蛋白中抗营养因子较为敏感，全植物蛋白饲料可引起严重的肠道损伤和免疫抑制现象，因此针对不同食性鲟鱼需提出不同营养策略并制定不同的商业饲料配方；针对低鱼粉配方生产沉性膨化饲料的加工工艺进行了系统研究，获得膨化机操作最适工艺参数，饲料系数显著降低，饲料中氮、磷排放显著降低，对饲料企业生产管理具有重要指导意义。

三、技术示范推广效益

以科技创新为动力，以生态、节水为核心，以市场需求为导向，通过养殖品种结构的调整，养殖技术的示范与推广，北京鲟鱼、鲑鳟鱼产业的经济、社会、生态效益显著提升。

（一）经济效益

通过养殖品种结构的调整，养殖技术的示范与推广，节水、健康、生态、高效的养殖理念逐步深入人心，广大渔民在技术应用、设施升级、健康养殖等观念上得到了质的飞越。7 年来产生经济产值 5 亿多元。比如：推广液氧技术，不同养殖模式条件下单位产量大幅度提高，鲟鱼生长速度增加 5% ~10%，节约用水 10% ~15%。工厂化养殖增收 7 千克/平方米，约增收 210 元；温室微流水模式增收 5.38 千克/平方米，约增收 161 元；山区流水模式增收 22 千克/平方米，约增收 660 元。

（二）社会效益

截至2019年，团队研发技术成果主要推广到北京市的房山区、怀柔区、密云区、延庆区、平谷区、通州区6个区和河北、云南、山东、浙江等省，推广技术25项，累计示范推广面积1000公顷，工厂化车间16万平方米；幅射带动京冀、外省市农户（企业）500多家。高品质鲟鱼子酱产品、“鲟天下”系列鱼糜产品在北京具有良好的市场前景和巨大的开发价值，进入特殊服务保障餐食名录和市委、市人大、政协、纪委、安全局等政府机构餐食供应。岗位专家与区县技术推广站、综合试验站、田间学校等合作，采用到示范点现场指导、集中授课、发放技术资料、聘请专家讲解等形式，形成了“专家—学校—示范户”三位一体的技术培训模式，让技术真正掌握在农民手里，让科技成果转化为生产的动力。培育了以北京渔夫水产科技有限责任公司、北京中科天利水产科技有限公司、北京天源渔港农庄有限责任公司等龙头企业、专业养殖户为主体的新型经营主体。累计开展技术培训、科技下乡、技术观摩1089期，入户指导1946次，累计受益农户37100人次，发放各类技术资料68700多份。共培育20家龙头企业，4家农民专业合作社，25家规模化养殖基地，163户养殖专业户。

（三）生态效益

通过水质净化技术、低氮低磷饲料应用、病害防控技术、生态养殖技术、渔业废弃物综合利用等，全面提升水环境安全和鱼产品的质量安全水平，实现“以鱼治水”和“以鱼养水”，生态效益突出。节约用水效率达到10%～15%。团队研发的低氮磷环保饲料已与北京、河北、广东等地知名饲料公司合作生产。饲料中用混合植物蛋白100%的替代鱼粉，总氮排放降低14.9%，总磷排放降低40.5%，节水交换律提高10%以上，适宜西伯利亚鲟和史氏鲟养殖场。无忧系列功能饲料在贵州省贵阳市花溪区黔陶乡的鲟鱼养殖中小面积（小于0.07公顷）的示范，鲟鱼增重率显著增加，提高幅度达13%，降低饲料系数，增加了肠道菌群的多样性。团队研究总结的《鲟鱼饲料投喂指南》和《鲑鳟鱼饲料投喂指南》，通过科学的投喂方法节约饲料，减少饲料对养殖水体的污染，从而达到节水降耗的目的，目前已推广到京津冀、山东、甘肃、青海等主要养殖区域，辐射全国鲟鱼和鲑鳟鱼养殖户50户以上，辐射面积33.33公顷以上。累计推广鲟鱼加工调理产品10余吨。

四、对产业支撑作用

（一）推动产业高端化发展

为提高鲟鱼种质水平，团队针对鲟鱼繁育中亲鱼种质背景混乱、盲目存留杂交鲟、反季节人工繁殖效率低等制约产业发展的重大问题展开持续研究。制定了北京市地方标准《鲟鱼种质鉴定技术规范 西伯利亚鲟》（DB11/T 987－2013）和《西伯利亚鲟全人工繁殖技术规范》（DB11/T 1220－2015），不断完善鲟鱼反季节人工繁殖技术。这两项标准推广应用到北京市乃至全国的鲟鱼繁育企业。研发推广亲本营养调控、仔稚期营养规划专用饲料，提高繁殖率和苗种成活率。通过对多种杂交鲟的多年跟踪研究，从生物学特征、生长速度、繁殖性状、肉质分析等多方面考量杂交种的优势性状，选育了具有优良性状的杂交鲟（西杂和施杂），并开始规模化苗种生产和技术试验、示范和推广。除此之外，为了产业健康持续发展，开展了鲟鱼性别调控育种、影响亲鱼繁殖力的基因筛选及多态性分析、鲟鱼基因编辑平台构建等一些前瞻性研究，进一步储备我们的育种技术，提升苗种质量。

（二）推动产业生态化发展

一是团队研发的生态环保型投入品和技术的使用，引导行业向健康、环保、安全的模式发展。如团队研发成果“鲟鱼低氮磷排放环保型膨化饲料”，氮排放降低 14.9%，总磷排放降低 40.5%，节水率可提高 10% 以上；“鲟鱼、鲑鳟鱼投喂策略”的推广，能精准饲料投喂量，减少残饵对水质的污染；使用淬灭酶、几丁质酶，通过改善水产动物肠道菌群，提高免疫力，实现防治细菌性疾病，发病率可下降 60%，大幅度降低抗生素的使用。二是生态净水技术的应用，节水降耗作用显著。在微流水鲟鱼养殖水质调控、工厂化循环水养殖上采取了鱼—菜共生模式、鱼—鱼共生模式、加注液氧养殖模式，达到了生态、节水、高效的现代养殖模式，这些模式在北京及周边逐渐推广应用，取得了很好的效果。三是工厂化循环水利用技术应用，节水、高效、生态模式促进产业持续发展。团队专家对鲟鱼工厂化循环水养殖生物过滤技术研究，初步构建了鲟鱼工厂化循环水养殖生物过滤系统；并引导北水华通鲟鱼繁育有限公司、海墨威养殖场等企业进行生态、节水养殖系统改造，通过改造，养殖水循环使用，定期排除污水，水体利用率达到 90% 以上；初步开展池塘养殖废弃物收集技术的研究，设计并制作一套废弃物处理设施，排污效果达到 80% 以上。

第三节　产业典型案例分析

一、育种业开辟出了行业发展的新道路

围绕“种业之都”建设，依托国家基础条件平台种质资源保存库华北分中心、1 家鲟鱼原种场北京市施氏鲟原种场、1 家良种场北京北水华通鲟鱼繁育有限责任公司以及北京中科天利水产科技有限公司，加快新品种选育工作。北京鲟鱼种苗年产量约占全国产量 70% 以上，2012 ~ 2018 年总产鲟鱼苗种 29206 尾。鲟鱼和虹鳟鱼苗种销售到湖北、广东、贵州、新疆、四川等 20 余个省（区、市）；怀柔区、延庆区、房山区等区形成以种苗繁育

为主，成鱼养殖为辅的冷水鱼产业格局。2018 年，北京市鲟鱼年产量约为 2 亿尾（粒），销售至全国 21 个省（区、市），占全国鲟鱼苗种总量的 70% 以上。鲑鳟鱼年产量约为 0.2 万尾（粒），销售至全国 7 个省（区、市），占全国鱼苗种产量的 30% 左右。

我国优质饲料资源缺乏，目前国际贸易争端导致大豆进口受限，蛋白资源关乎粮食安全。乙醇梭菌蛋白是利用钢厂废气 CO 经乙醇梭菌发酵转化获得的高蛋白（84%）原料，氨基酸结构良好，不仅可以大大降低废气污染，还能变废为宝成为优质饲料原料，具有十分广阔的市场潜力，同时为缓减我国蛋白资源缺乏，应对贸易壁垒具有重要作用。项目研究了乙醇梭菌蛋白替代豆粕和鱼粉后在膨化饲料中加工特性，并结合扫描电镜观察膨化产品的微观结构，对膨化前后化学交联键等分子构象变化信息进行测定，从多个尺度和角度揭示了挤压膨化过程中乙醇梭菌蛋白纤维结构形成机理。研究发现，乙醇梭菌蛋白的吸水性以及加热后吸水性显著高于鱼粉，表明乙醇梭菌蛋白的极性基团多于鱼粉；乙醇梭菌蛋白可以显著提高混合物料的峰值粘度和保持粘度；乙醇梭菌蛋白的热焓变、弹性模量和损耗模量均小于鱼粉，表明乙醇梭菌蛋白加工时所需热能少且刚性和韧性较小、易加工；添加乙醇梭菌蛋白可以提高饲料颗粒内部孔隙均匀性，有利于提高饲料吸油率并减少漏油率；适量添加乙醇梭菌蛋白可以显著提高混合物料和膨化饲料中的二硫键数量，有利于改善饲料品质；此外，在体外模拟乙醇梭菌蛋白在胃肠道的消化，乙醇梭菌蛋白酶解后易释放小分子多肽且酶解 6 小时后小肽比例高于鱼粉，为新型蛋白源的应用提供科学依据。乙醇梭菌蛋白替代豆粕可为相关生产企业带来直接的经济效益，以每吨饲料成本 6000 元，平均减少 20% 豆粕使用，每吨可降低成本 300 元，合理的加工参数，可有效降低低淀粉膨化饲料加工损耗和耗能，以鲟鱼和鲑鳟鱼饲料年产量合计 5000 吨计，可节约生产成本 600 万元。

二、产后加工大幅提升产品附加值

主要开展鲟鱼硫酸软骨素的相关技术研发。筛选了一种产酸能力更强、发酵液的残糖量最低、发酵上清液中的钙离子含量最高的菌种组（A1）；开展鲟鱼骨硫酸软骨素抗肿瘤功效研究，发现硫酸软骨素对三种结肠癌细胞有抑制作用，最高抑制率达 90%，最低达 58%。

在已完成的一些鲟鱼肉产品的基础上，开展多种口味的品种开发。推广已完成的产品鲟鱼骨丸、鲟鱼豆腐、面鱼、鲟鱼薯条 4 种鲟鱼糜制品的试验，已进入市场推广，鲟鱼鱼糜制品列入全国两会、北京两会供应产品名录。完善和丰富鱼糜制品种类，进行 3 种口味鲟鱼糜制品的试验。

利用央联 E 家网、社区平台果然公社、京东商城、微商平台，以及盒马鲜生、便利店、会供、展卖等渠道，销售鱼子酱 500 多套，鲟鱼骨丸约 10000 千克，鲟鱼馅饺子约 8000 千克，鱼糜产品加工量 10000 千克，市场推广鱼糜产品 10000 个包装。发放宣传材料共 6000 余份。

第四节　产业发展政策与建议

一、产业发展问题及技术需求

（一）渔业发展空间受限

2016 年以来，我国鲟、鲑鳟的生产规模逐年减少。随着渔业生产成本上升较快，劳动力成本逐年增加，生态红线的划定导致养殖水面面积缩减，水面租金不断上升，农业用水也将开始收费，渔业生产中像饲料、渔机等投入品越来越多，渔业的成本快速上升。导致水产品价格的上升空间受到了挤压，我国冷水鱼产业发展受限，需要第一、第二、第三产业融合来降低成本。

（二）高端产品供给不足

“安全、优质、健康”是现代消费者的消费需求，好品相（外观指标、形体指标）、好口感（味道好），更要安全化（无药物残留、重金属残留、致病微生物）的水产品是消费者的偏爱，但目前由于鲜活水产品质量得不到消费信赖，加工产品较少，品牌建设滞后以及宣传不到位等，水产品的市场竞争力不足，水产品的市场需求受到制约。

（三）全产业链建设不足

提升全产业链建设是解决产业供给不足的根本，不论从产前、产中、产后的纵向产业链来看，还是从水产品加工、水产品流通、渔业科技、信息服务、渔业休闲以及渔业文化等融合链条来看，渔业全产业链的提升空间巨大，在产业化、标准化、社会化、品牌化发展上还有很长的路要走。

（四）先进技术渗透不足

现代技术要素，例如“互联网＋现代渔业”“互联网＋休闲渔业”“互联网＋体验渔业”等还没有深入到互联网技术深度融合的渔业产业链中，大多数冷水鱼渔业企业、农户仍然停留在网络营销、水产品配送等环节，智能化养殖、渔业大数据等先进技术未能得到有效推广与应用。

二、产业发展趋势及其亟待解决的技术问题

（一）发展趋势

1. 冷水鱼产业是生态产业，与北京农业生态化发展高度契合

冷水鱼一般生长在冰冷而纯净的水域里，水温不高于 20℃，因其特有的生理循环系

统，养殖投饵少，排放物少，生长缓慢等特点，对区域生态环境影响极小，而且多数水域面积大的区域都是通过养殖冷水鱼来改善水生态环境，因此，冷水鱼是典型的生态产业。近年来，通过简易工厂化养殖鲟鱼技术、微生态制剂应用技术、中草药防治技术等技术的推广应用，节水型、生态型、优质冷水鱼产业稳步发展。

2. 冷水鱼加工产品，与新常态下的消费需求高度契合

通过精深加工及研发不同产品形态的产品，对应不同年龄层的消费者开拓国内市场，向国内消费者提供优质的鱼肉蛋白；同时，鲟鱼即食风味休闲食品还需进一步开发，鲟鱼休闲干制品等食品将是产品开发的主要方向；再者就是鲟鱼功能性食品研究，利用提取的功能成分或原料，开发儿童益智食品老人抗心脑血管疾病食品抗癌食品，必将受到消费者青睐。鲟鱼消费将成为我国水产食品的后起之秀。

3. 冷水鱼产业是战略产业，与京津冀协同发展、首都功能定位高度契合

以种业、信息化为重点，打造农业科技创新高地是北京在京津冀农业协同发展中的战略定位；大力发展冷水鱼种业不仅是发挥首都科技和人才优势的优势产业，而且是加快提升“种业之都”建设，引领京津冀农业协同发展的战略性产业。

4. 冷水鱼产业是民生产业，与山区发展致富高度契合

山水资源是山区发展的珍稀资源，多年来，困扰京郊山区发展的重要难题则是如何处理好生态涵养、水源保护与山区脱贫致富的关系；如今，冷水鱼养殖已经被实践证明是可以实现山区产业生态化和生态产业化的重要产业。“一条小小的虹鳟鱼，游出了整个北京怀柔地区蓬勃的餐饮旅游产业”，北京怀柔虹鳟鱼餐饮旅游产业经过了30年左右的发展已经初具产业规模，拉动了当地农业经济和旅游经济的发展，也使“虹鳟鱼”成了北京怀柔地区旅游的一张名片。在经济结构转型升级的过程中，大力推动冷水鱼产业发展，不仅是转变山区发展方式，促进山区致富的重要途径，而且是当地居民、北京市民的利益诉求。

5. 冷水鱼产业是休闲产业，与消费者休闲需求高度契合

北京冷水鱼产业发展至今，已经不仅仅是资源型农业产业，更是一种融合型休闲产业，越来越多承载了满足市民休闲需求、满足和谐城市建设需求、满足生态文明建设需求等方面的内容。因此，立足北京四大中心功能定位，紧扣京津冀协同发展提出的“打造京津市民1日休闲农业圈”，要着力实现冷水鱼产业向有档次、有品位的休闲产业跃升。

（二）亟待解决的技术问题

1. 冷水鱼繁育体系建设迫在眉捷

北京市目前没有一家单位具有水产良种、苗种养殖性能测定、遗传质量评估的专业机构，主要依靠中央及其他省市区的水产种质检测中心开展相关工作。大部分水产原良种场的亲本无法进行种质鉴定，导致目前市原、良种的认证工作停滞。现有种业企业设施薄弱，缺乏良种选育、培育、保存所必备的设施与设备，保种、育种能力较差。天然水域水产种质资源受城市化进度加速、生态环境等多种因素的综合影响，资源减少。种质资源缺

乏科学保护，资金、技术力量和人才队伍相对分散。以鲟鱼种质资源为例，优质亲鱼缺乏成为影响鲟鱼生产效率及国际竞争力的突出问题，现存的大多数鲟亲鱼是养殖场早期滞销的商品鱼，几乎没有经过选育，品质良莠不齐，雌鱼怀卵量、催产率、繁殖周期以及产出苗种的抗逆性、生长速率等生产性状差异很大，生产效率很低，亲鱼质量对产业发展的不利影响将越来越严重。

2. 育种创新能力亟需提升

已经建立的北京市鲟鱼、鲑鳟鱼创新团队，重点解决鲟鱼、鲑鳟鱼亲本保种育种、苗种培育、养殖技术、病害防治、市场行情、全产业链现状及发展等问题，但育种创新能力仍需提升。一是缺乏具有国际先进水平的水产资源库和信息库。水产苗种存在种质混杂，遗传性状不稳定等问题。鲑鳟鱼种业原种依赖进口，没有形成稳定繁殖种群，处于“引种→维持→退化→再引种”的不良循环，完善的“育—繁—推”体系难于构建。二是育种技术手段亟需升级。北京水产种业研究虽从传统的常规育种技术初步迈入领先生物技术育种阶段，但与发达国家相比，在新品种选育工作中仍存在优异种质资源挖掘深度和广度不够，分子设计与全基因组选择等育种技术手段有待进一步发展，育种大数据分析、信息化以及相关系统开发与应用不够，缺乏规模化高通量水产生物性状表型自动检测设备、育种芯片设计与制备等。

3. 技术瓶颈问题亟需突破

一是育种周期较长。鲟鱼性成熟晚，即使养殖条件下性成熟年龄缩短一半，也要7龄以上，育种周期长是限制鲟鱼良种选育的最大障碍。因此，如何缩短良种选育的周期，实现良种快速产业化应用，是鲟鱼产业发展面临的急需解决的问题。二是品种单一化。国际上鲑科鱼类的养殖产量和产值一直稳步上升，养殖种类或品种相对比较稳定，大西洋鲑占养殖总产量60%以上，虹鳟养殖产量排名第2，占产量的近30%。中国鲑科养殖种类多达13种以上，但主要产量是虹鳟，占总产量的91%。长期品种的单一化，对突发性疾病的抵抗存在巨大风险。三是土著鱼类开发没有形成规模。具有世界养殖发展趋势的全雌三倍体制种技术还不能应用到规模化生产。

4. 饲料营养素不均衡造成水环境污染和饲料系数过高

目前鲟鱼、鲑鳟鱼饲料主要体现在营养成分不平衡，消化利用率低，多余的营养素排放造成养殖水体中氮、磷排放过多，造成水环境的污染。我国鲟鱼、鲑鳟鱼饲料系数在1.2左右，高于欧盟FCR为0.8～1.1的标准。

5. 国内消费市场没有打开

质量不稳定导致很难参与国际市场的竞争，主要是针对鲟鱼子酱产品。对用于繁殖和生产鱼子酱的雌鱼必须进行种质鉴定，改变养殖模式，全面提升养殖水产品的质量，满足已经改变了的国内、国际水产品市场需求。国内消费市场还没有打开，消费人群还较少，鲟鱼加工产品种类少，不利于品牌建立和扩大消费市场。

6. 受新冠病毒影响产业陷入负债维持状态

疫情前期鲟鱼苗种企业受“禁令”的影响，导致鱼苗大量积压甚至死亡，再加上随着气温上升面临亲鱼过熟的风险，行业损失巨大。目前主要是受商品鱼积压，养殖户无法正常开展本季度的生产，影响上游苗种企业生产经营，但是场租、水电、人工等支出还必须支出，企业都陷入负债维持经营状态。

（三）具体政策与建议

1. 着力完善水产原良种体系建设

一是建设“遗传育种中心 + 原良种场 + 苗种繁育场”的水产种业体系，遗传育种中心负责种质资源保存，育种基础群体的收集、筛选，新品种培育，家系建立，种质鉴定，生长性状分析测定等基础性工作；培育的新品种转给原良种场进行良种扩繁，为苗种场提供育苗亲体；苗种繁育场负责培育苗种，向养殖场提供养殖苗种。二是建设北京市水产种质鉴定中心。利用北京的科技优势，以现有的重点实验室为基础，通过改造升级，建设鲟鱼、鲑鳟鱼种质鉴定技术研发和种质鉴定中心建设，支持企业参与建设水产种质资源库，筛选具有优良性状的品种。解决北京水产种业存在的种质混杂、遗传背景不清、良种选育滞后等问题，提升水产良种选育和苗种质量。三是重新启动原良种场认定工作，对良种场的亲鱼种群进行种质鉴定。四是强化政府部门保护水产种质资源的主体责任，对鲟鱼、鲑鳟鱼核心育种群，按照地方特有品种、地方优势品种及地方特色品种分级给予资金补贴。

2. 加快水产育种技术集成创新

支持企业与优势科研单位建立育种协同创新平台，着力抓好种业科技创新；同时，以市场为导向，培育和推广市场所需的优良健康品种，全面提高水产良种覆盖率，不断提供优质的水产品。针对主要养殖品种，应用高通量基因分型技术、分子标记辅助选择、基因组关联分析、全基因组选择、分子设计育种等基因组育种共性技术创新，缩短育种周期。建立以产量、品质、抗病、抗逆、高饲料转化率等目标性状为主的现代水产基因组育种技术体系。探索鲟鱼基因组编辑技术的建立及其在良种培育中的应用。

3. 培育和引进水产种业龙头企业

采取“有所为有所不为”的策略，用“培育”和“引进”两条腿走路，加快培育一批育种能力比较强、市场营销网络健全、技术服务到位、具有较强竞争力的“育繁推一体化”水产现代种业企业。加快建设以企业为主体、技术为依托、市场为导向、产学研结合的种业技术创新体系，不断提高种业企业科技创新能力。

4. 加快制定各类水产种业标准

深入研究亲鱼的入门条件、培育的环境要求、提供的营养标准等，建立切实可行的亲鱼培育技术标准和操作规程。使种业生产有章可循。加快建立西伯利亚鲟、施氏鲟、俄罗斯鲟、小体鲟和达氏鳇亲鱼的种质标准，从形态生物学、细胞学和生化遗传指标等方面建立和国际接轨的种质标准。进行亲鱼种质鉴定和管理。对北京市主要养殖种类西伯利亚鲟、施氏鲟、俄罗斯鲟和达氏鳇等养殖亲本进行种质鉴定和遗传多样性评价，并用条形扫描码进行唯一性个体标记，建立纯系，并建立亲鱼档案；避免近亲繁殖。

5. 提升水产种业绿色发展水平

科学规划养殖水域，大力发展节水减排、集约高效、种养结合、立体生态等标准化种苗场。借鉴天津、浙江等地的经验，制定符合水产养殖实际的尾水排放标准。引导和鼓励水产种苗场节水减排改造，逐步淘汰尾水超标排放的养殖方式，推广循环水处理设备和数字信息化设备的使用范围，以高标准设施和现代化装备提高产业生产效能，推进产业向生态节水方向转变。制定设施农业扶持政策，对水产种业企业升级改造设施设备给予扶持。完善农机补贴相关政策，将绿色健康养殖、苗种孵化及水循环处理的设施设备纳入农机补贴名录，促进企业育种能力提档升级。严格检疫制度，提高市场准入机制，从各个环节有效保证鲟鱼产品的安全性和可追溯性，杜绝从大自然中带来各种细菌、病毒等安全隐患风险。

6. 加强环保型饲料技术研发

通过低鱼粉（12% ~15%）沉性膨化饲料加工工艺参数模型的研究应用，降低饲料生产能耗、降低饲料成本、提高养殖户的经济效益和对养殖环境的污染。根据鲟鱼、鲑鳟鱼的种类、发育阶段和生理状态精确地配制饲料，用酶制剂、益生菌等提高营养成分的有效利用率，调整饲料配方，改进加工工艺提高饲料质量，生产出消化吸收率高、营养成分平衡、氮磷和微量元素等排放量少的高效环保饲料。同时，通过调节肠道的营养，改善肠道微生态环境，来提高鱼体的免疫力。通过完善鲟鱼、鲑鳟鱼的投喂策略研究，提高饲料投喂的利用率，也减少对养殖环境的污染。

参考文献

[1] 中共北京市委办公厅，北京市人民政府办公厅．中共北京市委办公厅北京市人民政府办公厅关于印发《实施乡村振兴战略扎实推进美丽乡村建设专项行动计划（2018—2020年)》的通知［EB/OL］．http：//nyncj. beijing. gov. cn/nyj/zwgk/zcwj/460259/index. html，2019－11－13.

[2] 农业农村部办公厅，财政部办公厅．农业农村部办公厅 财政部办公厅关于进一步加强农机购置补贴政策监管强化纪律约束的通知［EB/OL］．http：//nyncj. beijing. gov. cn/nyj/zwgk/zcwj/460222/index. html，2019－11－13.

[3] 中共中央办公厅，国务院办公厅．中共中央办公厅 国务院办公厅印发《关于促进小农户和现代农业发展有机衔接的意见》［EB/OL］．http：//nyncj. beijing. gov. cn/nyj/zwgk/zcwj/452654/index. html，2019－08－14.

[4] 中共北京市委，北京市人民政府．中共北京市委北京市人民政府关于印发《北京市乡村振兴战略规划（2018—2022年)》的通知［EB/OL］．http：//nyncj. beijing. gov. cn/nyj/zwgk/zcwj/452651/index. html，2019－08－14.

[5] 国务院．国务院关于促进乡村产业振兴的指导意见［EB/OL］．http：//nyncj. beijing. gov. cn/nyj/zwgk/zcwj/452655/index. html，2019－08－02.

[6] 农业农村部办公厅．农业农村部办公厅关于开展国家农业科技示范展示基地建设的通知［EB/OL］．http：//www. moa. gov. cn/govpublic/KJJYS/202004/t20200428_ 6342645. htm，2020－04－28.

[7] 农业农村部．农业农村部关于印发《新型农业经营主体和服务主体高质量发展规划（2020～2022年)》的通知［EB/OL］．http：//www. moa. gov. cn/nybgb/2020/202003/202004/t20200423_ 6342187. htm，2020－04－23.

[8] 农业农村部，财政部．农业农村部 财政部关于做好2020年农业生产发展等项目实施工作的通知［EB/OL］．http：//www. jcs. moa. gov. cn/trzgl/202004/t20200420 _ 6341967. htm，2020－04－20.

[9] 农业农村部办公厅．农业农村部办公厅关于印发《2020年农业农村绿色发展工作要点》的通知［EB/OL］．http：//www. moa. gov. cn/nybgb/2020/202003/202004/t20200416_

6341669. htm，2020 - 04 - 16.

［10］王皓，刘菲菲．突出抓好“三农”领域重点工作 确保如期高质量实现全面小康［EB/OL］．http：//www. moa. gov. cn/xw/qg/202004/t20200415_ 6341577. htm，2020 - 04 - 15.

［11］农业农村部．农业农村部关于落实党中央、国务院2020年农业农村重点工作部署的实施意见［EB/OL］．http：//www. moa. gov. cn/nybgb/2020/202002/202004/t20200414_ 6341533. htm，2020 - 04 - 14.

［12］农业农村部．农业农村部 中央网络安全和信息化委员会办公室关于印发《数字农业农村发展规划（2019—2025年）》的通知［EB/OL］．http：//www. moa. gov. cn/nybgb/2020/202002/202004/t20200414_ 6341532. htm，2020 - 04 - 14.

［13］国务院办公厅．中共中央 国务院关于抓好“三农”领域重点工作确保如期实现全面小康的意见［EB/OL］．http：//www. moa. gov. cn/nybgb/2020/202002/202004/t20200414_ 6341529. htm，2020 - 04 - 14.

［14］北京市统计局．北京统计年鉴2019［EB/OL］．http：//202. 96. 40. 155/nj/main/2019 - tjnj/zk/indexch. htm，2019 - 09.

［15］胡浩，戈阳．非洲猪瘟疫情对我国生猪生产与市场的影响［J］．中国畜牧杂志，2020，56（1）：168 - 172.

［16］郑志来．金融供给侧视角下结构改革与农村电商融资体系重构［J］．兰州学刊，2020（1）：79 - 89.

［17］董保刚．供给侧结构性改革视野下农村金融供给的优化路径研究［J］．现代营销（经营版），2020（1）：171.

［18］白云，张乐乐．都市现代农业绿色发展机制、模式与举措［J］．长白学刊，2019（4）：101 - 108.

［19］魏后凯，刘长全．中国农村改革的基本脉络、经验与展望［J/OL］．中国农村经济，2019（2）：2 - 18［2020 - 05 - 06］．http：//kns. cnki. net/kcms/detail/11. 1262. F. 20190410. 1654. 002. html.

［20］程名望，张家平．互联网普及与城乡收入差距：理论与实证［J/OL］．中国农村经济，2019（2）：19 - 41［2020 - 05 - 06］．http：//kns. cnki. net/kcms/detail/11. 1262. F. 20190410. 1654. 004. html.

［21］王志刚，于滨铜．农业产业化联合体概念内涵、组织边界与增效机制：安徽案例举证［J/OL］．中国农村经济，2019（2）：60 - 80［2020 - 05 - 06］．http：//kns. cnki. net/kcms/detail/11. 1262. F. 20190410. 1654. 008. html.

［22］闫坤，鲍曙光．财政支持乡村振兴战略的思考及实施路径［J］．财经问题研究，2019（3）：90 - 97.

［23］曹正伟，周培，高岩，李强，刘春燕，徐浩．都市型现代农业生态可持续发展

评价体系研究［J］. 上海交通大学学报（农业科学版），2019，37（1）：19－24，30.

［24］王睿，周应恒. 乡村振兴战略视阈下新型农业经营主体金融扶持研究［J］. 经济问题，2019（3）：95－103.

［25］陈宏伟，穆月英，沈辰. 北京市农户蔬菜投入产出特征调查分析［J］. 中国蔬菜，2020（5）：65－69.

［26］穆月英. 多举措推进现代农业"三大体系"加快完善［J］. 国家治理，2019（2）：23－27.

［27］于文奇. 北京市城镇居民蔬菜消费及其影响因素研究［D］. 中国农业大学，2019.

［28］沈辰、穆月英. 基于产销关联的北京蔬菜市场流通时空特征分析——以大白菜、黄瓜、番茄为例［J］. 中国蔬菜，2019（11）：10－15.